大學院開設六十周年記念
國學院大學貴重書影印叢書第三巻

井上毅宛 明治顯官書翰集

朝倉書店

扉題字　佐野光一　文学部教授

井上毅 肖像
勲一等瑞宝章親授式の日（明治 22 年（1889）3 月 6 日、小川一真撮影）

岩倉具視（いわくら・ともみ）
56 歳（1825–1883）
右大臣
従一位勲一等

三条實美（さんじょう・さねとみ）
45 歳（1837–1891）
太政大臣・賞勲局総裁修史館総裁
従一位勲一等

伊藤博文（いとう・ひろぶみ）
40 歳（1841–1909）
参議
正四位勲一等

山縣有朋（やまがた・ありとも）
43 歳（1838–1922）
陸軍中将・参議・議定官・参謀本部長
正四位勲一等

松方正義（まつかた・まさよし）
45 歳（1835–1924）
参議・大蔵卿
正四位勲一等

徳大寺實則（とくだいじ・さねのり）
42 歳（1839−1919）
宮内卿
正二位勲一等

元田永孚（もとだ・ながさね）
63 歳（1818−1891）
皇后宮大夫・二等侍講
正五位

芳川顕正（よしかわ・あきまさ）
40 歳（1841−1920）
外務少輔
従五位

井上毅（いのうえ・こわし）
38 歳（1843−1895）
内務大書記官
従五位

山田顯義（やまだ・あきよし）
37 歳（1844−1892）
陸軍中将・参議・議定官
正四位勲一等

本書でとりあげた明治顕官肖像　『明治十二年明治天皇御下命「人物写真帖」』（宮内庁三の丸尚蔵館所蔵）による。

年齢、役職、位階は、撮影当時（明治 12 年（1879））のもの。

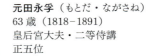

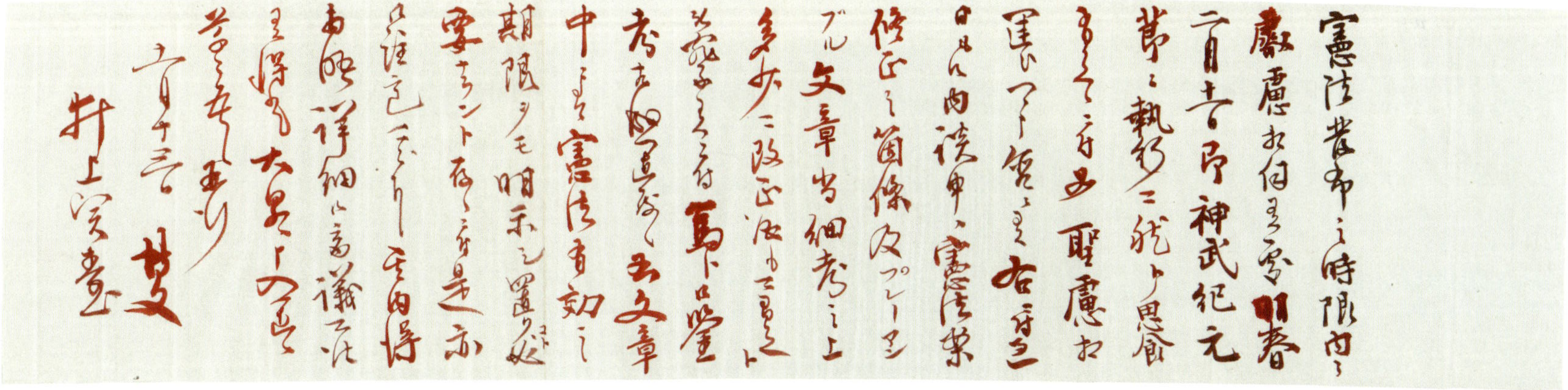

書翰 17　憲法発布期日に関する伊藤博文書翰（p. 119 参照）

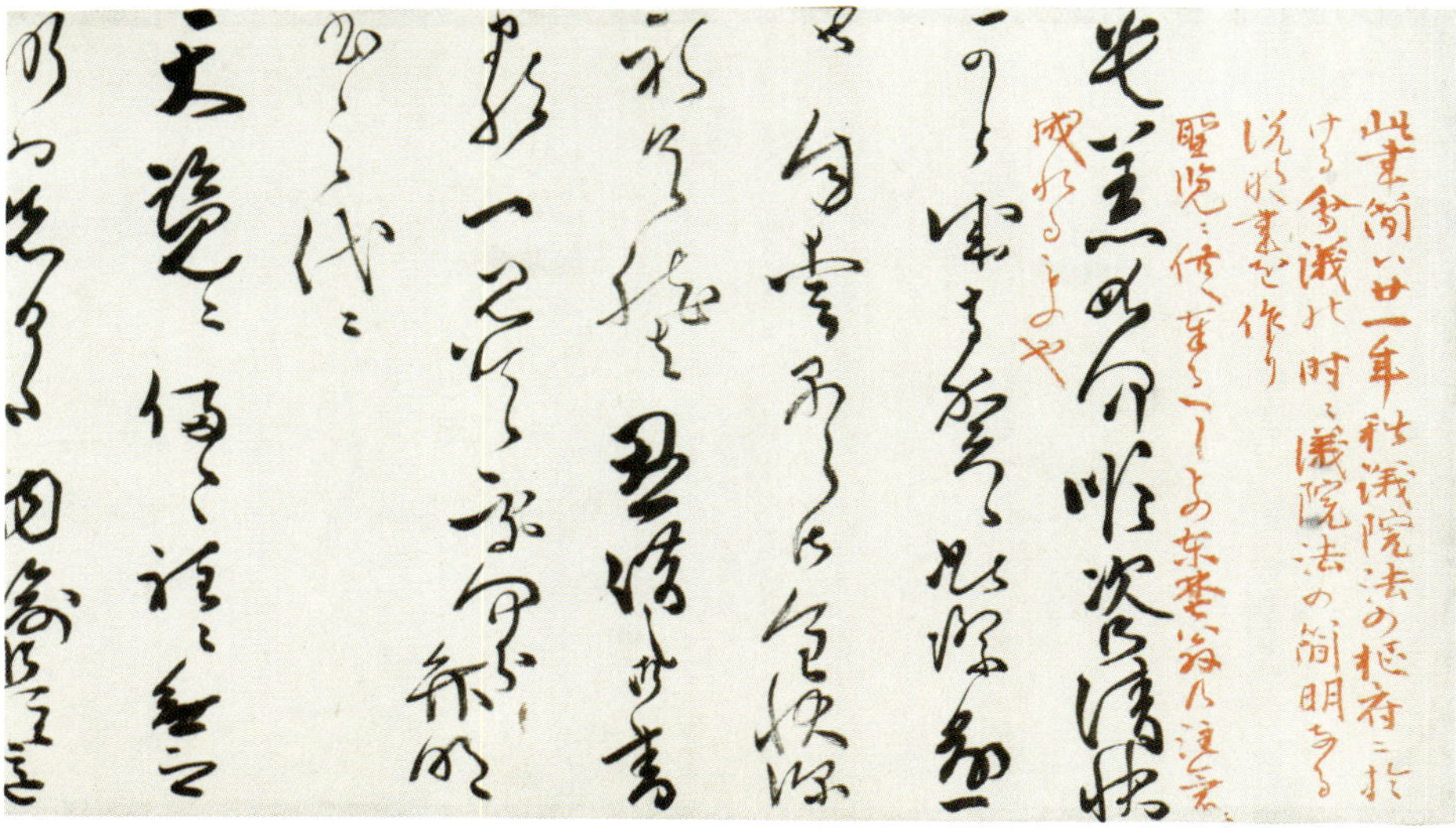

書翰一六　議院法説明に関する元田永孚書翰（冒頭部分、一二二頁参照）

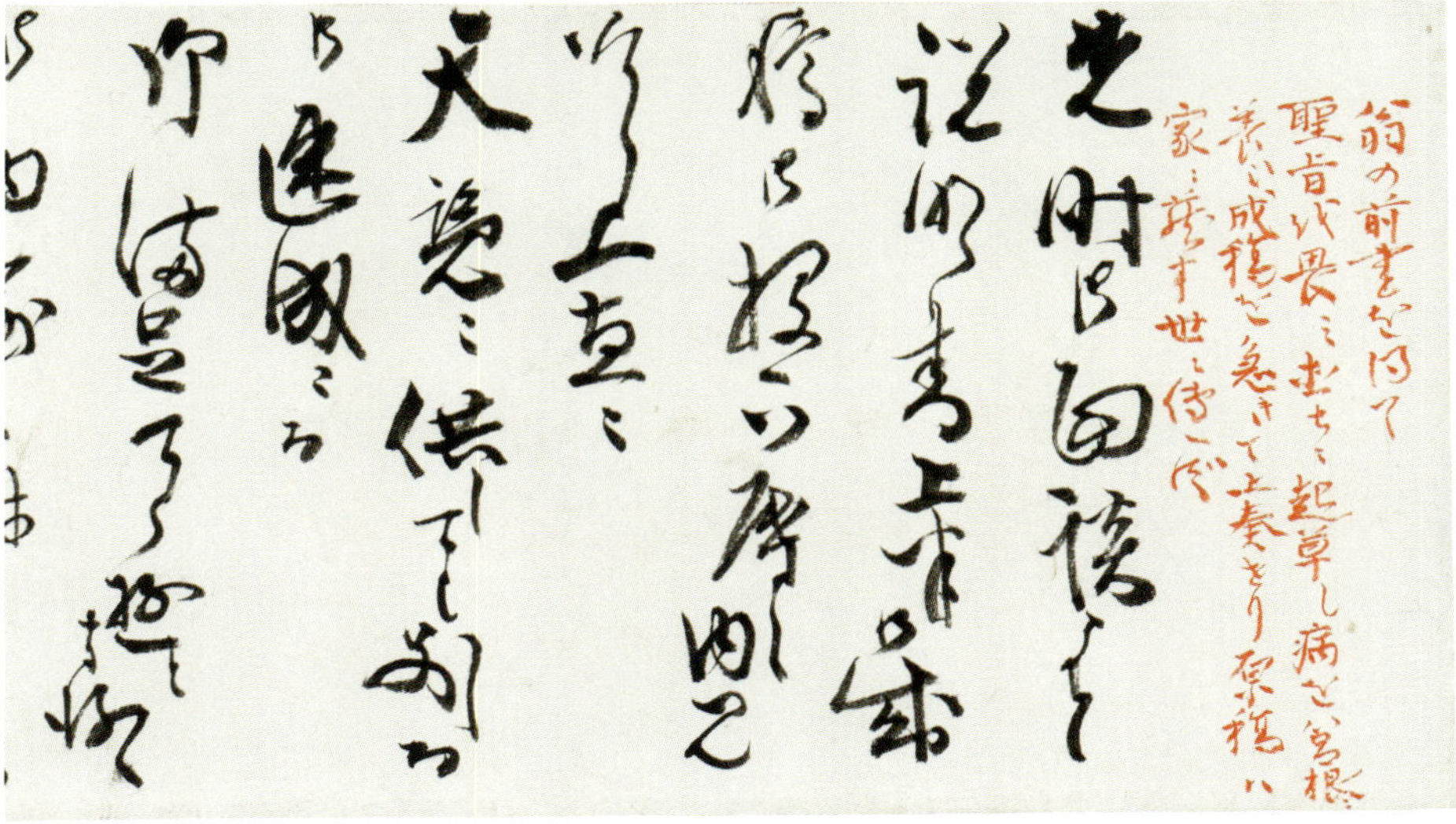

書翰二四　条約改正に関する元田永孚書翰（冒頭部分、一六五頁参照）

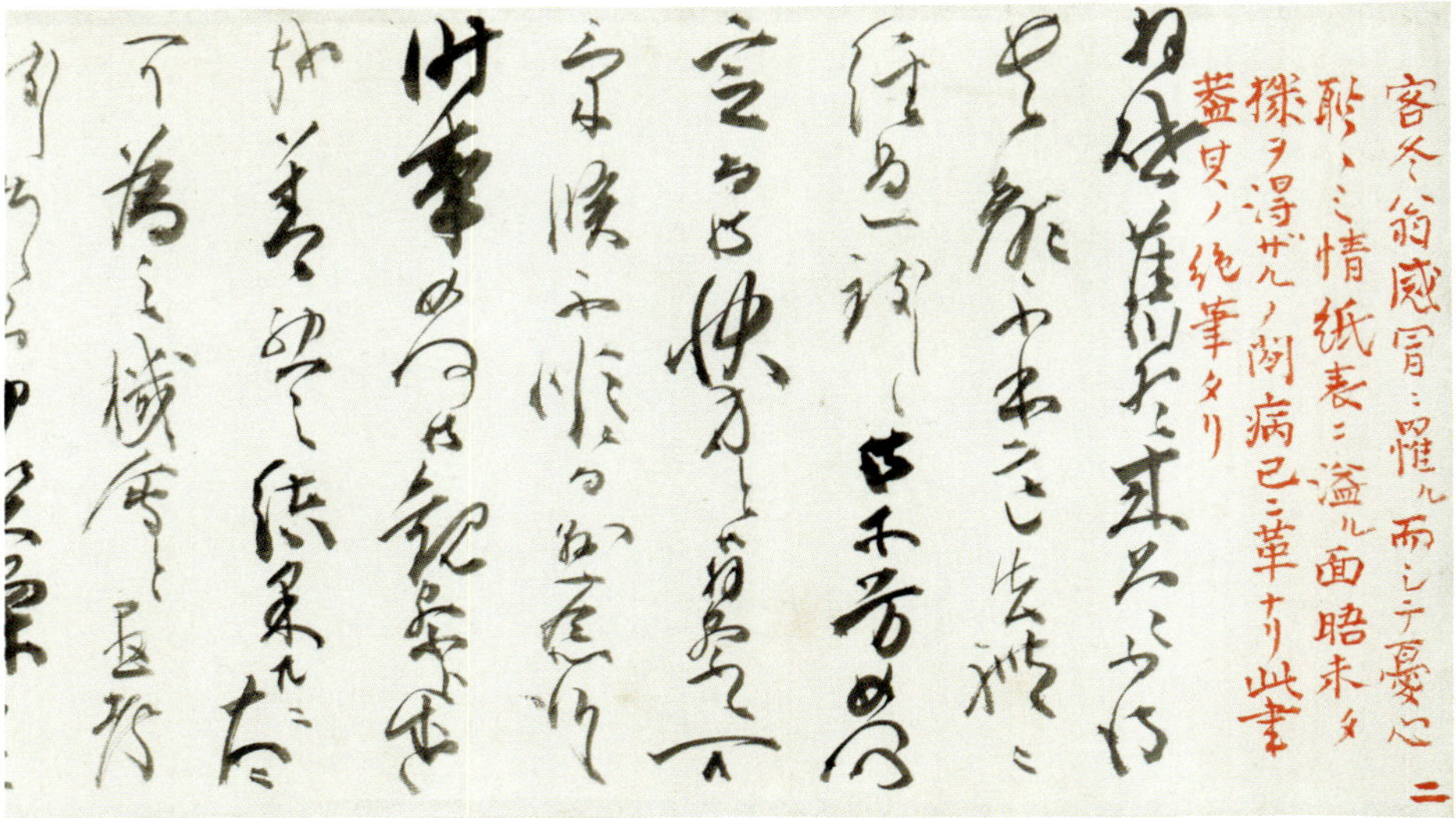

書翰四一　時事懸案に関する元田永孚書翰（冒頭部分、二九八頁参照）

書翰五五　大久保利通に関する三条實美詠草（四一二頁参照）

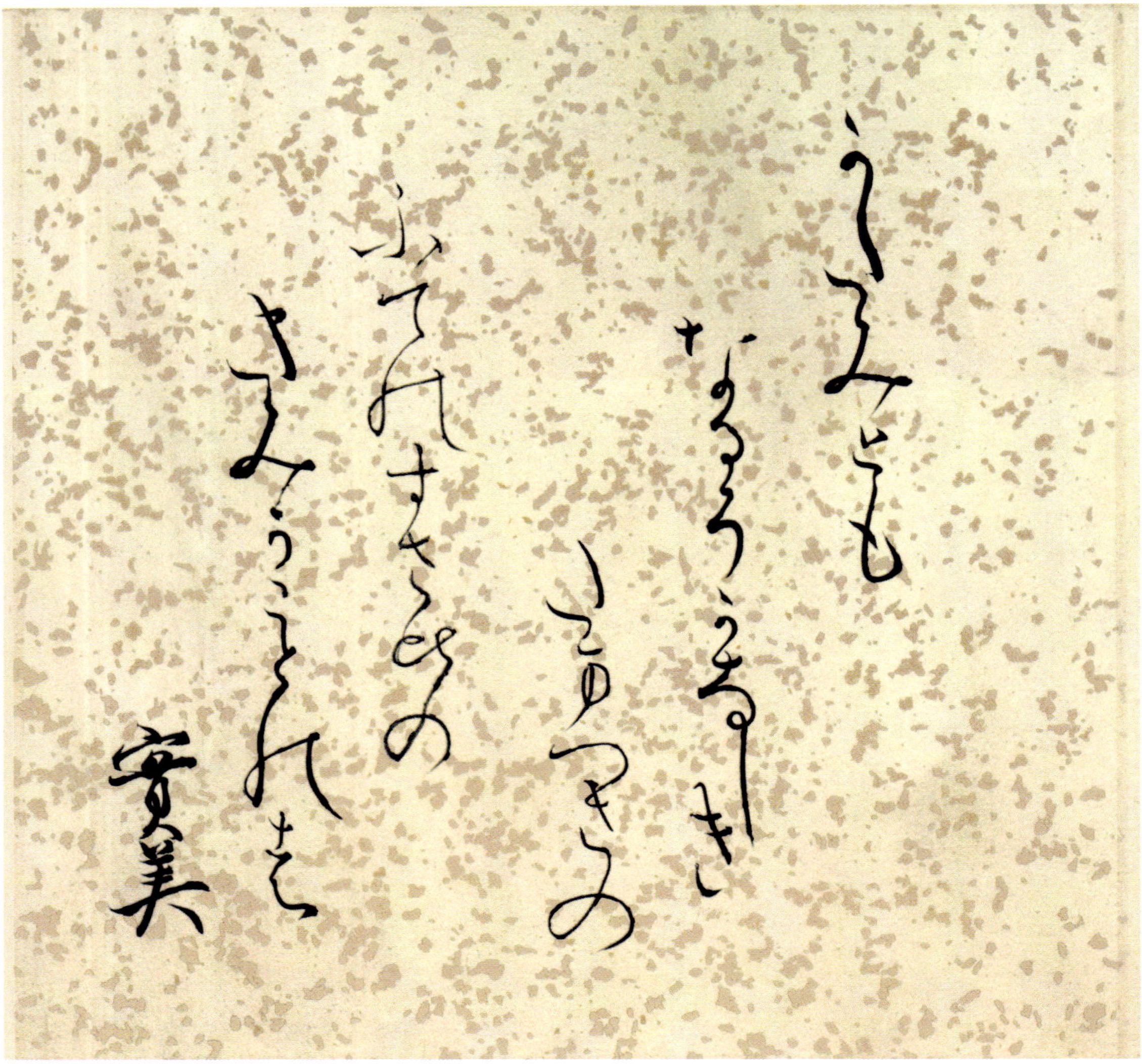

かたみとも
なるそかなしき
たまつさの
ふてのすさひの
きみかことのは
實美

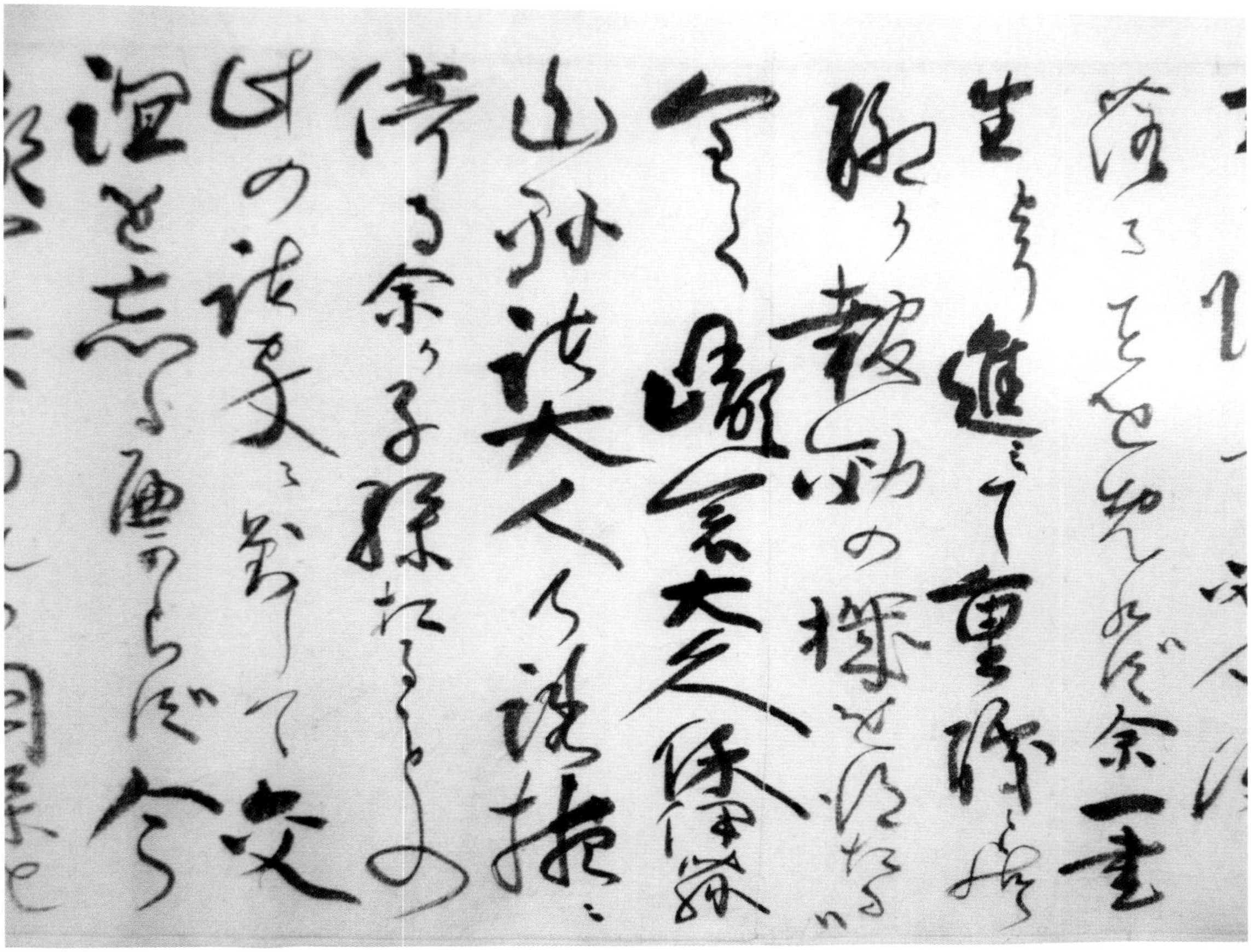

□□□□□□□□□　余一書
生より進ミて重職ニ居リ
聊か報効の機を得たるハ
全く巌倉大久保伊藤
山縣諸大人の誘掖に
倚る　余カ子孫たるもの
此の諸家ニ対して交
誼を忘るへからず□

井上毅筆「家範附録」（部分）
明治 28 年 1 月
文書番号　II－494
本資料は、家族に向けて認めた三通の遺書「家範附録」「文書之事」「葬祭之事」のうちの一通。
明治政府の中枢たる岩倉具視、大久保利通、伊藤博文、山縣有朋に重用されたことの感謝を伝え、
この部分のあとで、「巌公遺書」（次頁口絵、書翰 55 を参照）を特に伝える旨を記している。

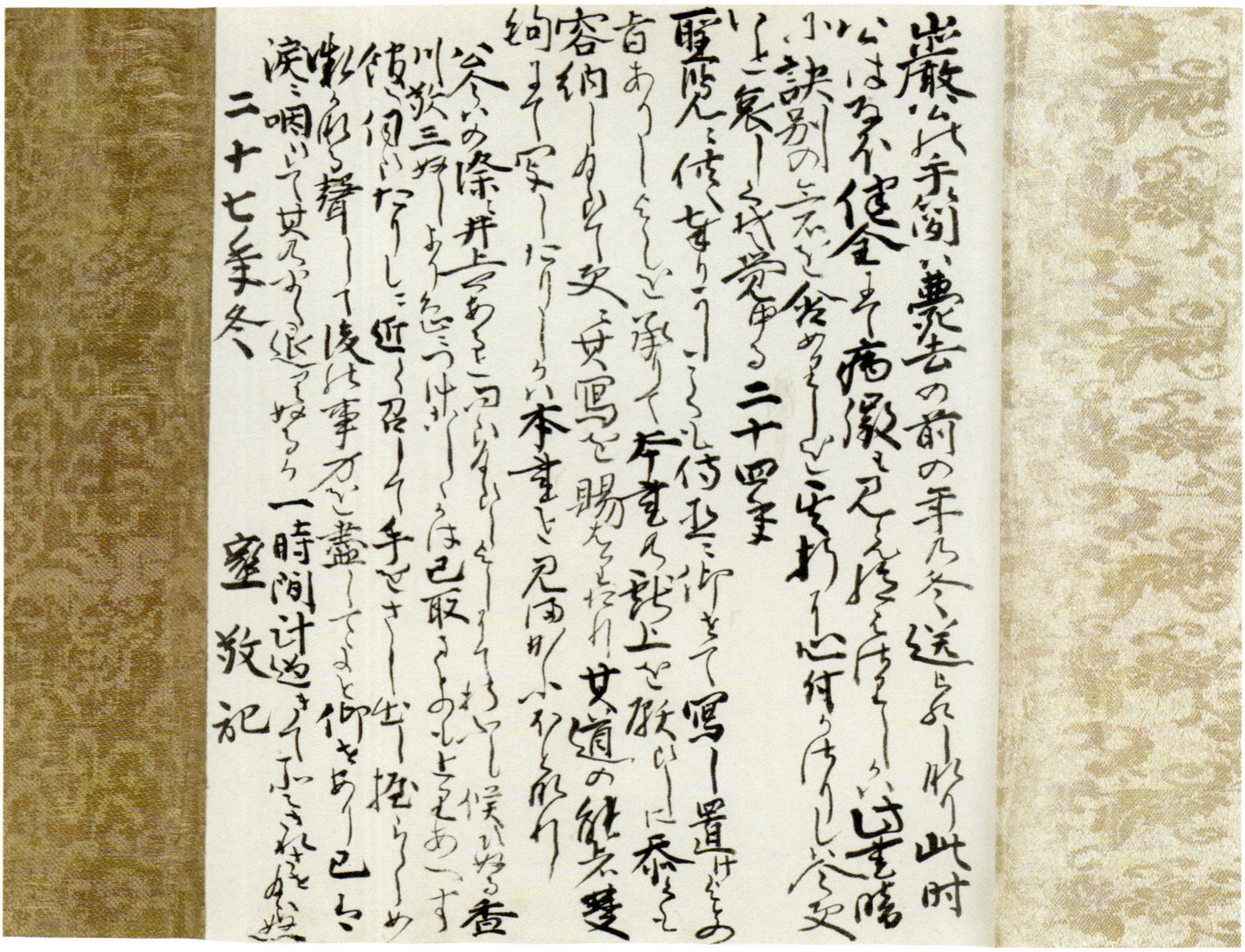

井上毅筆「巌公遺書」由緒書き
文書番号　Ⅱ-五〇四-三　明治二十七年冬
天地一九・八糎＊左右一六・〇糎
本資料は、井上毅が「政府の柱石」とした岩倉具視、三条實美の二名の書翰をまとめた「巌公遺書」（書翰五五に三条實美詠草を収録）の由緒書き。

巌公の手簡ハ薨去の前の冬送られしなり　此時
公はなほ健全にて病徴も見え給はさりしかハ　此書暗
に訣別の意を含めりしを　其折に心付かさりしハ今更
いと哀しくそ覚ゆる　二十四年
聖覧ニ供へ奉り　かしこくも侍臣ニ仰せて写し置けよとの
旨ありしよしを承りて本書の献上を願ひしに　忝くも
容納し給ひて更ニ其写を賜はりたり　其道の能者双
鉤にて写したりしかハ本書と見まかふほとなり
公今ハの際ニ井上やあると問ひ給ひしよしにて　折ふし候ひぬる香
川敬三ぬしより急ニつけこしかは　己取るものとりあへす
館へ伺ひたりしニ　近く召して手をさし出し握らしめ
微かなる声して後の事力を尽くしてよと仰せあり　己は
涙ニ咽ひて其のまゝ退りぬるか一時間計過きて登されさせ給ひぬ
二十七年冬　　毅敬記

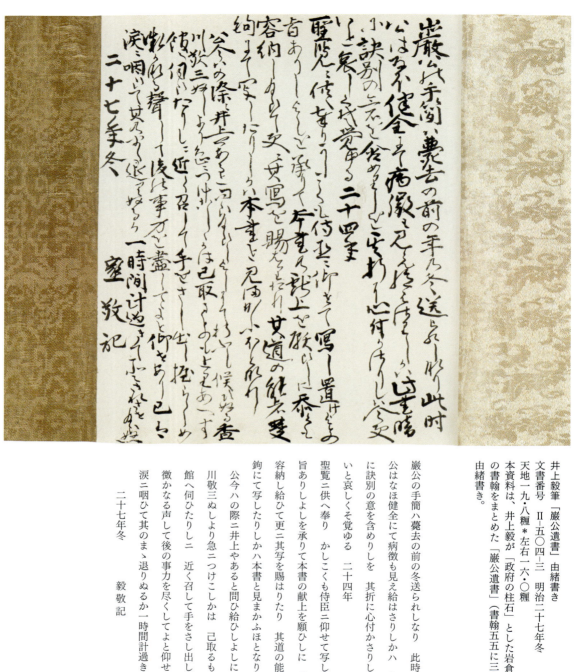

目次

凡　例

一、影印の文書番号は、資料を所蔵・管理する國學院大学図書館における文書番号を示す（『梧陰文庫総目録』参照）。
一、句読点にあたる箇所は、一字分を空画とした。
一、原則として、今日通行の漢字を用いた。原文に用いられている正字、異体字などが今日通行の字形と著しく異なる場合は、（　）をもって原文の文字を傍書した。

　【例】価（値）、処（處）、尽（盡）、窃（竊）、続（續）、体（體）、対（對）、択（擇）、当（當）、与（與）、万（萬）、無（无）、略（畧）など

一、変体仮名は、原則として平仮名に改めた。また、踊り字の「〻」は、「々」に改めた。

　【例】江→え、具→く、而→て、と→与、者→は、免→め、茂→も、等

一、左記の合字は、片仮名にあらため、（　）をもって原文の合字を傍書した。

　【例】ヿ→コト、𪜀→トキ、𪜈→トモ、ゟ→ヨリ

一、人名については正字を用いた場合がある。
一、抹消の文字について、判読できる場合は翻字して傍らに「〻」を付した。
一、掲載史料の中にはすでに國學院大學図書館のデジタルライブラリーで画像を公開しているものもあるが、本書からの翻刻出版等には國學院大學図書館の許可が必要である。

影印

井上毅宛　明治顕官書翰集

一、法制局に関する伊藤博文書翰

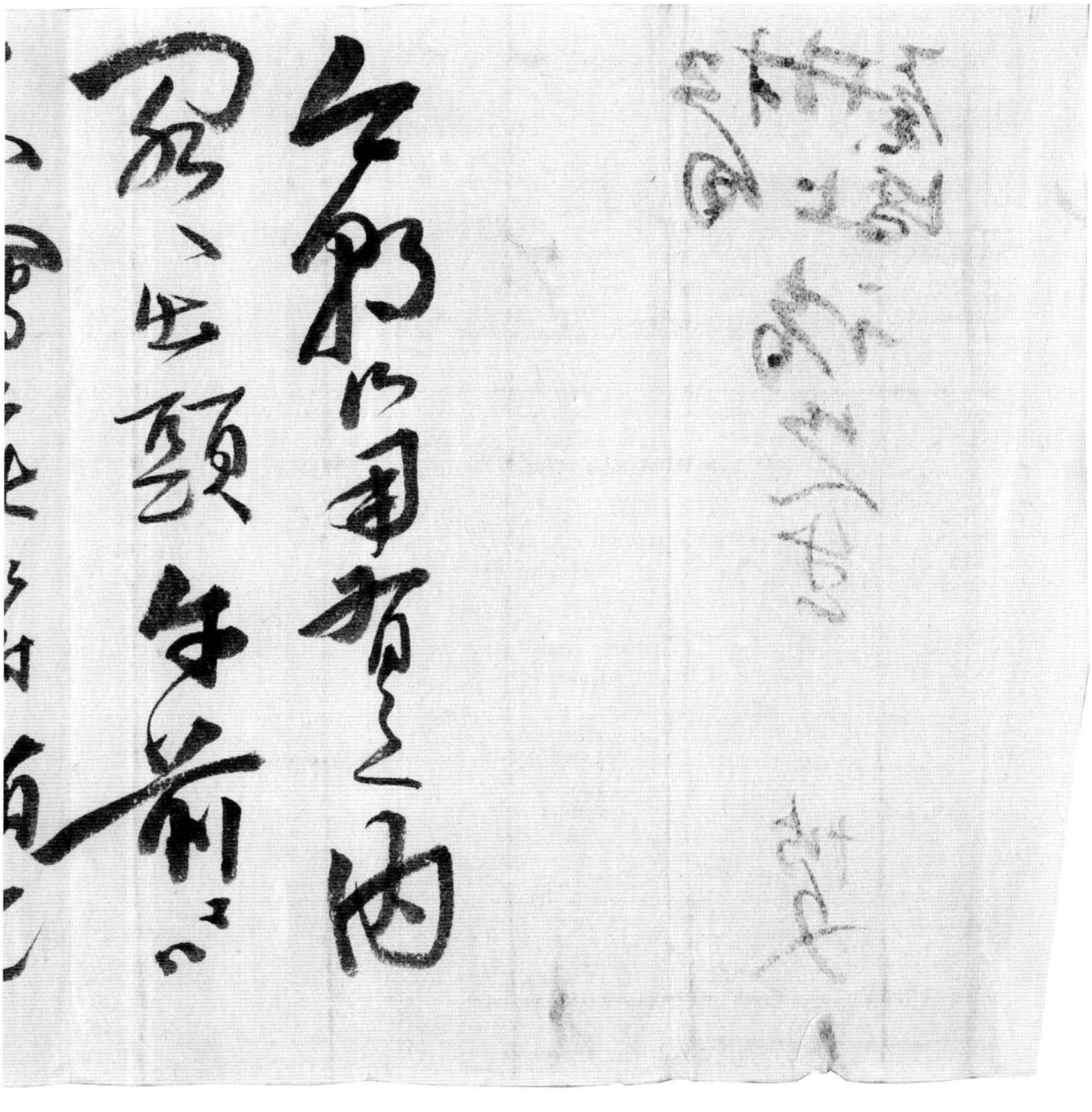

文書番号　Ⅱ—一四六
発信者　伊藤博文（法制局長官）
受信者　松田道之（一等書記官）
　　　　井上　毅（二等法制官）
　　　　尾崎三良（二等法制官）
発信月日　明治九年三月二十日
寸　法　一七・六糎＊三三・〇糎

今朝御用有之　内
閣へ出頭　午前二八

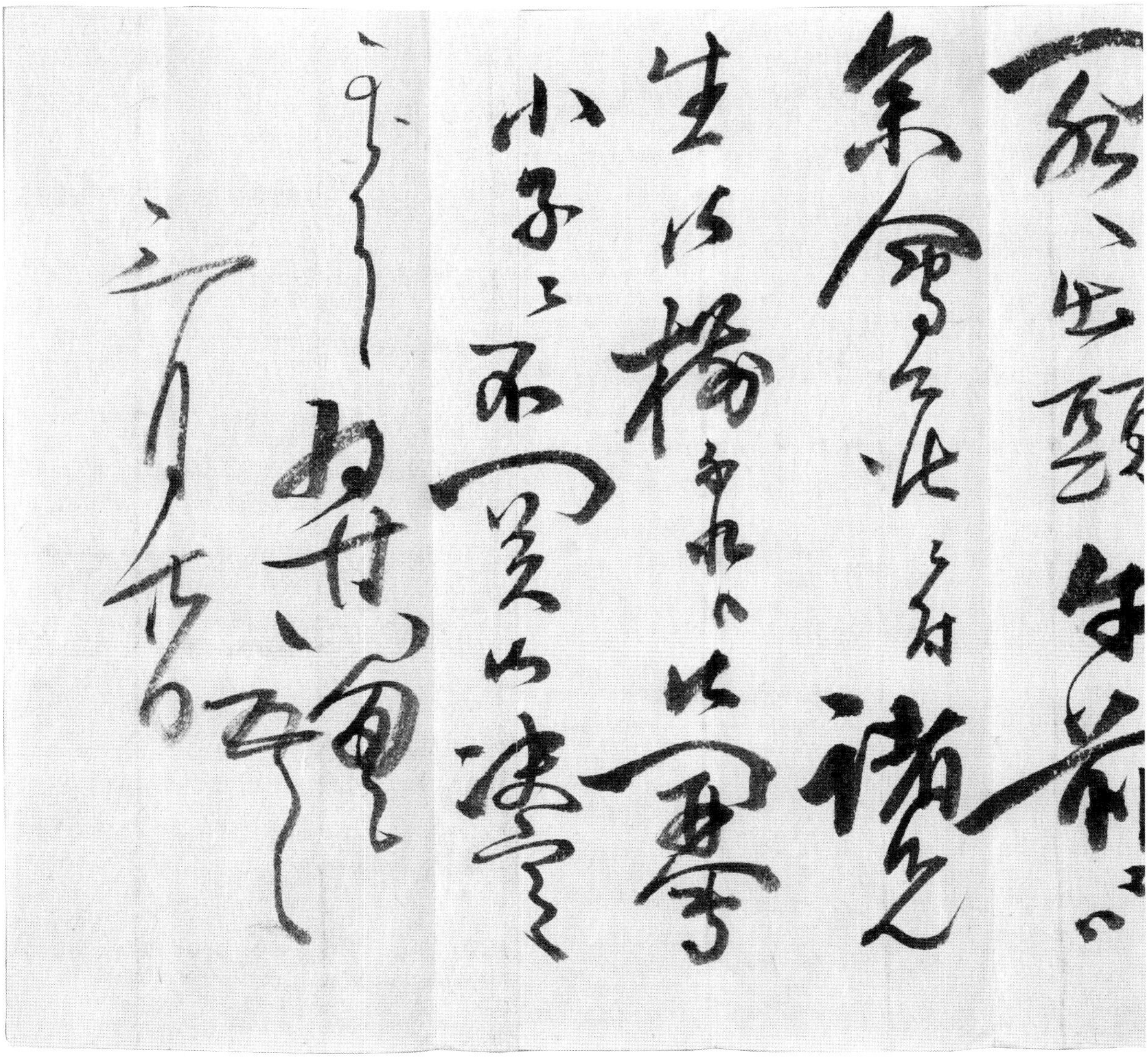

参会(會)可仕ニ付　諸先
生御揃なれハ御開会(會)
小子ニ不関御決定
可被下候　為其　匆々
頓首
三月廿日

（ハシラウラ）

松田
井上
尾崎
諸先生　博文

【解題】　明治八年（一八七五）七月三日、太政官正院法制課が法制局に改組され、伊藤博文が法制局長官に就任した（十三年三月三日法制部に改組、十四年十月二十一日参事院設置、法制部は同院内に移設、十八年十二月二十三日内閣制度発足とともに内閣に法制局設置、井上毅はその二代目長官となる。（『法制局百年史』）。書翰一行目から二行目にかけての「内閣」とは、太政官正院内の太政大臣・参議の合議体の呼称である。宛名の一人、尾崎三良《さぶろう》の回顧するところによれば、「明治八年八月に至り、地方官会議も済み其事務局も分散せり。其頃であった、太政官中に法制局を置き、法制官十人、一等より四等まで、一等を四等官即ち奏任の一等月給二百五十円とし、次第に逓下して四等を七等官とし月給百円とし、伊藤参議を局長として予及び井上［毅、以下［　］内は解説者注］、古沢［滋］は二等法制官であった。太政官において法律制度を起草するとき、幷に各省より稟議する事件の法制に関するものを取調ぶる所とす」（『尾崎三良自叙略伝』上）。さて、本書翰で注目されるのは、長官伊藤が部下に全幅の信頼を置いていたことであろう。松田道之は、鳥取藩士の家に生まれ、国事に奔走、明治九年一月二十五日に法制局一等法制官を兼務し（『百官履歴』）本務は内務省戸籍頭）、十五年に現職東京府知事のまま四十四歳で死去する。天保十年（一八三九）生まれ、伊藤の一歳上である。尾崎は、天保十三年生まれ、仁和寺宮諸大夫家に生まれ、三条實美家雇を経て新政府に入り、後に法制局長官・貴族院議員・宮中顧問官等を務め、男爵を授かり、大正七年死去。井上は、尾崎の一歳下、伊藤の二歳下である。書翰末尾の「諸先生」は、文脈全体からみて、年齢関係だけではない、国家の大事を託し共にする同僚へのきわめて真摯な態度・表現とみられる。

［柴田紳一］

二、西南戦争に関する山縣有朋書翰

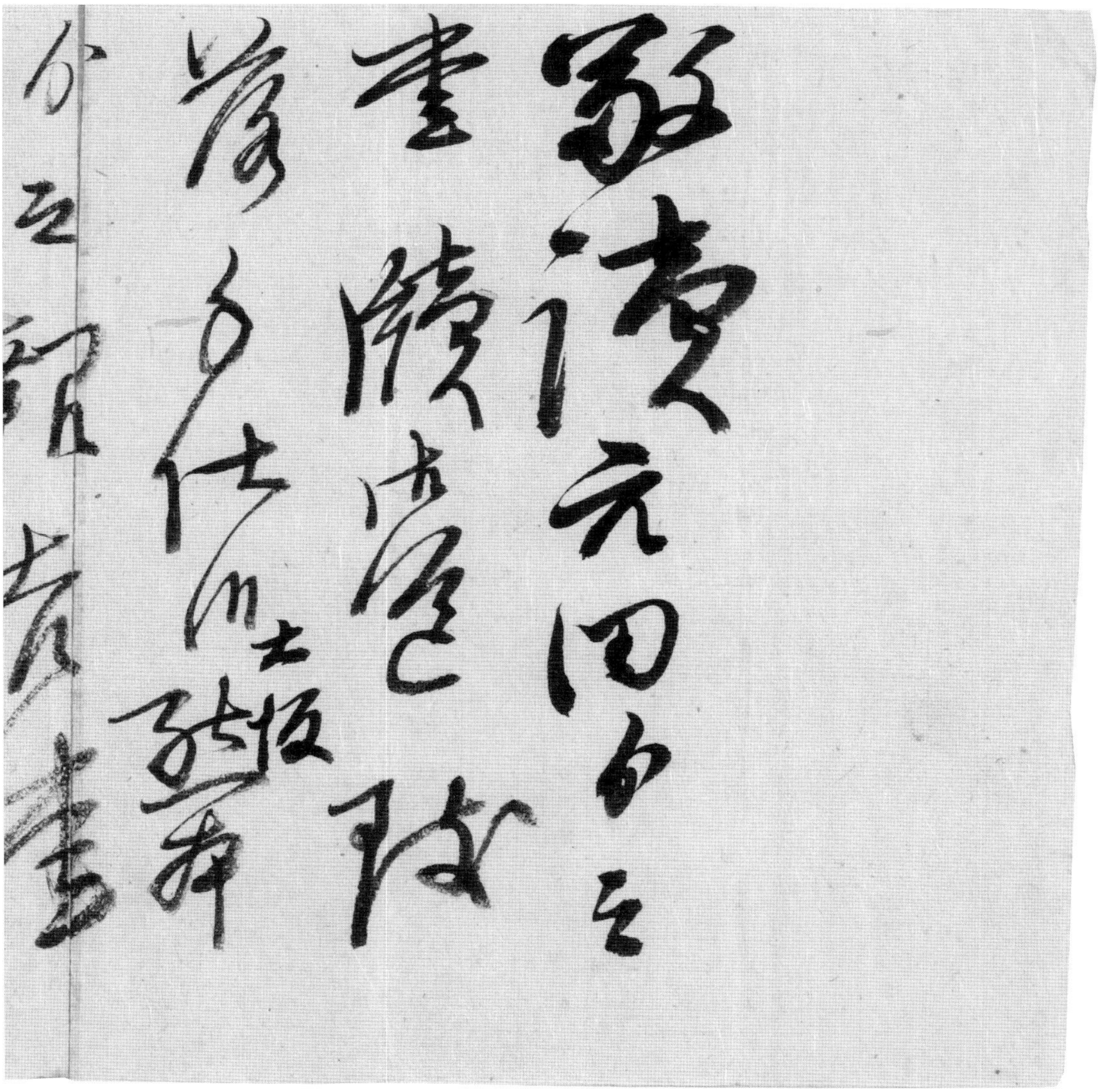

文書番号　II－一九一
発信者　山縣有朋（参議・陸軍卿）
受信者　井上毅（太政官大書記官）
発信月日　明治十年二月十六日
寸　法　一六・三糎＊六一・〇糎

敬読（讀）　元田ヨリ（左）之
書牘御送致
落手仕候　大坂熊本

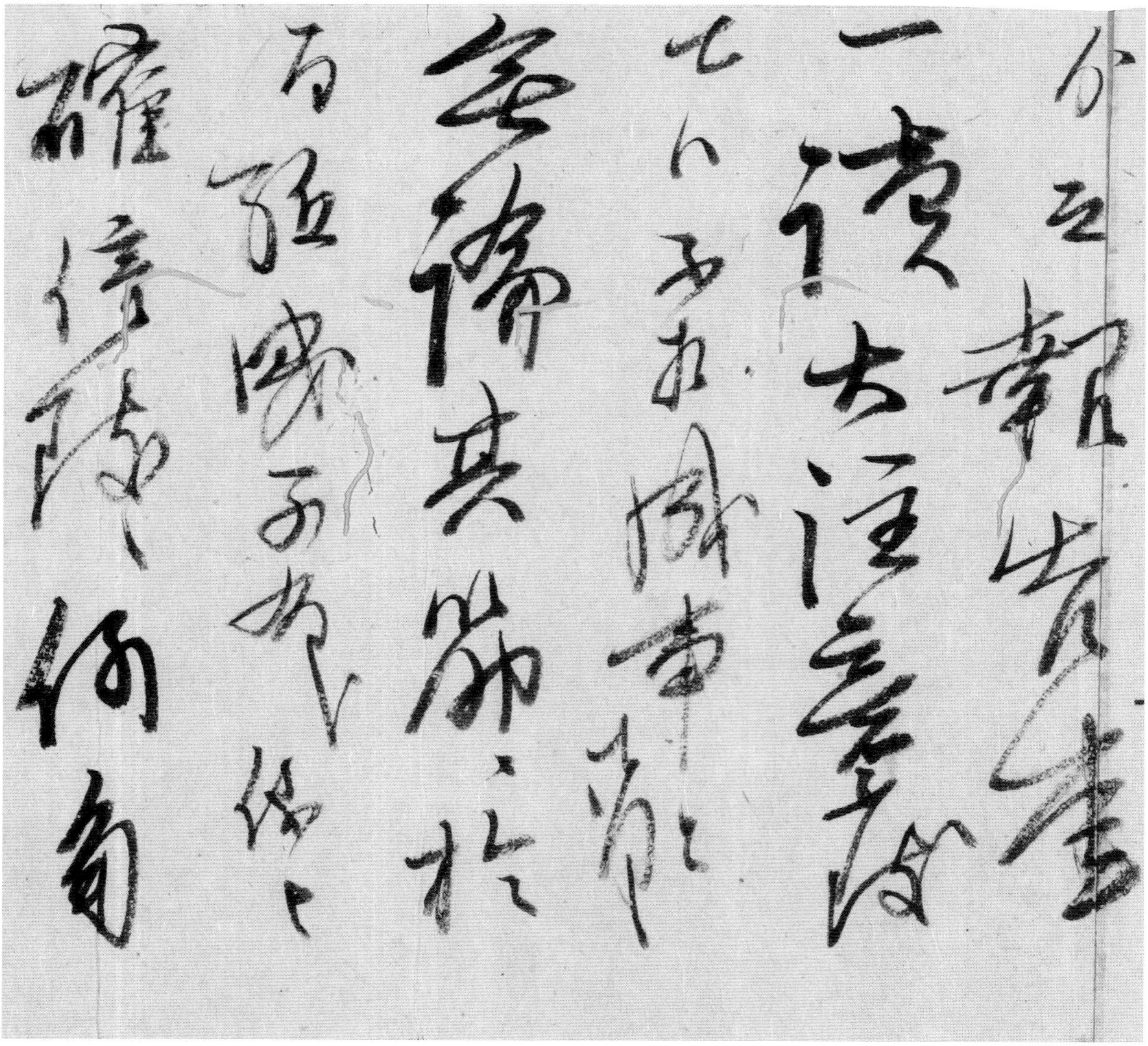

ヨリ(ゟ)之報告書
一読(讀)　大注意不致
てハ不相成事と奉存候
無論其筋ニ於
て駈曳可有之儀ト
確信致候　何角

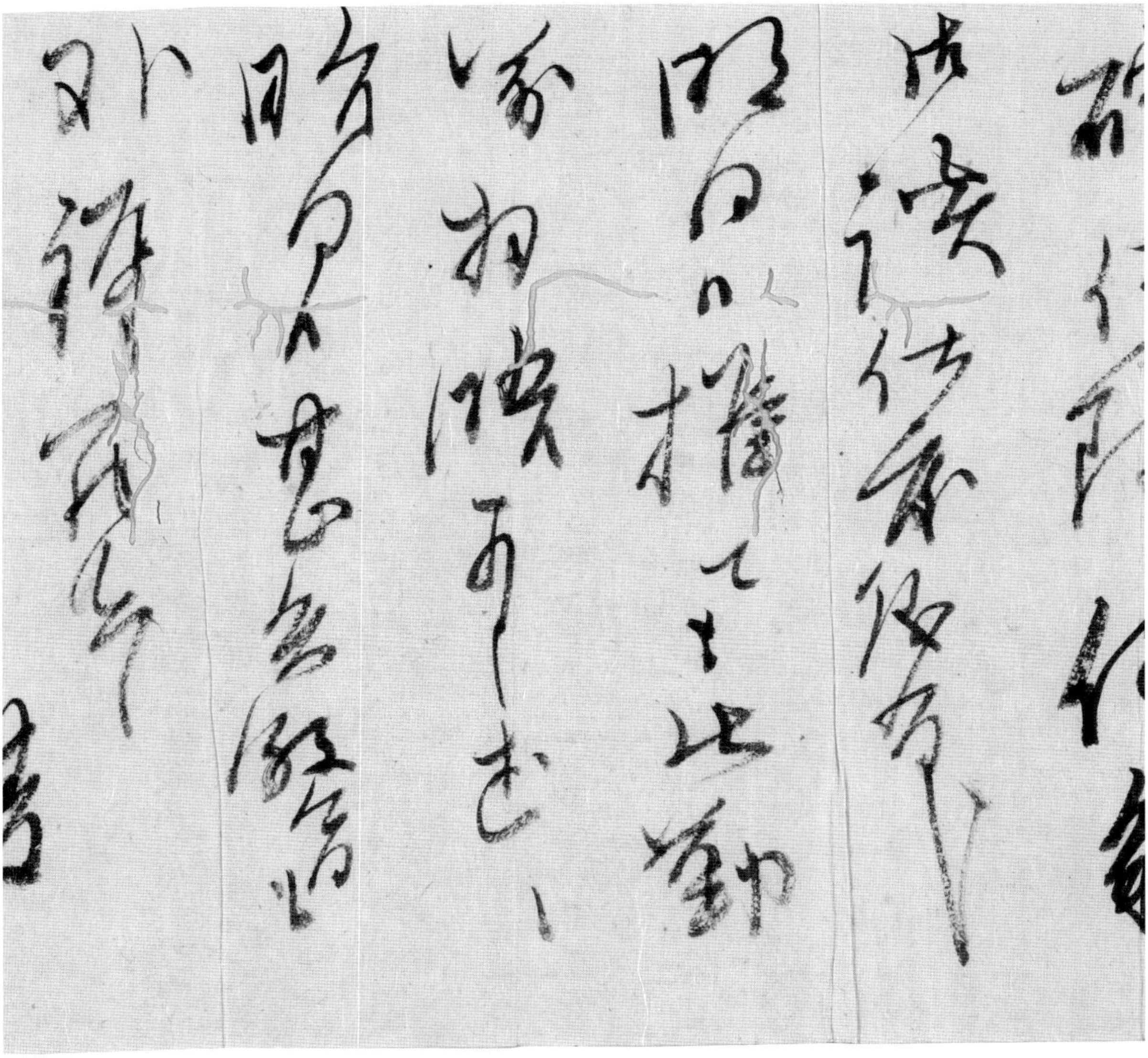

御談仕度儀有之
明日ハ推ても出勤
万(萬)拝晤可申述候
昨日ハ甚失敬　今日も
臥褥罷在候

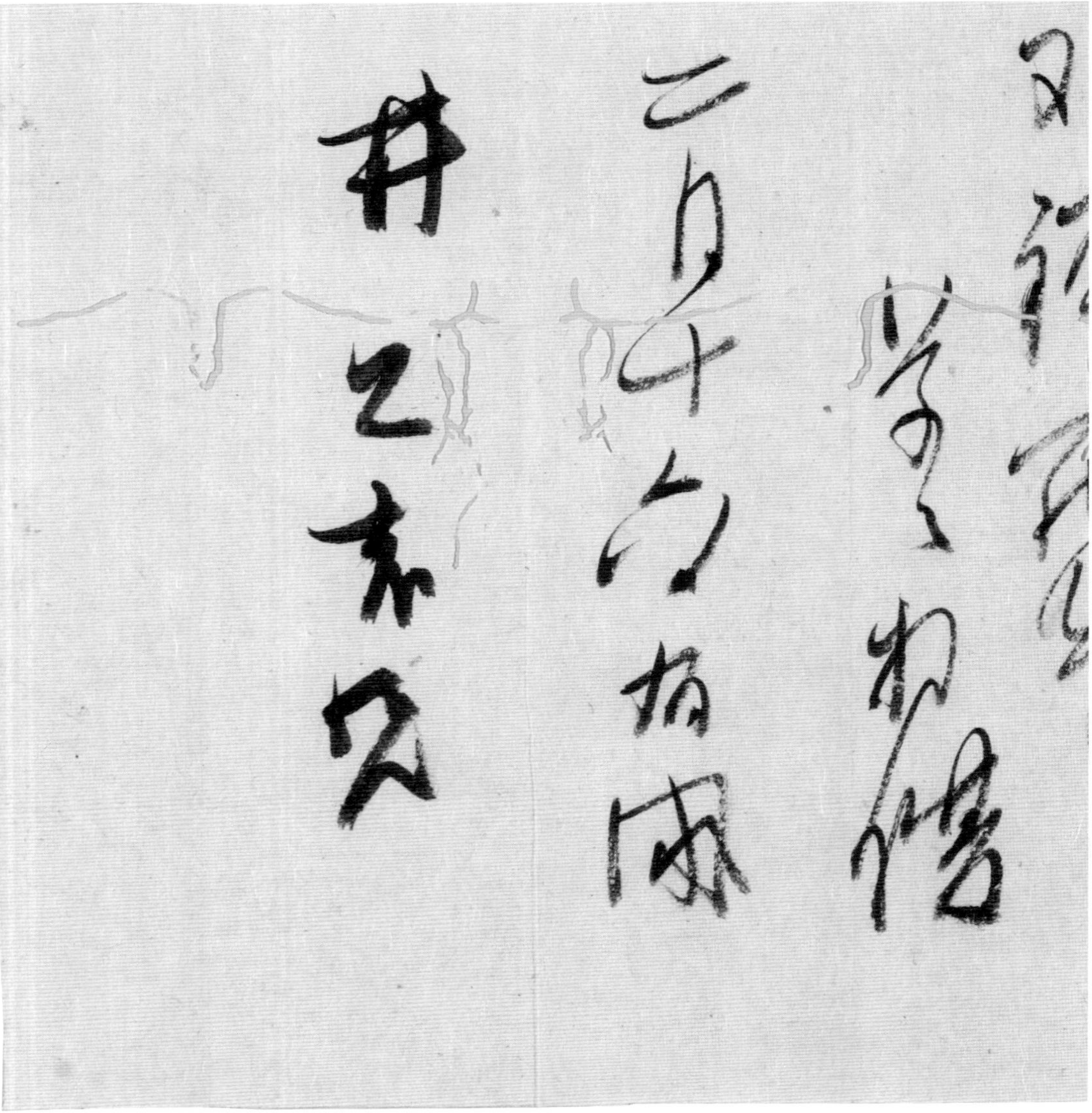

草々拝復

二月十六日　有朋

井上老兄

【解題】　明治十年（一八七七）二月十五日、西郷隆盛が不平士族を率いて鹿児島を出発した。日本近代史上、最後の内戦となる西南戦争の勃発であった。本書翰はこの翌日の十六日、関西巡幸に供奉していた陸軍卿山縣有朋から送られたものである。このとき、井上毅は同年一月の法制官の廃官に伴い太政官大書記官を仰せ付けられ、同月末からは伊藤博文の京阪出張に随行して、関西に滞在中だった（木野主計『井上毅研究』）。

情報が錯綜するなかで、政府首脳は西郷と反乱軍との関係について確実な情報を持たず、むしろその不関与を期待していた。しかし、山縣は西郷の関与を覚悟し、薩軍は船舶を使用して東京か大阪に進出するか、または長崎・熊本を襲撃して九州を制覇するか、あるいは鹿児島に割拠するかのいずれかの策を採るという予測のもと、十九日の征討令の発令に先立ち、全国的な動員体制を整えつつあった（小川原正道『西南戦争』、『公爵山縣有朋伝』）。

本書翰からは、この山縣に対し、井上が郷里熊本の情勢を伝えていたことがわかる。井上が伝えた情勢の内容は、同時期に内務卿大久保利通に宛てられた井上書翰から推測が可能である。すなわち、「熊本ノ一戦ハ全国安危ノ係ル所ト云フモ可ナリ、九州ノ人ハ、只熊本ノ一戦ヲ視テ向背ヲ決セントス」。前年、郷里で士族反乱を経験し、熊本鎮台の窮状と西郷の蹶起を待望する地元士族の心情を熟知していた井上は、焦慮に駆られ、文官の身でありながら、熊本鎮台への増派を進言したのである（『井上毅伝』史料篇第四）。こうした井上の進言に対し、山縣は「大注意」の必要を認める一方で、具体的な対処については記していない。山縣も熊本の重要性については承知していたものの、前述の予測からすれば、熊本のみに戦力を集中させることはできなかったのであろう。

しかし実際には、「九州ノ人」である井上の直感が的中し、西郷率いる薩軍は熊本鎮台の「寝返り」と熊本士族の呼応を期待して一路熊本を目指した（前掲『西南戦争』）。山縣は戦略の変更を迫られ、熊本城をめぐる攻防がこの戦争の帰趨を決することになるのである。

［内山京子］

三、士族授産に関する岩倉具視書翰

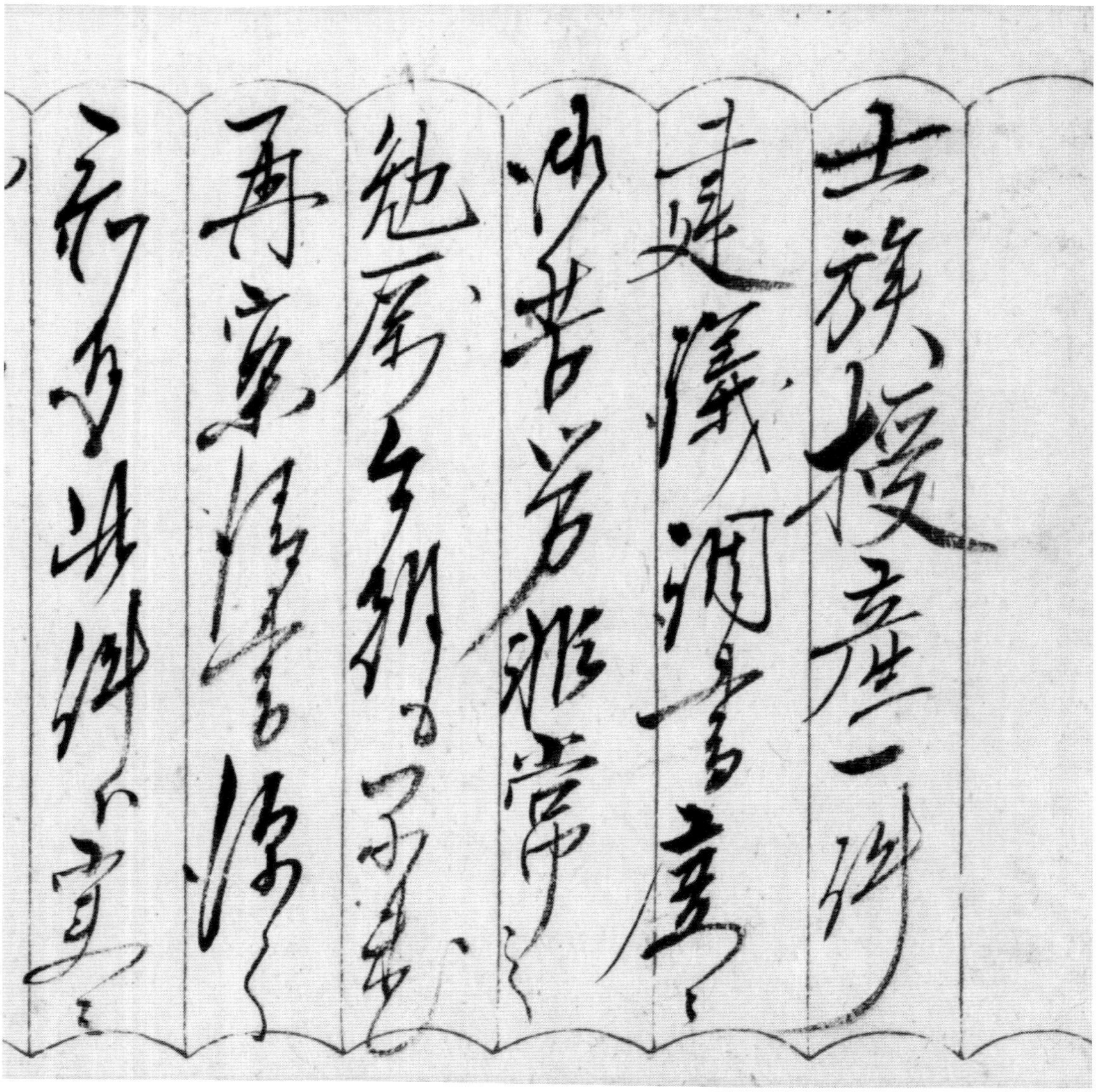

文書番号　Ⅱ-四七六-二
発信者　岩倉具視（右大臣）
受信者　井上毅（太政官大書記官）
発信月日　明治十一年七月二十三日
寸　法　一六・〇糎＊四七・五糎（巻子）

士族授産一件
建議調書　度々
御苦労　非常之
勉励（励）今朝も早速
再案清書深く
忝存候　此件ハ実ニ

国家之爲メ重事
件と存候条　是非
速ニ廟議決セラレ
度　殊ニ　御巡幸
前ノ事故　只管差
急候条　乍御苦
労　明日御参　朝掛

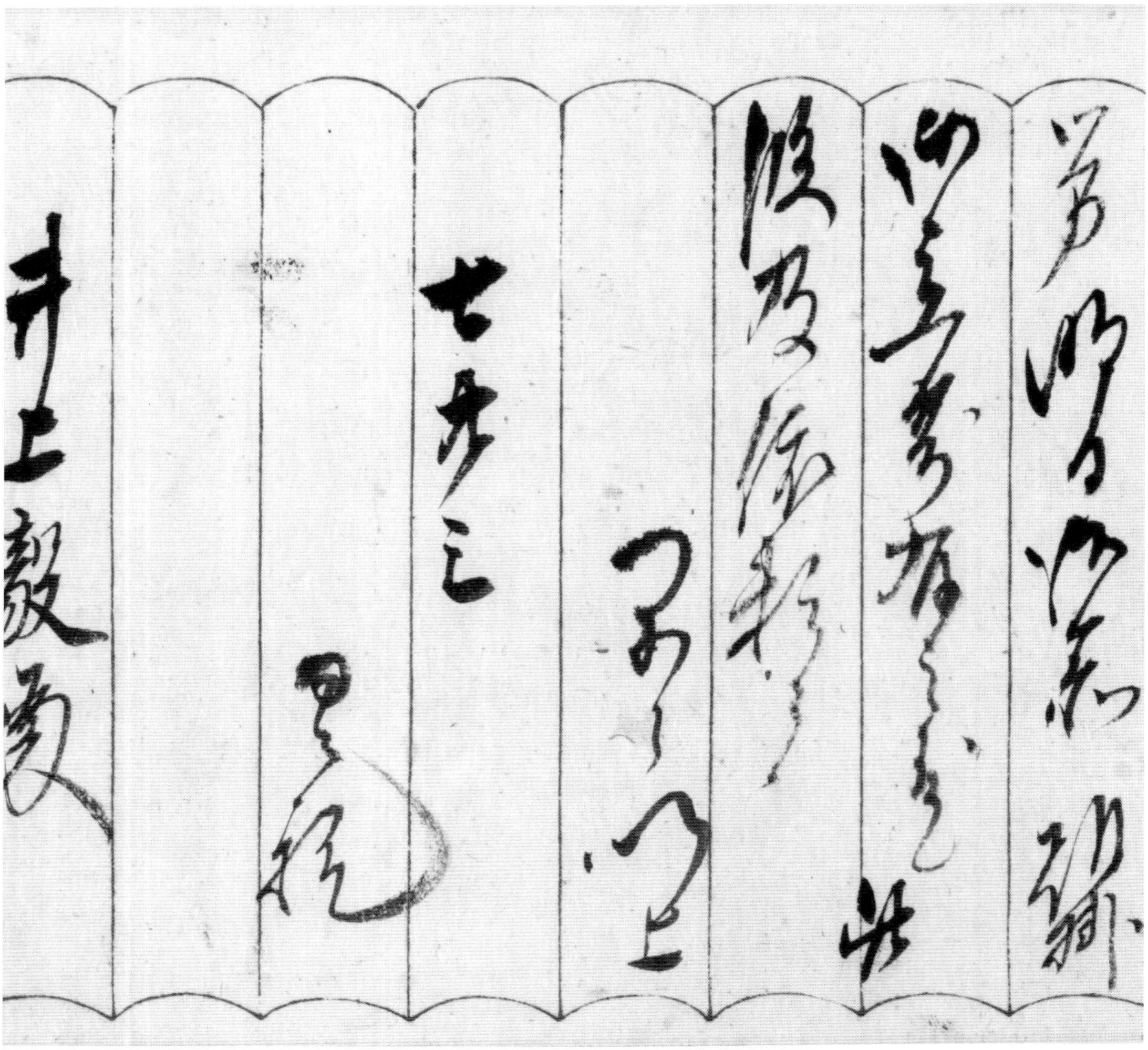

御立寄有之度候　此
段及依頼ニ候
早々以上
七廿三
具視

井上毅殿

【解題】　明治政府は、廃藩置県の後、急速に集権化への政策を進めるなかで、華士族に与えられていた特権の廃止に着手していった。しかし、「無為徒食」と批判される華士族に対して、政府が適切な役割を与えないからだとする同情的な世論も存し、政府内においても国家建設には士族の協力が不可欠とする意見が呈せられた。井上毅もその一人であり、明治八年（一八七五）に大久保利通・伊藤博文の両参議へ意見書（「士族処分意見控」『井上毅伝』史料篇第一）を提出して、士族の保護と彼らに教育を施すべきことを唱えた。

　右大臣岩倉具視は、授産政策を推し進めていた内務卿の大久保が死去すると、華族に対する保護のみならず、士族対策にも力を注ぐようになり、明治十一年七月二日付の書翰（『井上毅伝』史料篇第五）にて、井上毅に「過日内談及依頼ニ候士族一件、実ニ当今之急務仕事、誓て貫通致シ度、殊農工之学校兼授産之事、精々速ニ見込被書付御廻し有之度候、無御助才存候得共、更ニ御頼申入候、」として、「農工之学校兼授産之事」についての意見を求めた。これに対して井上は意見書（「士族授産処分意見」『井上毅伝』史料篇第一）を執筆し、金禄公債証書の政府による買上や証書を抵当とする資本貸付などの利害を論じて、士族に巨額の資金を直接与えるのではなく、工業などの事業を興させることで間接的に授産を行う策を提言した。

　本書翰は、この井上の意見を受けて認められたものであるが、書翰中に「今朝も早速再案清書深く忝く」や「明日御参朝掛御立寄有之度候」とあるように、本書翰が認められた七月二十三日前後にも岩倉と井上との間で、右の意見書に漸次修正が加えられたと考えられる。その後、この井上の意見書をほぼそのまま踏襲して、岩倉は「華士族授産之議ニ付建議」を作成した。

　同年九月九日、金禄公債証書の抵当売買が解禁されるとともに、政府による公債証書買上規則が定められたが、井上が主張したような士族への政策は執られず、これについて井上は意見書（「士族授産意見」『井上毅伝』史料篇第一）を十二月四日に岩倉へ送り、「実ニ遺憾之至ニ奉存候」と述べている。

［宮部香織］

三、士族授産に関する岩倉具視書翰

四、明治十四年政変に関する伊藤博文書翰

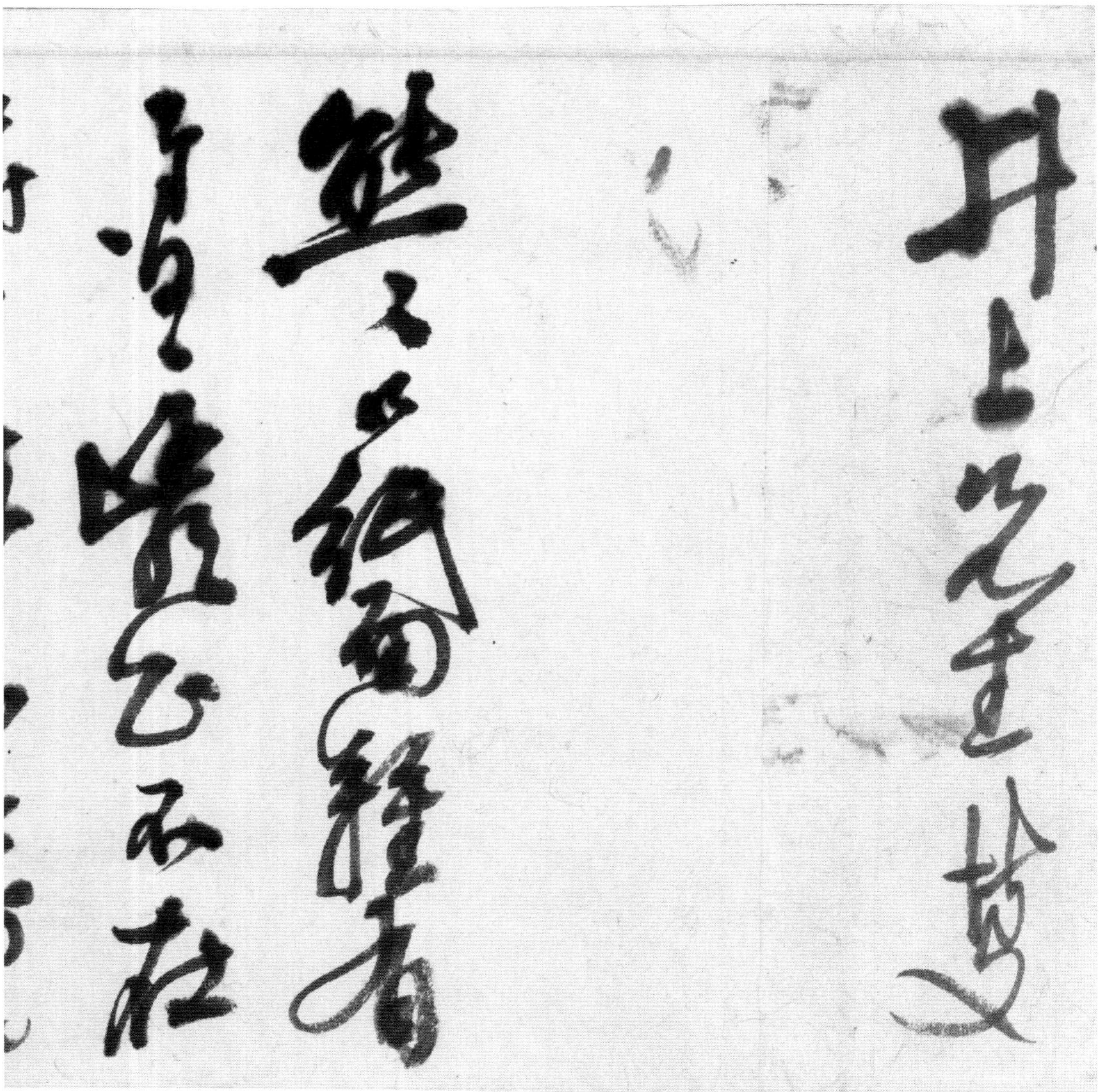

文書番号　Ⅱ―四七九―二
発信者　伊藤博文（参議）
受信者　井上毅（太政官大書記官）
発信月日　明治十四年七月五日
寸　法　一七・六糎＊八一・〇糎（巻子）

井上先生　博文

態々御紙面難有

奉存候　巖（巖）公不在

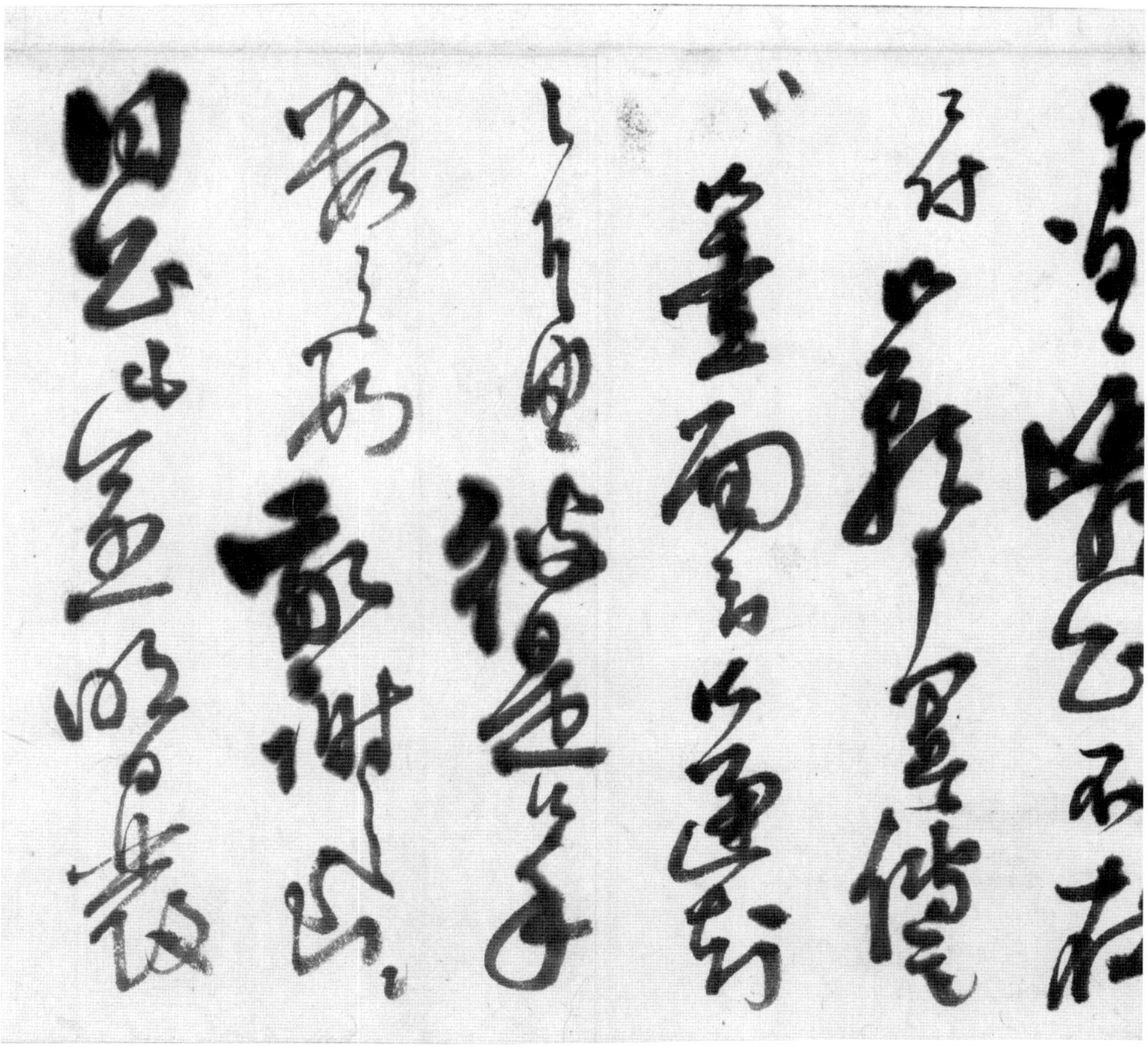

ニ付　御願申置候伝(傳)言
ハ御書面ニて御通知
被下候由　彼是御手
数之段敬謝之至ニ候
同公も愈明日発(發)

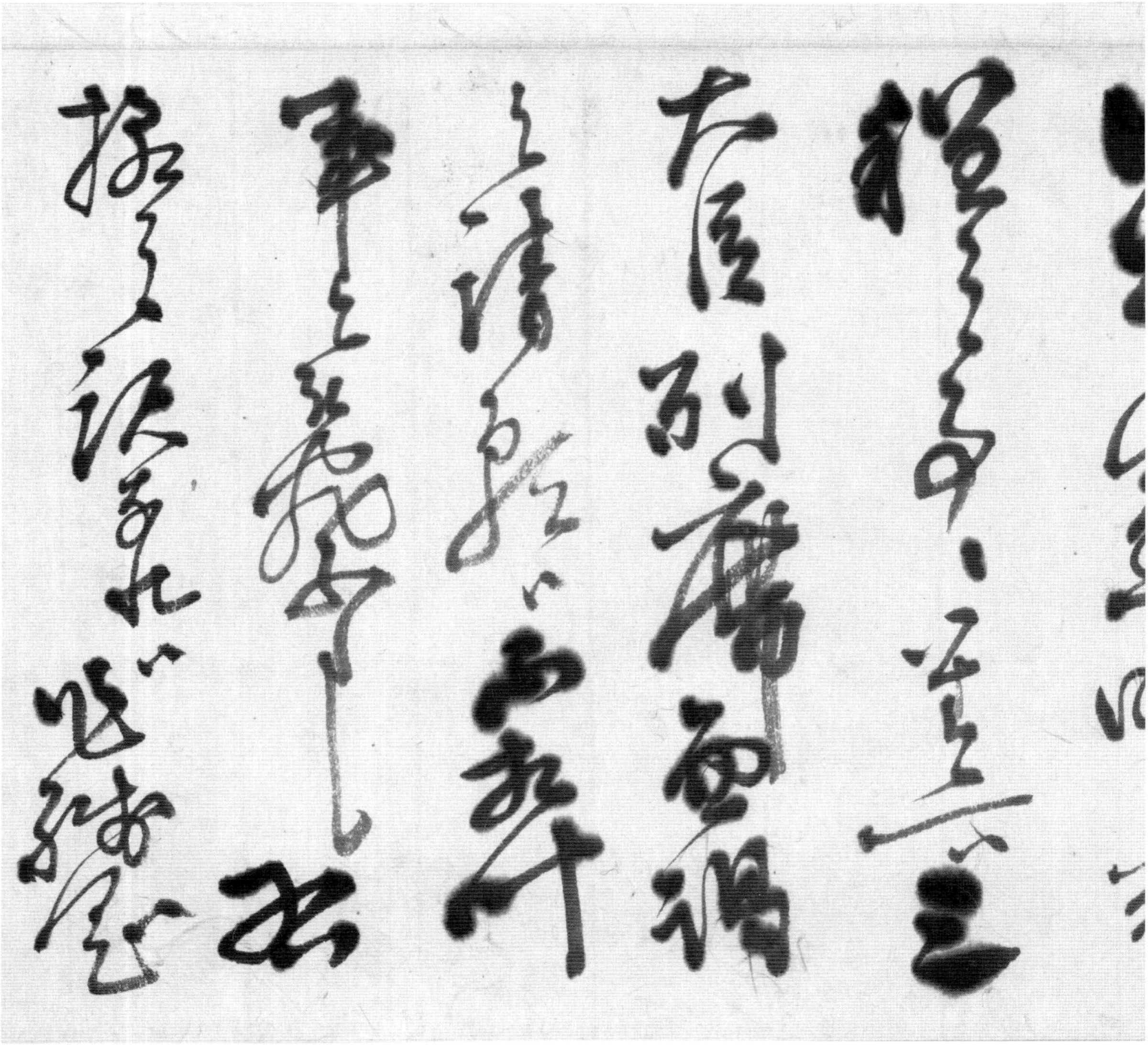

程之事ニ御座候得へハ　三
大臣列席面謁
之請願ハ不相叶
事と被察申候　右
様之訳なれハ　乍残念

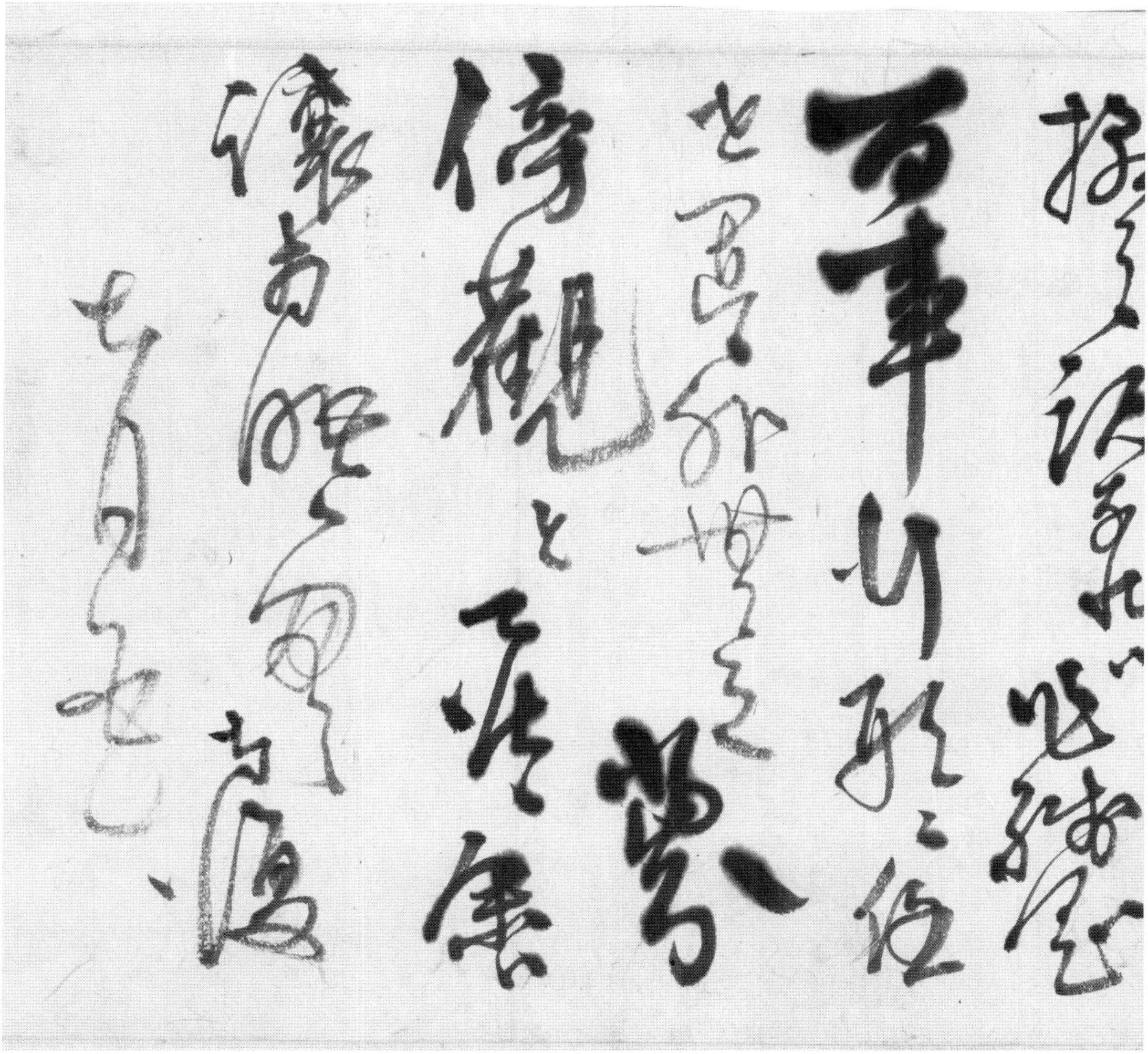

百事行形ニ任
せ置候外無之　当(當)分
傍観と可仕候　余ハ
譲(讓)拝晤候　匆々拝復
七月五日

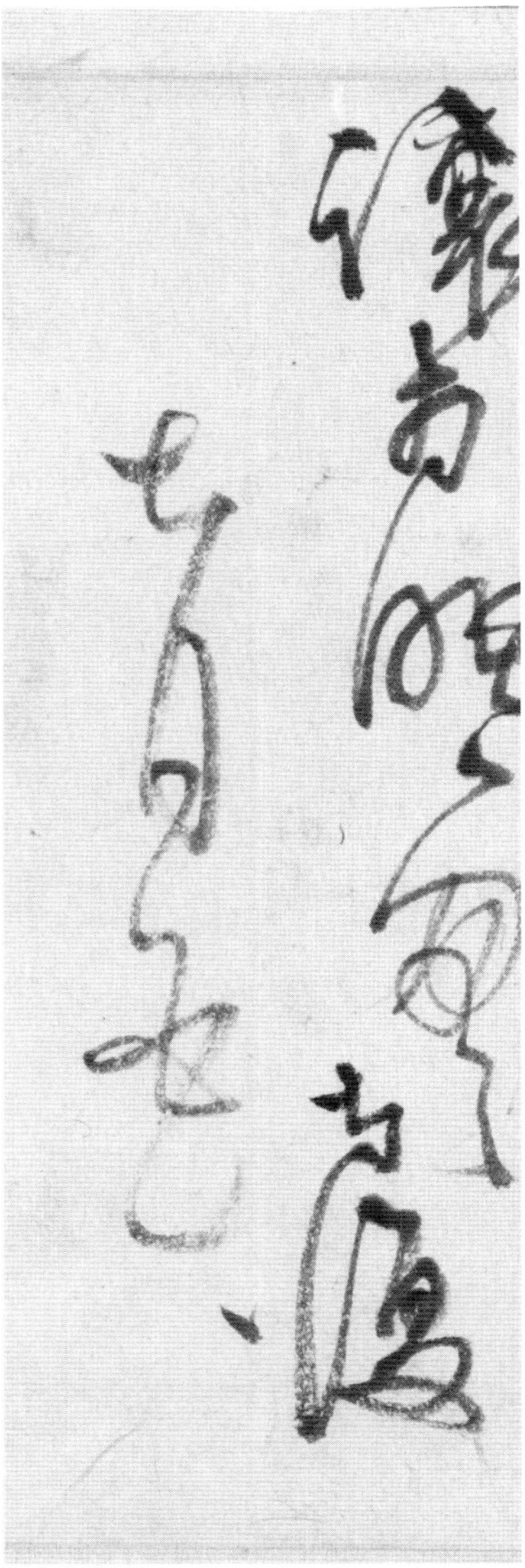

【解題】 明治十四（一八八一）年、自由民権運動の高まりのなか、明治政府内部でも国会開設、立憲政体導入の機運が高まっていた。そうしたなか、二年後の国会開設と英国流立憲君主制の導入を主張した参議大隈重信の意見書を発端として勃発した一連の政治権力闘争が「明治十四年の政変」である。大隈意見書の内容を知った岩倉具視はその急進性に驚愕した。岩倉は国会論での主導権を挽回すべく、プロシア流憲法を政府主導で早期制定することを主唱する井上毅と提携した。井上は参議伊藤博文に対して大隈意見書の危険性を入説し、自派に引き入れようとする。しかし伊藤は、大隈に対してだけではなく、自身の預かり知らぬところで岩倉・井上の主導によってプロシア流憲法論が既成事実化していたことにも激怒した。伊藤としては大隈の「急進論」は問題外としても、岩倉・井上の独走もやはり容認しがたいものであった。伊藤は参議辞任を申出、驚いた岩倉は弁明に努めるとともに、伊藤に国会論での協力を依頼した。井上も伊藤に一書を献じ、「繊芥の瑣事を放却せられ」、「進退を以て是を争ふ」のを止め、「憲法取調の大事を自ら御負擔有之度」と懇願し、自らは「官を辞して熊本の一人民」となる覚悟を申し入れた（七月二日付伊藤宛井上書翰『井上毅伝』史料篇第四）。しかし井上の懇請に対して伊藤の態度は、「如此重大事件ニ付、書記官輩［井上のこと・筆者註］之関係不可然ニ付、内密之御用辞退いたし度との事、至極尤ニ存候」と突き放したものであった。さらに伊藤は井上を介して、「三大臣（三条實美・熾仁親王・岩倉具視）之御列席ニテ意見申述へ、奉仰御熟評度存意ニ有之」と申し入れ、「ソレ迄之処ハ参朝ハいたさず」と岩倉主導の国会論に距離を置く意思を明確にした（七月五日付岩倉宛井上書翰、『井上毅伝』史料篇第四）。本書翰は、この伊藤の申し入れを岩倉に伝達したことを報告した井上書翰（七月五日付伊藤宛井上書翰、『井上毅伝』史料篇第四）に対する伊藤の礼状である。このとき、岩倉は健康を害し、強度の頭痛に悩まされていた。「明日発程之事」とは有馬温泉へ湯治に出発することを意味する。岩倉はこの後、十月六日まで三か月間も東京を離れることを余儀なくされた。伊藤は「三大臣之御列席ニテ意見申述へ」る機会を失ったが、しかし岩倉の戦線離脱は、国会論での巻き返しを画策する伊藤にとってはむしろ好都合に作用した一面もあった。「乍残念百事行形ニ任せ置候外無之、当分傍観と可仕候」。以後、伊藤は主導権奪回のために国会論の引き延ばし工作に出ることになる。

【髙杉洋平】

五、明治十四年政変に関する松方正義書翰

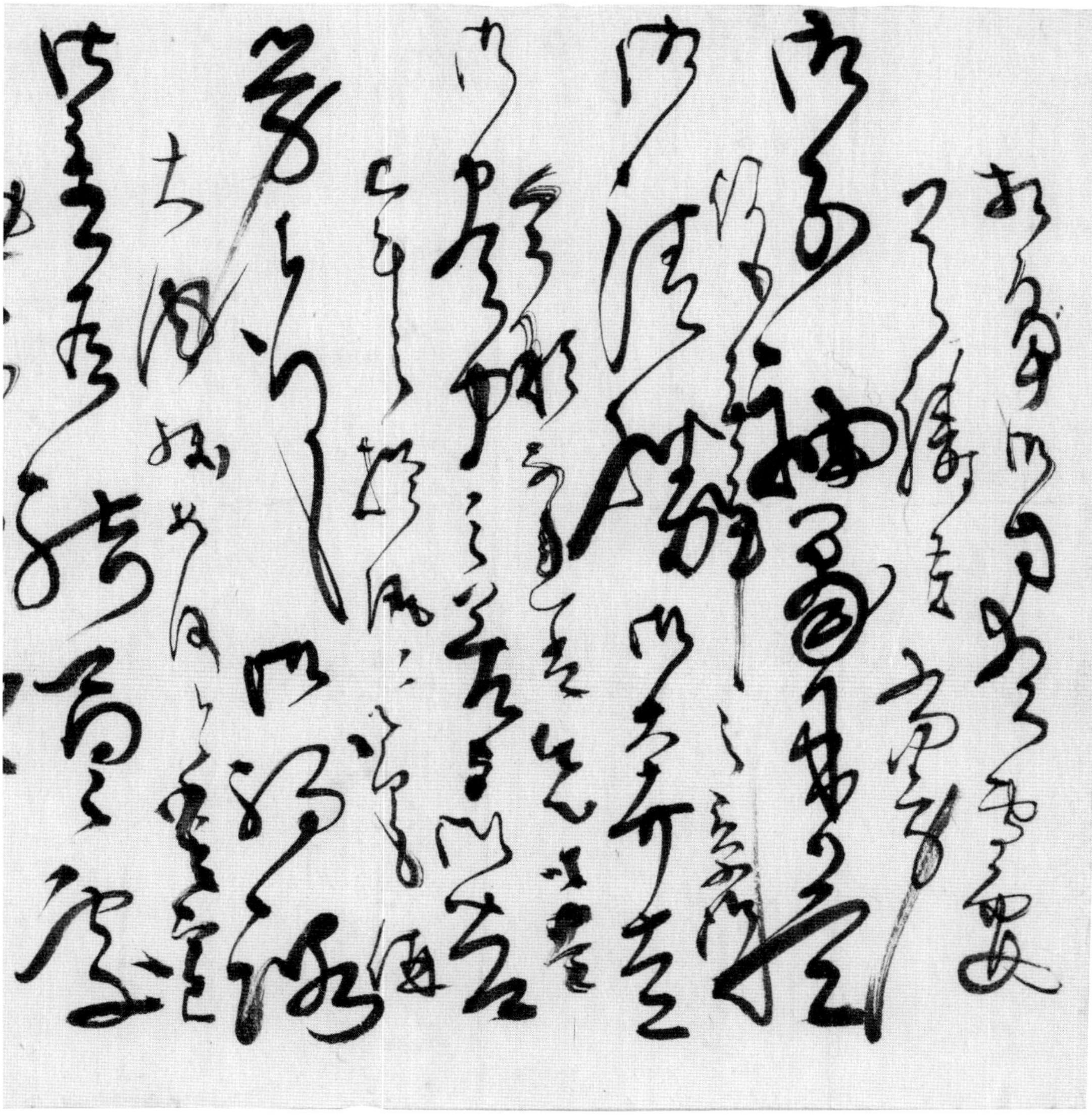

文書番号　Ⅱ―七一
発信者　松方正義（内務卿）
受信者　井上毅（太政官大書記官）
発信月日　明治十四年八月二日
寸法　一九・〇糎＊一七〇・五糎

折角御自愛専要
是禱候　当（當）方
何も無事之景況
御分袖　爾來益
御清勝御奔走
今承なれは先以豊
御尽（盡）力之節と御苦
年之模様ニ御座候　併
労奉存候　御約諸
大風抔如何と是而已
仕置候結局之処（處）

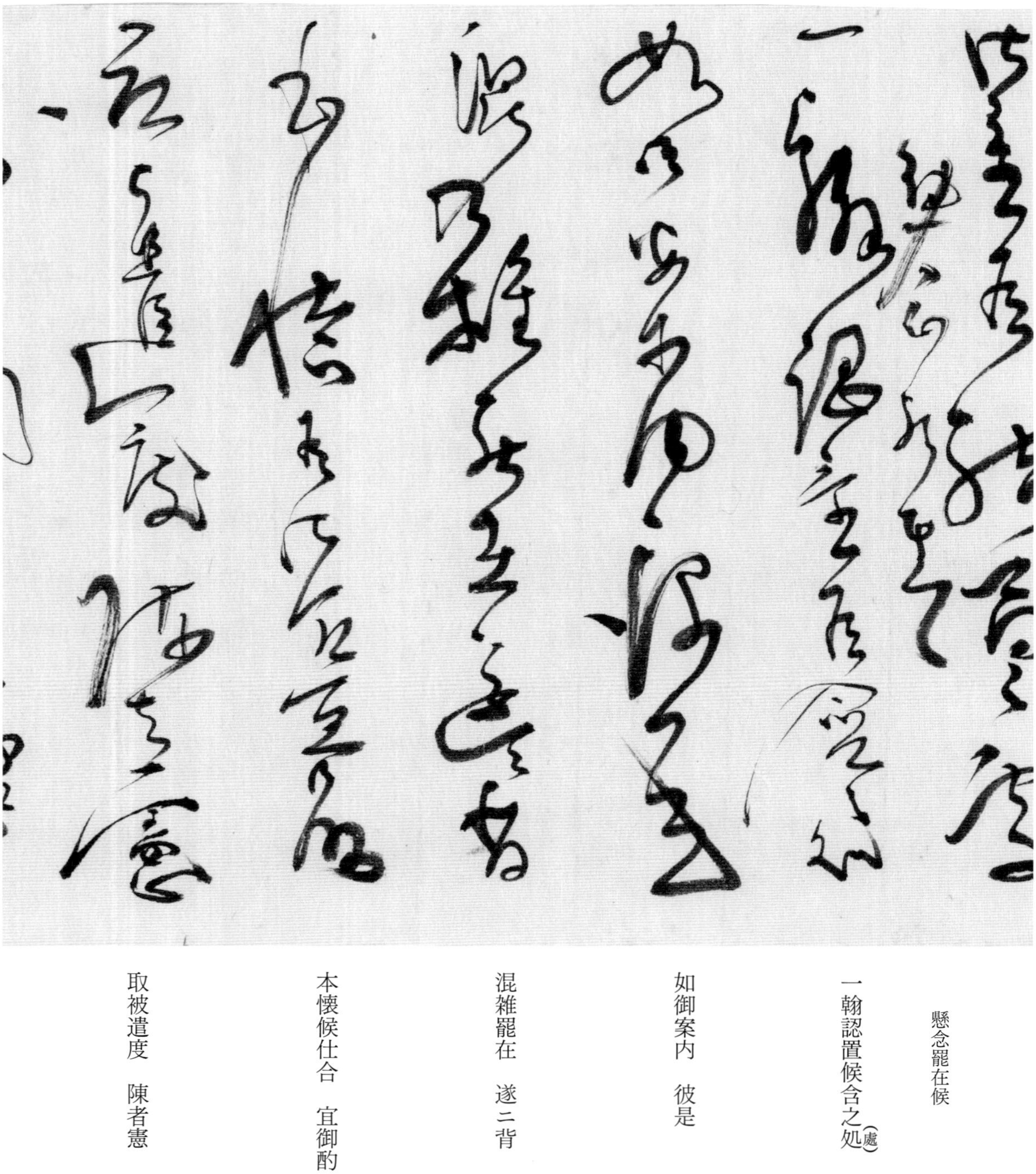

懸念罷在候
一翰認置候含之処（處）
如御案内　彼是
混雑罷在　遂ニ背
本懐候仕合　宜御酌
取被遣度　陳者憲

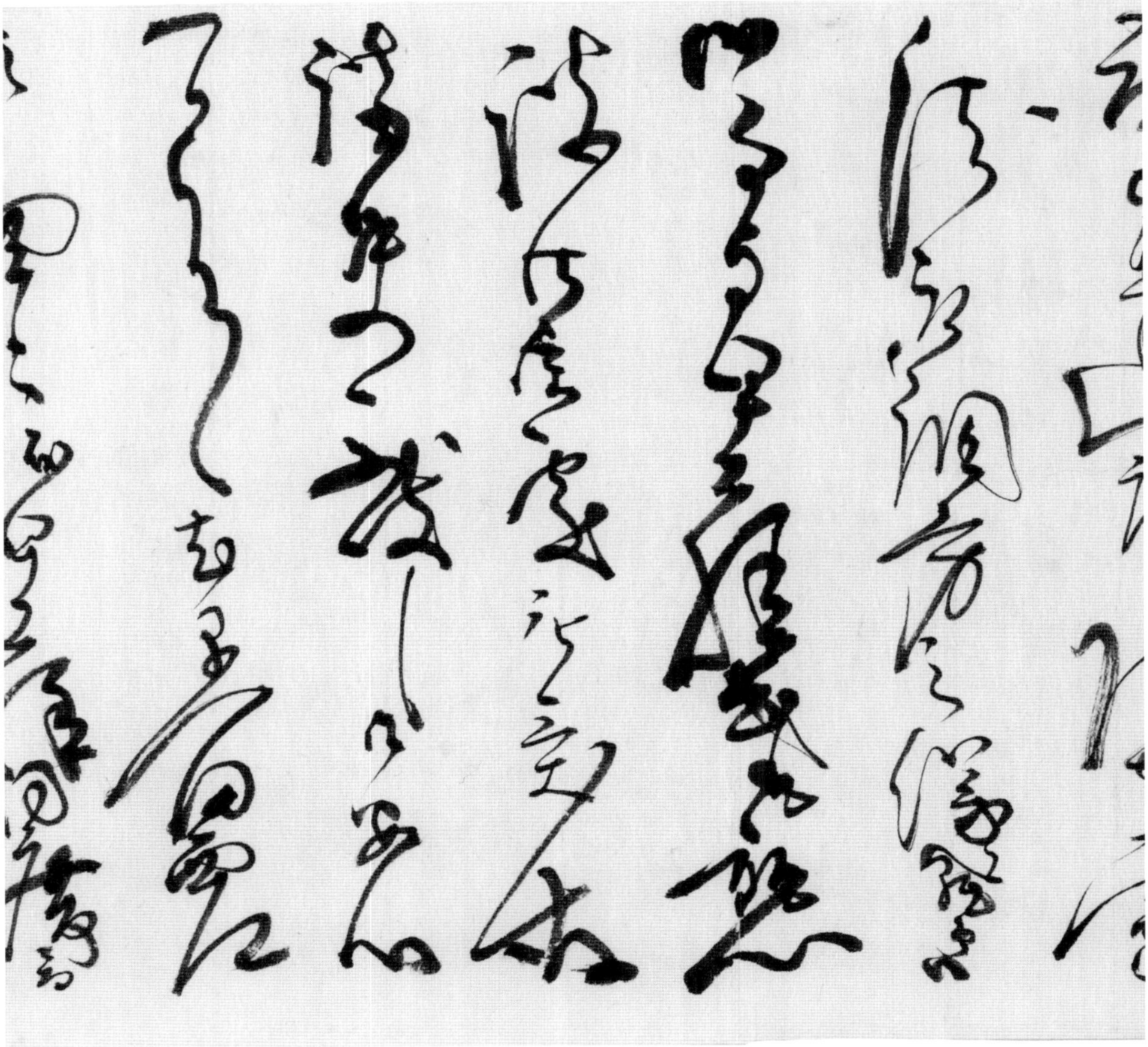

法取調方之儀ニ就てハ
篤と伊藤氏え熟
談仕候処(處) 無異存
談決致し 御安心
可被下候 尤黒田西郷

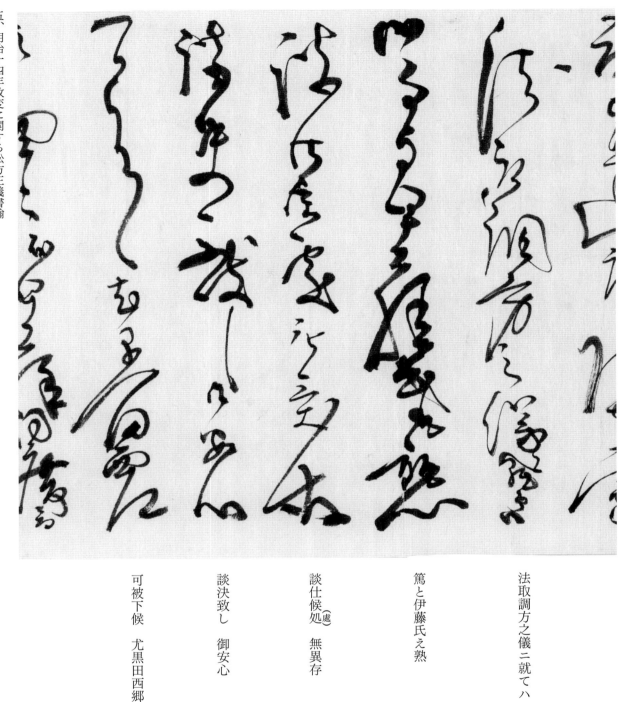

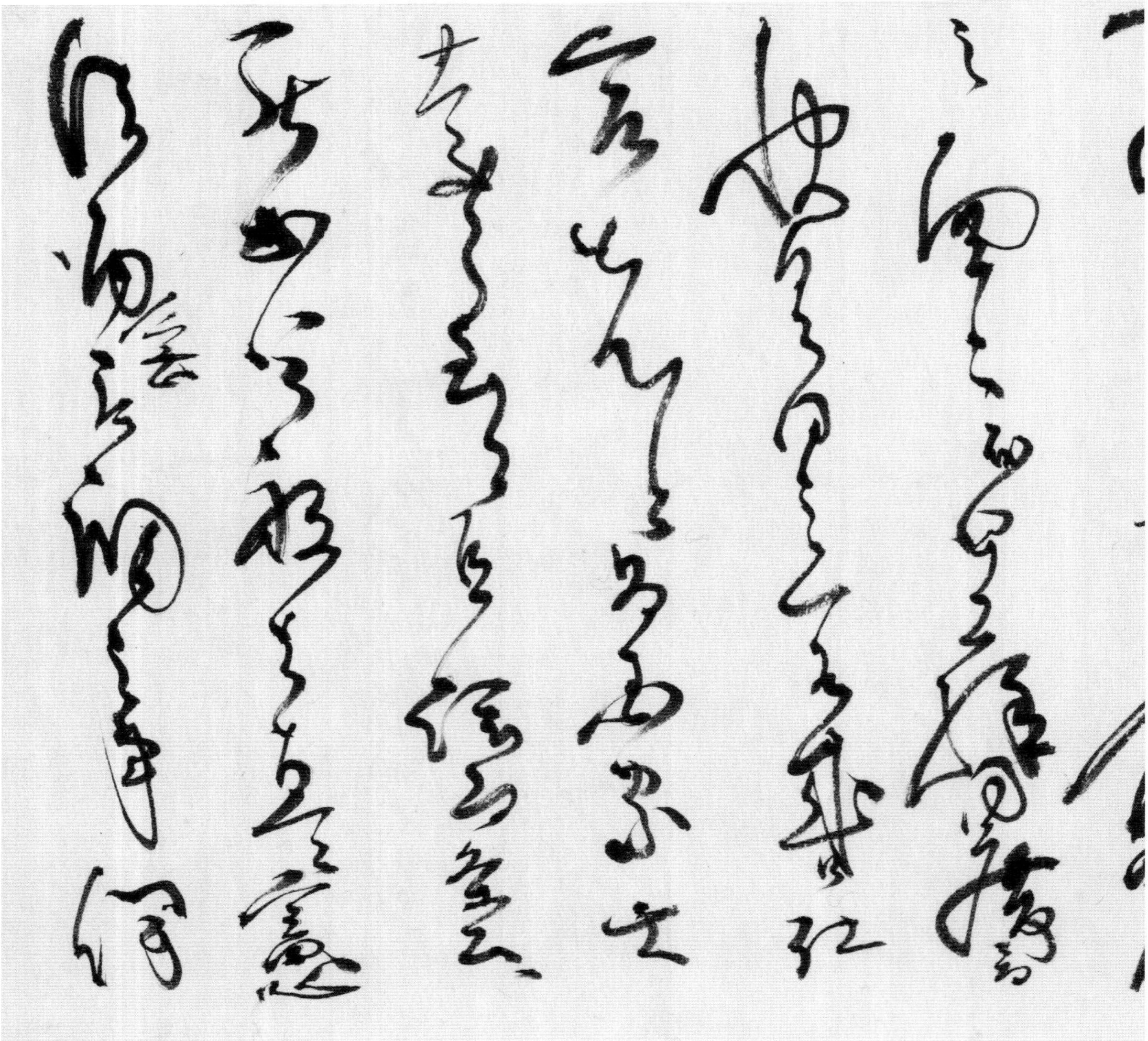

之面々も　伊藤同席ニて
快く同意相成候仕
合　先々為国家大
慶之至ニ候　依て条公へ
罷出　今般は直ニ憲
法内密取調之事　伊

藤参議御下命相成
可然者無之やと　懇々
陳述仕置候処(處)　至極
御同意ニて　定て出発(發)
後　夫々御下命ニも

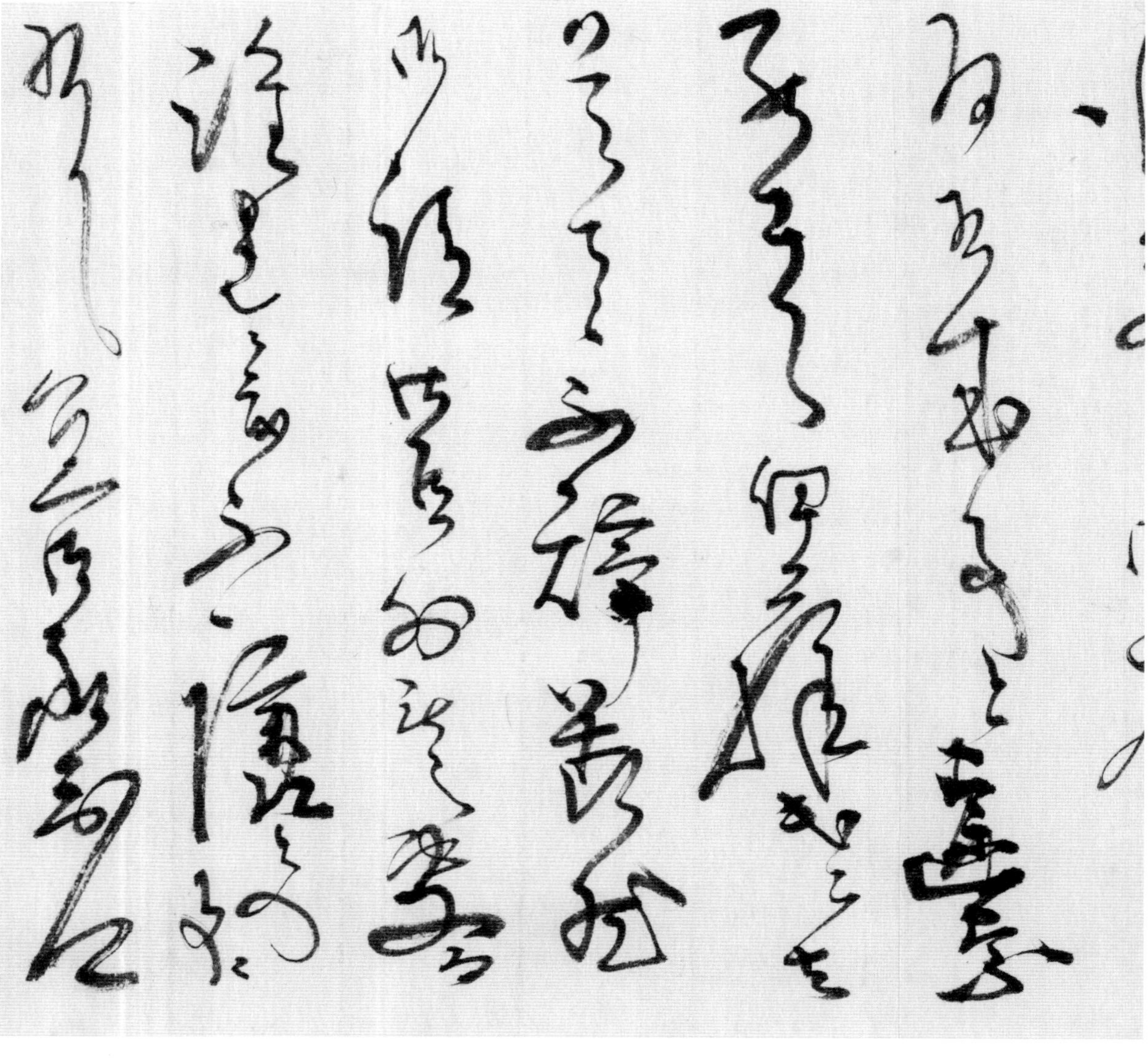

為相成事と遠察
罷在候　伊藤氏ニは
是は不辞　断然
御請仕候外無之　決て
誰れにも不譲との事ニ
有之　宜御承知可

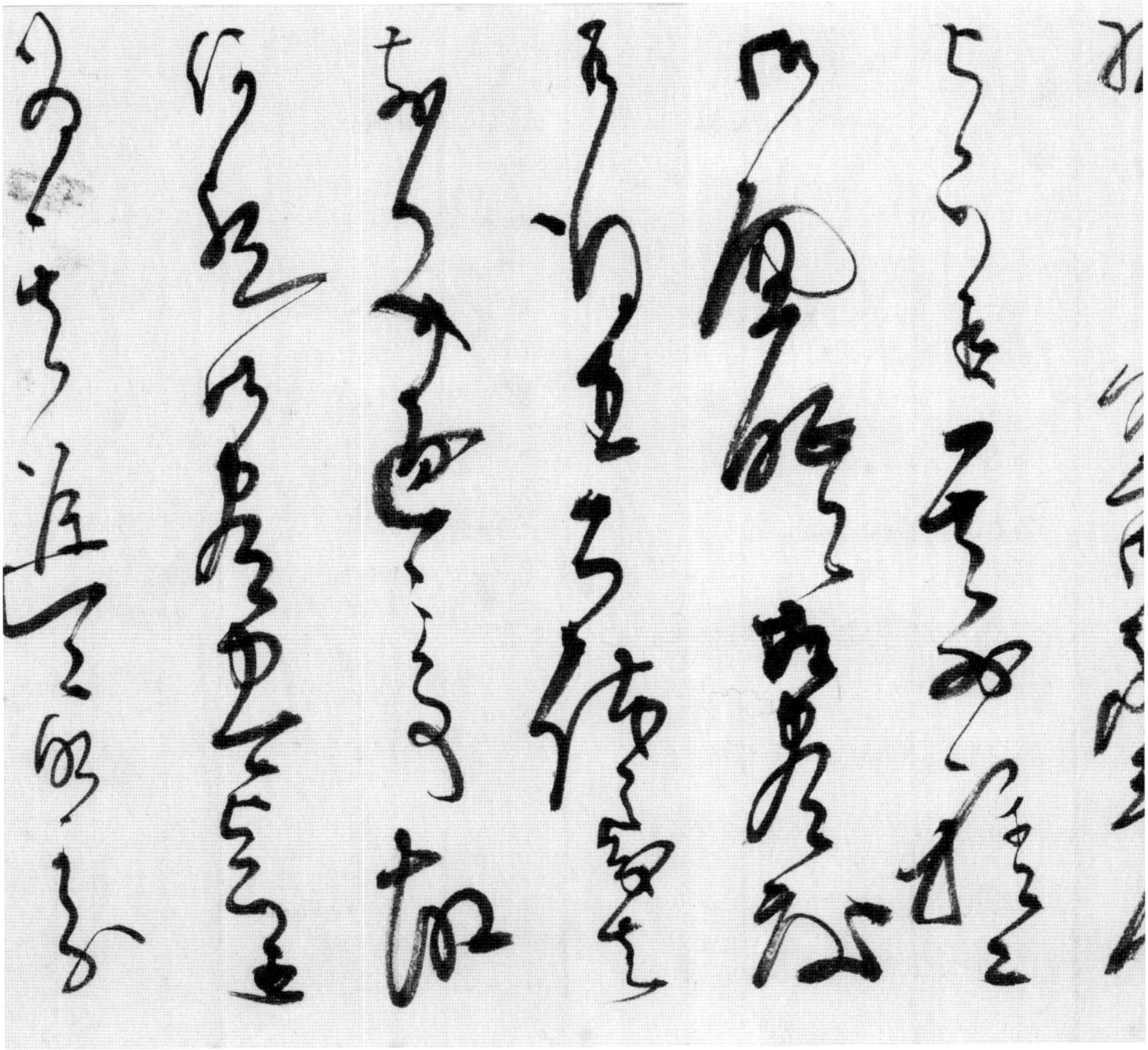

被下候　其外種々
御面晤相尽（盡）度
候得共　大体之義は
前文通之事故
何歟御尽（盡）力可被下候

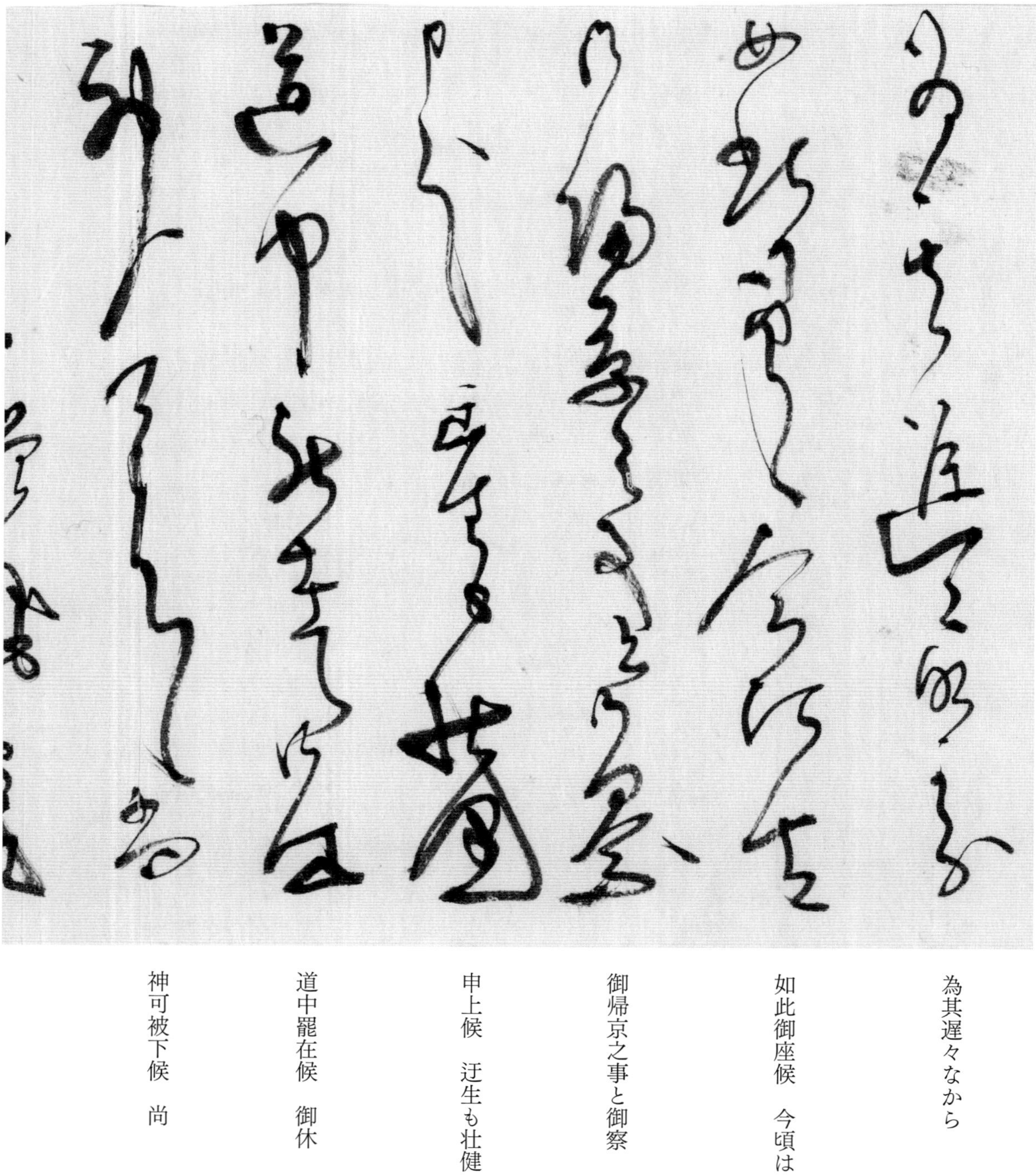

為其遅々なから
如此御座候　今頃は
御帰京之事と御察
申上候　迂生も壮健
道中罷在候　御休
神可被下候　尚

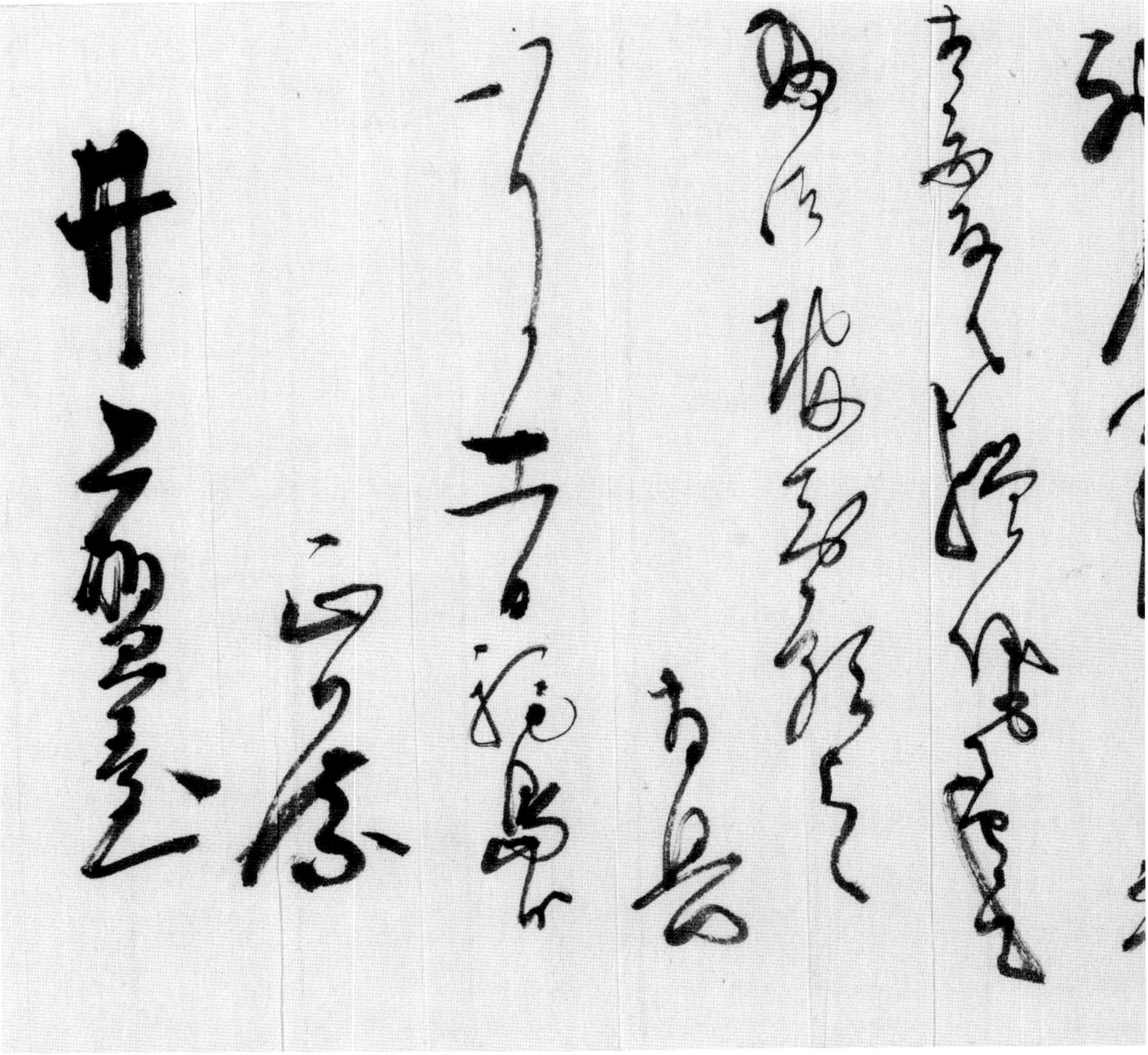

相変候模様も御座候ハヽ、
為御報知願上候
拝具
八月二日　福島ヨリ（左）
正義
井上盟臺

【解題】 伊藤の国会論引き延ばし工作に井上は困惑する。大隈の国会論を否定し、飽くまで政府主導でプロシア流憲法の早期制定を目指す井上にとって、伊藤の引き延ばし工作はいたずらに民権派につけこませる隙を作ることにほかならなかった。しかし伊藤は岩倉・井上とは異なり、大隈の英国流国会論にある程度の理解があった。また伊藤は大隈の積極財政政策の支持者でもあり、その関係は元来良好であった。八月一日には五千万円内外債を大隈と連名で閣議決定したように、国会論でいったんは悪化した伊藤と大隈の関係は改善に向かうことになる。事態を憂慮した井上は大隈の孤立化を進めるべく多数派工作を開始する。井上がその工作対象として着目したのが松方正義である。松方は大隈の積極財政政策に反対し、紙幣整理と緊縮政策を主張していたが、積極論者で占められた政府内では少数派とならざるを得ず、挽回の機会を欲していた。また政治的には天皇中心の保守主義者であり、井上の国会論に共鳴し得た。松方は伊藤だけではなく、薩派の黒田清隆《きよたか》・西郷従道《じゅうどう》にも説得工作を開始し、七月二十一日、四者会談の席上で「憲法内密取調之事」を伊藤に承諾させることに成功した。本書翰はこの成果を巡幸随行中の福島から伝えたものである。もっとも、このことをもって伊藤が井上のプロシア流憲法早期制定論に与したか否かは研究者の見解の分かれるところである。両者の緊張関係はそう易々とは氷解しなかったであろう。しかし少なくとも、井上が伊藤を憲法議論に一歩引き込むことに成功したと考えたことは確かであろう。井上にとってはまさに「国家大慶之至」であった。井上の喜びはその岩倉宛書翰にも現れている。「松方氏福島よりの来状奉供内覧候、此書面にて先月廿一日集会之節は好都合ニて談決候事分明仕候」（八月五日付岩倉宛井上書翰『古城貞吉稿井上毅先生伝』）。他方で見方を変えれば、結果として四者会談は、憲法問題での伊藤の優位を薩派公認の下で明確化したとも言える。薩派の支持を欲することに関しては伊藤も井上と同断であった。伊藤の巻き返しも成功しつつあったのである。

【高杉洋平】

六、明治十四年政変に関する伊藤博文書翰

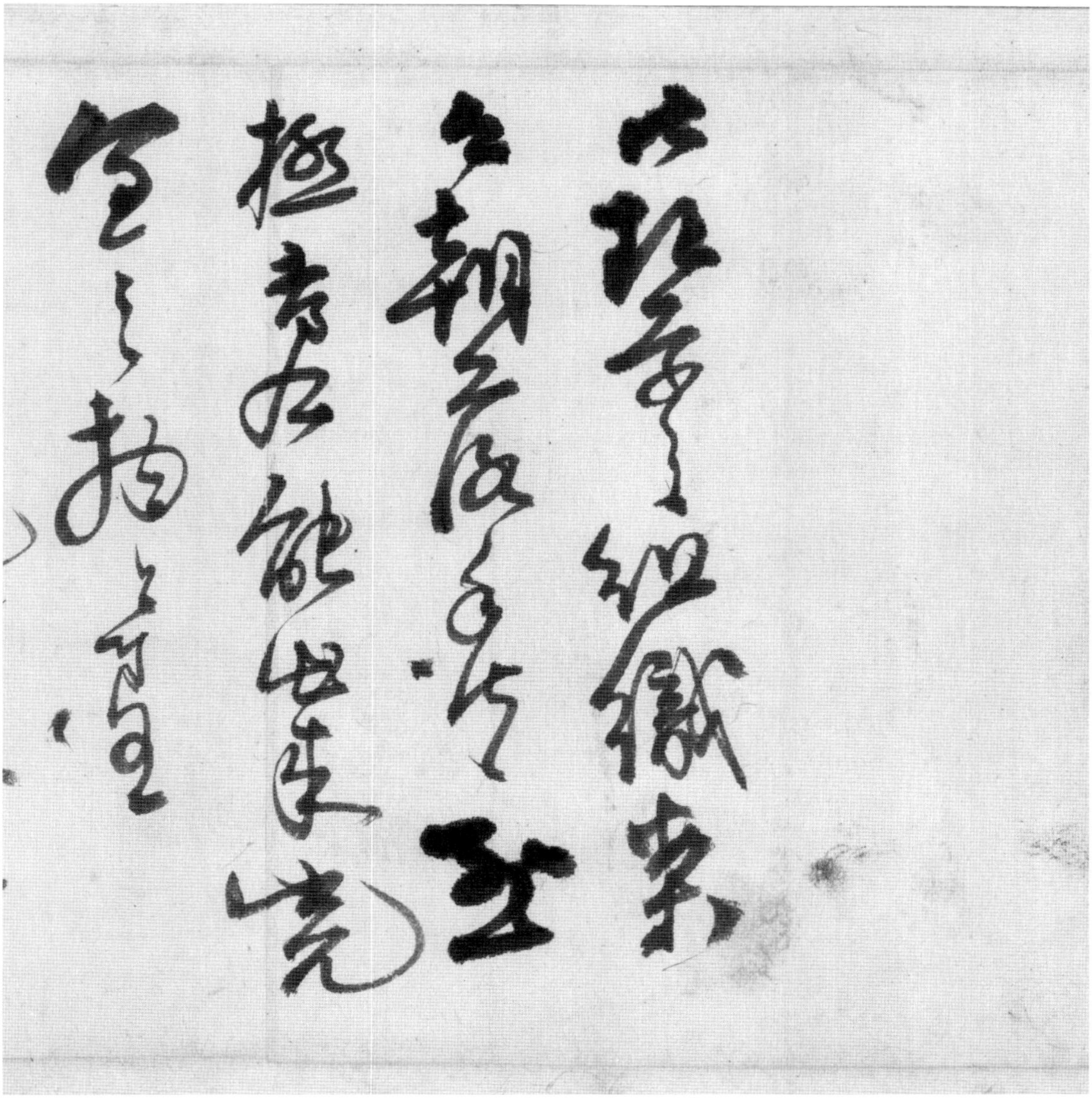

文書番号　II－四七九－六
発信者　伊藤博文（参議）
受信者　井上毅（太政官大書記官）
発信月日　明治十四年九月二十四日
寸　法　一八・六糎＊八二・〇糎（巻子）

御起草之組織案
今朝落手仕候　至
極都合能出来　完
全之物と奉存候

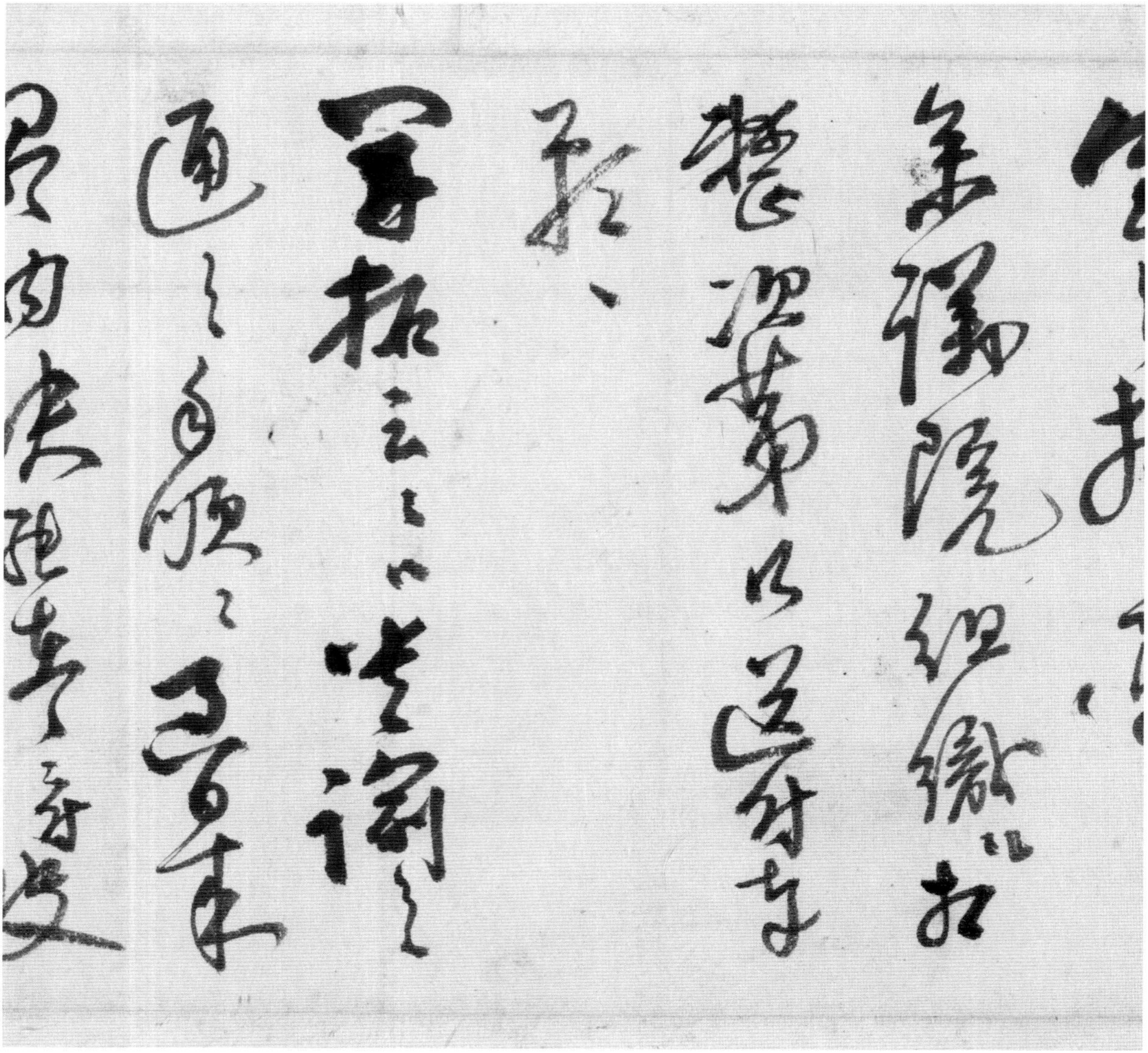

参議院組織も相

整次第御送付奉

願候

開拓云々ハ　貴諭之

通之手順ニ過日来

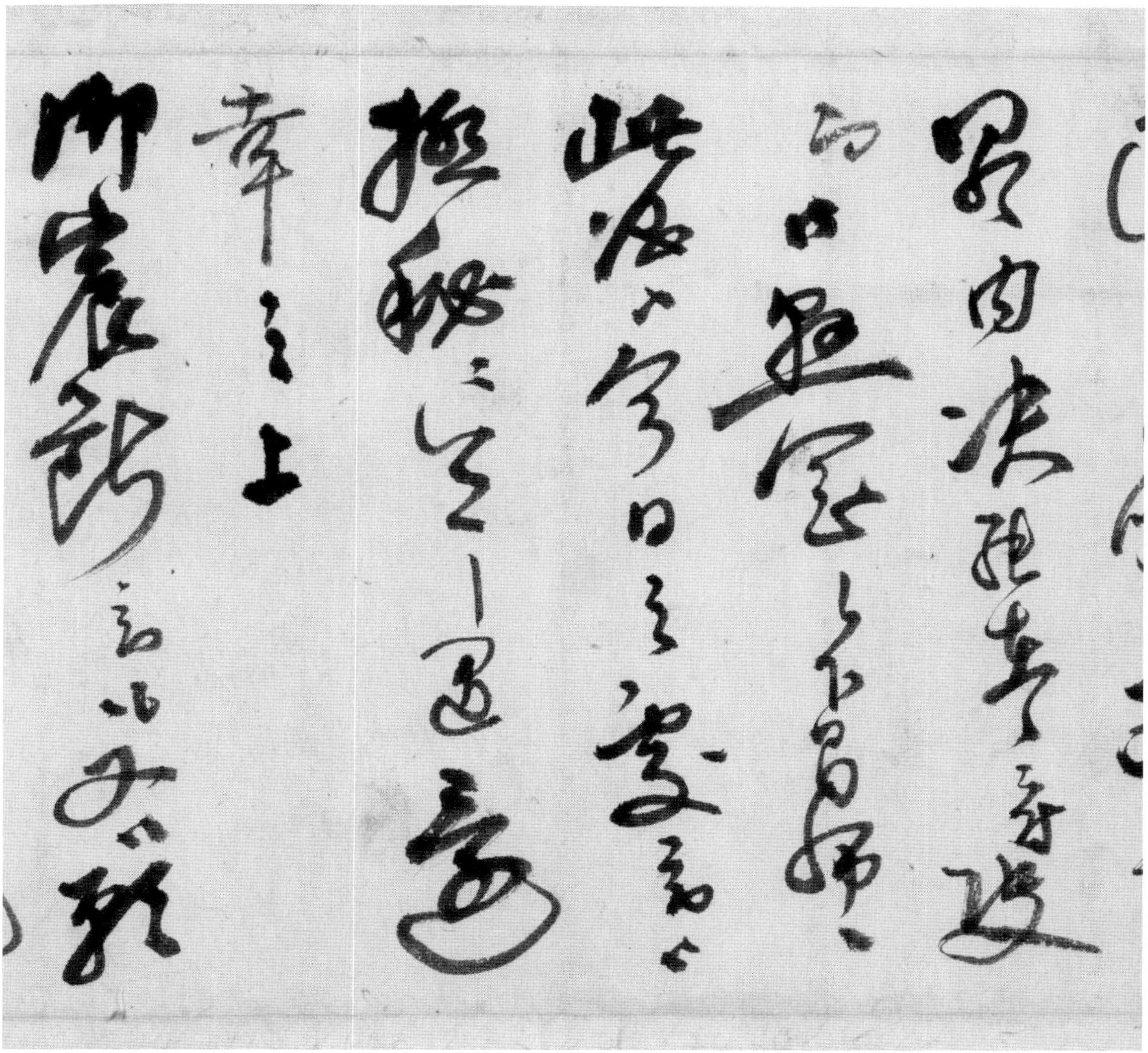

略(畧)内決罷在候ニ付　決
て御懸念被下間布候
此儀ハ今日之処(處)ニてハ
極秘ニいたし置　還
幸之上
御宸断ニても　又ハ願

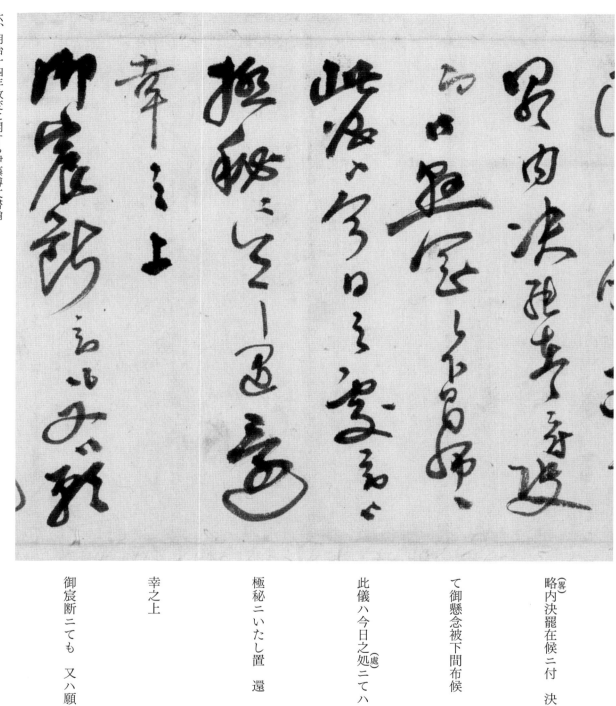

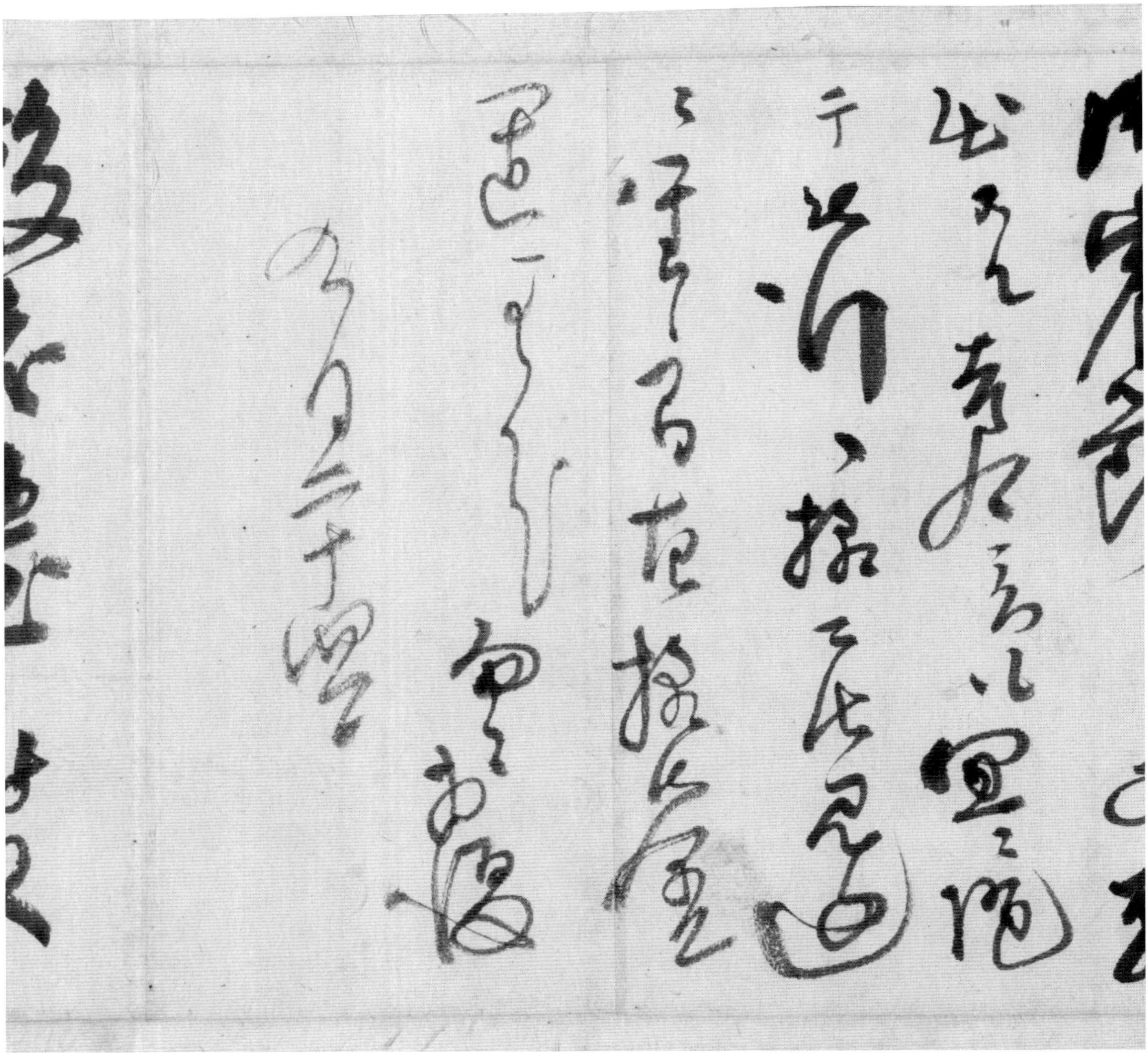

出スル都合ニても宜ニ随
テ被行候様可仕見込
ニ御座候間　左様御含
置可被下候　匆々拝復
九月二十四日

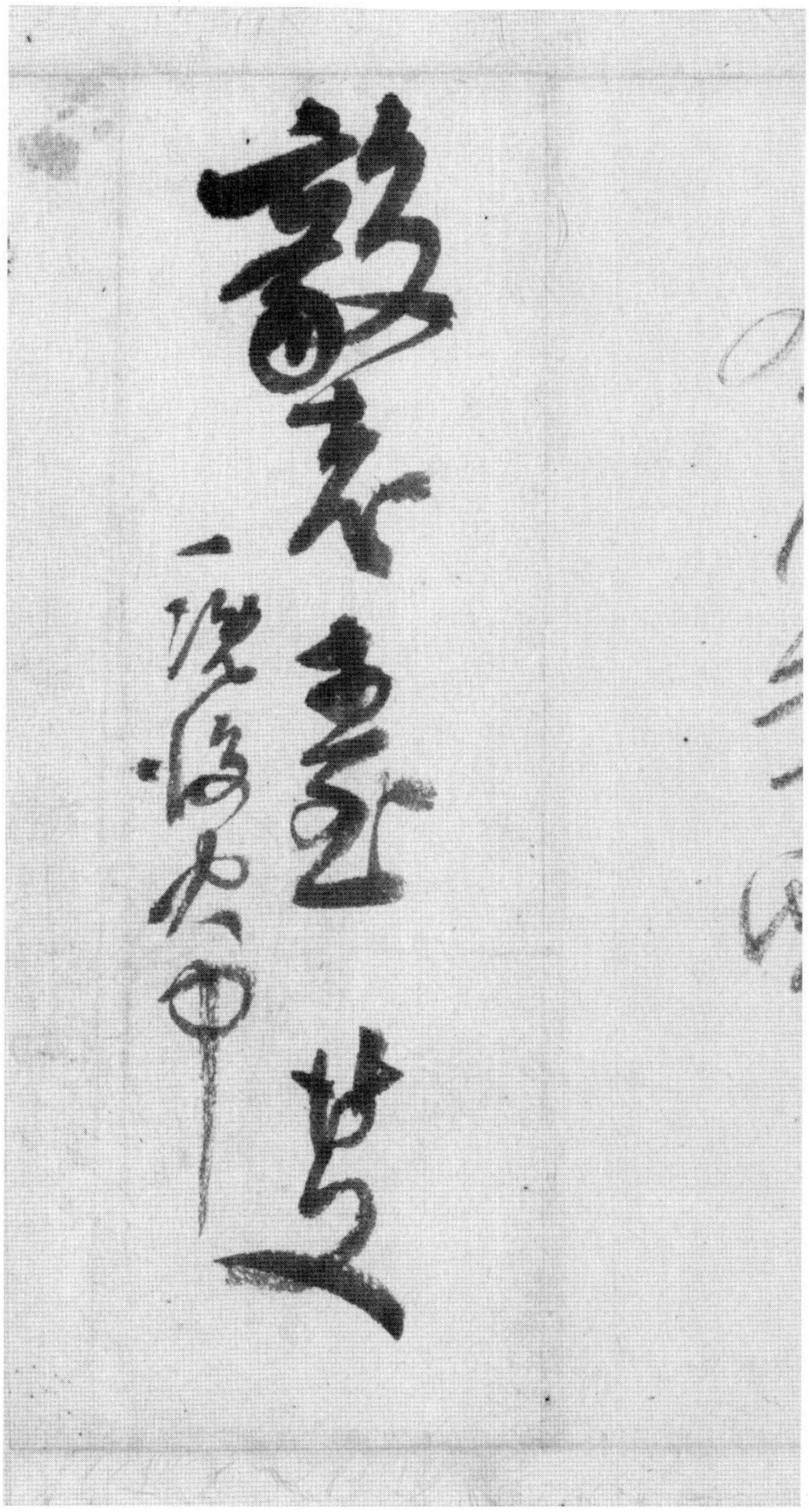

毅老臺　博文

一覧後火中

【解題】国会論で関係を改善しつつあった伊藤と井上の関係をさらに緊密なものにしたのが内閣制度改革問題であった。内閣制度改革、すなわち太政官制の改革は、太政大臣岩倉具視に対抗して明治政府内でのヘゲモニーを確保しようとする参議伊藤の悲願だった。同時に、井上も憲法制定・国会開設に向けて「憲法之基址」たる内閣制度の抜本的改革は急務だと考えていた。井上は伊藤に対して、「維新以来内閣職制之更正已ニ七八度ニ及候、皆左遷右移ニ過キズ、今度ハ陳腐ヲ去リ稍ヤ憲法之基址ヲ為シ面目ヲ一新被成候可然奉存候」と提言した（九月二十一日付伊藤宛井上書翰『井上毅伝』史料篇第一）。伊藤から内閣制度改革案の研究を依頼された井上はただちにこれを立案した。本書翰は井上作成の改革案に対する伊藤の礼状である。しかし内閣制度改革は伊藤と井上を近づける一方で、井上と岩倉の関係を微妙なものにするものでもあった。なぜなら井上が自身の改革案中で旧制度に関して、「従前各省ヨリ太政大臣へ当テ伺書ヲ以テ指令ヲ取候者、即チ大宝制之精神ニヨリ諸省ハ太政官ノ分司タル政体之遺物歟ト存候、今後諸省卿即内閣タル之新制ヲ被用候上ハ、太政官ナル一箇ノ最上等官府アルニアラズ、故ニ以後太政官指令之制ハ被廃可然」（前掲史料）と提言したように、内閣制度改革は太政大臣たる岩倉の優位を揺るがすものになりかねなかったからである。また本書翰にいう「開拓云々」とは言うまでもなく「開拓使官有物払下げ事件」のことであるが、特にその処理をめぐって井上が「小ニ屈シテ大ヲ伸ルヲ必要トス」との観点から、払下げ中止を提言していたことを指す（九月二十三日付伊藤宛井上書翰『井上毅伝』史料篇第四）。この後、伊藤は井上の提言に沿う形で払下げを中止するとともに、大隈に事件紛糾の責を負わせて詰め腹を切らせることになる。井上は遂に国会論をめぐる最大の政敵を駆逐することに成功するのである。国会論をめぐる明治政府内の勢力関係は静かに変動しつつあった。

【髙杉洋平】

六、明治十四年政変に関する伊藤博文書翰

七、条約改正に関する元田永孚書翰

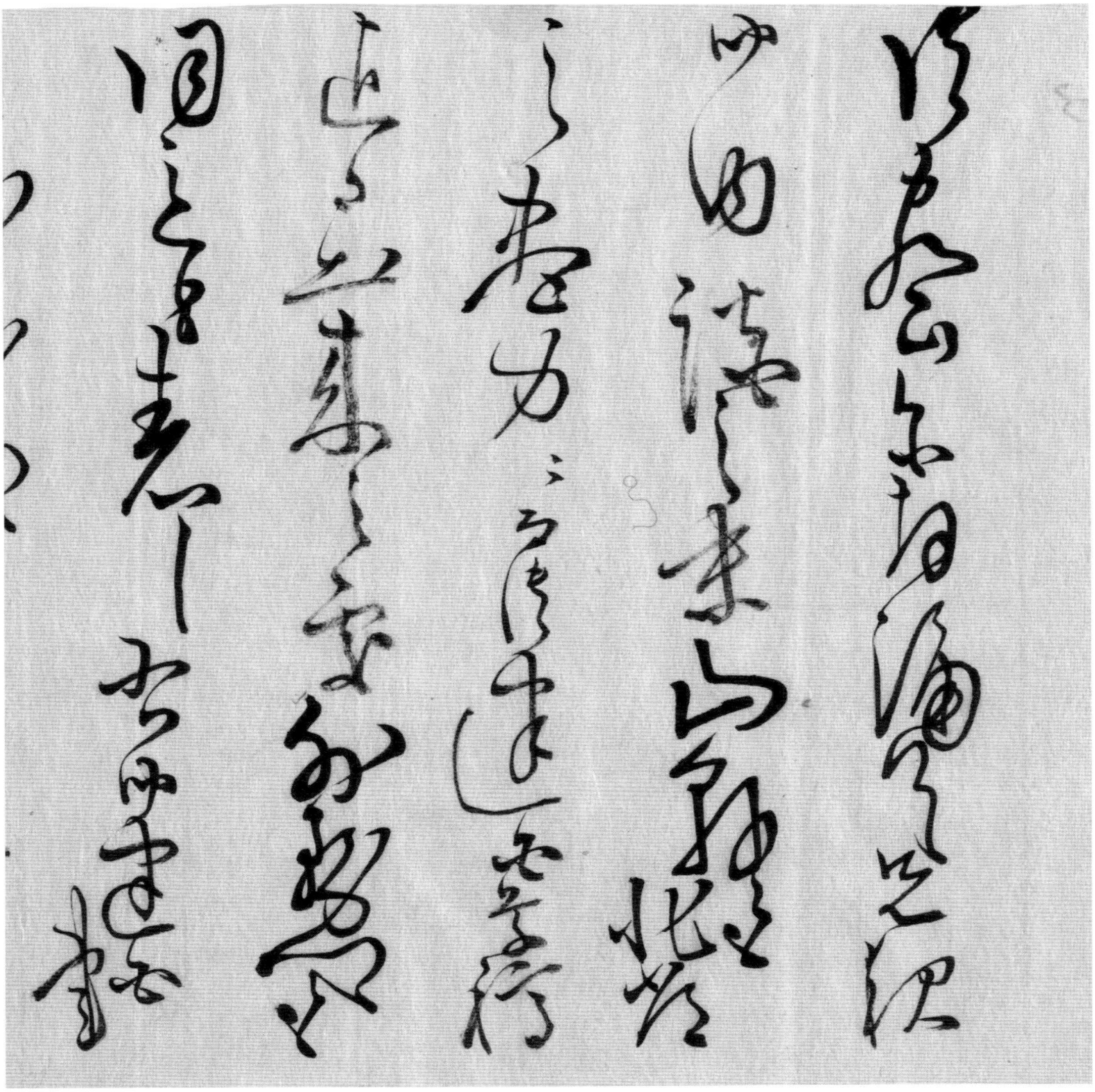

文書番号　Ⅱ-一一五
発信者　元田永孚（一等侍講）
受信者　井上毅（参事院議官・内閣書記官長）
発信月日　明治十五年七月二十三日
寸　法　一六・七糎＊二〇三・〇糎

御密示拝誦仕候　先夜
御内談之末　山縣ニも非常
之尽（盡）力ニて御建白草稿
迄御出来候処（處）　外務卿ニも
同意を表し　右御建白書

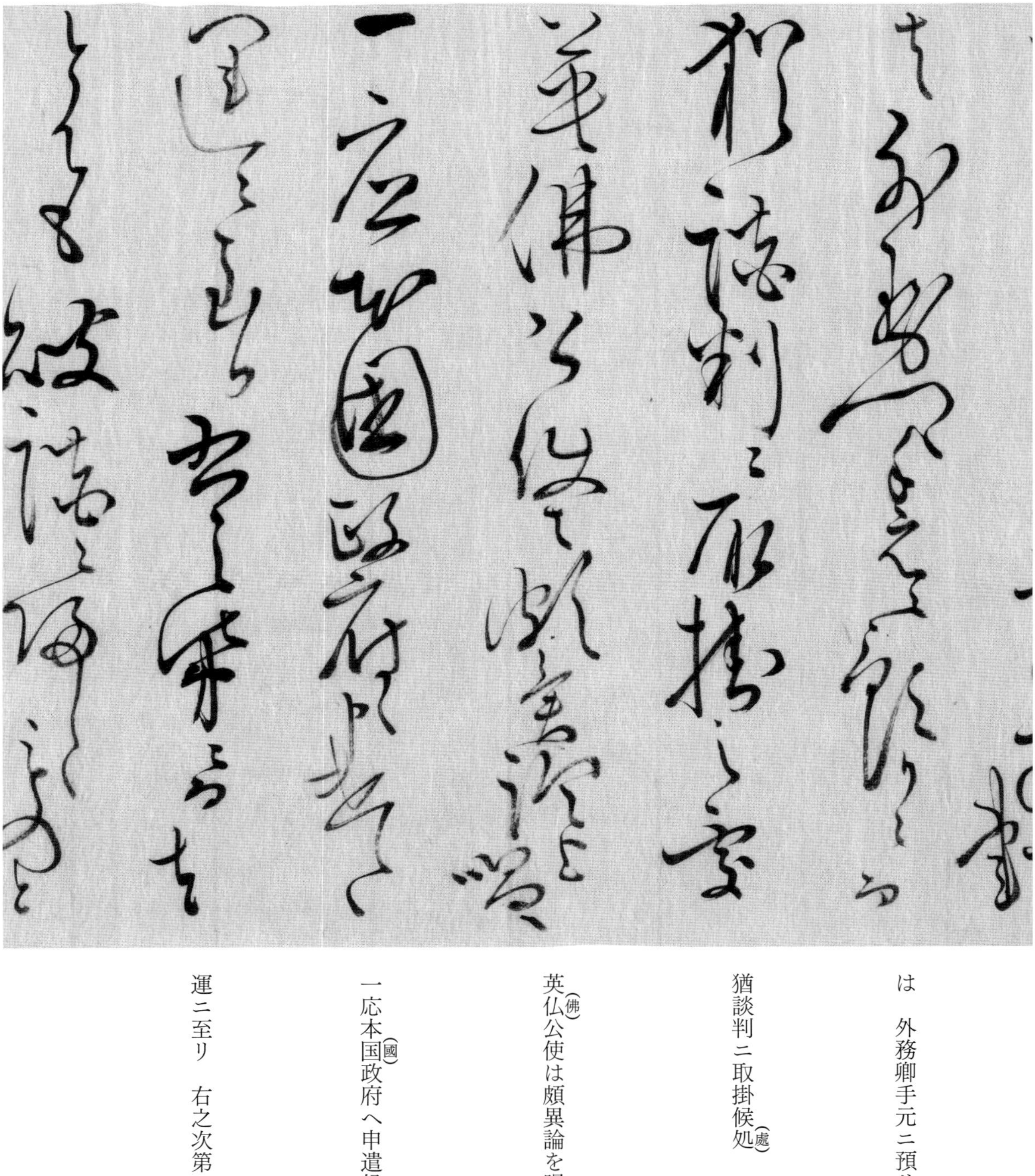

は　外務卿手元ニ預リ候て
猶談判ニ取掛候処(處)
英仏(佛)公使は頗異論を唱へ
一応本国(國)政府へ申遣候
運ニ至リ　右之次第ニては

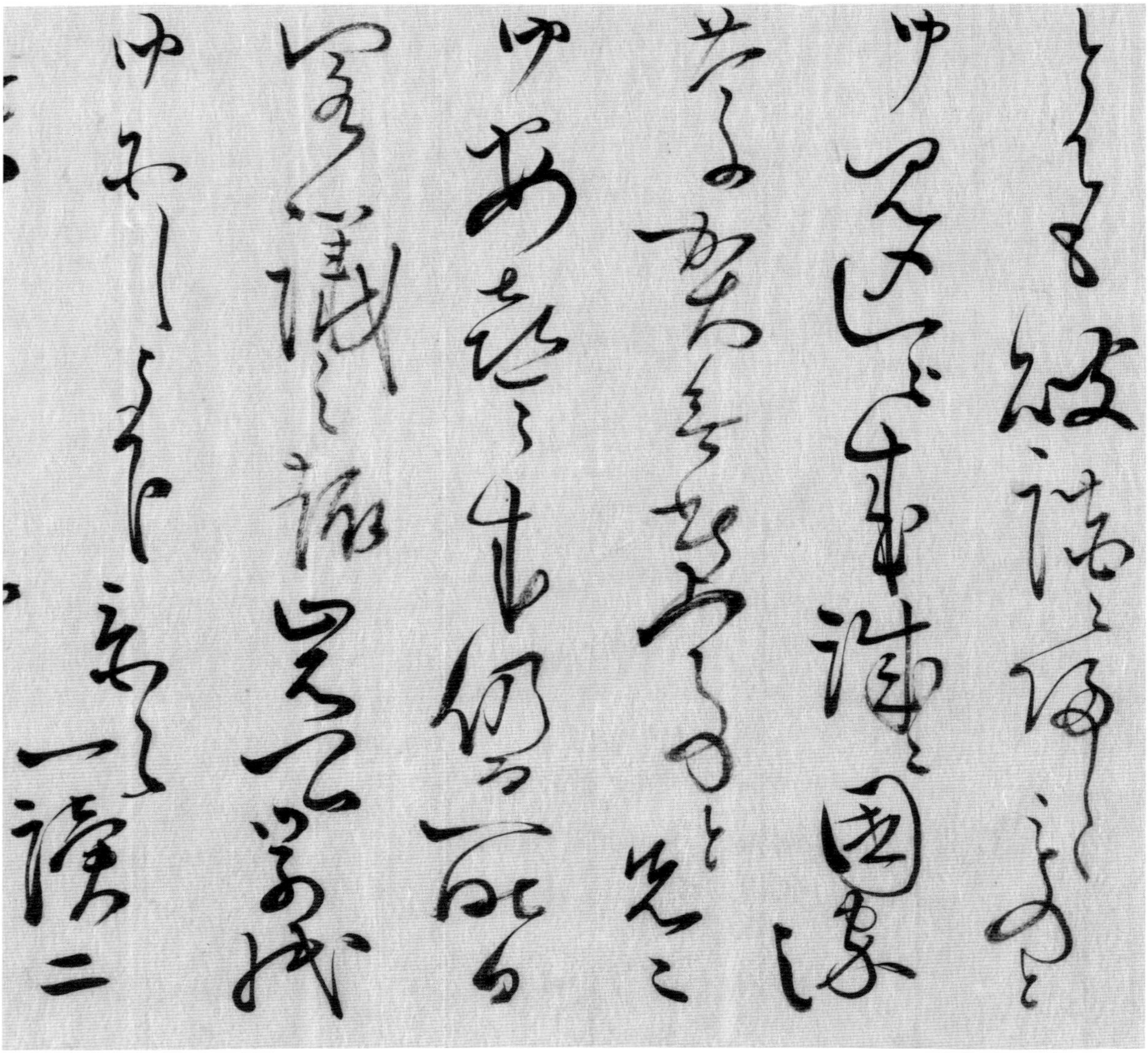

とても破談ニ帰し候ものと
御見込被成　誠ニ国(國)家之
慶賀無此上事と　先々
御安喜(㐂)被成　仍て一昨日
閣議之趣　岩公御別紙
御示し被下　忝く一読(讀)二

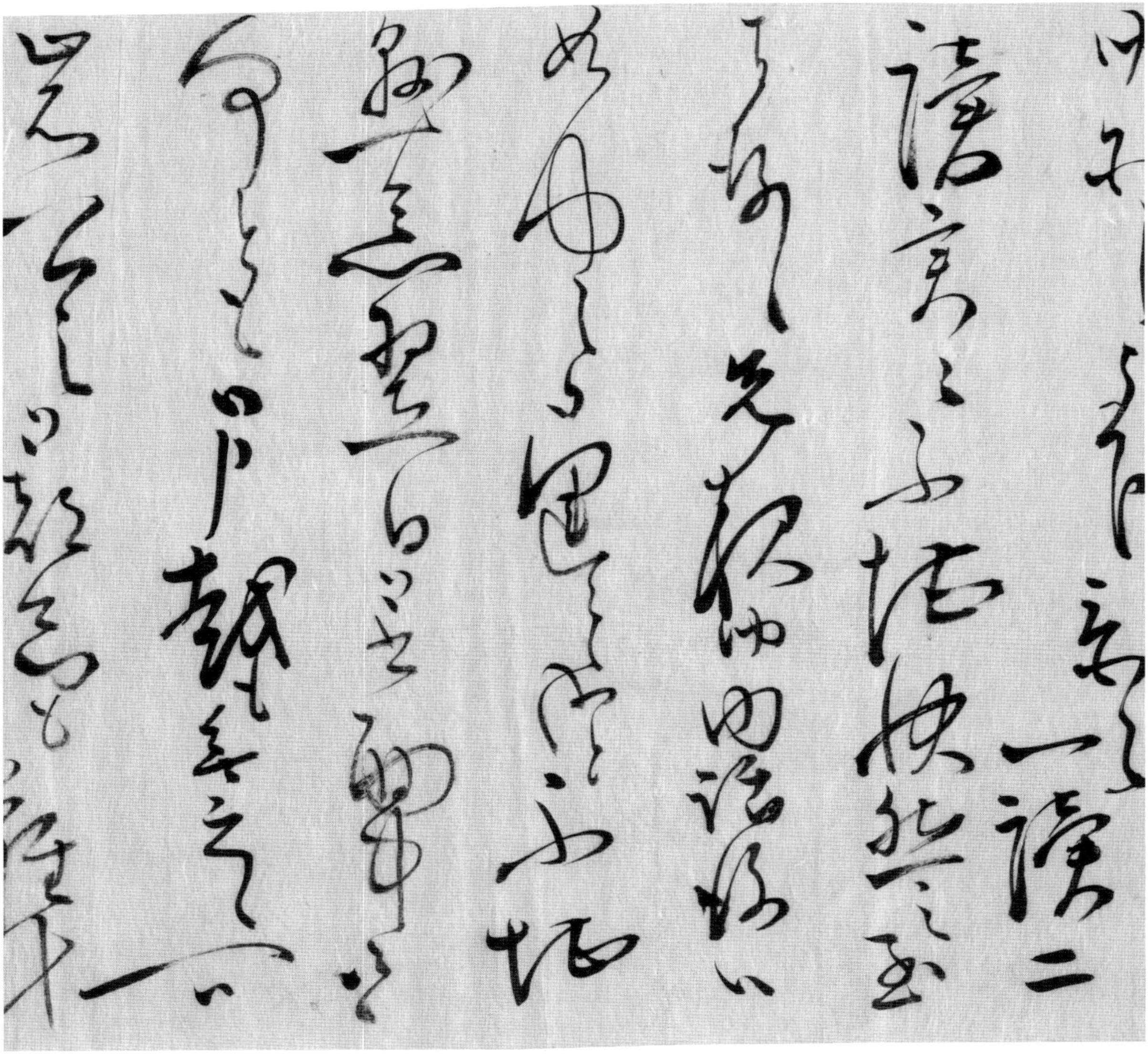

読(讀) 実ニ不堪快然之至
奉存候 先夜御内話後ハ
如何之御運ニ候哉と不堪
懸念 翌日御書面中ニも
何とも御申越も無之候へは

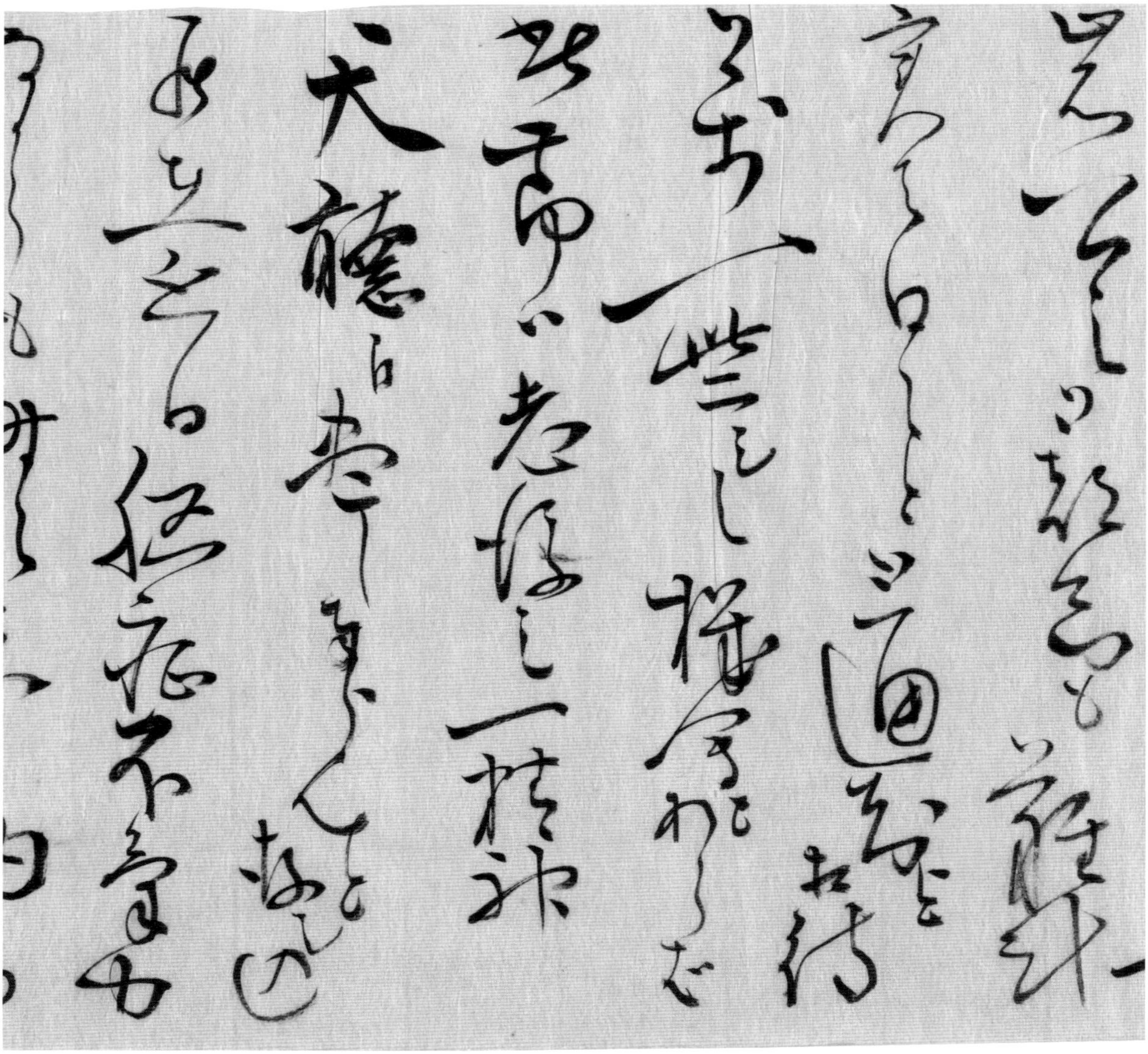

岩公之御都合も難計
実は日々ニ御通知を相待
万（萬）一些シ之機会（會）もあらば
此節ハ老後之一精神
天聴（聽）え尽（盡）し奉らんと存し込
罷在　近日脳病不気（氣）力

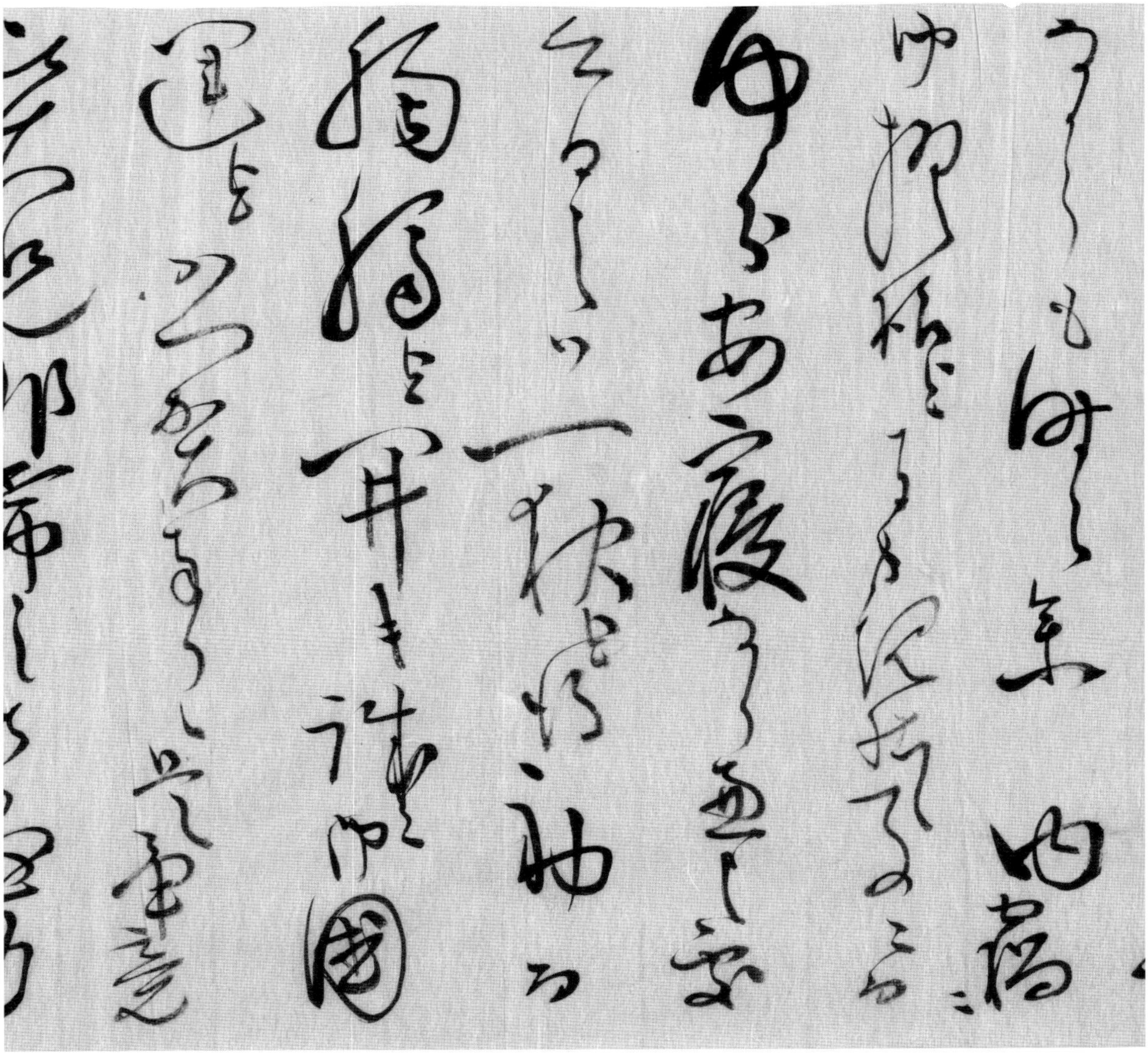

なからも　時々参　内　窃（竊）ニ
御模様を奉窺居候事ニて
何分安寝なり兼申候処（處）
今日之御一報を得　初て
胸膈を開キ　誠ニ御国（國）
運を恐賀奉リ候　是畢竟

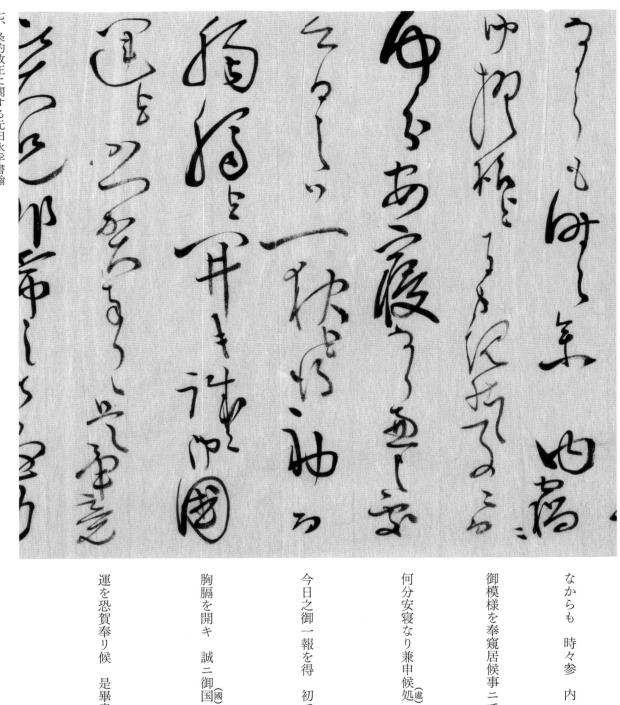

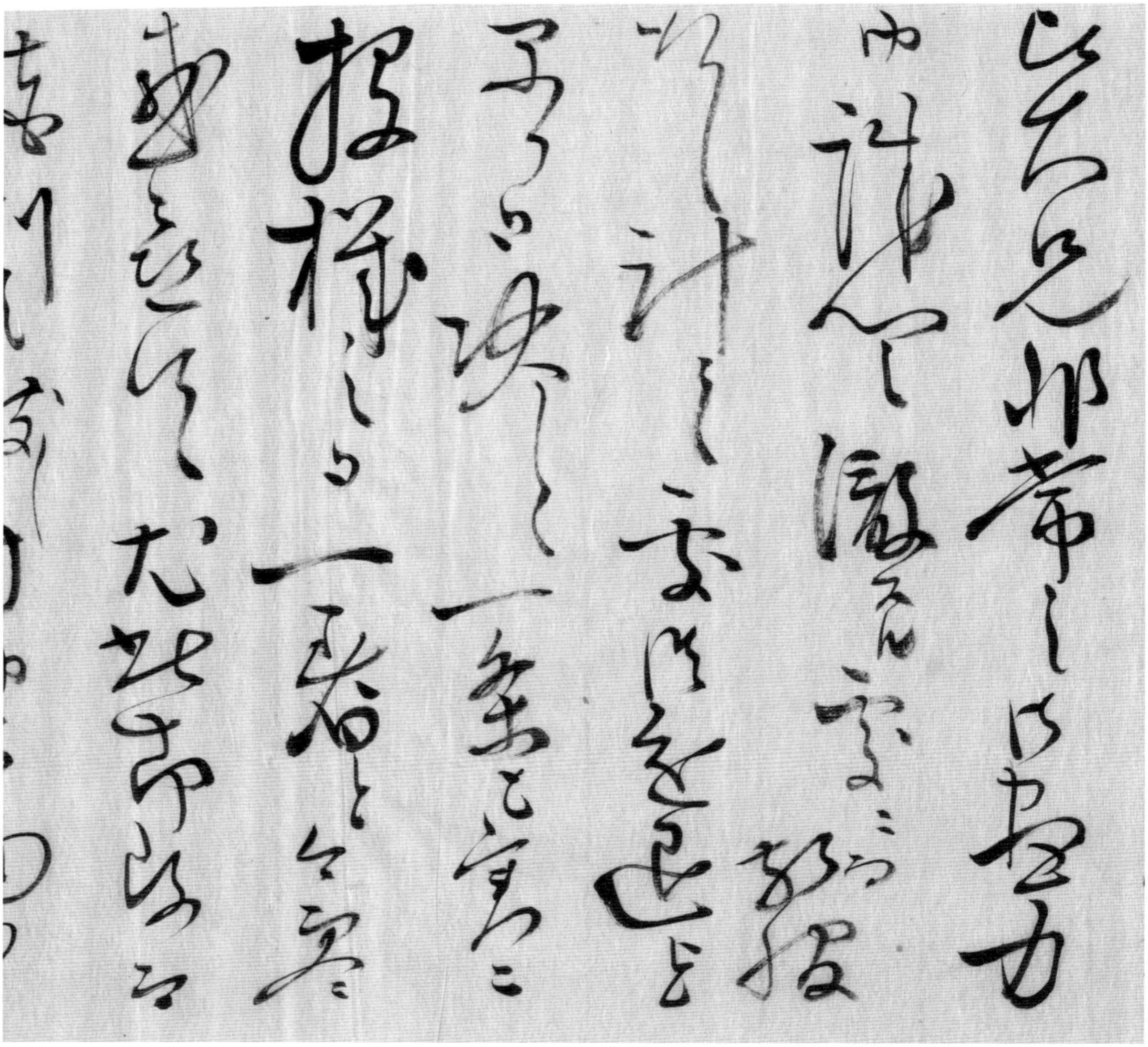

賢兄非常之御尽(盡)力
御誠心之徹スル処(處)ニて　敬服
仕候計に候処(處)　御進退を
早ク御決し候一条も　実ニ
投機之御一着ト今更ニ
感喜(㐂)仕候　尤此節改て

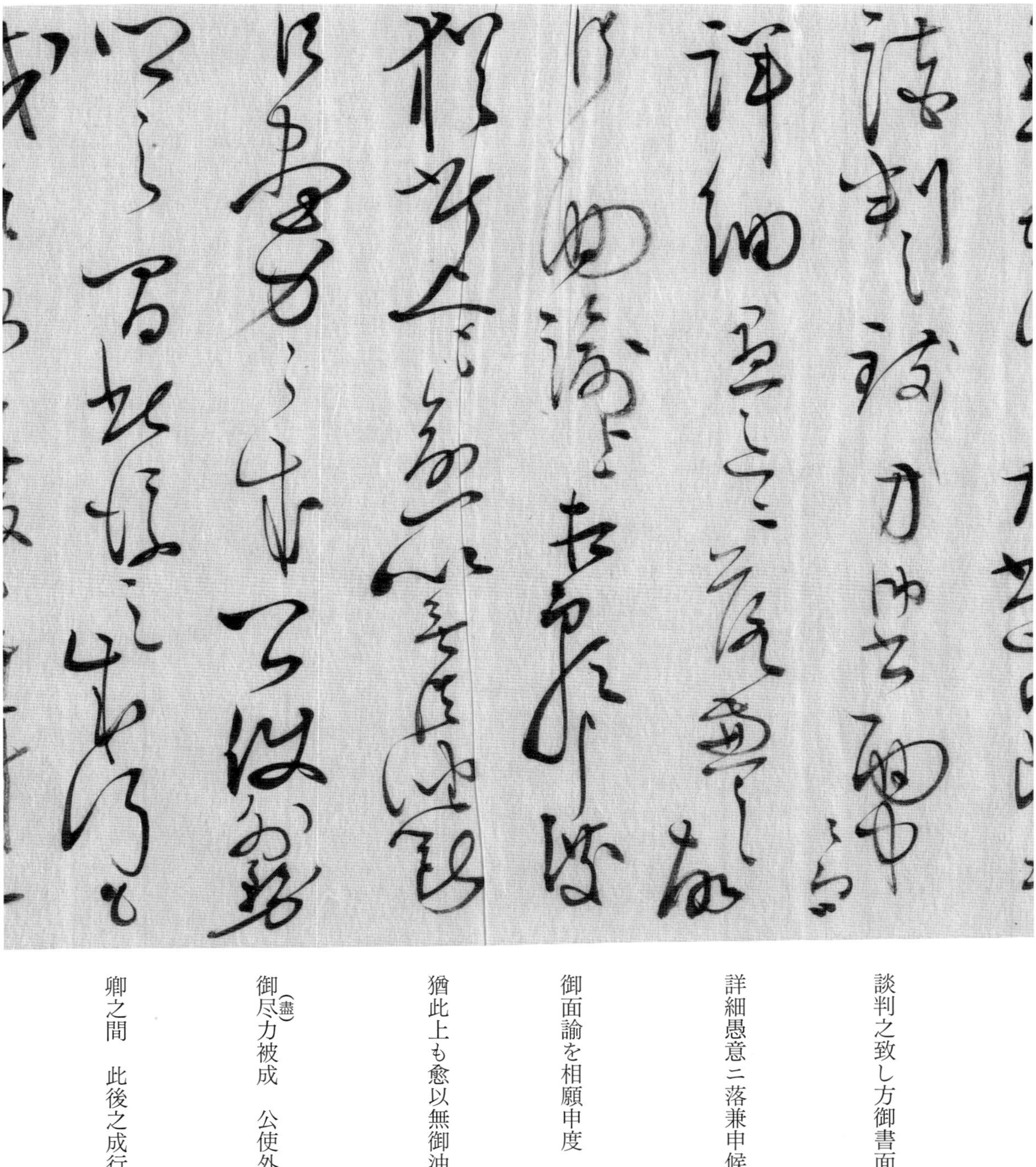

談判之致し方御書面中ニてハ
詳細愚意ニ落兼申候故
御面諭を相願申度
猶此上も愈以無御油断
御尽(盡)力被成　公使外務
卿之間　此後之成行も

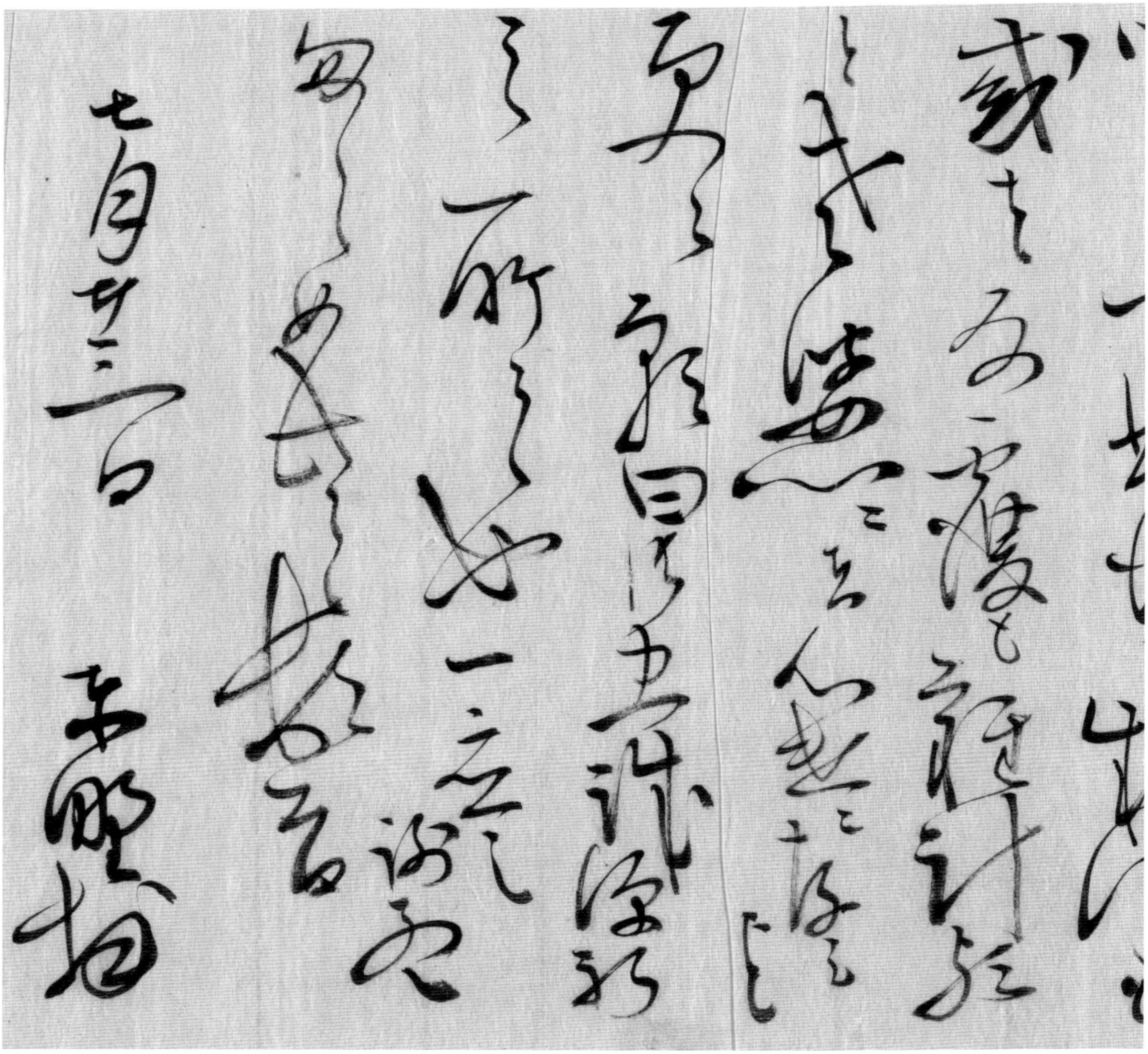

或は反覆も難計歟

と老婆心ニは心遣ニ存シ申候

更ニ願曰御忠誠深祈

之所ニ候也　一応之謝答

匆々如此ニ候　頓首

七月廿三日　東野拜

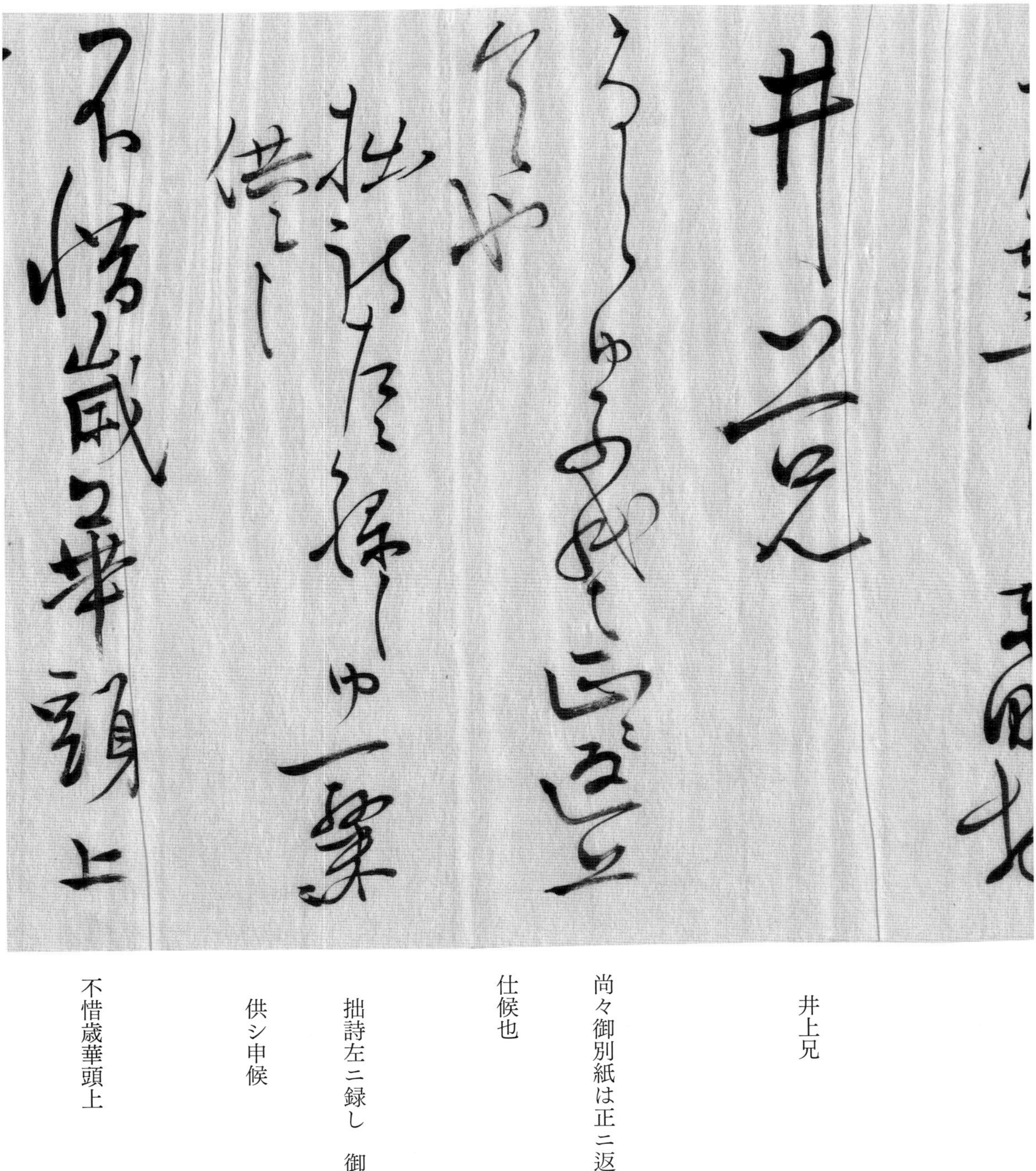

井上兄

尚々御別紙は正ニ返上
仕候也

拙詩左ニ録し　御一粲ニ
供シ申候

不惜歳華頭上

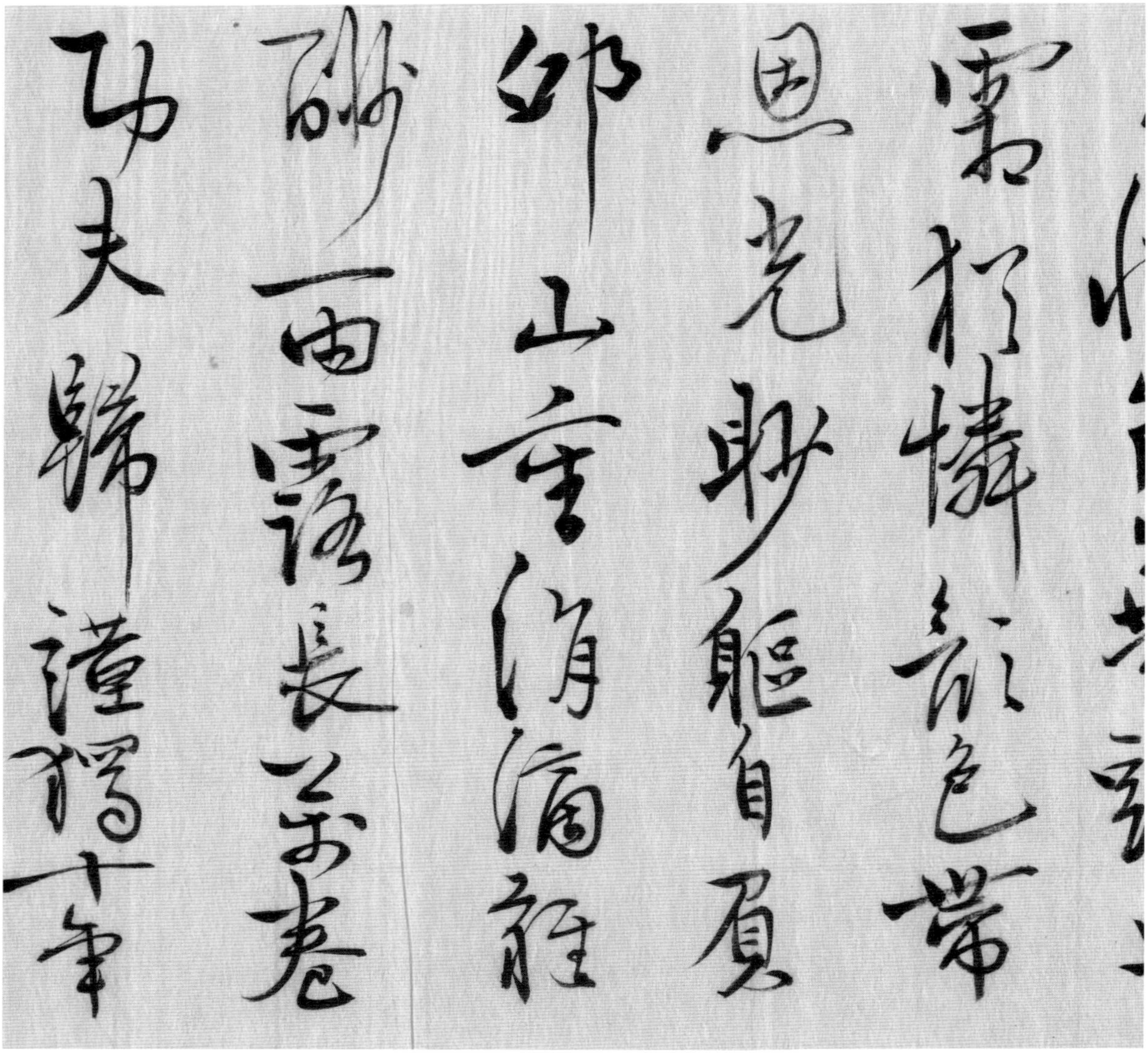

霜　猶憐顔色帯
恩光　眇躯自負
邱山重　涓滴難
酬雨露長　万（萬）巻

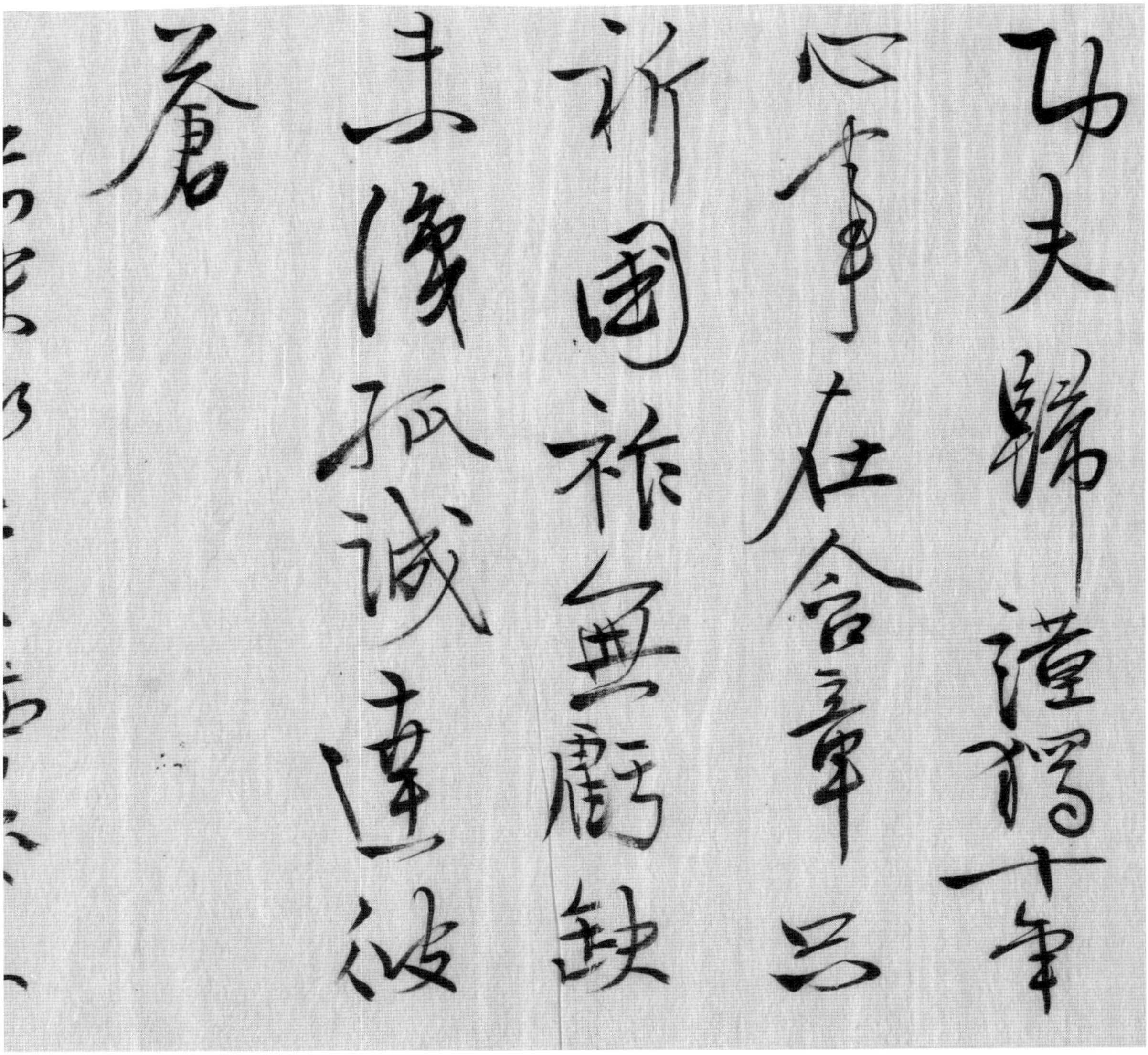

功夫帰(歸)謹独(獨)　十年
心事在含章　只
祈国(國)祚無虧欠(缺)
未識孤誠達彼
蒼

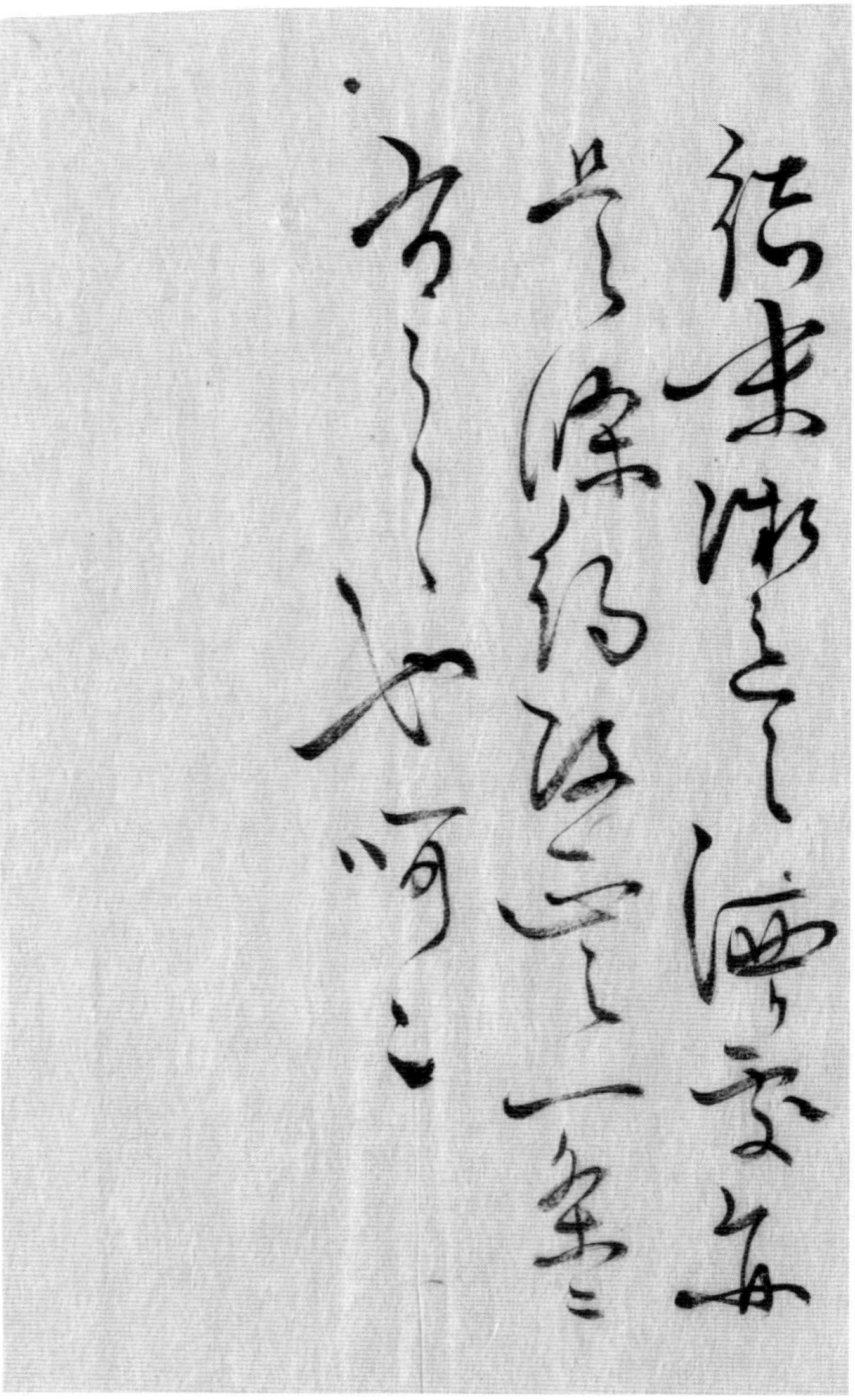

結末微意之洒ク処（處）亦
是条（條）約改正ノ一条ニ
有之候也　呵々

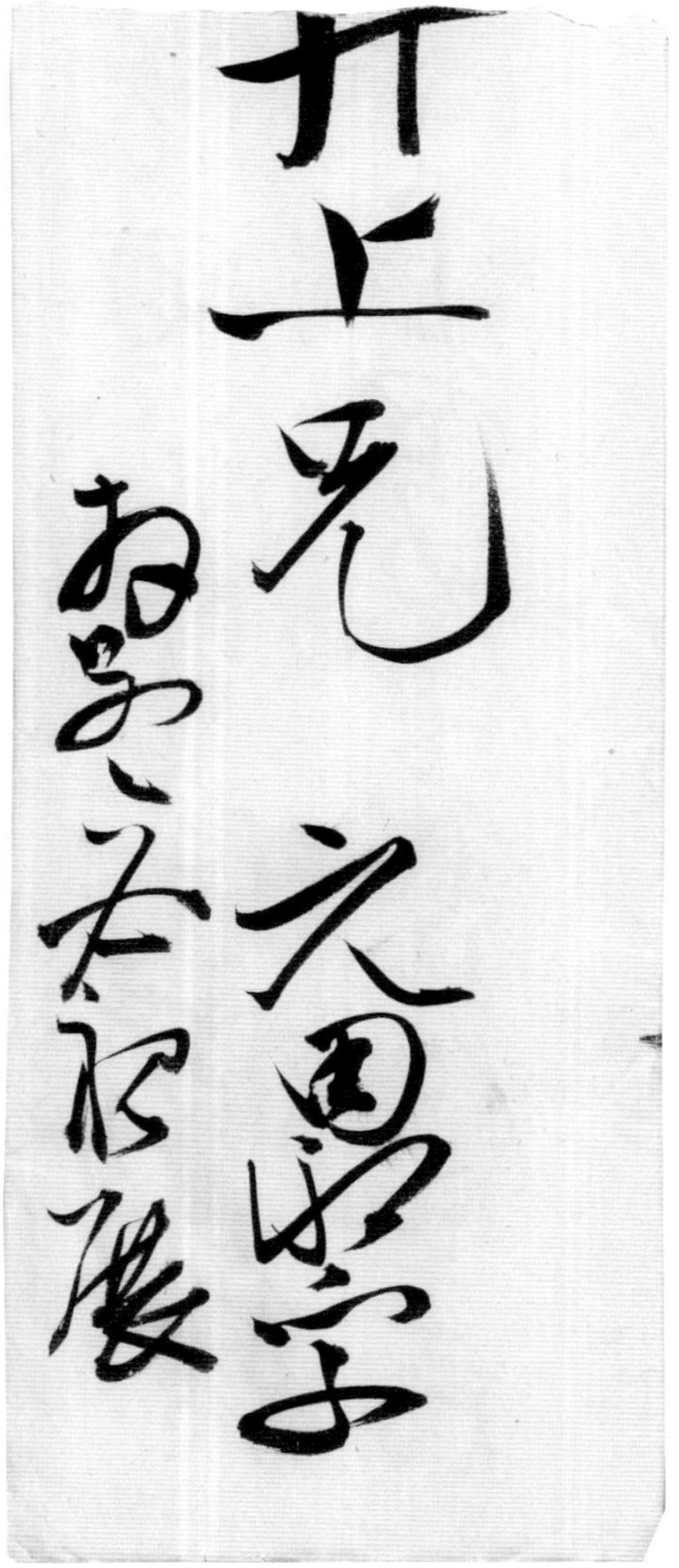

（封筒表）

井上兄　元田永孚

拝答必親展

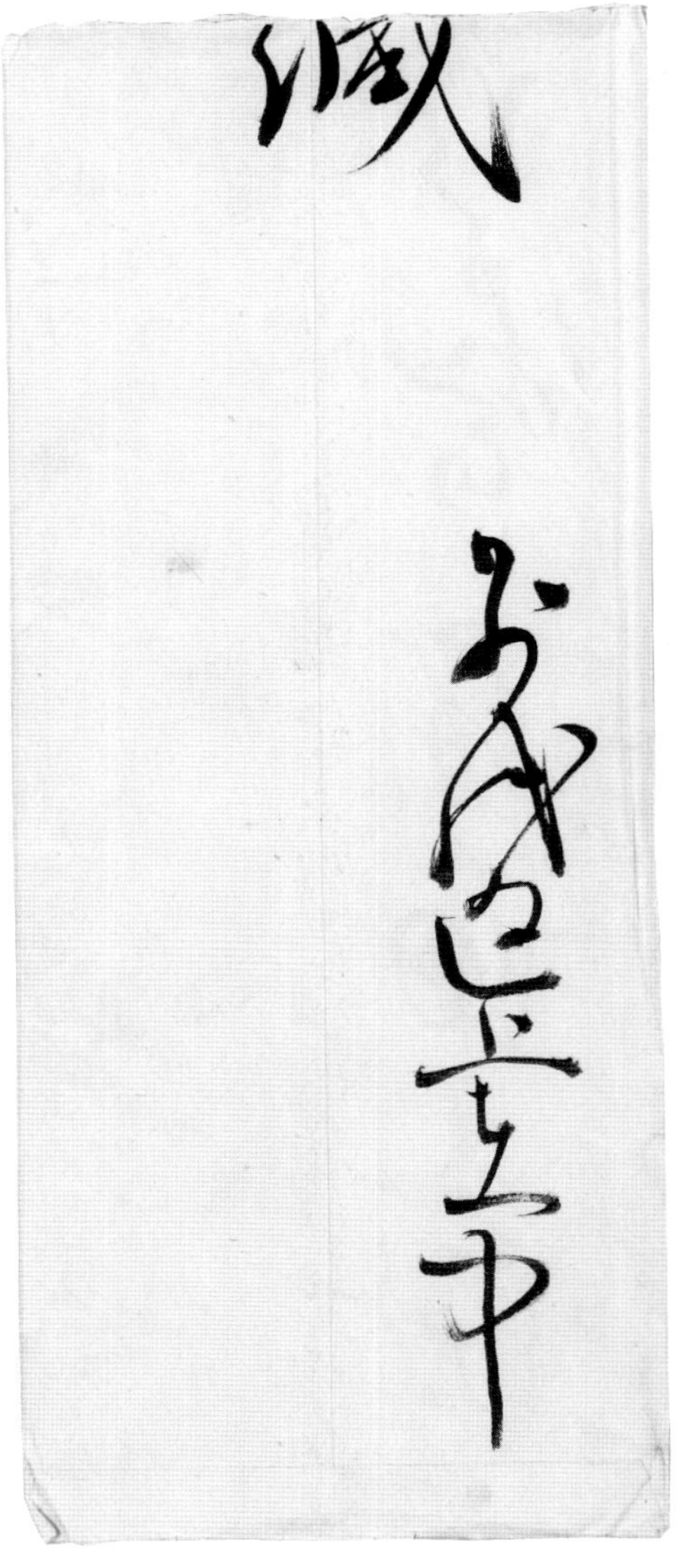

（封筒裏）

別紙返上在中

緘

【解題】元田永孚は、明治天皇の信任の厚い人物で侍講や枢密顧問官などを歴任したが、同郷の井上毅とも親しく、井上とともに教育勅語の起草や条約改正問題に関与した。この書翰は、各国委員と条約改正の基礎的条件を検討する条約改正予備会議に関するものである。同会議の席上、外務卿井上馨は明治十五年（一八八二）三月二十三日に内地開放宣言（数年の準備期間の後に日本の内地を開放、列国は領事裁判権を撤廃する。準備期間中は列国に内地通商権を容認、日本も一部法権を回復）を発表、六月一日には改正条約の細目案を提示したが、それは日本の各級裁判所に外国人判事を任用、当分の間は外国人に対する死刑や懲役の実施は外国に委ねる、居留地に不動産を有する外国人には地方行政の参与を認めるといった日本の主権を制限するものであった。井上毅は条約改正御用掛として条約改正に携わっていたが、領事裁判権を回復しないままで内地通商権を認めることに反対していたこともあり、細目案の策定作業から外されていた。井上が細目案の内容を知ったのは同案が閣議を通過した後であったが、太政大臣三条實美以下、政府要路に訴えるところがあった（五月三十日、六月六日「条約改正意見」『井上毅伝』史料篇第一）。特に強く動かされたのがこの書翰でも登場する右大臣岩倉具視と参議山縣有朋である。井上は改正条約案を消滅に追い込むためにも予備会議各国委員の反発が確実な現行条約の有効期限の設定を求め（期限満了後に日本は全面的に権利を回復）、山縣を通じて外務卿井上馨の「同意」を取り付けた。案の定、有効期限に対して「英仏公使者頗異論」を呈したが、「一昨日」の閣議で日本政府は有効期限維持の方針を確認、この結果、改正条約そのものの「破談」が確実となり、井上も「国家之慶賀無此上事」と述べている（元田宛書翰『井上毅伝』史料篇第四も参照のこと）。【種稲秀司】

七、条約改正に関する元田永孚書翰

八、別紙意見書・詠草に関する岩倉具視書翰

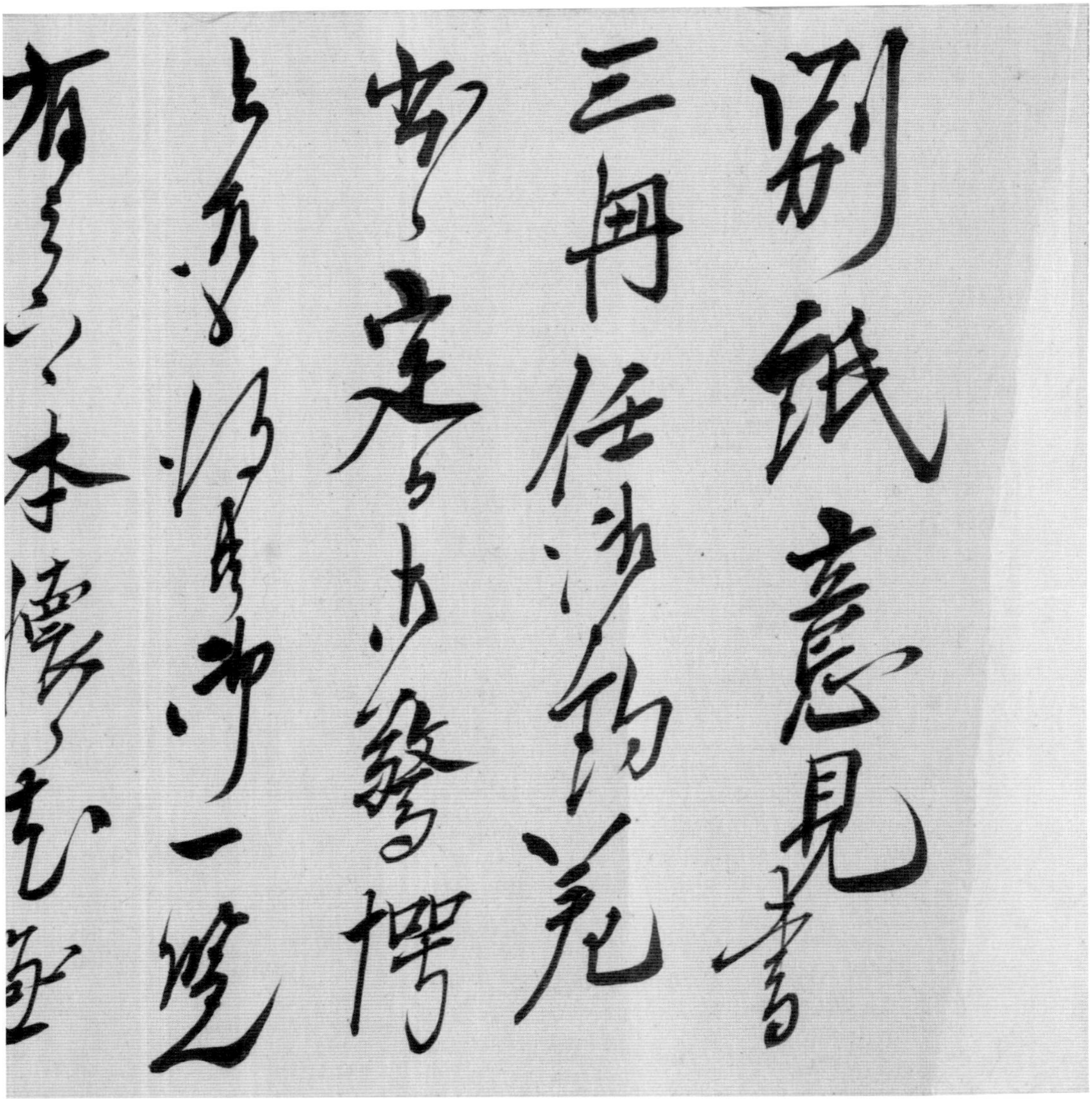

文書番号　II-五〇四-一
発信者　岩倉具視（右大臣）
受信者　井上毅（参事院議官・内閣書記官長）
発信月日　明治十五年十二月十八日
寸　法　一七・四糎＊五五・二糎（巻子）

別紙意見書

三冊任御約差

出候　定て御驚愕

と存候得共　御一覧

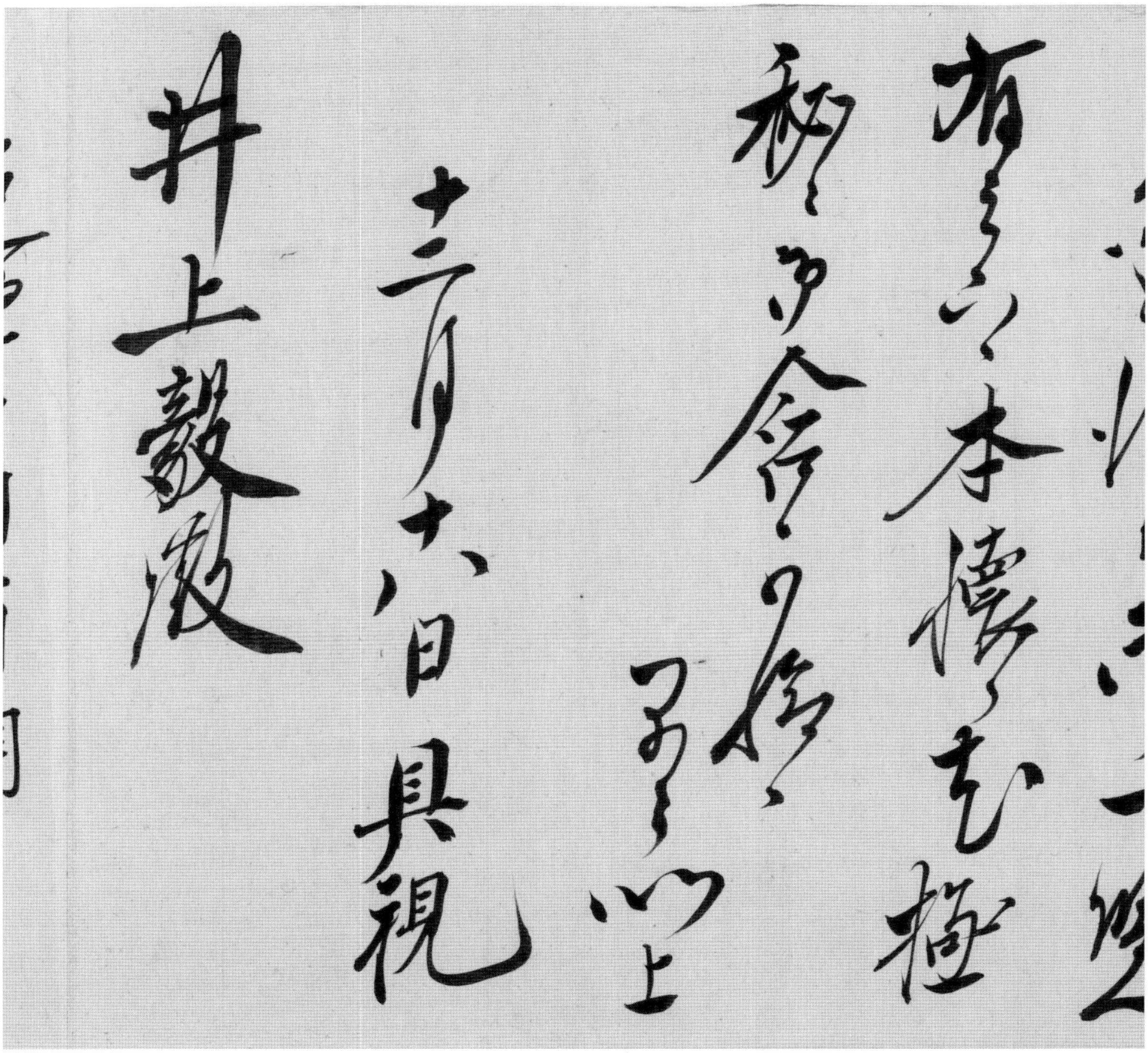

有之候ハヽ本懐候　尤極
秘ニ御含可給候
早々以上
十二月十八日　具視
井上毅殿

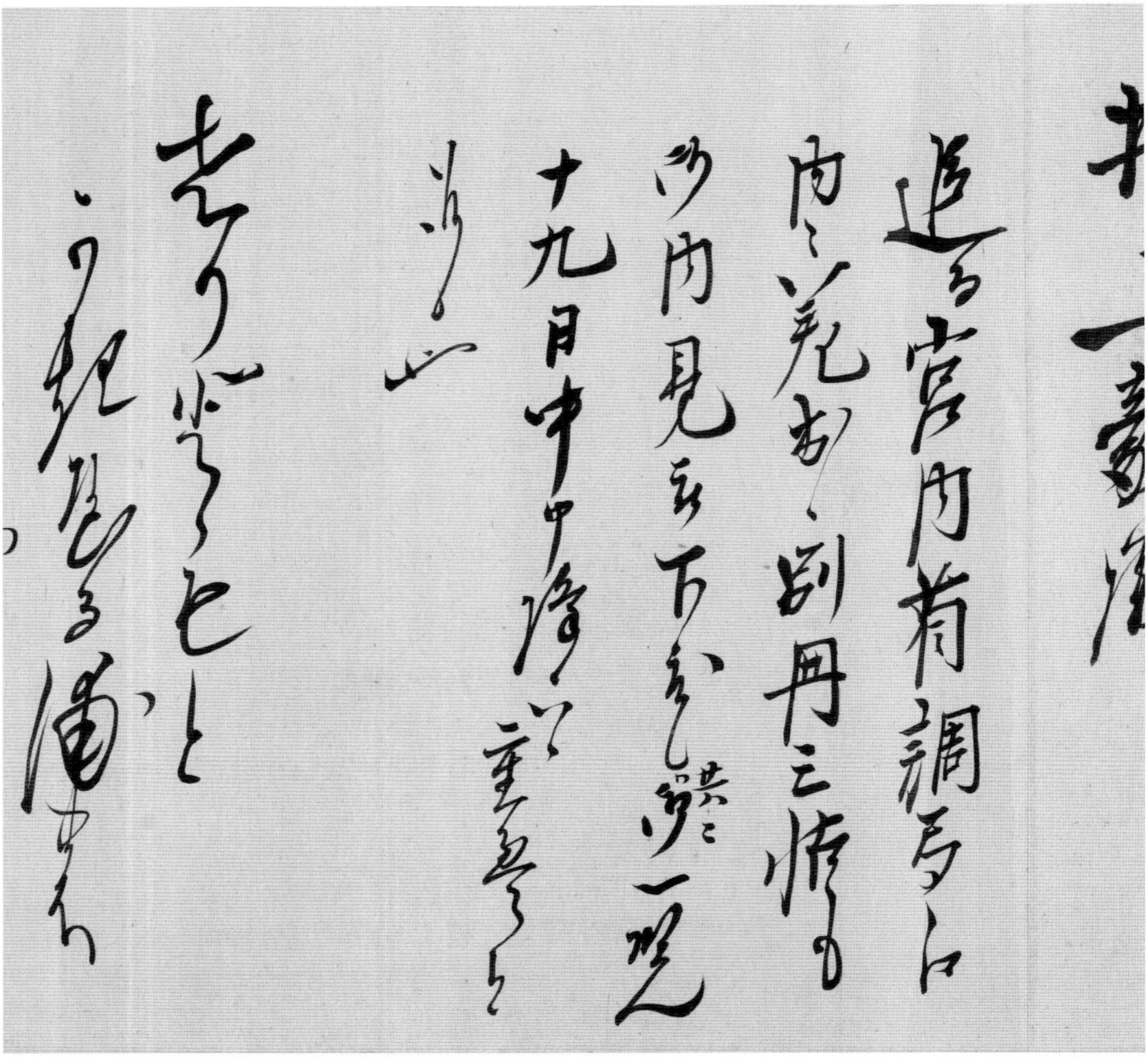

追て宮内省調局え
内々差出候別冊三帖も
御内見被下度候　共ニ御一覧
十九日中申降候ハヽ重畳奉
存候也

さりともと
かきやる浦の

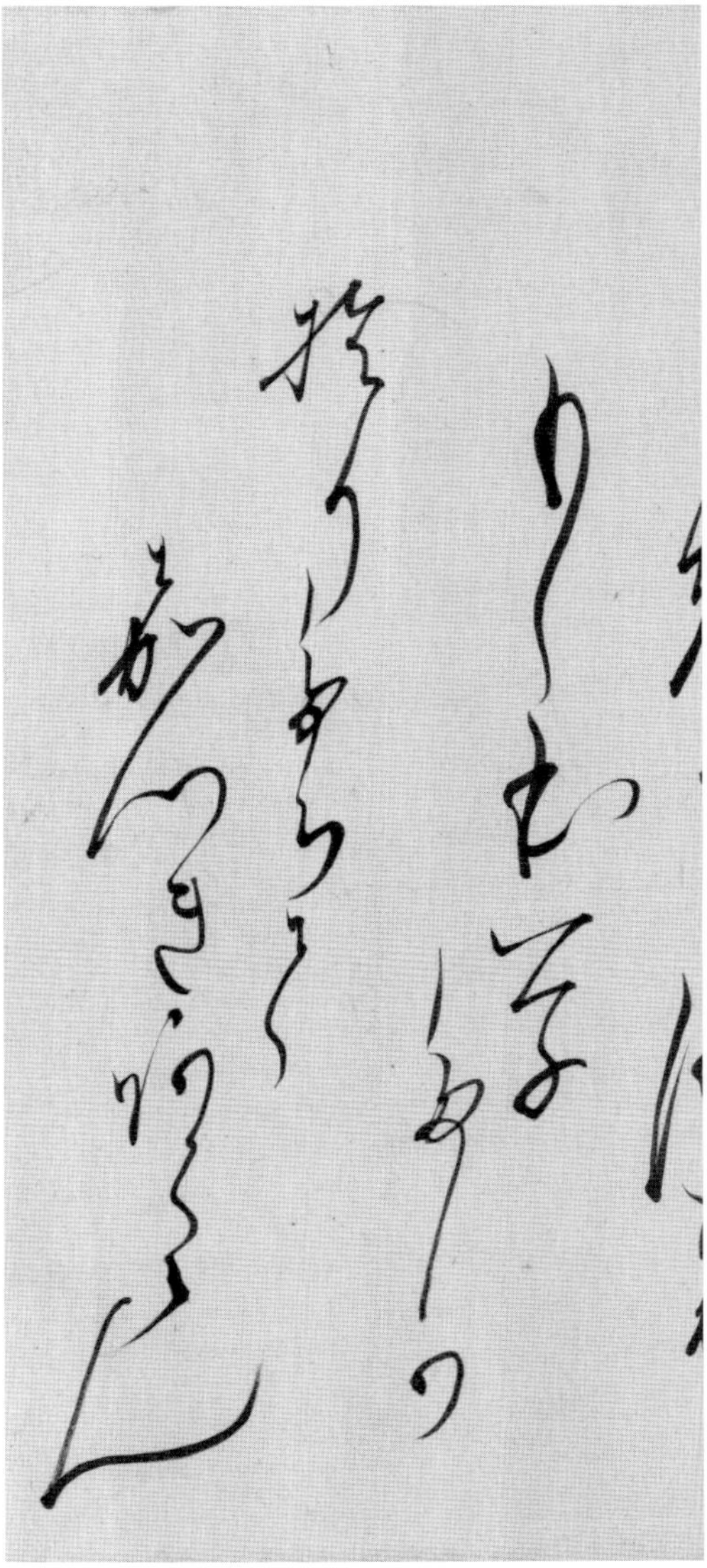

もしほ草
たか
おりたちて
かつきあくらん

【解題】 明治二十七年（一八九四）の冬、新聞『日本』の主幹だった陸《くが》羯南《かつなん》が病床の井上毅を見舞った際、その座側には故右大臣岩倉具視の和歌が記された色紙が飾られていた。その和歌とは、明治十五年（一八八二）の冬に岩倉から井上に送られた本書翰のそれであり、陸によれば、岩倉が「終に臨み其の意見書に添えて先生に遺す所のもの、蓋し後事を先生に托すなり」というものだった（『日本』明治二十八年三月二十日号、『陸羯南全集』九）。

本書翰に見える「宮内省調局」とは、明治十五年十二月八日に宮内省に設置されたばかりの内規取調局のことである。同局は、井上らの進言を受けて岩倉が意見書を提出したことがきっかけとなって設置されたものであり､岩倉はその総裁だった。和歌は上句と下句が逆転した形となっており、大意は「一体誰がこの書を読むというのだろうか。読む人はいないと思うけれども、そうはいっても必要があって読む人もいるかもしれないと思い、書き著した文章であるよ」というものである（宮内庁書陵部の豊田恵子氏のご教示による）。一見、自身の「別紙意見書三冊」についての謙遜の辞に過ぎないようにも読める。実際、井上もこの書翰を受け取った時点では、特に気に留めることはなかったという。「此時公はなほ健全にて病徴も見え給わさりしカハ、此書暗に訣別の意を含めりしを其折に心付かさりし」（「梧陰文庫」Ⅱ―五〇四、口絵参照）。

明治十六年七月二十日、岩倉は、伊藤博文が約一年半に及ぶ憲法調査から帰国する直前に病死した。欧州にかぶれた伊藤が皇室を過度に欧風化することを危惧した岩倉は、日本の伝統を重視した帝室制度の確立こそ自己の使命と思い定め、内規取調局を設置するや、死の間際まで病身をおして総裁として陣頭指揮にあたった（坂本一登『伊藤博文と明治国家形成』）。岩倉の死後、井上はこの和歌が「暗に訣別の意を含め」たものであったことに気づき、「今更いと哀しくぞ覚ゆる」こととなる（「梧陰文庫」Ⅱ―五〇四、口絵参照）。

自身の死を目前にした二十七年冬、井上はその遺書の中で、子孫に対して特にこの和歌の保存を命じた。進歩と西洋化が一体となり、強力な影響力を放った時代にあって、岩倉に託され、共に抱懐した思いには、一際特別なものがあったのだろう。

［内山京子］

九、華族制に関する伊藤博文書翰

文書番号　Ⅱ—一五六
発信者　伊藤博文
（参議・宮内卿・制度取調局長官）
受信者　井上毅
（参事院議官・制度取調局御用掛）
発信月日　明治十七年七月二十三日
寸　法　一九・〇糎＊一一八・〇糎

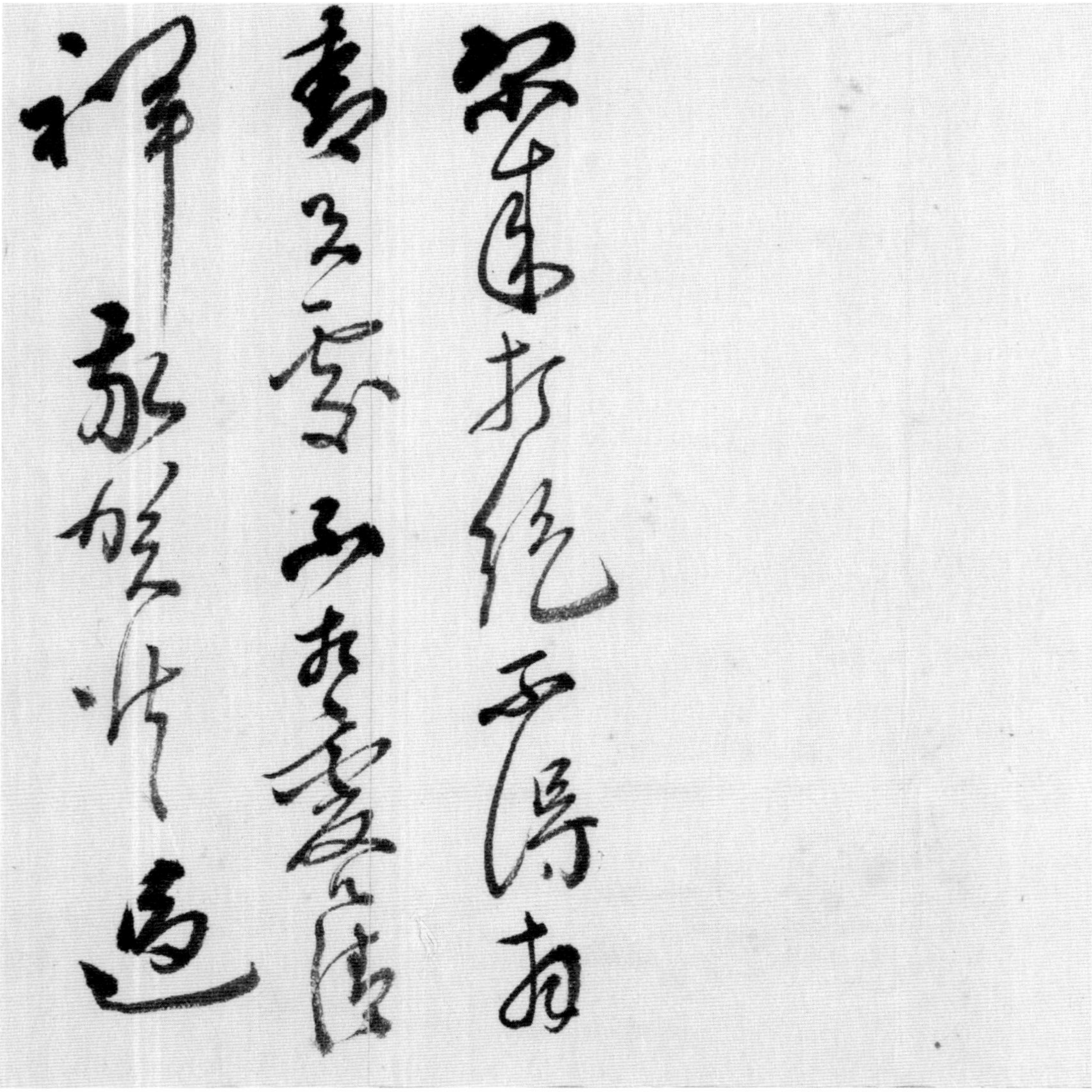

爾(尔)来打絶不得拝
青候処(處)　不相変御清
祥敬賀仕候　過

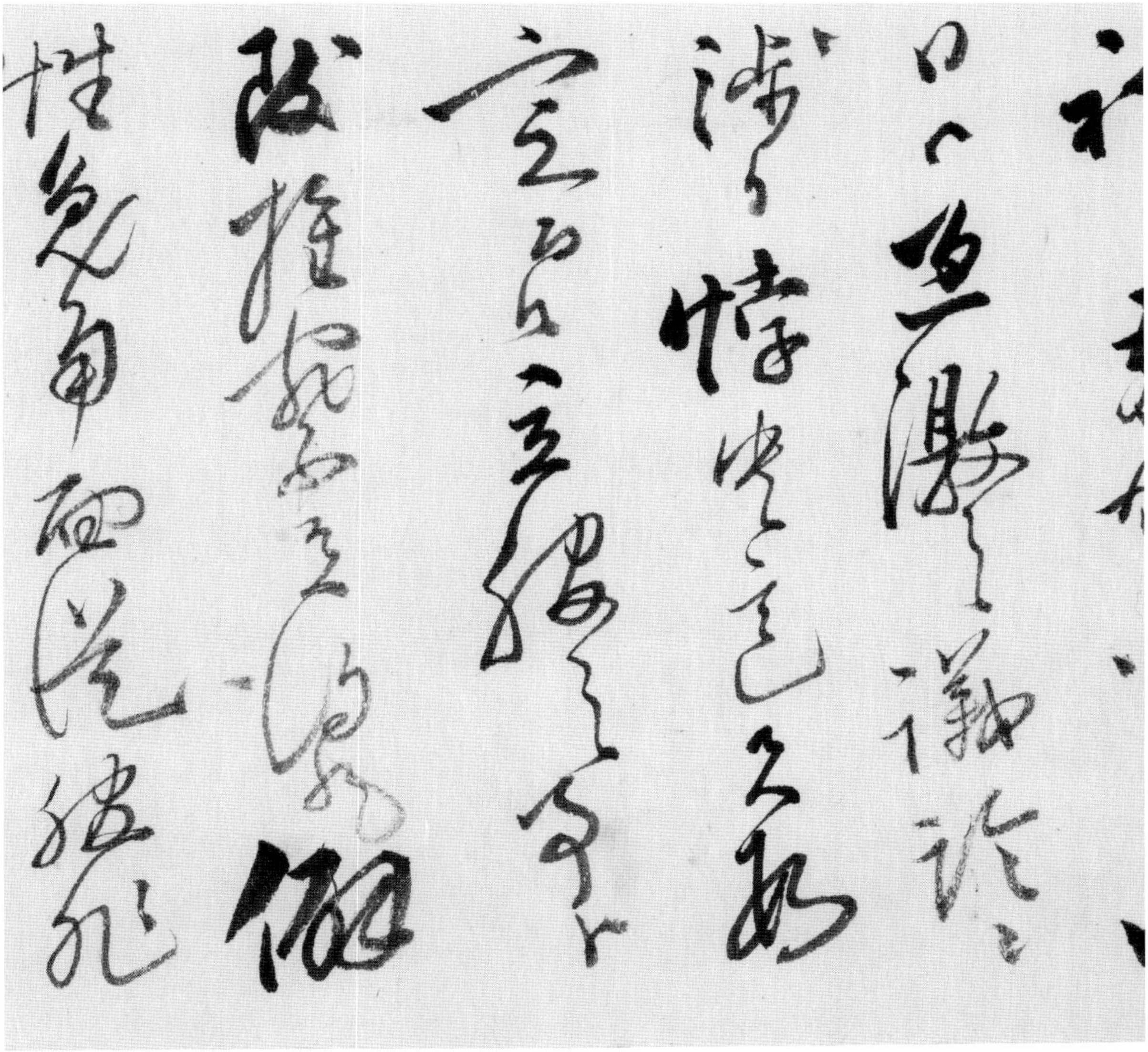

日ハ過激之議論ニ
渉リ　悖貴意候段
定て御立腹之事ト
致推察候得共　僻

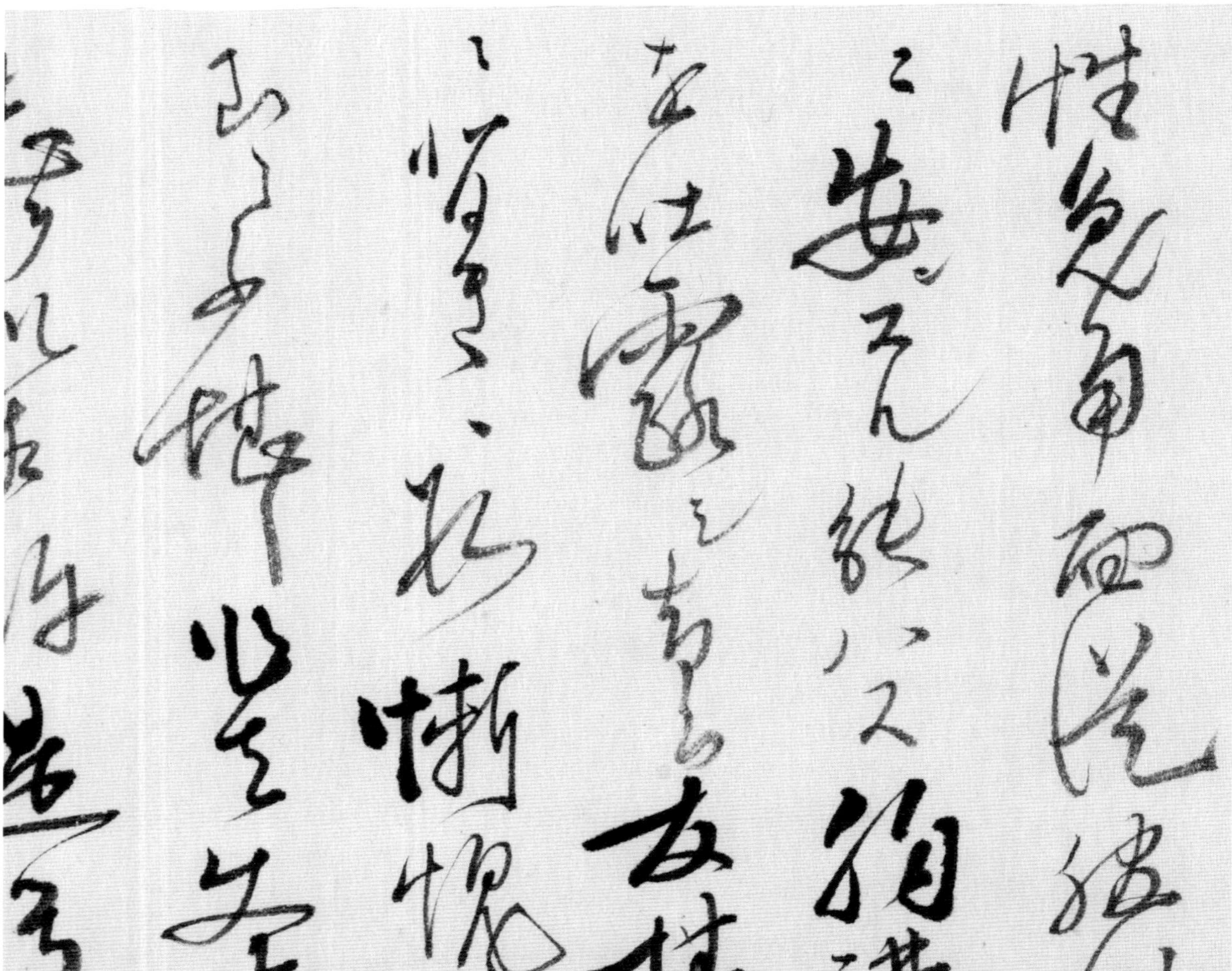

性兎角面従腹非
ニ安ンスル能ハス　胸襟
を吐露シ　却て友情
ニ背き候段　慚愧之
至ニ不堪候　乍去丈夫

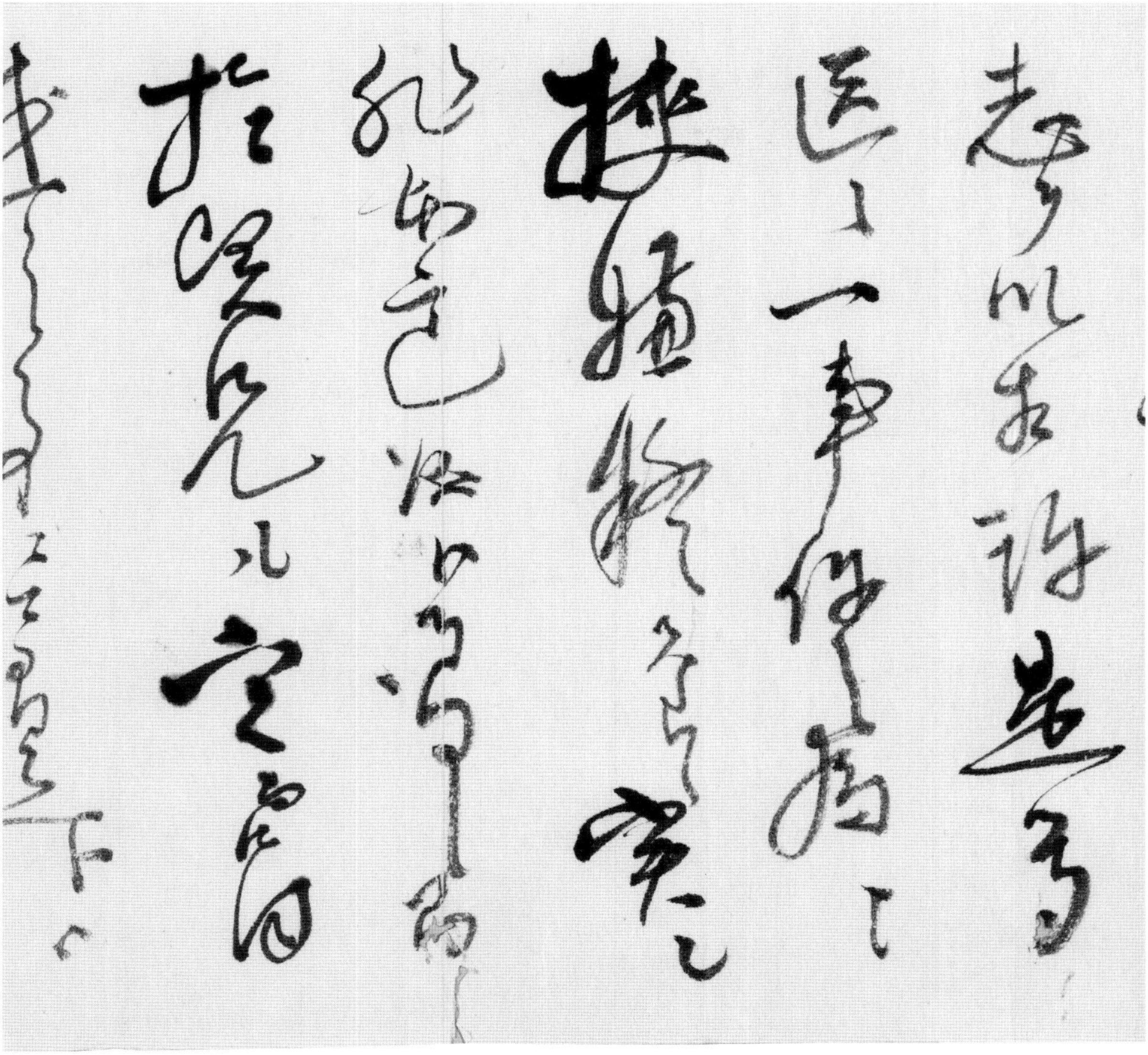

志ヲ以相許　是等
区々一事件ノ為ニ
挟嫌疑候ハヽ　実ニ
非本意儀ト奉存候間
於賢兄も定て御同

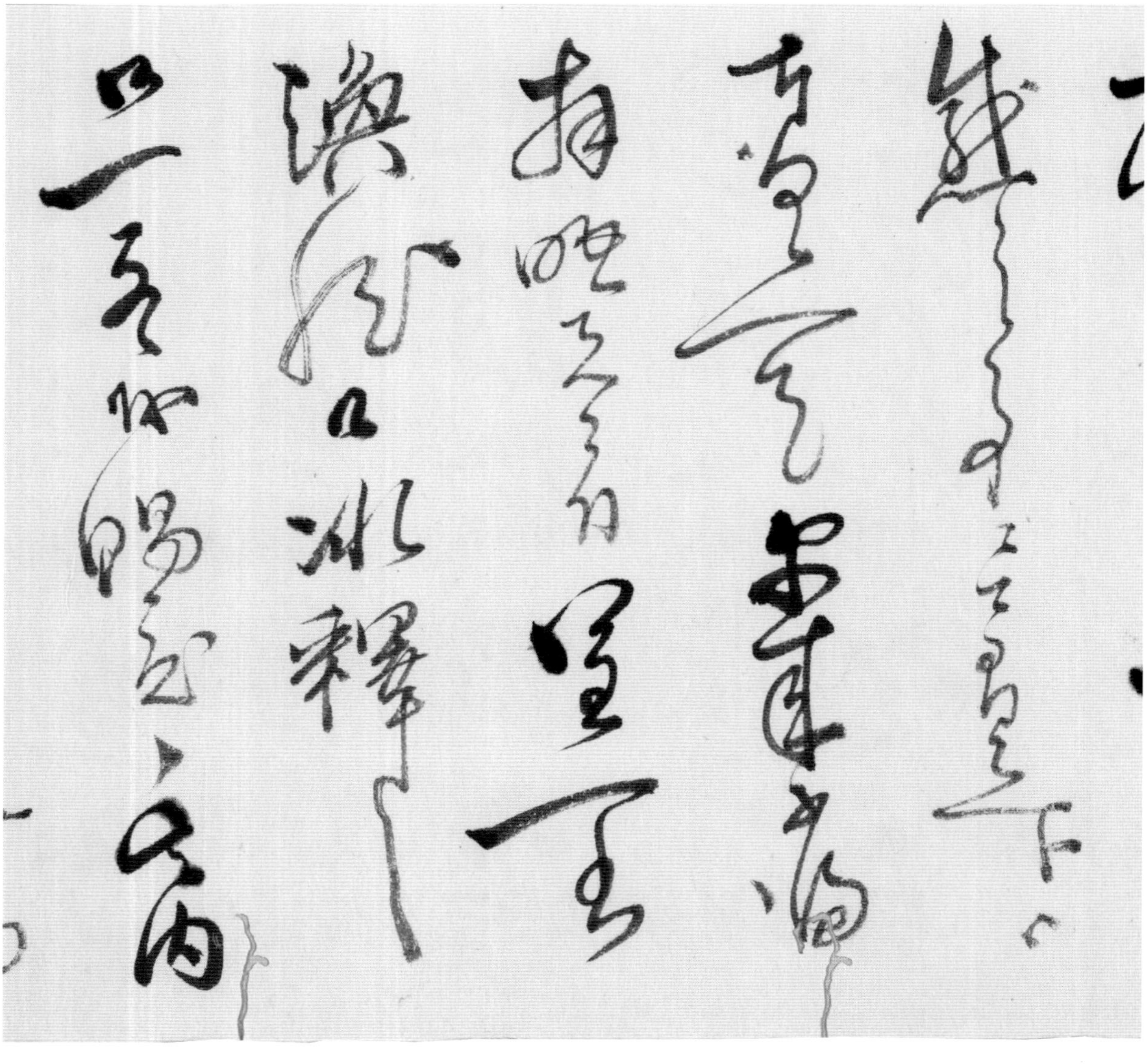

感之事ニ可有之トハ
奉存候へ共　爾(尓)来不得
拝晤候ニ付　呈一書
渙然御氷釈(釋)之
御一答を賜度候　其内

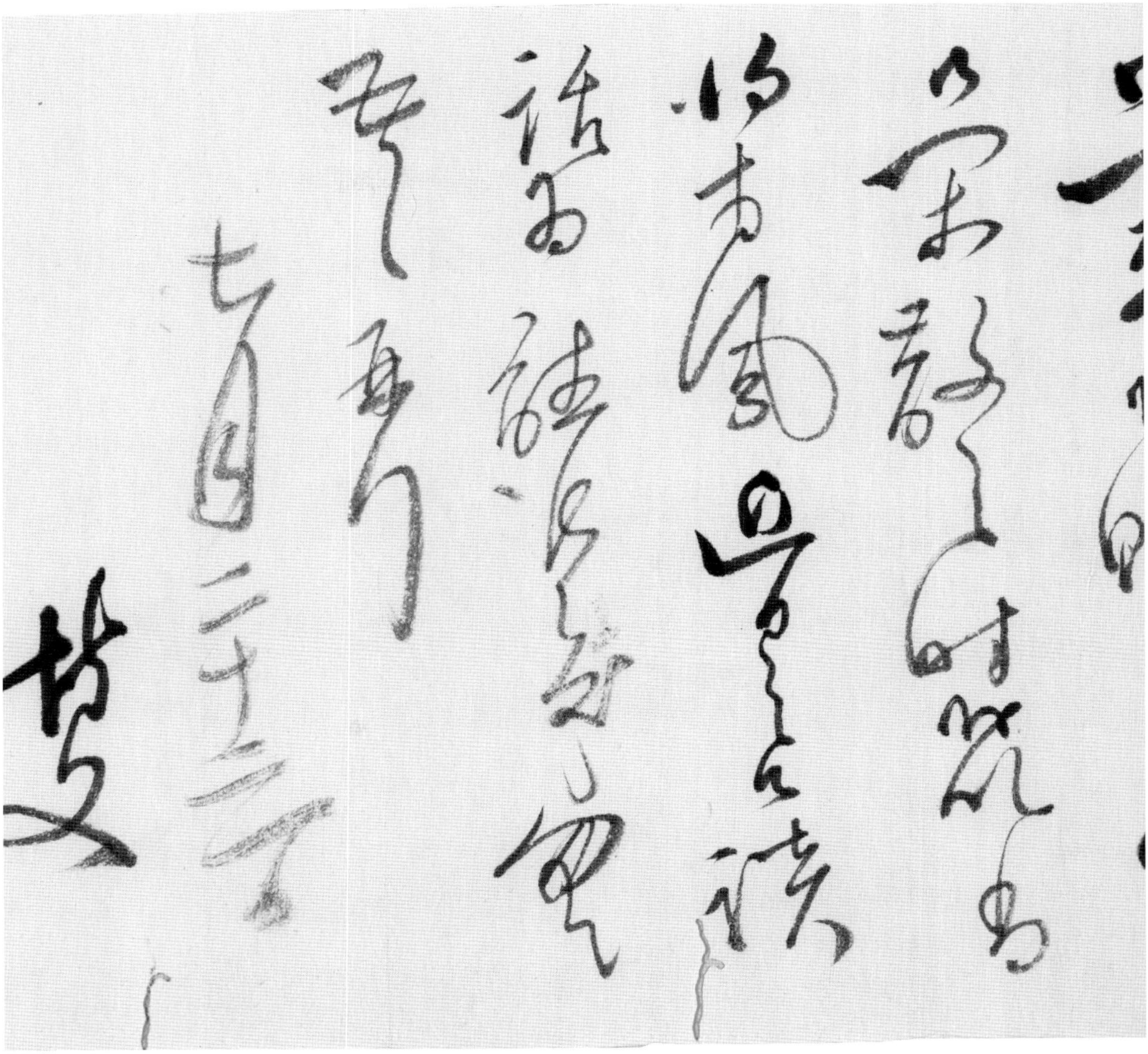

御閑散之時を以　尚
得拝鳳　過日之御談
話拝聴仕度候　匆々
頓首再行
七月二十三日

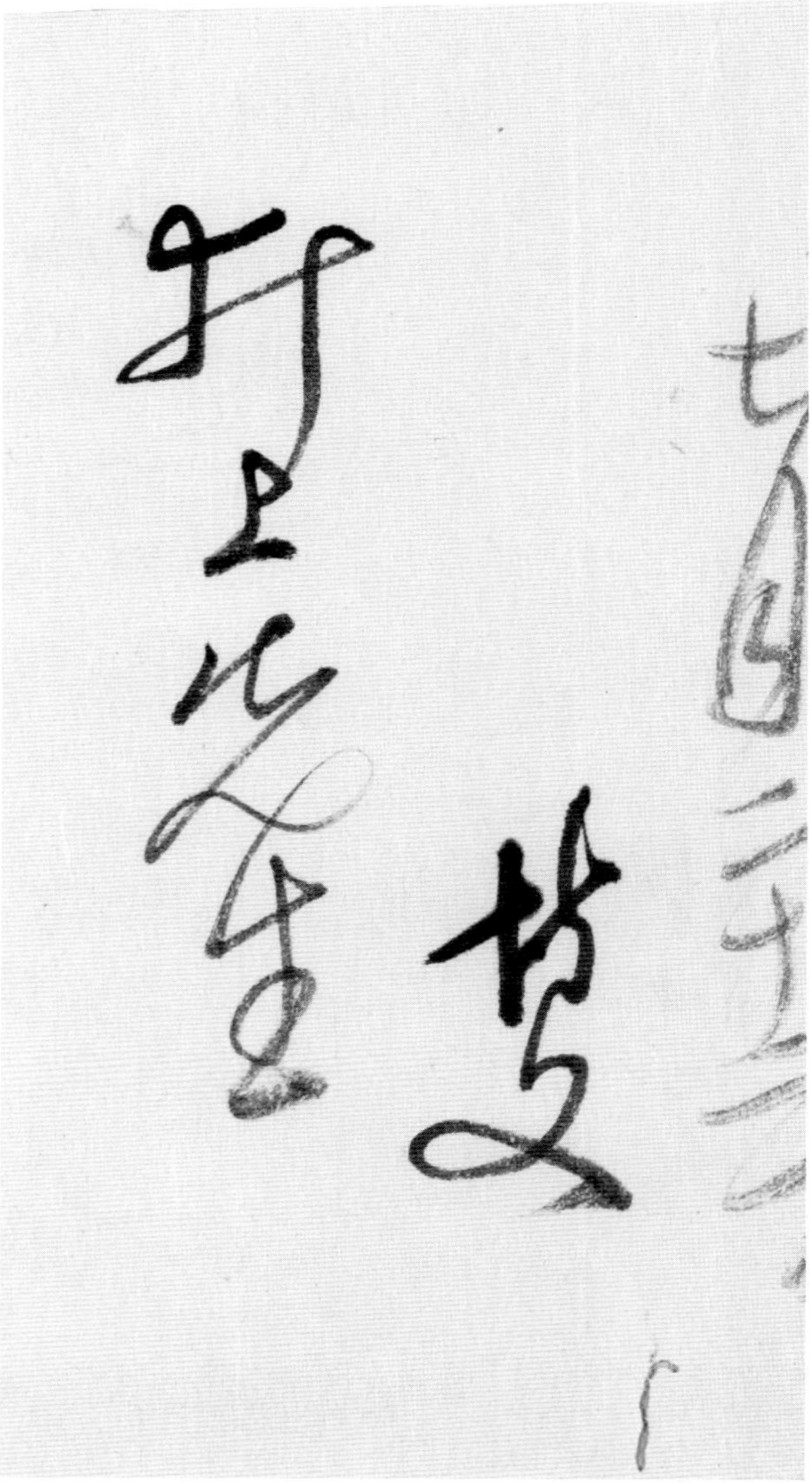

博文

井上先生

【解題】本書翰は、伊藤博文が井上毅に宛てて認めたものであり、書翰中に「過日ハ過激之議論ニ渉リ、悖貴意候段、定て御立腹之事ト致推察候得共」とあることから、伊藤と井上の間で激しい議論が交わされたことが窺われる。同日付で井上による返書（『井上毅伝』史料篇第四）が送られているが、議論の具体的な内容については記されていない。明治十七年（一八八四）七月は華族令が公布された時期であり、井上の返書が宛所を「宮内卿」としていることから、一連の華族制度政策に関しての議論であったものと考えられる。

明治十年代に国会開設に対する広汎な国民的運動が展開されるようになり、政府においても立憲政体の設立に向けて方針が定められると、上院を機能させるためには華族制度を更新して、あるべき貴族の創出を行うことが政策課題とされた。明治十五年十一月に宮内省内に華族局を設置、十七年四月に学習院を宮内省管轄に移して官学とし、同年七月に宮内省達をもって華族令を華族一班へ頒布、十八年一月に華族懲戒令を改正、十九年四月に華族世襲財産法を公布するなど、明治二十二年の大日本帝国憲法発布までに種々の法制度が整備された。

本書翰が認められたのと同月に頒布された華族令は、井上がその起草にあたっており、従前の岩倉具視のもとで内規取調局桜井能監《よしかた》が起案した「貴族令」「叙爵令」を基礎にして補訂を加えて作成された。井上による起草は伊藤との相談の上で進められたとされるが、過去には五爵制をめぐって両者の間で激しい議論がなされたこともあった。本書翰の件においても、伊藤が「僻性兎角面従腹非ニ安ンスル能ハス、胸襟を吐露シ、却て友情ニ背き候段、慚愧之至ニ不堪候」と記しているように、政策をめぐっての忌憚なき意見が戦わされたのであろう。【宮部香織】

一〇、華族懲戒に関する伊藤博文書翰

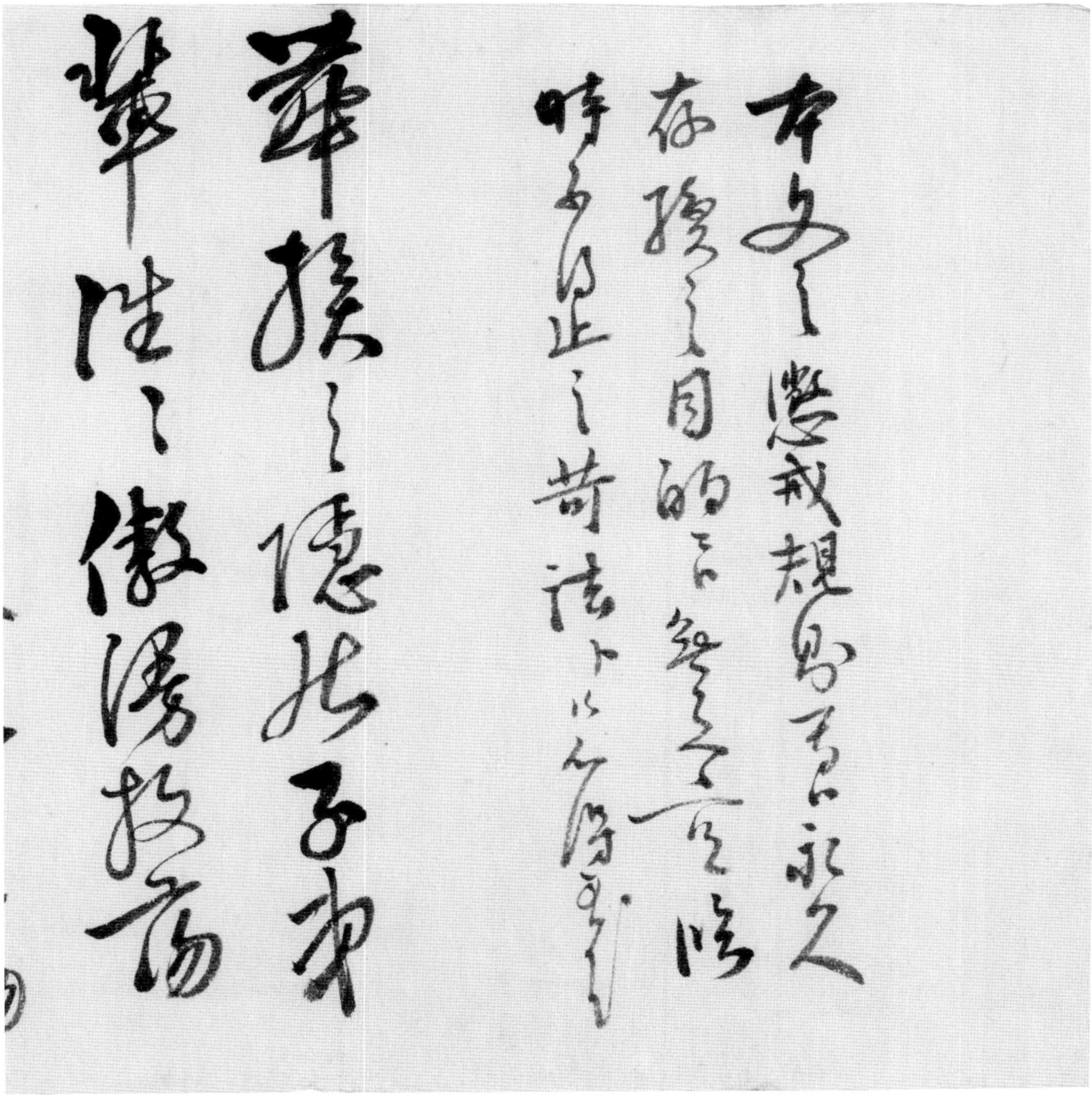

文書番号　Ⅱ―二九五
発信者　伊藤博文（参議・宮内卿）
受信者　井上毅
（参事院議官・図書頭・制度取調局御用掛）
発信月日　明治十七年十月二日
寸　法　二一・二糎＊一九三・〇糎

本文之懲戒規則等ハ　永久
存続(續)之目的ニハ無之候得共　臨
時不得止之苛法ト御心得可被下候
華族之隠居子弟
輩　往々傲慢放蕩

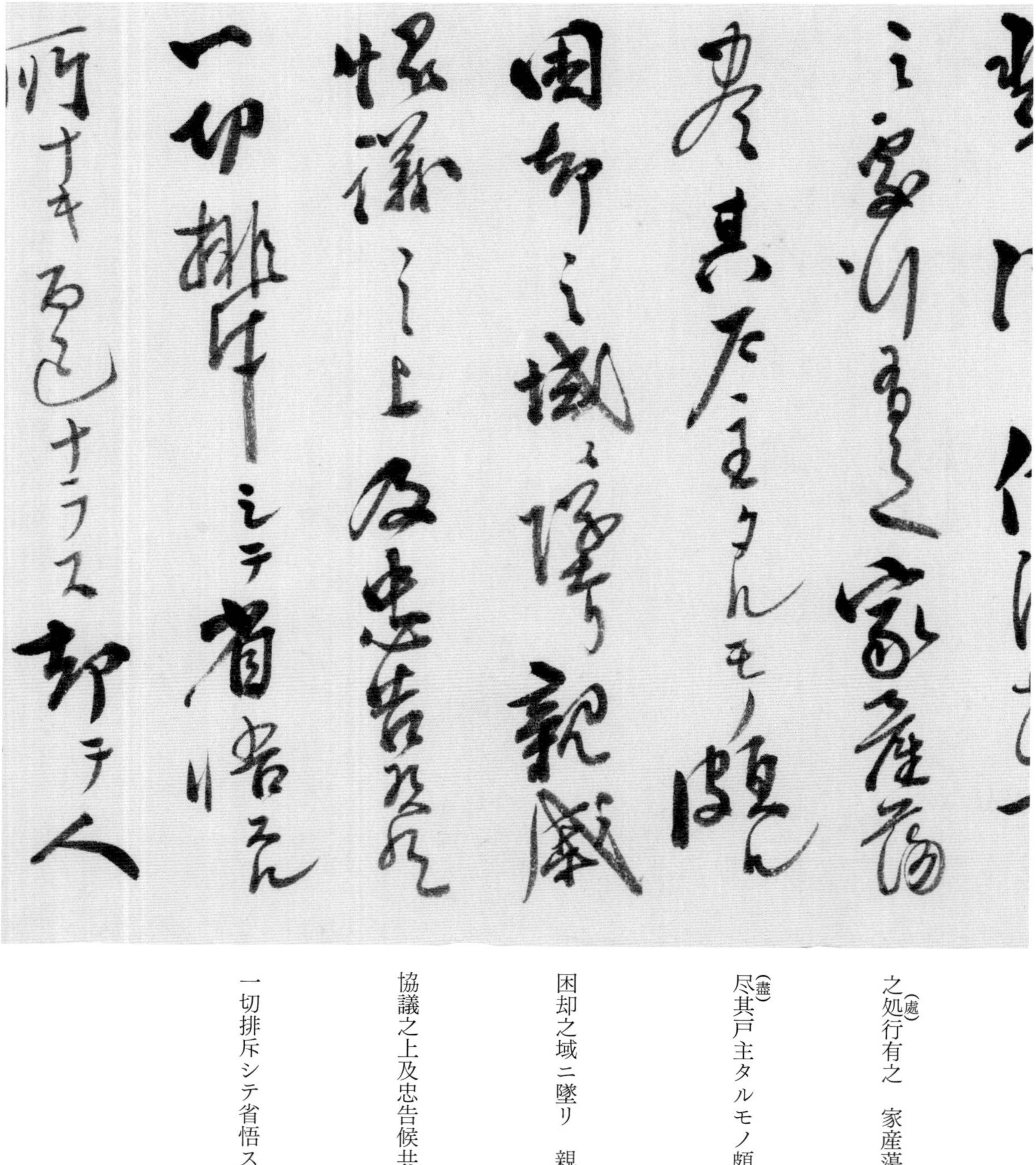

之処（處）行有之　家産蕩
尽（盡）其戸主タルモノ頽ル
困却之域ニ墜リ　親戚
協議之上及忠告候共
一切排斥シテ省悟スル

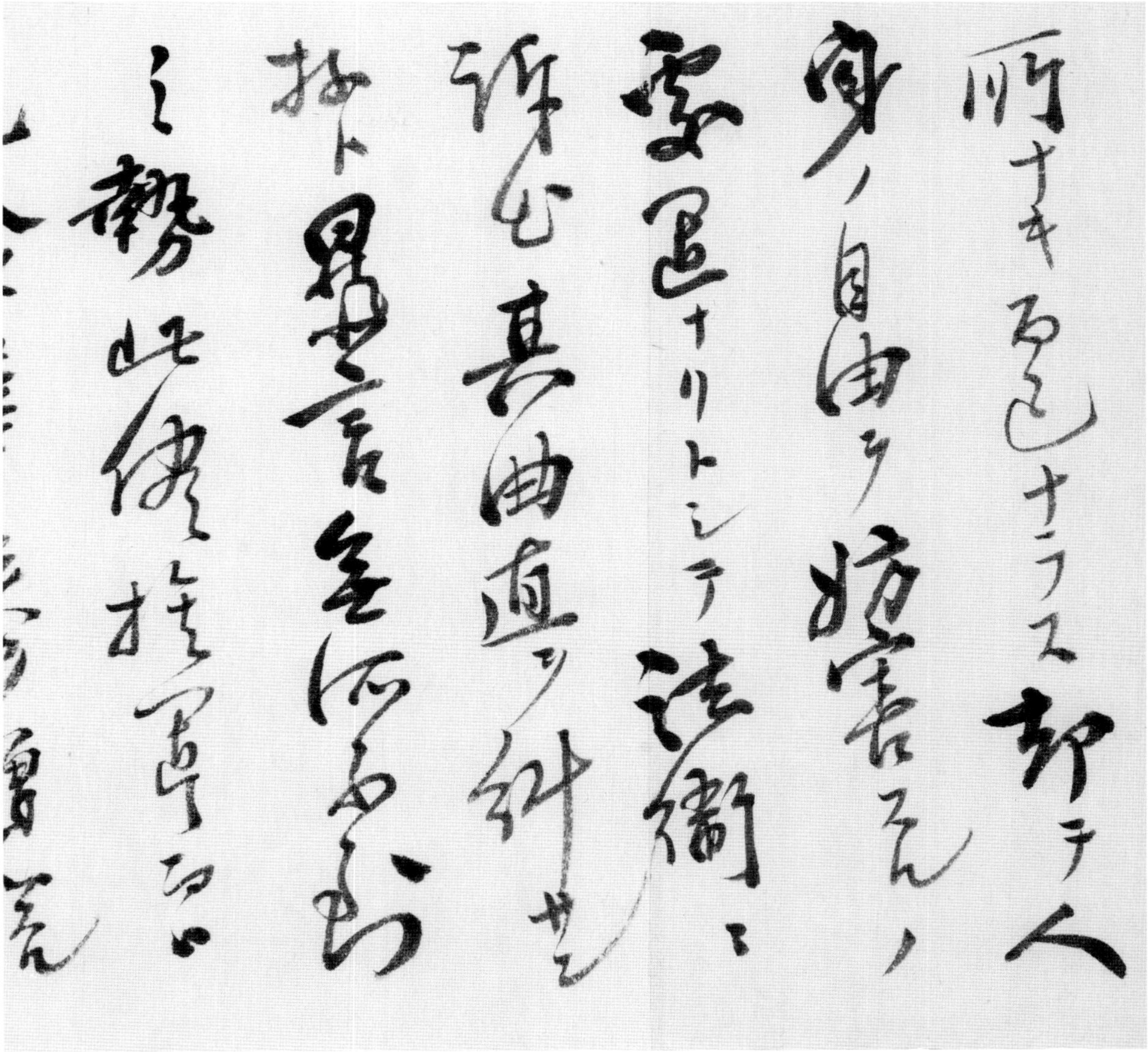

所ナキ而已ナラス　却テ人
身ノ自由ヲ妨害スルノ
処(處)置ナリトシテ　法衙ニ
訴出　其曲直ヲ糾サン
抔ト暴言無所不到
之勢　此儘捨置候てハ

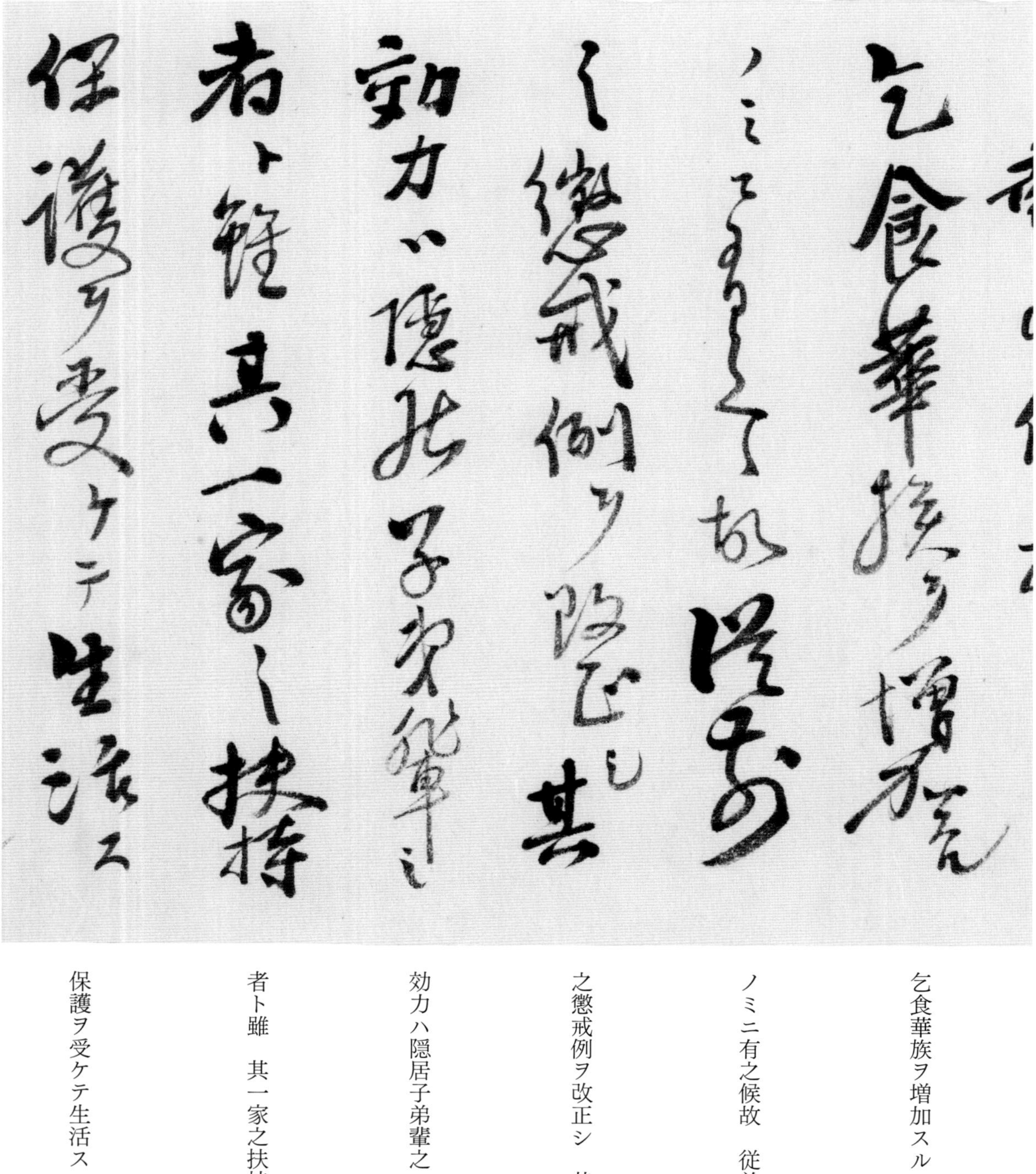

乞食華族ヲ増加スル
ノミニ有之候故　従前
之懲戒例ヲ改正シ　其
効力ハ隠居子弟輩之
者ト雖　其一家之扶持
保護ヲ受ケテ生活ス

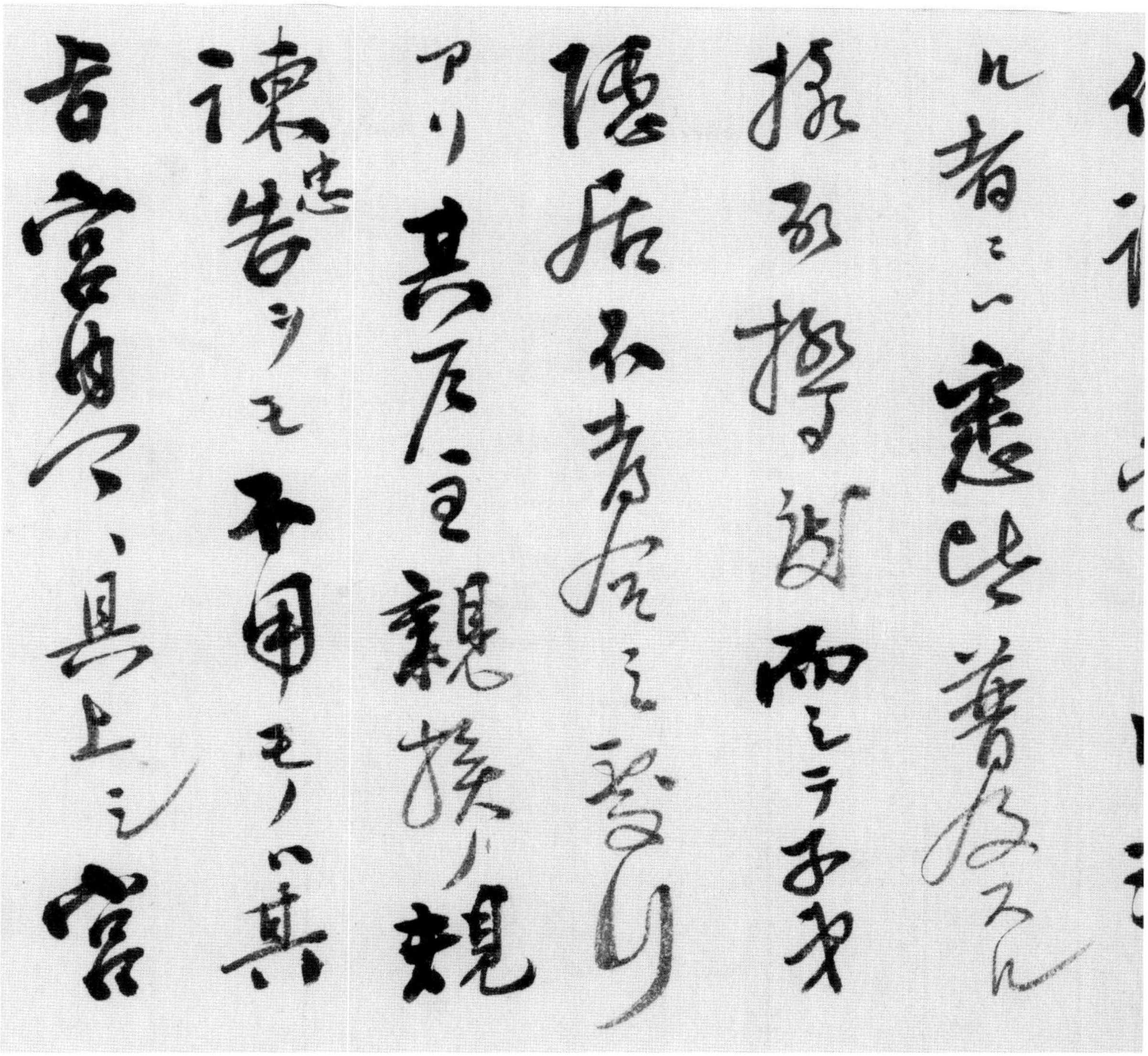

ル者ニハ　悉皆普及スル
様取極メ度　而シテ子弟
隠居不都合ノ処（處）行
アリ　其戸主親族ノ規
諫忠告ヲモ不用モノハ　其
旨宮内卿へ具上シ　宮

内卿之ヲ是認スル時ハ
懲戒ニ当ツルコト《(ヿ)》ヲ得ルト
致度　此外　総て華族
ノ族藉ニ在ル者ハ　学《(學)》問藝術
営業慈恵游嬉《(婋)》等

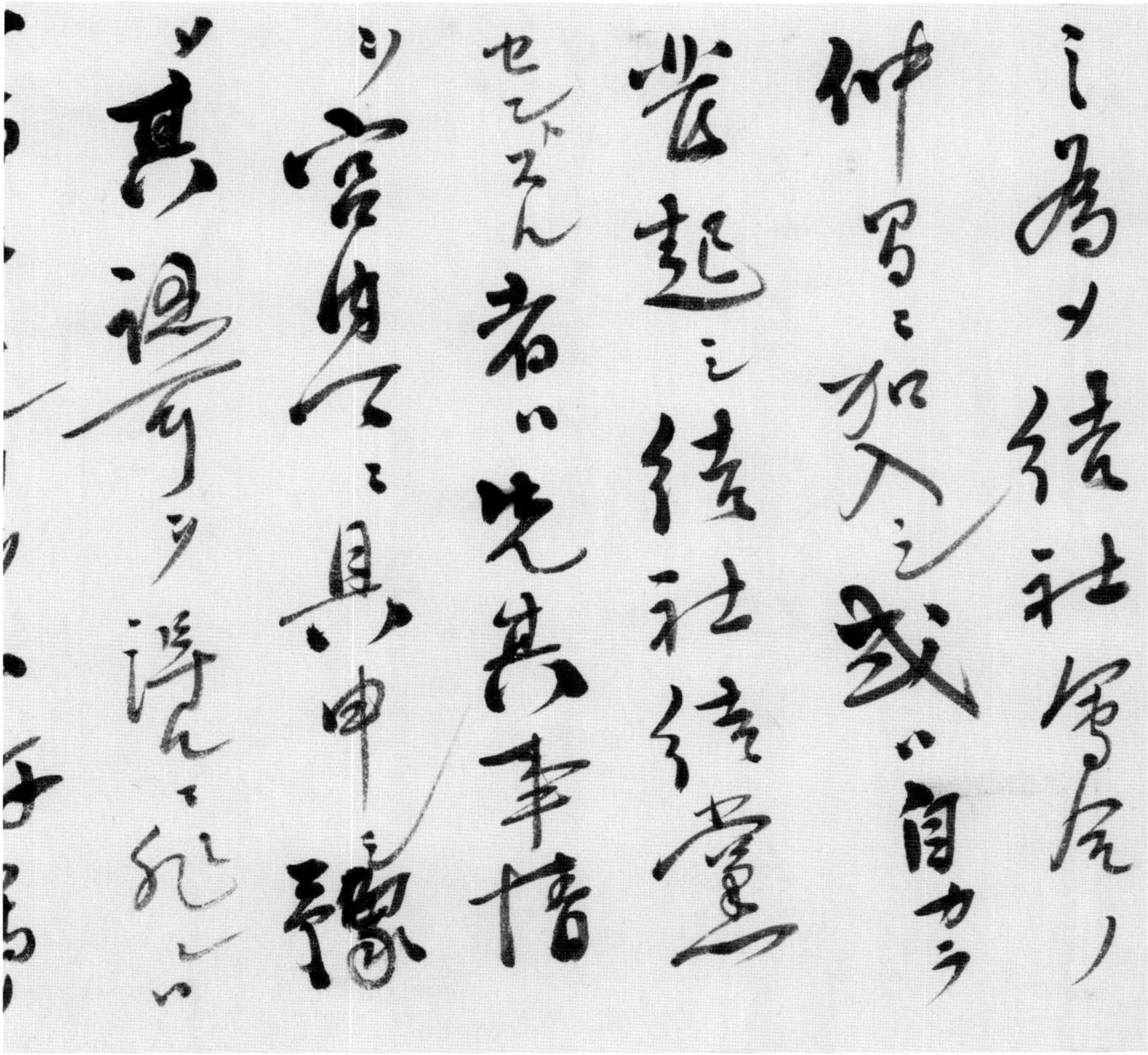

之為メ結社会(會)合ノ
仲間ニ加入シ　或ハ自カラ
発(發)起シ　結社結党(黨)
セントスル者ハ　先其事情
ヲ宮内卿ニ具申シ　予(豫)
メ其認可ヲ得ルニ非レハ

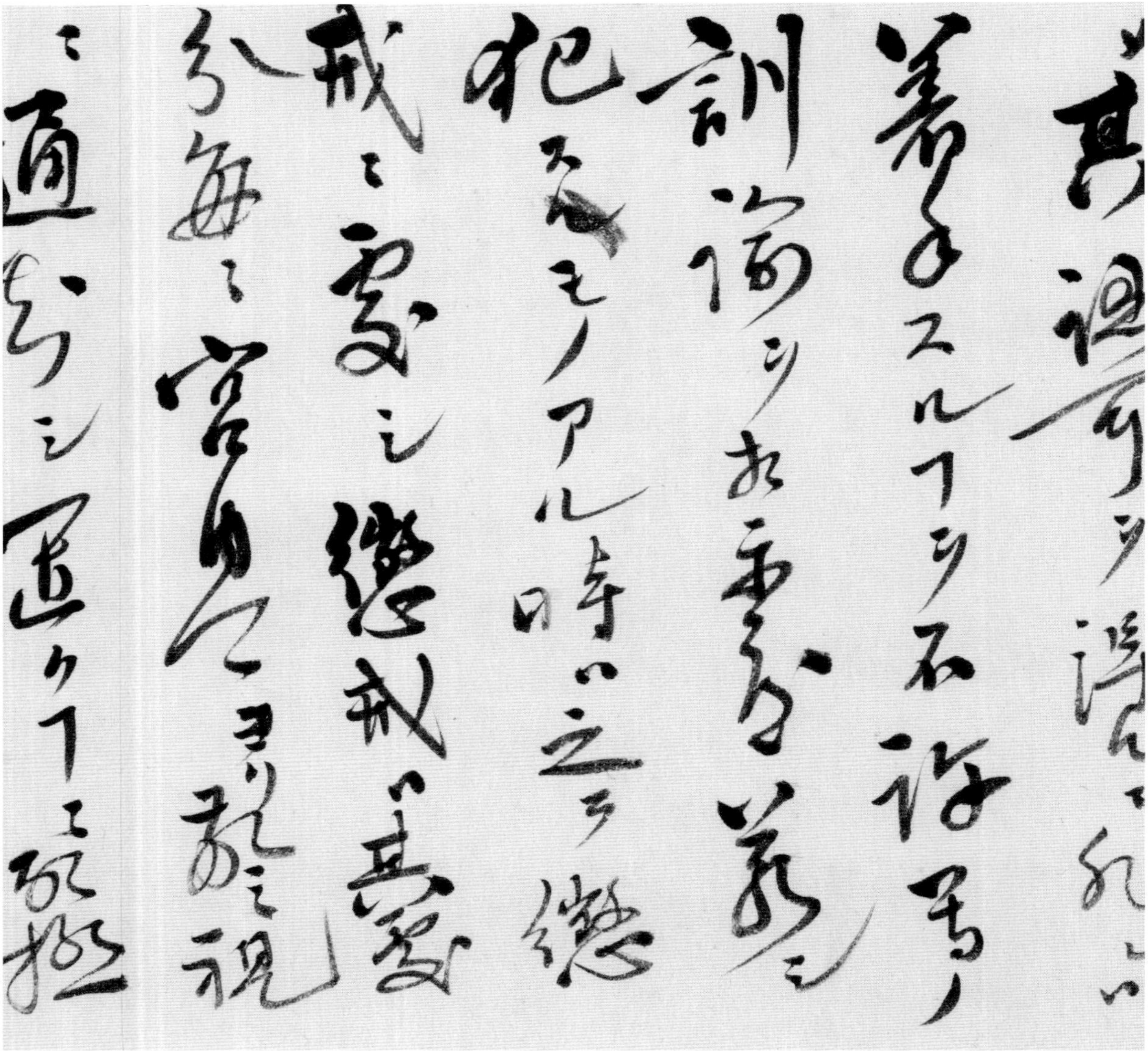

着手スルコト《(ヿ)》ヲ不許等ノ
訓諭ヲ相示度　若シ
犯スル《ミ》モノアル時ハ之ヲ懲
戒ニ処《(處)》シ　懲戒ハ其処《(處)》
分毎ニ宮内卿ヨリ警視

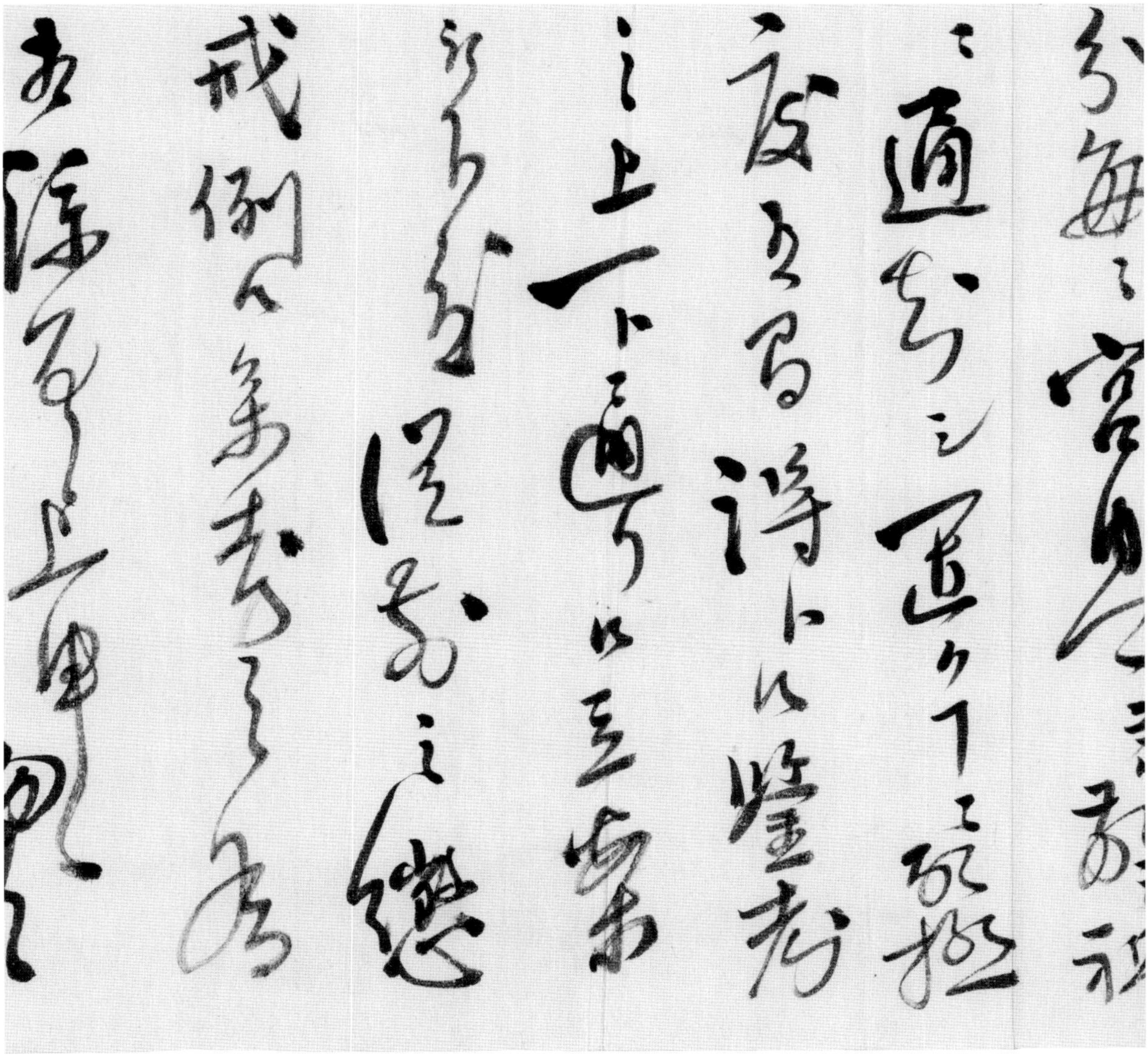

ニ通知シ置クコト(ヿ)ニ取極
度候間　得ト御鑑(鑒)考
之上　一ト通リ御立案
被下度　従前ノ懲
戒例ハ参考之為

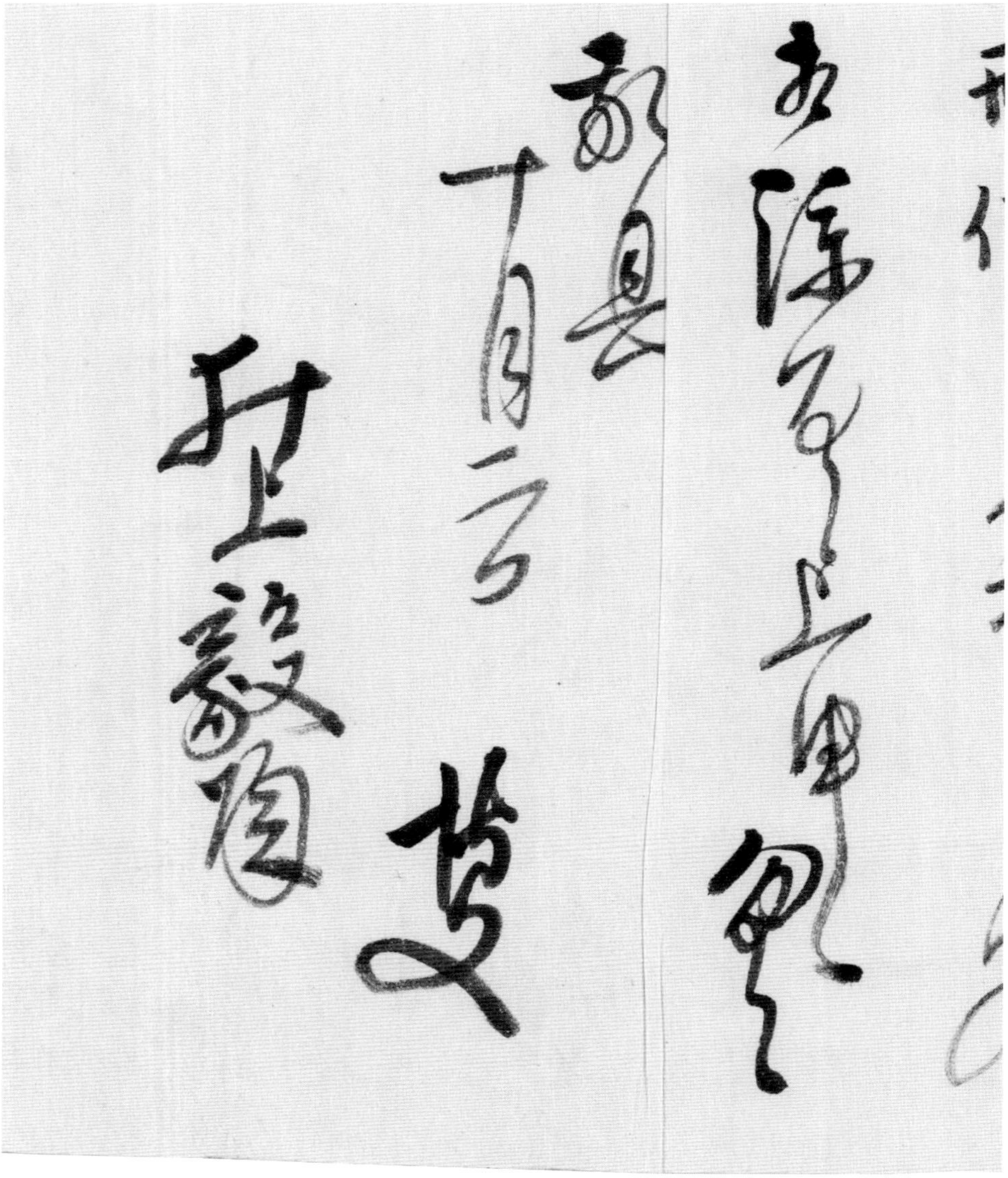

相添差上申候
匆々
敬具
十月二日　博文
井上毅殿

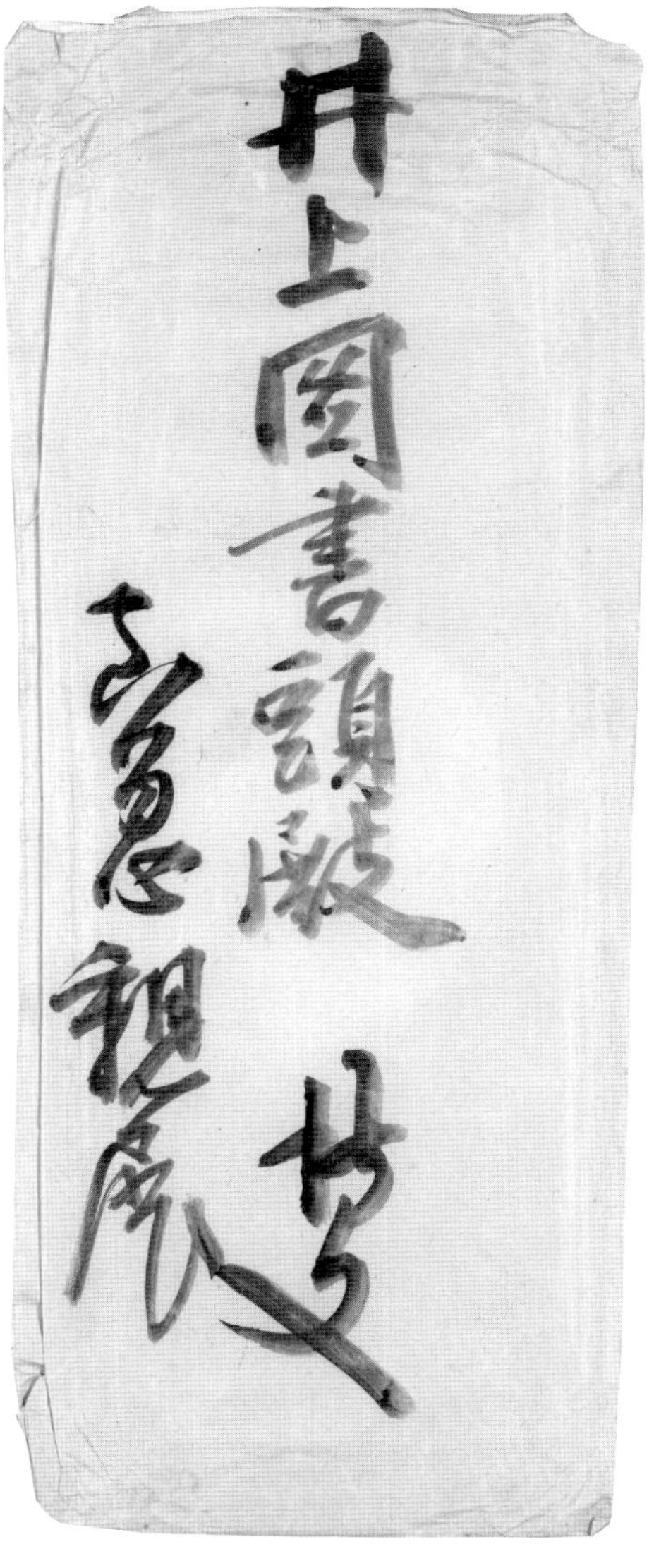

（封筒表）

井上図書頭殿　博文

真急親展

（封筒裏）

緘

【解題】　本書翰は、参議兼宮内卿伊藤博文が、明治九年（一八七六）五月に太政官達により定められた華族懲戒令（例）を改正する必要を説き、その改正案の作成を井上毅に依頼したものである。

　華族懲戒令は、華族が皇室の藩屏となる特別な身分であり、「国民中貴重ノ地位ニ居ル故ニ其過失或ハ体面ヲ汚スモノハ仮令法律ニ触レサルモ仍ホ之ヲ懲戒ス」（第一条）るものとして、一般国民とは異なる処罰（懲戒・身分喪失など）を科す特別立法であった。これは華族統制を目的として制定されたが、明治十七年の華族令制定によって、華族の宮内省管掌が制度化されたこともあり、伊藤は本書翰において従前の懲戒令を改正すべきと提言している。改正点として掲げられたのは、「傲慢放蕩之処行」により「家産蕩尽」して困窮の域に陥った者に親戚が協議し忠告するもこれを聞き入れず、かえって人身の自由を妨害する処置であると法衙に訴え出て暴言を致す輩をそのままにしておくことは乞食華族の増加という弊害を招くため懲戒すべきであり、また華族の結社への加入や発足について認可を得ない者についても懲戒とし、いずれもその懲戒権は宮内卿が有するとしている。

　本書翰の翌日にも伊藤は井上に書翰（『井上毅伝』史料篇第五）を認めており、そこでは華族懲戒令の草案が出来たならば、華族局の五辻安仲《いつつじやすなか》と談合すべき旨を指示している。その後、井上は草案を作成して伊藤へ提出し、これに対する解説（「華族令解釈意見」『井上毅伝』史料篇第一）も十月七日付で執筆している。この意見書では、戸主に家属を結束させること、懲戒の威厳を示すべく「戸主除族即全家華族ノ栄ヲ失フ」とすべきことを説きながら、後者については復族の請願を認めるか否かについても言及している。これに対し、伊藤は十日付の返書（『井上毅伝』史料篇第五）を送っている。

　この井上の草案をもとに、華族懲戒令は明治十八年一月に太政官達にて改正され、伊藤と井上が書翰や意見書で言及していた事項が反映された内容となった。なお、本書翰の尚書きにこの懲戒規則は「永久存続之目的」にはあらず「臨時不得止之苛法」であると伊藤が述べているように、明治二十三年に井上の意見によって華族懲戒令は廃止された。

〔宮部香織〕

一一、条約改正に関する伊藤博文書翰

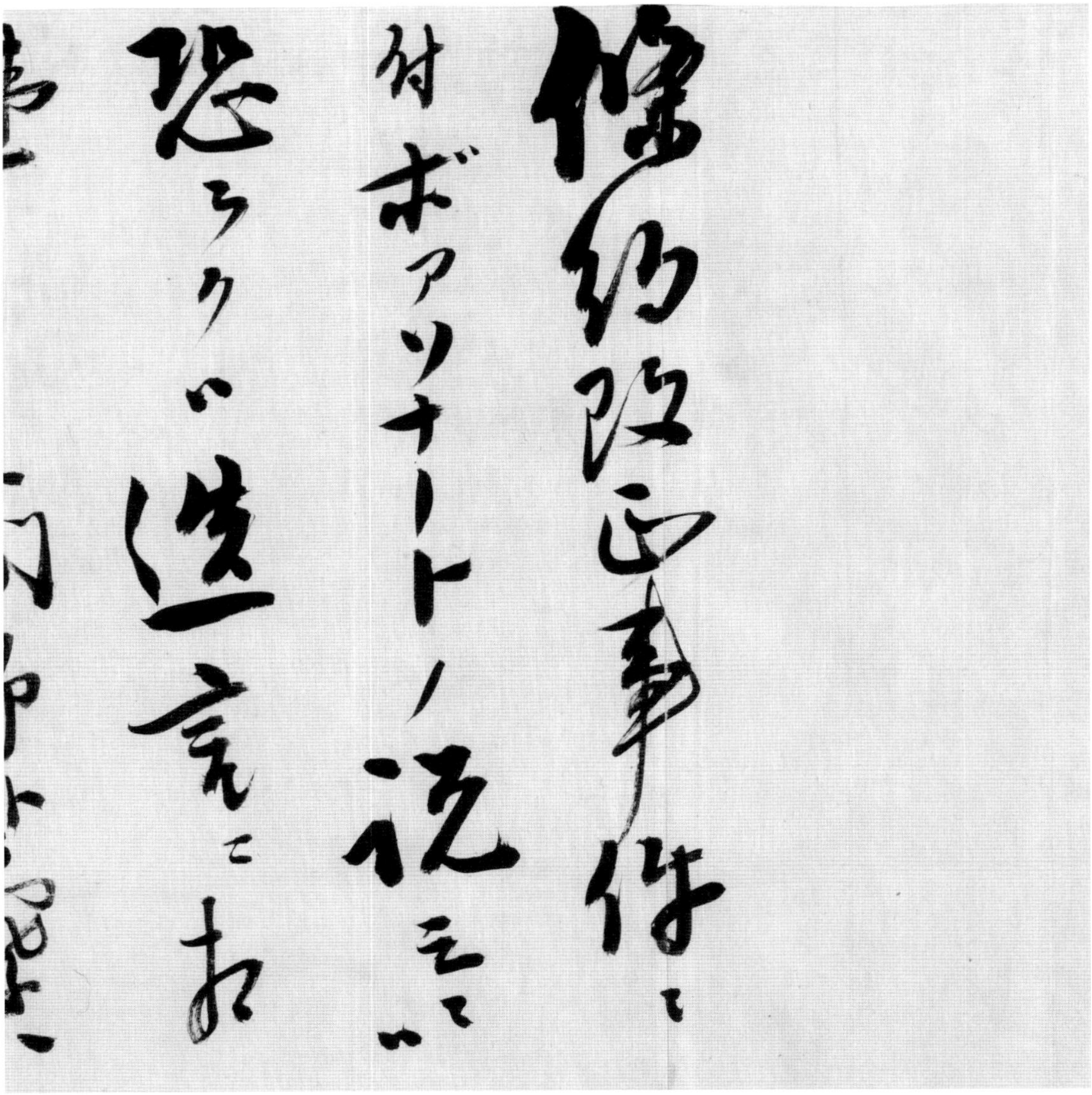

文書番号　Ⅱ－一九六
発信者　伊藤博文（内閣総理大臣）
受信者　井上毅（宮内省図書頭）
発信月日　明治二十年五月八日
寸　法　一八・二糎＊七九・五糎

条(條)約改正事件ニ
付　ボアソナートノ説云々ハ
恐ラクハ造言ニ相

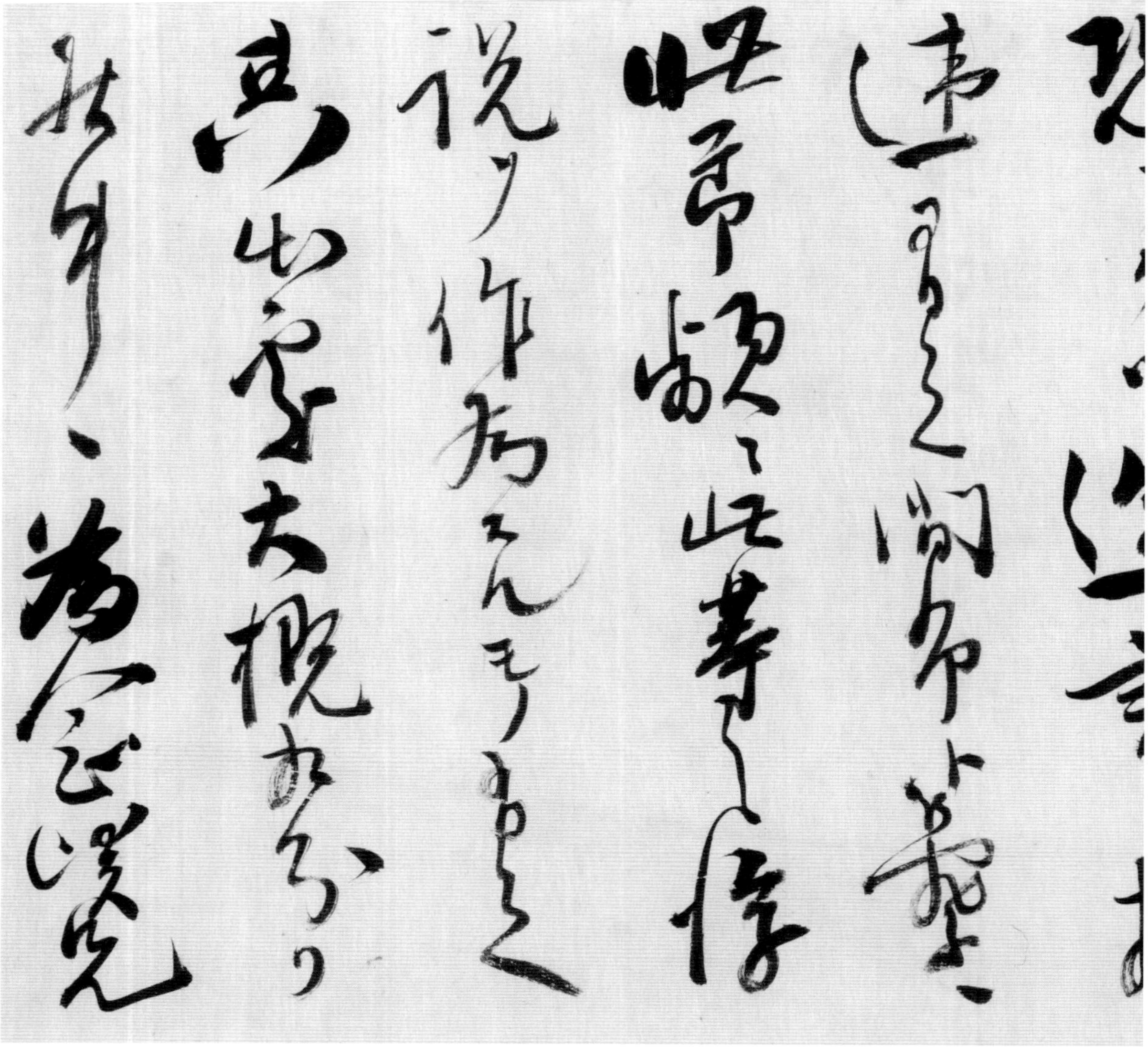

違有之間布ト被察候
此節頻ニ此等之浮
説ヲ作為スルモノ有之
其出処(處)大概相分リ
居申候　為念賢兄

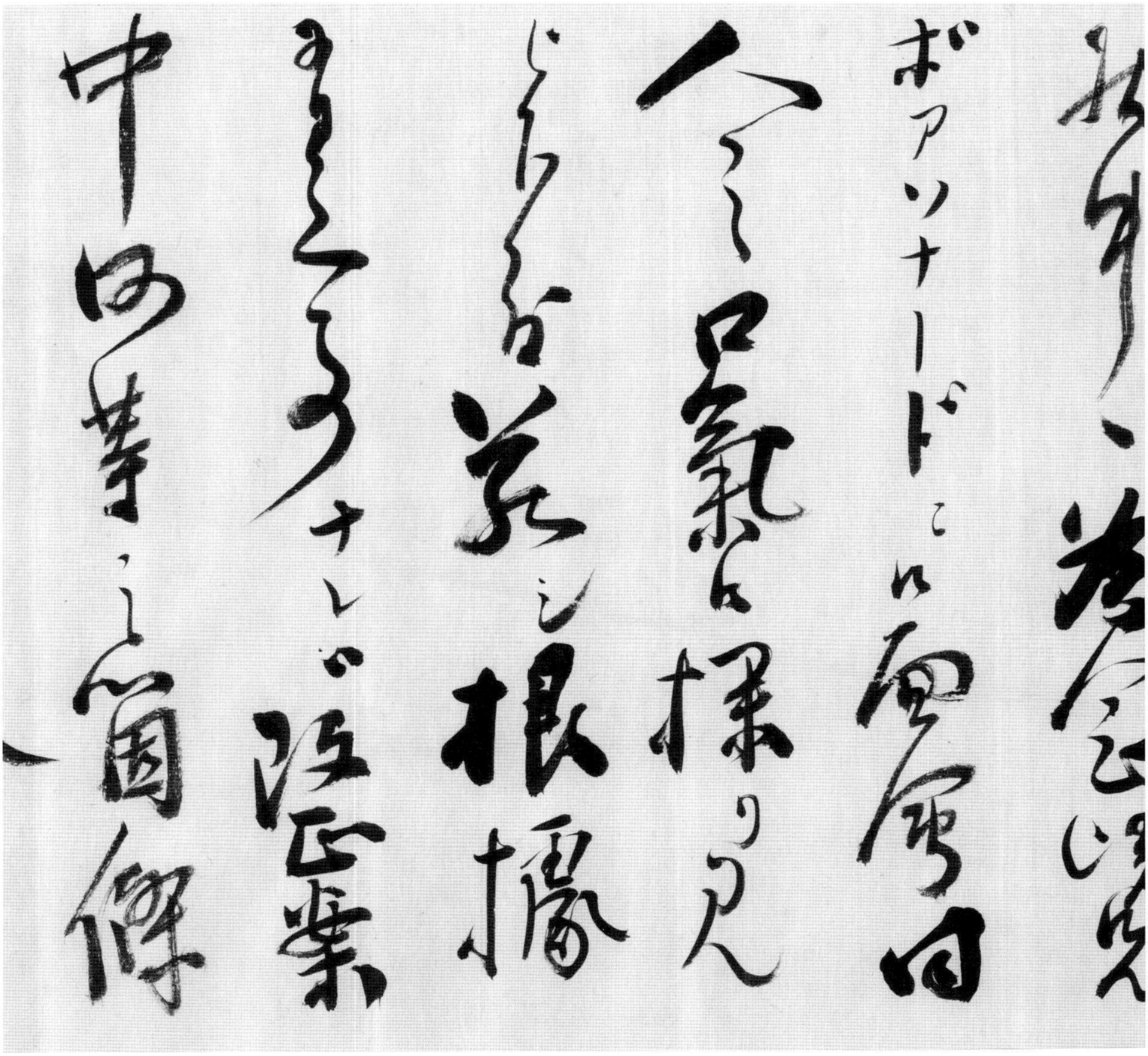

ボアソナードニ御面会(會)　同
人之口気(氣)御探り見
被下度　若シ根拠(據)
有之事ナレハ　改正案
中何等之箇条(條)

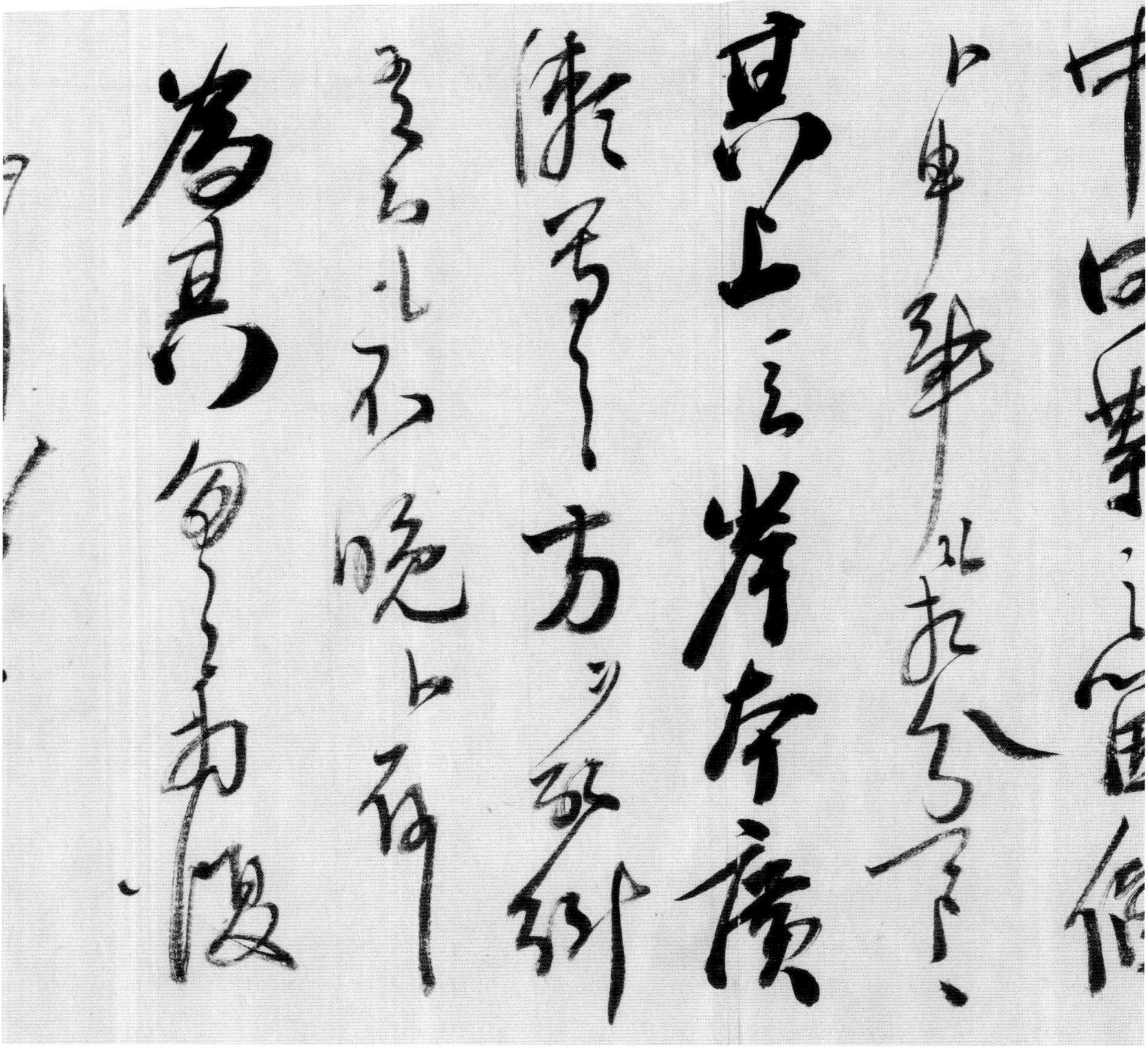

ト申事も相分可申候
其上ニて岸本廣
瀬等之方ヲ取糾
候ても不晩ト存候
為其　匆々拝復

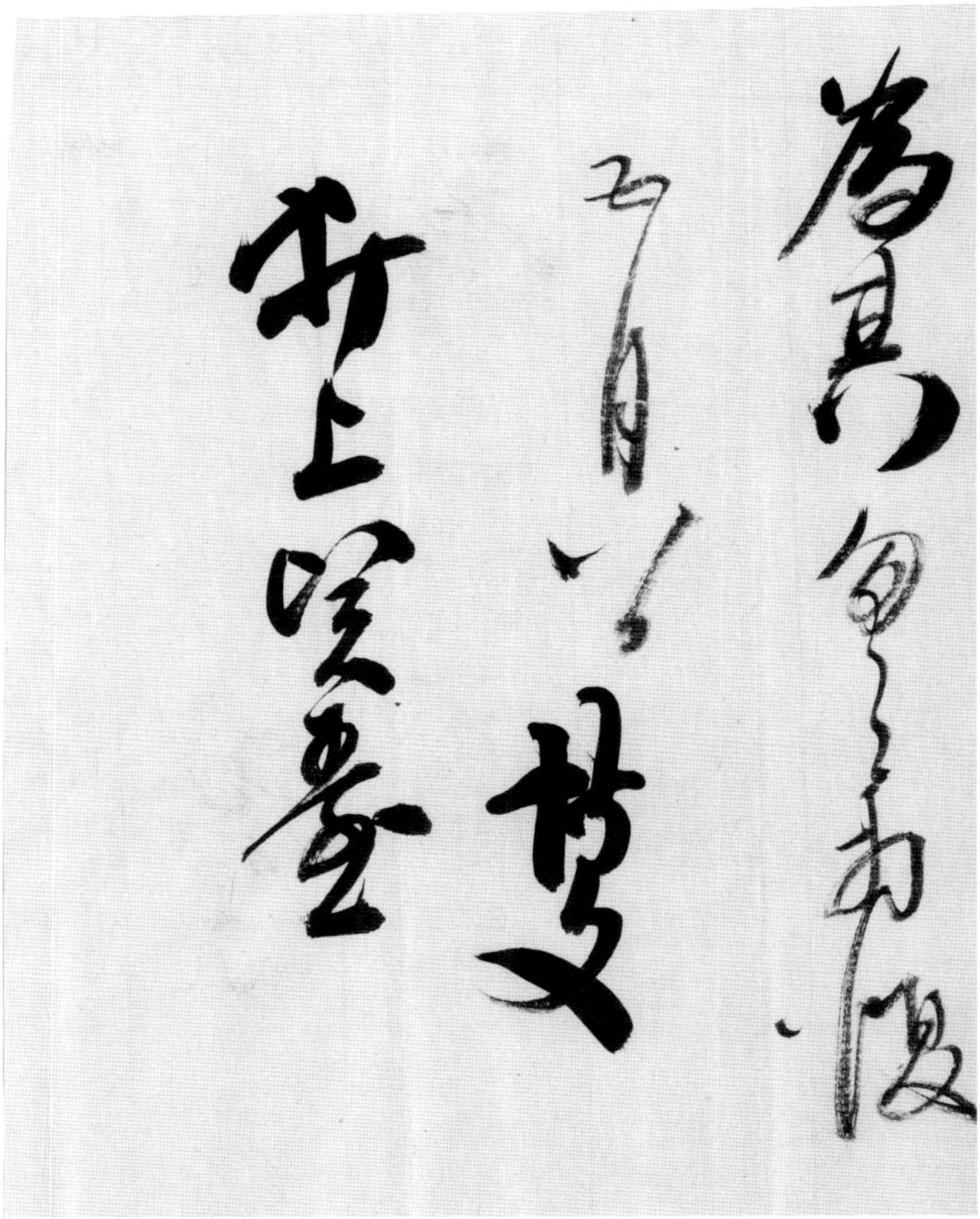

五月八日　博文

井上賢臺

【解題】　明治政府の最大の外交課題は条約改正で、明治十九年（一八八六）からは各国委員が改正の具体的内容を審議する条約改正会議が開かれていた。同会議では一定期間内に領事裁判権を撤廃することとしたが、日本はその代償として西洋式の法典編纂とこれに関する列国への通知を行い、外国人法律家を日本の裁判所に任用するという譲歩を行なった。だが、この交渉の転機となったのが、井上毅の動きである。井上にすればこの条約案は日本の司法権、立法権に抵触するものであり、同意できるものではなかった。

ここに掲げられている書翰は、前日に井上が伊藤にあてて、内閣法律顧問のボアソナードが「親密之交際ある日本人」に改正条約案への反対意見を述べていると伝えたことへの返書である（五月七日付伊藤博文宛書翰『井上毅伝』史料篇第四）。書翰の通り、伊藤はボアソナードの説を「造説」だろうとしながらも、井上に念のためにボアソナードに面会、確認するよう求めている。井上は伊藤の要請に基づいて五月十日にボアソナードを訪ね、同人より日本人原告の裁判でも十五年間の長きにわたって多数の外国人判事が任用されることは旧条約よりも不利であり、これは国民の政府批判を招き、法律改正の通知には日本の主権を留意すべきであり、この際調印条約は批准を見送るべきとしたが、外務大臣井上馨《かおる》、司法大臣山田顕義らには容れられなかったと聞いた（五月十日「条約改正ニ関スル井上毅・ボアソナード氏対話筆記」『近代日本法制史料集』第九巻）。井上毅は早速これを意見書に纏めて伊藤首相や山田に回覧（五月二十三日付伊藤宛書翰『井上毅伝』史料篇第四、七月十三日付井上宛山田顕義書翰『山田伯爵家文書』第二巻）、その意見は各方に面浸透していく。特に元田永孚から意見を知らされた農商務大臣谷干城《たてき》《かんじょう》が条約改正に反対して辞職したことは、条約改正反対論者を大きく勢いづけ、七月二十九日に至って条約改正会議を無期延期する方針が決定した。この書翰からいえることは、井上がボアソナードの権威を活用し、それを尖鋭化させることで日本に不利な条約改正に反対する潮流を作り出すことに成功し、条約改正会議を失敗に追い込む端緒になるものであった。

〔種稲秀司〕

一二、憲法立案に関する伊藤博文書翰

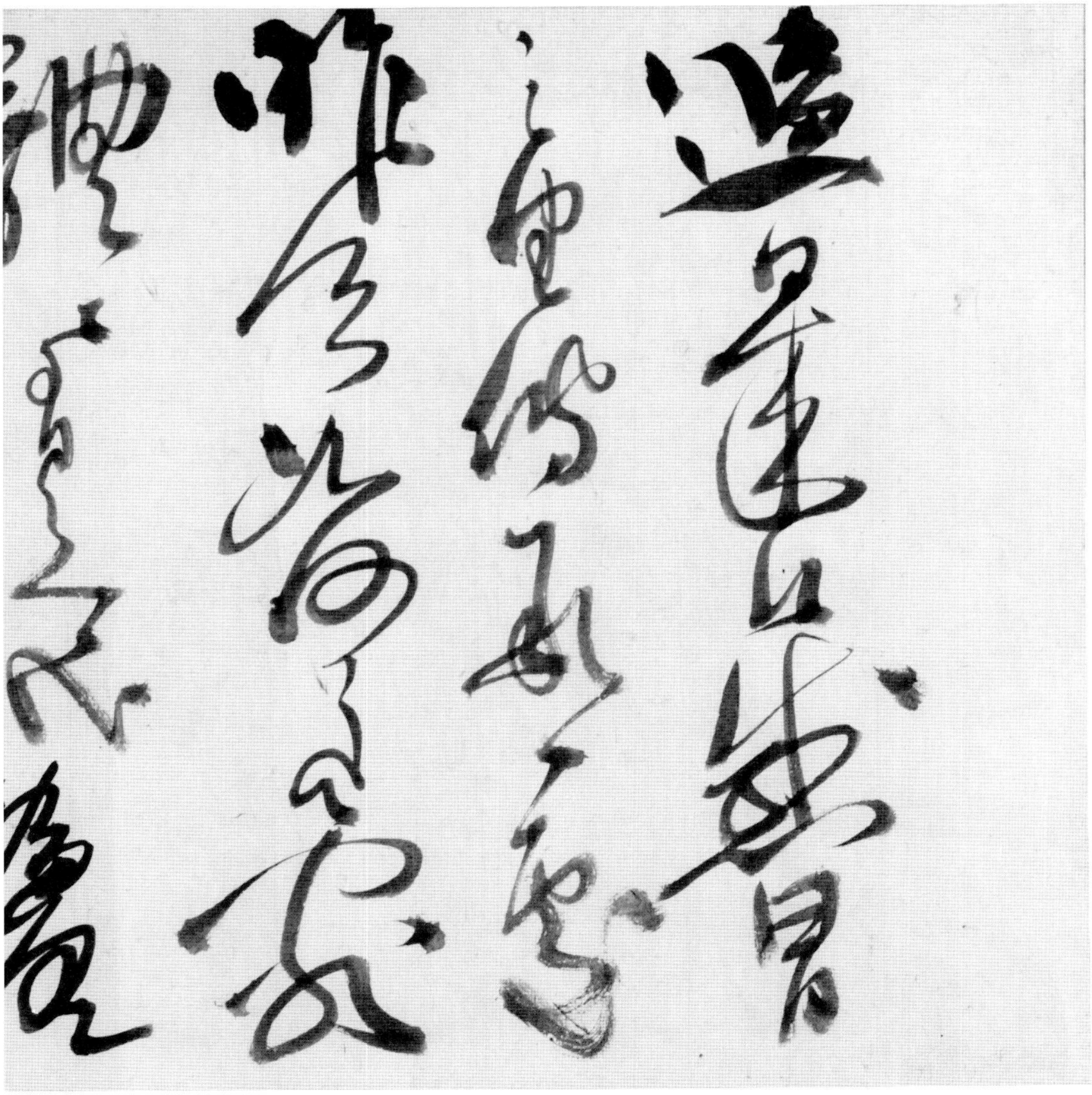

文書番号　Ⅱ－四八七－四
発信者　伊藤博文（内閣総理大臣）
受信者　井上毅（法制局長官）
発信月日　明治二十一年二月九日
寸　法　一七・八糎＊八八・〇糎（巻子）

過日来御感冒
之由伝(傳)承候処(處)
昨今如何之御容

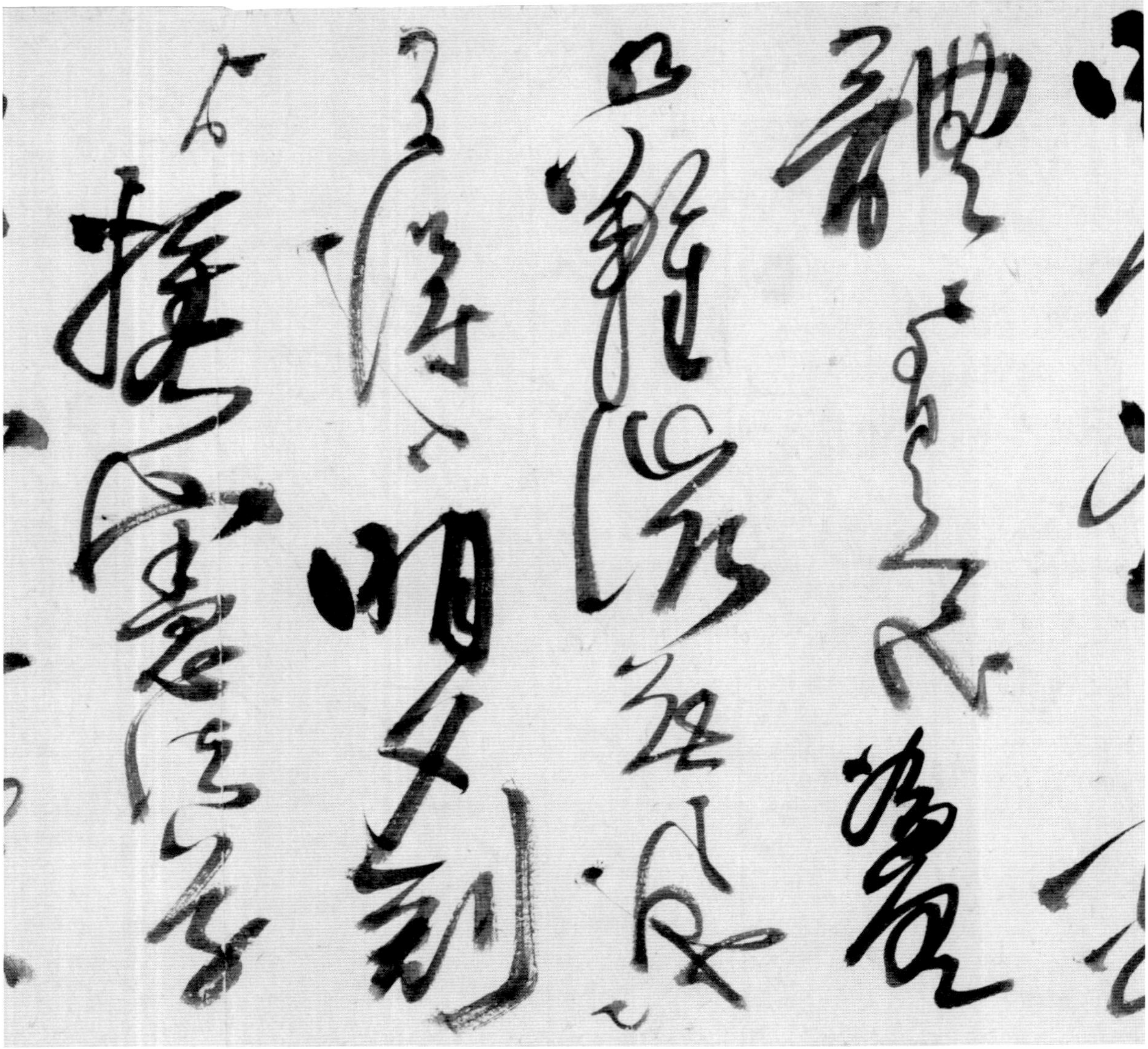

体(體)ニ有之候哉　為差
御難渋無之儀ニ
候得ハ　明夕刻
ヨ(ヵ)リ携憲法草

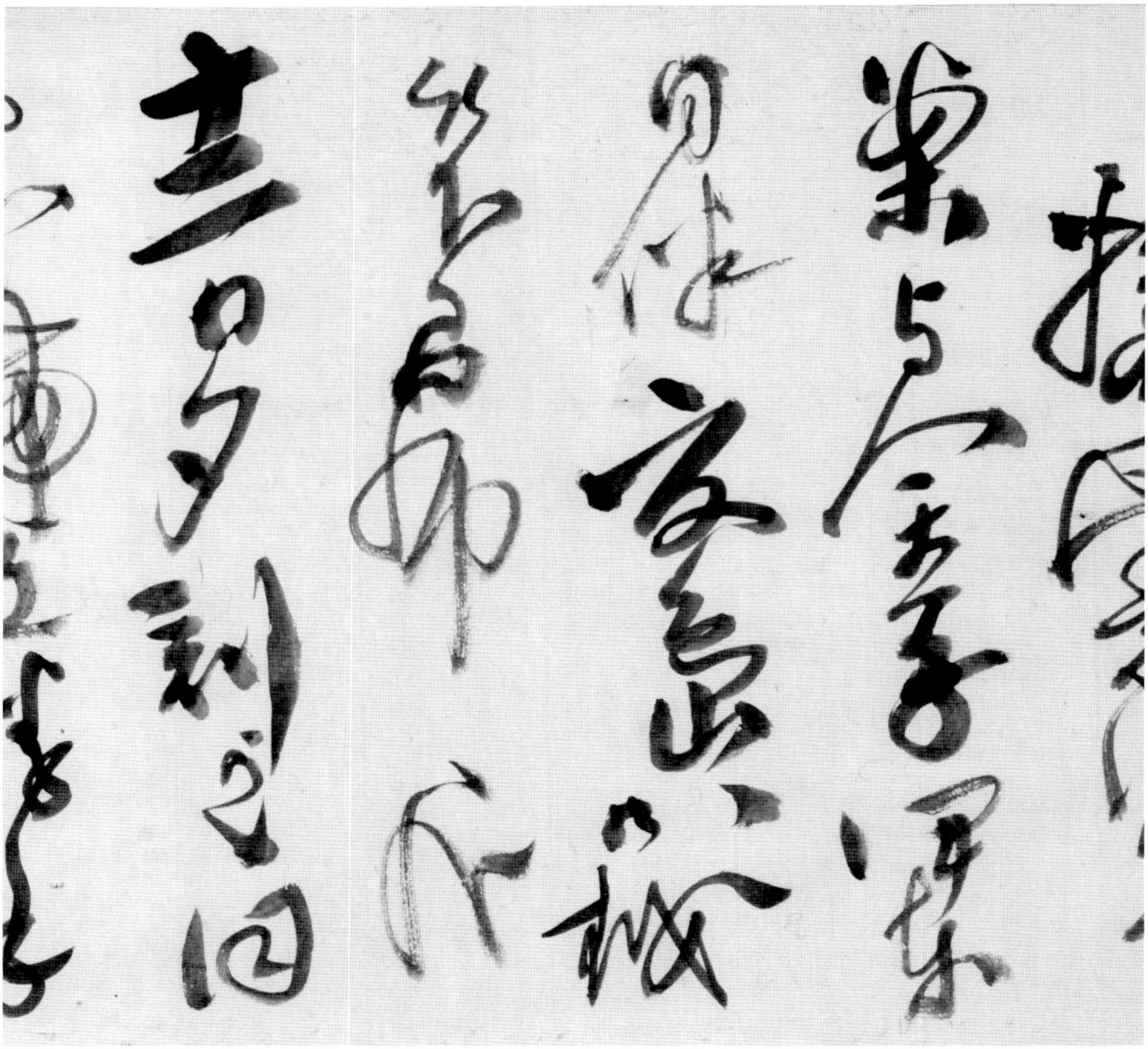

案と金子伊東
同伴夏島へ御越
被下間布候哉
十二日夕刻迄同

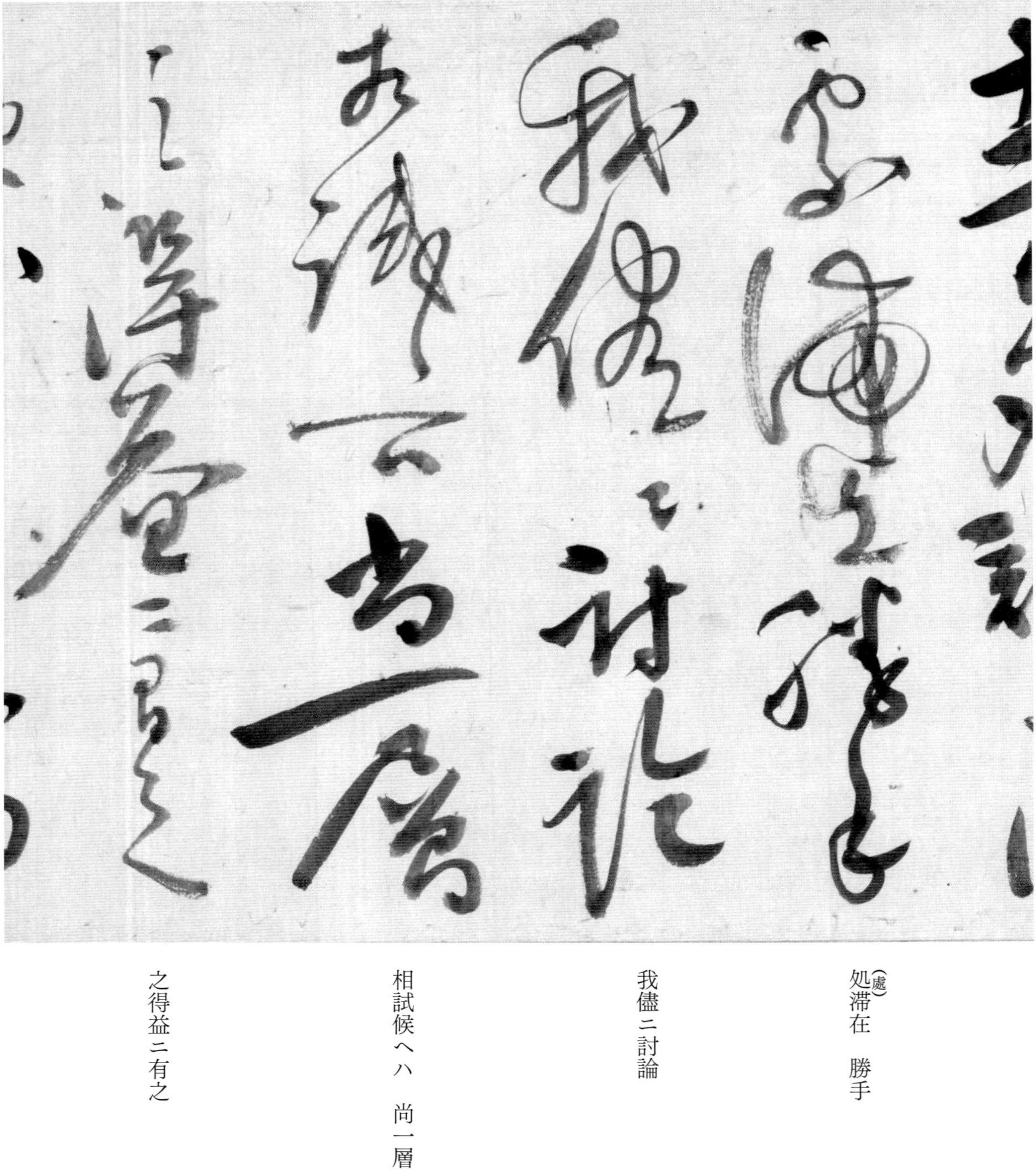

処(處)滞在　勝手

我儘ニ討論

相試候ヘハ　尚一層

之得益ニ有之

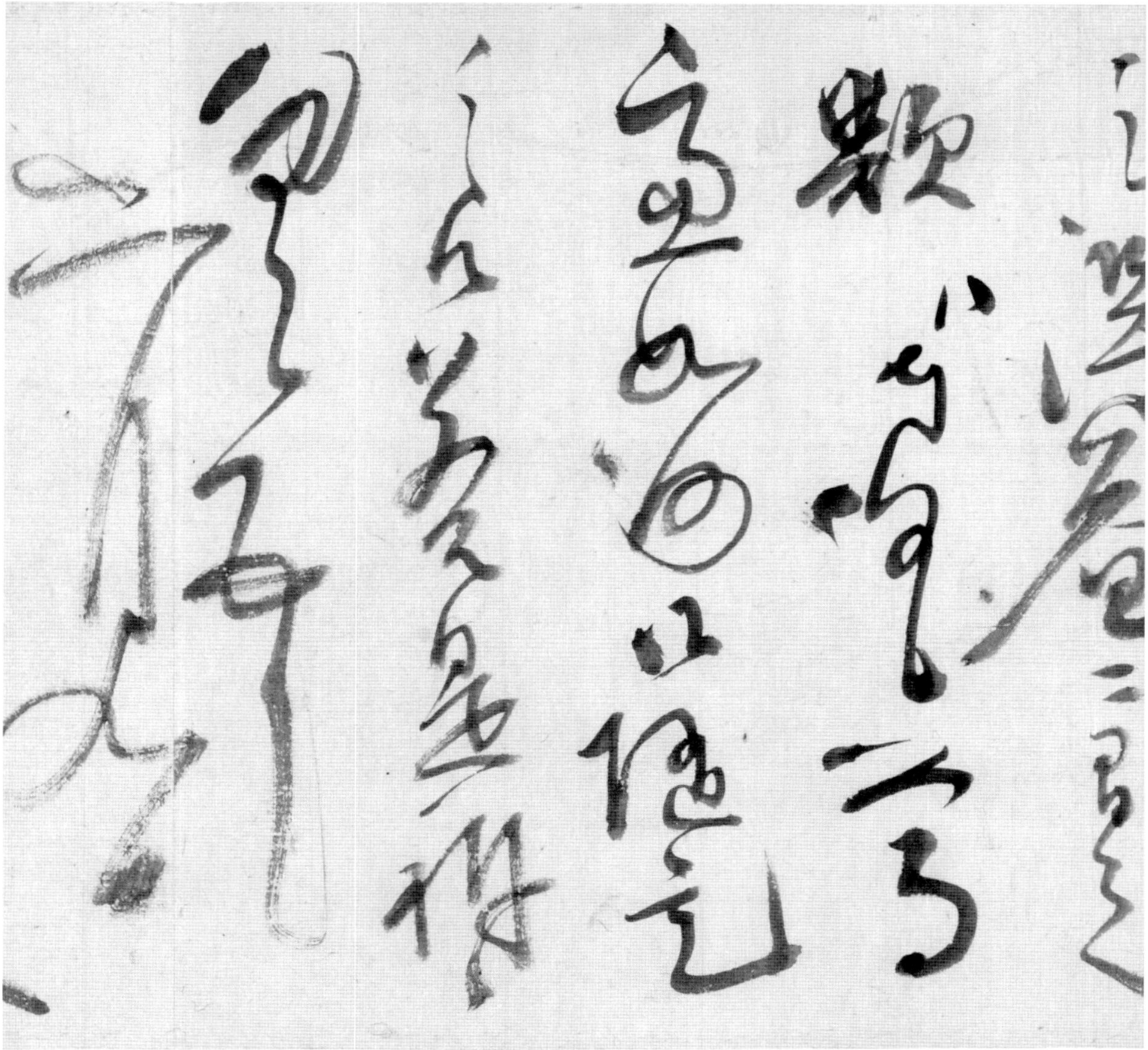

歟ト奉存候　尊
慮如何　御随意
之御答是祈候
匆々頓首

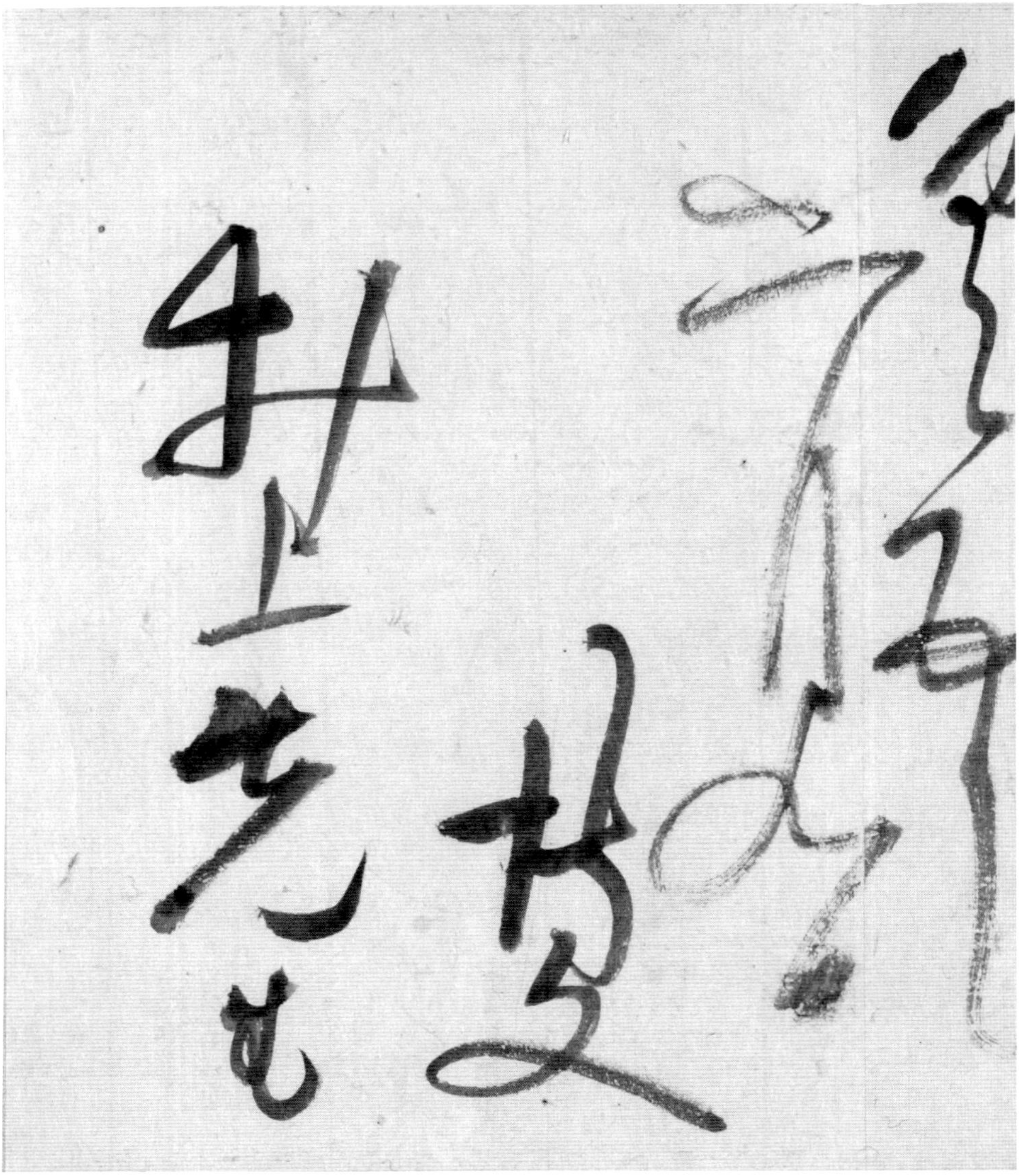

二月九日

博文

井上先生

【解題】　明治十六年（一八八三）に欧州での憲法調査を終えて帰国した伊藤博文は、立憲体制の確立に向けて諸制度の改革に取り組み、十九年の秋頃より憲法の起草に本格的に着手しはじめた。伊藤は、同年十一月頃、宮内省図書頭の井上毅に憲法の調査立案を委嘱し、井上はドイツ人法律顧問ロエスレルの答議などをもとに、翌二十年にまず初稿（未完成）を作成した後、四月に甲案、五月に乙案の二種の草案を作成して提出した。甲案は、天皇大権をはじめ枢要な事項を上諭（前文）に含めて条文を簡略にし、乙案は、天皇大権以下の多くの条章を列挙する形式をとった。また、ロエスレルによる独文の「日本帝国憲法草案」も作成され、伊藤は六月頃より夏島の別荘で総理大臣秘書官の伊東巳代治《みよじ》、金子堅太《けんた》郎《ろう》とともに、これら三種の草案を検討して、いわゆる夏島草案（全七章八十九ヶ条）を八月に完成させた。

　夏島での会議に参加していない井上は、この草案に対する逐条意見を執筆して伊藤へ提出し（八月二十八日付伊藤宛書翰『井上毅伝』史料篇第四）、十月、伊藤の高輪邸にて井上、伊東、金子の四者にて憲法草案の再検討会議を行い、井上の意見を採用して大幅な修正を施した十月草案（全六章八十二ヶ条）を作成した。その後も井上は草案の検討を続けて修正意見を提出しており、翌年一月下旬より再び四者による会議を行って、二月草案（全七章七十八ヶ条）を作成した。

　本書翰は、この二月草案の完成後も四者で修正の討議を重ねていくなかで、二月十日から十二日までの間、夏島別荘にて本草案について「勝手我儘ニ討論」を試みようと伊藤が提言したものであり、この直前の会議を病欠していた井上も夏島行きに承諾し、四者による再検討が行われた。この夏島会議を経て作成された浄写三月草案（全七章七十七ヶ条）に最終修正が施され、後に憲法義解となる説明付きで完成した憲法草案は「大日本帝国憲法」と題されて、天皇へ上奏され、御諮詢案として枢密院会議での審議が行われた。

［宮部香織］

一三、皇室典範に関する伊藤博文書翰

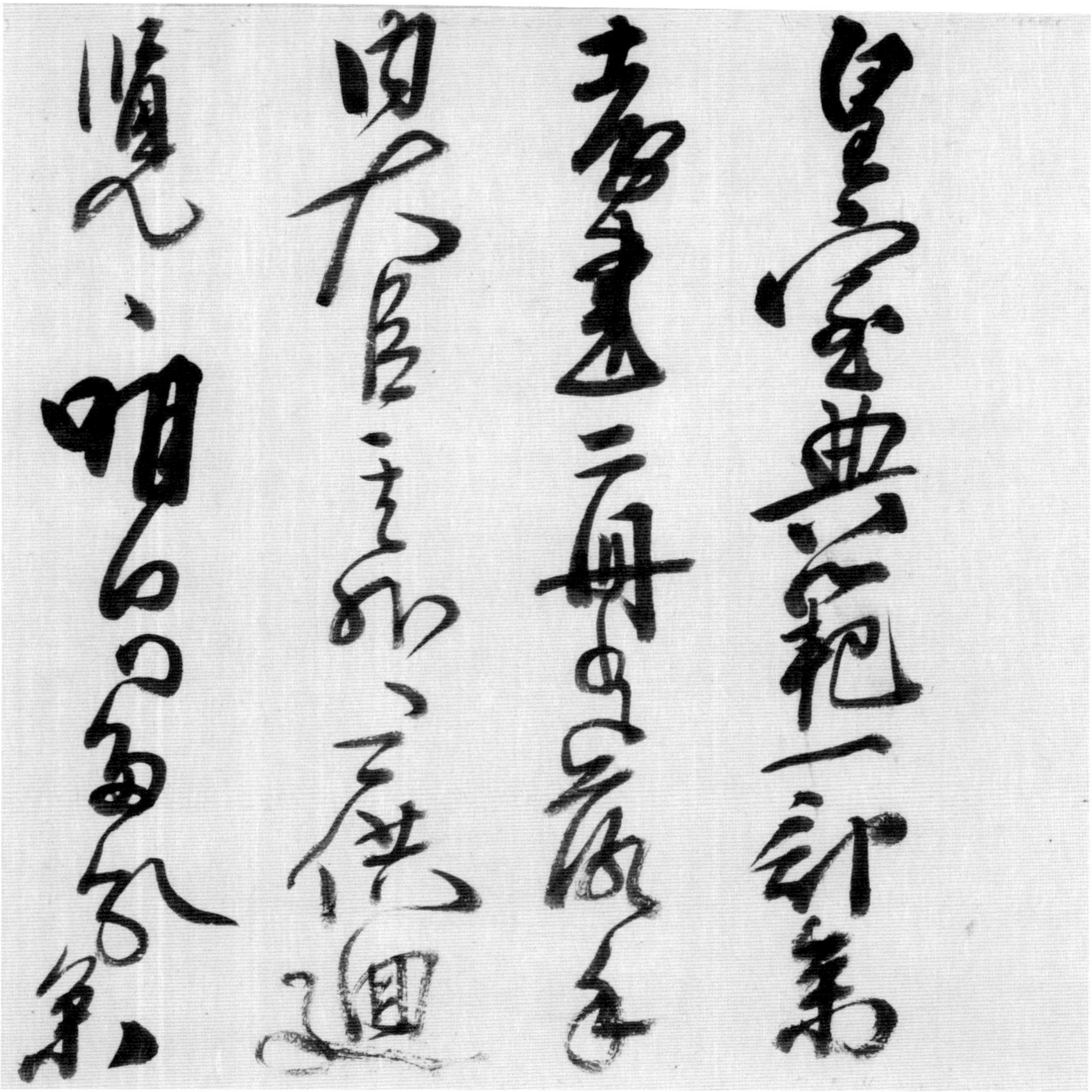

文書番号　Ⅱ-四七八-一一
発信者　伊藤博文（内閣総理大臣）
受信者　井上毅（法制局長官）
発信月日　明治二十一年四月四日
寸　法　一七・二糎＊三五・五糎（巻子）

皇室典範一部参
考書二冊共落手
内大臣其外へ可供廻
覧候　明日ハ多分参

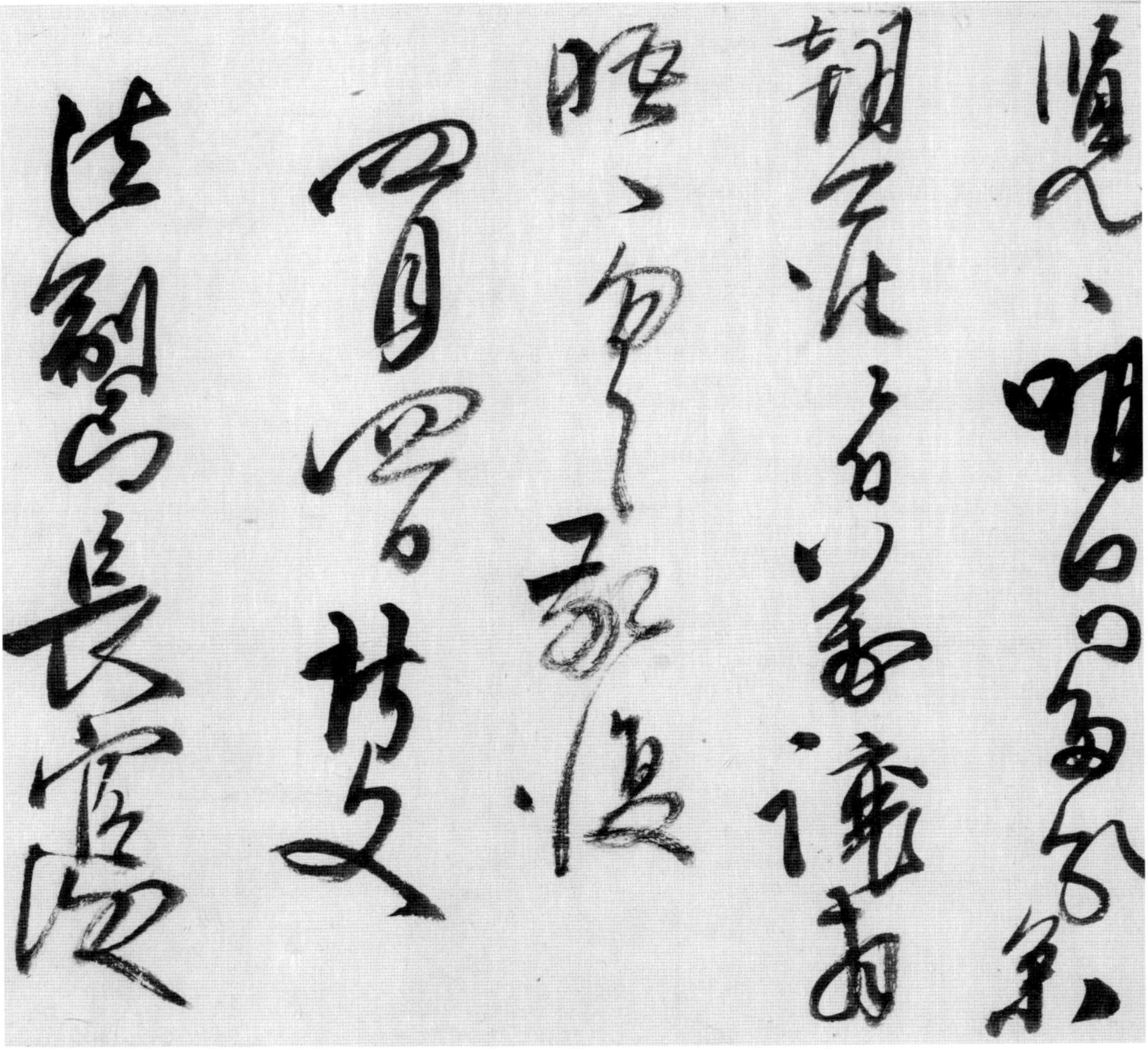

朝可仕ニ付　万(萬)譲拝
晤候　匆々敬復
四月四日　博文

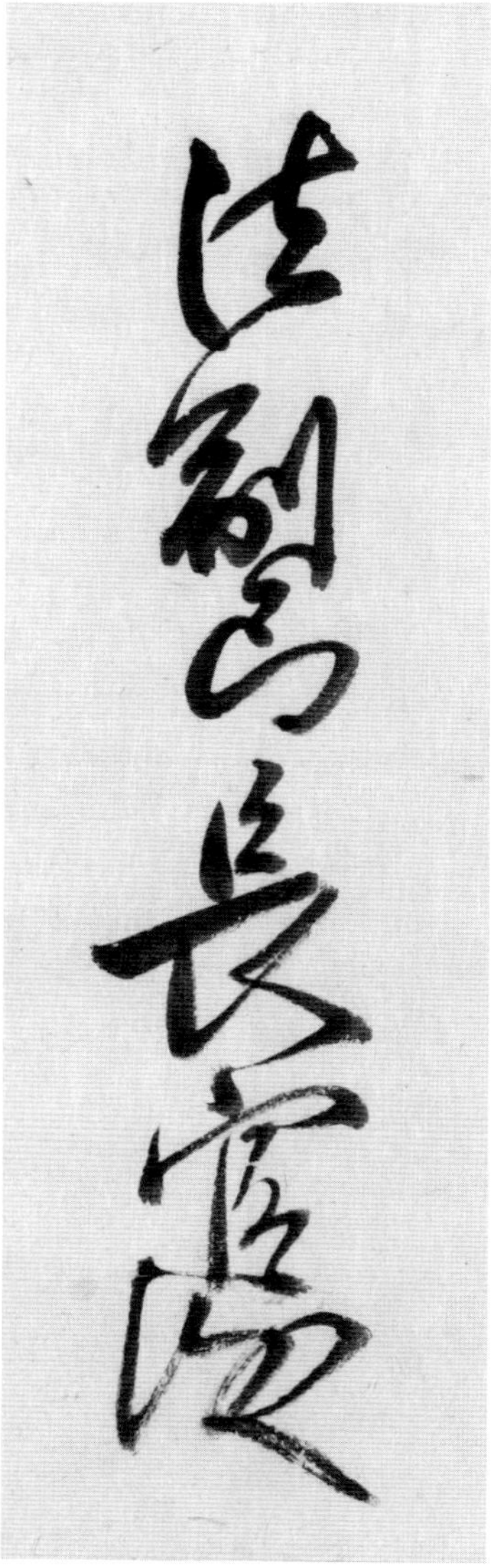

法制局長官殿

【解題】我が国における近代皇室法典の制定過程は、明治三年(一八七〇)閏十月に、中弁江藤新平《しんぺい》が太政大臣三条實美へ提出した「国政改革案」において、皇室関係事項を国法中に整備すべきことを提言したのが、その最初期とみられるが、具体的な企図となったのは明治十四年七月、太政官法制局法制官井上毅の起草により、右大臣岩倉具視が呈した意見書「大綱領」であった。しかし、そこで示されたのは内容を皇位継承法のみに限定した憲法の附属的な法規に過ぎず、明治十六年の岩倉の死去と欧州での憲法調査を終えた伊藤博文の帰国により、憲法とは別に皇室法を制定する方向へと転換されていく。

その後、宮内省において「皇室制規」が立案され、皇位継承、天皇の丁年及び結婚、摂政、皇族等の事項を規定した本則二十七ヶ条、附録四ヶ条からなる、後の「皇室典範」に定められた主要な事項が示された。さらに、宮内大臣伊藤博文から内大臣三条實美へ提出された「帝室典則」、伊藤の委嘱を受けて宮内省賞勲局総裁兼元老院議官である柳原前光《やなぎわらさきみつ》が起草した「皇室法典初稿」などの草案を経て、「皇室典範」の制定に至ることとなるが、当時、宮内省図書頭であった井上毅は「皇室制規」起草以来、修正意見を提出して皇室法の制定に関与していった。

明治二十年、井上は、伊藤の命により柳原の「皇室法典初稿」に大幅な修正を加え、前半部分を「皇室典憲」、後半部分を「皇族令」とし、柳原との協議やロエスレルからの意見を参照しながら、「皇室典範」全六章三十八ヶ条と「皇族条例」全十章七十七ヶ条とに起草しなおした。しかし、「皇室典範」と「皇族条例」に各々規定すべき条項について、柳原と井上の間で見解の相違が見られたため、同年三月に高輪の伊藤邸にて、伊藤、柳原、井上に伊東巳代治《みよじ》を加えて会議を行った(高輪会議)。この会議において「皇室典範」の大綱がほぼ定められたが、さらなる柳原による起草と井上の修正を重ね、明治二十一年三月に夏島において伊藤と井上が皇室典範の検討を行い、「皇位継承」「践祚即位」「成年立后立太子」「敬称」「摂政」「太傅」「皇族」「皇室常産」「皇室経費」「皇室訴訟及懲戒」「皇室会議」「補則」の計十二章六十六ヶ条の枢密院御諮詢案が作成された。

本書翰は、この御諮詢案を枢密院での審議にかける前に、これを宮内大臣土方久元《ひじかたひさもと》または内大臣三条實美に披見せしめる必要があると考えた井上が、四月四日に清写本と参考書二冊を伊藤のもとへ送った(『井上毅伝』史料篇第四)、その受け取りの返書である。伊藤は翌五日に三条にこの清写本を提出している。

〔宮部香織〕

一四、枢密院権限に関する伊藤博文書翰

文書番号　II‐四八七‐六
発信者　伊藤博文（内閣総理大臣）
受信者　井上毅（法制局長官）
発信月日　明治二十一年四月二十日
寸　法　一八・五糎＊二八一・〇糎（巻子）

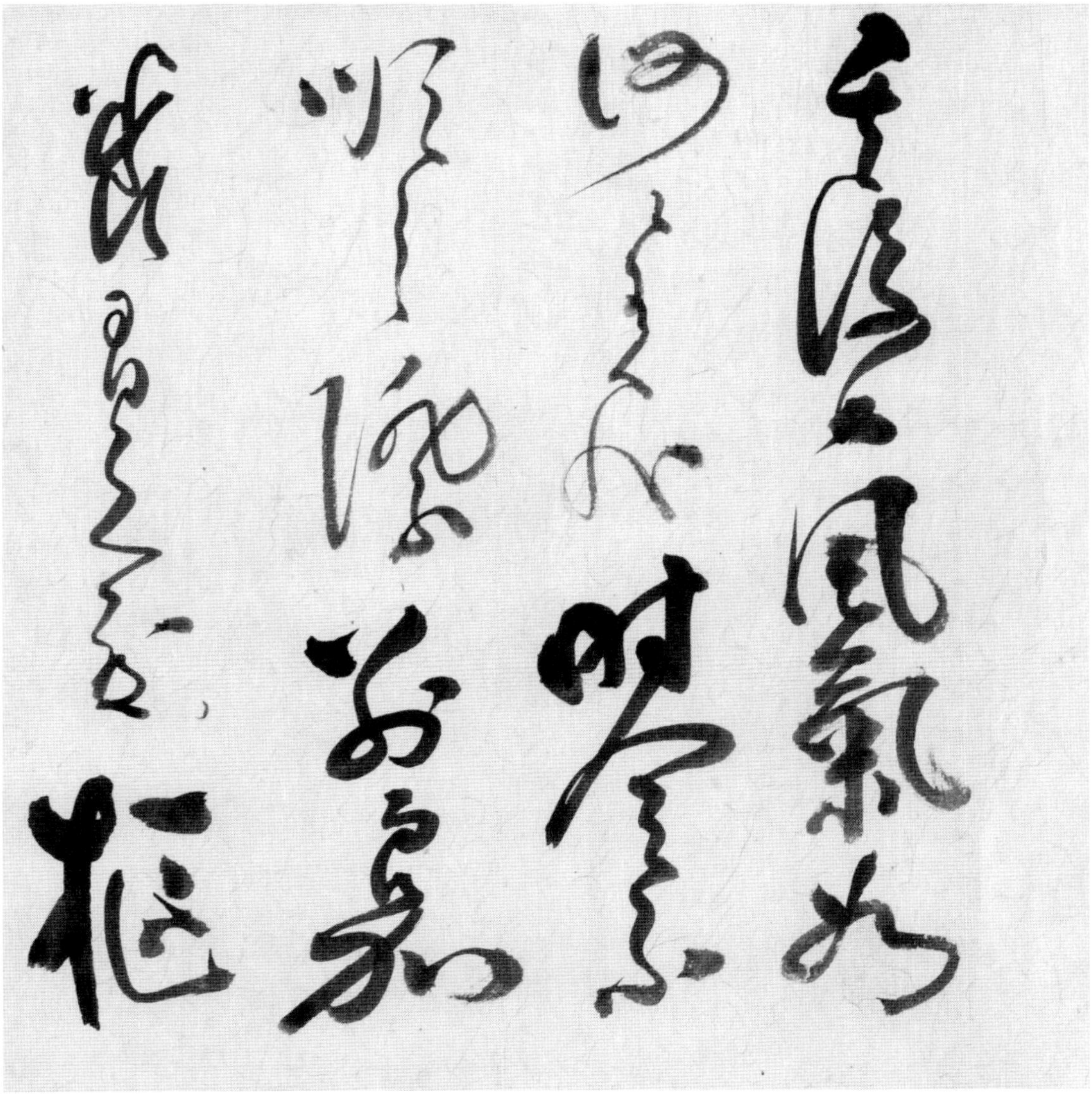

其後御風気（氣）如
何ニ候哉　時今不
順之際別て御加
養有之度　枢（樞）

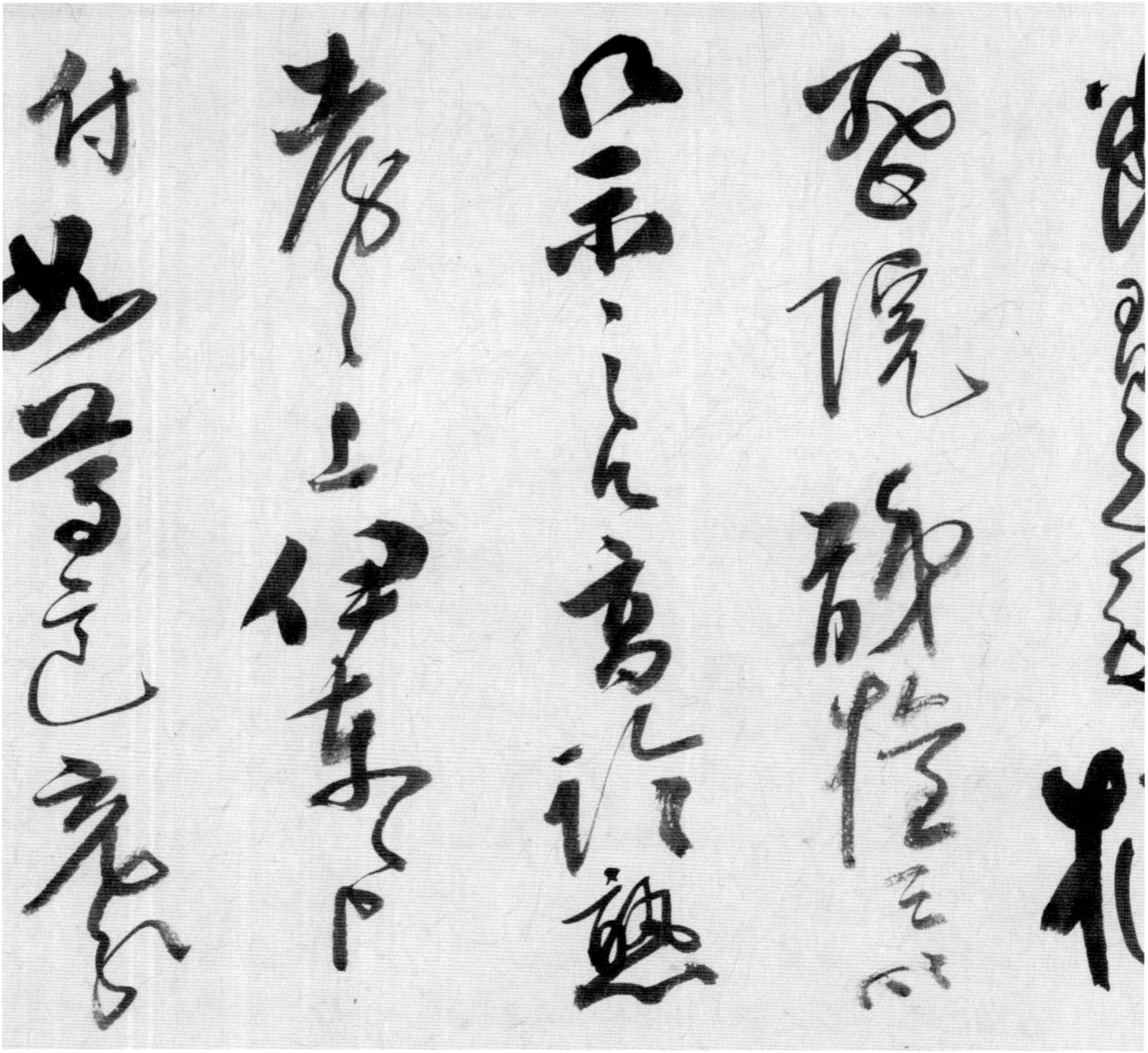

密院職権(權)之ニハ
御示之御高論熟
考之上　伊東へ申

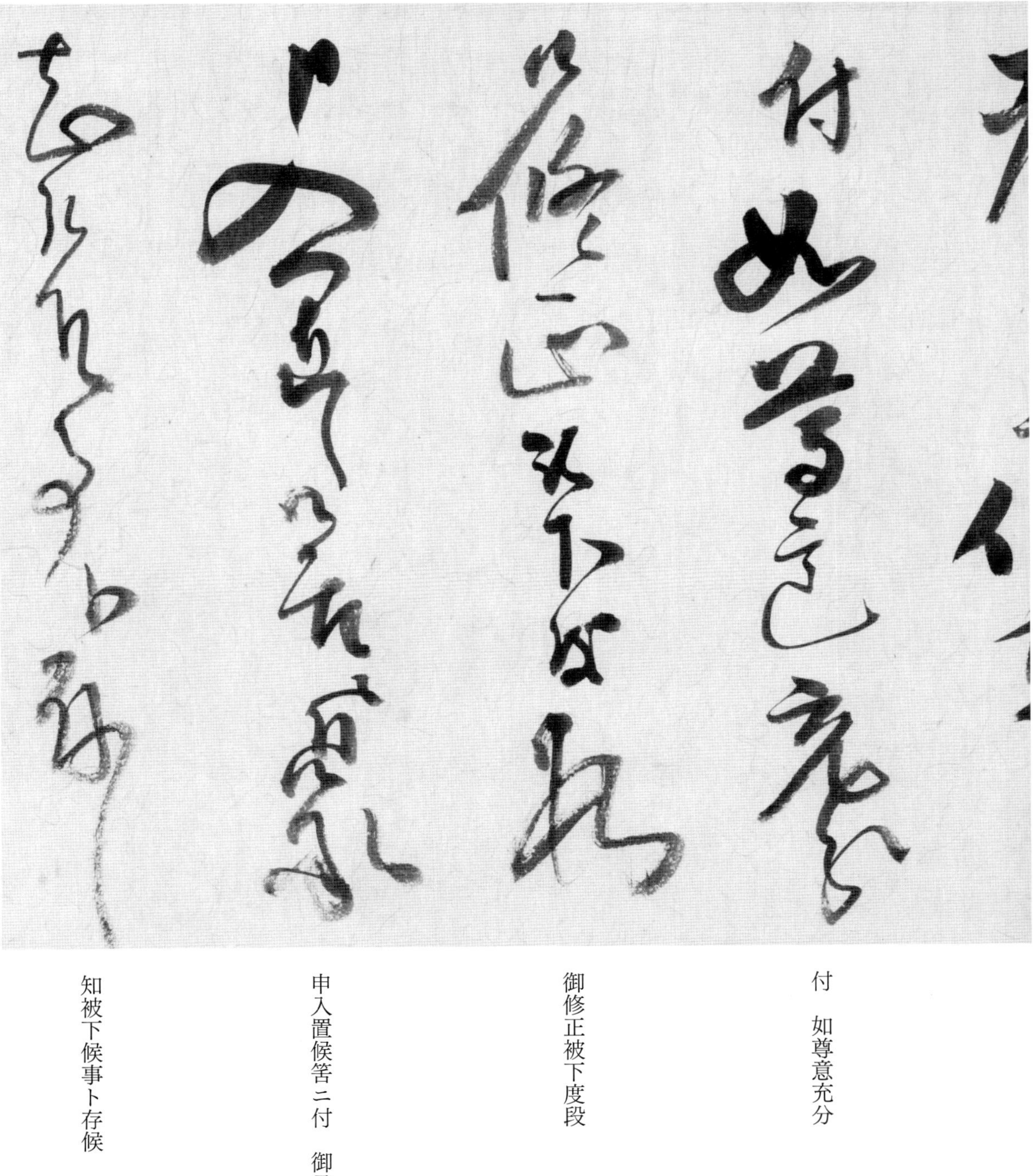

付　如尊意充分
御修正被下度段
申入置候筈ニ付　御承
知被下候事ト存候

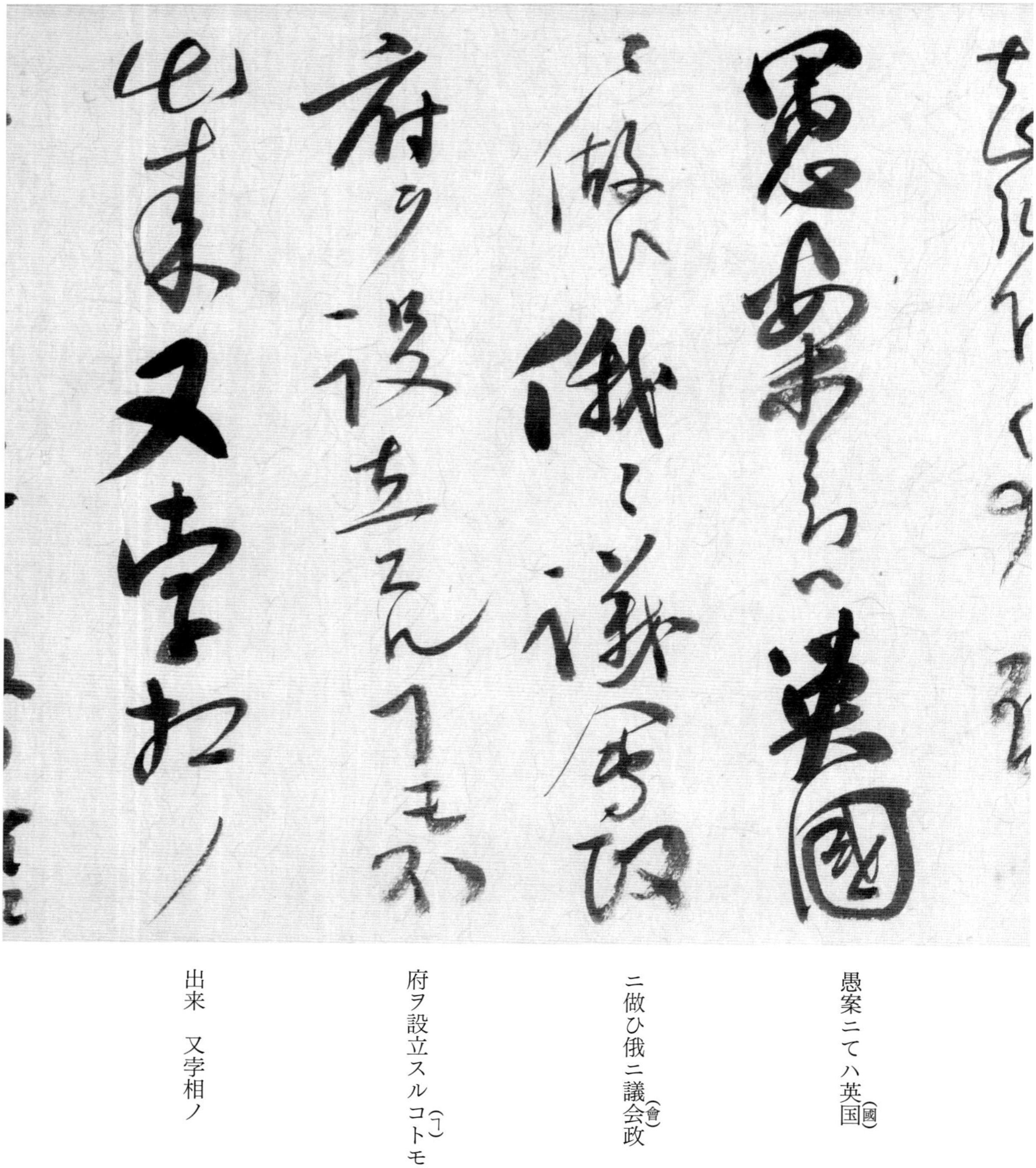

愚案ニてハ英国(國)
ニ倣ひ俄ニ議会(會)政
府ヲ設立スルコト(ヿ)モ不
出来　又孛相ノ

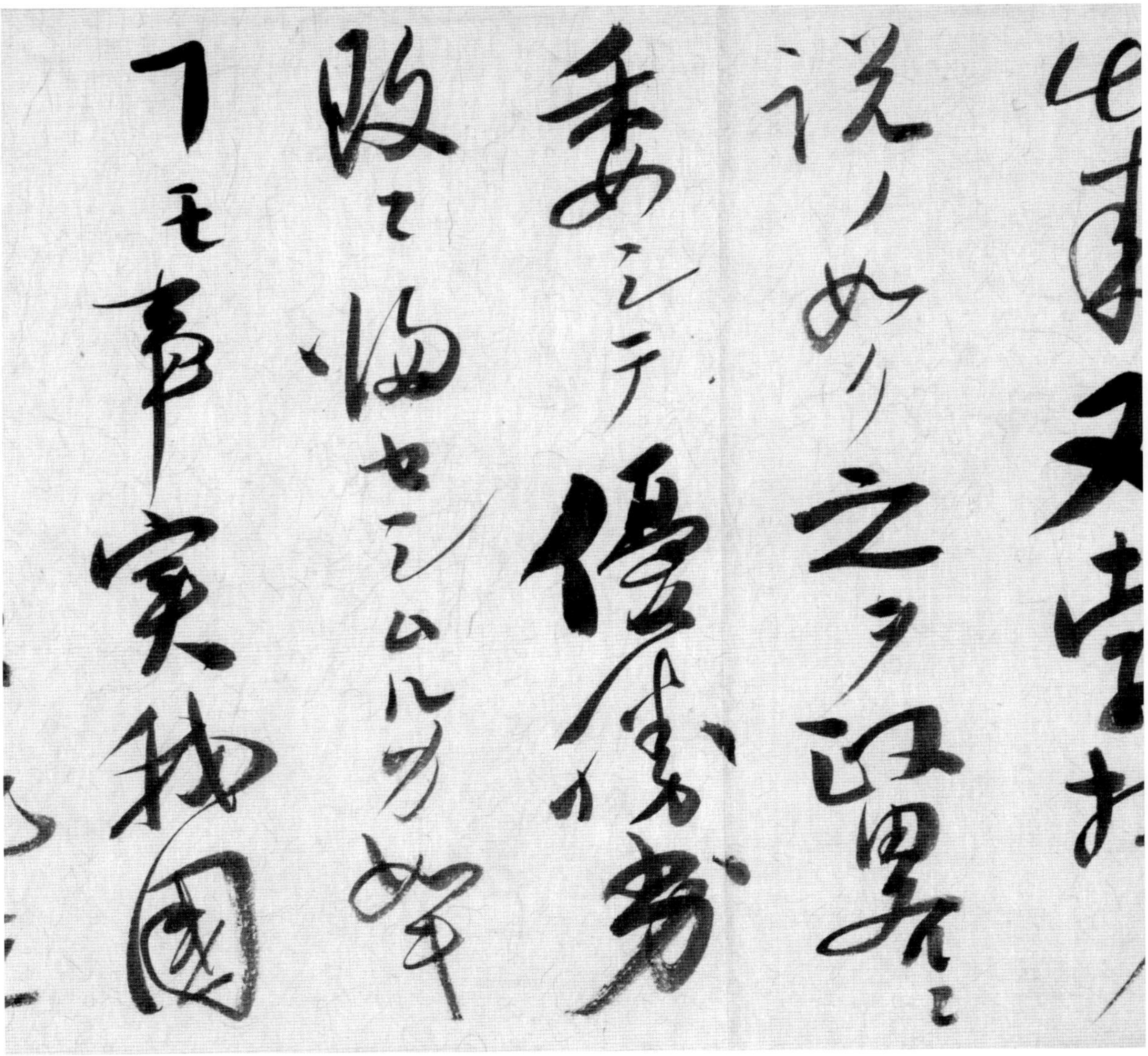

説ノ如ク之ヲ政略(畧)ニ
委シテ優勝劣
敗ニ帰セシムルカ如キ
(ヿ)コトモ　事実我国(國)

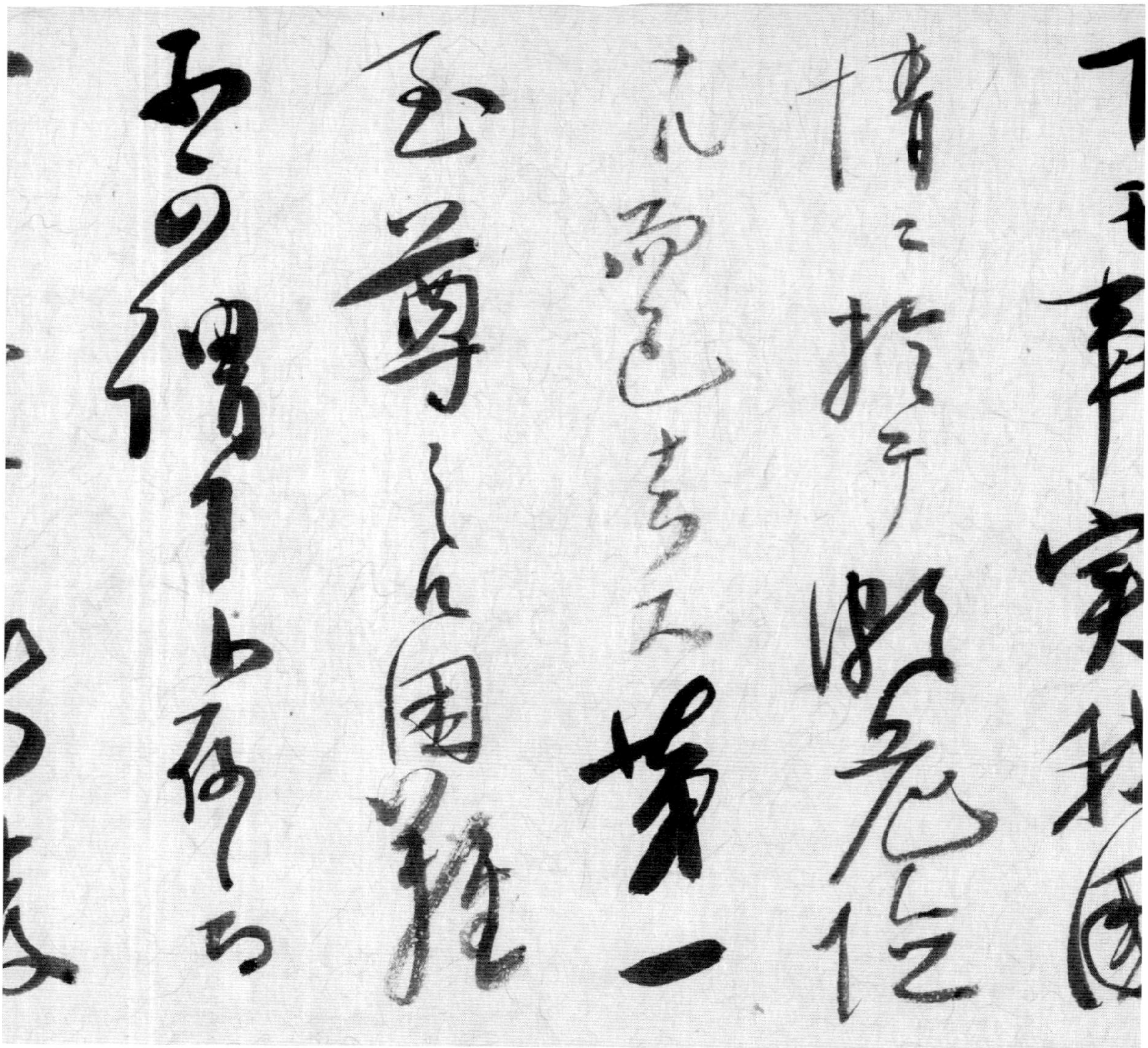

情ニ於テ頗危険
ナル而已ナラス　第一
至尊之御困難
不可謂コト《(ヿ)》ト存候て

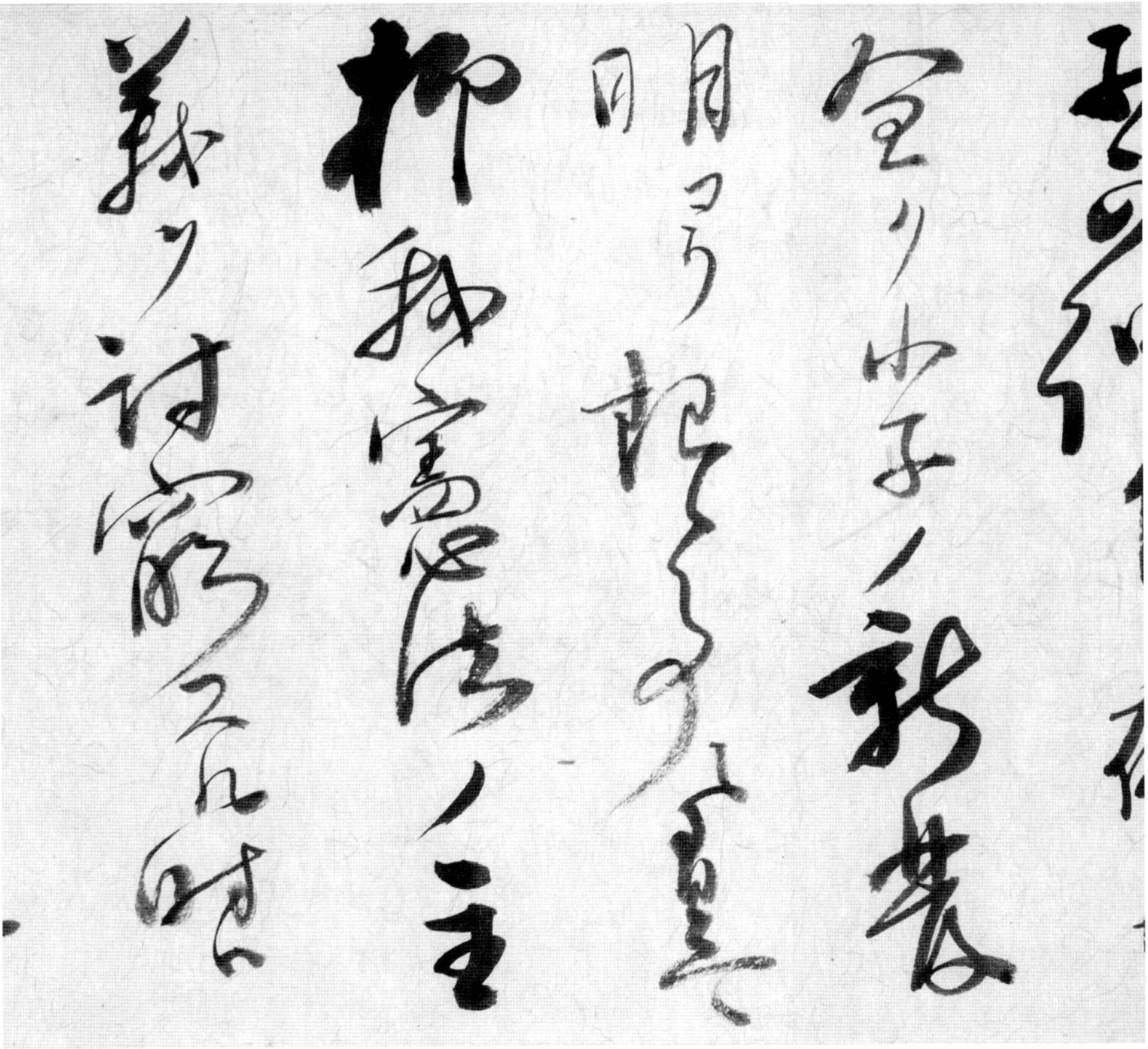

全ク小子ノ新発(發)
明ヨリ起候事ニ有之候
抑我憲法ノ主
義ヲ討窮スル時ハ

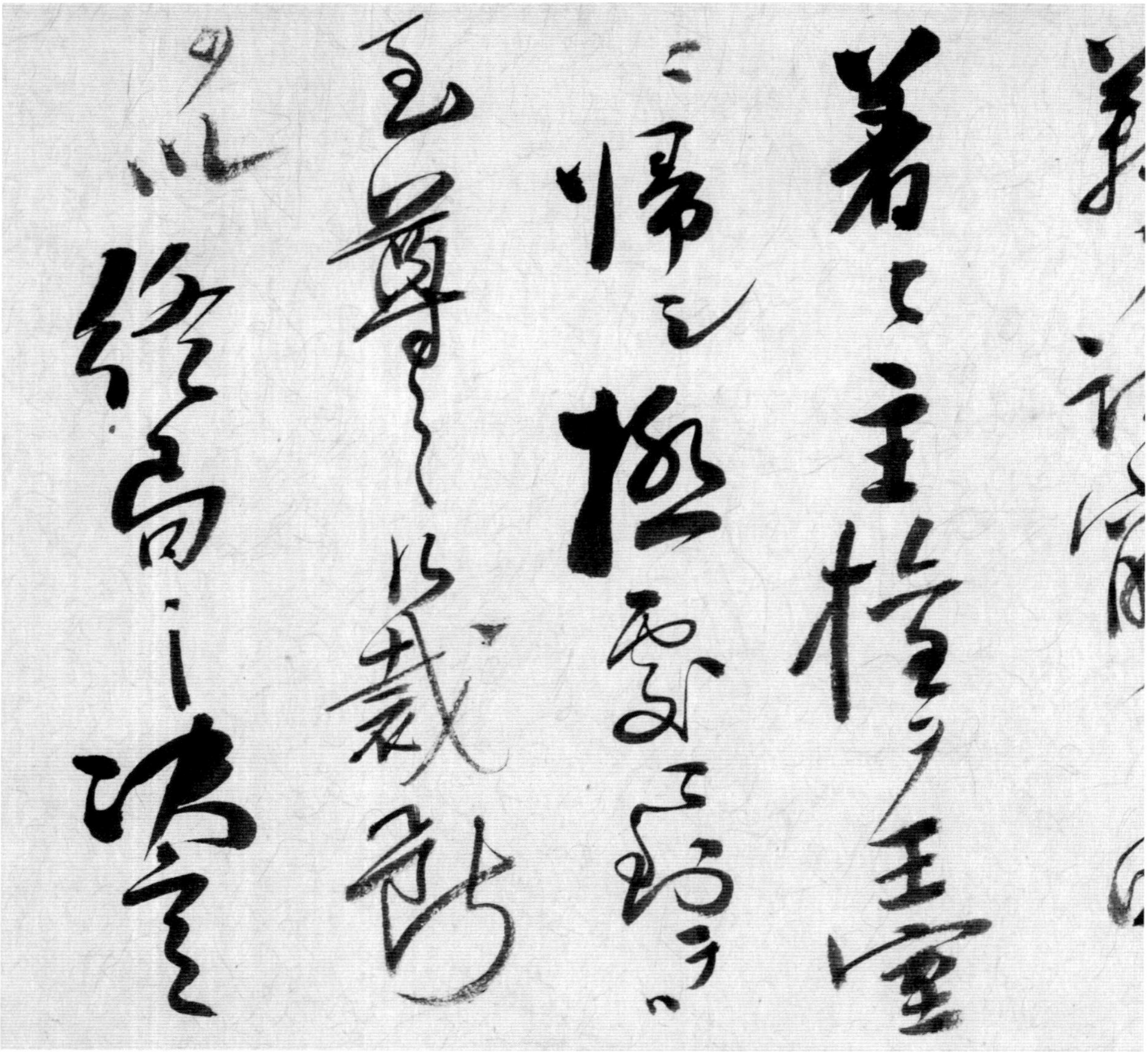

着々主権ヲ王室
ニ帰シ　極処（處）ニ到テハ
至尊之御裁断
ヲ以終局之決定

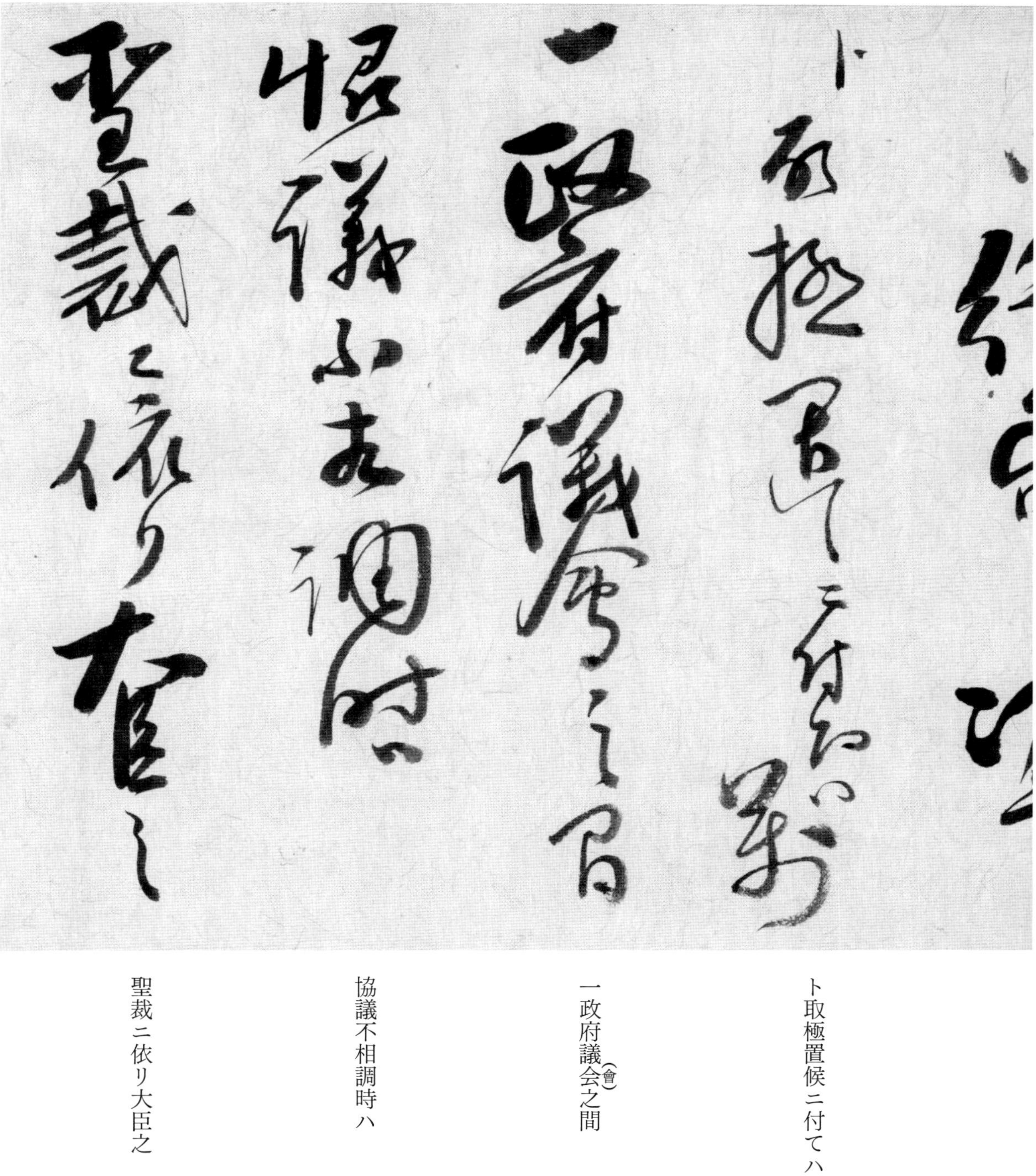

ト取極置候ニ付てハ　万(萬)
一政府議会(會)之間
協議不相調時ハ
聖裁ニ依リ大臣之

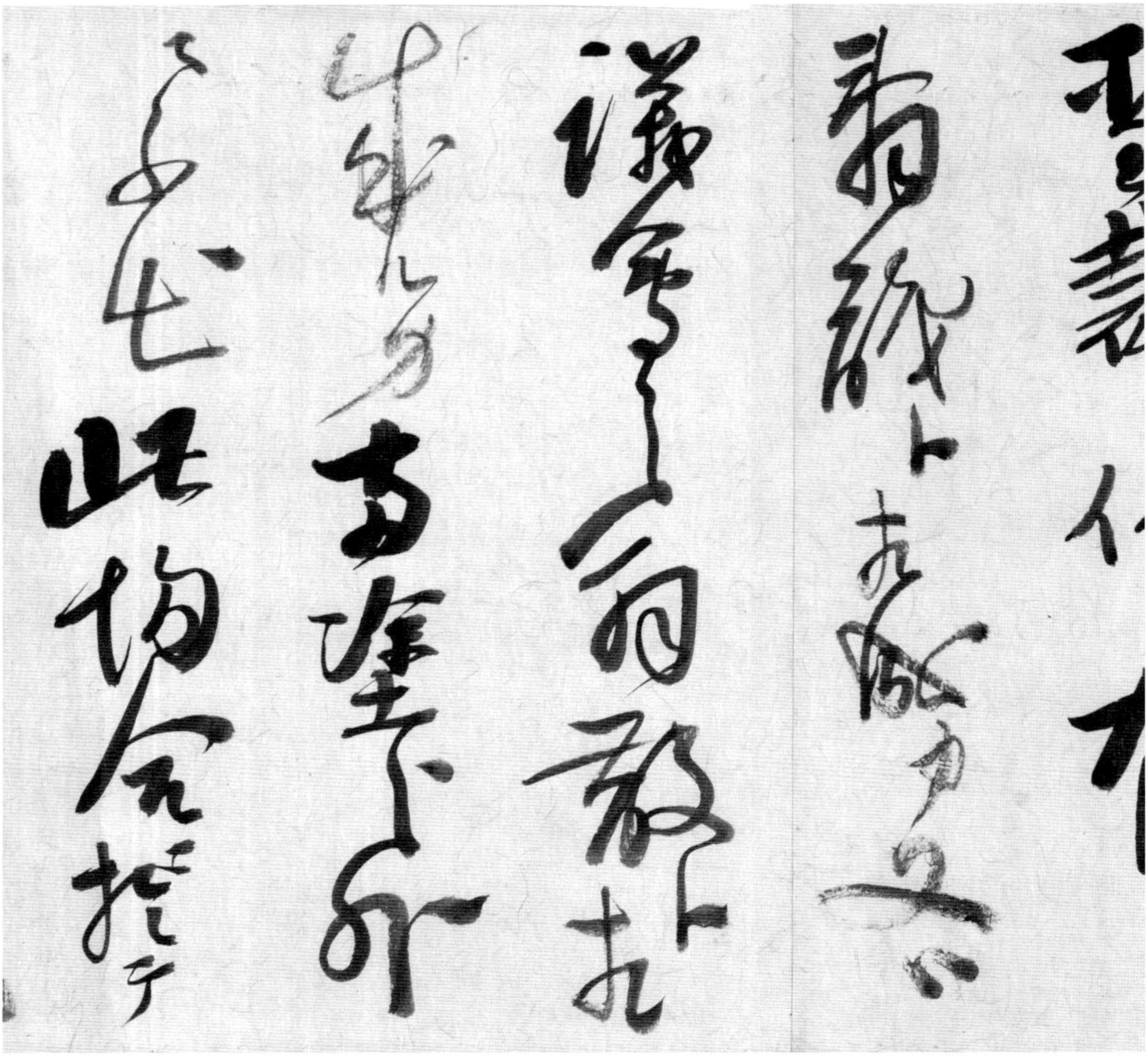

辞(辭)職ト相成カ　又ハ
議会(會)之解散ト相
成ルカ　両塗之外
ニ不出　此場合ニ於テ

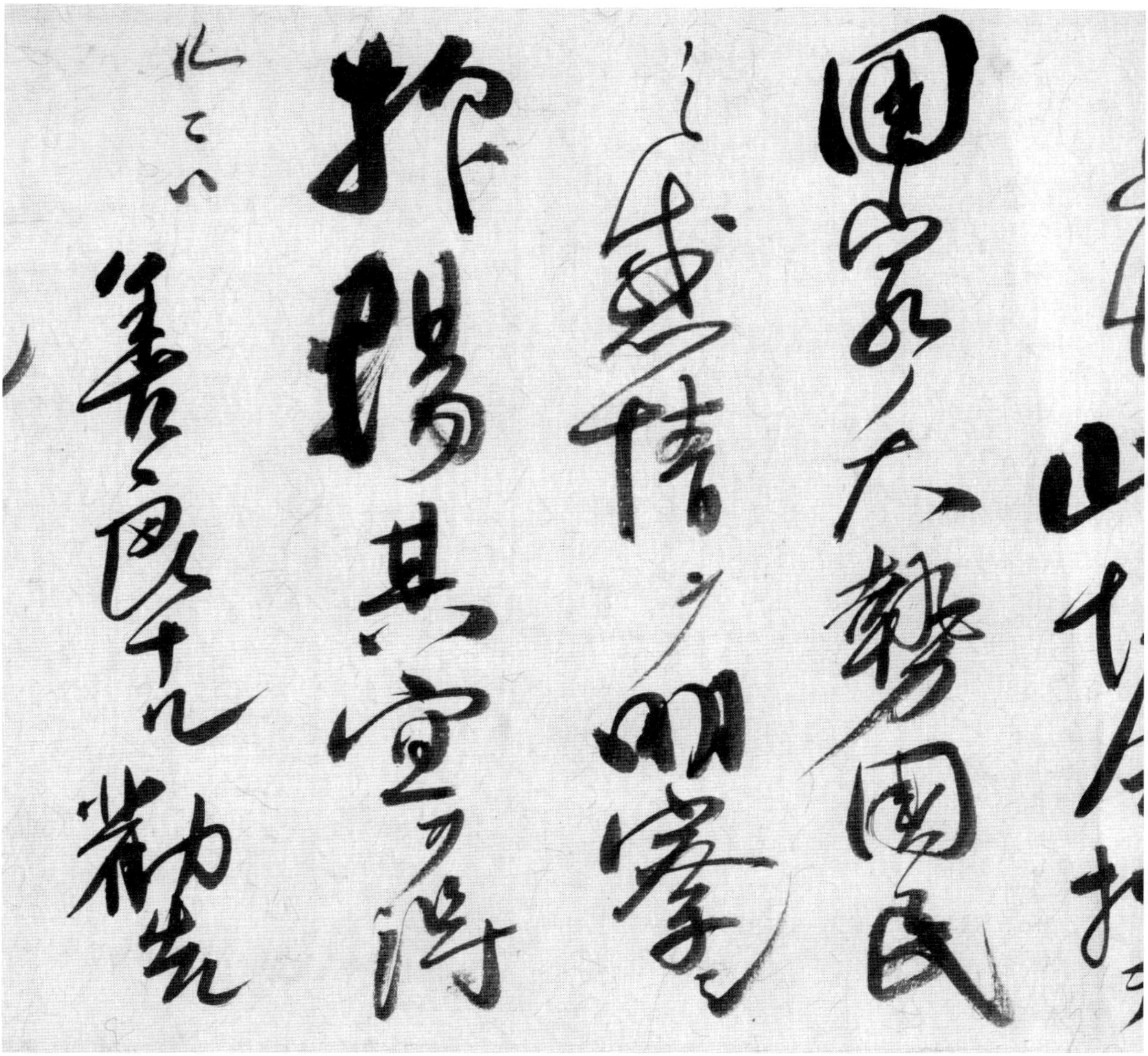

国(國)家ノ大勢　国(國)民
之感情ヲ明察シ
抑揚其宜ヲ得
ルニハ　善良ナル勧(勸)告

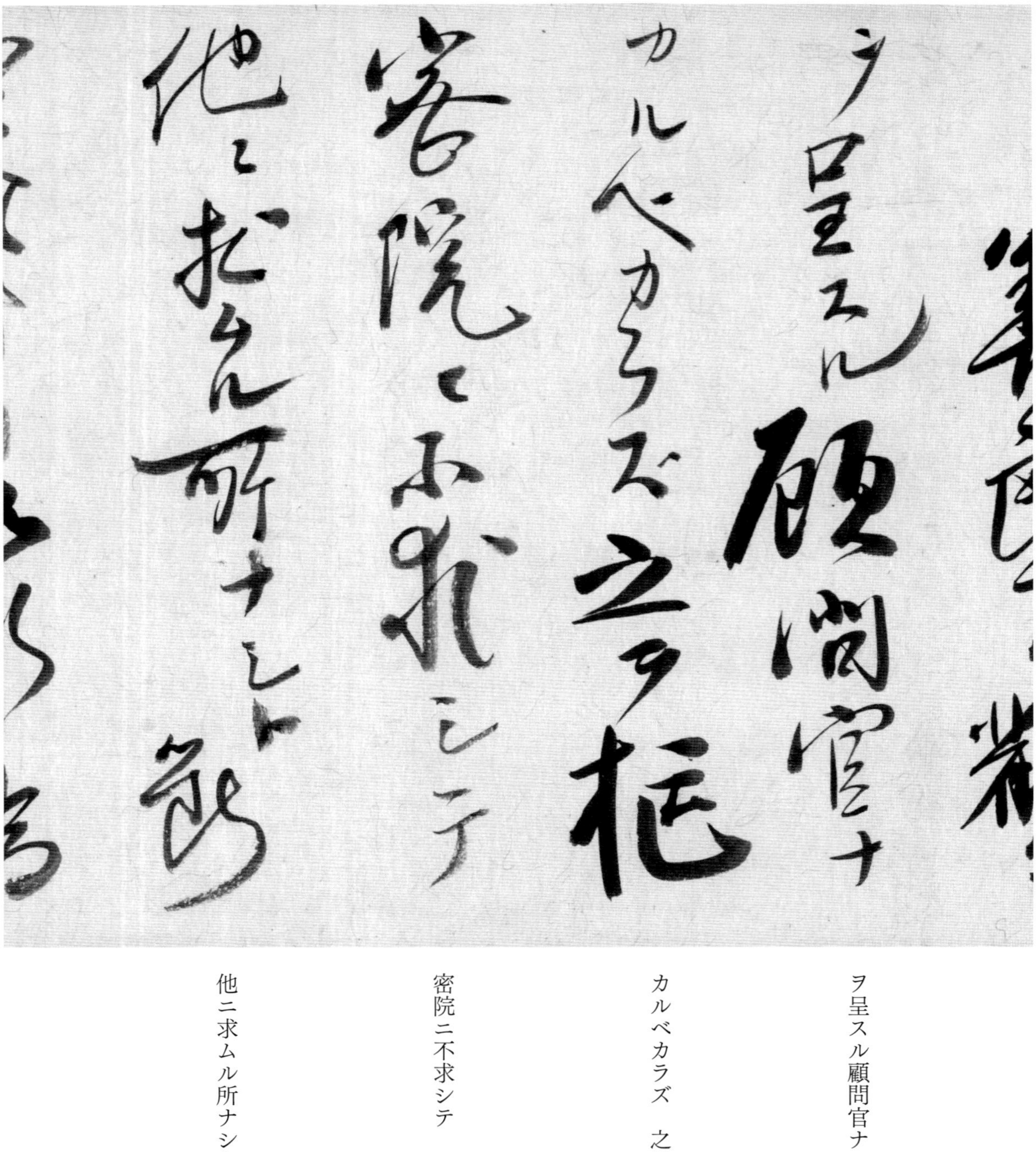

ヲ呈スル顧問官ナ
カルベカラズ　之ヲ枢（樞）
密院ニ不求シテ
他ニ求ムル所ナシト断

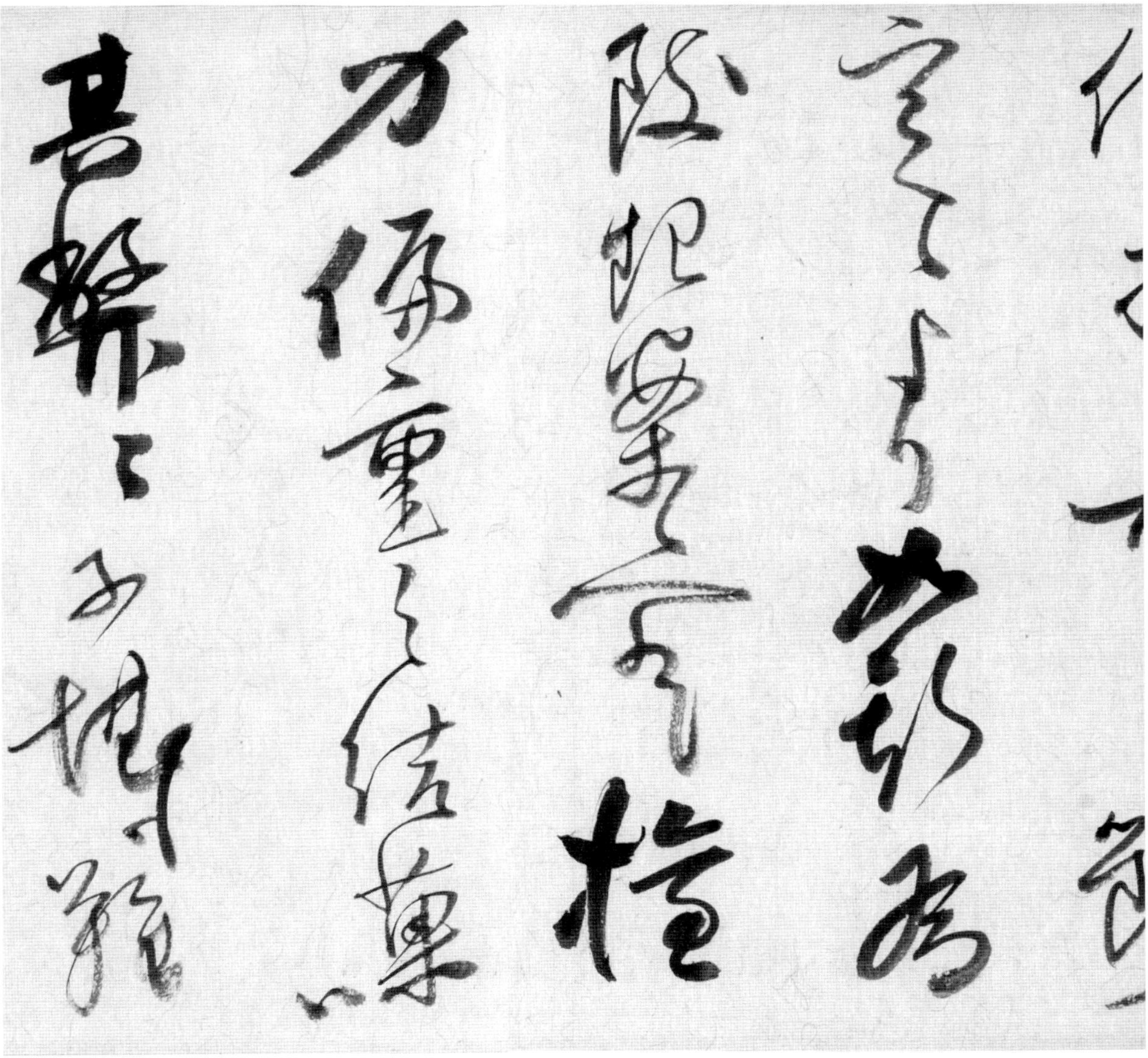

定候より如斯為
致起案候へ共　権
力偏重之結菓ハ
其弊ニ不堪も難

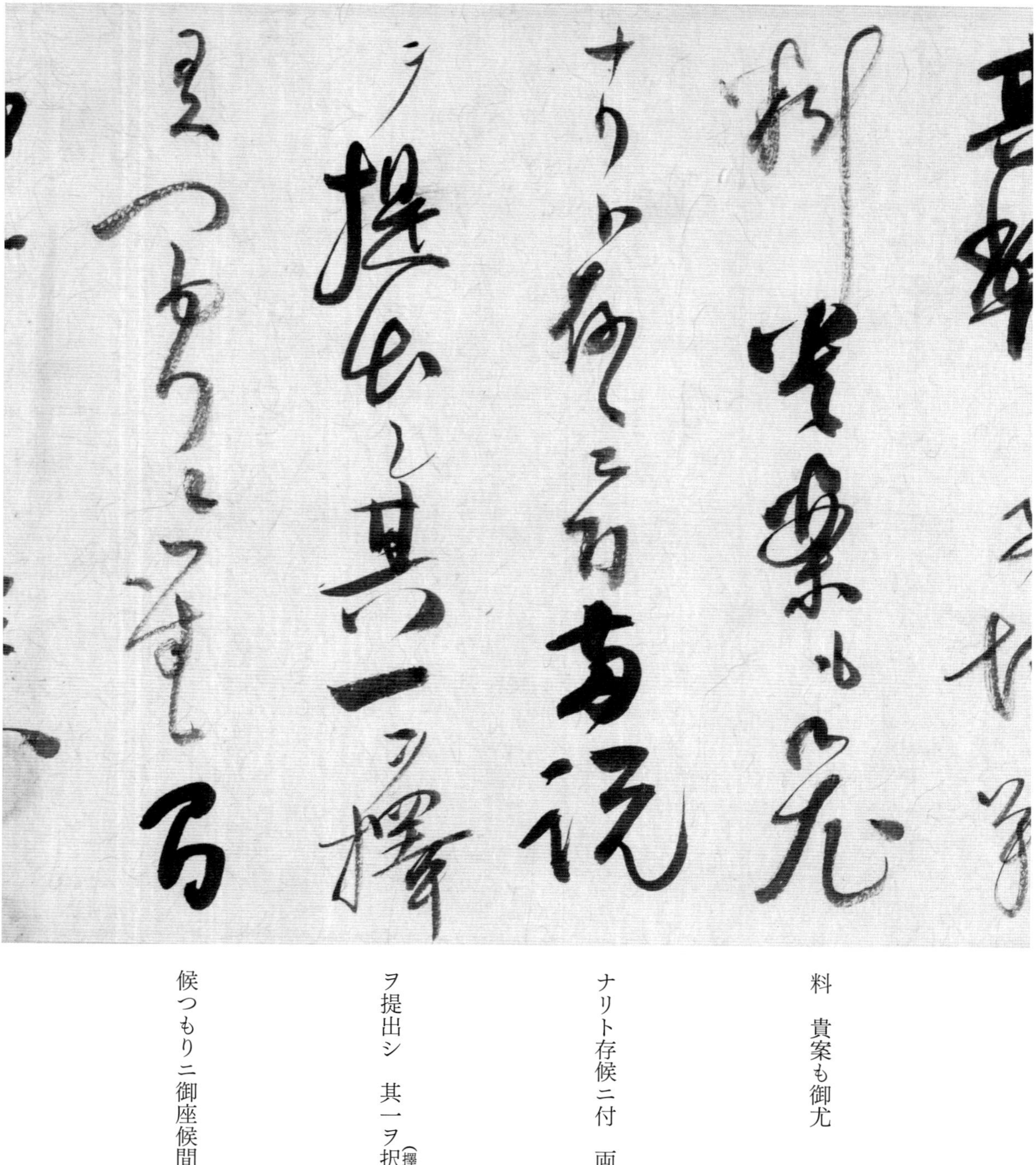

料　貴案も御尤
ナリト存候ニ付　両説
ヲ提出シ　其一ヲ択（擇）
候つもりニ御座候間

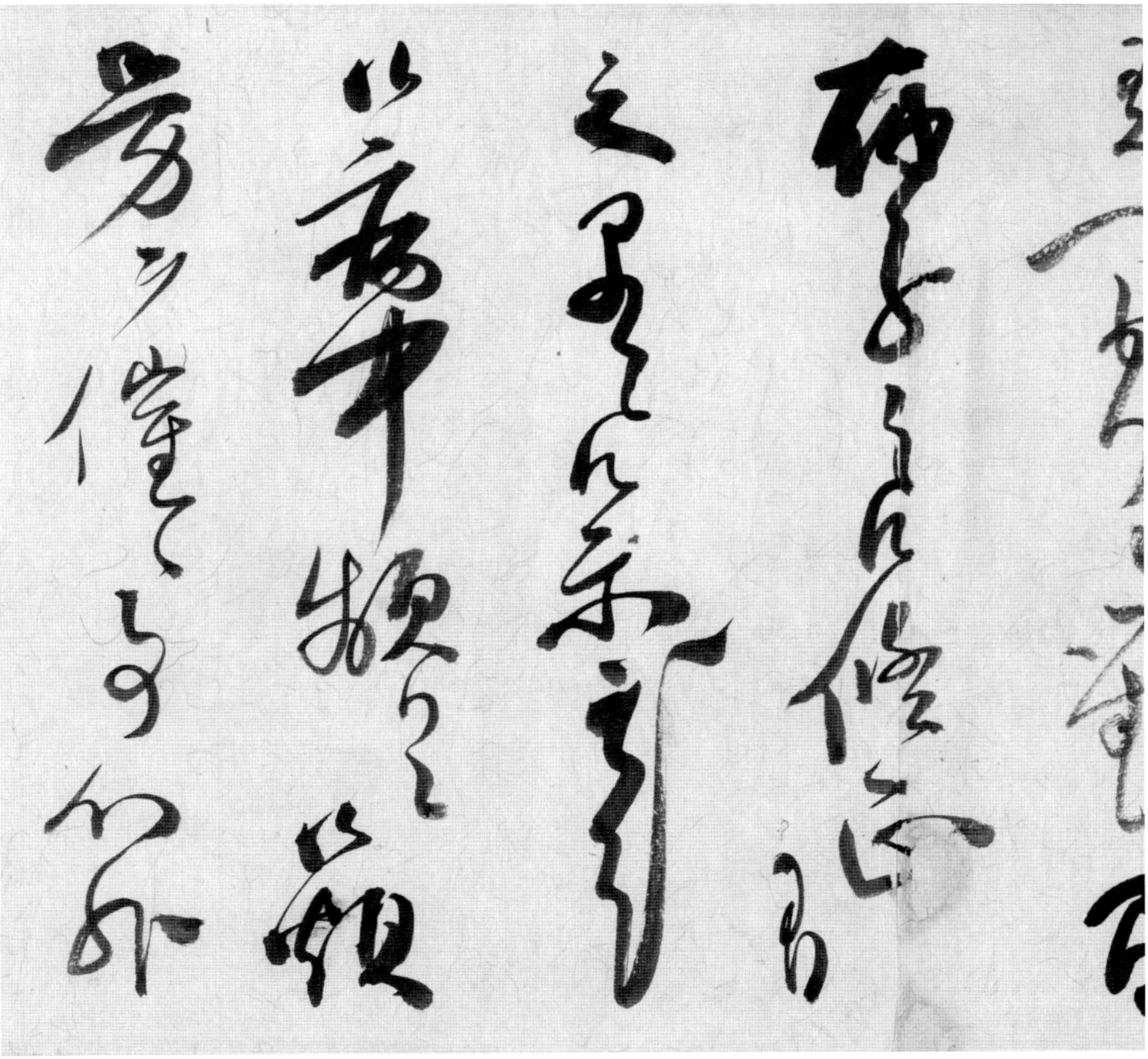

存分之御修正有
之　早々御示可被下候
御病中頻リニ御煩
労ヲ催候事心外

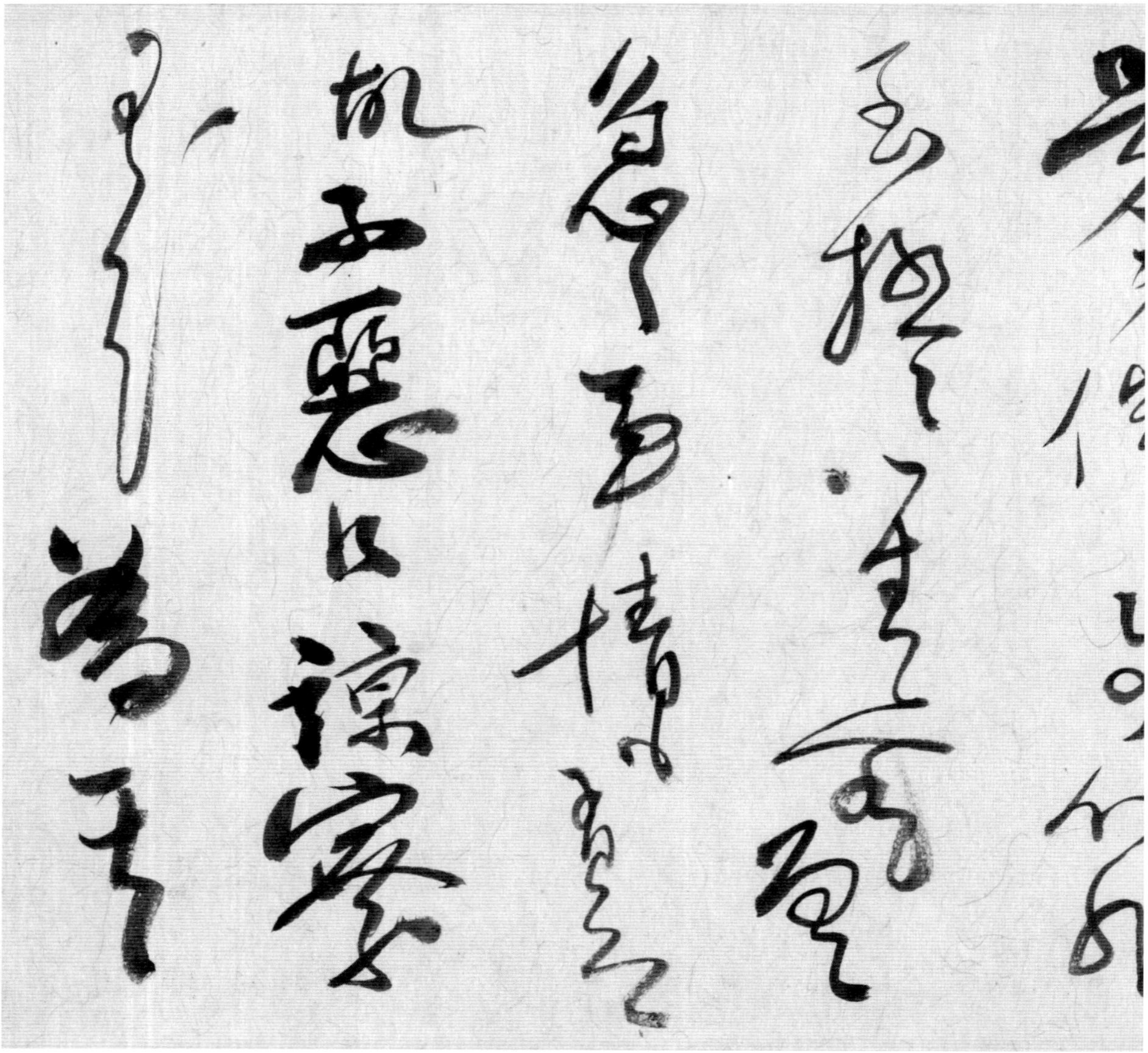

至極ニ御座候へ共　差
急候事情も有之候
故　不悪（惡）御諒（諒）察
可被下候　為其

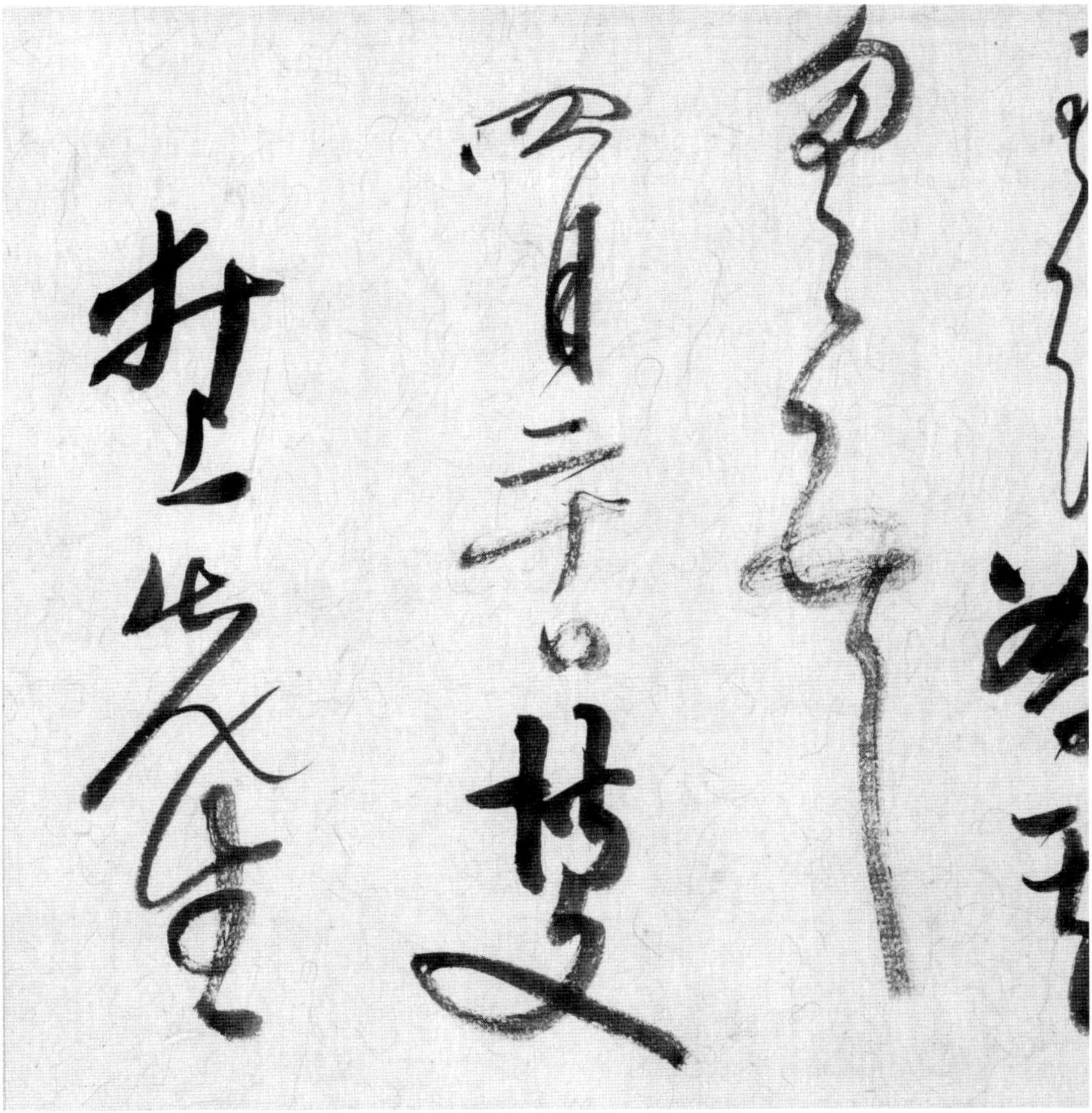

匆々頓首

四月二十日　博文

井上先生

【解題】 憲法・皇室典範の草案審議はどのような機関で行われるべきであるか、これについて伊藤博文と井上毅の間で検討が重ねられ、明治二十一年（一八八八）五月に枢密院が設置された。

井上は立憲政治の原則上、内閣と並立する、もしくは内閣の上に位置する強大な権限を有する機関があってはならないと考えていたため、伊藤の要請を受けて、当初、井上が起草した「参議院章程」では、その職掌は「行政各省ノ間ニ起レル権限ノ争議」または「行政部ト司法部トノ間ニ起レル権限ノ争議」について「判決」する（第二条）などの限定的な権限を与えるに止められていた。しかし、この井上の起草案に伊藤は満足せず、ロエスレルにも起草を依頼し、その草案では「帝国政府ト帝国議会トノ間ニ起リタル争議ヲ裁決ス」などとしてその権限を大きく拡張するものとなっていた。このロエスレル案に対し、井上は「政府ノ意想ハ即チ天皇ノ叡慮ニシテ政事ニ就テハ内閣ト帝室ノ区別ヲ立ツルコト能ハズ」として、「宮府一体」の憲法理念に背くものであると激しく批判した（「枢密院意見」『井上毅伝』史料篇第二）。

本書翰は、このような井上の反対論を受けて伊藤が認めたものである。書翰の中で伊藤は、そもそも我が憲法の精神において主権は王室に帰し、天皇の御裁断を以って「終局之決定」とするとし、万一政府と議会の間で協議が調わない場合には「聖裁」によって大臣の辞職か議会の解散がなされるのであり、そのためには「善良ナル勧告ヲ呈スル顧問官ナカルベカラズ」とし、この顧問官を置くのは枢密院をおいて他にはないと枢密院設置の必要性を説いている。ただし、井上の主張する「権力偏重之結果」生ずる弊害にも憂いを禁じ得ず、「貴案も御尤ナリ」と一理あることを認め、井上に修正意見の提出を求めた。

その後、ロエスレル草案に井上の意見が一部取り入れられた確定案が起草され、明治二十一年四月三十日に「枢密院官制」と「枢密院事務規程」が公布された。

【宮部香織】

一五、枢密院審議に関する伊藤博文書翰

文書番号　Ⅱ-四八七-七
発信者　伊藤博文（枢密院議長）
受信者　井上毅（枢密院書記官長）
発信月日　明治二十一年五月八日
寸　法　一七・九糎＊九九・〇糎（巻子）

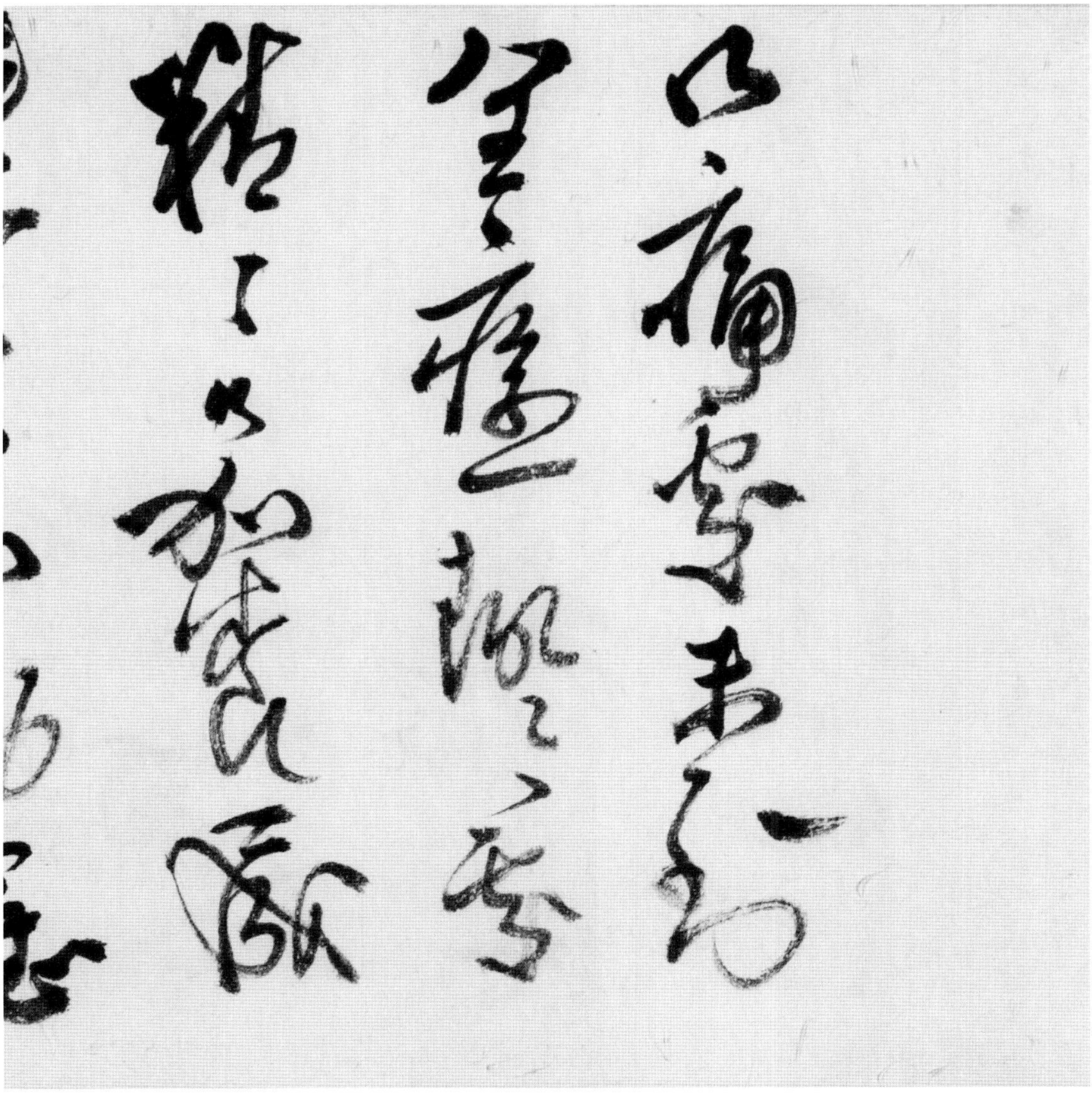

御痛処（處）未到
全癒趣ニ候処（處）
精々御加養可成

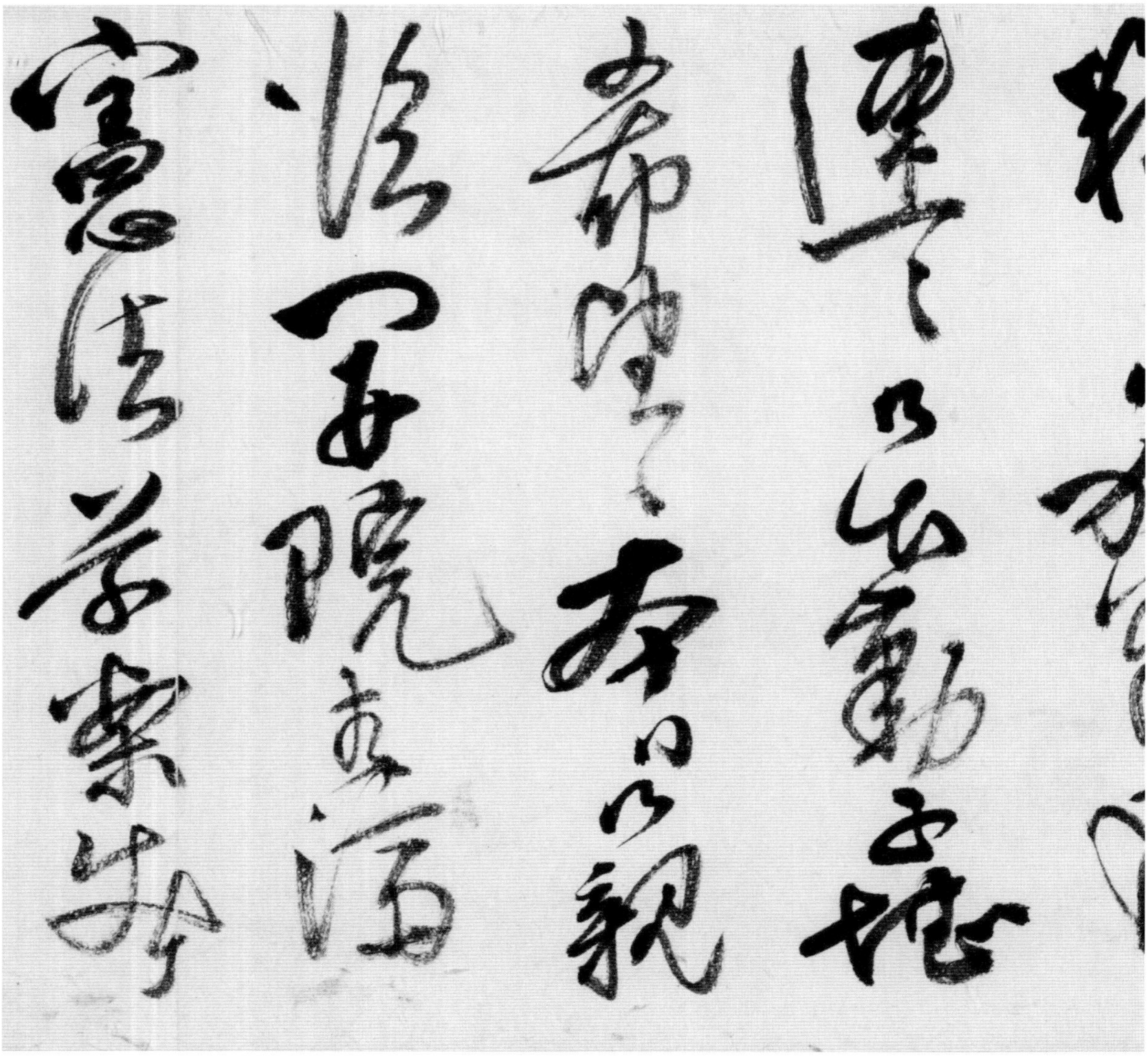

速ニ御出勤不堪
希望候　本日御親
臨開院相済（濟）
憲法草案丈ケ

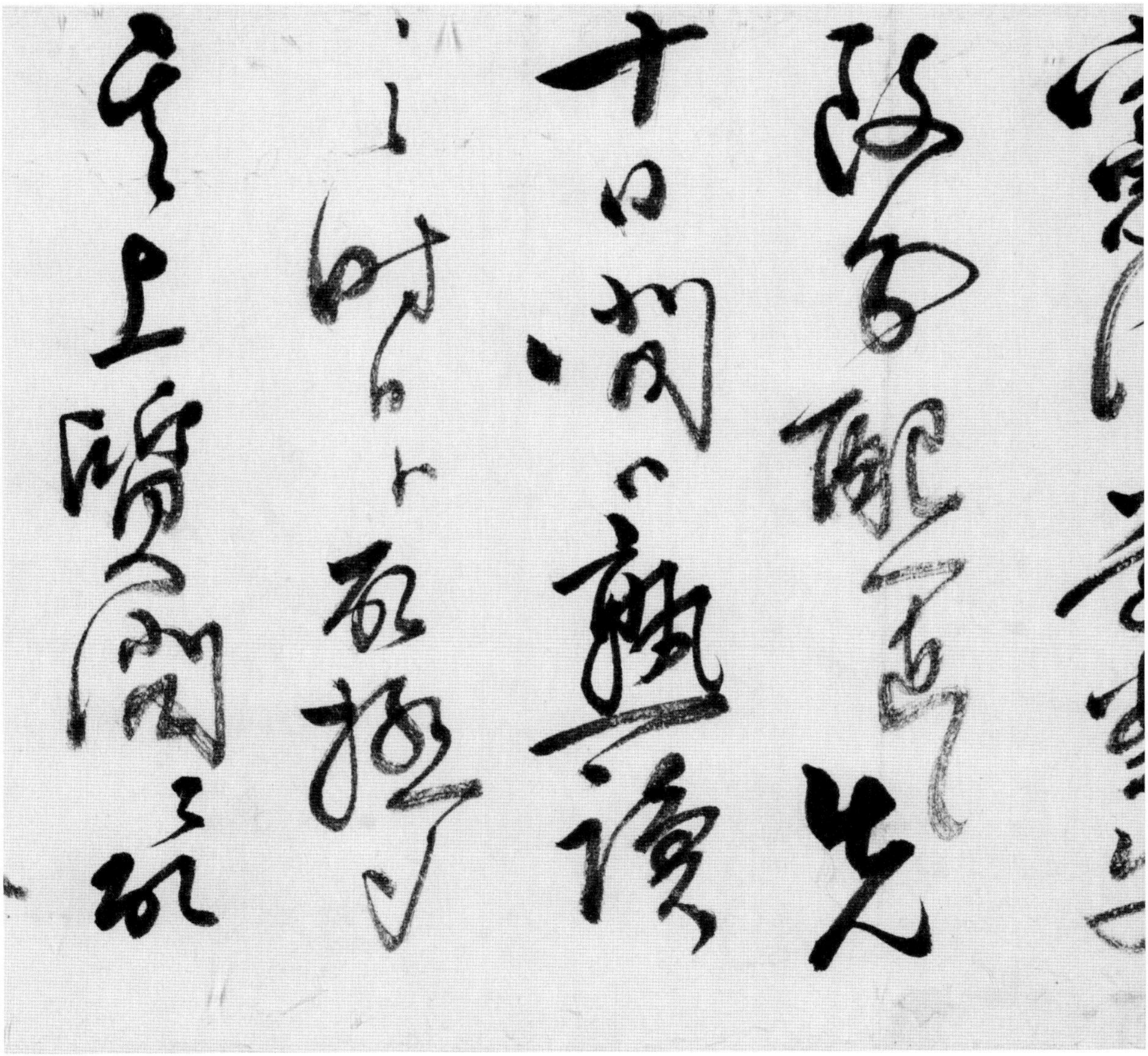

致分配置候　先
十日間ハ熟読(讀)
之時日ト取極メ
其上質問ニ取

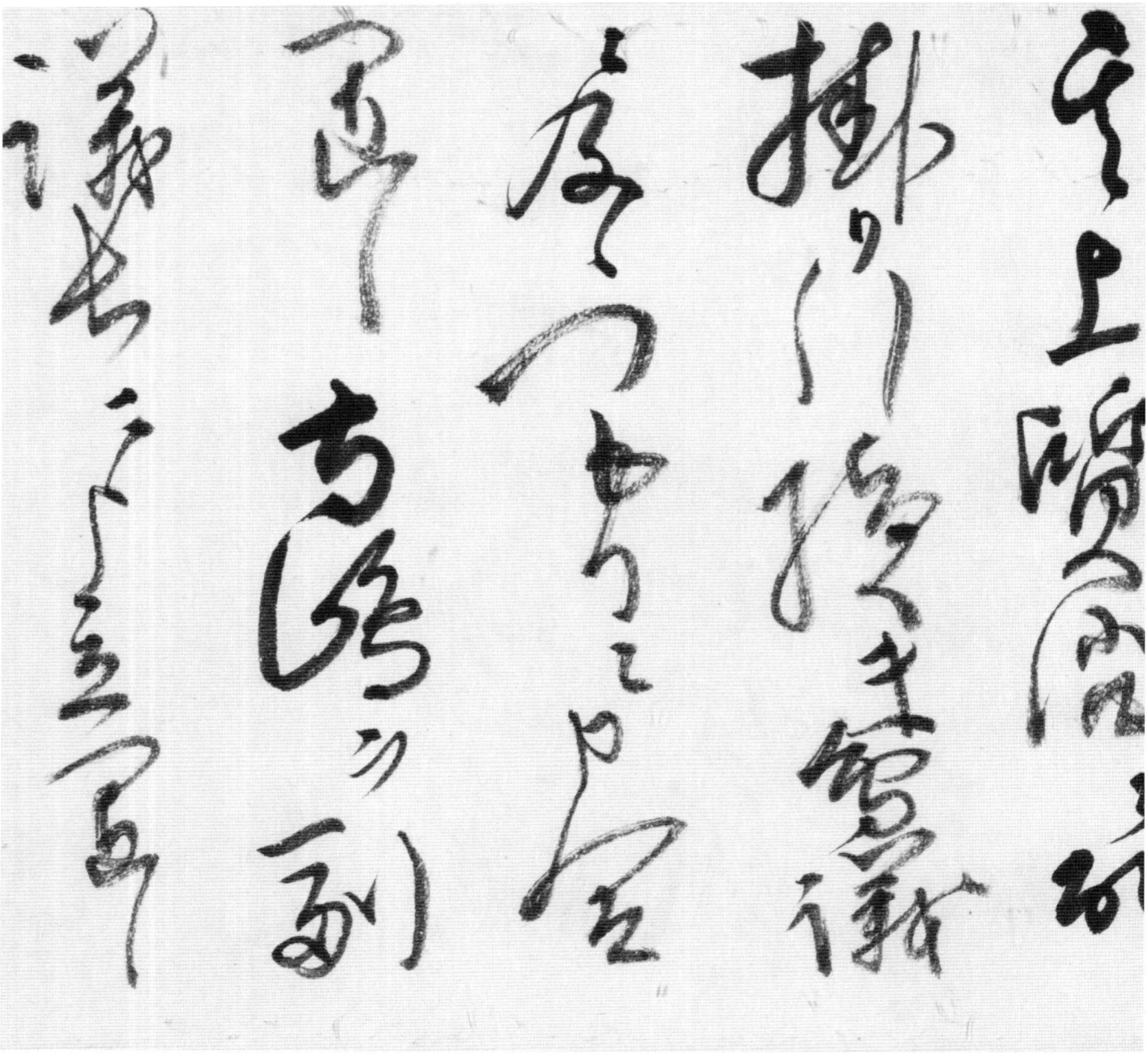

掛リ　引続キ会（會）議
ニ及候つもりニ申合
置候　寺嶋ヲ副

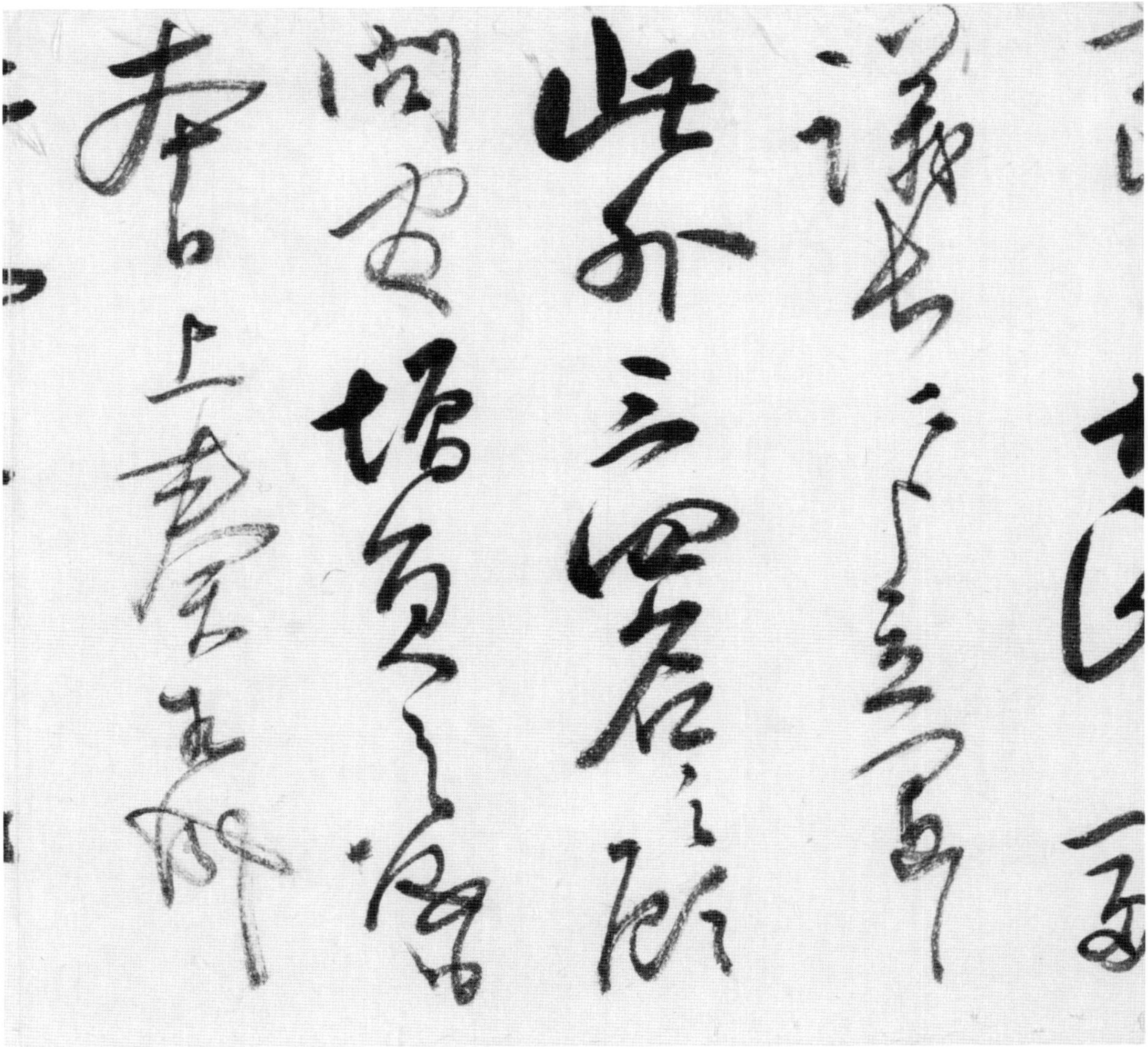

議長ニ申立置候
此外三四名之顧
問官増員之儀も
本日上奏相成候

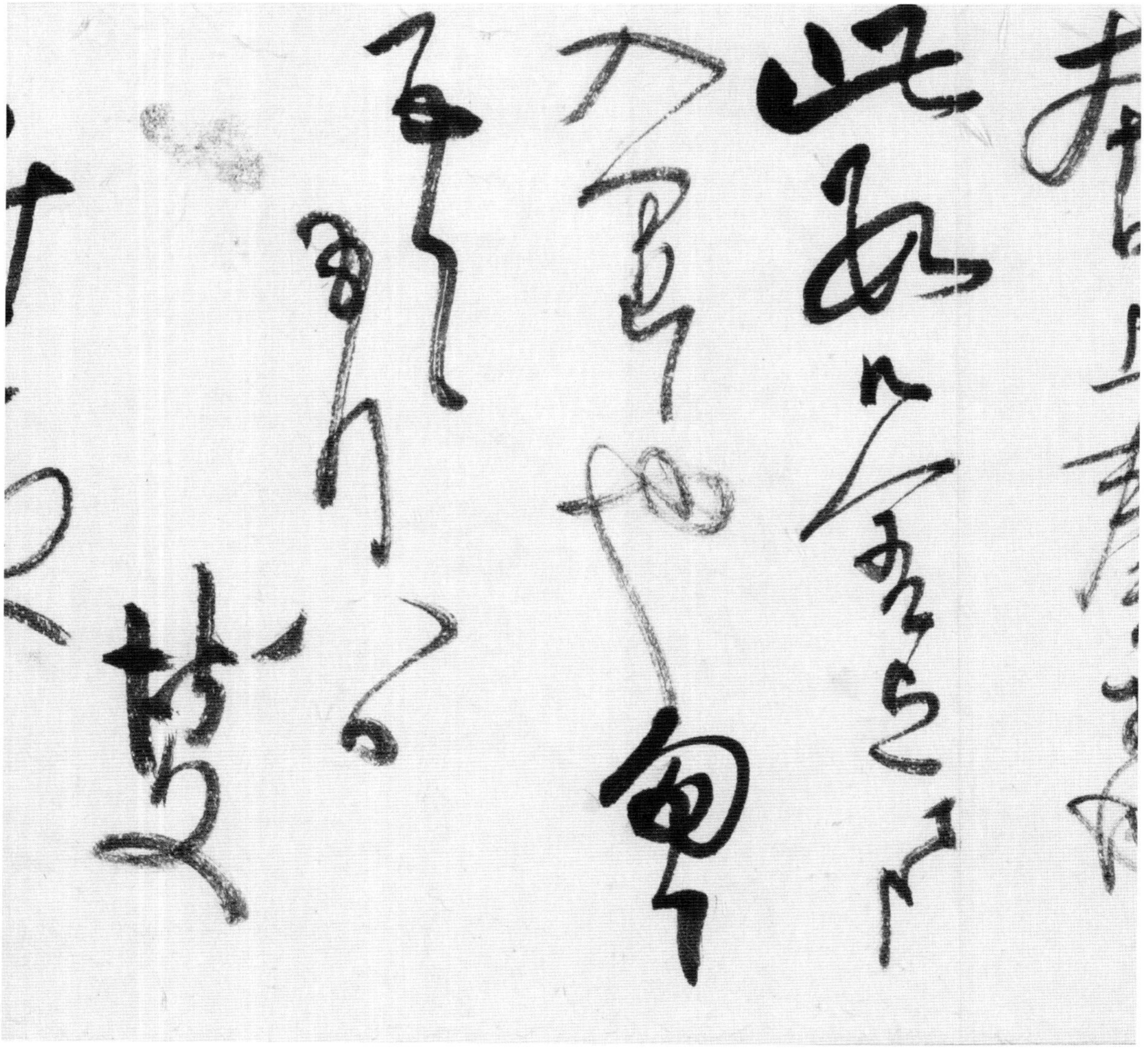

此段御含迄ニ申

入置候也　匆々

頓首

五月八日

博文

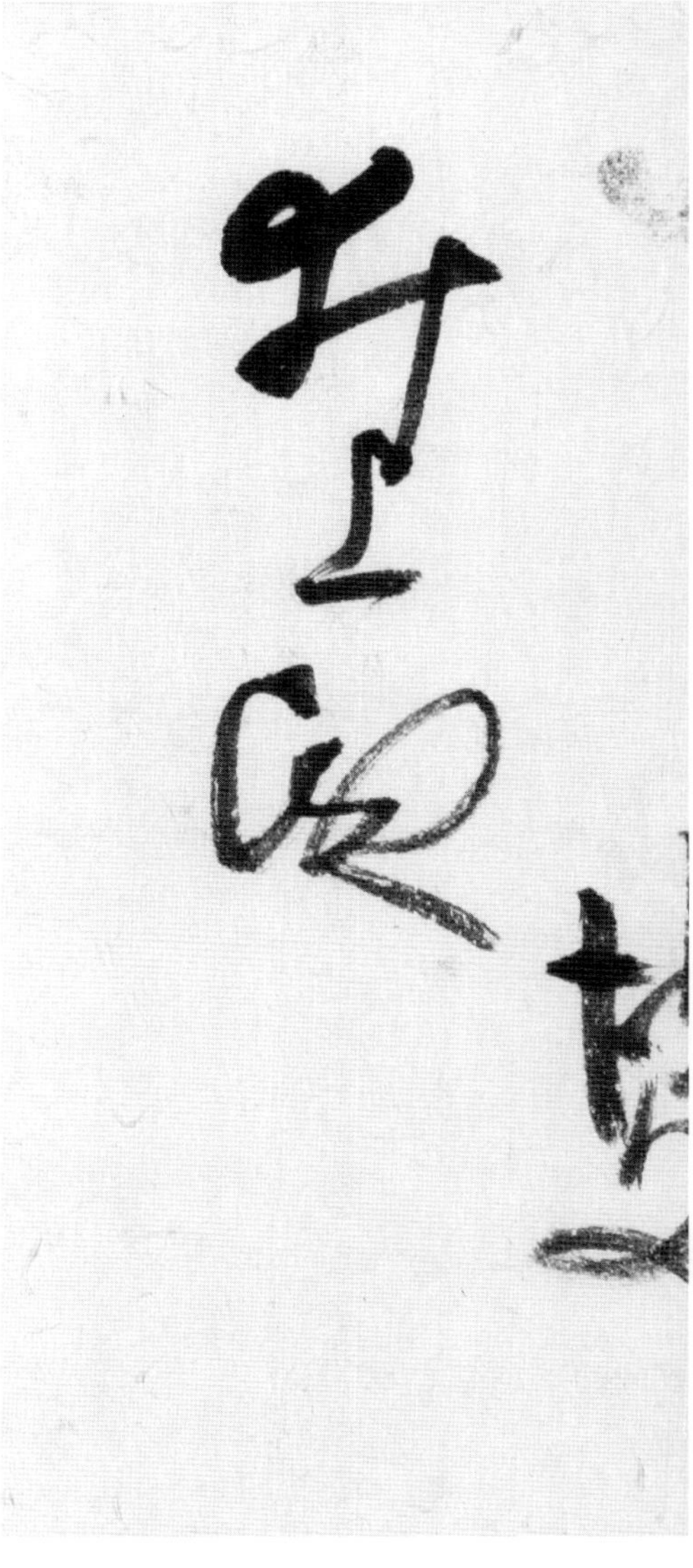

井上殿

【解題】 明治二十一年（一八八八）四月三十日に公布された「枢密院官制」と「枢密院事務規程」をもって枢密院が設置され、同日、議長以下顧問官が任命されて、五月八日に枢密院開院式が行われた。

本書翰は、開院式当日に認められた井上毅書翰（『井上毅伝』史料篇第四）への伊藤博文による返書である。枢密院人事において、井上は書記官長に任命されていたが、体調不良により開院式には出席していない。右の井上書翰では、開院式の欠席と、自身の代理を書記官に任命された伊東巳代治《みよじ》に委任することを願い出ている。その返書である本書翰においては、伊藤は、井上の体調に対する労わりの言葉と、開院式の様子を認めている。開院式については、天皇御親臨のもと、滞りなく開院式が執り行われたこと、さっそく憲法草案が顧問官らに配布されて、まず十日間の熟読期間を設けた後に質問に取り掛かり、これに引き続き会議へと入るよう審議の段取りが取り決められたこと、寺島宗則《むねのり》を副議長とし、顧問官三、四名の増員について上奏されたことが記されている。なお、この憲法草案の取り扱いに関しては外部への漏洩を防ぐため、院外への持ち出しを禁ずることが決議された。

その後、同月十八日に各親王および三条實美を枢密院会議に班列せしめる詔が下され、二十五日より審議が開始された。

枢密院会議は、前述ように、質問を専らとする第一読会、逐条の討議を行った後に表決を採る第二読会の順で構成され、会議には、天皇の全会議への御親臨のもと、議長伊藤博文、副議長寺島宗則、有栖川宮熾《ありすがわのみやたる》仁《ひと》親王、小松宮彰仁《こまつのみやあきひと》親王、伏見宮貞愛《ふしみのみやさだなる》親王、北白川宮能久《きたしらかわのみやよしひさ》親王、有栖川宮威仁《たけひと》親王の五親王、三条實美、黒田清隆《きよたか》、山縣有朋、大隈重信、西郷従道《じゅうどう》、山田顯義、松方正義、大山巖《いわお》、森有礼《ありのり》、榎本武揚《たけあき》の各大臣、吉田清成《きよなり》、勝安芳《かつやすよし》、河野敏鎌《とがま》、元田永孚、品川弥二郎《やじろう》、吉井友美《ともざね》、東久《ひがしく》世《ぜ》通禧《みちとみ》、佐野常民《つねたみ》、副島種臣《たねおみ》、佐佐木高行《たかゆき》、福岡孝弟《たかちか》、川村純義《すみよし》、大木喬任《たかとう》、土方久元《ひじかたひさもと》、鳥尾小弥太《こやた》の各顧問官、書記官長井上毅、および伊東巳代治、金子堅太郎《けんたろう》、花房直三郎《なおさぶろう》、津田道三郎《みちさぶろう》の各書記官が列した。

［宮部香織］

一五、枢密院審議に関する伊藤博文書翰

一六、議院法説明に関する元田永孚書翰

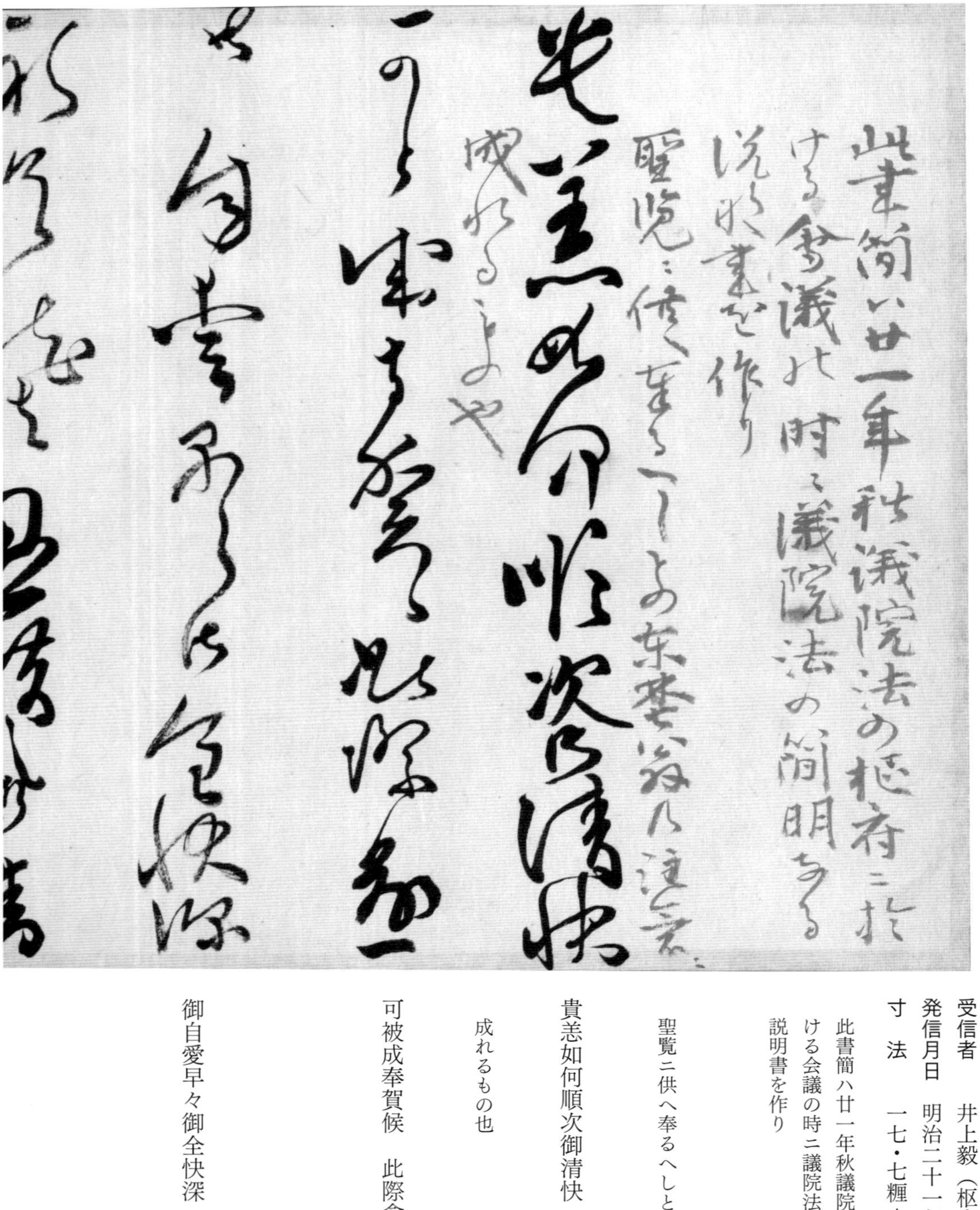

文書番号　Ⅱ-四八三-三
発信者　元田永孚（枢密顧問官）
受信者　井上毅（枢密院書記官長）
発信月日　明治二十一年九月二十一日
寸　法　一七・七糎＊九九・五糎（巻子）

此書簡ハ廿一年秋議院法の枢（樞）府ニ於
ける会議の時ニ議院法の簡明なる
説明書を作り
聖覧ニ供へ奉るへしとの東野（埜）翁の注意ニ
成れるもの也

貴恙如何順次御清快
可被成奉賀候　此際愈
御自愛早々御全快深

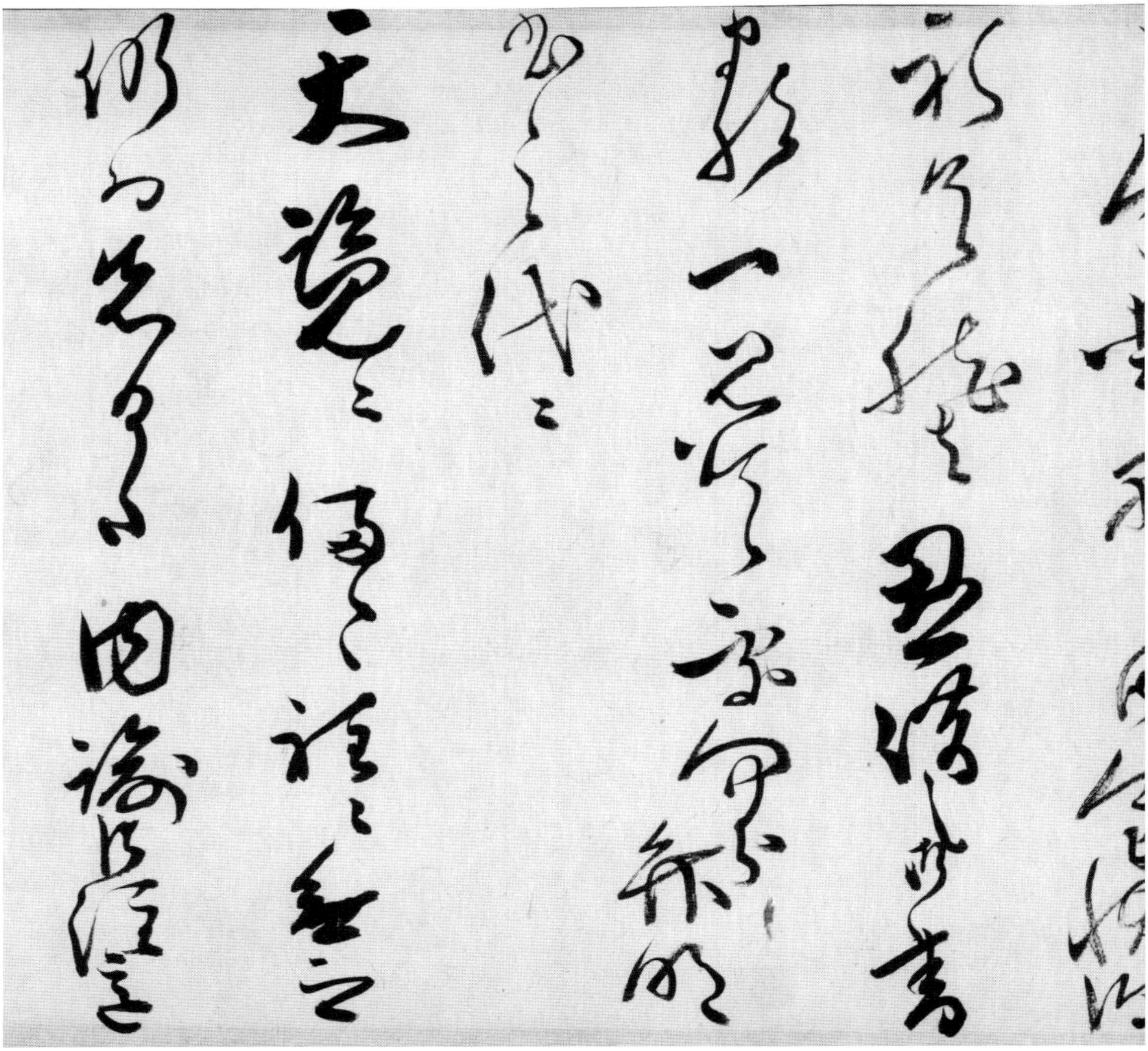

祈候　然は恩借之御書
類一見仕候処(處)　何分弁明
書之代ニ
天覧ニ備へ候程ニ無之
仍て先日御内諭御注意

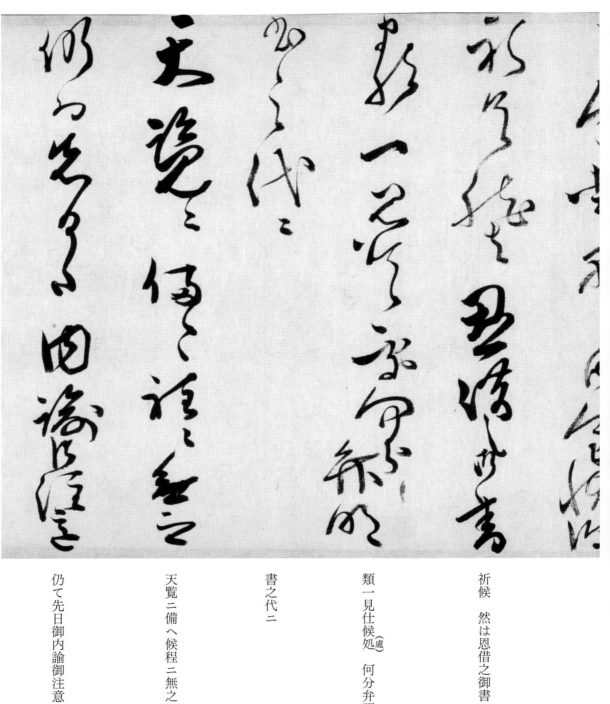

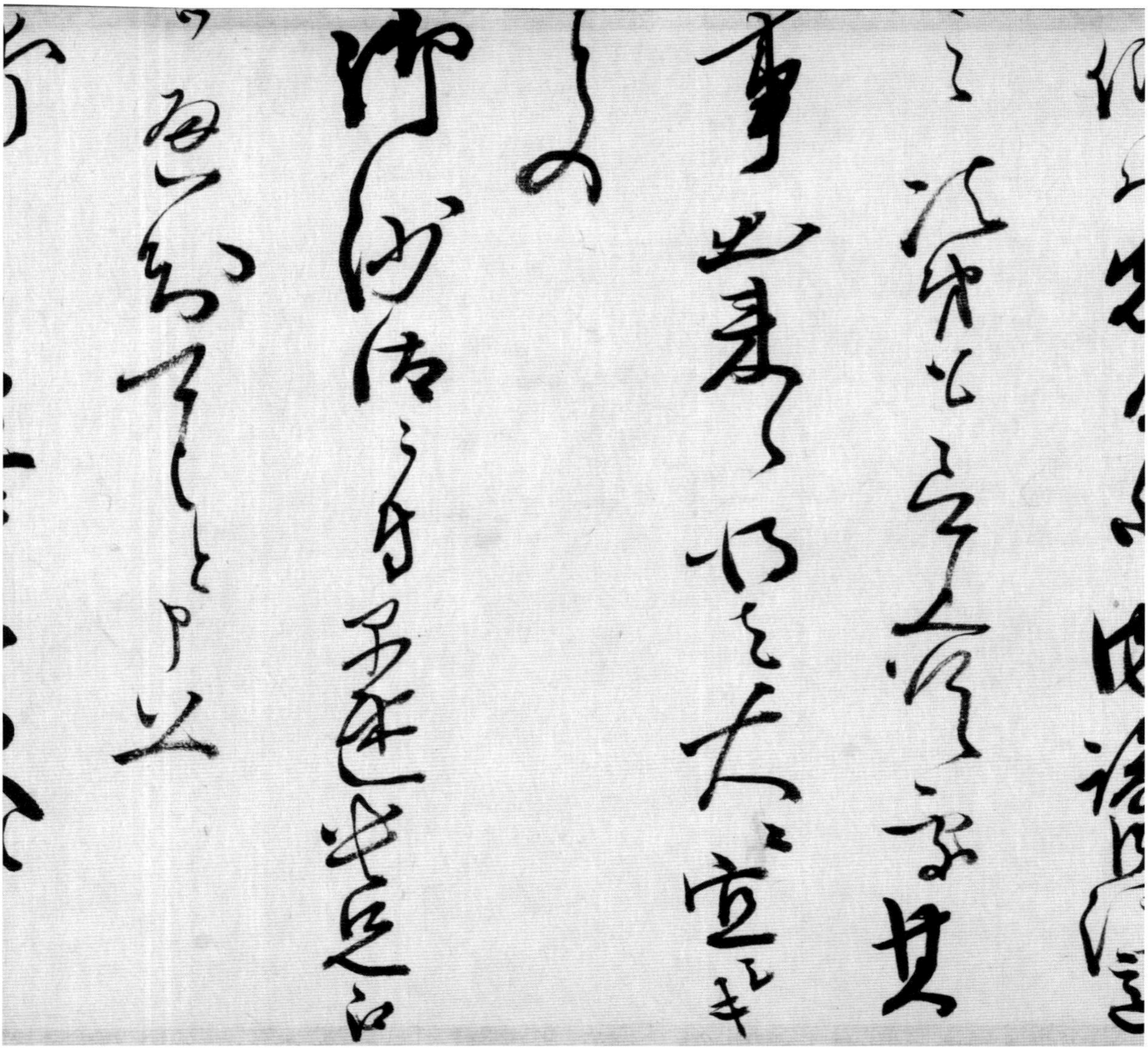

之次第も差上候処(處)　其
事出来候得は　大ニ宜シキ
との
御沙汰ニ付　早速貴兄え
御通知可申と申上

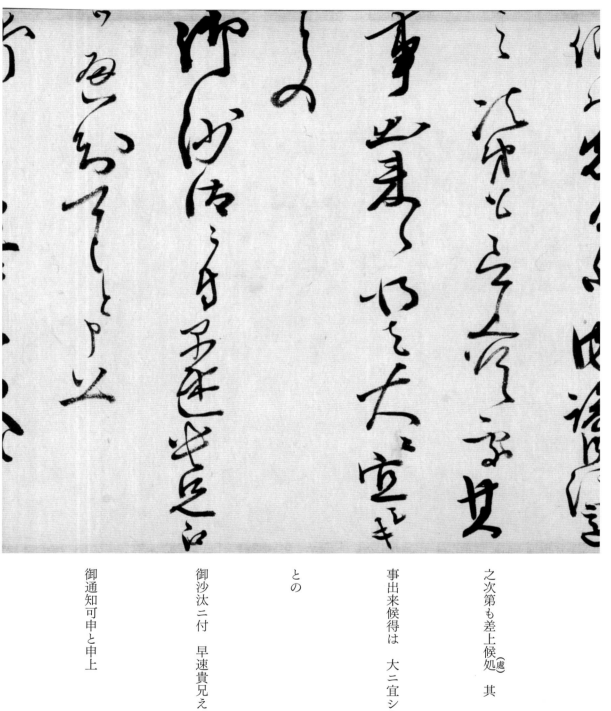

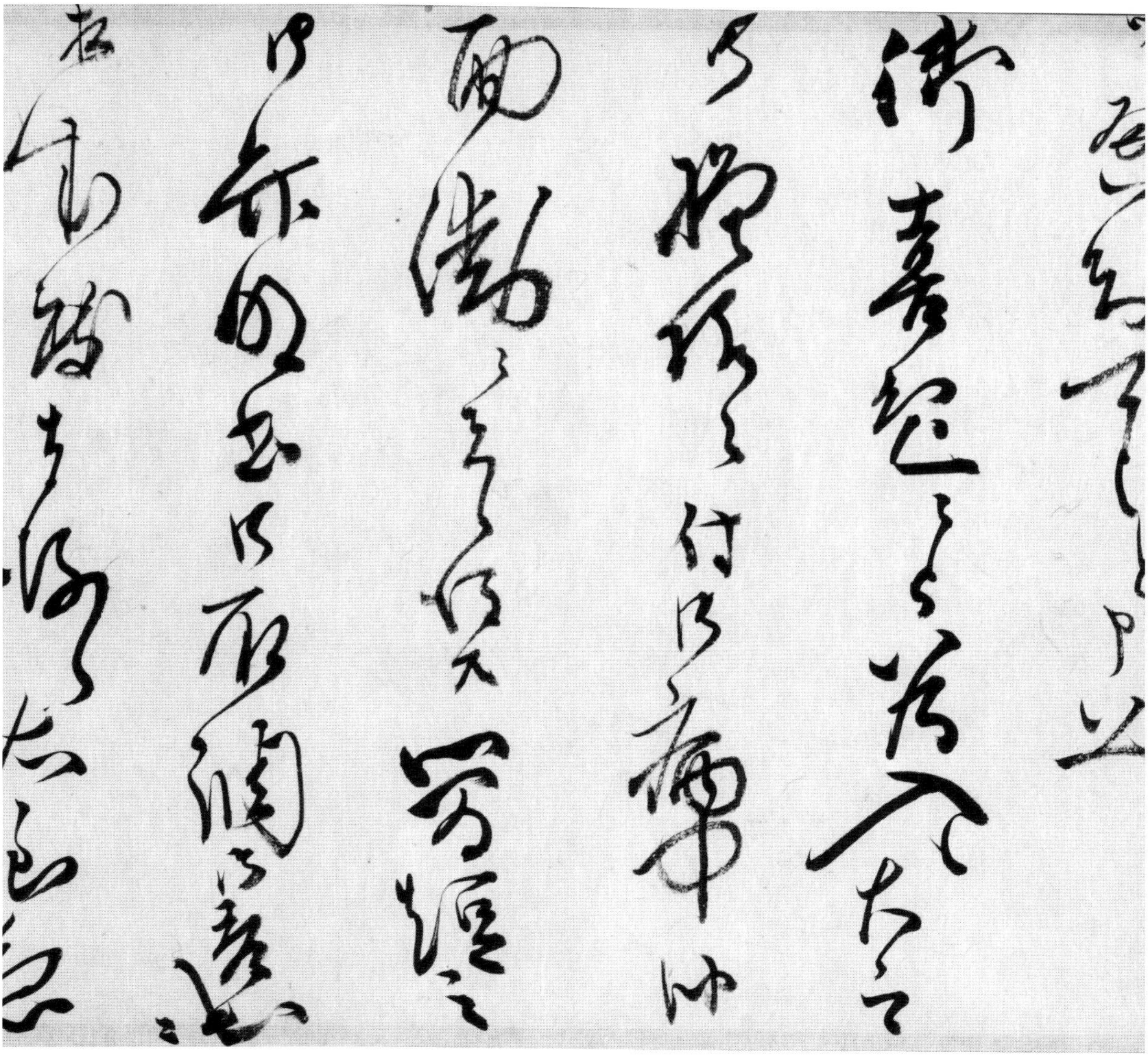

御喜色ニて為入候　右之
御模様ニ付　御病中御
面働ニハ候得共　簡短之
御弁明書御取調御差出ニ

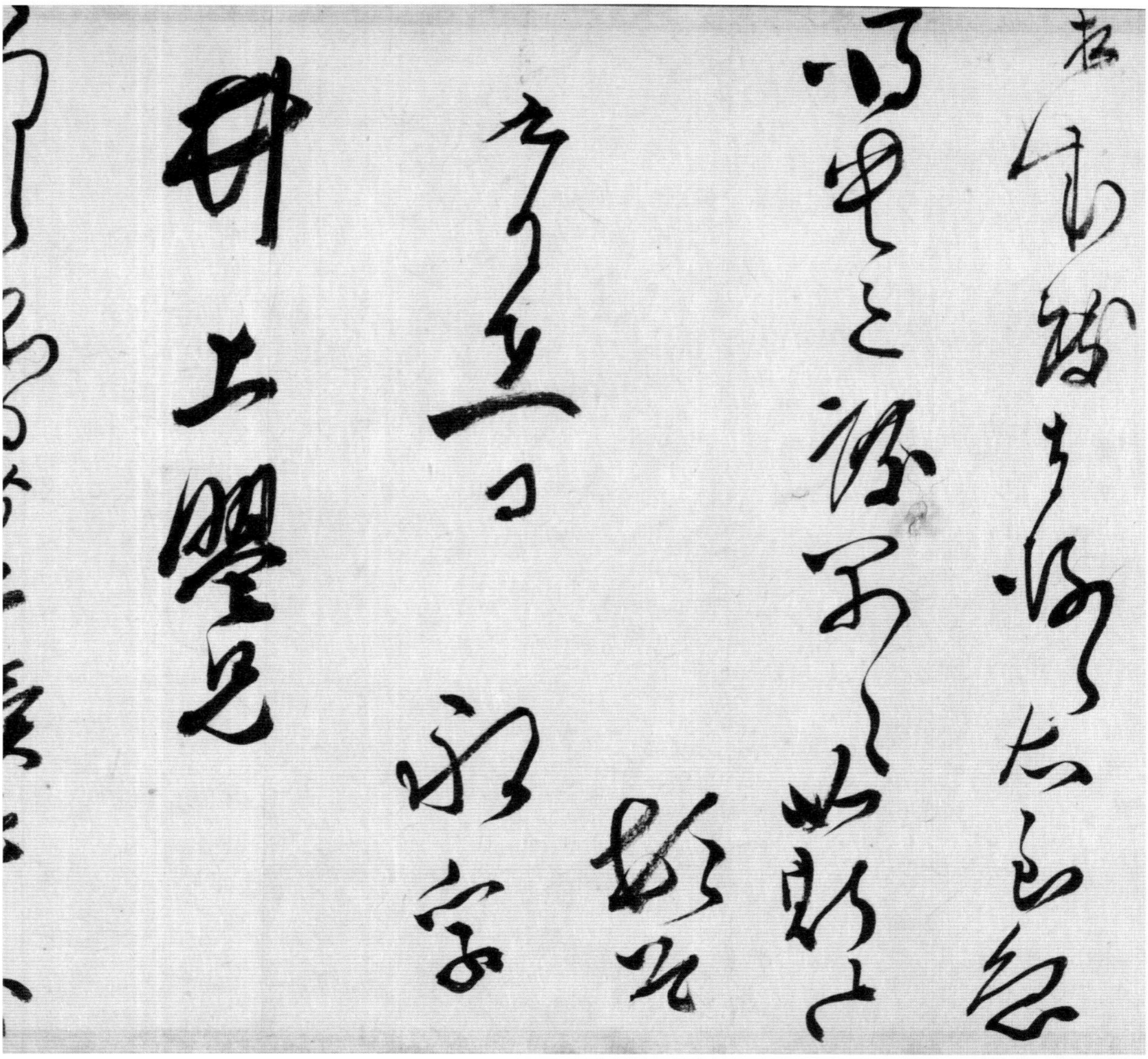

相成度奉存候　右至急

得貴意度　早々如斯ニ候

頓首

九月廿一日　永孚

井上盟兄

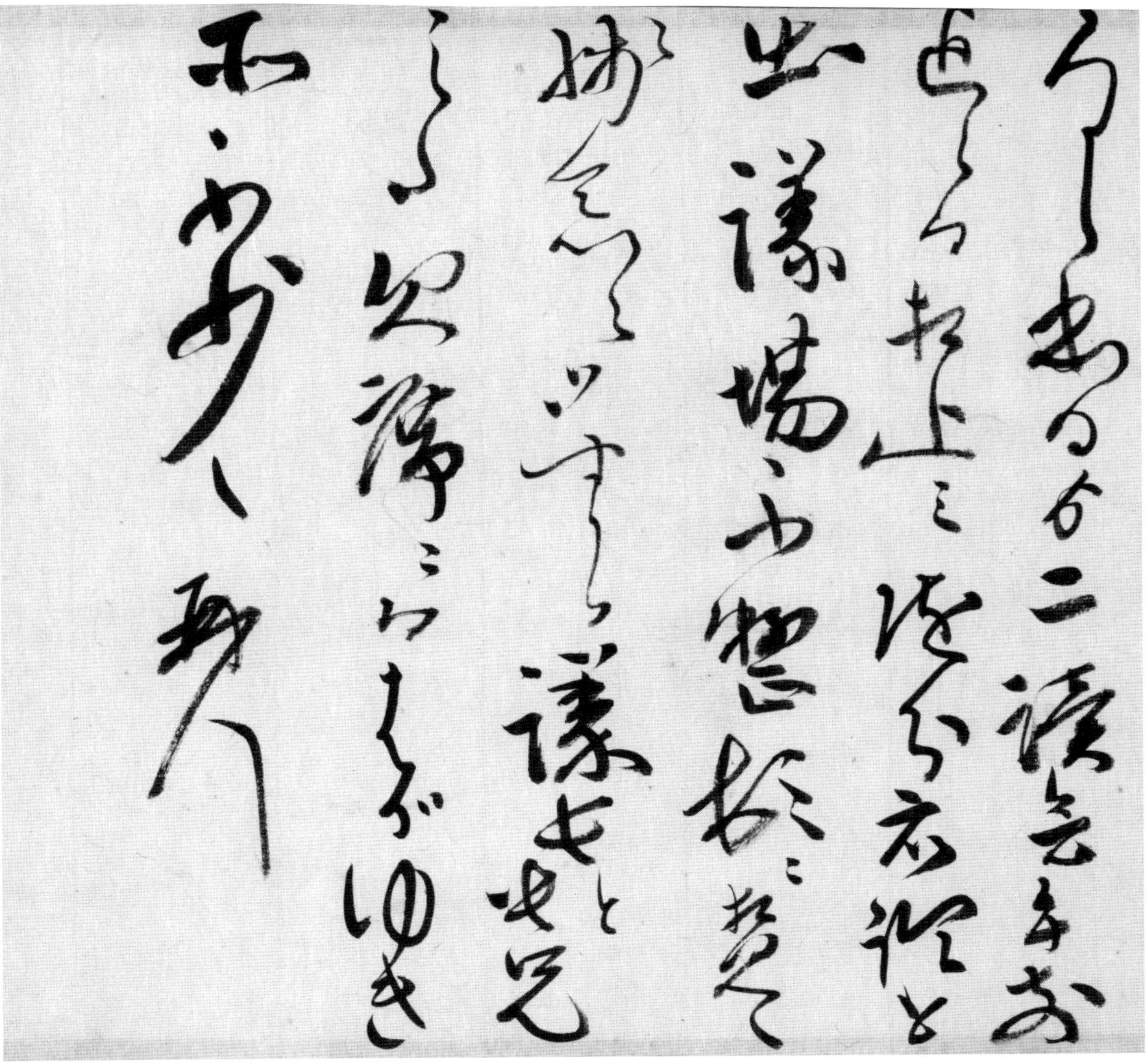

尚々　本日ヨリ(占)二読(讀)会(會)午前
迄ニて相止ミ　随分亦論も
出　議場不整頓ニ相見へ
残念ニ御座候　議長と貴兄
之御欠席ニてはがゆき
所不少候　再行

【解題】　明治二十一年（一八八八）五月から七月まで、枢密院において皇室典範および憲法の草案審議がなされた後、同年九月十七日より第三の議案として議院法案の審議が開始された。議院法案には当初、皇室典範・憲法草案と異なり、各条文の説明が付されておらず、そのため審議開始当日に枢密顧問官であった元田永孚が井上毅にその理由を尋ねた。これに対して井上は同日中に「議院法ニ付て之説明書無之事ハ、劣生ニ於ても遺憾存候、畢竟多事ニ逐はれ、余力無之より不得已事情ニ有之候、右ニ付参考書ハ各国之議院規則ニ依候ものニて、一二御参考之為さし出候、右は別ニ扣無之候間、御一覧之上御返却奉冀候、若又万一聖上之叡慮ニより説明書必要との事ニも候ハヽ、夜を日ニ継候て簡単之物拵可申、又ハ劣生一応乍不及御前へ被為召、逐条理由内奏奉申上度奉存候」（『井上毅伝』史料篇第四）と、各国の議院規則を典拠とする議院法参考書を送った。当該参考書を見た元田は、二日後の十九日付で謝礼とともに、井上が尋ねた「聖上之叡慮ニより説明書必要」かどうかについては、「御内意云々ハ未ダ旨ヲ承ケ候儀ニハアラズ、全ク迂老ノ注意ヲ以テ申上試ミ候筈ニテ、果シテ御沙汰モ被為在候ハバ、ナホ可得貴意ト奉存候」（『井上毅伝』史料篇第五）と返答した。

本書翰は、さらにその二日後、二十一日、元田が井上に説明書作成の御沙汰があったことを伝えたものである。ここでは、井上から送られた議院法参考書を天覧に供え、さらに説明書作成の伺いをしたところ、「其事出来候得は、大ニ宜シキ」との御沙汰があり、早速井上へ通知することを申し上げると、「御喜色ニて為入候」であったと記されている。本書翰を受けた井上は、議院法案起草者とともに説明書の作成に着手したが、本書翰中、「御病中御面倒ニハ候」とあるように、当時井上は病を得ており、枢密院での議院法案審議の説明の任も、井上の委託を受けて伊東巳代治《みよじ》が担っていた。そのため、説明書は主に伊東が中心となって執筆し、井上は加筆修正や部分的な作成を行い、十月二日には「議院法説明、乍半やうやく成稿候ニ付、昨夕早速宮内大臣〔土方久元〕迄差出置候、右写差出候間、御内見可被下候」（『井上毅伝』史料篇第四）と、元田に書き送っている。『明治天皇紀』明治二十一年十月一日の条には、「是れより先、議院法を枢密院に諮詢す、然れども起草者等未だ説明書を草するの暇なく、纔かに付するに参考書類二三を以てす、天皇之れを遺憾としたまふ、仍りて枢密顧問官元田永孚旨を枢密院書記官長井上毅に告げ、説明書を起草せしむ、毅謹みて命を拝し、旬日にして稿を草し、是の日宮内大臣に就きて之れを上る」と、この間の経緯を簡潔に説明している。

なお、本書翰の末尾に、「随分亦論も出、議場不整頓ニ相見へ、残念ニ御座候、議長と貴兄之御欠席ニてはがゆき所不少候」とあるように、井上に加え、議長である伊藤博文もロシア領日本海沿岸視察のため、議院法案審議の開始当初より欠席であったことから議場は混乱を来した。そこにこの「議院法説明」も作成する運びになったことにより、九月二十八日の審議以降、伊藤が議長に復帰する十月十二日の審議再開まで、議院法案審議は中断となっている。

〔齊藤智朗〕

一七、憲法発布期日に関する伊藤博文書翰

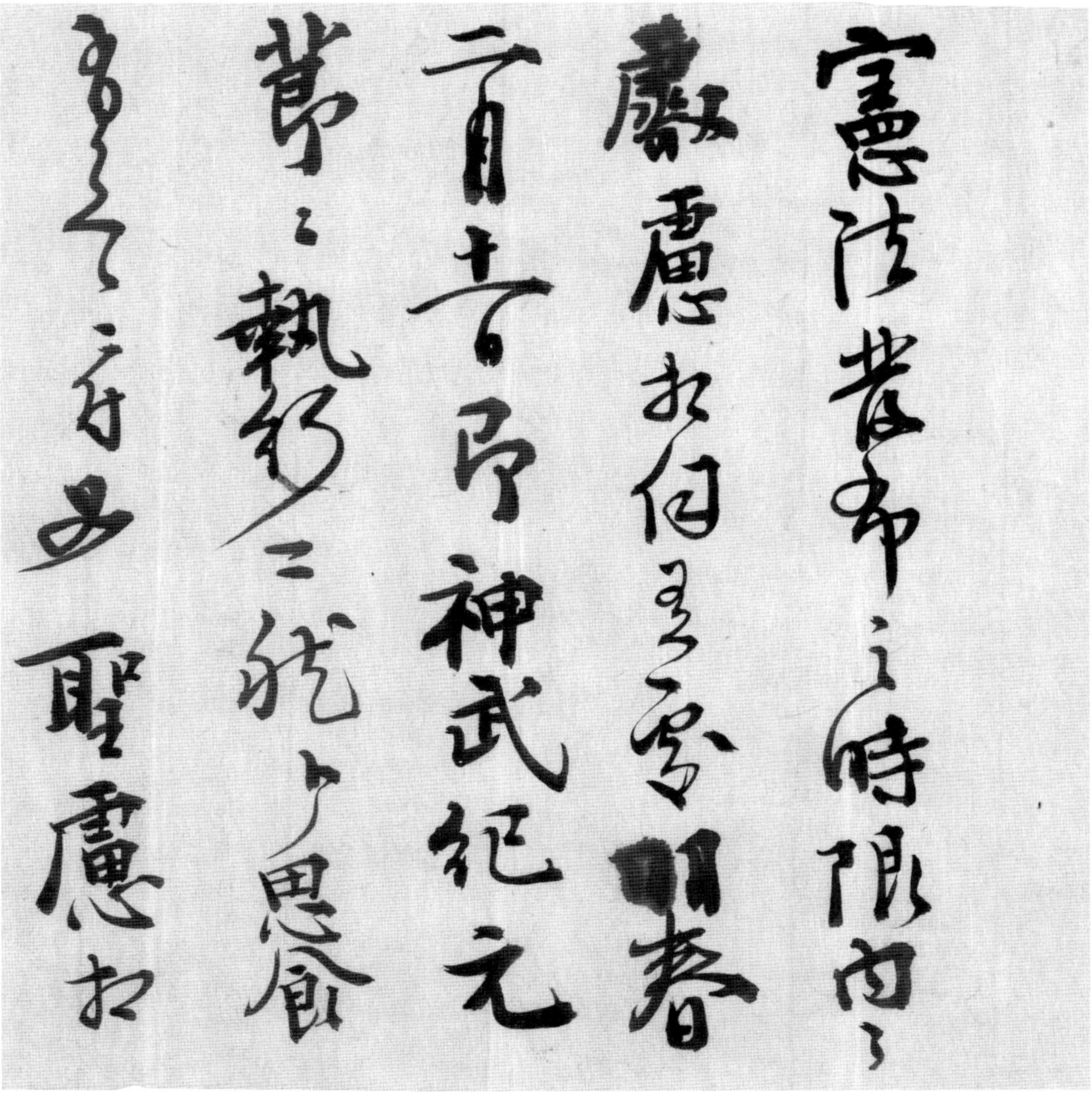

文書番号　II―二八七（朱筆…口絵参照）
発信者　伊藤博文（枢密院議長）
受信者　井上毅（枢密院書記官長）
発信月日　明治二十一年十一月十三日
寸　法　一八・七糎＊七八・五糎

憲法発(發)布之時限　内々
叡慮相伺候処(處)　明春
二月十一日即神武紀元
節ニ執行可然トノ思食
有之候ニ付　如　聖慮相

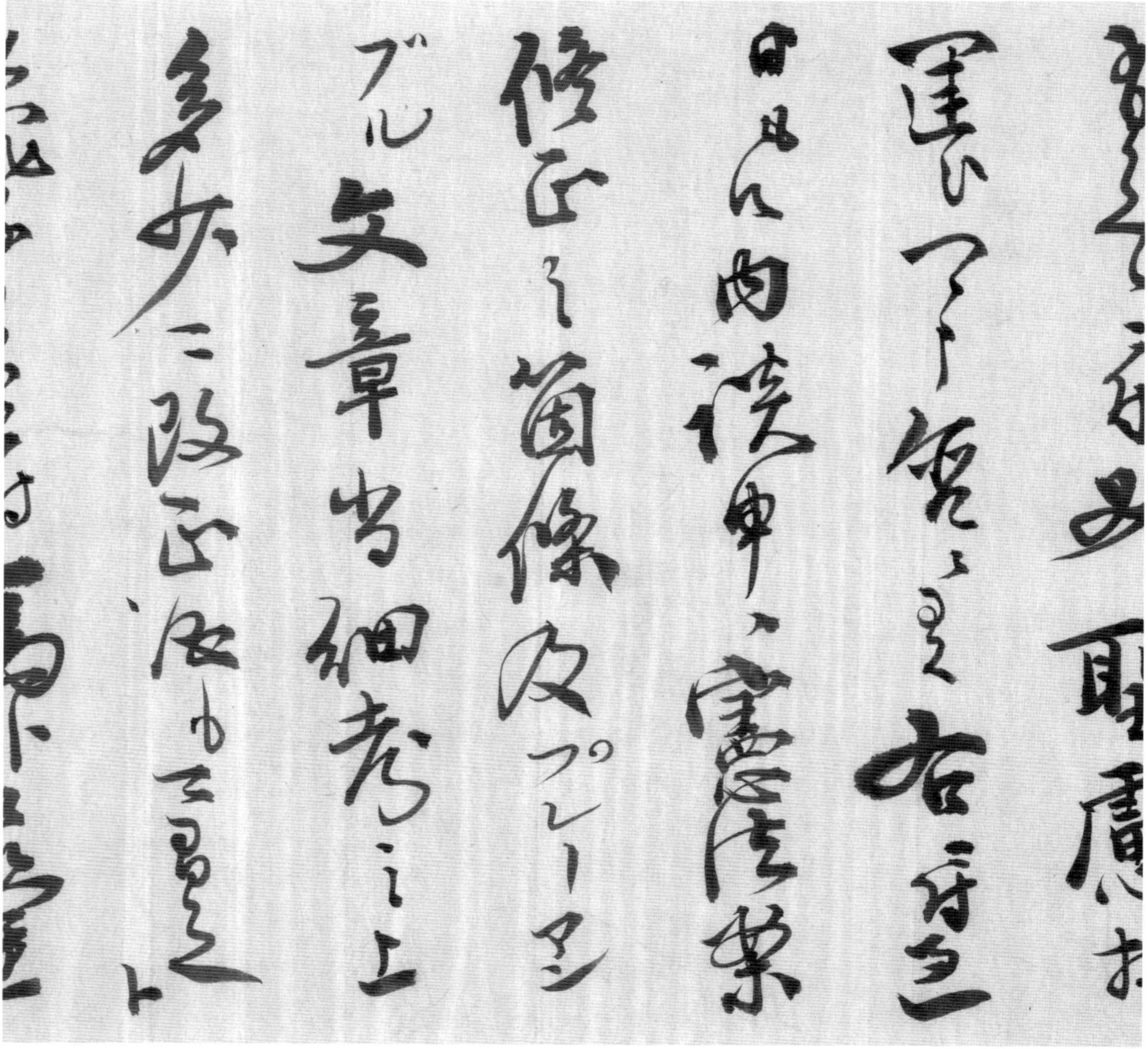

運ひ可申含ニ候　右ニ付過
日も御内談申候憲法案
修正之箇条(條)及プレーアン
ブル文章　尚細考之上
多少ニ改正儀も可有之ト

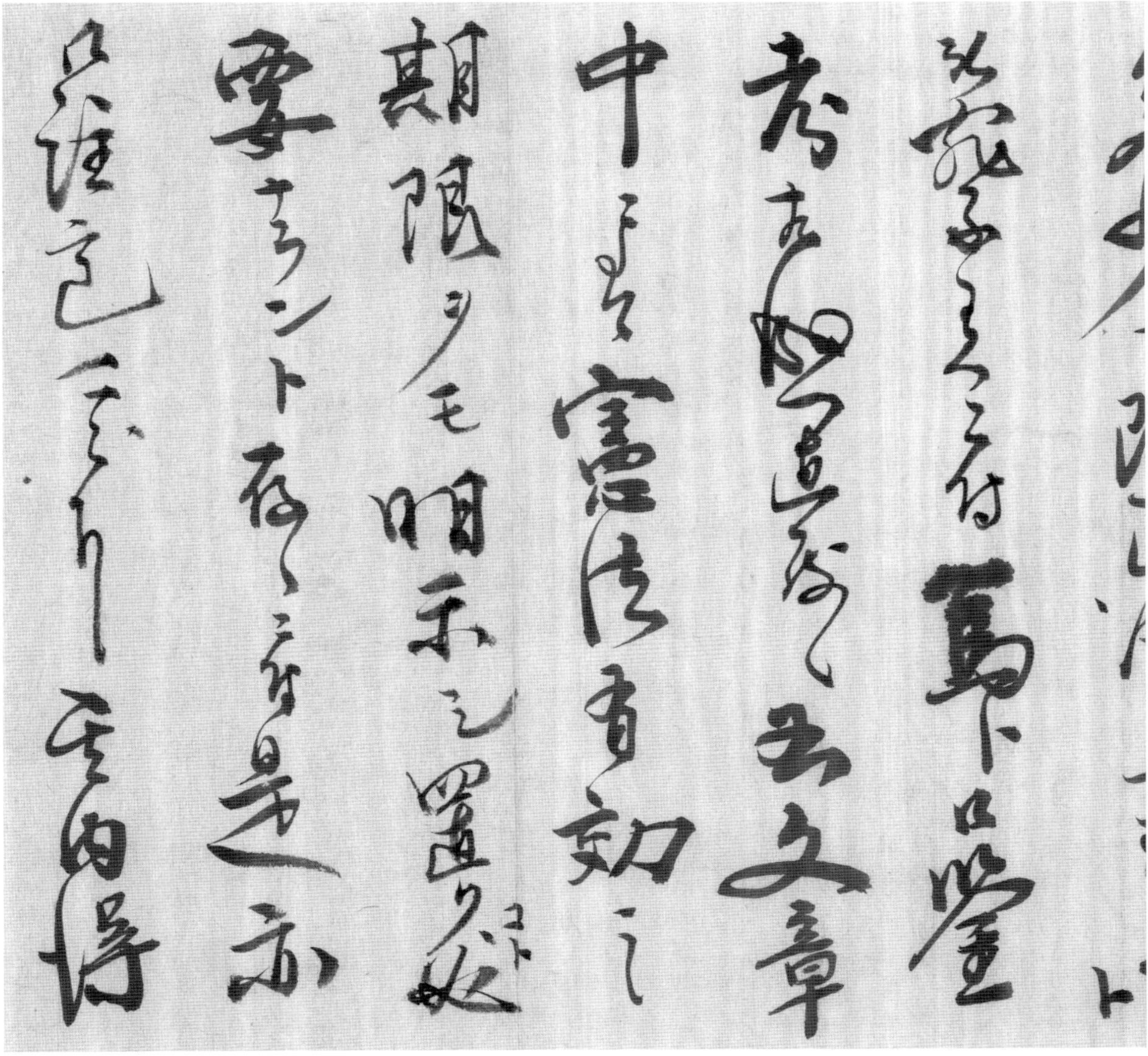

被察候ニ付　篤ト御鑑（鑒）
考相成置度候　右文章
中ニは憲法有効之
期限ヲモ明示シ置クコト必
要ナラント存候ニ付　是亦
御注意可被下候　其内得

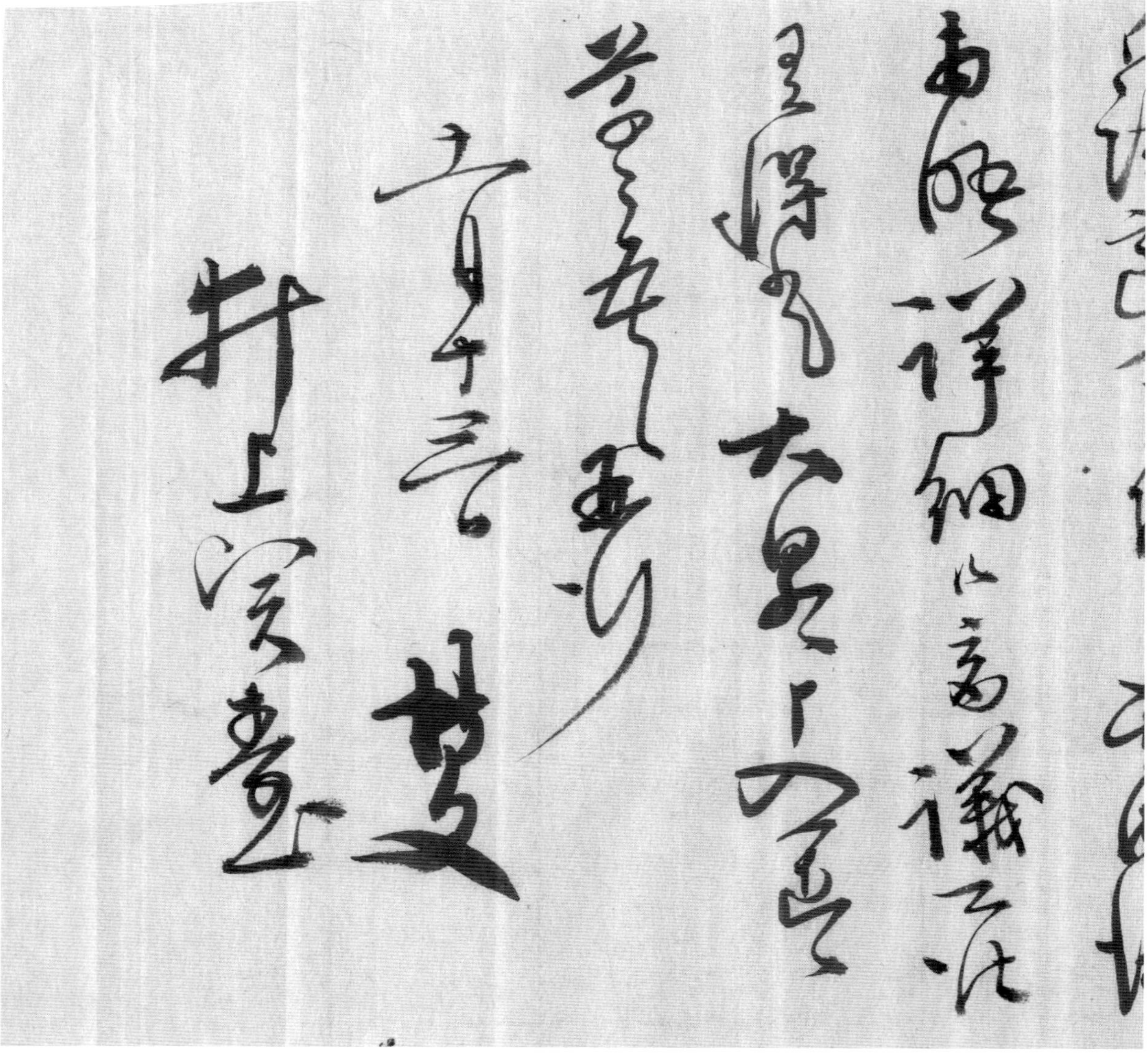

拝晤詳細御商議可仕
候得共　大略(畧)申入置候
草々頓首再行
十一月十三日　博文
井上賢臺

【解題】 本書翰は、憲法発布期日が明治二十二年（一八八九）二月十一日に定められたことを示したものである。

そもそも明治十四年（一八八一）の「国会開設の勅諭」において、「将ニ明治二十三年ヲ期シ、議員ヲ召シ国会ヲ開キ」と議会開設年は定められていたものの、それに先立つ憲法の発布期日について、特に明確に示されてはいなかった。そのため、明治二十一年八月二十二日付で井上毅が伊藤博文に向けて送った書翰には、「因てハ当冬ニも地方官召集之上、憲法御渙発有之、其序撰挙法ニ付て委曲ニ未発之草稿を以て指示有之事、必要歟ニ奉存候、憲法発布ニ付て之手続書、御手元ニ差出置候処、若御手近ニ無之候へハ別ニ写を猶差出可申候」（『井上毅伝』史料篇第四）と、地方官を召集の上、憲法を発布する考えが示されており、また憲法発布の手続書もすでに作成されていたことを窺い知ることができる。しかし、その約三ヶ月後となる、伊藤による本書翰では、「憲法発布之時限、内々叡慮相伺候処、明春二月十一日即神武紀元節ニ執行可然トノ思食有之候ニ付、如聖慮相運ひ可申含ニ候」と、憲法発布は明くる明治二十二年二月十一日の紀元節に執り行われるべきとの思召しがあり、聖慮のごとく相運ぶべきとすることが明示されており、これにより憲法発布の時期が確定したのである。

なお、本書翰では続けて、「過日も御内談申候憲法案修正之箇条及プレーアンブル文章、尚細考之上、多少ニ改正儀も可有之ト被察候ニ付、篤ト御鑑考相成置度候」と、憲法案の修正条文とプレアンブルの文章についてなお吟味すべきとある。後者のプレアンブル、つまり憲法上諭については、井上はこの後改めて検討し直して、翌二十二年一月十日の伊藤からの書翰に「過刻御送致之上諭案幷ニ官吏俸給論ハ熟読可仕候」（『井上毅伝』史料篇第五）とあり、また十五日には井上のほうから「プレアンブル御一覧、御下付之事冀望奉存候」（『井上毅伝』史料篇第四）、さらに二十三日には「発布之勅旨之冒頭、何か物たらぬ心いたし、少シ文飾を加候て奉供覧候、憲上諭も猶文字上之整頓いたし奉差出候」（『井上毅伝』史料篇第四）と伊藤へ書き送っている。井上が起草した憲法上諭案は、その後半部分が切り離されて憲法発布勅語の文案となり、同勅語の起草過程では、特に明治天皇の思召しをもって修正が加えられている。

【齊藤智朗】

一八、憲法典範勅諭案に関する三条實美書翰

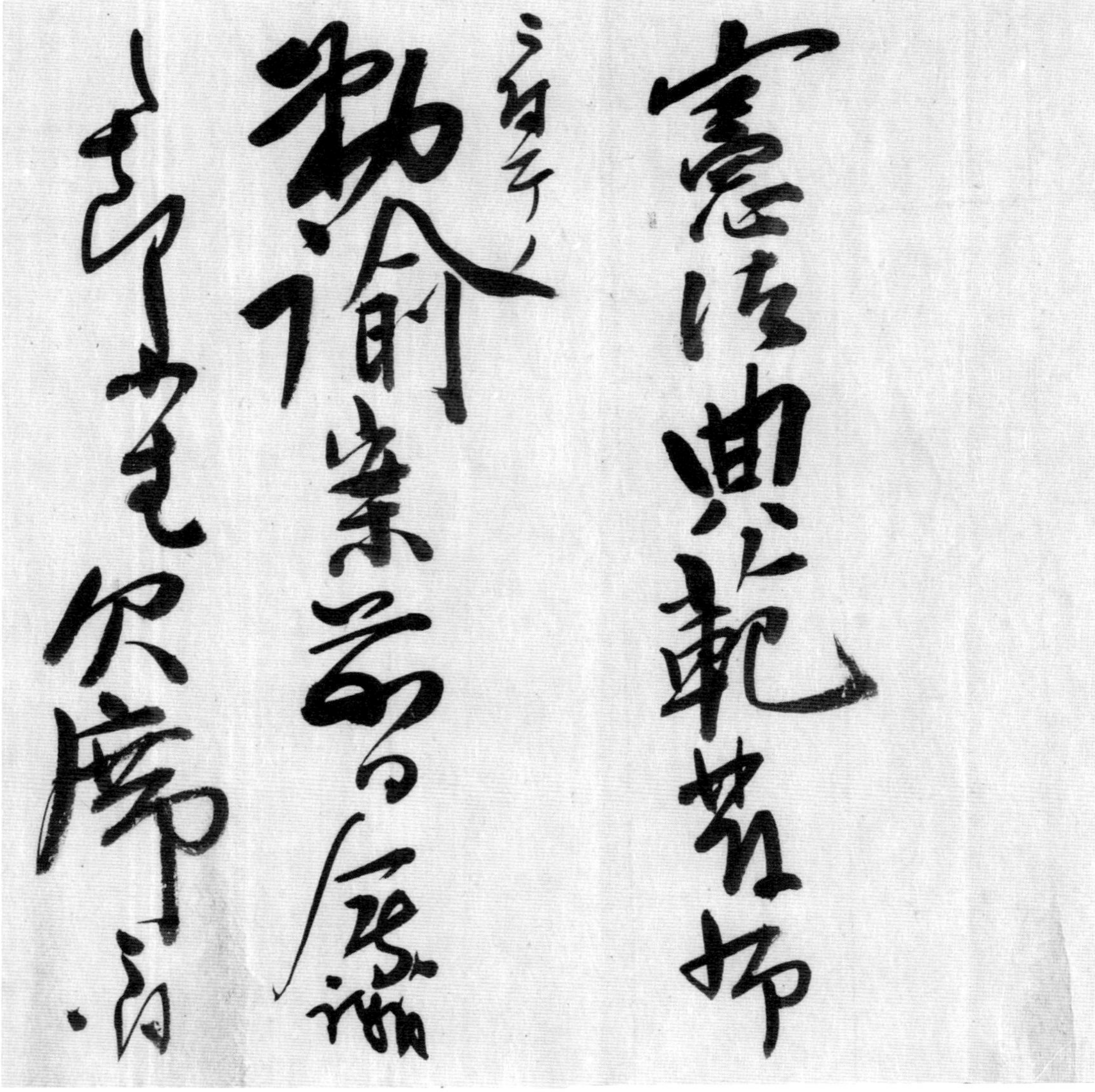

文書番号　Ⅱ—一二四
発信者　三条實美（内大臣）
受信者　井上毅（枢密院書記官長）
発信月日　明治二十二年二月一日
寸　法　一六・七糎＊五四・七糎

憲法典範発（發）布
ニ付テノ勅諭案　前日会（會）議
之節　小生欠席ニ付

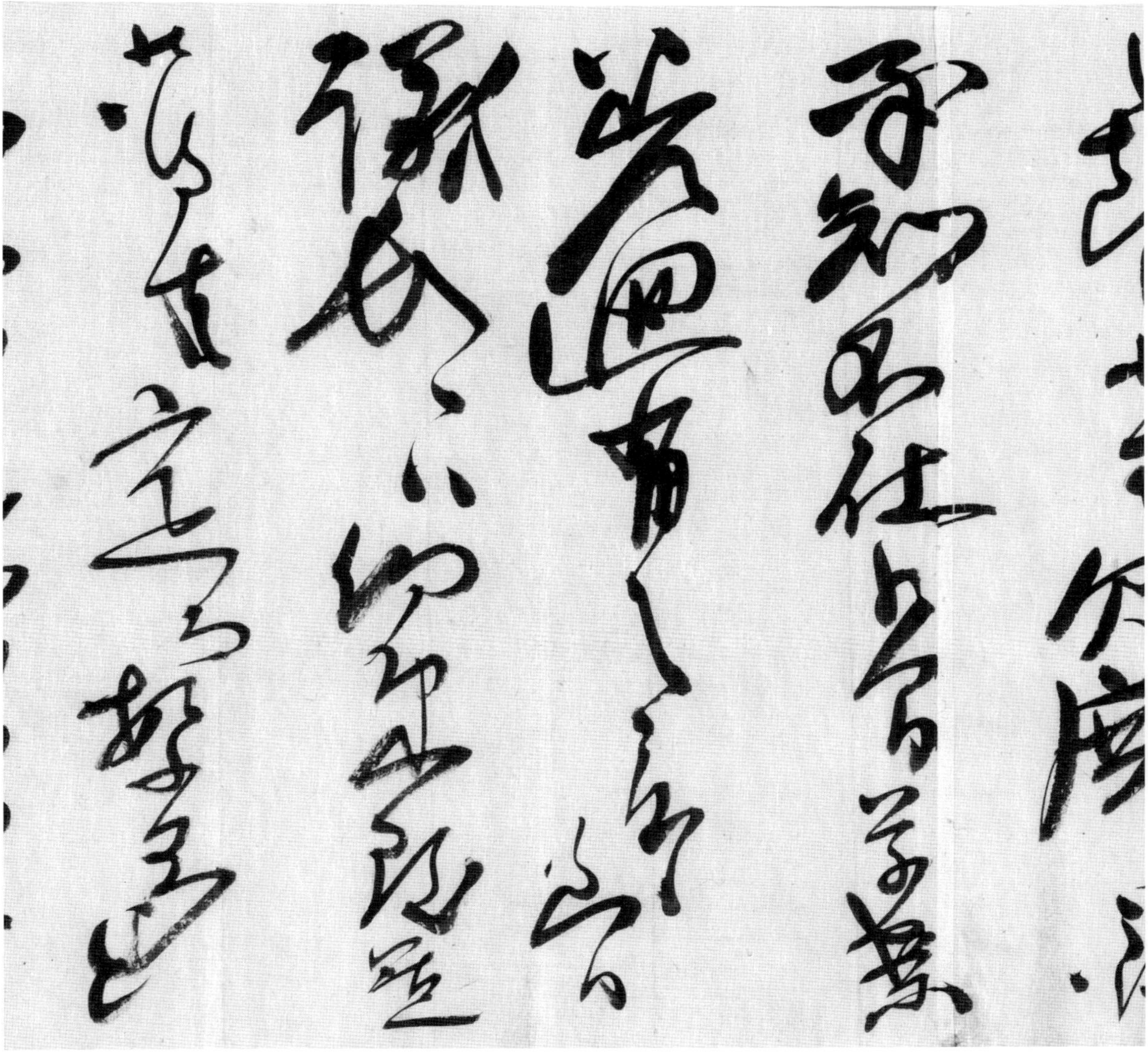

承知不在候間　草案
差廻有之度候　過日
議長へハ約束致置
候得共　定て繁多と

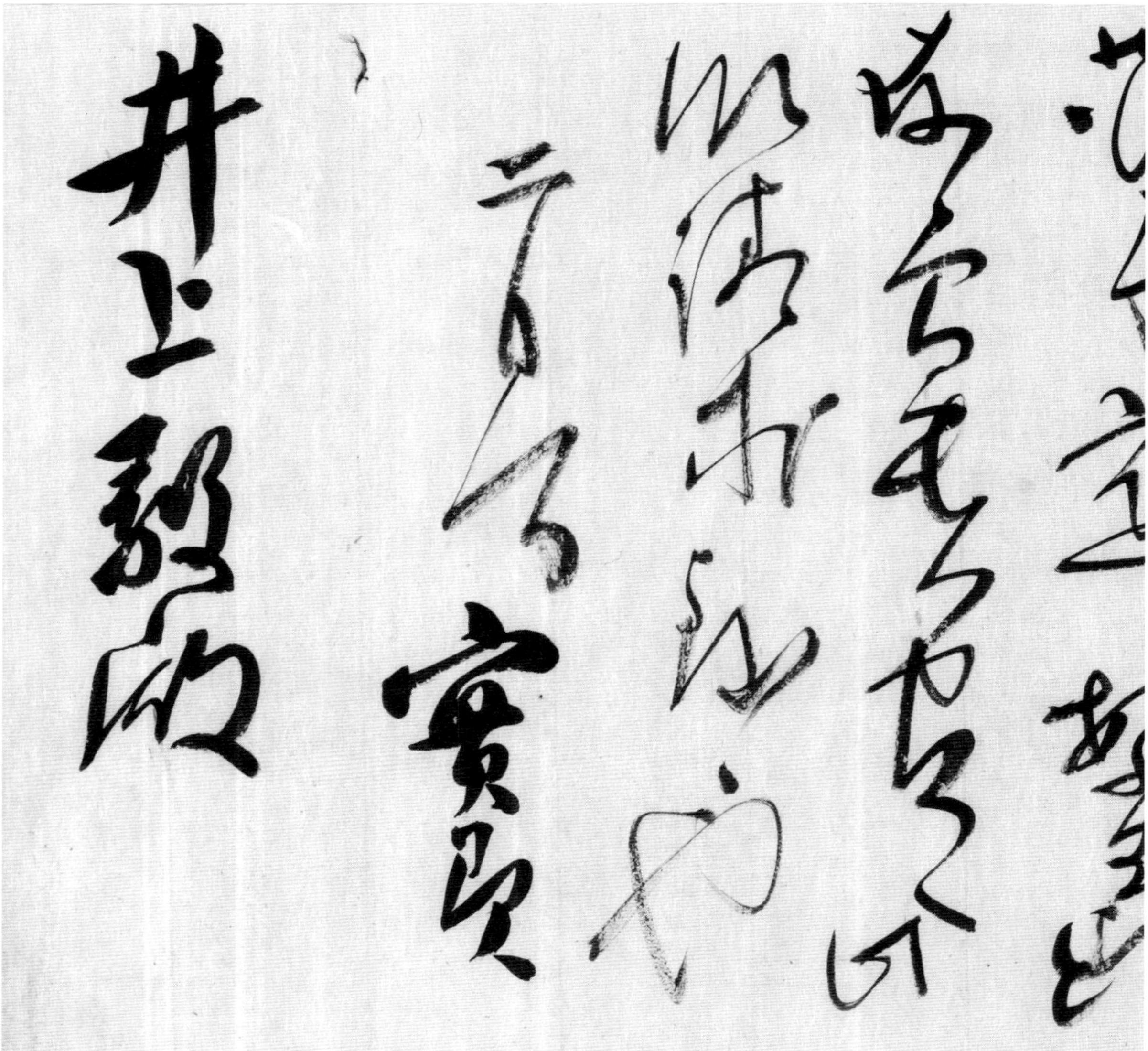

存候間　貴官へ此
段請求致候也
二月一日　實美
井上毅殿

（封筒表）

井上毅殿　實美
親展

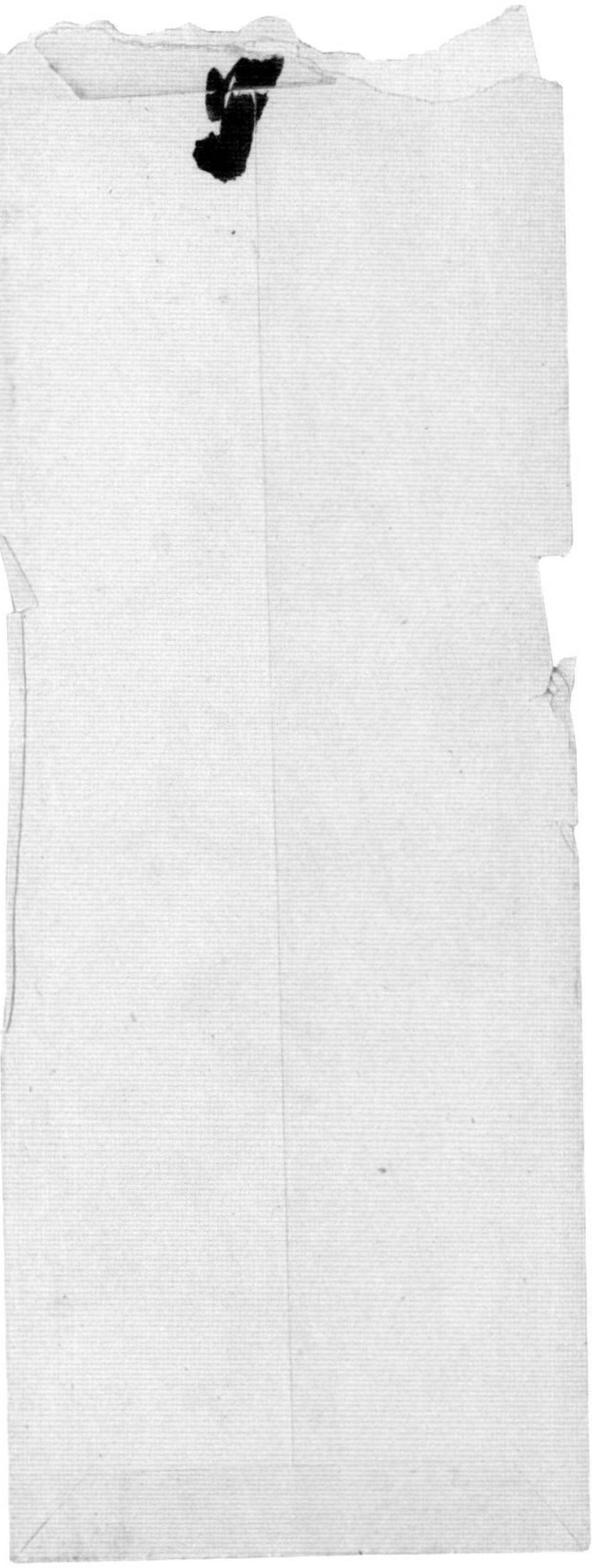

（封筒裏）

【解題】　大日本帝国憲法は明治二十二年（一八八九）二月十一日に発布されたが、まず午前九時より宮中賢所において御親祭が行われ、天皇によって皇祖皇宗の神霊に対する皇室典範および憲法制定の告文が奏された。午前十時より宮中正殿において憲法発布式が挙行され、天皇による群臣に対する憲法発布勅語が宣読され、内閣総理大臣黒田清隆《きよたか》に憲法が授けられた。すなわち、大日本帝国憲法は天皇が臣民に与えた欽定憲法であった。また、皇室典範については、皇室の家法であり国家の制法ではないとの理由から、同日に非公式の発表がなされ、官報への掲載は行われなかった。

憲法の発布については、伊藤博文が、明治二十一年四月五日付の内大臣三条實美宛の書翰（三条實美文書）に「御発表之順序ハ聖慮も可被為在事ト奉存候へ共、厳格ナル盛典御挙行不相成而ハ不足威重ト愚考仕候、」として、威重を示すためには厳格なる盛典を挙行すべきと述べている。その後、憲法発布の日取りについて、十一月十三日付の井上に宛てられた伊藤の書翰（書翰一七）に「憲法発布之時限内々叡慮相伺候処、明春二月十一日即神武紀元節ニ執行可然トノ思食有之候ニ付、如聖慮相運ひ可申含ニ候、」とあるように、天皇の思召しにより紀元節である二月十一日に内定したのであった。同書翰では「憲法案修正之箇条及プレーアンブル文章尚細考之上多少可改正儀も可有之」と、条文とプレアンブルの検討を井上に依頼しており、御諮詢案の冒頭に掲げられていた上諭案についても検討・修正が加えられ、後に上諭案の後半部分は切り離されて憲法発布勅語の文案とされることとなった。これら一連の修正が明治二十二年一月から二月にかけて行われた。

本書翰では、この勅語案の検討に際し、枢密院会議を欠席した三条が草案を自分のもとへも差し廻すよう依頼している。この数日後、勅語案は天皇の思召しによる修正が加えられ、発布式において宣読された。

［宮部香織］

一九、憲法義解に関する伊藤博文書翰

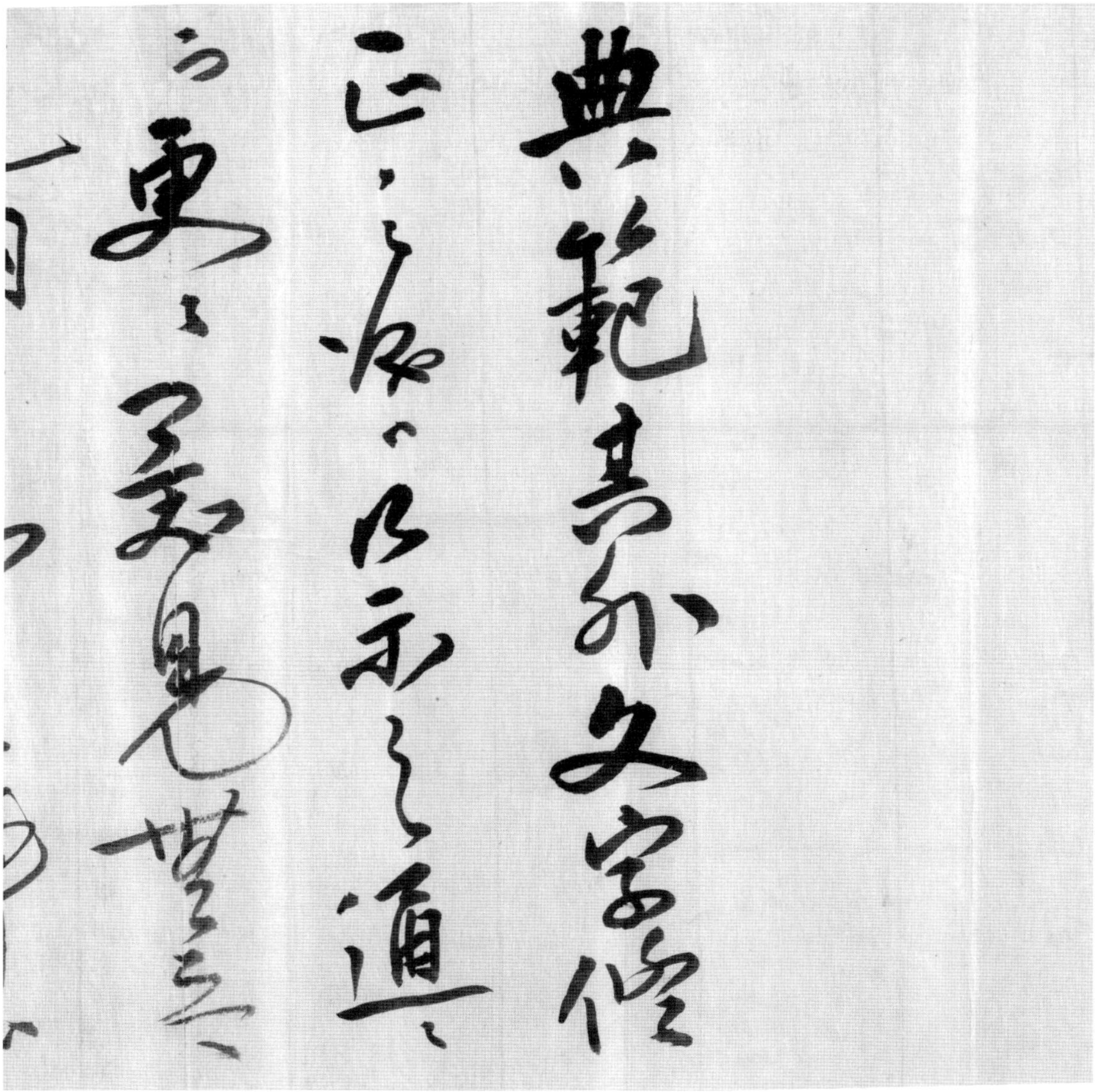

文書番号　Ⅱ-二七二
発信者　伊藤博文（枢密院議長）
受信者　井上毅（枢密院書記官長）
発信月日　明治二十二年二月二日
寸法　一八・二糎＊一二〇・〇糎

典範其外文字修
正之儀ハ　御示之通ニ
て更ニ異見無之候

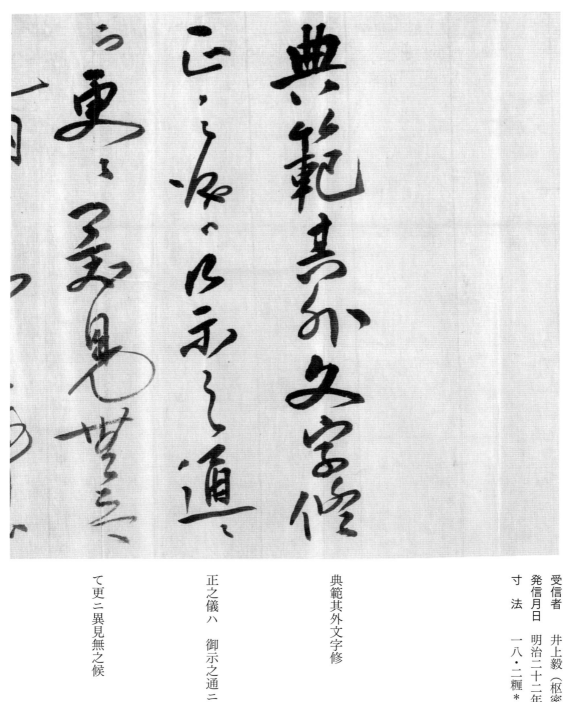

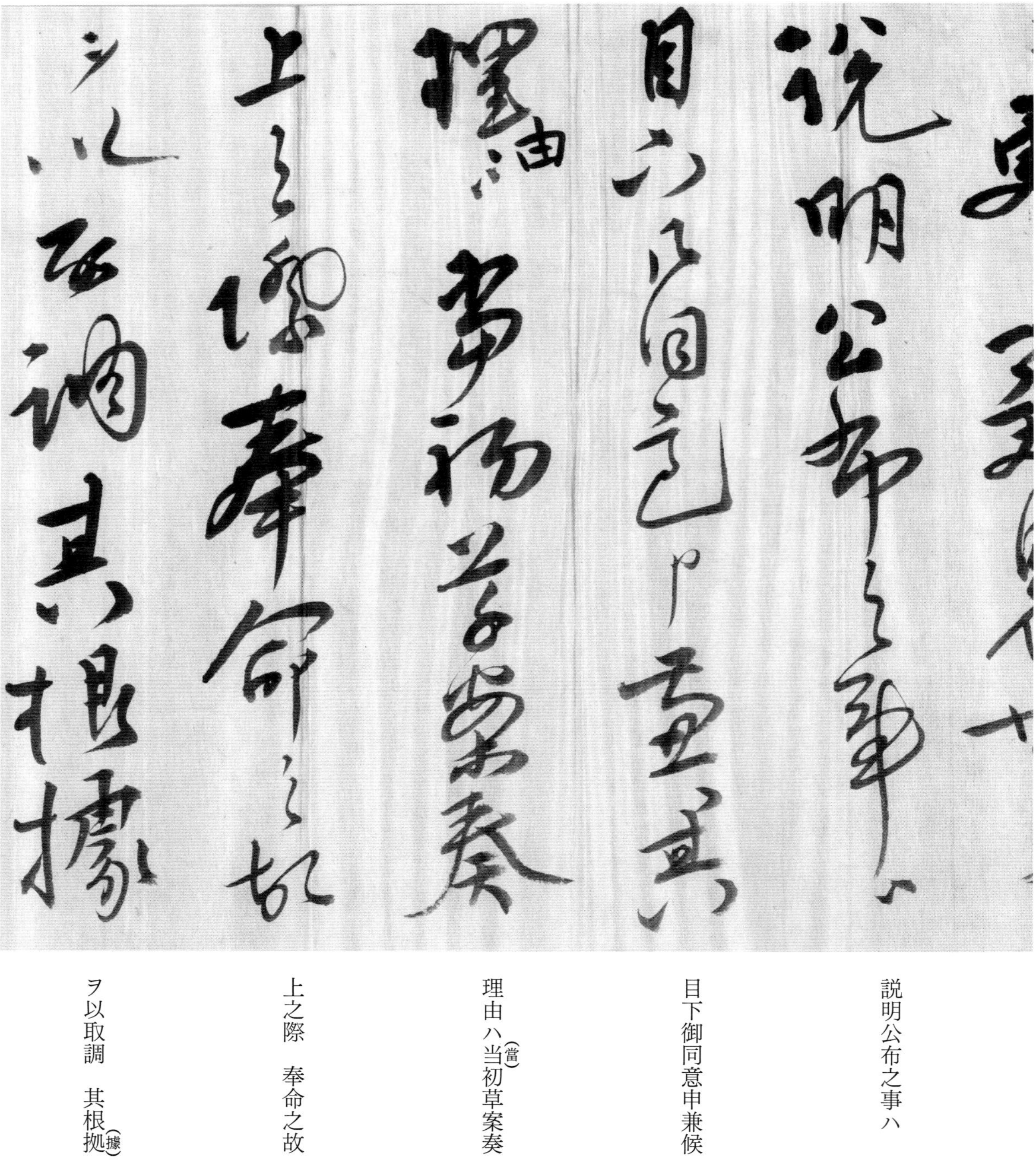

説明公布之事ハ
目下御同意申兼候　其
理由ハ当（當）初草案奏
上之際　奉命之故
ヲ以取調　其根拠（據）

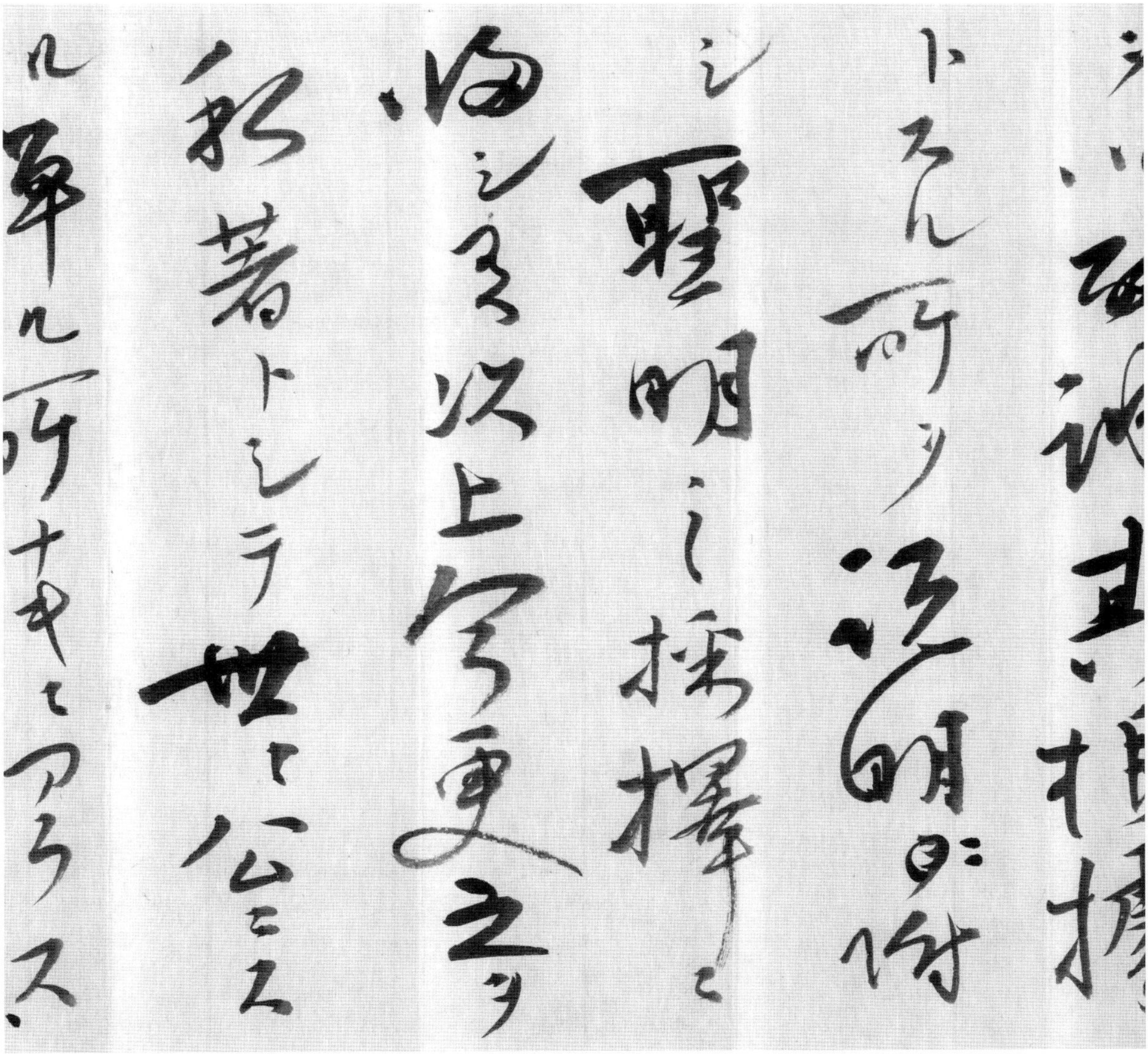

トスル所ヲ説明ニ附
シ　聖明之採択(擇)ニ
帰(歸)シ候以上　今更之ヲ
私著トシテ世ニ公ニス

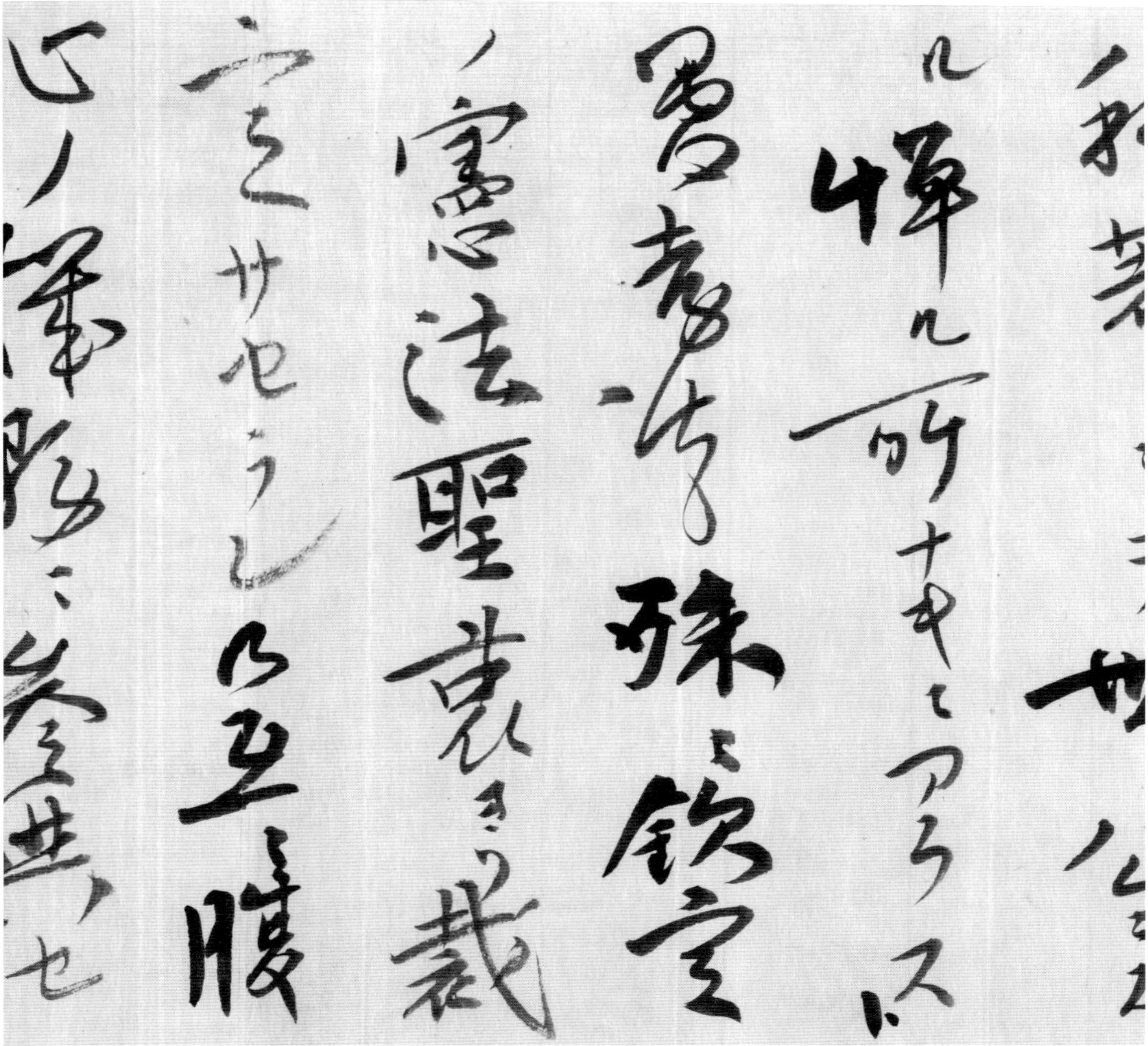

ル憚ル所ナキニアラスト
愚考仕候　殊ニ欽定
ノ憲法　聖衷ヨリ裁
定サセラレ　御互ニ腹

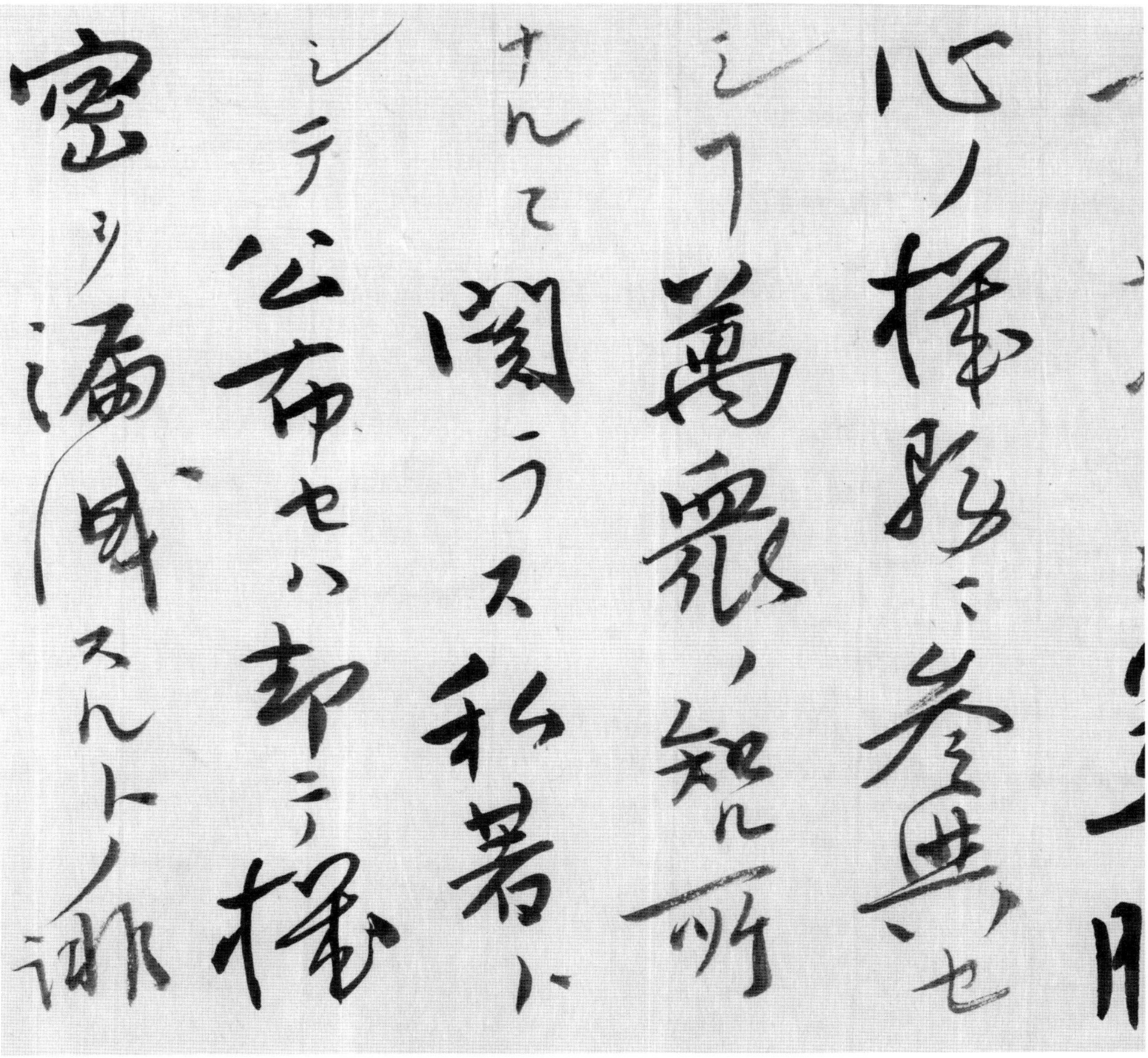

心ノ機務ニ参与(與)セ
シコト(ヿ)　万(萬)衆ノ知ル所
ナルニ関ラス　私著ト
シテ公布セハ　却テ機
密ヲ漏洩スルトノ誹

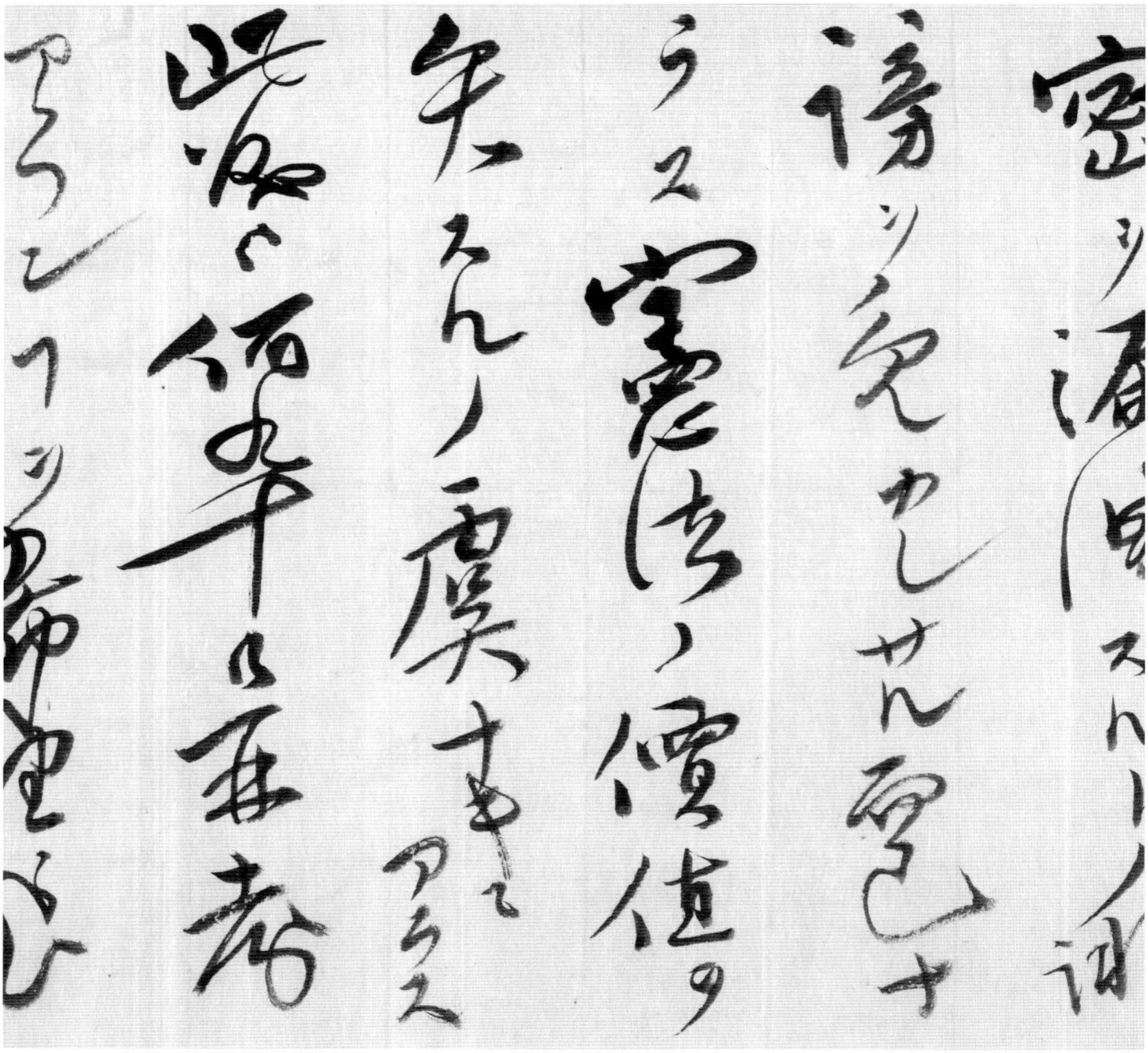

謗ヲ免カレサル而已ナ
ラス　憲法ノ価(價)値ヲ
失スルノ虞ナキニアラス
此儀ハ何卒御再考

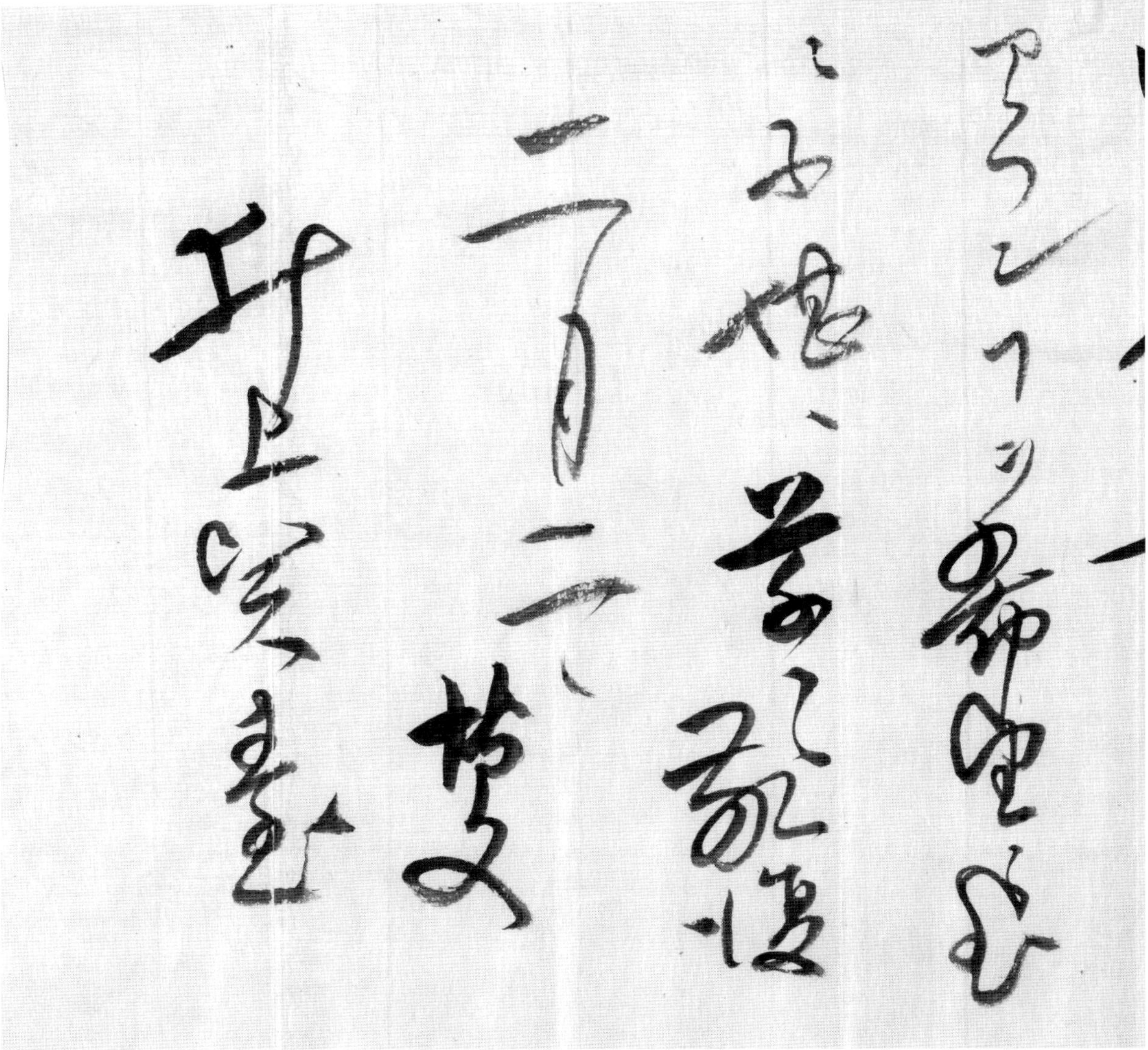

アランコト《（ヿ）》ヲ希望之至
ニ不堪候　草々敬復
二月二日
博文
井上賢臺

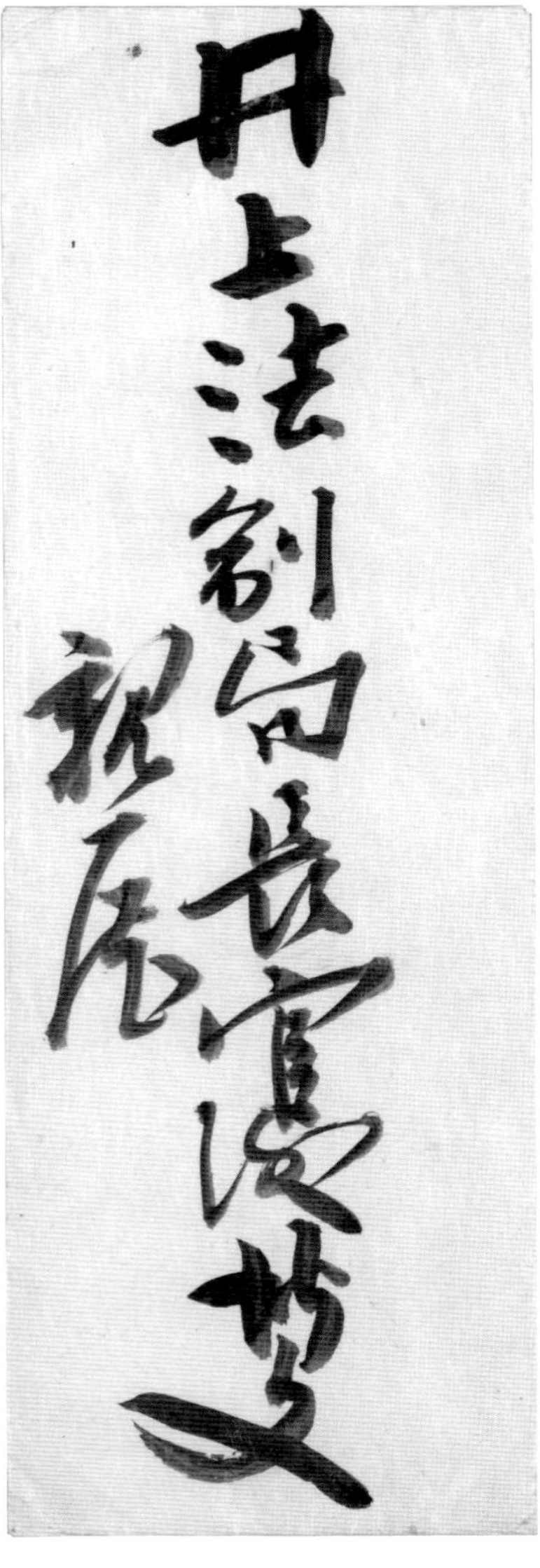

（封筒表）

井上法制局長官殿　博文

親展

（封筒裏）

緘

【解題】　明治二十二年（一八八九）四月に、枢密院議長伊藤博文の私著として国家学会より出版された『皇室典範義解・帝国憲法義解』は、皇室典範・憲法の草案に附された説明文（「説明」）をもとに著されている。この「説明」は当初、典範・憲法を審議する枢密顧問官ひいては天皇に条文をよく理解してもらうための提案理由説明書の如きものとして起草されたので、公にする予定ではなかった。ところが、明治二十一年六月に帝室制度取調局総裁である柳原前光《やなぎわらさきみつ》が伊藤に「皇室典範説明書は稀代之妙文博証故、追て刊行相成度」（『伊藤博文関係文書』八）と助言したことや、顧問官佐野常民《つねたみ》が枢密院で皇室典範に「説明」を添えて関係者へ下附して欲しいとの希望を述べたことなどにより、「説明」の公表への気運が生じた。

　公表にあたって、どのような体裁とするのかが問題とされた。伊藤は当初、委員の報告の体裁で公表する心積もりであったことが、明治二十二年一月二日付の伊藤宛の井上の書翰から窺われ（『井上毅伝』史料篇第四）、また「皇室典範及憲法発行ノ順序」（『秘書類纂』憲法一）に「別ニ官報ニ登載シ、其ノ体裁ハ審査ノ報告上奏ノ文トナス」とあり、典範・憲法の正条とは別にして官報へ掲載することが予定されていたようである。

　ところが、公表に向けて「説明」の推敲に精力を注いでいた井上が、二月二日付の伊藤宛の書翰（『井上毅伝』史料篇第四）において「官報トシテ公布候ハ、此上練磨評議候トテモ、到底危険ヲ免レサルベク奉存候」として、世間では「政党又ハ著述家、或ハ新聞家」が正条に説明を書き込むだけの準備を整えて、二月十一日の憲法発布・典範公表を今や遅しと待ち構えており、彼らによって「横道」にそれた説明がなされたならば、後日に「正解」を出したところで「馬耳風」であり、「一ノ弁解」に過ぎなくなると述べ、井上個人の私著の体裁で至急発表したいと願い出た。本書翰はこの井上書翰への返書であり、伊藤は「当初草案奏上之際、奉命之故ヲ以取調、其根拠トスル所ヲ説明ニ附シ、聖明之採択ニ帰シ」たのであるから、今さら私著の体裁を採ることは憚られ、もし私著として公表したならば、機密漏洩の誹謗を免れないばかりか、憲法の価値を貶めることになろうと再考を促している。

　その後、皇室典範の公表が取りやめになったため、「説明」の官報への掲載も見送られることとなり、前述のように伊藤の私著の体裁で出版され、版権は国家学会へ寄贈された。「説明」の出版に際して「義解」と名称が改められたのは、井上が柳原前光より明治二十年四月二十七日付書翰（『井上毅伝』史料篇第五）にて、「説明」を「或ハ義解ト可称歟」と義解の名称をすすめられたことや、「説明」の公表が、養老令の公権的注釈書『令義解』と同様の正しい解釈の確定という目的を帯びていったことによると考えられる。なお、「義解」の語は、右の経緯をふまえるならば「ぎげ」と読まれるべきであるが、「ぎかい」と読む例もあったようである。

【宮部香織】

二〇、憲法義解に関する元田永孚書翰

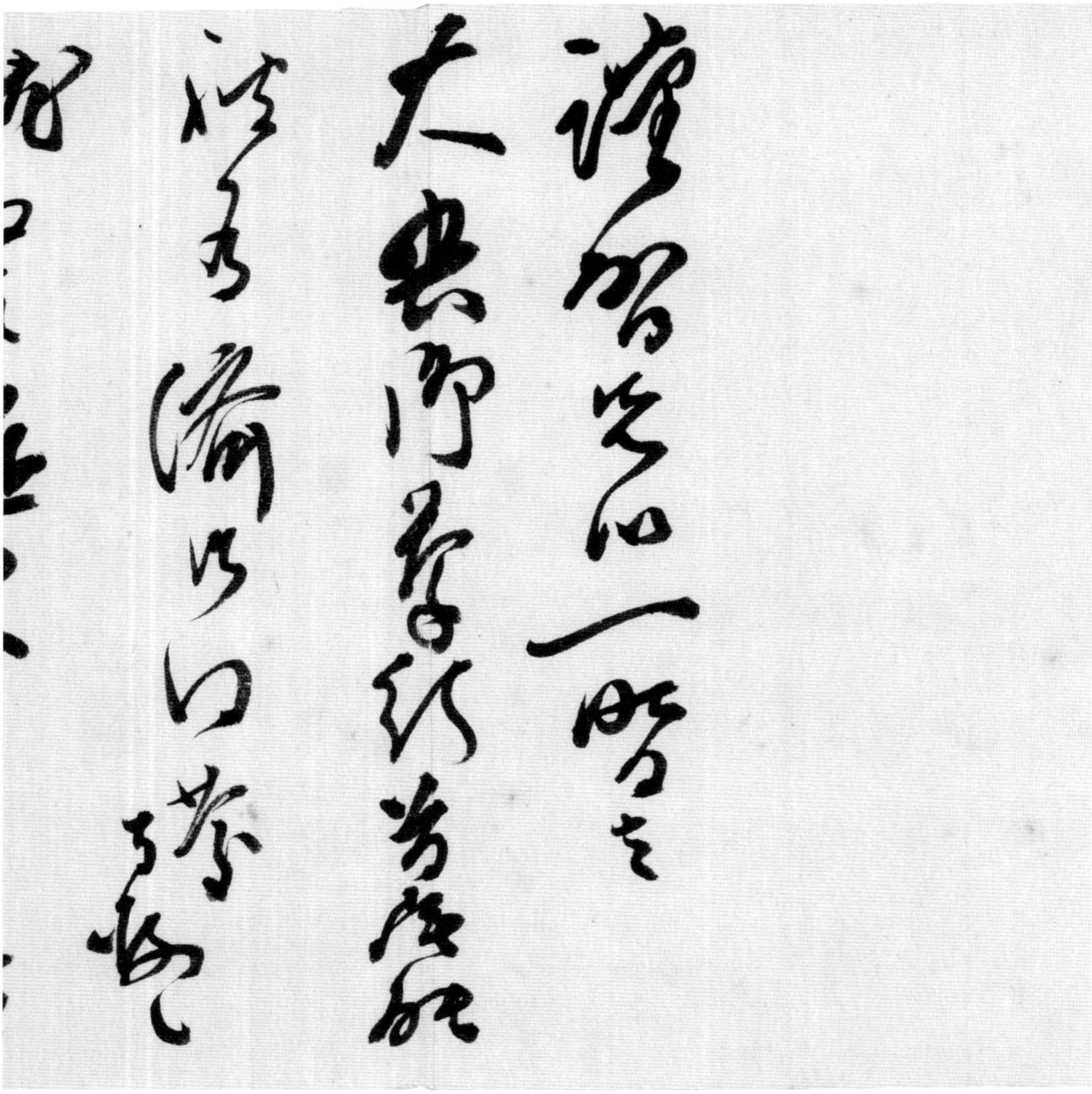

文書番号　Ⅱ‐一一二
発信者　元田永孚（枢密顧問官）
受信者　井上毅（枢密院書記官長）
発信月日　明治二十二年二月十三日
寸法　一九・一糎＊八一・〇糎

謹賀　先以一昨日は
大典御挙行首尾能
被為済　御同慶奉存候

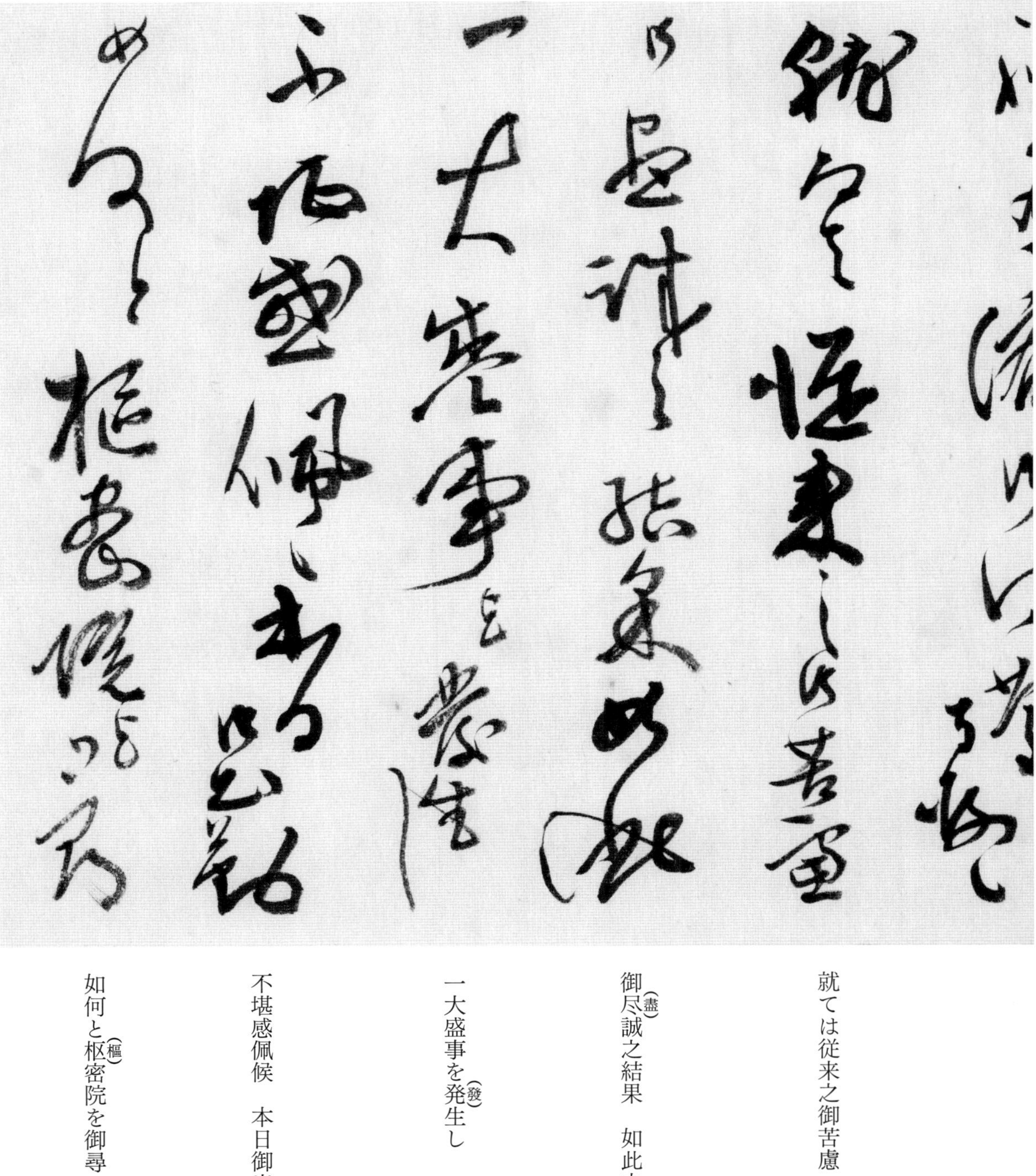

就ては従来之御苦慮
御尽(盡)誠之結果　如此之
一大盛事を発(發)生し
不堪感佩候　本日御出勤
如何と枢(樞)密院を御尋

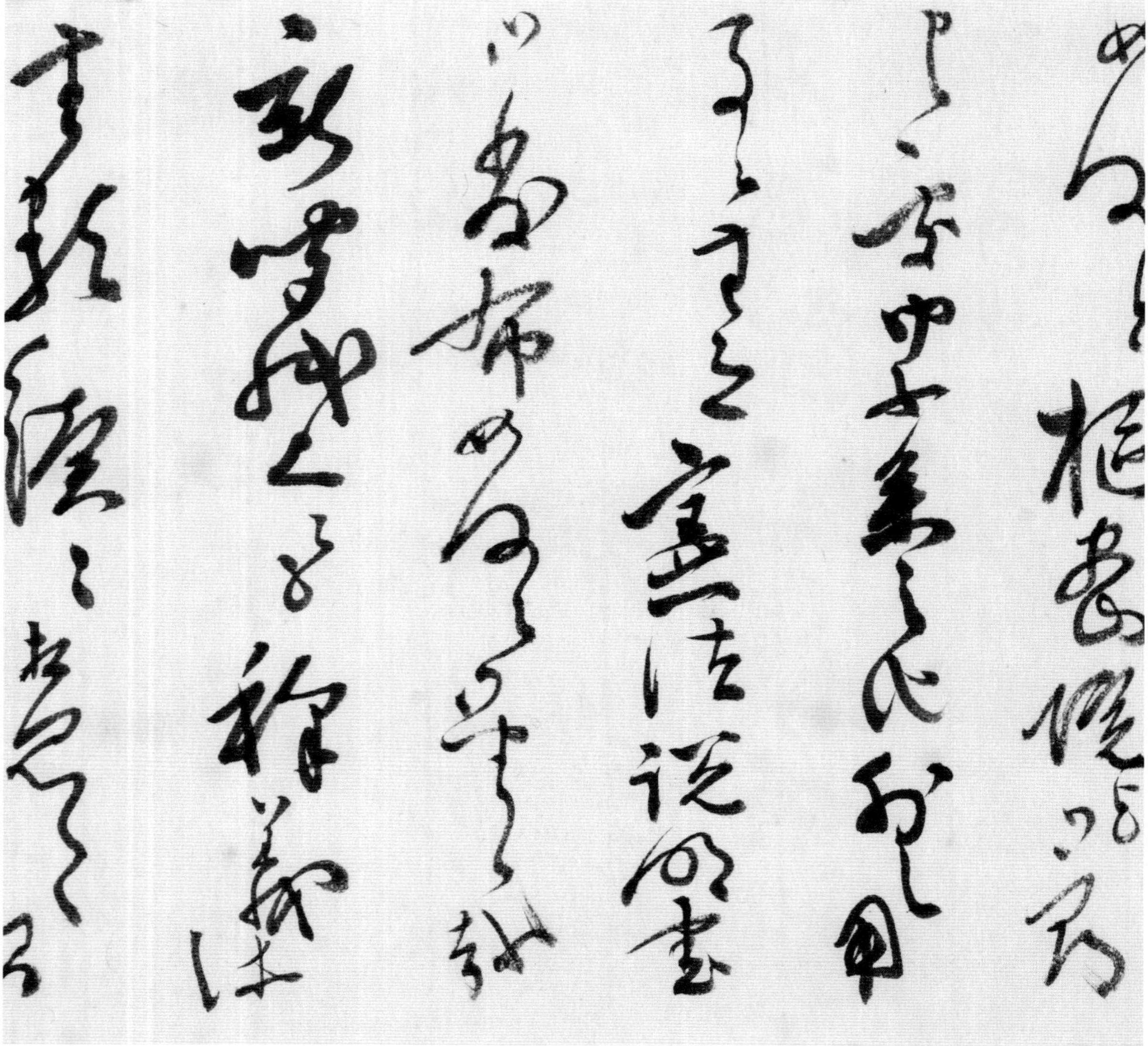

申候処（處）　御不参之由　外之用
事ニ無之　憲法説明書
御発布如何ニ御座候哉
新聞紙上ニも釈（釋）義等之

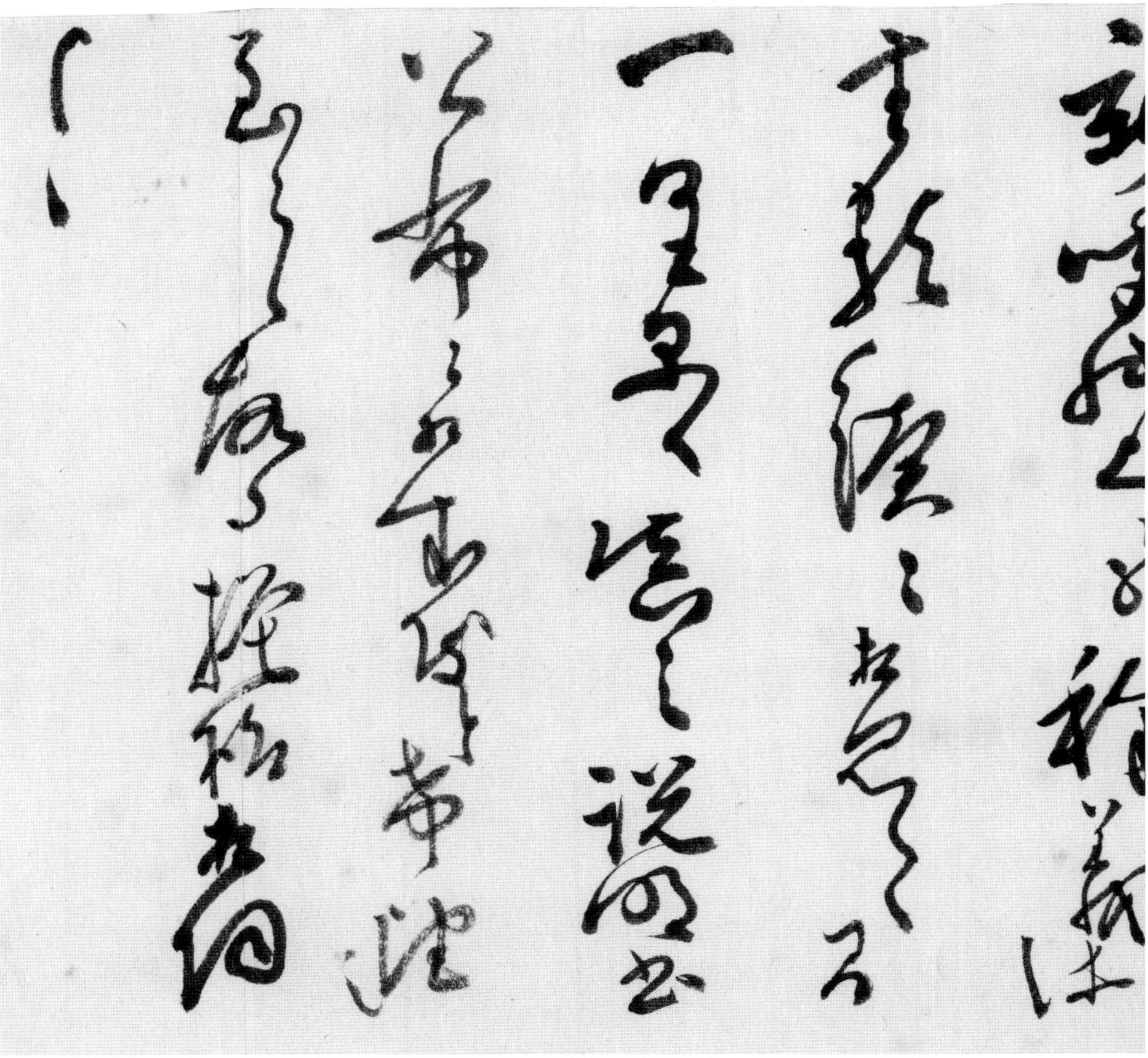

書類続（續）々相見へ候間
一日も早く真（眞）之説明書
公布ニ相成度と希望之
至ニ候故　御模様相伺
中候

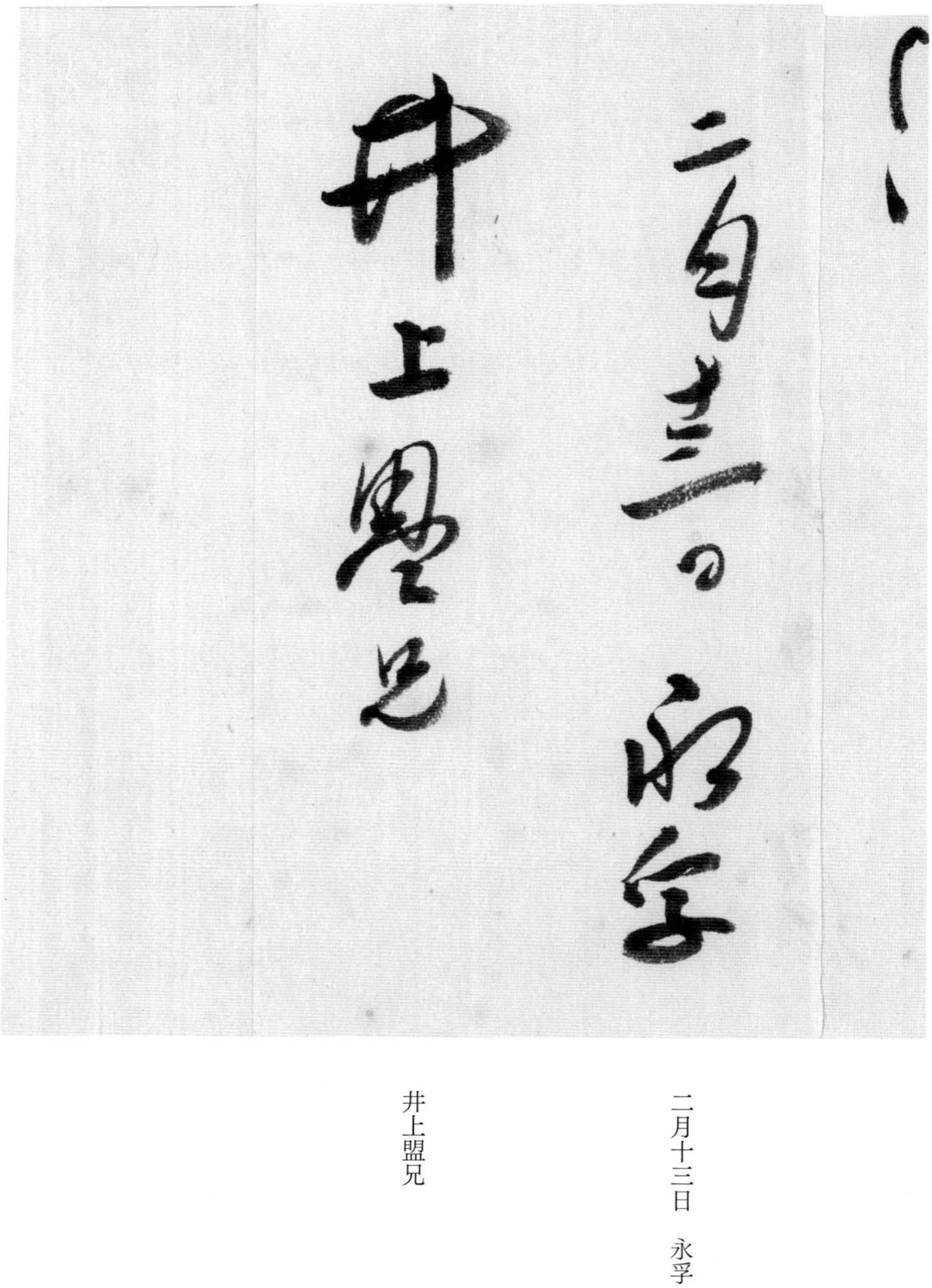

二月十三日　永孚

井上盟兄

【解題】 本書翰は、明治二十二年（一八八九）二月十一日に憲法発布式が挙行された二日後、元田永孚が井上毅に宛てて認めたものである。この書翰において、元田は「従来之御苦慮御尽誠之結果、如此之一大盛事を発生し、不堪感佩候、」との憲法発布についての祝意を表するとともに、憲法起草の際に草案に附されていた「説明」の公表に向けた進捗状況を尋ねて、「一日も早く真之説明書公布ニ相成度と希望之至ニ候」と述べている（書翰一九参照）。

本書翰に対して、井上は同日付で返書（『井上毅伝』史料篇第四）を送り、「偏ニ老先生積年之冥々中御賛襄之力、与て居多と奉存候、」として、元田による御賛襄の功を称えている。また、「文部之事御同感奉存候」とあるのは、発布式当日に暗殺された文部大臣森有礼《ありのり》の件にともなう、後任大臣の人選などの問題について、元田による何らかの言及があったものと考えられる。

なお、返書の後半では、「特啓」として筆を改めて、憲法発布勅語の誤謬の件、および既に進退伺を奉呈して御処分を仰いでいる件についての報告がなされ、元田より宮内大臣土方久元《ひじかたひさもと》、宮内次官吉井友実《ともざね》、侍従長徳大寺實則への御詫の言を申し下してほしいと懇請しており、進退伺の写しが別紙として添付されている。憲法発布勅語の誤謬とは、勅語中の国会開設の詔勅の日付が「明治十四年十月十四日」となっているのは「十二日」の誤写であったことが発布式終了後に発覚した件であり、これに深く責任を感じた伊藤博文、井上毅、伊東巳代治《みよじ》、金子堅太郎《けんたろう》の四者は即座に進退伺を奉呈したが、その儀に及ばずとしてその責を免除された（書翰二一参照）。

［宮部香織］

二一、進退伺に関する伊藤博文書翰

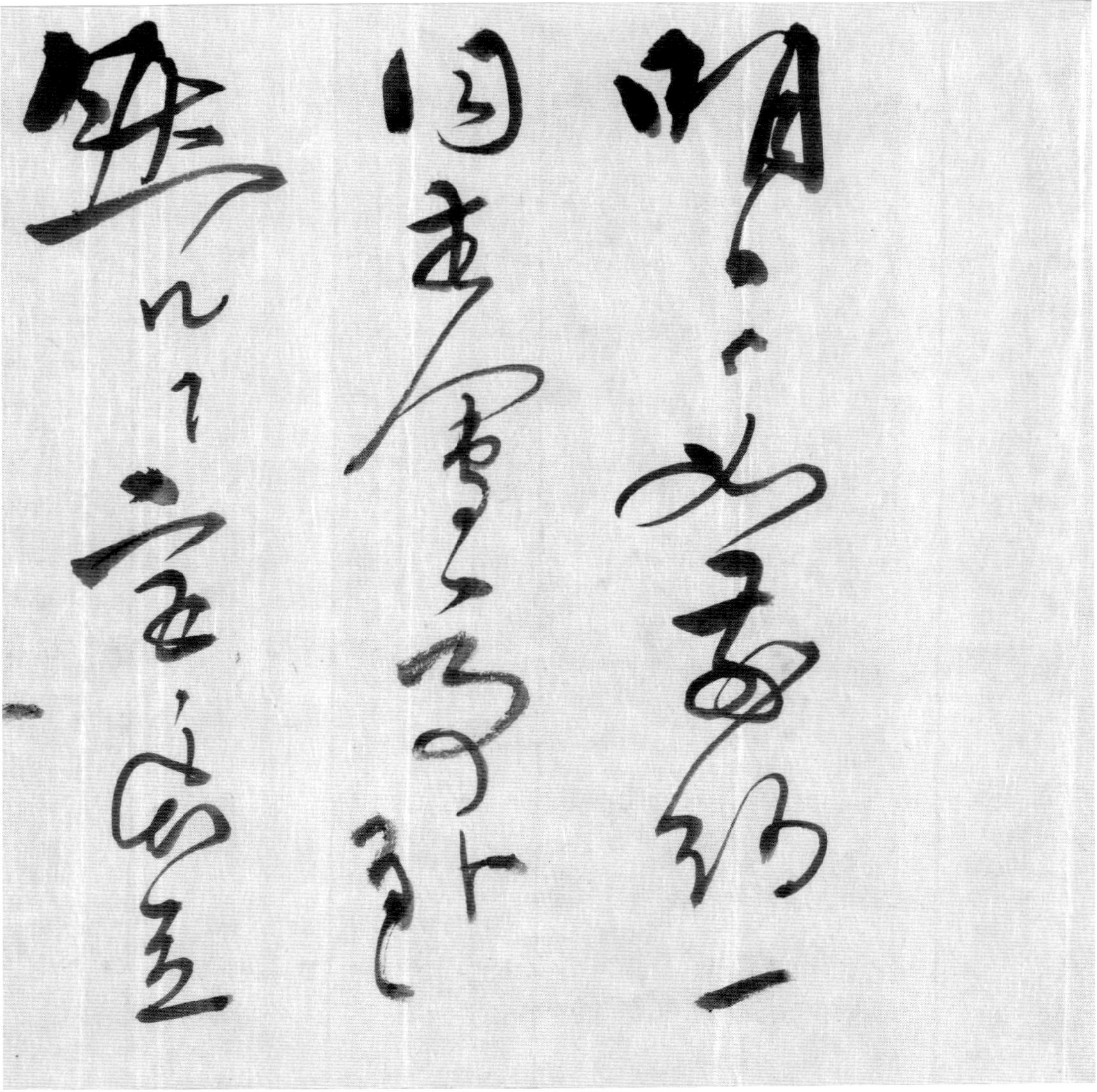

文書番号　II―一六一
発信者　伊藤博文（枢密院議長）
受信者　井上毅（枢密院書記官長）
発信月日　明治二十二年二月十五日
寸　法　一八・二糎＊八七・〇糎

明日ハ如前約一
同相会《（會）》候事ト存候
然ルニ宮之出立

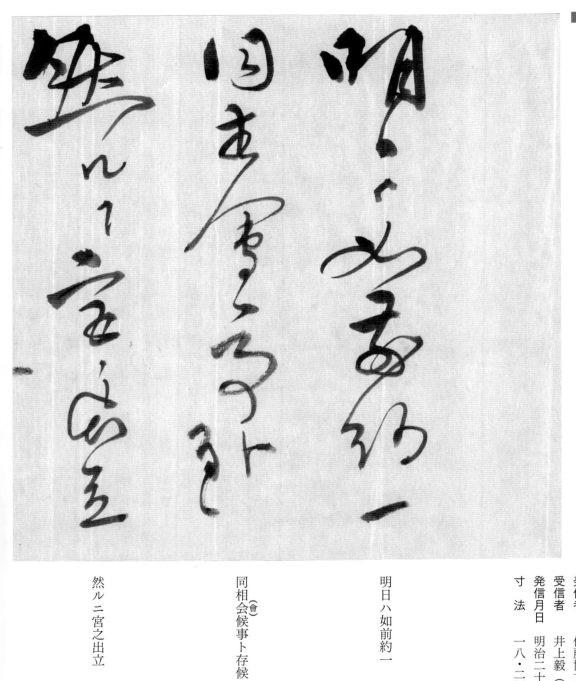

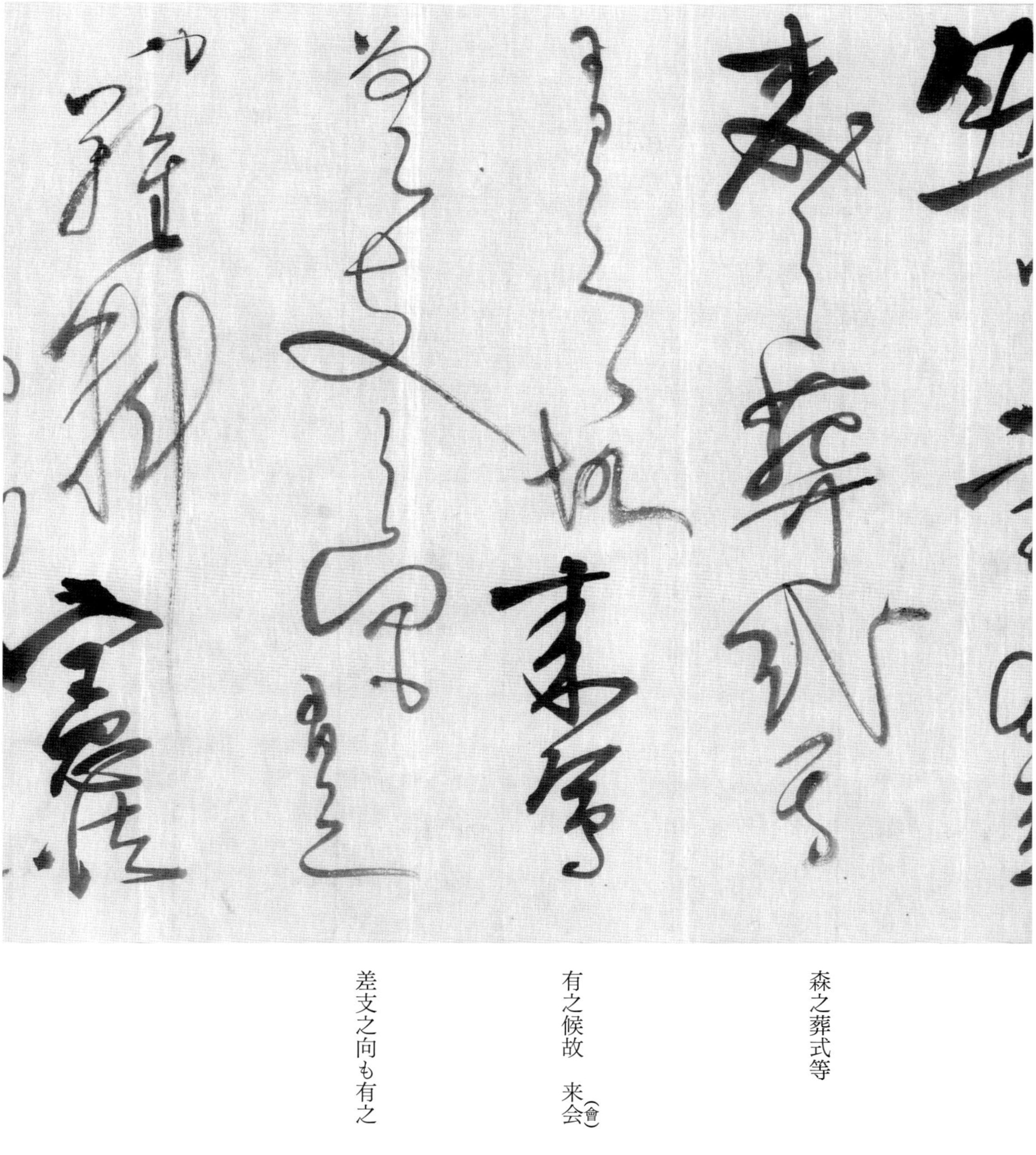

森之葬式等
有之候故　来会(會)
差支之向も有之

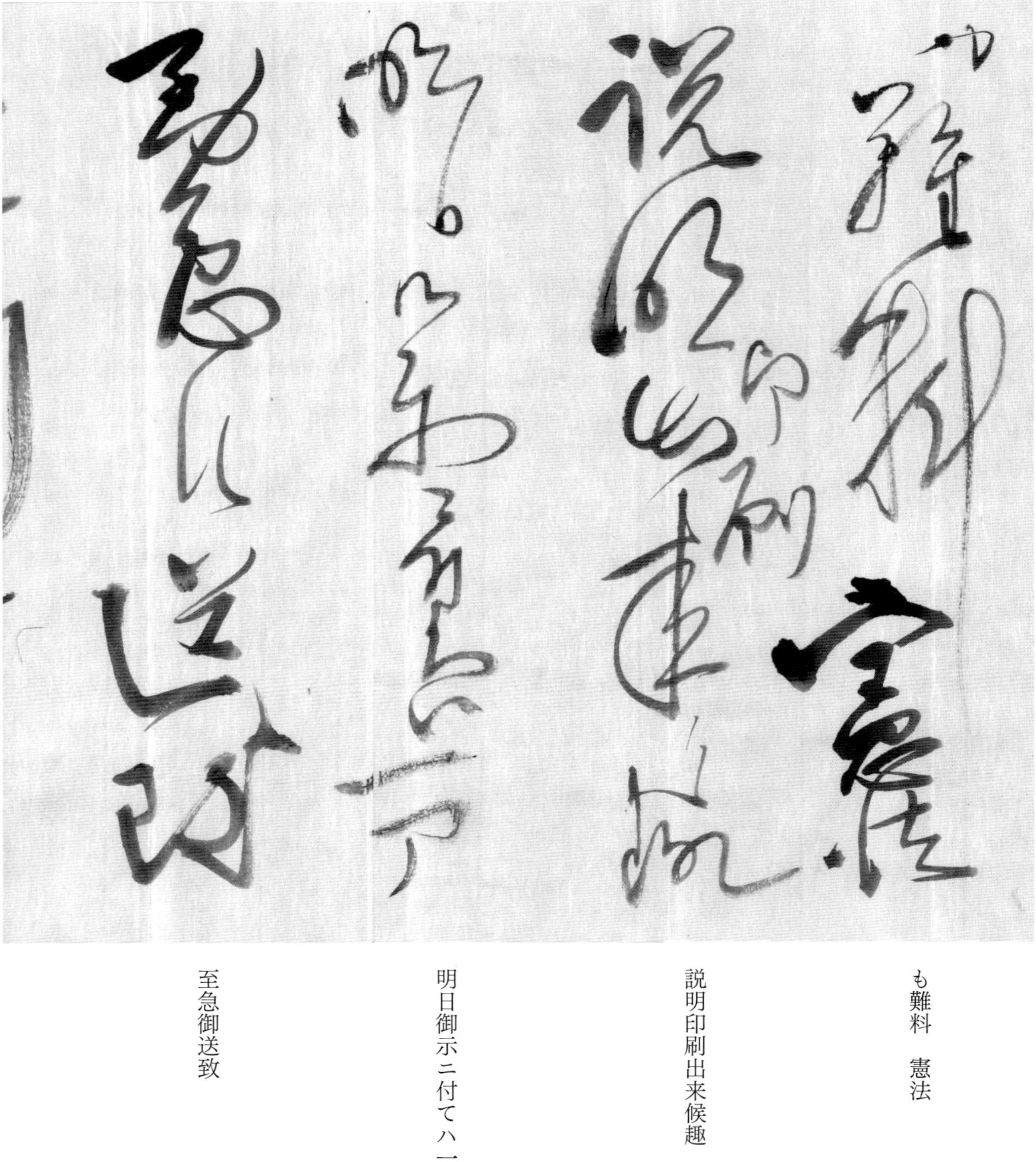

も難料　憲法
説明印刷出来候趣
明日御示ニ付てハ一部
至急御送致

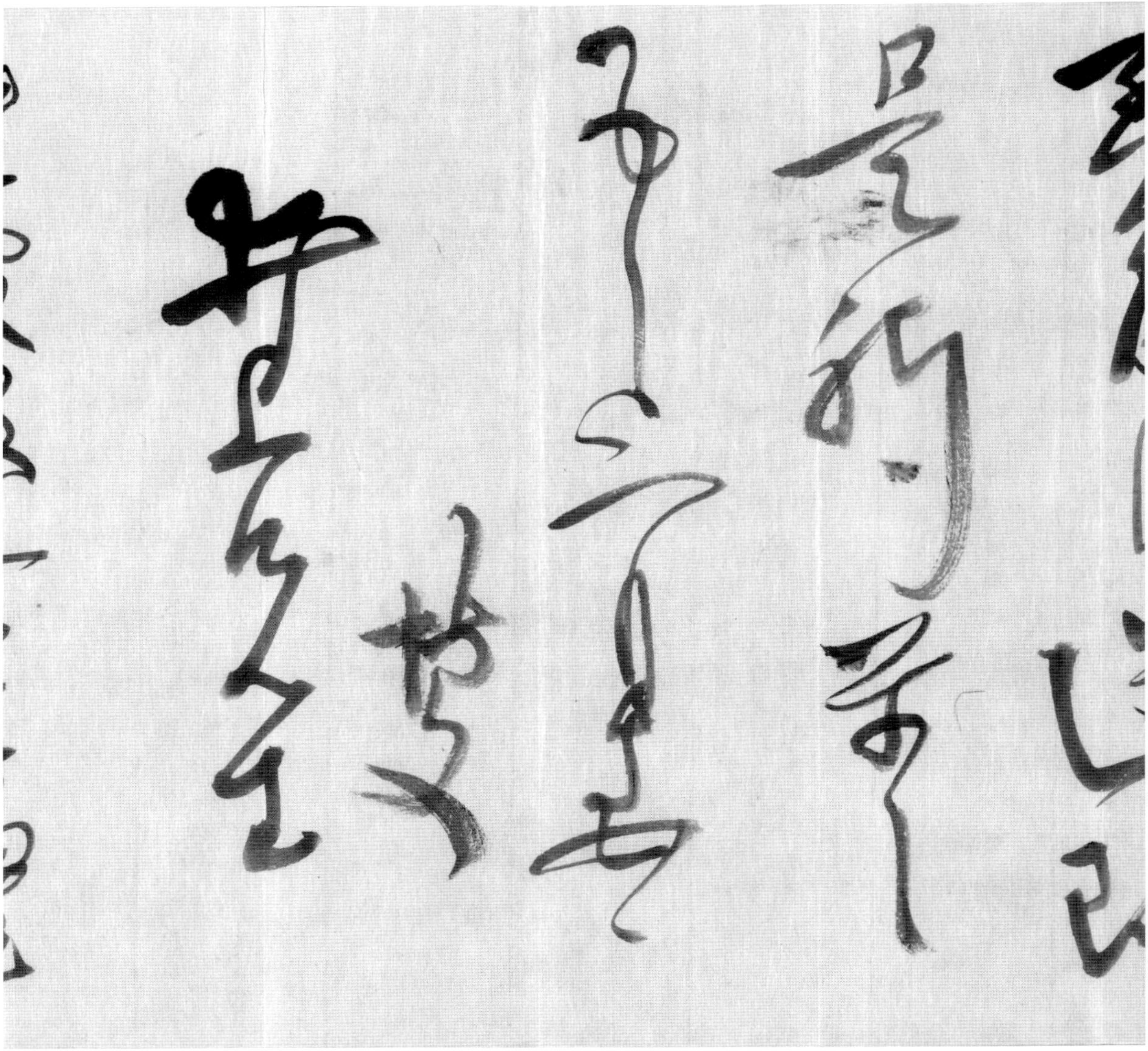

是祈候　草々
頓首　二月十五日
博文
井上先生

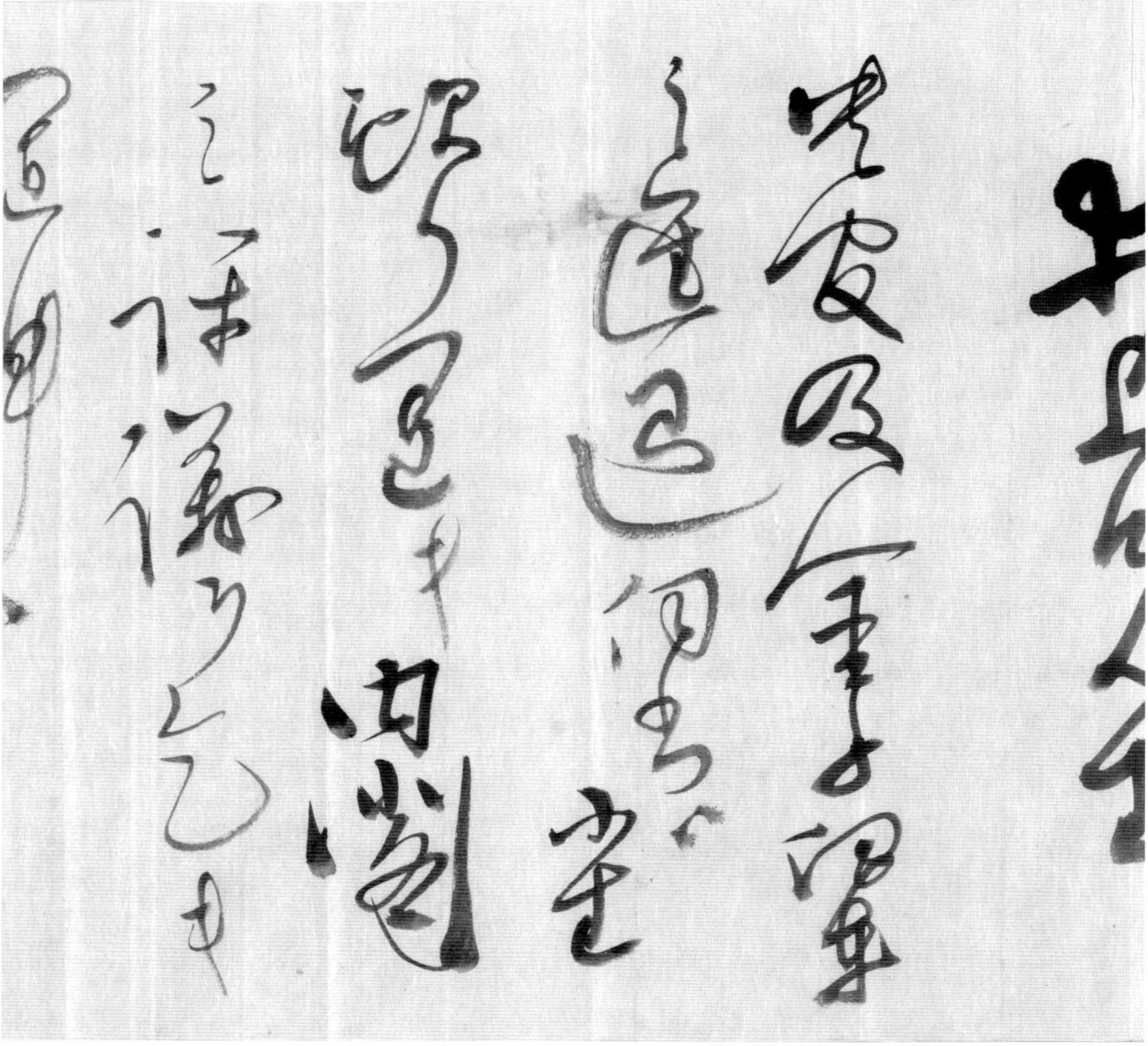

貴官及金子伊東
之進退伺書ハ小生
預リ置キ　内閣
之評議ヲ乞遣

置申候

【解題】本書翰は、この前日となる二月十四日付の井上毅からの書翰（『井上毅伝』史料篇第四）に対する伊藤博文の返書である。当該書翰で井上は、皇室典範・憲法義解の印刷稿本が刷り上がったので、再検討を行うべく設けた共同審査会のメンバー（起草関係者および大学教授など）にこれを配布した件の報告と、会計部の審査に大蔵省参事官の阪谷芳郎《さかたによしろう》の参加が必要であるため、伊藤から大蔵大臣へ話を通しておいて欲しいとの懇請を行っている。これは、阪谷が会計法起草者の一人であったことによる（書翰一九参照）。

この共同審査会のメンバーには、起草関係者である伊藤博文、井上毅、伊東巳代治《みよじ》のほか、穂積陳重《のぶしげ》（帝国大学法科大学教授）、富井政章《まさあき》（同）、末岡精一《せいいち》（同）、斯波淳六郎《じゅんろくろう》（帝国大学法科大学教授兼法制局参事官）、宮崎道三郎《みちさぶろう》（同）、中根重一《じゅういち》（法制局参事官）、合川正道《まさみち》（同）、水野遵《たかし》（法制局書記官）、牧朴真《ながまさ》（同）、小牧昌業《まさなり》（内閣書記官長）、重野安繹《やすつぐ》（帝国大学文科大学教授兼元老院議官兼帝室制度取調局委員兼修史局編集長）、股野《またの》琢《みがく》（宮内省調査課長兼帝室制度取調局委員兼法制局参事官）、阪谷芳郎（大蔵省参事官）らが選ばれ、二月十六日から三月二日まで、六ないし七回にわたって共同審査を行った。

本書翰において、伊藤は明日の審査会への出席が難しいかもしれないので、印刷稿本を一部至急送ってほしいと依頼している。また、末尾に、井上、金子堅太郎《けんたろう》、伊東巳代治の進退伺を伊藤が預かり置き、内閣の評議を乞うと述べているのは、憲法発布勅語中の国会開設詔勅の日付が「十二日」とすべきところを「十四日」と誤写されたまま、発布式終了後までその誤りを発見できなかった件のことである。この進退伺は天皇に奏呈され、その儀に及ばずとしてその責は免除された。この勅語の誤謬については、二月十四日の官報に「〇正誤　去ル十一日官報号外憲法第一紙中明治十四年十月十四日ハ十二日ノ誤写ナリ　内閣書記官」との訂正が掲載された（書翰二〇参照）。

【宮部香織】

二一、進退伺に関する伊藤博文書翰

二二、条約改正に関する山田顕義書翰

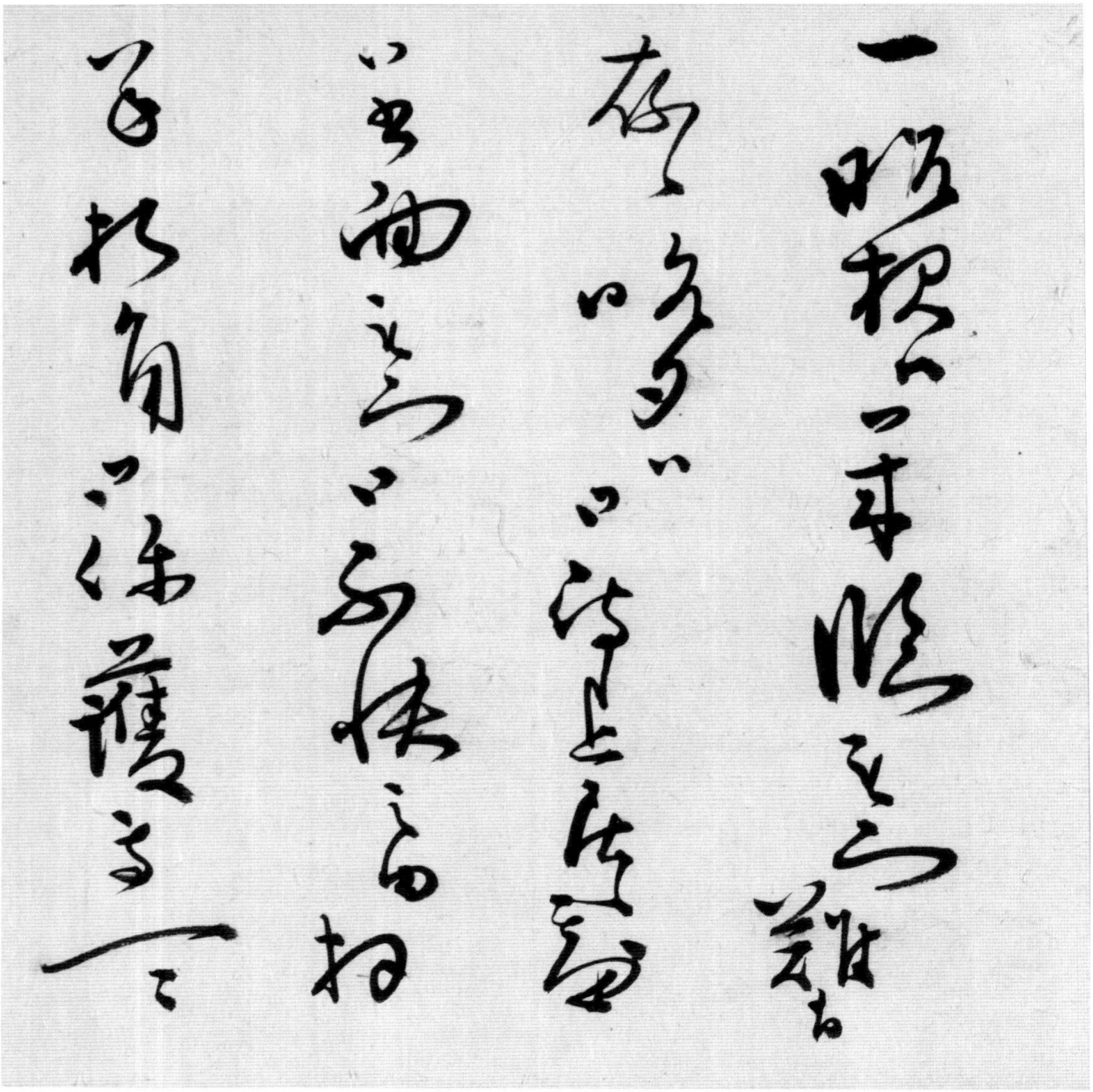

文書番号　Ⅱ−四八八−八
発信者　山田顕義（司法大臣）
受信者　井上毅（法制局長官）
発信月日　明治二十二年九月十七日
寸　法　一七・二糎＊一六七・三糎（巻子）

一昨夜ハ御来臨被下難有
存候　昨夕ハ御待申上居候処（處）
御書面被下御不快之由拝
承　折角御保護専一ニ

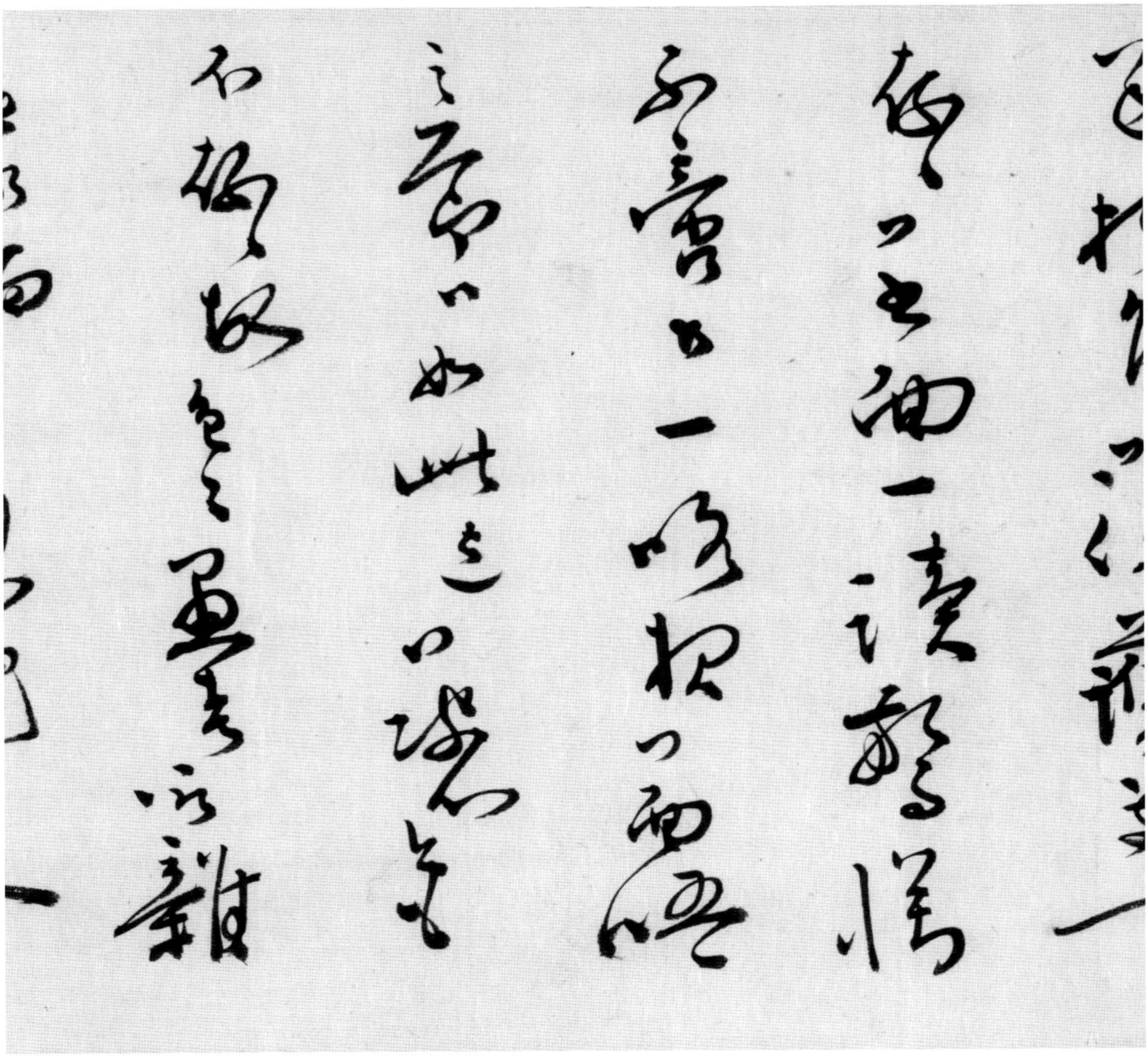

存候　御書面一読(讀)驚愕
不啻候　一昨夜御面晤
之節ハ　如此迄御決心とも
不存候故　色々愚考取雑(雜)

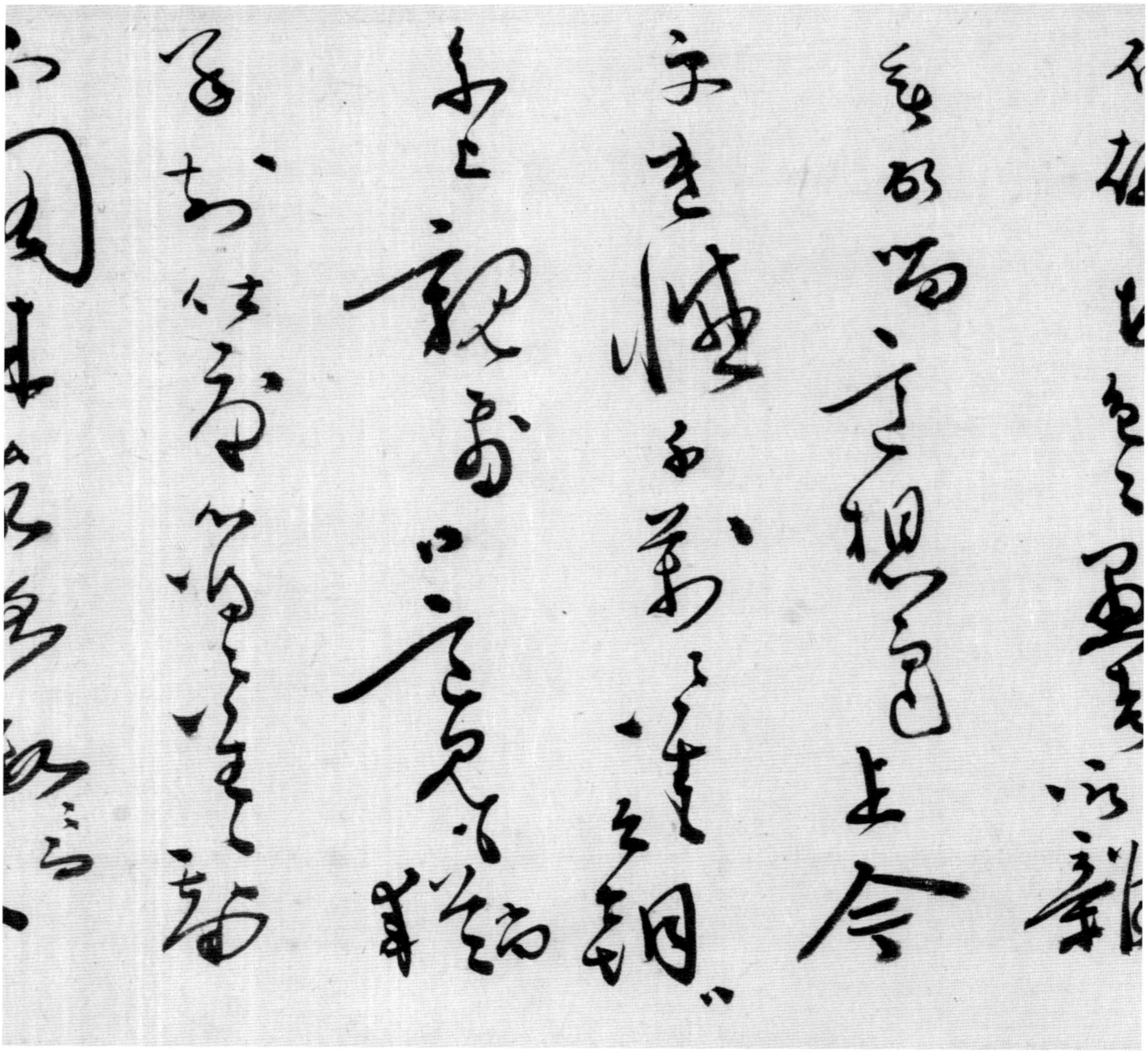

無取留意想而已申上　今
更遺憾千万《（萬）》御座候　今朝ハ
参上親敷御意見も尚猶
承知仕度心得ニ御座候処《（處）》

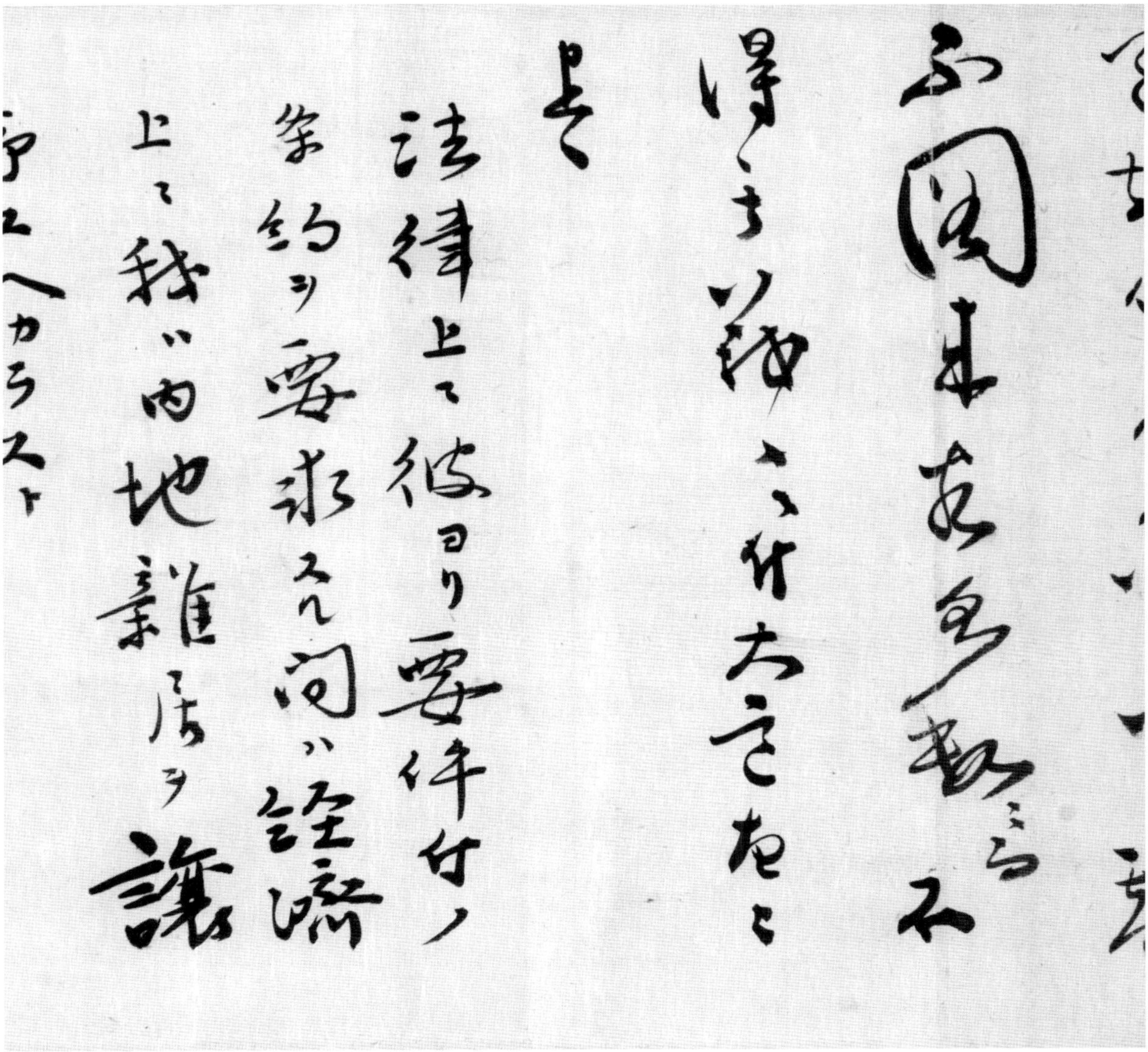

不図来客多数ニて不
得其義候ニ付　大意左ニ
申上候
法律上ニ　彼ヨリ要件付ノ
条約ヲ要求スル間ハ　経済（濟）
上ニ我ハ内地雑居ヲ譲

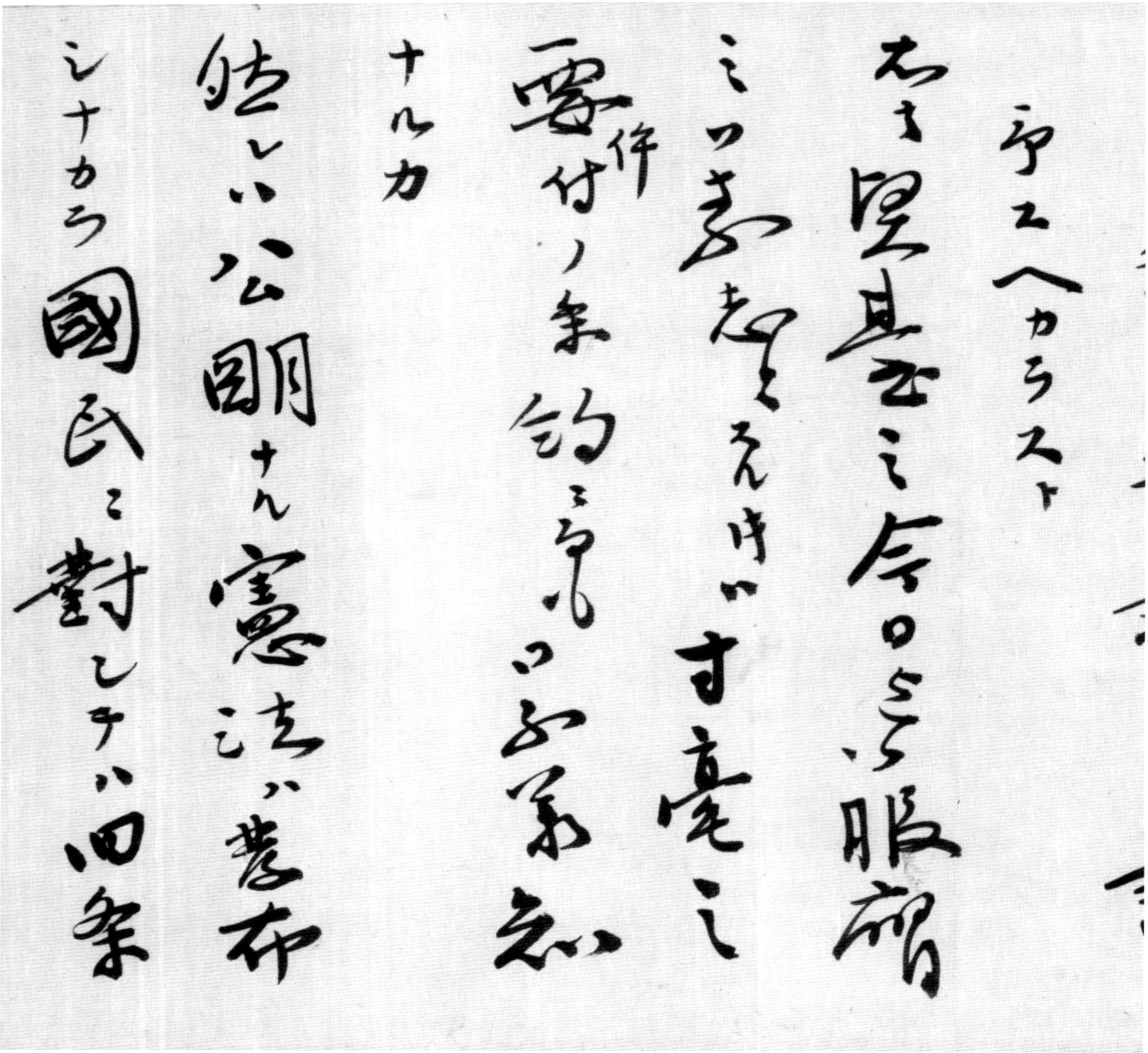

予スヘカラスト
右は賢臺之今日迄御服膺
之御素志とスルトキ《(𬼀)》ハ、寸毫之
要件付ノ条約ニても御不承知
ナルカ
然レハ公明ナル憲法ハ発《(發)》布
シナカラ　国《(國)》民ニ対《(對)》シテハ旧条

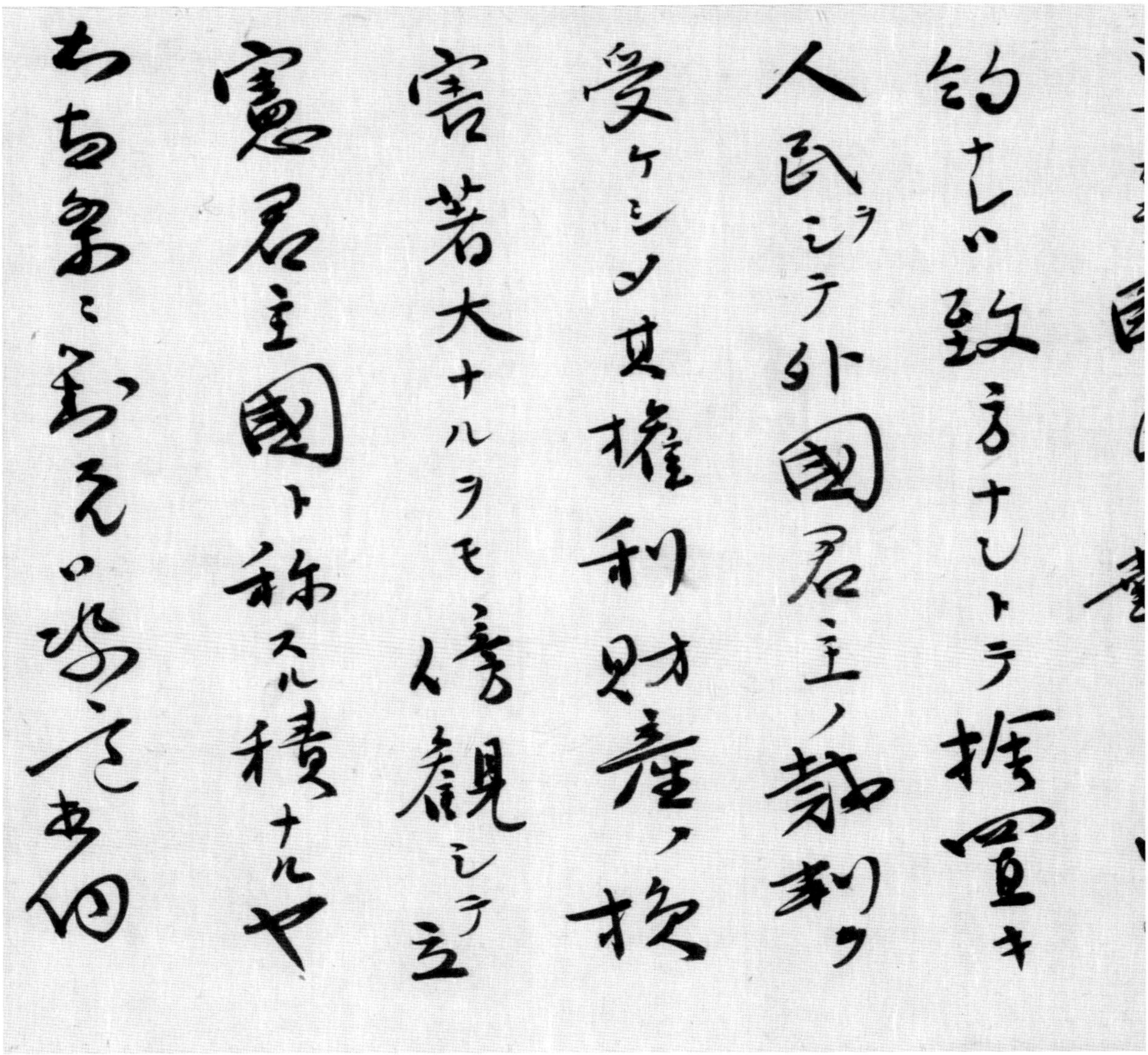

約ナレハ致方ナシトテ捨置キ
人民ヲシテ外国(國)君主ノ裁判ヲ
受ケシメ　其権利財産ノ損
害著大ナルヲモ傍観シテ　立
憲君主国(國)ト称スル積ナルヤ
右両条ニ対(對)スル御決意相伺

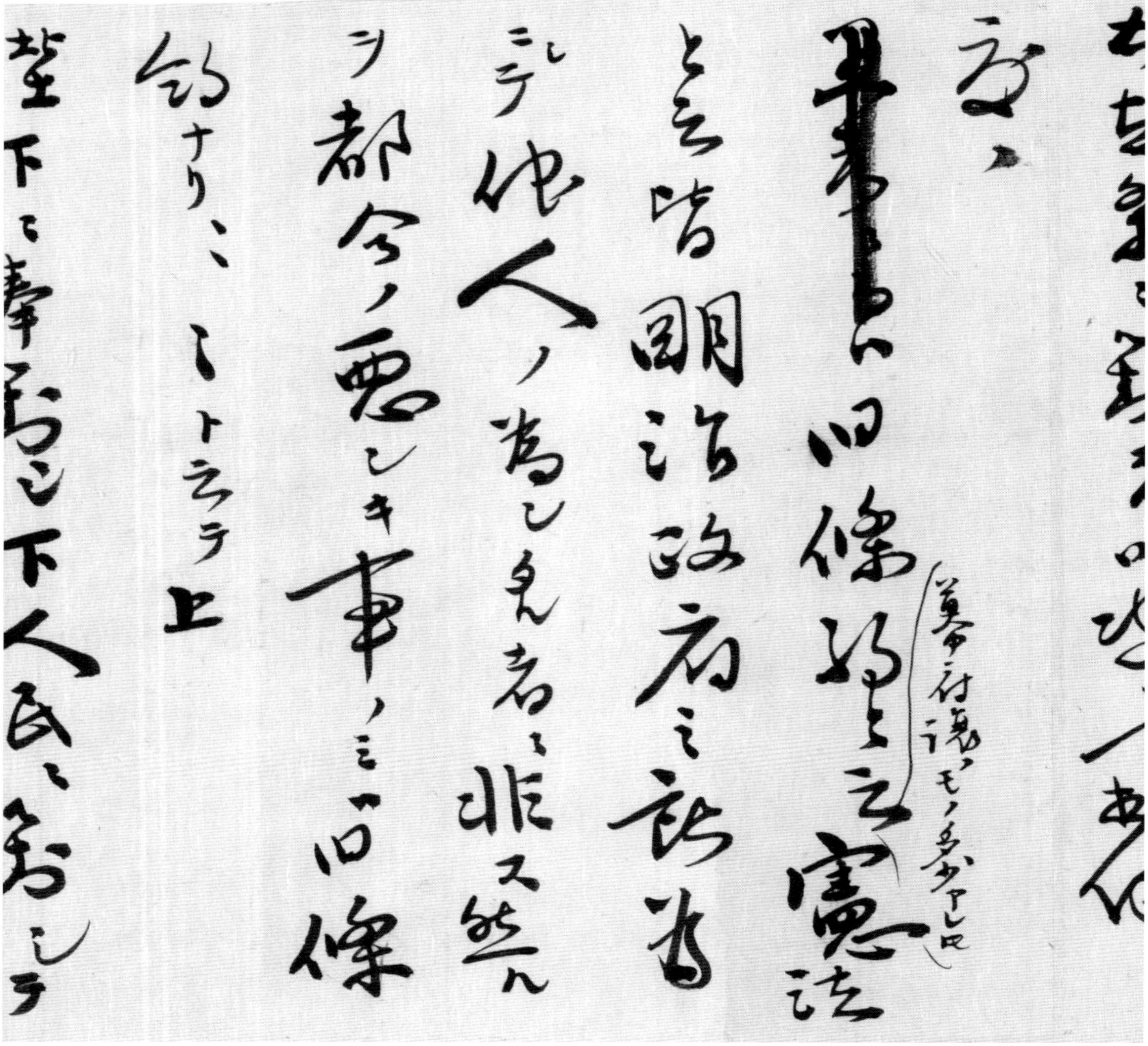

度候

旧条(條)約と云幕府譲(讓)ノモノ多少アレトモ(氏)憲法

と云　皆明治政府之所為

ニシテ　他人ノ為シタル者ニ非ス　然ル

ヲ都合ノ悪シキ事ノミハ旧条(條)

約ナリ云々ト云テ　上

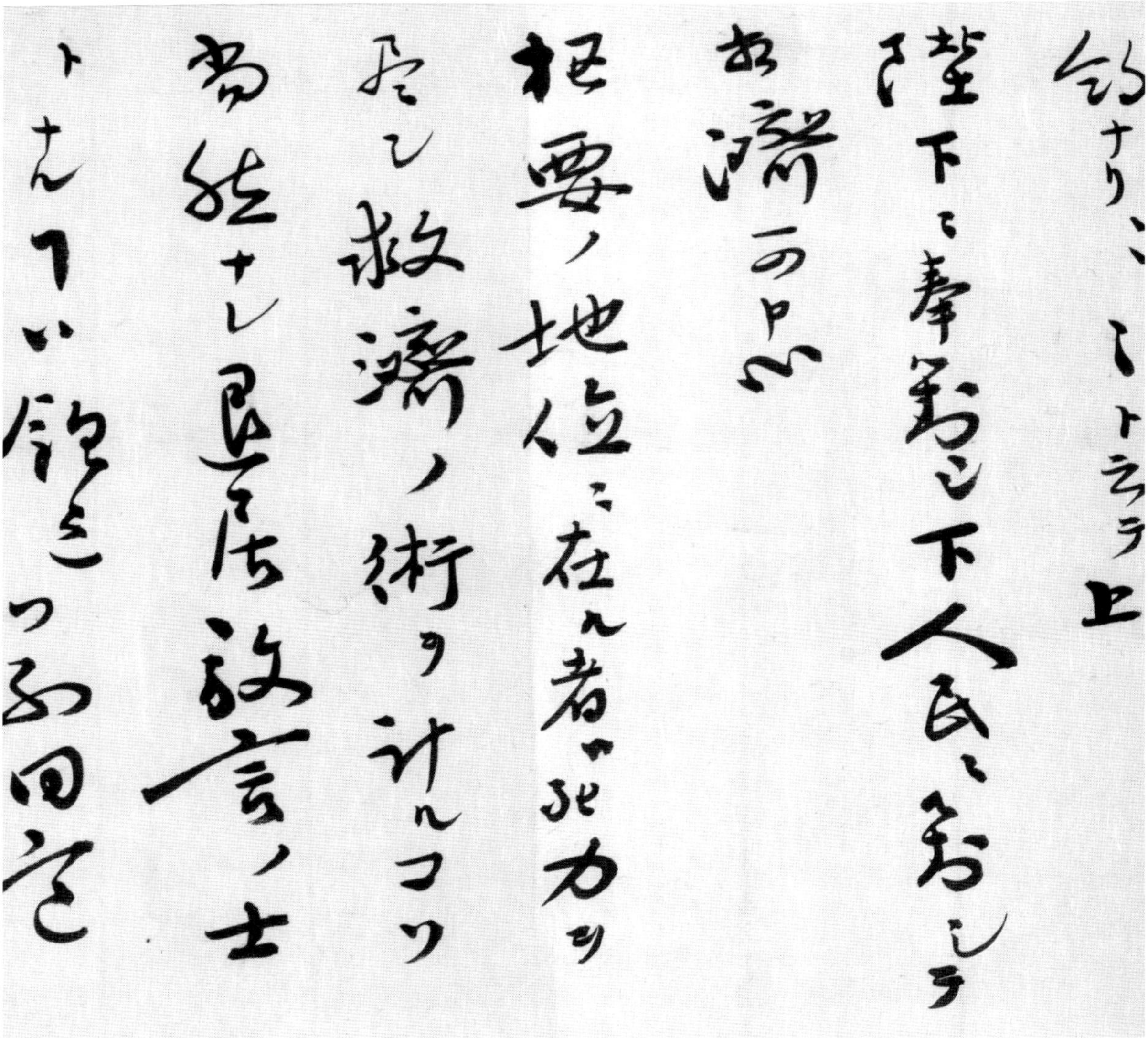

陛下ニ奉対（對）シ　下人民ニ対（對）シテ
相済（濟）可申哉
枢要ノ地位ニ在ル者ハ死力ヲ
尽シ　救済（濟）ノ術ヲ計ルコソ
当然ナレ　退居放言ノ士

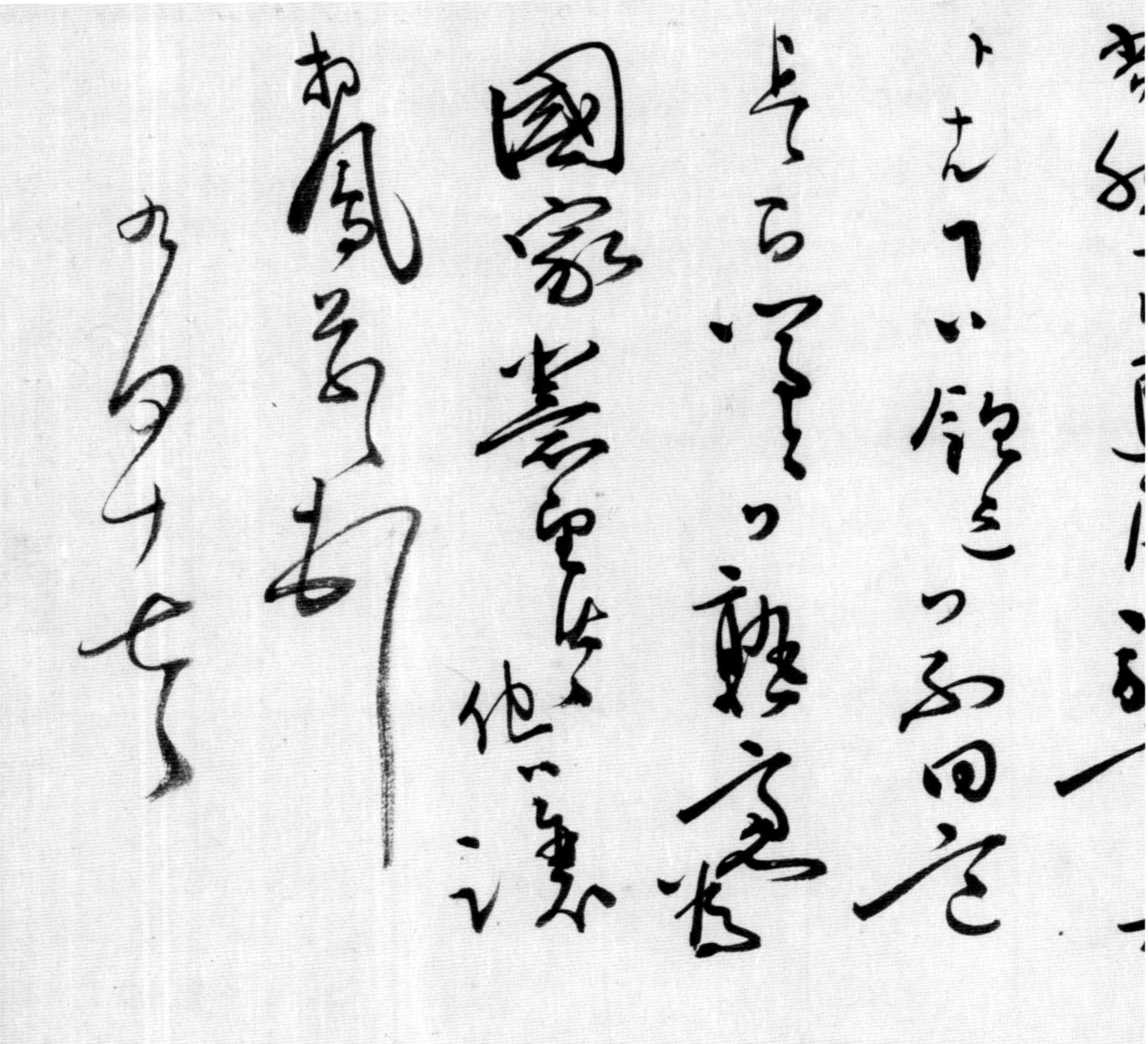

トナルコト(丁)ハ　飽迄　御不同意
申上候間　篤と御熟慮　為
国(國)家冀望仕候　他ハ譲(讓)
拝鳳　草々頓首

九月十七日

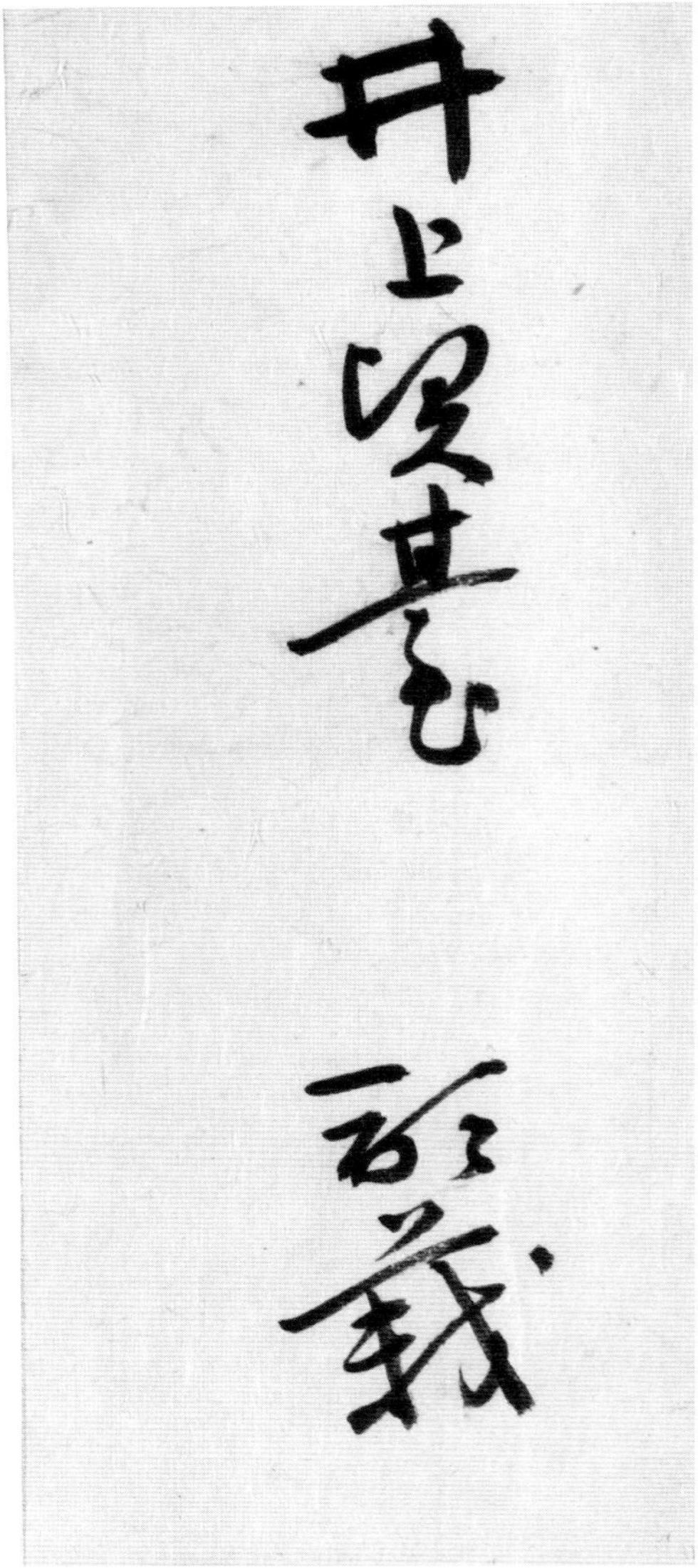

井上賢臺　　顕義

【解題】　本書翰に始まる一連の書翰（書翰二二～二六）は、明治二十二年（一八八九）の外務大臣大隈重信による条約改正交渉に関するものである。この時の交渉ではほぼ対等となる条約を実現させるべく、外国人を被告とする大審院の最終審に外国人裁判官を任用する旨を公文で宣言することで列国の譲歩を引き出そうとし、八月までに米独露との新条約調印に成功した。しかしこれは発布を目前に控えた大日本帝国憲法第十九条（日本国民は法令の規定に基づいて文武官に任用される）に抵触するものであった。

　法制局長官井上毅はこの問題を解決すべく帰化法の制定を求めたが、その真意は帰化法という国内立法措置を提案することで大隈が独善的に行なっていた条約改正問題への介入を試みるとともに、同法の厳格化を通じて条約改正交渉を破局に導こうとするものであった。井上は司法大臣山田顕義との間で帰化法制定の動きを本格化させ、明治二十二年八月二日の閣議で帰化法の制定と従来の公文に代わる新公文を発する方針の決定に持ち込んだ。帰化法制定の動きと前後して、井上は枢密院に下付された帰化法の厳格化を試みると同時に、民間で活発化してきた条約改正反対論を背景に枢密院議長伊藤博文や大蔵大臣松方正義、内閣総理大臣黒田清隆《きよたか》に対して憲法との矛盾であれば条約改正中止の強き理由になるとして改正交渉の中止を申し入れる。

　ここに掲げられている山田書翰は九月十六日井上書翰の返翰であるが、十六日に井上は帰化法という彌縫策は失敗した以上、「良心に背かざる様いたし候外無之」と条約改正反対の立場を明らかにするとともに、条約改正を断行すれば政府自らが「憲法矛盾之張本者」と非難され、国権論が激化して憂慮すべき事態に陥ると訴えたのに対して（『井上毅伝』史料篇第四）、山田は「枢要ノ地位ニ在ル者ハ死力ヲ尽シ救済ノ術ヲ計ルコソ当然」であり、憲法を公布しながら旧条約を容認する方が問題であると反論した。つまりこの書翰は、条約改正阻止の一手段として帰化法を模索した井上と、帰化法による条約改正の実現に向けて動いていた山田の立場の違いを象徴するものといえる。

【種稲秀司】

二三、条約改正に関する元田永孚書翰

文書番号　Ⅱ-四八四-四
発信者　元田永孚（枢密顧問官）
受信者　井上毅（法制局長官）
発信月日　明治二十二年九月二十一日
寸　法　一八・五糎＊五九・〇糎（巻子）

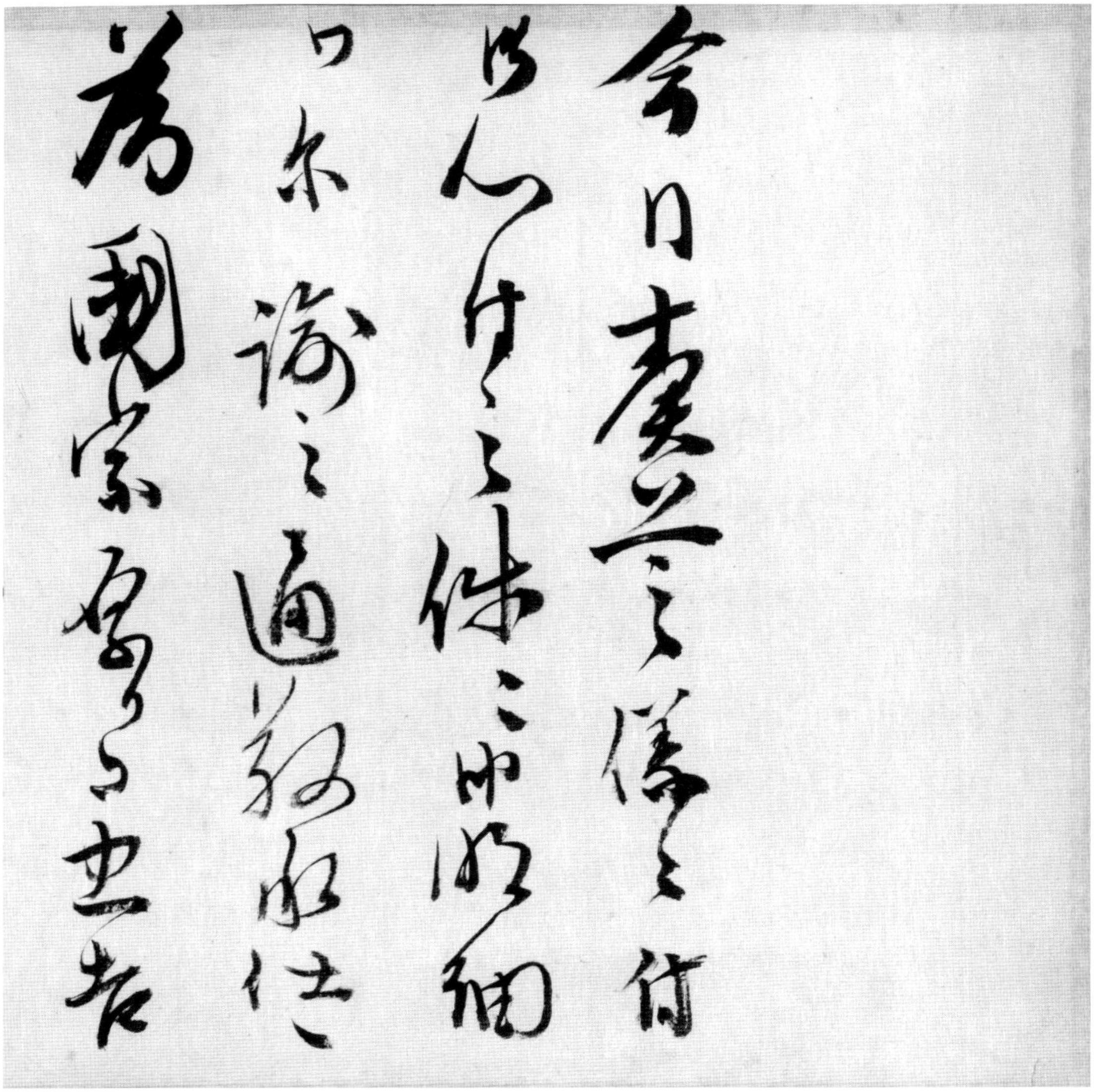

今日奏上之儀ニ付
御心付之件々　御明細
御示諭之通敬承仕候
為国《（國）》家厚ク御忠告

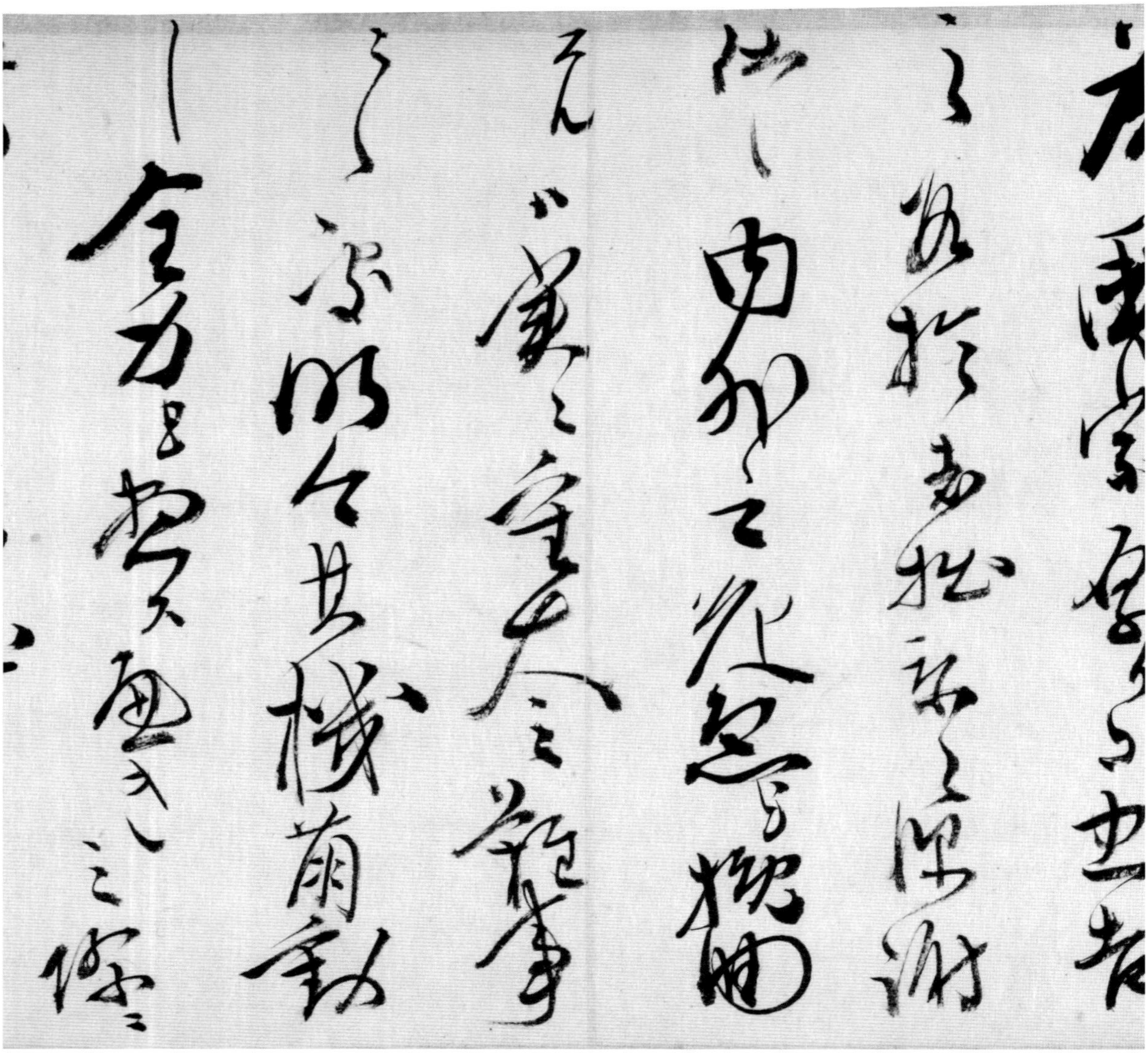

之段　於老拙忝く深謝
仕候　内外之危急ヲ挽回(囬)
スルハ　実ニ重大之難事
ニ候処(處)　昨今其機萌動
し　全力を尽(盡)スへき之際ニ

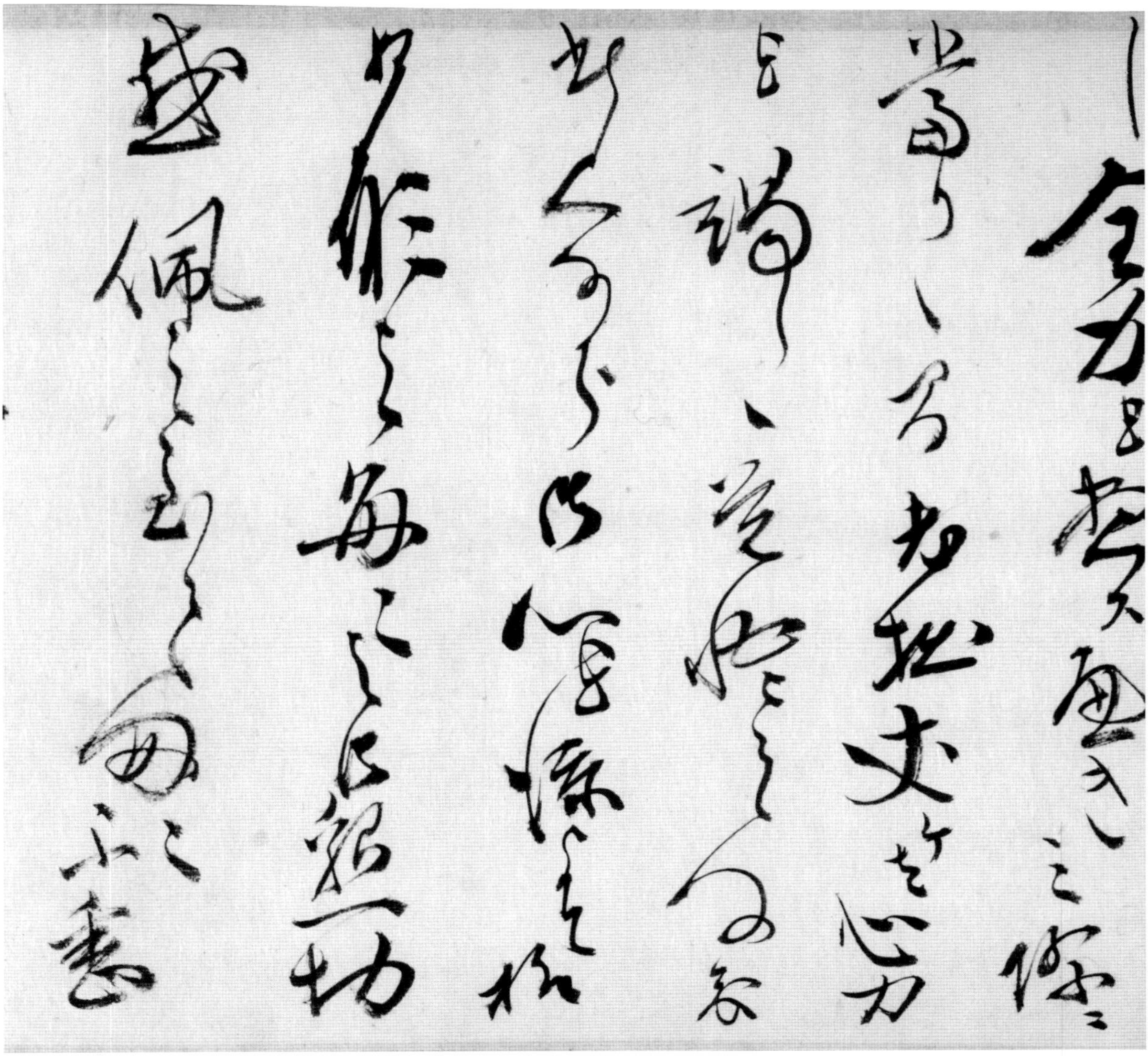

当(當)り候間　老拙丈ヶは心力
を竭し候覚悟ニ候　何も
此上なから御心を添え被下候様
御願申候　毎々之御懇切
感佩之至ニ候　匆々不悉

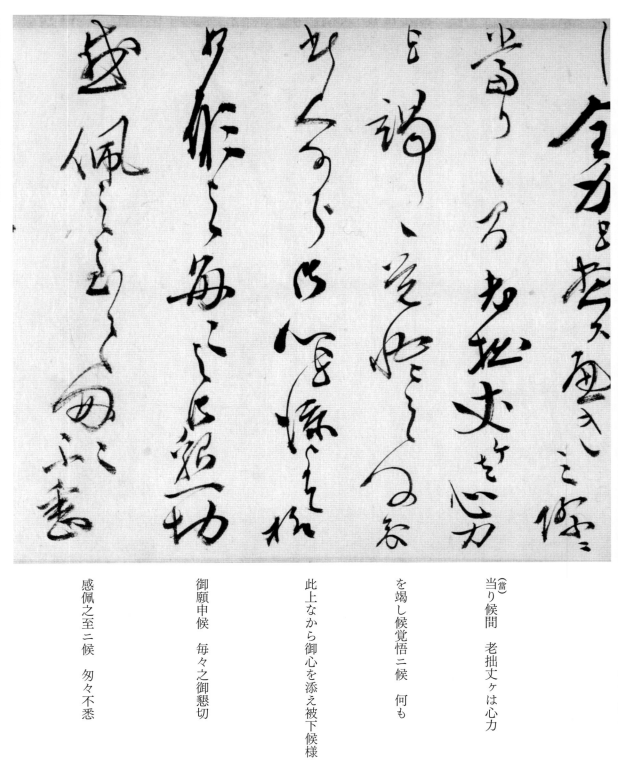

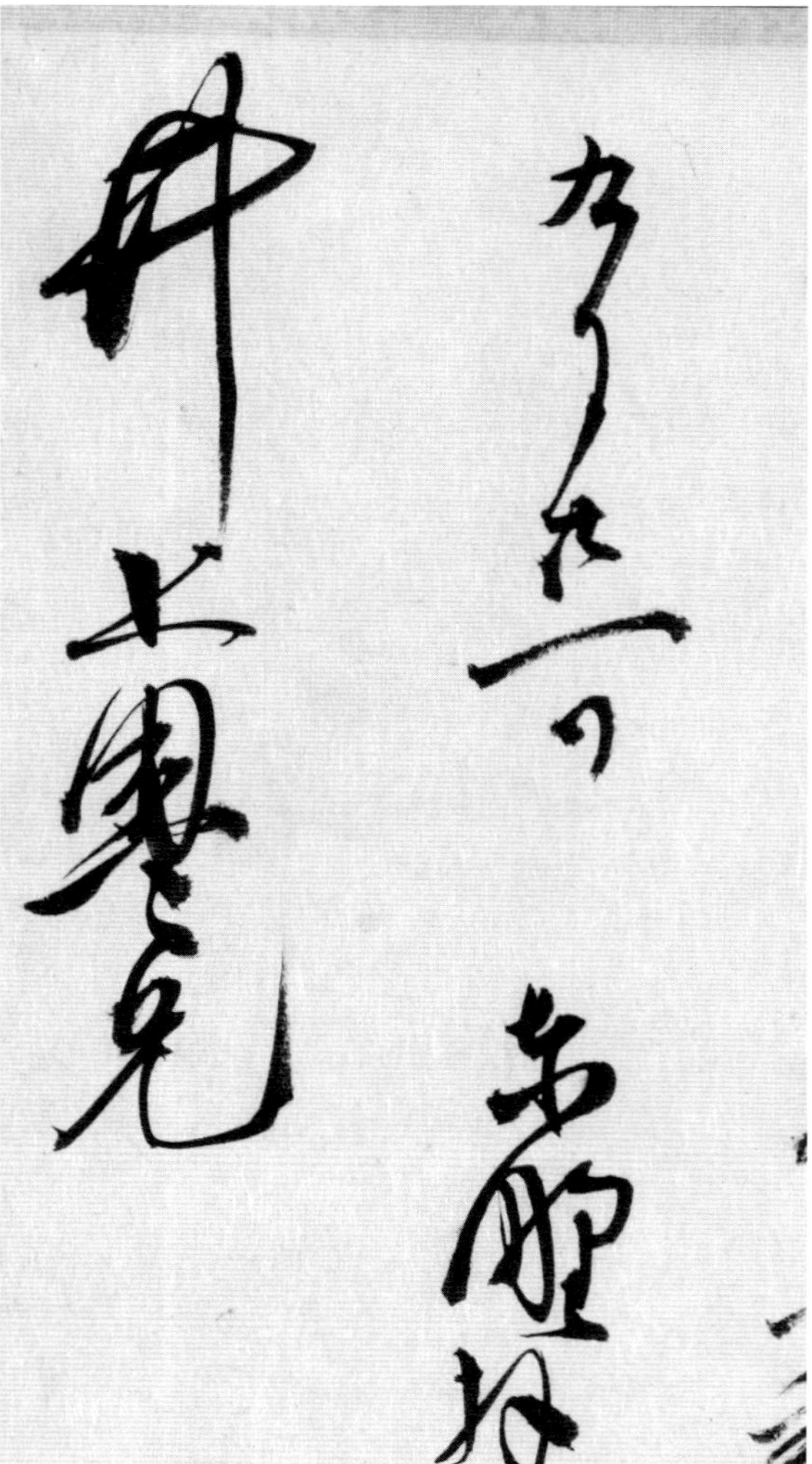

九月廿一日　　東野拝

井上盟兄

【解題】　改正条約案に反対を鮮明化した井上は九月九日、外国人裁判官に採用に反対すべく改正条約案と憲法解釈の問題を明確化する『内外新民公私権考』を著した。それと同時に枢密院顧問官元田永孚に対して「重ナル華族ヨリ上奏」することと、「最も明白」な内容と評価した坂本則美の「不得已論」（改正条約案は憲法に悖り、国利民福を疎外する）を天覧に供するよう求めた（九月十七日元田宛書翰『井上毅伝』史料篇第四）。つまり、井上は世論を直接喚起すると同時に天皇を動かすことで条約改正阻止を試みたのである。

九月十八日に「不得已論」が天覧に供されると、天皇は元田を通じて枢密院議長伊藤博文に対して公文の撤回、交渉中止、改正案の修正の何れをとるべきかを諮問した。これに対して伊藤は公文や帰化法による妥協を不可として公文撤回と調印済条約の実施を延期すること、さらには黒田清隆、大隈重信の更迭による事態収拾を奉答した。

ここに掲げられている書翰は右のやり取りに関連する二十一日井上書翰への返翰である。二十一日、井上は公文にある外国人判事の任用＝「裁判干渉」は「全ク取消ス事ニハッキリ」すること、対手国側が不承知なら条約改正交渉を中止、問題の決着がつくまでは調印済の条約も批准しないよう求めたのに対して（『井上毅伝』史料篇第四）、元田は井上に謝意を示すとともに「内外之危急」に際して「全力を盡ス」ことを約した。ここから読み取れるのは、明治十五年にもみられた条約改正問題に対する元田と井上の密接な関係であり、今回の問題でも両者は提携を保っていたことが指摘できる。

その後、天皇は閣僚に枢密院顧問官を加えた合同会議で条約問題を審議するよう求め、元田も伊藤に同会議に出席して条約改正派を撃破するよう求めたが、伊藤は「徒らに紛糾を来」すとして、あくまで閣議で検討すべきと奉答した（『明治天皇紀』第七）。やむなく二十三日に天皇は閣議での公文撤回の検討を命じ、条約改正問題は次の段階に入る。

［種稲秀司］

二四、条約改正に関する元田永孚書翰

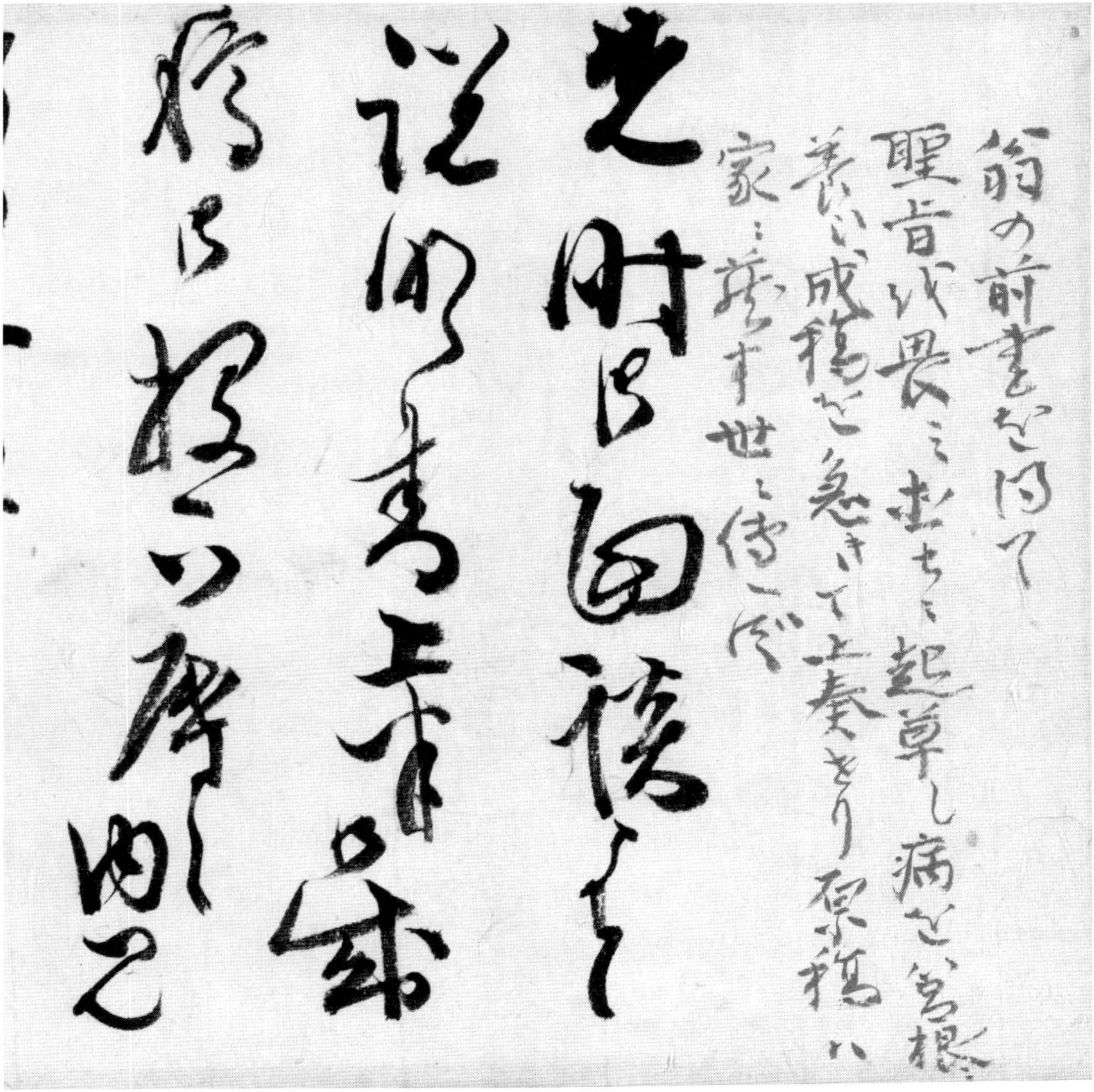

文書番号　Ⅱ-四八三-四
発信者　元田永孚（枢密顧問官）
受信者　井上毅（法制局長官）
発信月日　明治二十二年九月二十四日
寸　法　一七・一糎＊八九・〇糎（巻子）

（朱筆）
翁の前書を得て
聖旨を畏ミ直チニ起草し病を箱（筥）根ニ
養ひ　成稿を急きて上奏せり　原稿ハ
家ニ蔵す　世ニ伝（傳）へず

先時御面談被下候

説明書上半御成

稿　御投下辱く内見

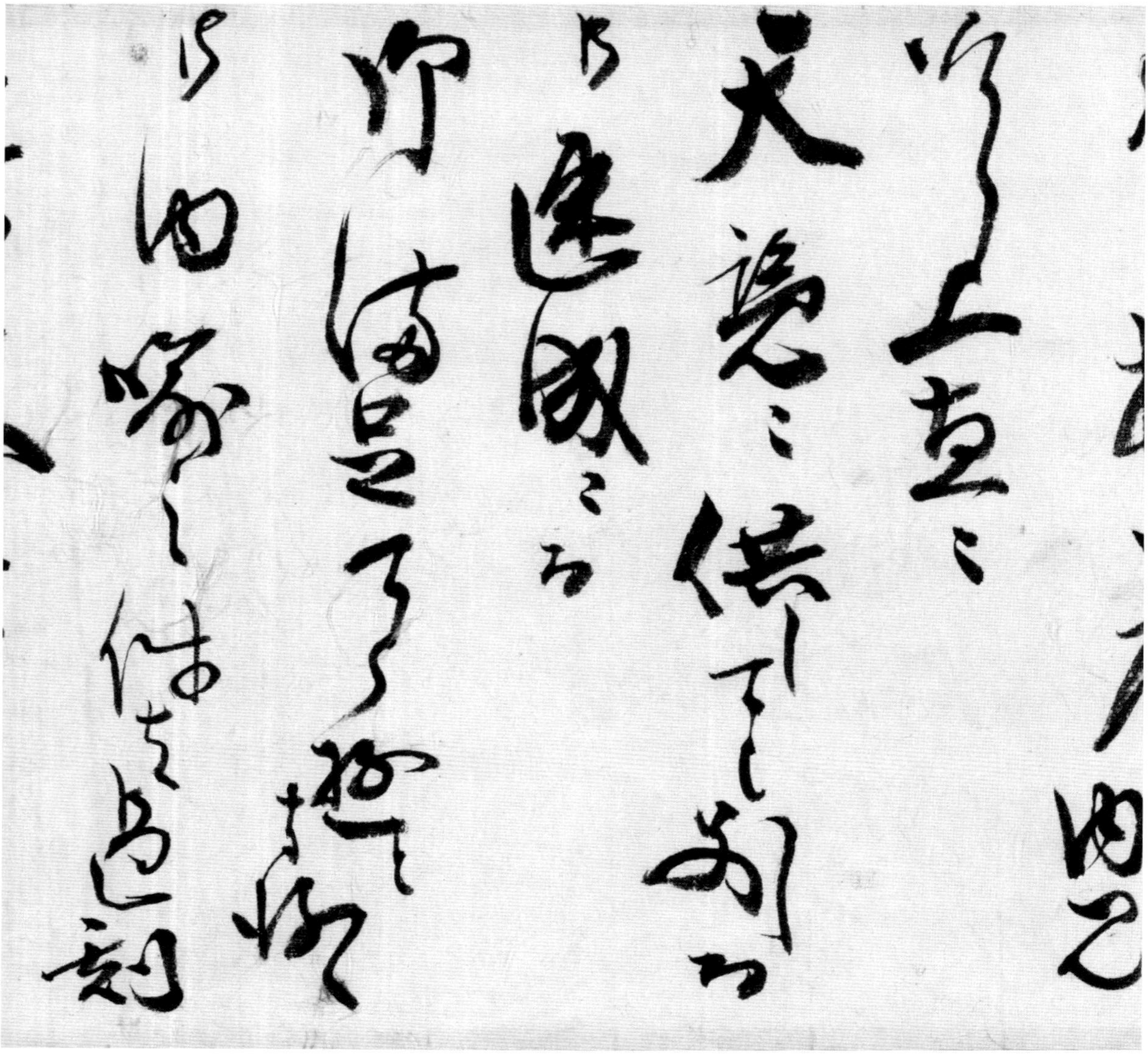

仕候上　直ニ
天覧ニ供し可申　別て
御速成ニて
御満足可被遊と奉存候
御内喩之件は　過刻

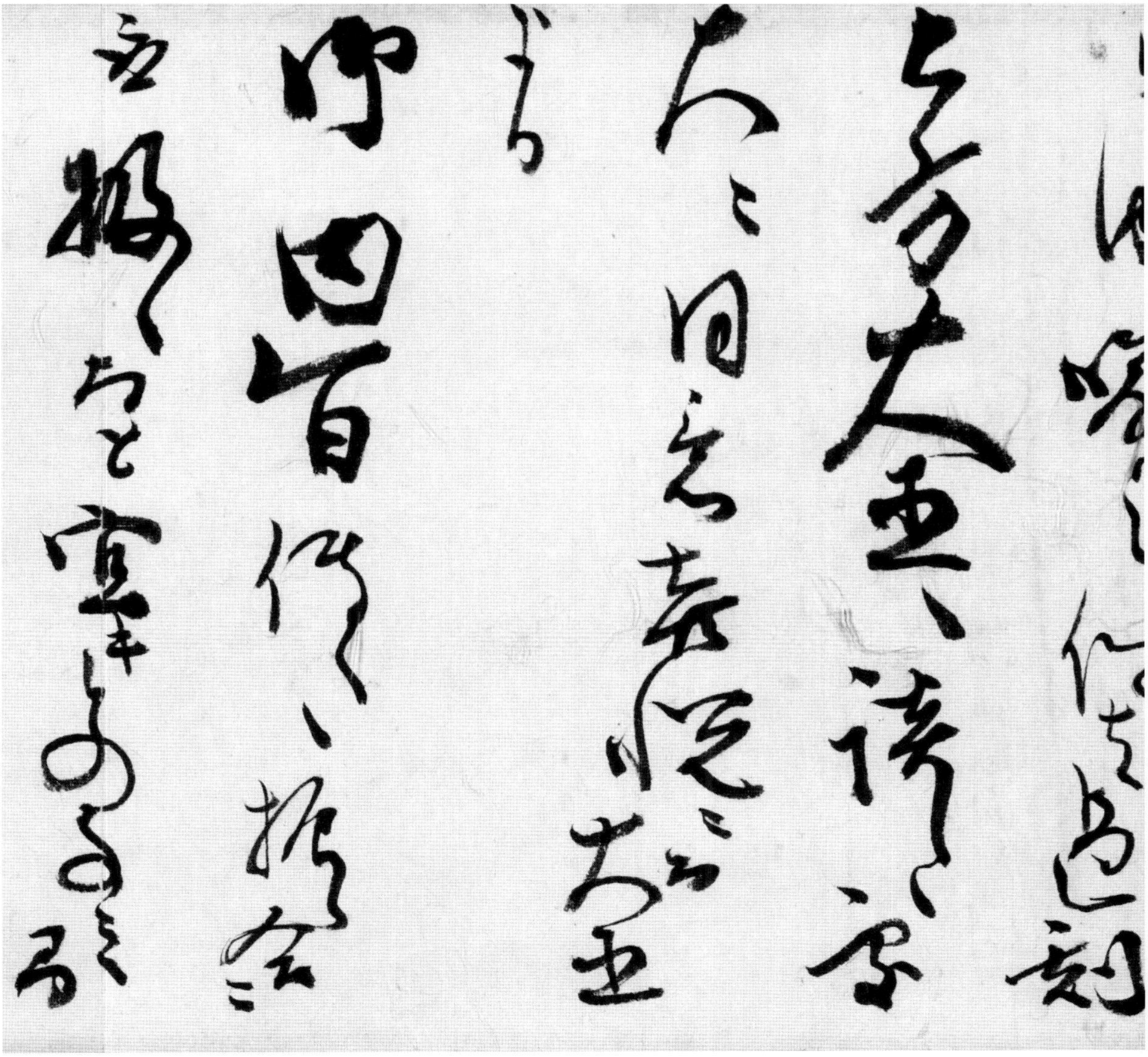

土方大臣へ談し候処（處）
大ニ同意喜悦ニて　大臣
より
御内旨伝（傳）へ候振合ニ
取扱候ても宜キとの事ニ候間

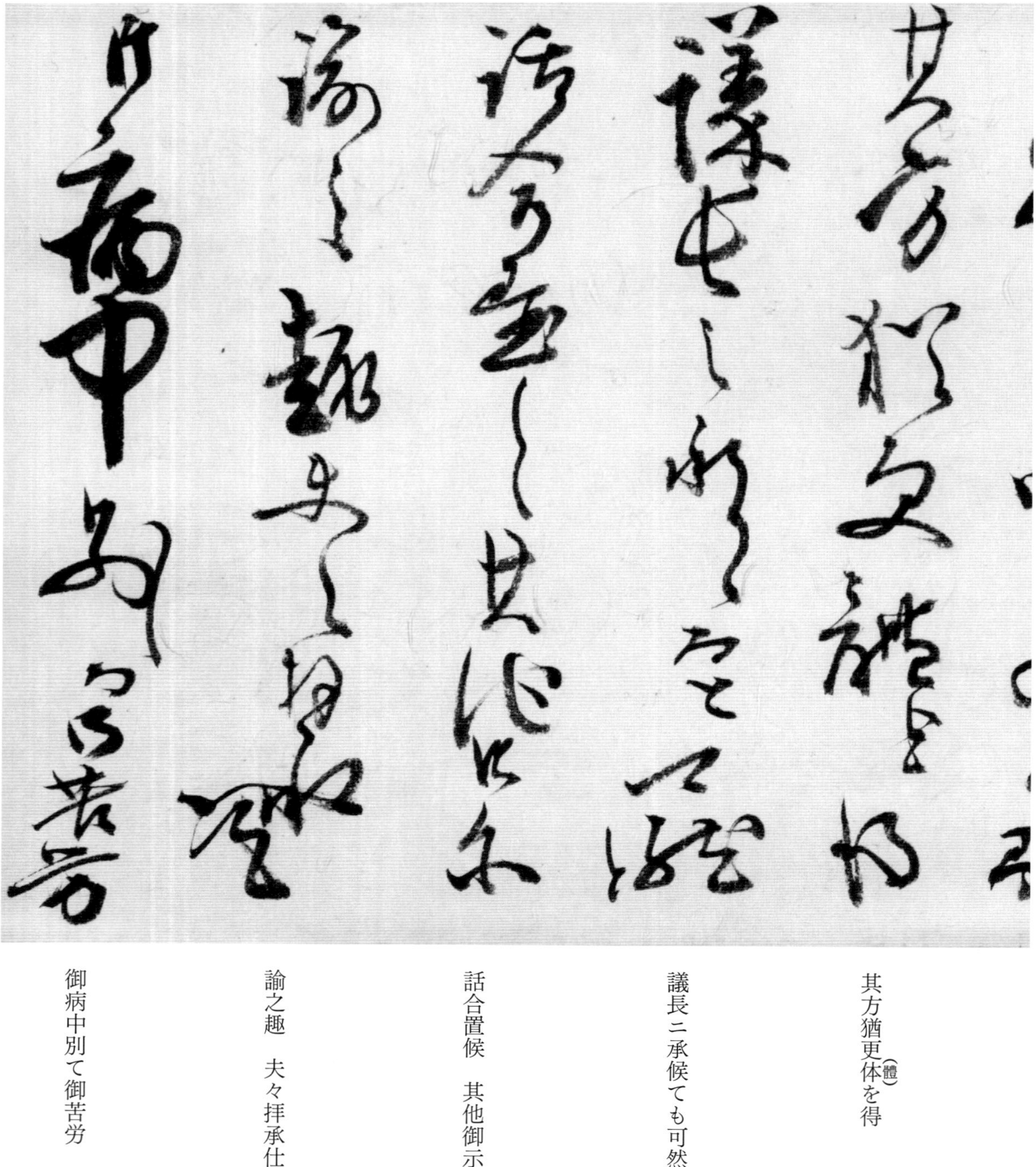

其方猶更体(體)を得
議長ニ承候ても可然と
話合置候　其他御示
諭之趣　夫々拝承仕候
御病中別て御苦労

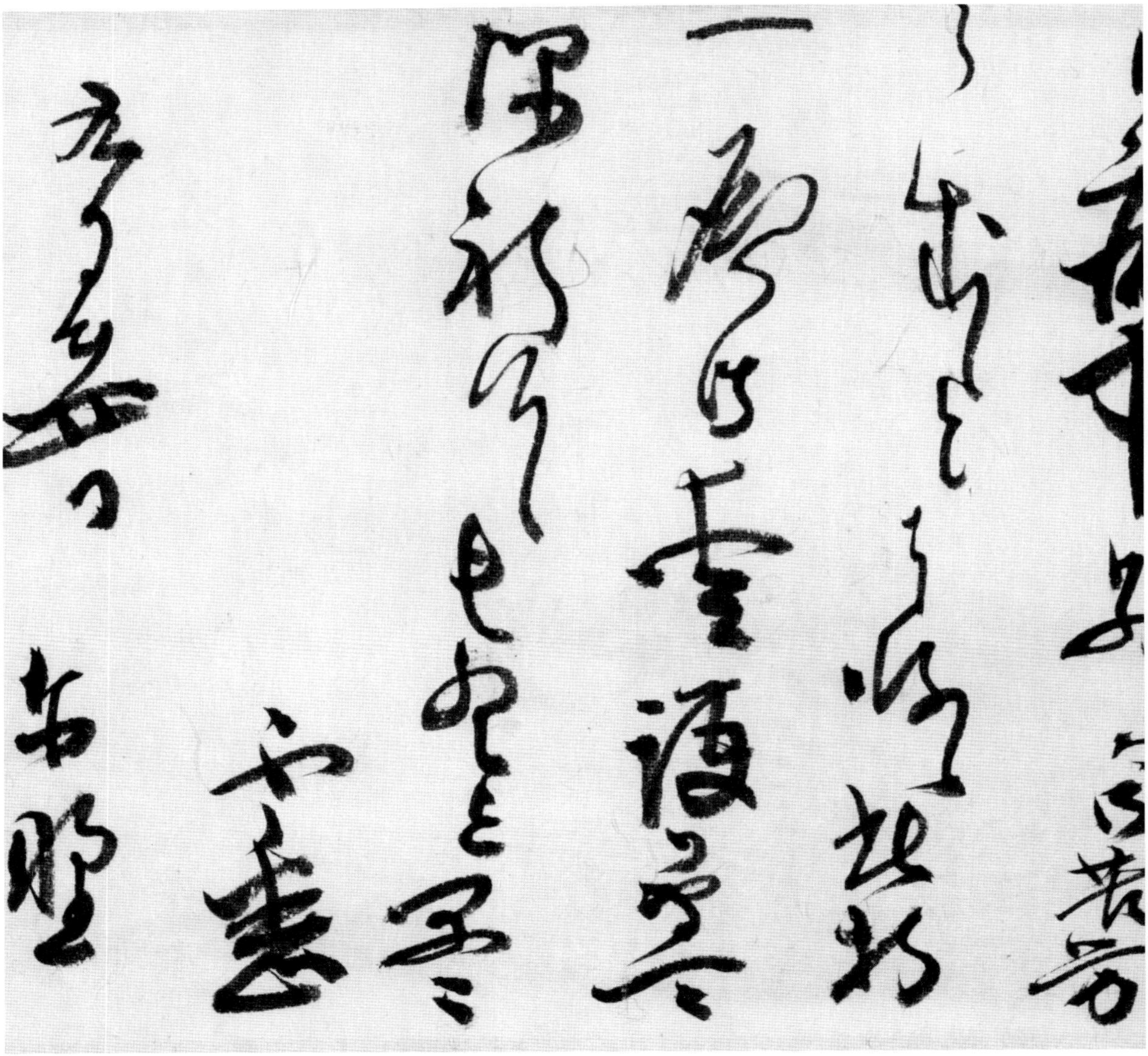

之至と奉存候　此折

一層御愛護御専一ニ

深祈仕候　貴答迄　早々

不悉

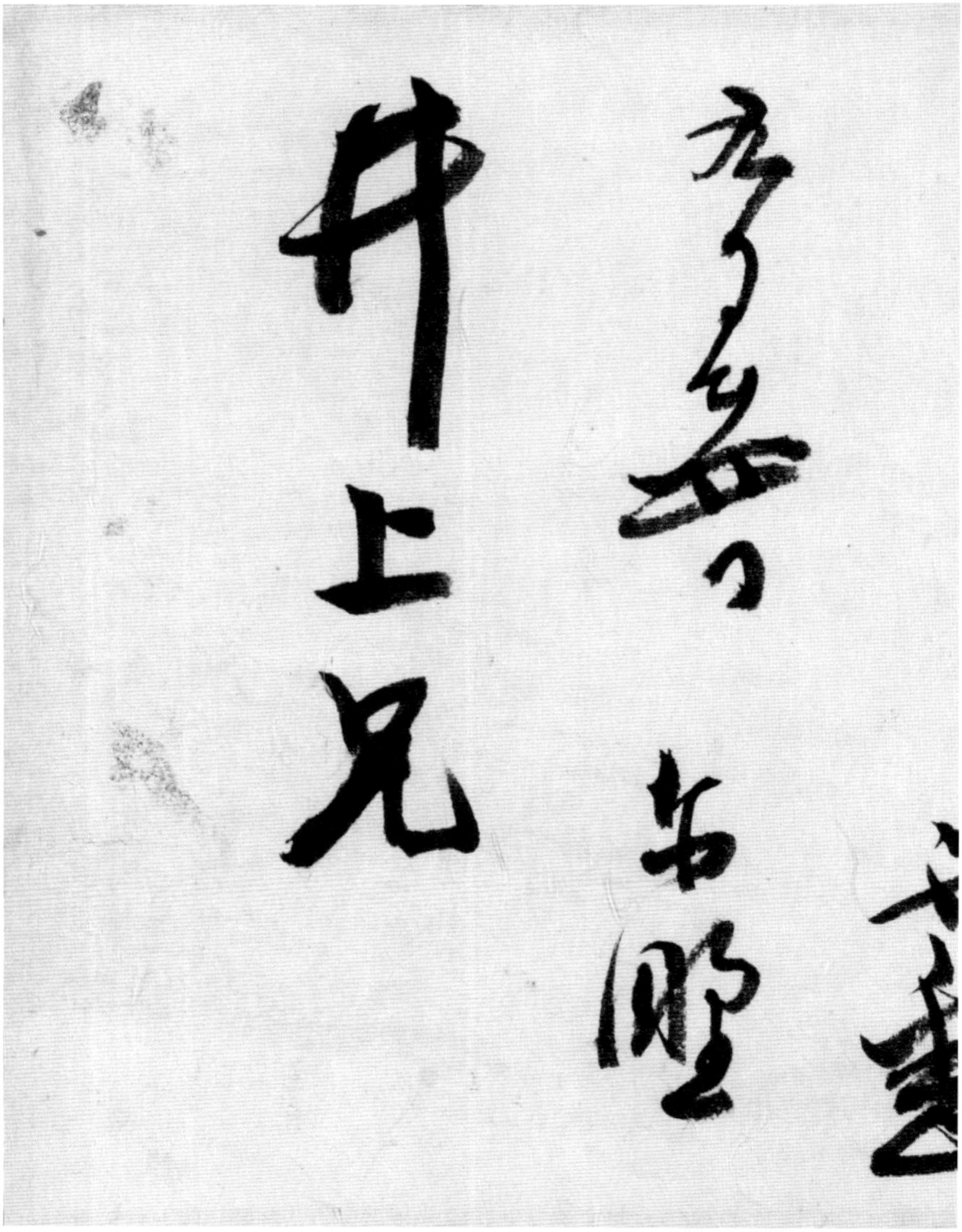

九月廿四日　　東野

井上兄

【解題】 先に述べたとおり、黒田内閣は明治天皇から公文撤回の検討を求められていたが（書翰二三解題）、内閣総理大臣黒田清隆《きよたか》は九月二十四日の閣議ではこのことについて何も言及しなかった。黒田は逓信大臣後藤象二郎《しょうじろう》や大蔵大臣松方正義といった条約改正反対派閣僚の発言を封じるためにも閣議で条約改正問題を議論することを避けていたのである（九月二十六日付元田宛井上書翰『井上毅伝』史料篇第四）。この動きをみた井上毅は攻勢を強める。

これと前後して、枢密院顧問官元田永孚は二十三日、公文を撤回しなければ、日本国家自身が「違憲」を犯し「国辱を外国ニ示」すことになると憂慮し、黒田内閣更迭、内大臣三条實美による新内閣の樹立を視野に入れていたが、三条の説得にあたっては「御律熟練の賢兄［筆者註、井上─以下同］ニ無之候半ニハ、条公［三条］ノ開明ムツカシク」として助力を求めていた（九月二十二日付井上宛書翰『井上毅伝』史料篇第五）。つまり、天皇の意向を無視して条約改正交渉を継続しようとする黒田内閣に相対するにあたって、新たな叡慮の引き出しと後継内閣への道筋をつけることで事態を打開するためにも井上の助力が必要であったのである。

九月二十四日、井上は元田に対して、天皇の「御内意」を得るためにも「説明書」なるものの「半成稿」を送付した（『井上毅伝』史料篇第四）。ここに掲げられている元田の書翰は、井上の半成稿を直ちに天覧に供すべく、宮内大臣土方久元《ひじかたひさもと》にその内容を伝達、「大ニ同意喜悦」を得て一挙に枢密院下問という「叡慮之発揮」に導こうとしたものであった。

右のように宮中では活発な運動が行われていたが、肝心の黒田は引き籠もって天皇が求める公文の検討に関する閣議を開こうとせず、問題は膠着状態に陥っていた。ここに至って俄に注目されたのが、地方自治制度調査のためにヨーロッパに出張していた内務大臣山縣有朋の動向である。十月二日に帰国した山縣に対しては閣内を含めて条約断行、反対の両派からの引き込み運動が行われるようになり、井上も条約改正の中止を求める元田と連携しつつ、引き込み運動に参加、打開策を模索するのである。

【種稲秀司】

二五、 条約改正に関する山田顯義書翰

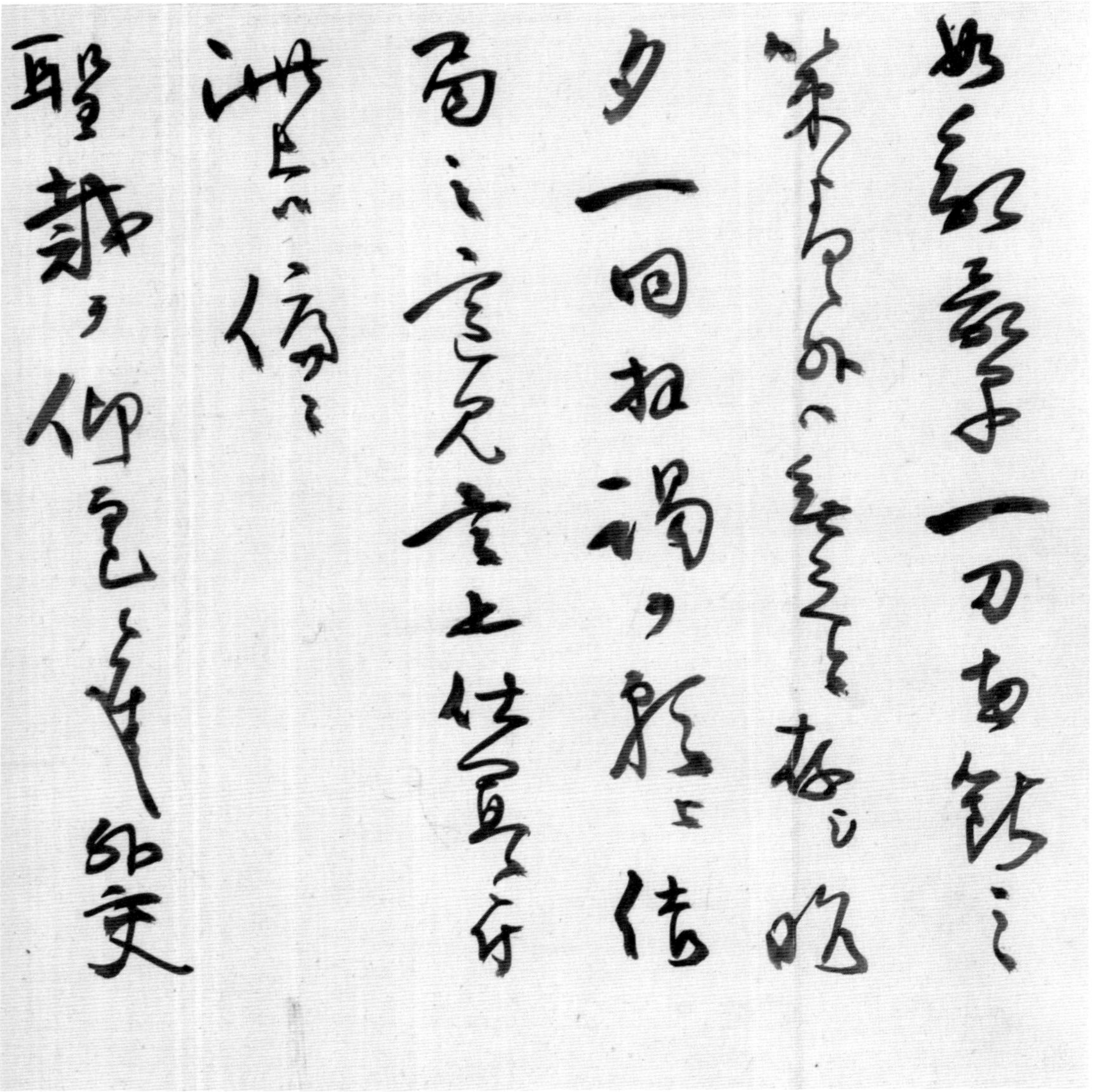

文書番号　Ⅱ-四八八-一四
発信者　山田顯義（司法大臣）
受信者　井上毅（法制局長官）
発信月日　明治二十二年十月二十五日
寸　法　一七・二糎＊六五・〇糎（巻子）

如命最早一刀両断之
策より外ハ無之と存シ　昨
夕一同拝謁ヲ願ヒ　御
局之意見言上仕置候ニ付
此上ハ偏ニ
聖裁ヲ仰而已ニ御坐候　外交

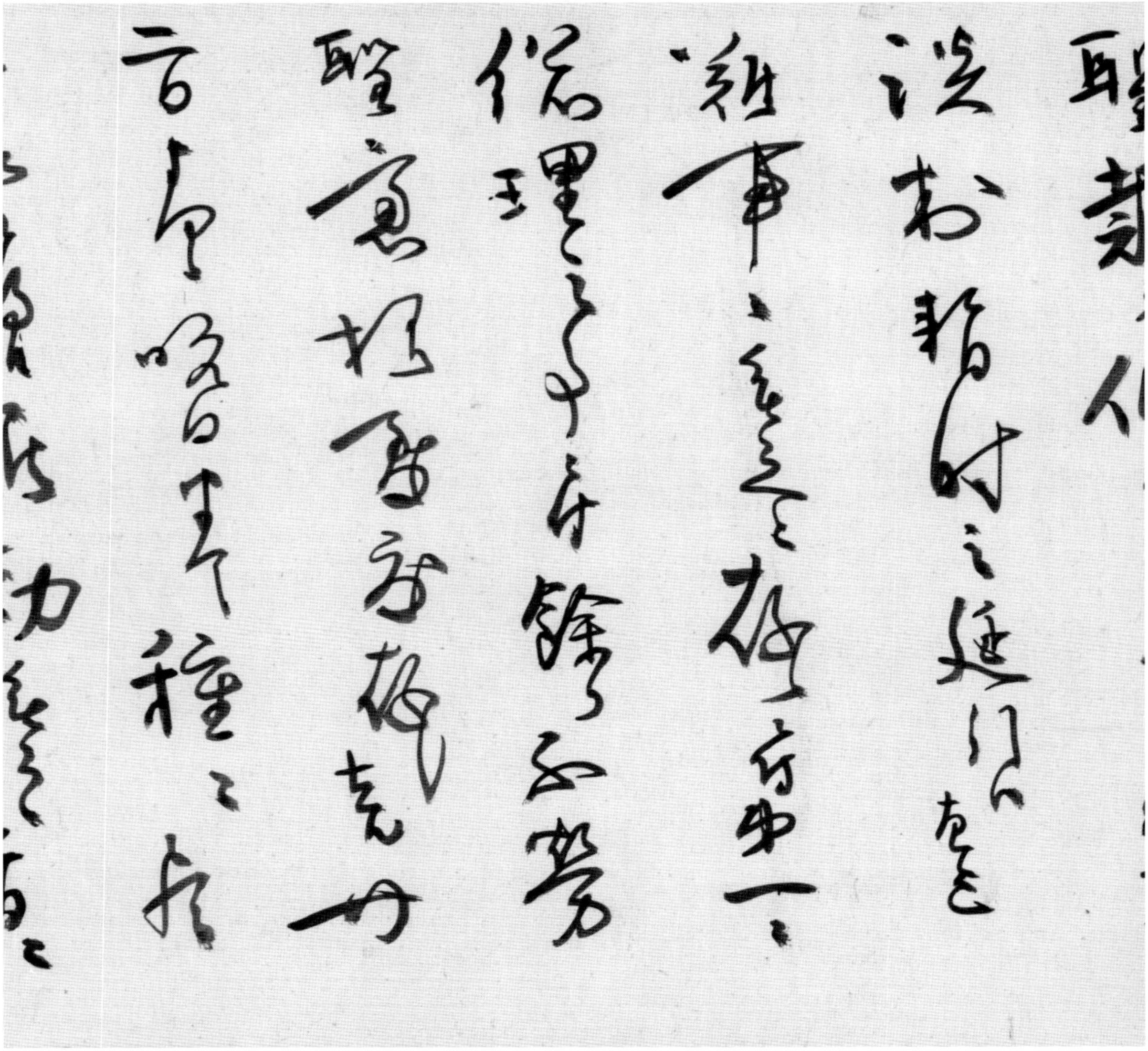

談判暫時之延引ハ　左迄
難事ニ無之と存候ニ付　第一ニ
総理之事ニ付　余り不労
聖慮様致度存候　去ル廿
二日より昨日まて種々尽

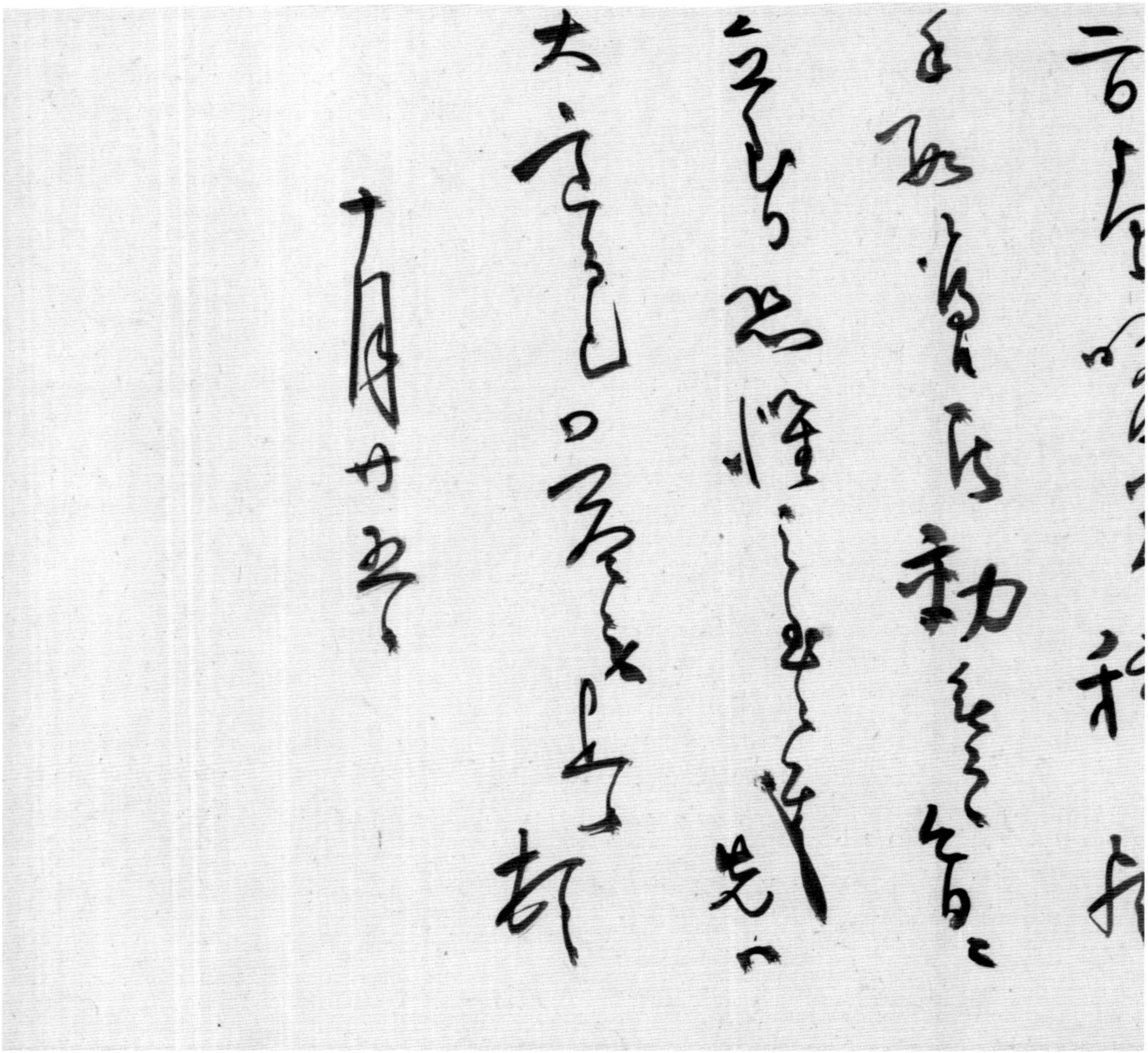

手段候得共　其効無之　今日ニ
立至リ恐懼之至ニ御座候　先ハ
大意而已御答旁申上候　頓首

十月廿五日

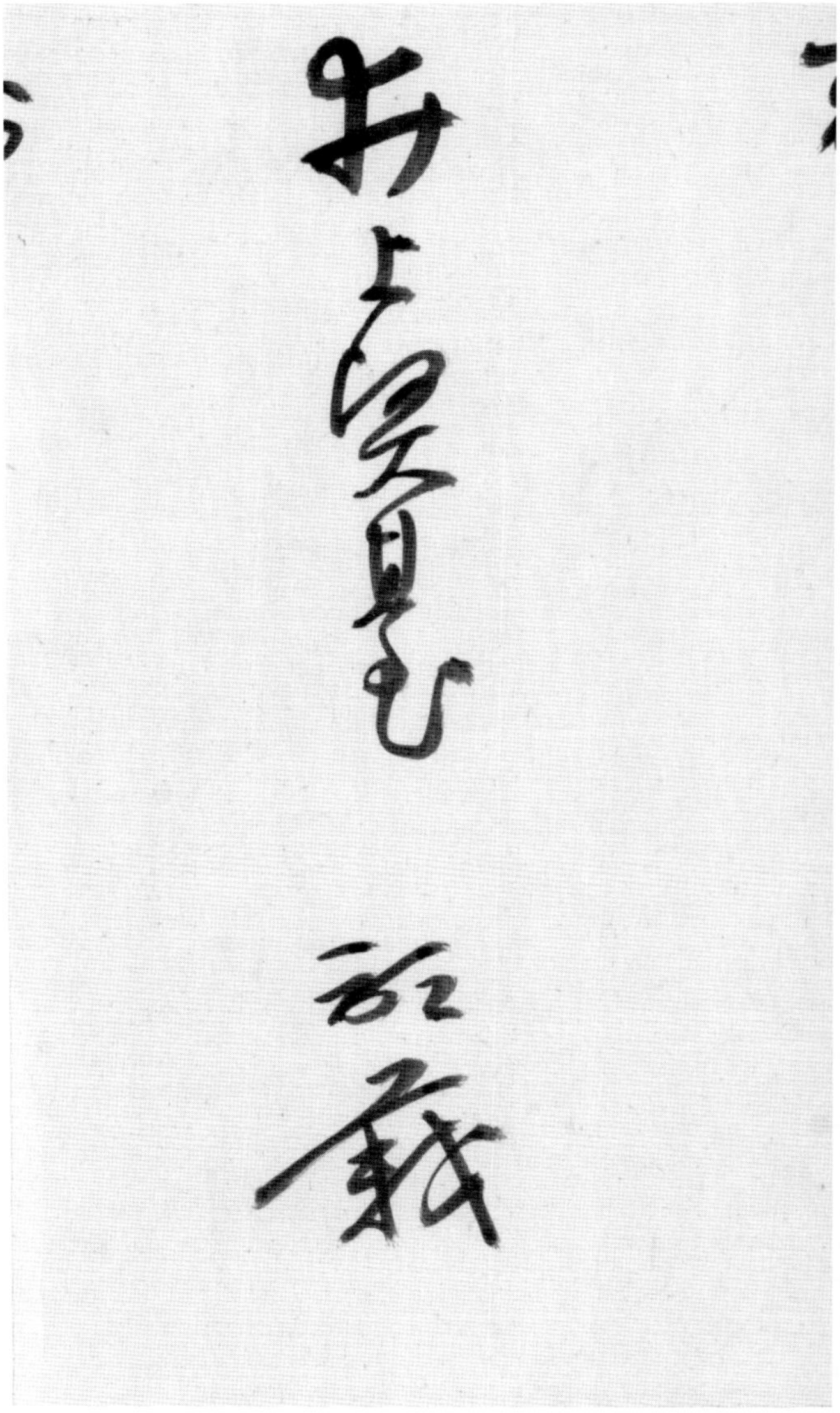

（封筒表）

井上賢臺　顕義

【解題】　条約改正に関する明治天皇と内閣総理大臣黒田清隆、外相大隈重信の板挟みにより伊藤が枢密院議長を辞すのと前後し、井上は「識見卓越」な内相山縣有朋の擁立工作を積極化（十月十日付元田宛書翰『井上毅伝』史料篇第四）、十八日にその山縣が条約改正交渉の延期と調印済条約の批准中止を求めたことで（「改正条約実施反対上奏」『山県有朋意見書』）内閣は条約改正延期に傾いた。だが同日の大隈暗殺未遂事件を受け、二十二日に療養中の大隈を除く全閣僚は辞表を提出、後継内閣の見通しがつくのを待って黒田から辞表を捧呈することとした。背景には条約改正を目指して強引な政権運営が目立つ黒田への不満があり、彼らは総辞職で内閣改造による黒田の政権続投を牽制したといえる。

　黒田は天皇に拝謁し辞表を捧呈するとともに自分以外の閣僚は全員留任とし、後継首班に山縣を指名する。山縣は準備不足に加え、黒田の辞職後の組閣が薩派との関係悪化を招きかねないと固辞、翌二十三日には山縣が引き受けない場合は内大臣三条實美を推薦すべく奏聞した。多数閣僚は黒田の動きに困惑しつつも二十四日に天皇に拝謁、各自の辞表聴許と後継首班に山縣を奏請したが、受理されたのは黒田のみで、二十五日に三条が内大臣兼務のまま内閣総理大臣に任命された。

　ここに掲げられた司法大臣山田顕義の井上宛書翰は「一刀両断之策」として二十四日に各閣僚が明治天皇に拝謁、辞表聴許と後継首班として山縣を奏請したが「廿二日」以降にとった様々な手段が「其効無之」となった経緯に加えて、「外交談判暫時之延引」は確実となった事情が述べられている。条約改正問題に関して井上は「全局之引戻」＝条約改正交渉を白紙に戻すべきとの持論を持っており（十月二十四日付松方宛書翰『井上毅伝』史料篇第四）、山田に対しても単なる交渉延期は「最下策」と答えている（十月三十一日付山田宛書翰、同前）。井上は三条のもとでの条約改正に対して次の手を打つのである。

【種稲秀司】

二五、条約改正に関する山田顕義書翰

二六、条約改正に関する三条實美書翰

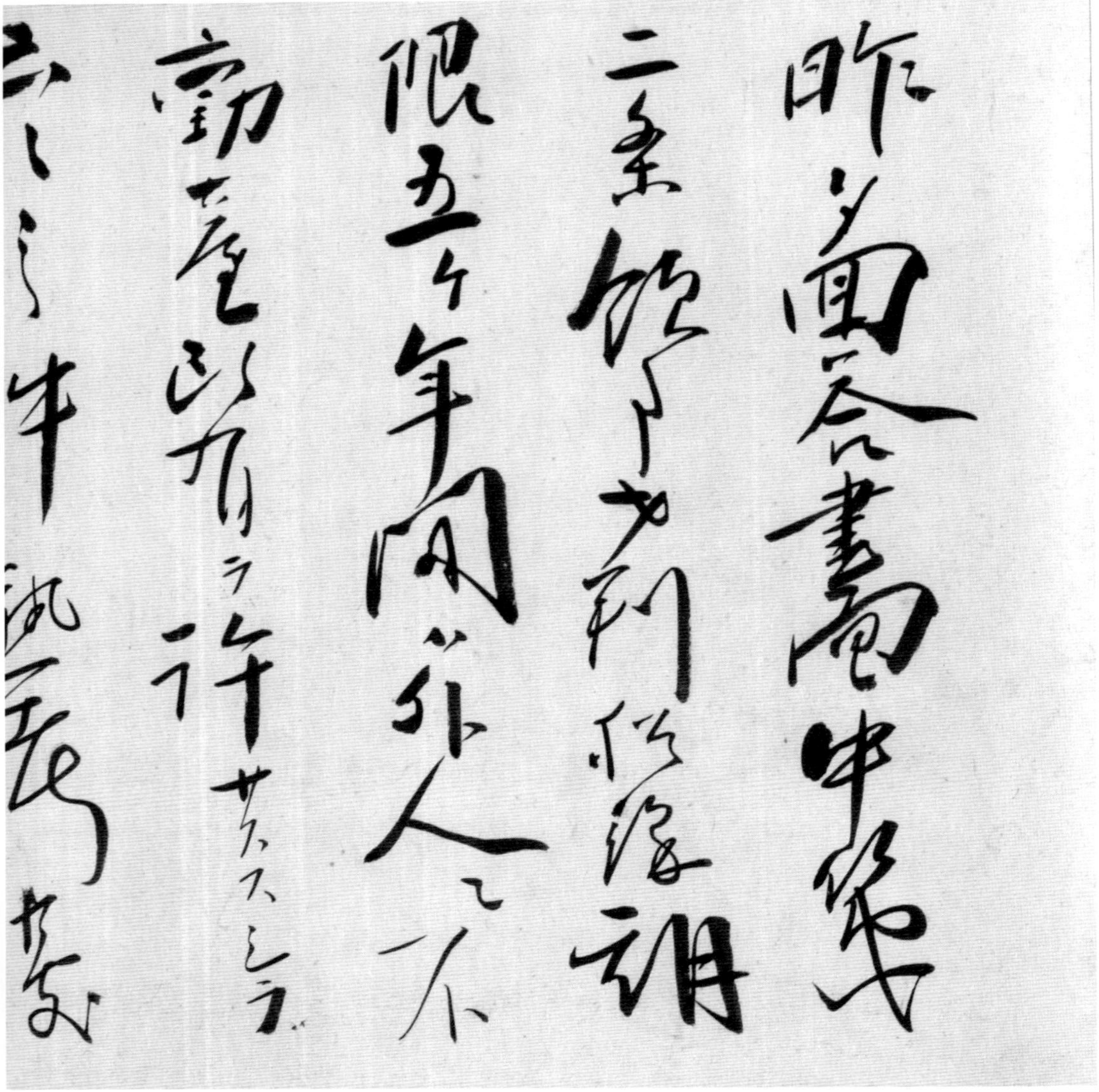

文書番号　Ⅱ－四八八－一五
発信者　三条實美（内大臣・内閣総理大臣）
受信者　井上毅（法制局長官）
発信月日　明治二十二年十一月五日
寸　法　一七・二糎＊七七・〇糎（巻子）

昨夕回《（回）》答書面中　第
二条領事裁《（才）》判猶予《（豫）》期
限五ケ年間ハ　外人ニ不
動産所有ヲ許サスス《（ママ）》シテ

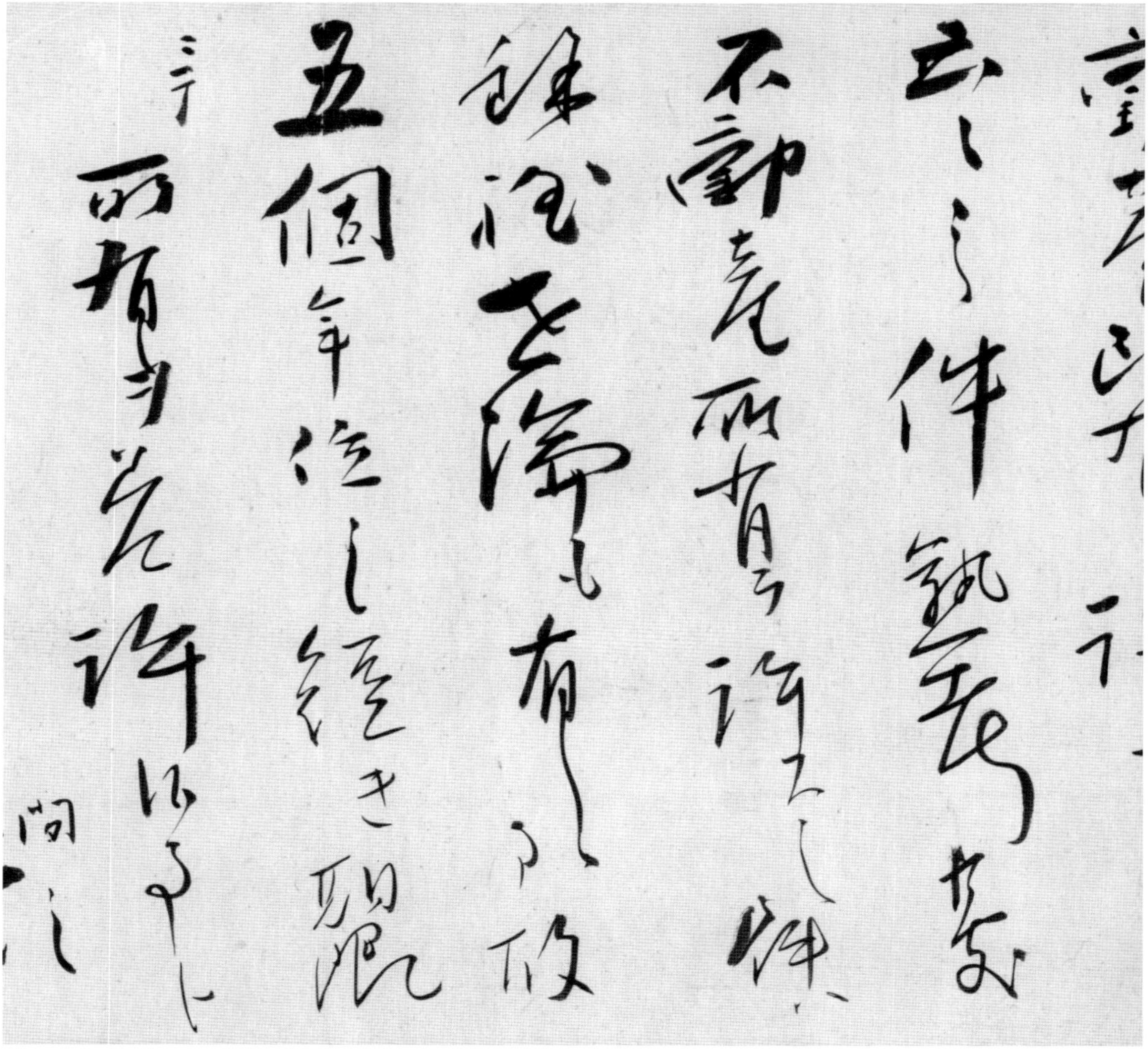

云々之件　熟考候処（處）
不動産所有ヲ許ス之件ハ
餘程世論も有之候事故
五個年位之短き期限
ニテ所有ヲ差許候事ト

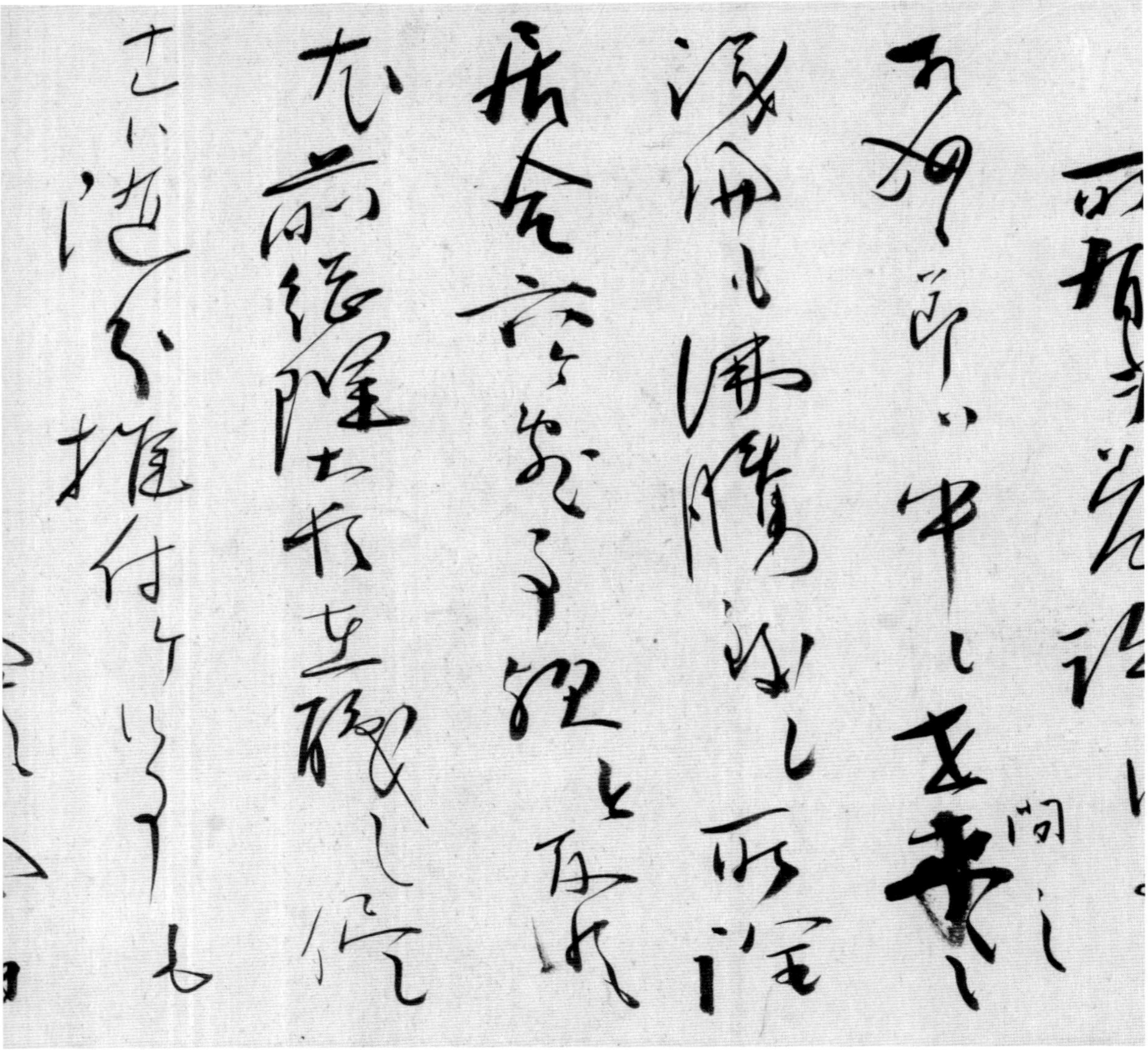

相成候節ハ　中々世間之
議論も沸騰致し　所詮
居合六ケ敷事歟と存候
尤前総理大臣在職之儘
ナレハ　随分推付ケ候事も

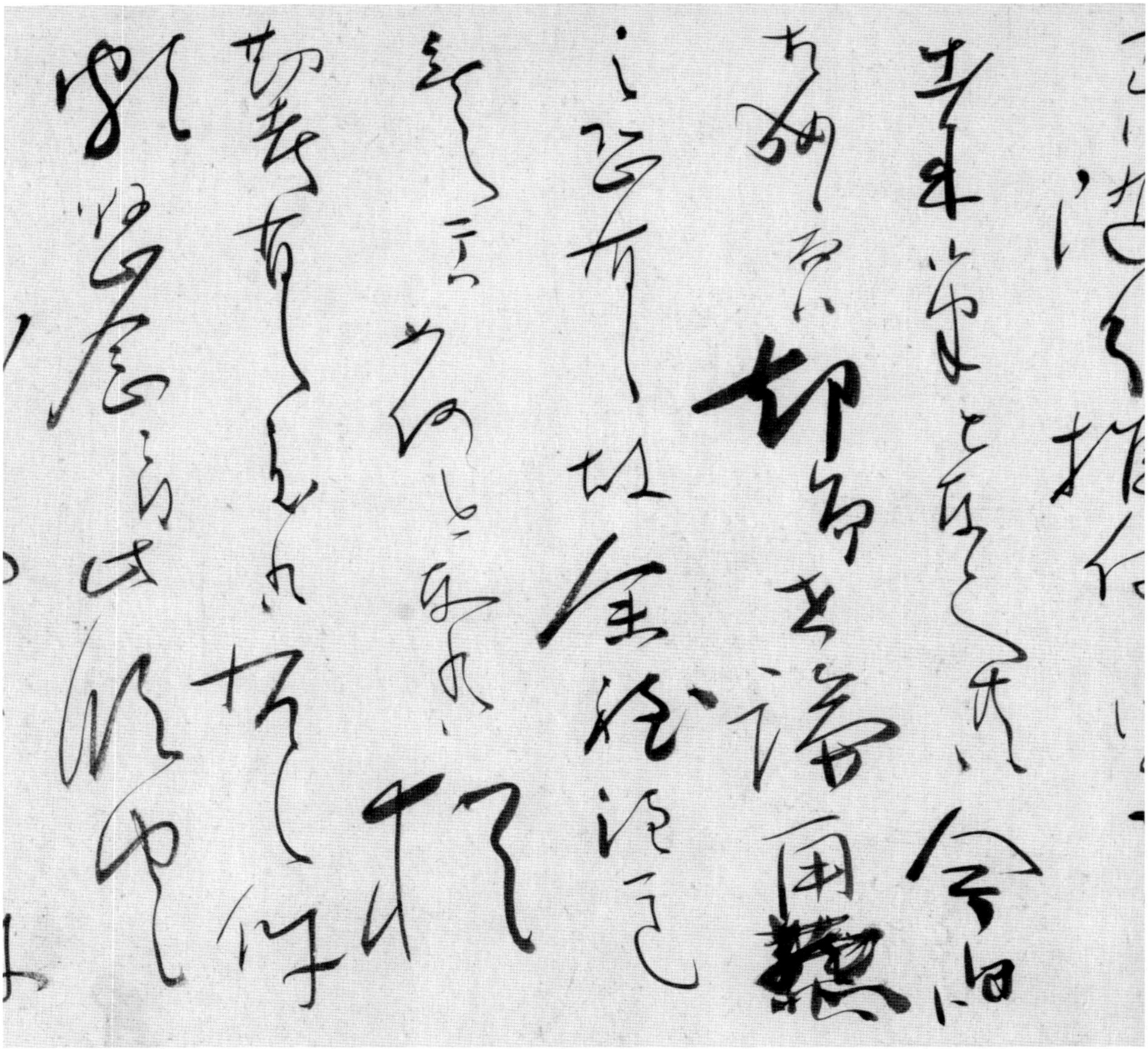

出来候半と存候へ共　今日ト
相成候てハ　却て世論再燃
之恐有之候故　余程注意
無之テハ如何と存候　猶
勘考有之度候　右之件
頗懸念ニ付　此段内々

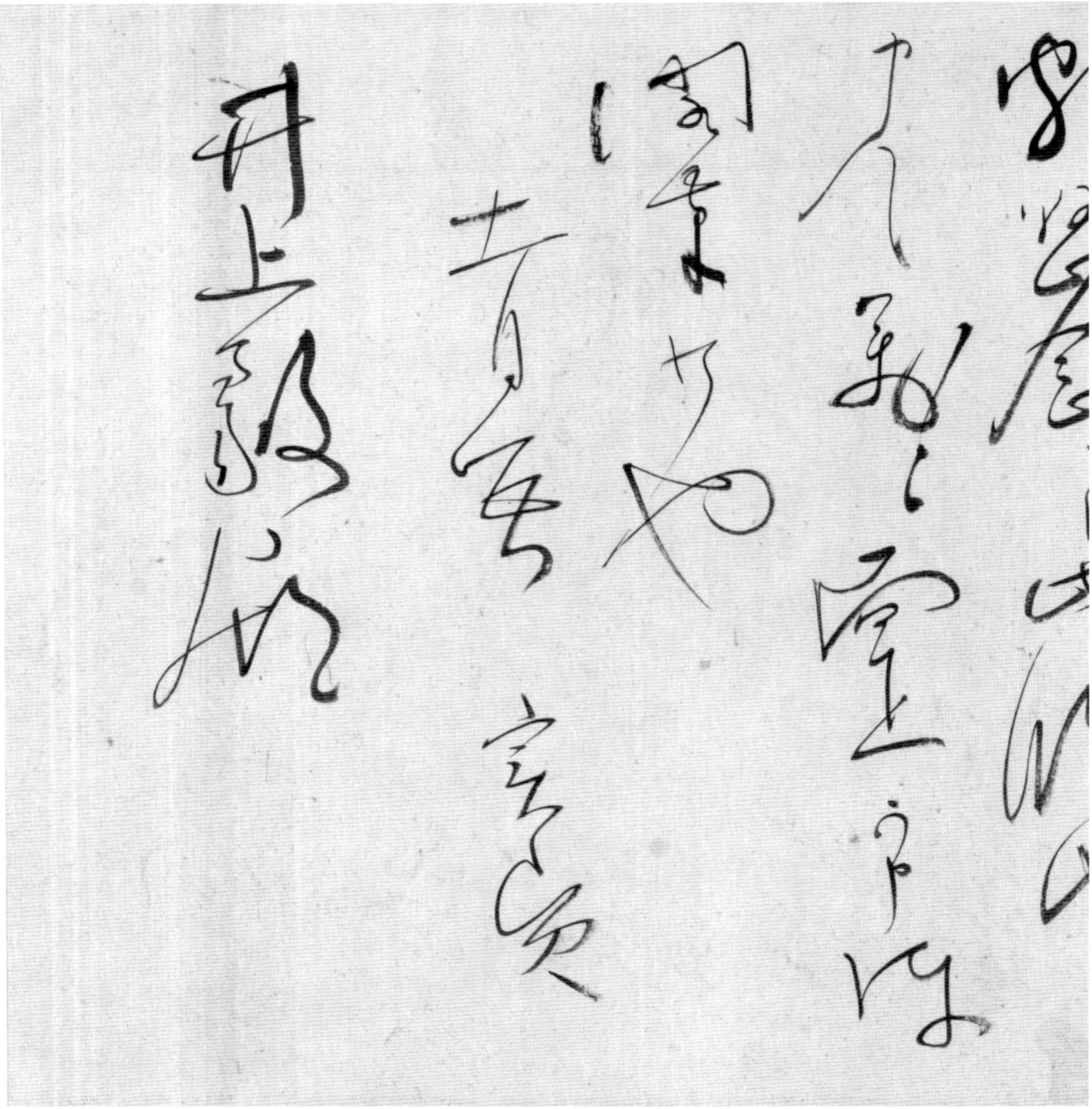

申入候　万（萬）々面上可申陳
閣筆候也
十一月五日　実美
井上毅殿

【解題】 条約改正問題の行方は内大臣兼内閣総理大臣の三条實美率いる暫定内閣に託されることになった（今日では三条は黒田清隆《きよたか》の辞職後に黒田内閣を引き継いだ形になっており、歴代内閣表などに「三条内閣」としては数えられていない）。明治二十二年（一八八九）十一月四日、井上は三条に閣議案を提出した。日本政府の目的は条約改正により欧米諸国と「平等ノ位置ヲ取ル」ことであるので、調印済の条約案を修正して「平等完全ノ位地」に近づける、修正要求が容れられなければ条約改正手続を中止して他日を期すこと求めた。そして具体的な修正条件として外国人判事任用を定めた公文撤回と条約実施後の準備期間における内地開放は通商に限定して不動産所有は認めない、開放後も外国人による不動産所有を国法で制限する余地をつくるというもので（「条約改正意見」十月『井上毅伝』史料篇第二）、十一月四日の三条宛書翰では大蔵大臣松方正義も異議なく、伊藤博文の支持も獲得できると申し添えた（十一月四日付三条宛書翰『井上毅伝』史料篇第四）。

これは司法大臣山田顕義との工作が実を結んだものであったが（十一月四日付三条宛書翰『井上毅伝』史料篇第四）、三条は準備期間に外国人に「不動産所有」を許せば「世間之議論も沸騰」するとして井上の意見に同調しつつも、自らは山縣が総理就任を固辞したために内大臣のままで暫定的に内閣総理大臣を引き受けたに過ぎないという困難な立場を訴えた。それが「前総理黒田大臣在職之儘」であり、「推付ケ候事」はできないとの記述である。なおも井上は問題の長期化は不利とし、速やかに専任外相を任命して事を進めるべきと求めたが（十一月五日付三条宛書翰『井上毅伝』史料篇第四）、内閣改造問題も相まって進捗しなかった。その後、条約改正問題の膠着を憂慮した明治天皇の意向もあって十二月十日の閣議でようやく条約改正方針を決定するに至ったが、このときに提出された閣議案は十一月四日の井上案の趣旨と修正案を軸にしたものであった（『条約改正関係大日本外交文書』第三巻）。そして、十三日には三条から各国公使に条約実施の延期が通告され、条約改正問題は一つの山場を越えたのである。

【種稲秀司】

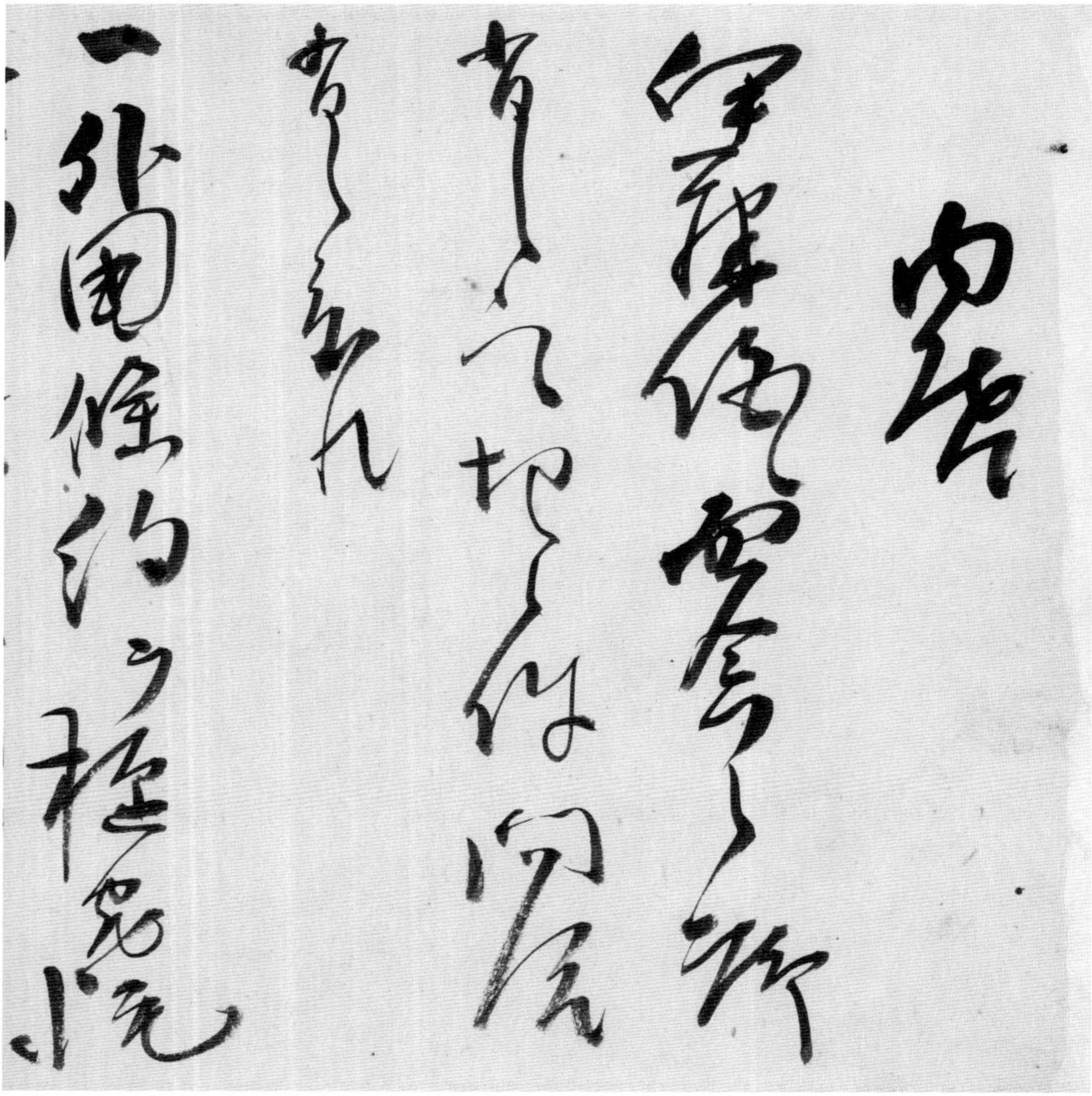

二七、 枢密院権限に関する三条實美書翰

文書番号　Ⅱ－四九〇－六
発信者　三条實美（内大臣・内閣総理大臣）
受信者　井上毅（法制局長官）
発信月日　明治二十二年十一月八日
寸法　一七・〇糎＊四七・〇糎（巻子）

内啓

伊藤伯へ面会之序

有之候ハ、　左ノ件問合

有之度候

一　外国（國）条（條）約ヲ枢（樞）密院ニ

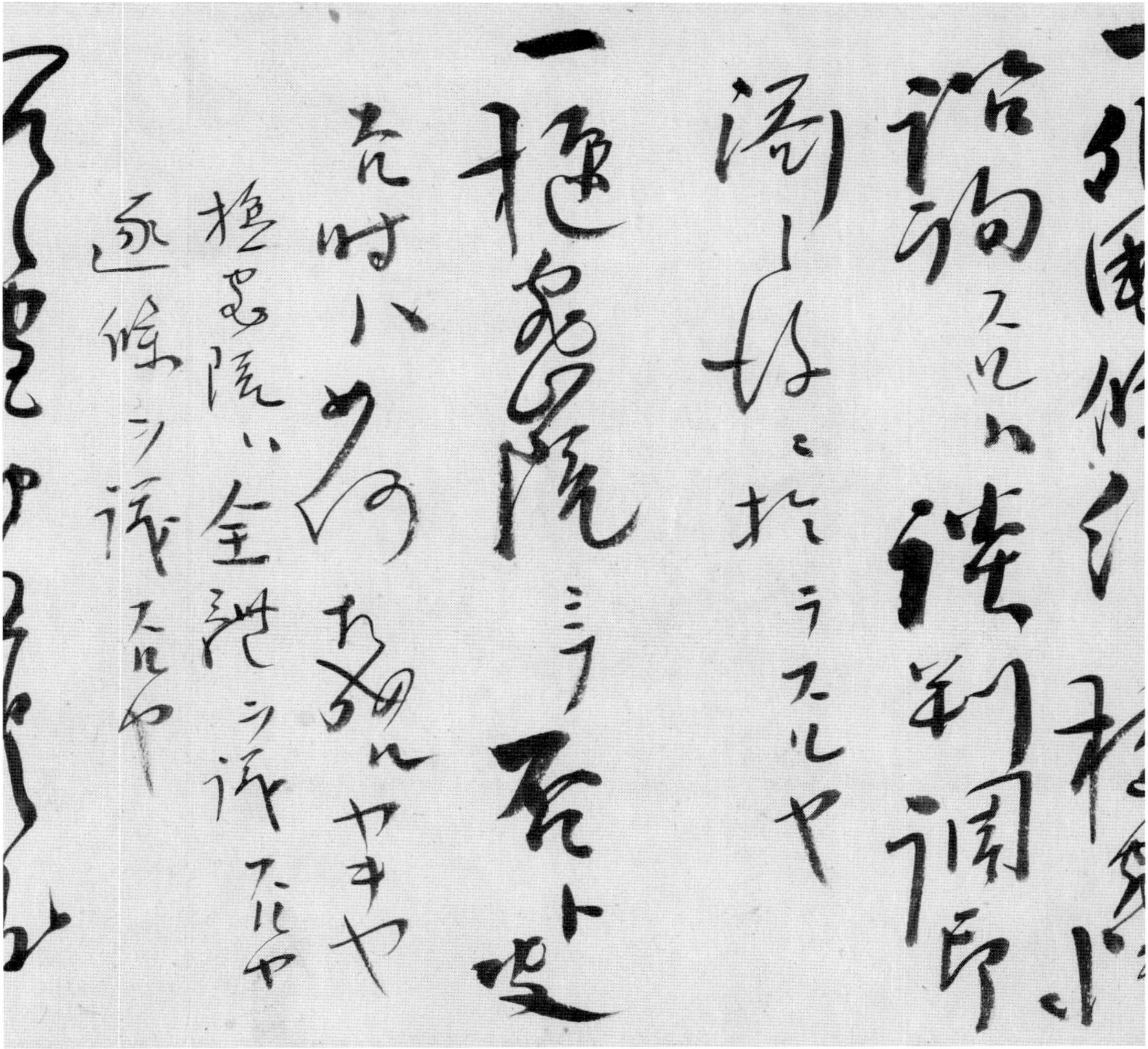

諮詢スルハ　談判調印
済之後ニ於テスルヤ
一　枢(樞)密院ニテ否ト決
スル時ハ　如何相成ルヤキヤ
枢(樞)密院ハ全体(體)ヲ議スルヤ
逐条(條)ヲ議スルヤ

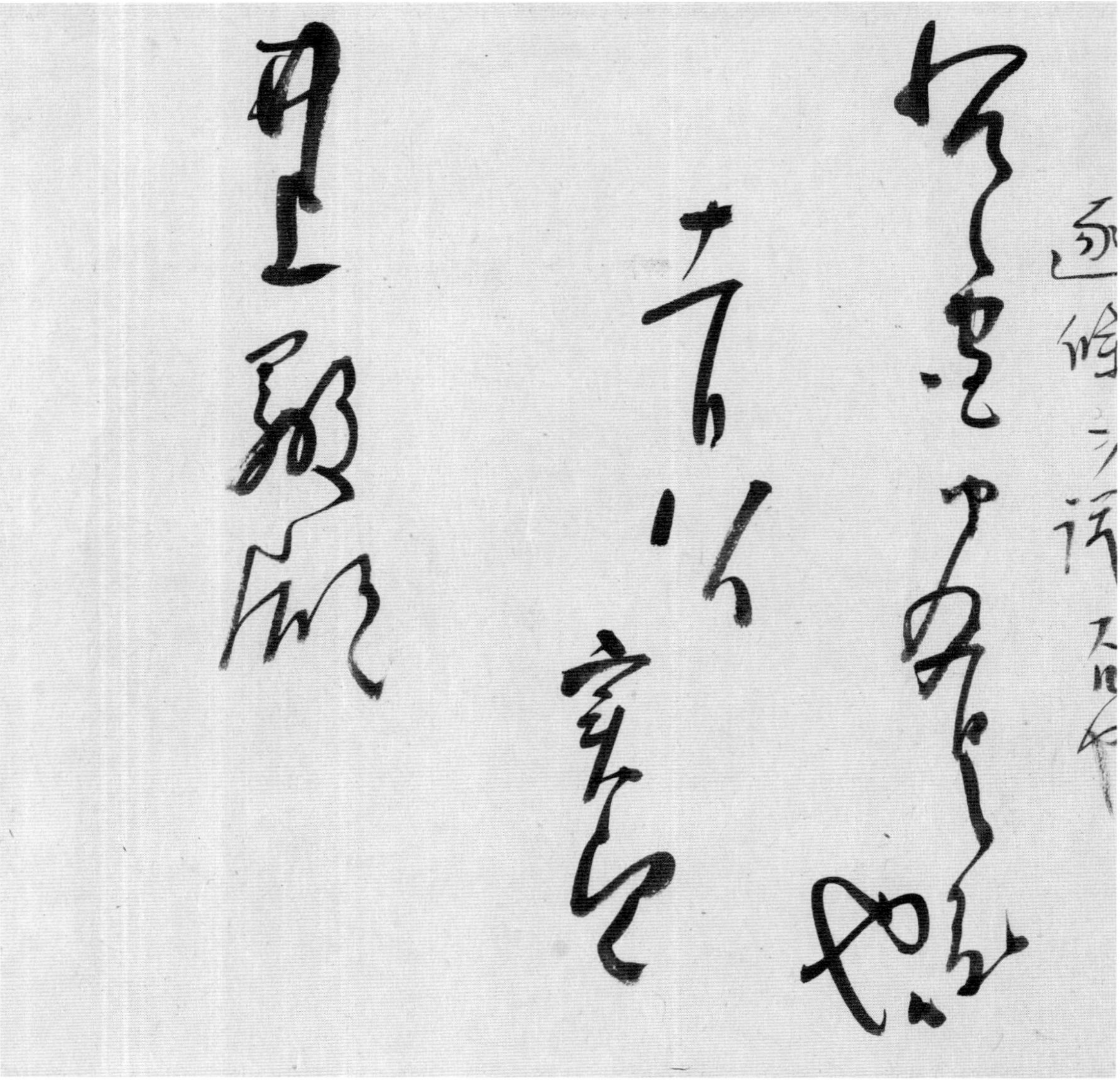

右之辺（邉）申入有之度候也

十一月八日

實（実）美

井上毅殿

【解題】 明治二十二年（一八八九）十月十八日に、外務大臣大隈重信が玄洋社来島恒喜《くるしまつねき》の投じた爆弾により重傷を負ったことをきっかけとして、二十一日、政府は条約改正の中止を決定し、翌二十二日に内閣総理大臣黒田清隆《きよたか》が辞表を呈するとともに、遭難療養中の大隈と内務大臣山縣有朋を除く全閣僚も辞表を提出したが、黒田清隆の辞職のみが許可され、二十五日に内大臣三条實美が後継総理大臣の兼任を命じられた。また同月十一日に伊藤博文が枢密院議長の辞表を提出した件についても、三十日に辞職が許可され、伊藤は宮中顧問官となる。このように、政局は条約改正中止をめぐり混迷を極めており、早期の事態収拾が求められていた。

井上毅は、打開策として甲乙二種の閣議案と照会公文（「条約改正意見」『井上毅伝』史料篇第一）を起草して三条に呈した。そこで示された条約改正に向けて今後とるべき政府の基本方針が、その後十二月十日に閣議決定された「将来外交の攻略」の骨子となり、条約改正交渉の延期も決定された。大隈はこの閣議決定を不満として十四日に辞表を提出、大隈の辞職にともない三条内閣は二十四日に総辞職し、同日に第一次山縣内閣が成立した。

本書翰は、井上の閣議案提出の四日後に三条から送られたものである。ここでは、伊藤に面会する機会があったならば、外国条約を枢密院で諮詢する場合の手続きについて問い合わせるよう依頼している。九月末から十月にかけて、条約改正案を枢密院へ諮詢することを希望する動きが見られ、三条のもとへも枢密顧問官佐佐木高行《たかゆき》が訪れて枢密院諮詢について尽力を依頼している。そのような流れもあり、条約改正案を枢密院で議することになった際、いかに協議すべきかの手続きを確認するために本書翰が認められたものと考えられる。なお、本書翰に対する井上による翌日付の返書（『井上毅伝』史料篇第四）があり、伊藤に問い合わせるため小田原へ向かう旨が記されている。

［宮部香織］

二八、議院制度に関する伊藤博文書翰

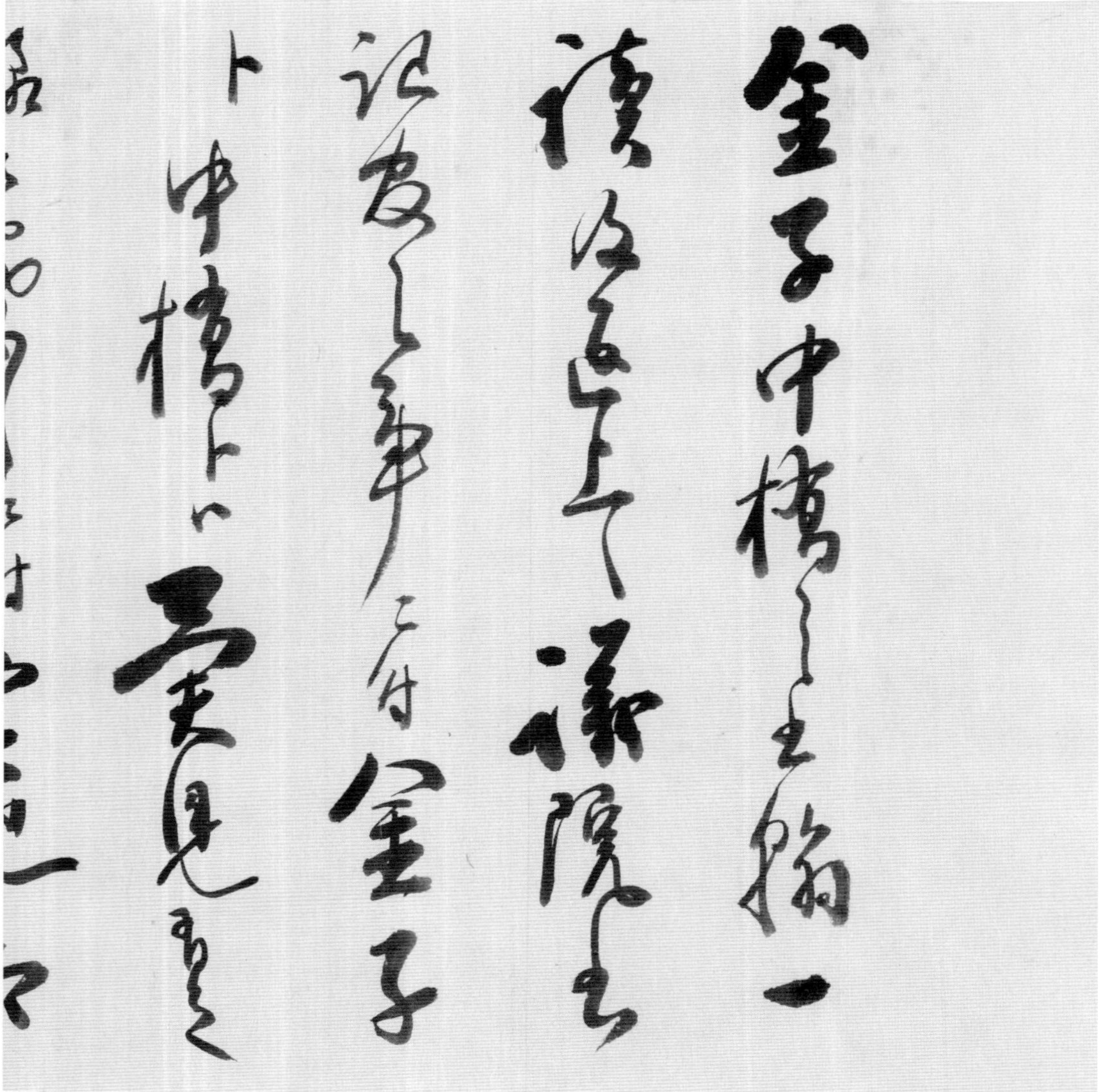

文書番号　Ⅱ－一四一
発信者　伊藤博文（宮中顧問官）
受信者　井上毅
（法制局長官・臨時帝国議会事務局総裁）
発信月日　明治二十三年二月十二日
寸　法　一八・二糎＊一二二・五糎

金子中橋之書翰一
読《(讀)》及返上候　議院書
記官之事ニ付　金子
ト中橋トハ異見有之

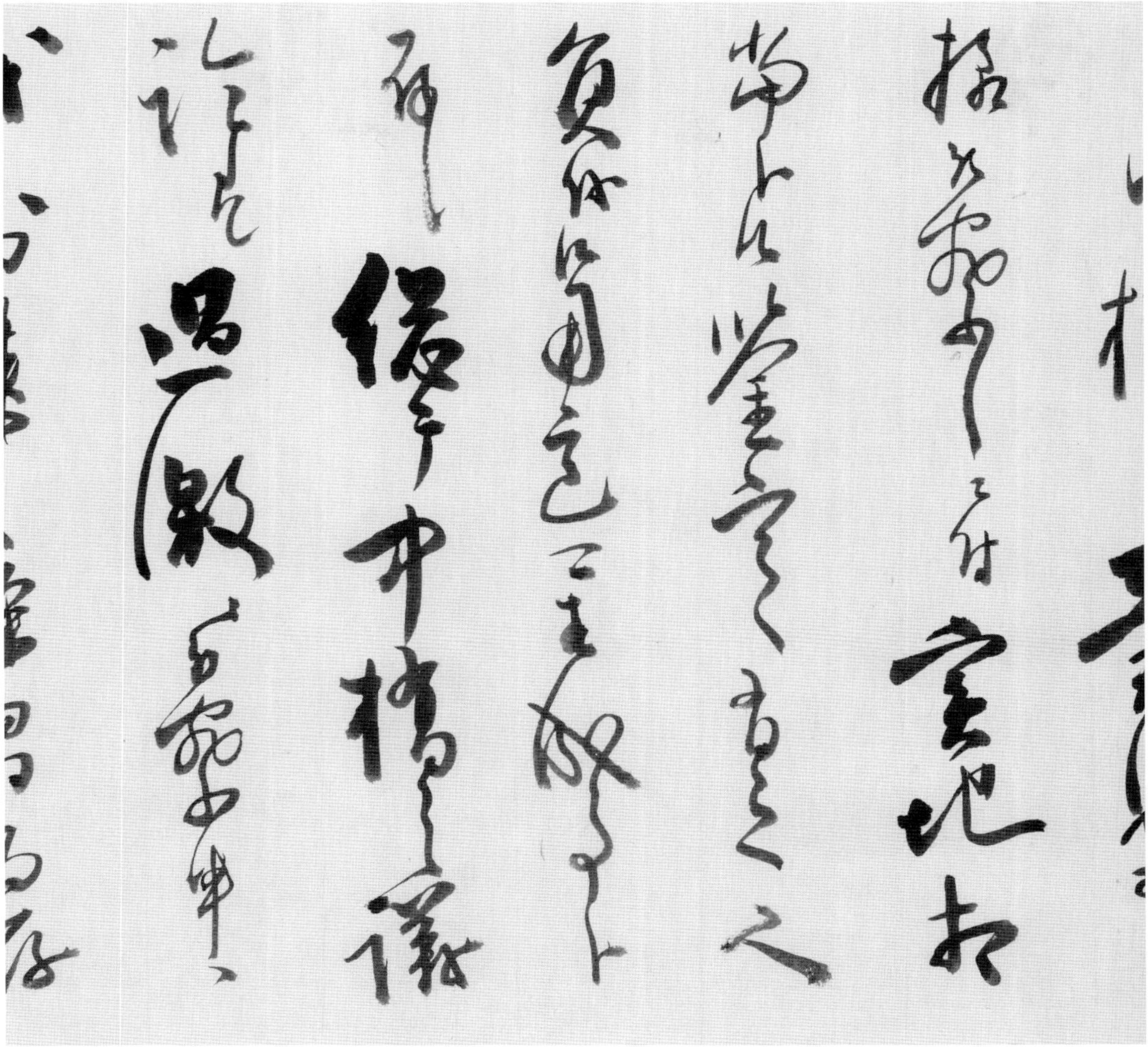

様被察候ニ付　実地相
当（當）ト御鑑（鑒）定有之　人
員を御用意可相成事ト
存候　総テ中橋之議
論は過激ニ被察申候

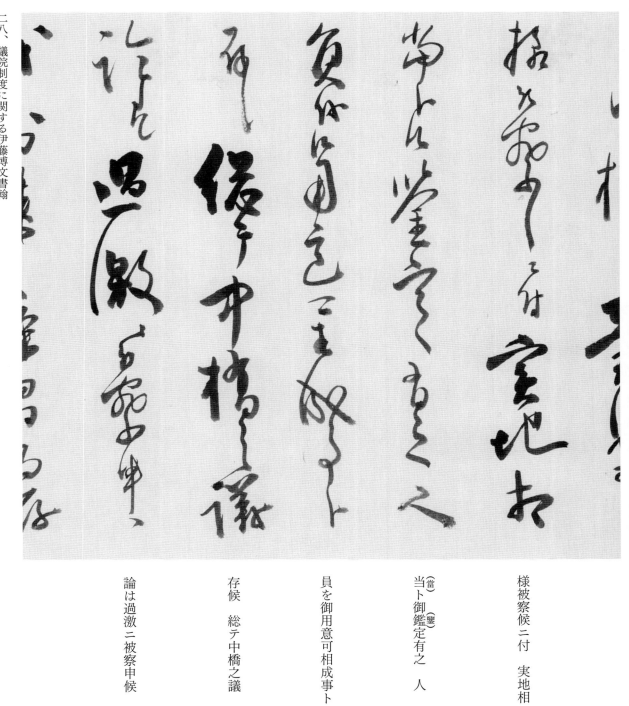

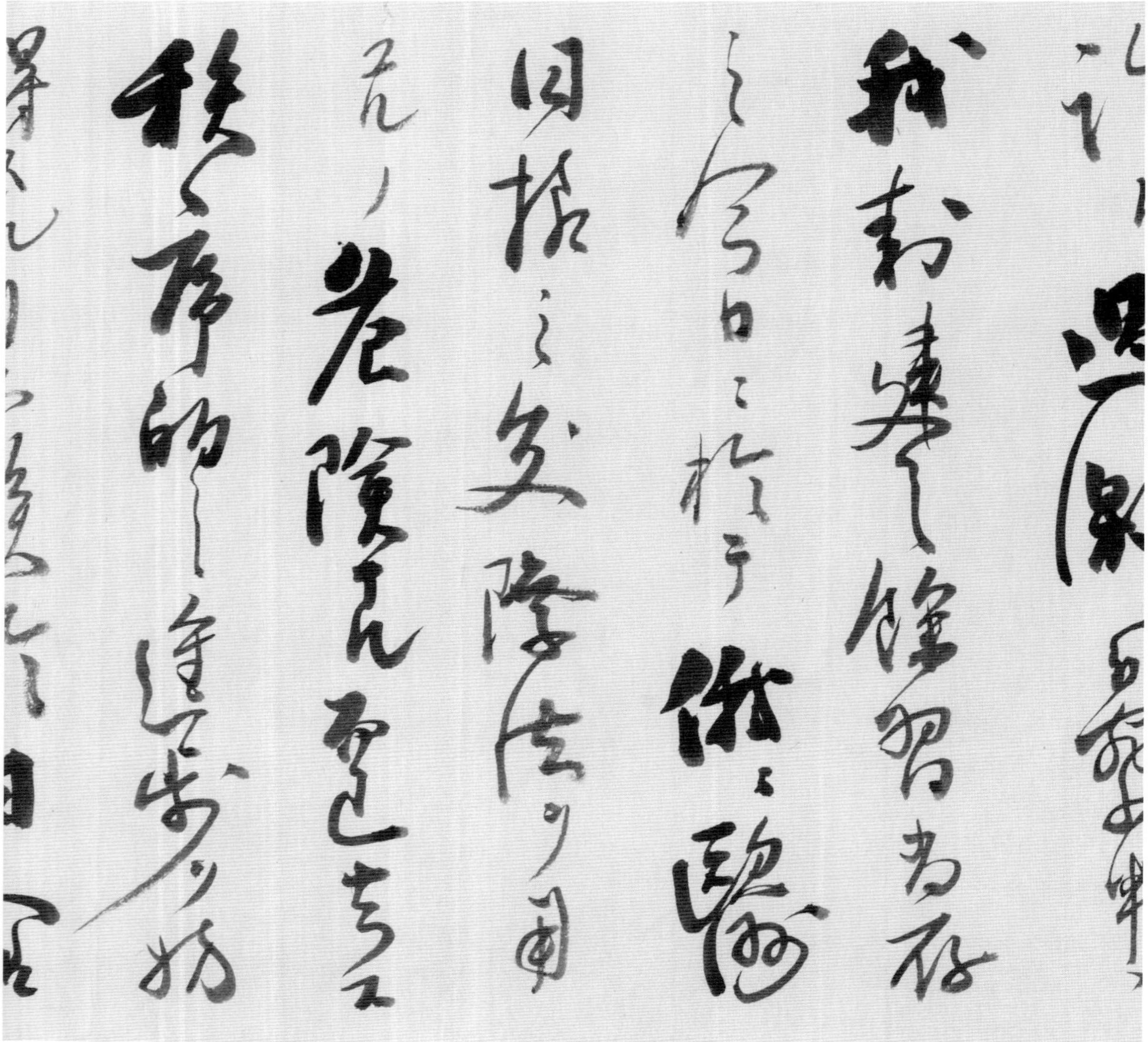

我封建之余（餘）習尚存
之今日ニ於テ　俄ニ欧洲
同様之交際法ヲ用
ユルノ危険ナル而已ナラス
秩序的之進歩ヲ防

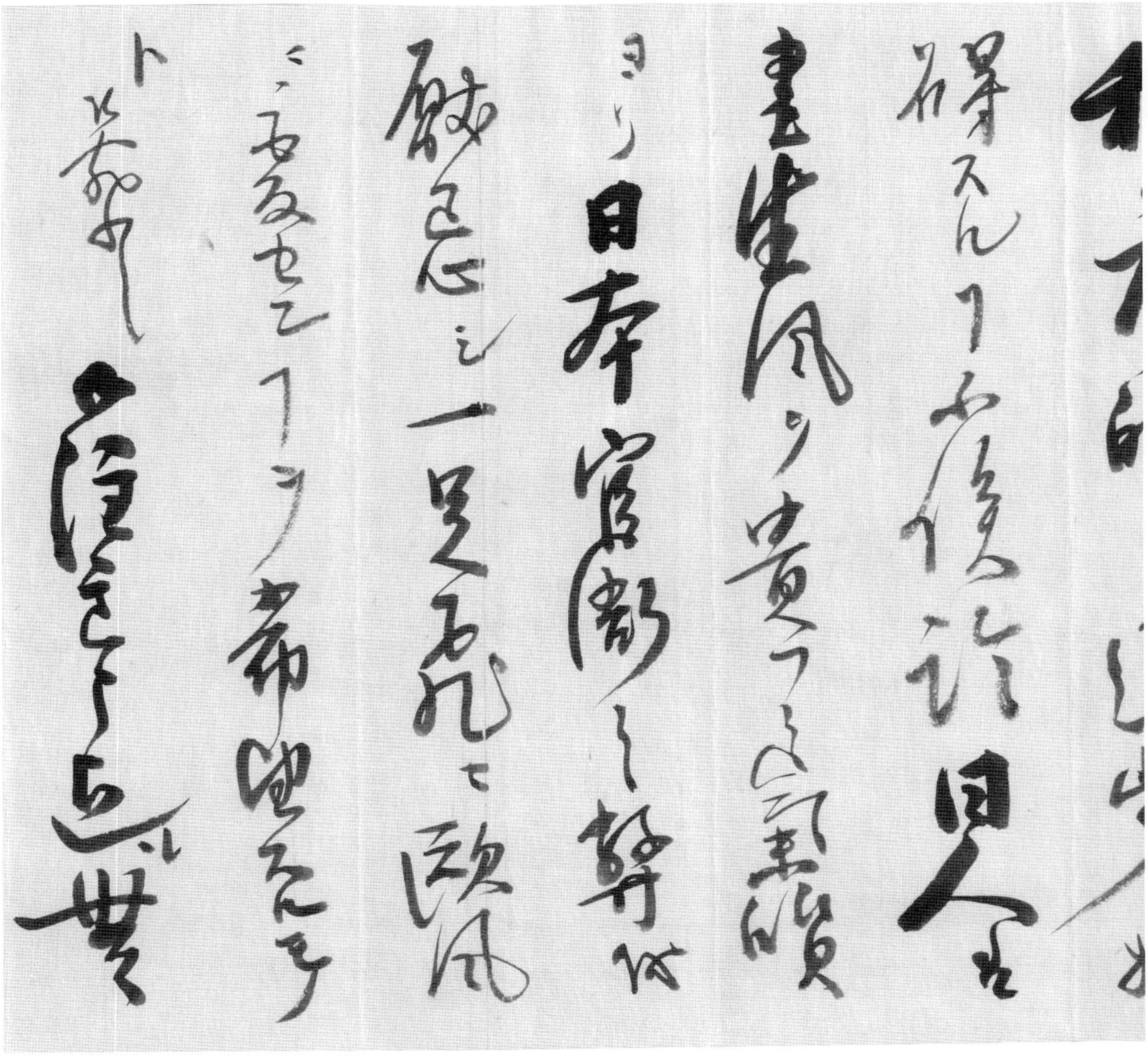

碍スルコト(丁)不俟論　同人は
書生風ヲ貴フ之気(氣)質
ヨリ日本官衙之弊を
厭忌シ　一足飛ニ欧風
ニ変センコト(丁)ヲ希望スルモノ
ト被察候　御注意申迄も無

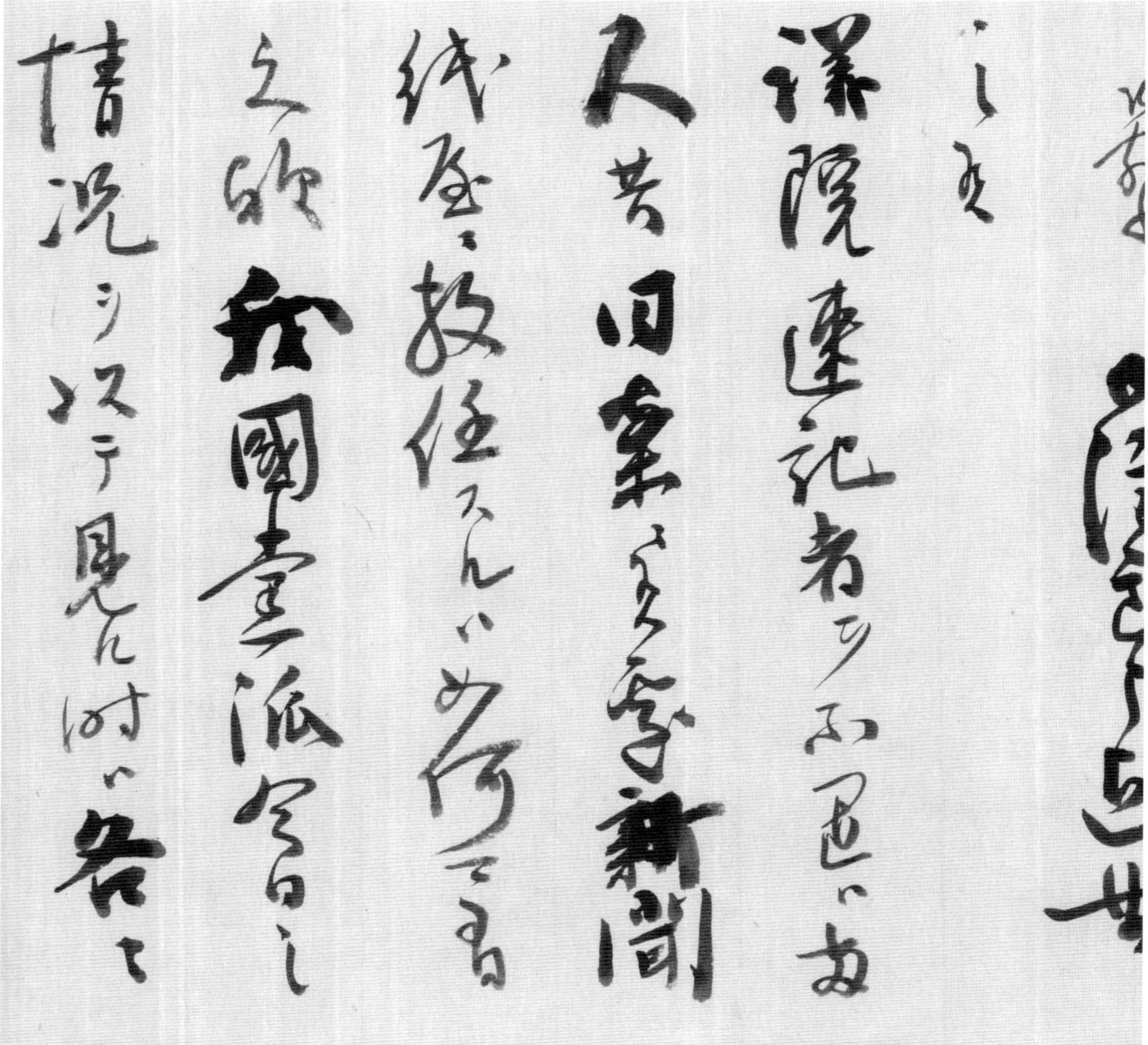

之候
議院速記者ヲ不置ハ両
人共同案ニ候処（處） 新聞
紙屋ニ放任スルハ如何可有
之歟 我国（國）党（黨）派今日之
情況ヲ以テ見ル時ハ 各々

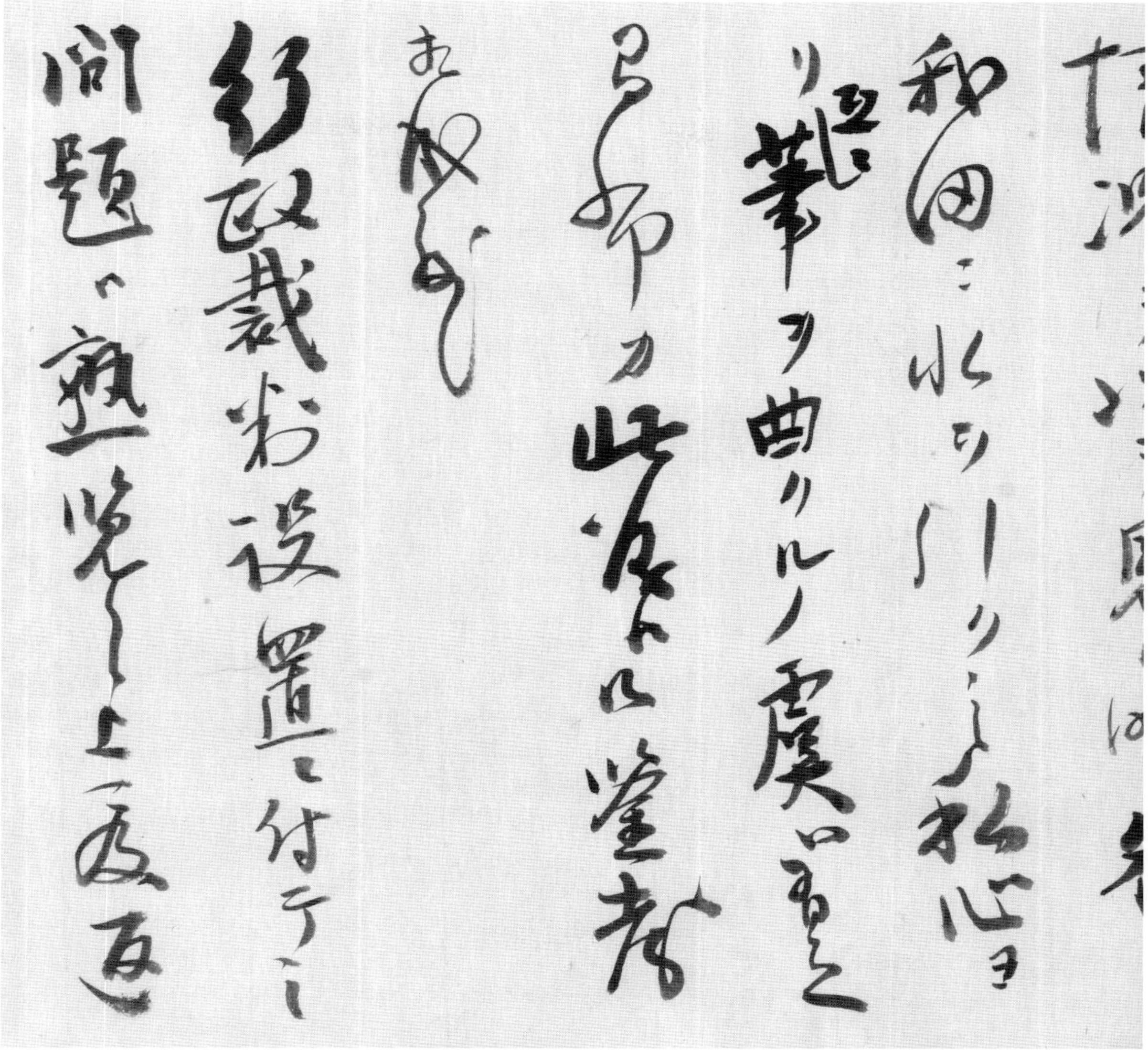

我田ニ水ヲ引ク之私心ヨ
リ互ニ筆ヲ曲クルノ虞ハ有之
間布カ　此儀ハ御鑑（鑒）考
相成度候
行政裁判設置ニ付テ之
問題ハ熟覧之上　可及返

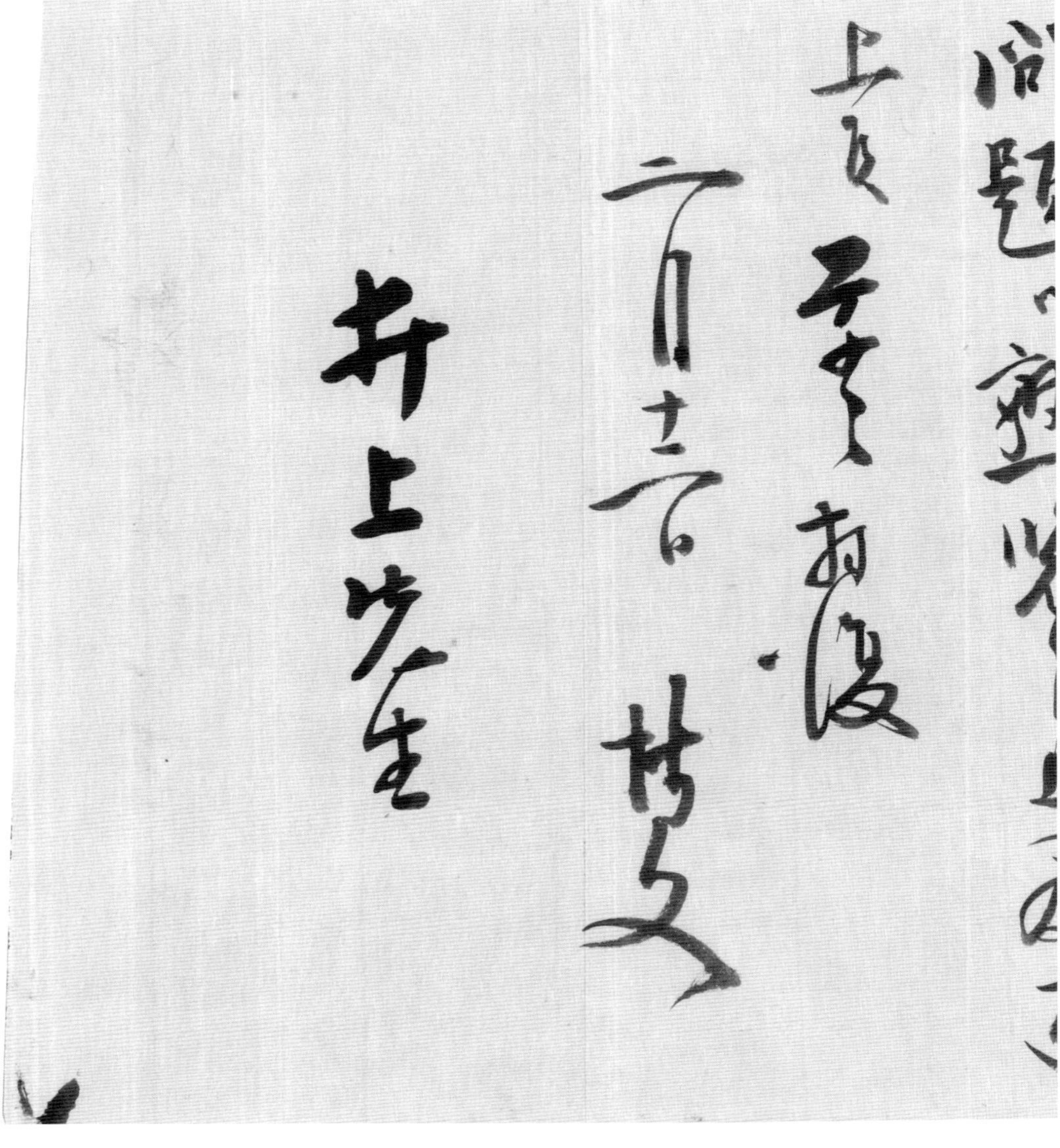

上候　草々拝復

二月十二日　博文

井上先生

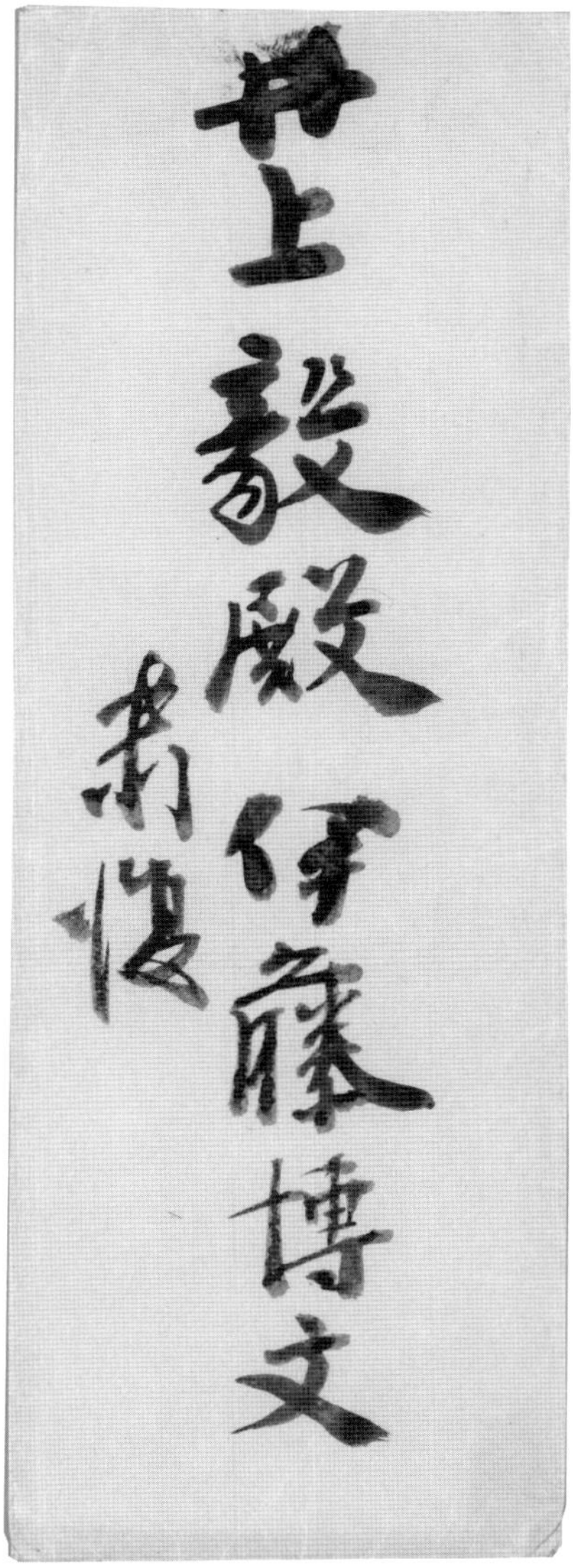

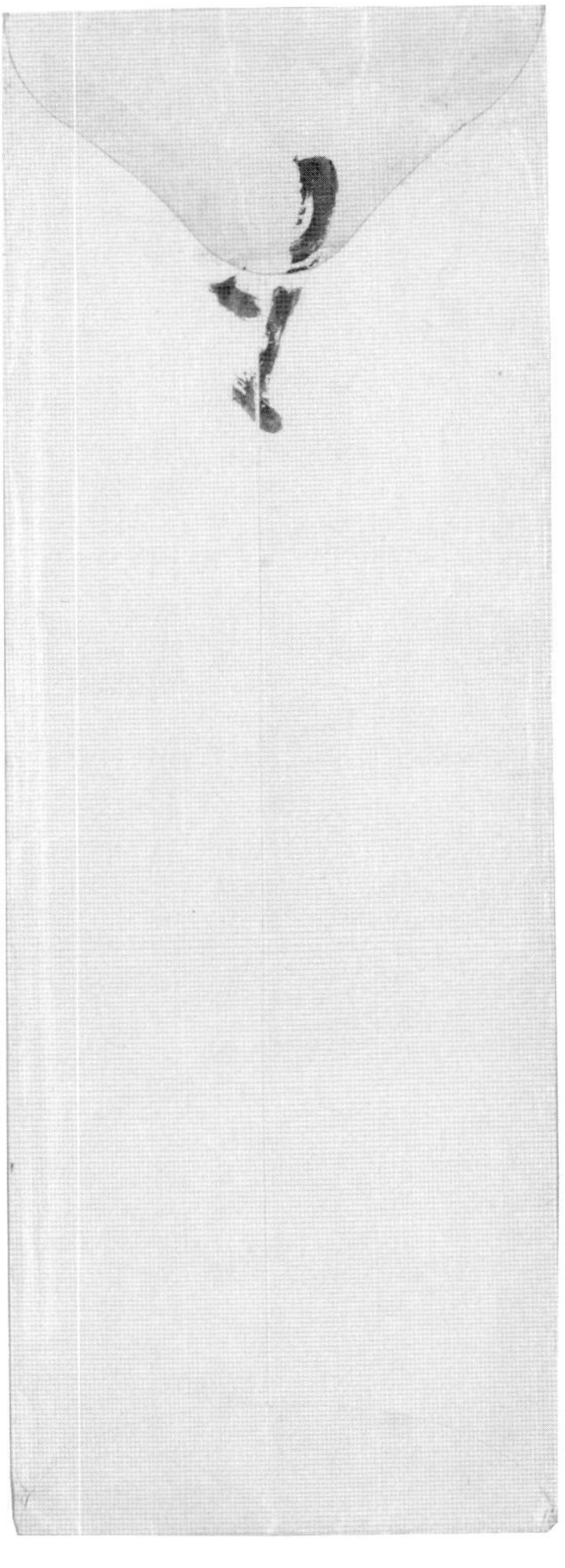

（封筒表）

井上毅殿　伊藤博文

恭復

（封筒裏）

〆

【解題】　明治二十二年（一八八九）二月、大日本帝国憲法が発布された。もっとも、立憲政治を実施に移すには、議事運営に関する諸法規の制定から、議場の建設といった土木工事に至るまで、まだ多くの準備が残されていた。同年十月、その準備機関として臨時帝国議会事務局が設置され、井上毅が総裁に就任した。井上は、東洋初の議会開設を成功に導くべく、この最後の総仕上げに全力で取り組み、「殆んど昼夜を兼ねて局員を督励」したといわれる（梧陰文庫研究会編『古城貞吉稿　井上毅先生伝』）。本書翰は、この時期に伊藤博文から井上に送られたもので、欧米諸国の議会の実態を調査するため同年七月より外遊中の金子堅太郎《けんたろう》・中橋徳五《とくご》郎《ろう》の書翰に対する、伊藤の率直な批判が綴られている。

　議場のあり方や議事手続きの諸規則が、実際の議論、ひいては政治情勢に影響を与えることは言うまでもなかろう。それゆえバランス感覚に富み、事を慎重に運ぼうとする伊藤が、諸規則の作成に際して、議事の混乱を可能な限り回避し、整然たる議事運営を行えるように気を配ったであろうことは、想像に難くない。ここで伊藤が井上に特に問いかけているのは、議事の記録をどのような方法によって残すかという問題で、伊藤は、金子と中橋の両人が専門の議院速記者を置かず、議事録を民間の新聞に任せようとしていることに危惧の念を表明している。

　二十三年（一八九〇）七月に予定された第一回衆議院議員総選挙を目前に控え、「我国党派今日之情況」は、諸政党の間および官民の間で激しさを増し、そして多くの新聞はそれぞれ党派と密接な関係を持っていた。また「政治の季節」を迎えた明治二十年代初頭は、ジャーナリズムがスキャンダルとキャンペーンを利用して発行部数の拡大を図っていた時期にもあたり、各社間では熾烈な競争が展開していた（佐々木隆『メディアと権力』）。こうしたことを念頭におけば、公平で信頼できる議事録の作成を、新聞に期待することは到底困難だった。結局、速記録は官が作成し、『官報』に掲載するという方式が採用され、日本の議会は、帝国議会から戦後の国会に至るまで、欠かさず記録を取り続けている世界的にも珍しい例となったのである。

［坂本一登］

二九、首相決意に関する山縣有朋書翰

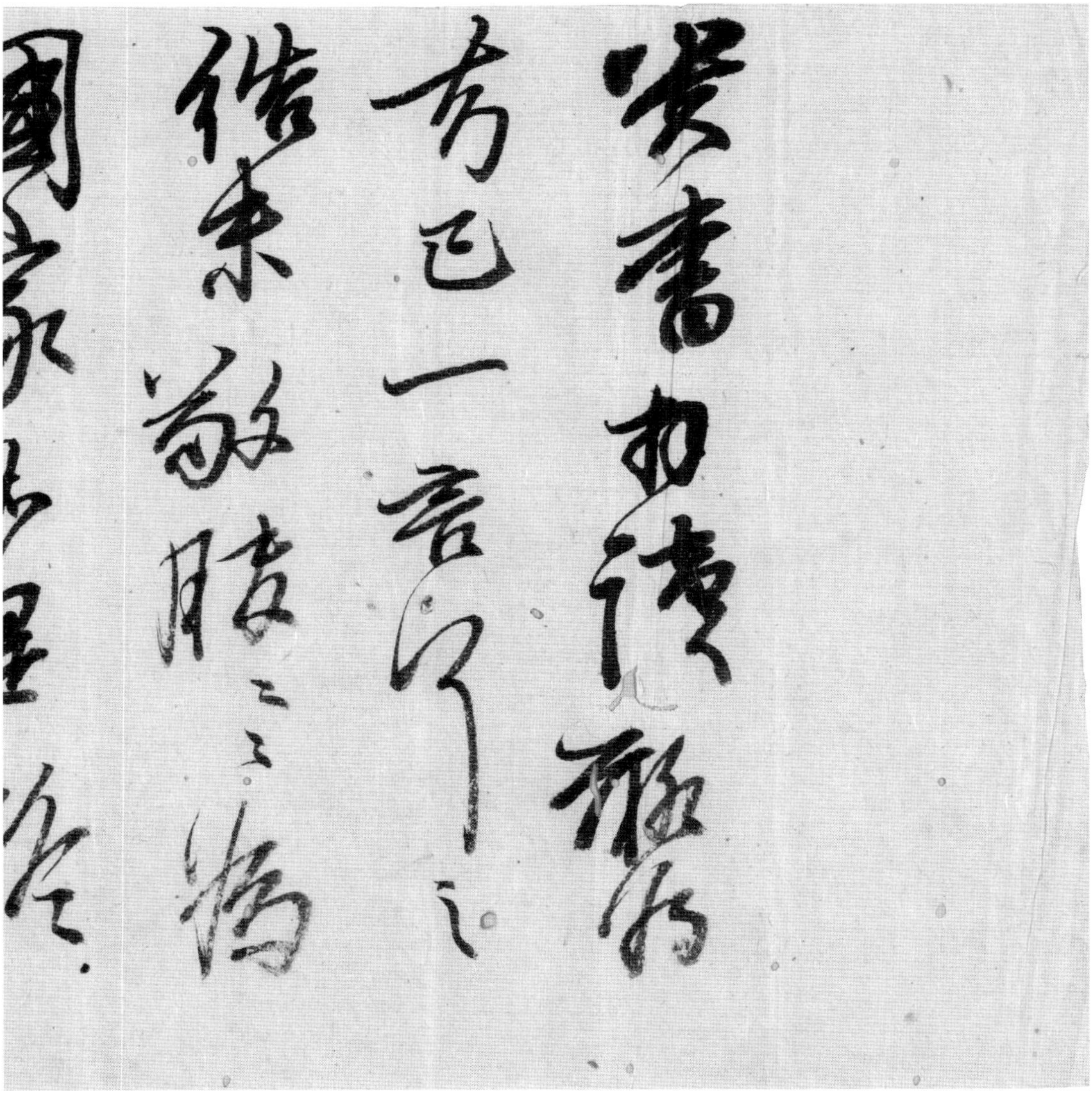

文書番号　Ⅱ―一〇四
発信者　山縣有朋（内閣総理大臣）
受信者　井上毅（法制局長官）
発信月日　明治二十三年四月二十二日
寸法　一七・一糎＊一四〇・〇糎

貴書拝読（讀）　聊為
知己一言了之
結末敬服々々　為

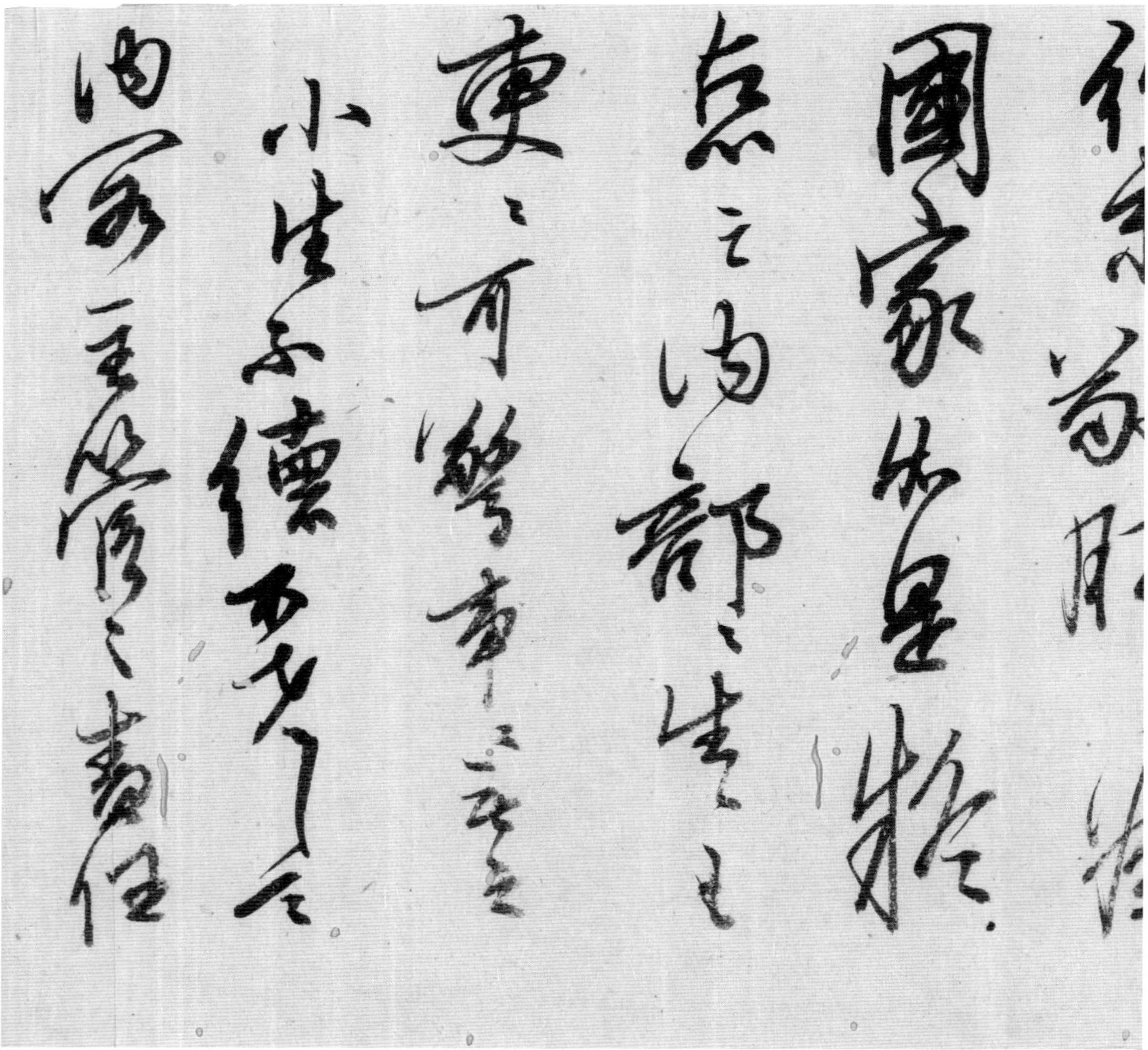

国(國)家如是疑

点之内部ニ生候も

更ニ可驚事ニ無之

小生不徳(德)不才ニして

内閣主管之責任

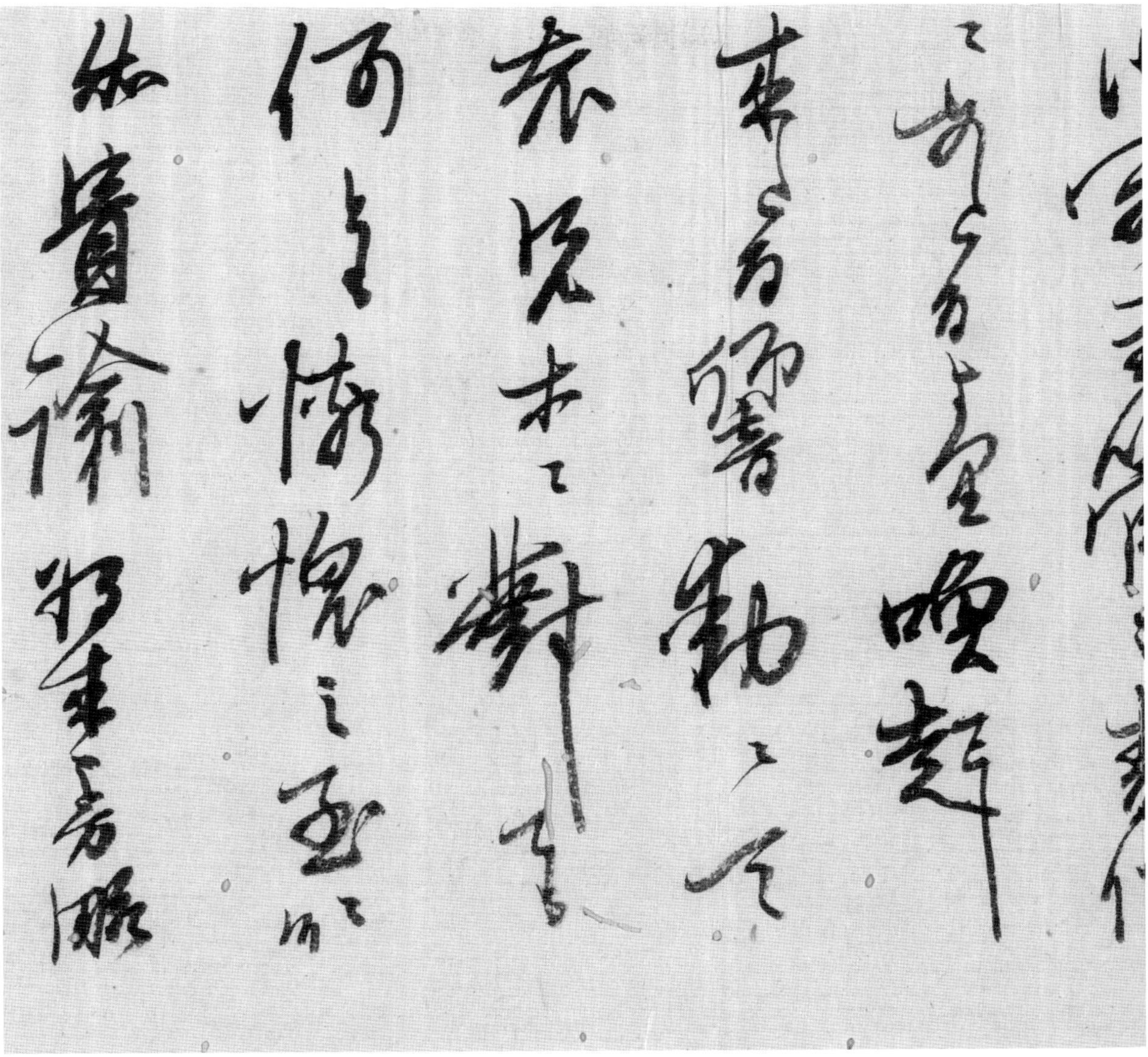

ニあたるより喚起し
来たる響動ニて
老兄等ニ対(對)しても
何とも慚愧之至ニ候
如貴諭将来之方略

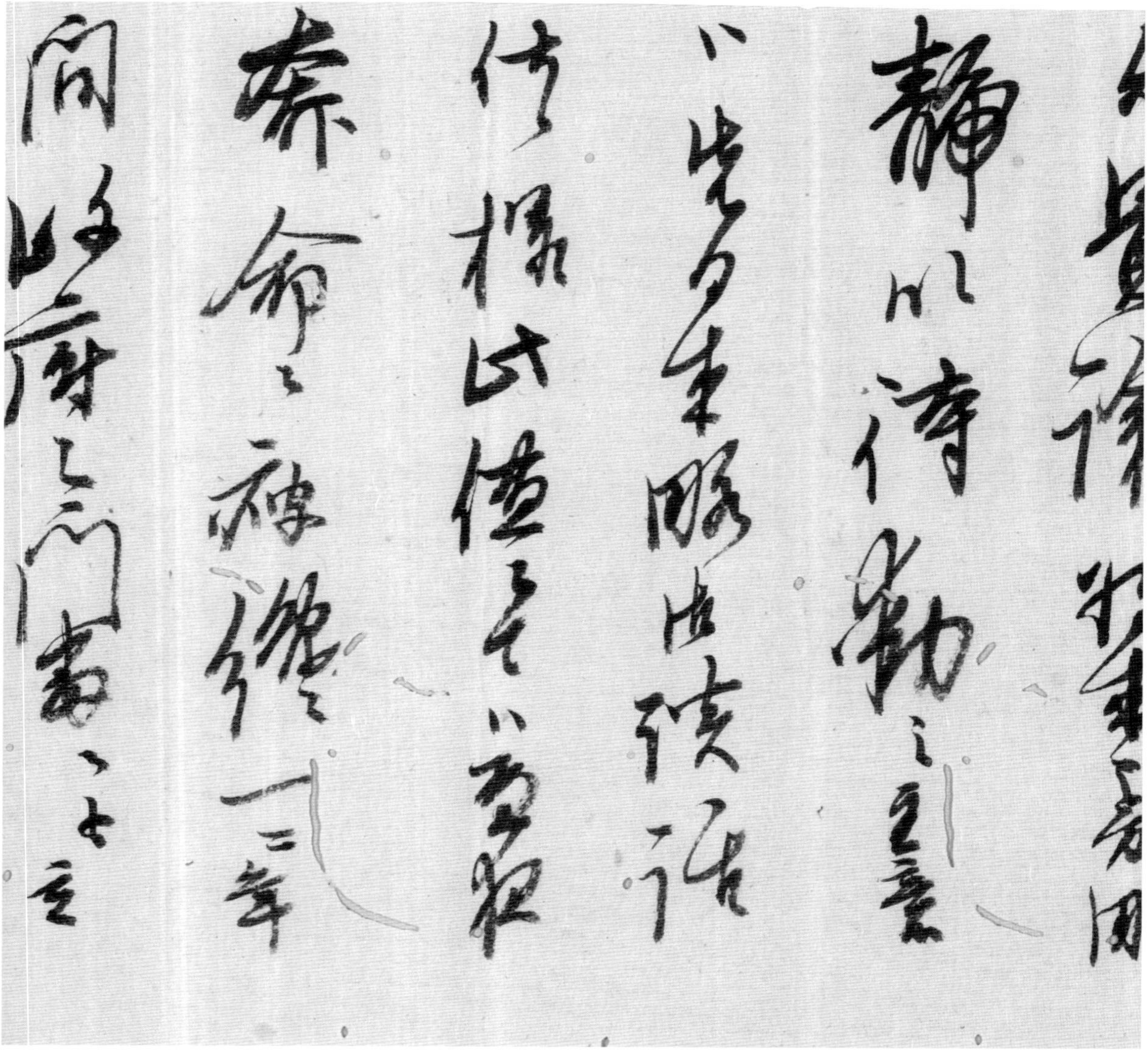

静以待動之主意
ハ　先日来略御談話
仕候様　此儘ニてハ昼夜
奔命ニ疲　纔一二年

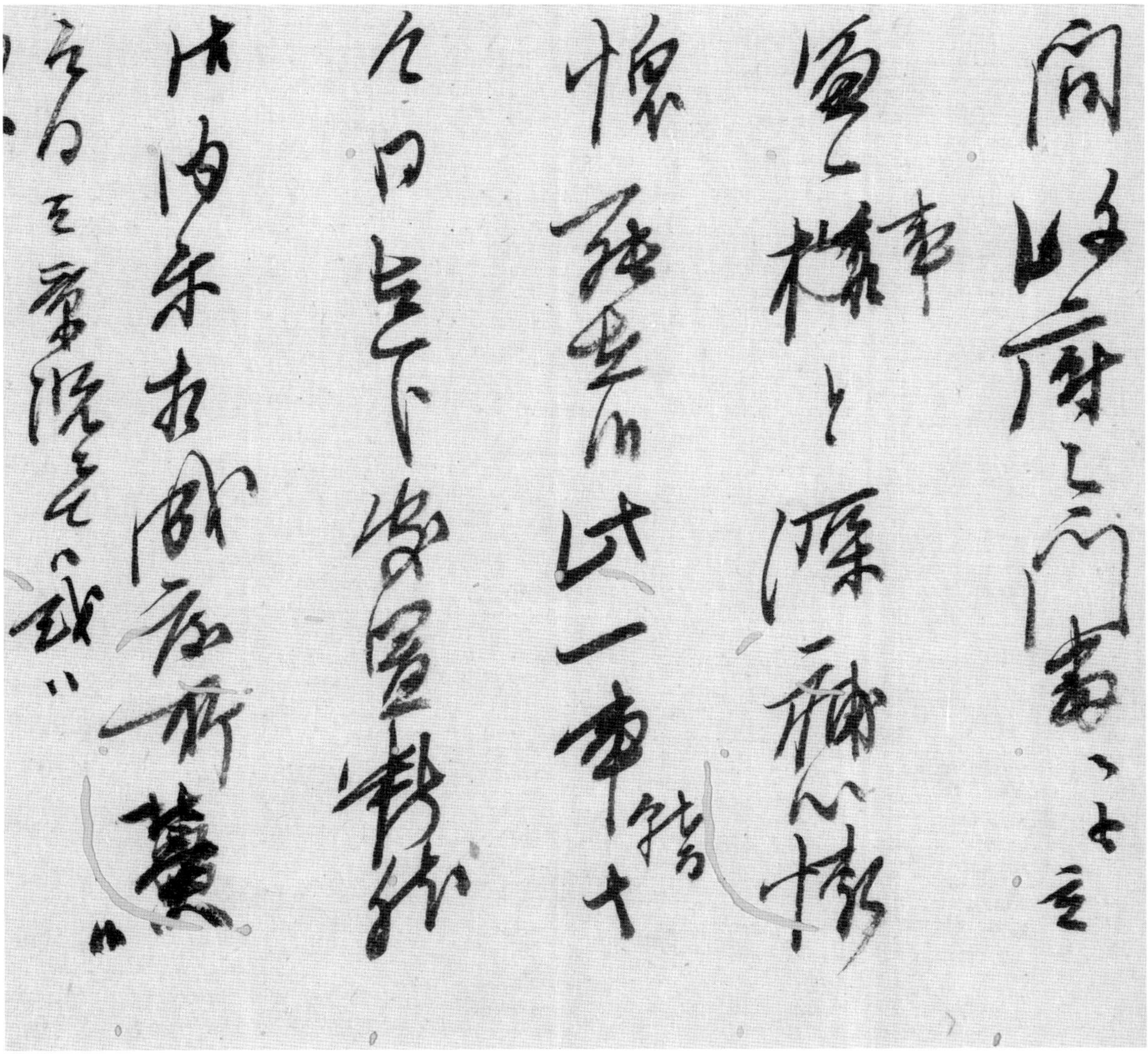

間　政府之門番ニも立

兼候事と深痛心慚

愧罷在候　此一事就ては

今日迄之処(處)置断然

御内示相成度　所冀ハ

今日之景況ニてハ　或ハ

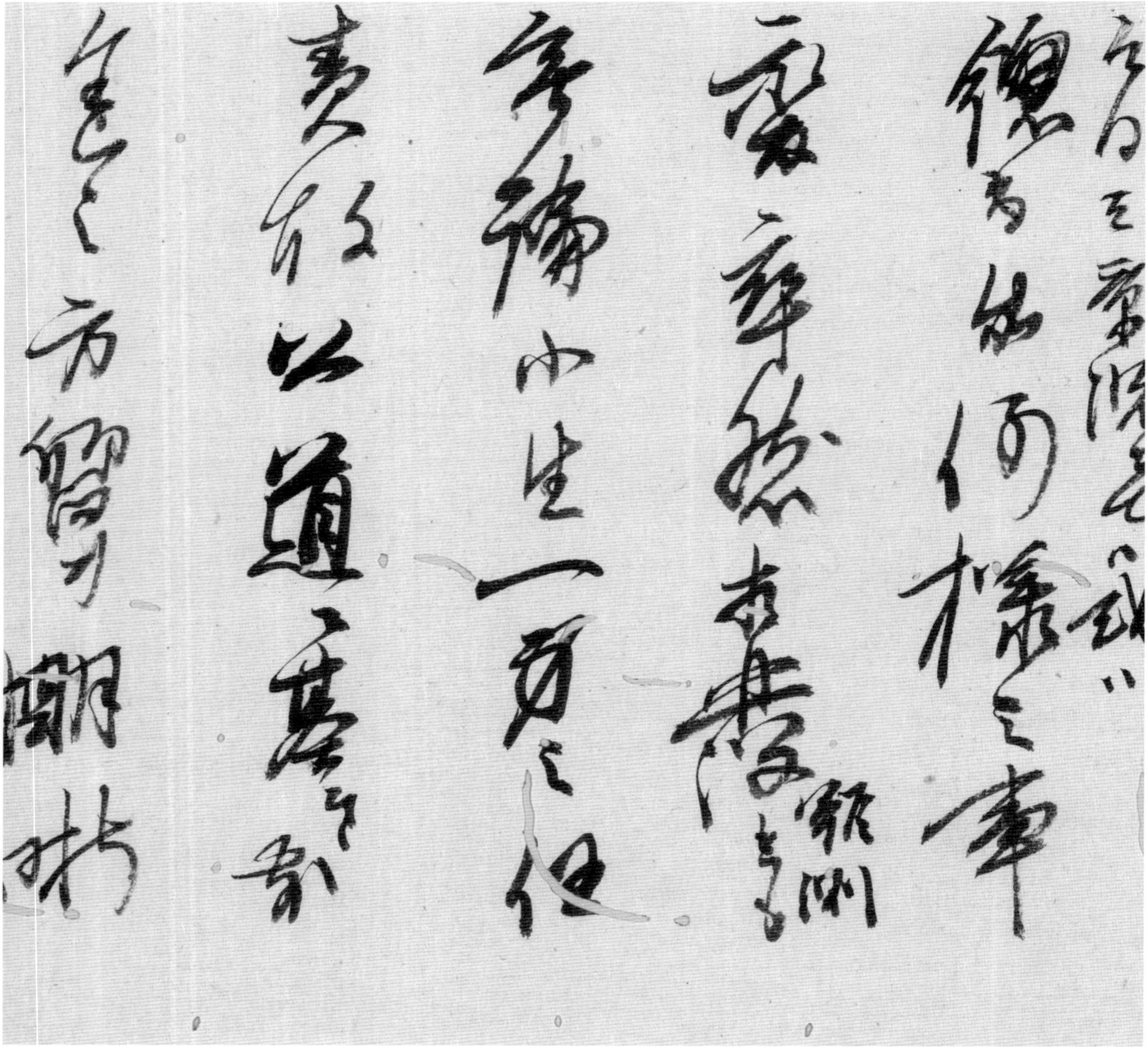

総(總)て如何様之事
変卒然相発(發)とも難測
無論小生一身之任
責故　公道ニ基き　前

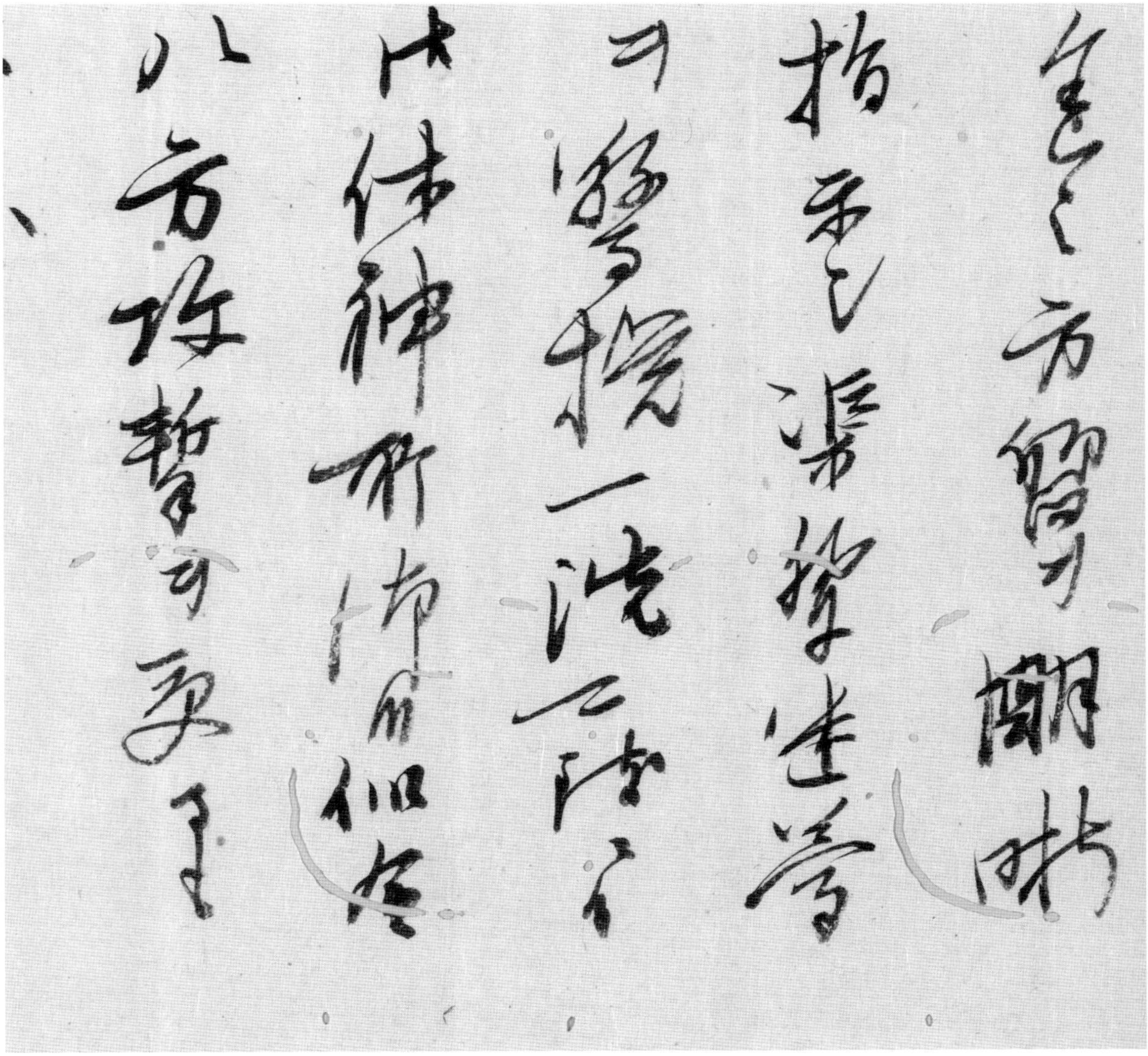

途之方向(嚮)ヲ明(朙)晰
指示し　渠輩迷夢
ヲ驚攪一洗可致ニ付
御休神所仰候　仮(假)令
八方攻撃ヲ受るも

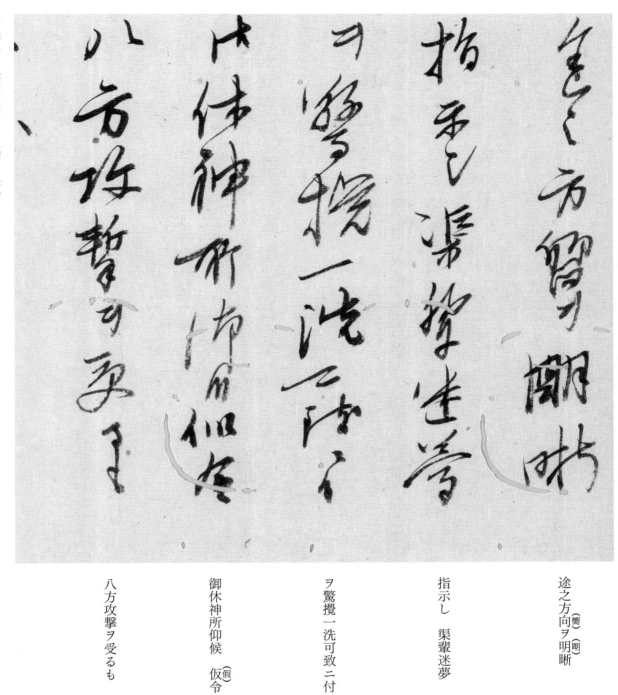

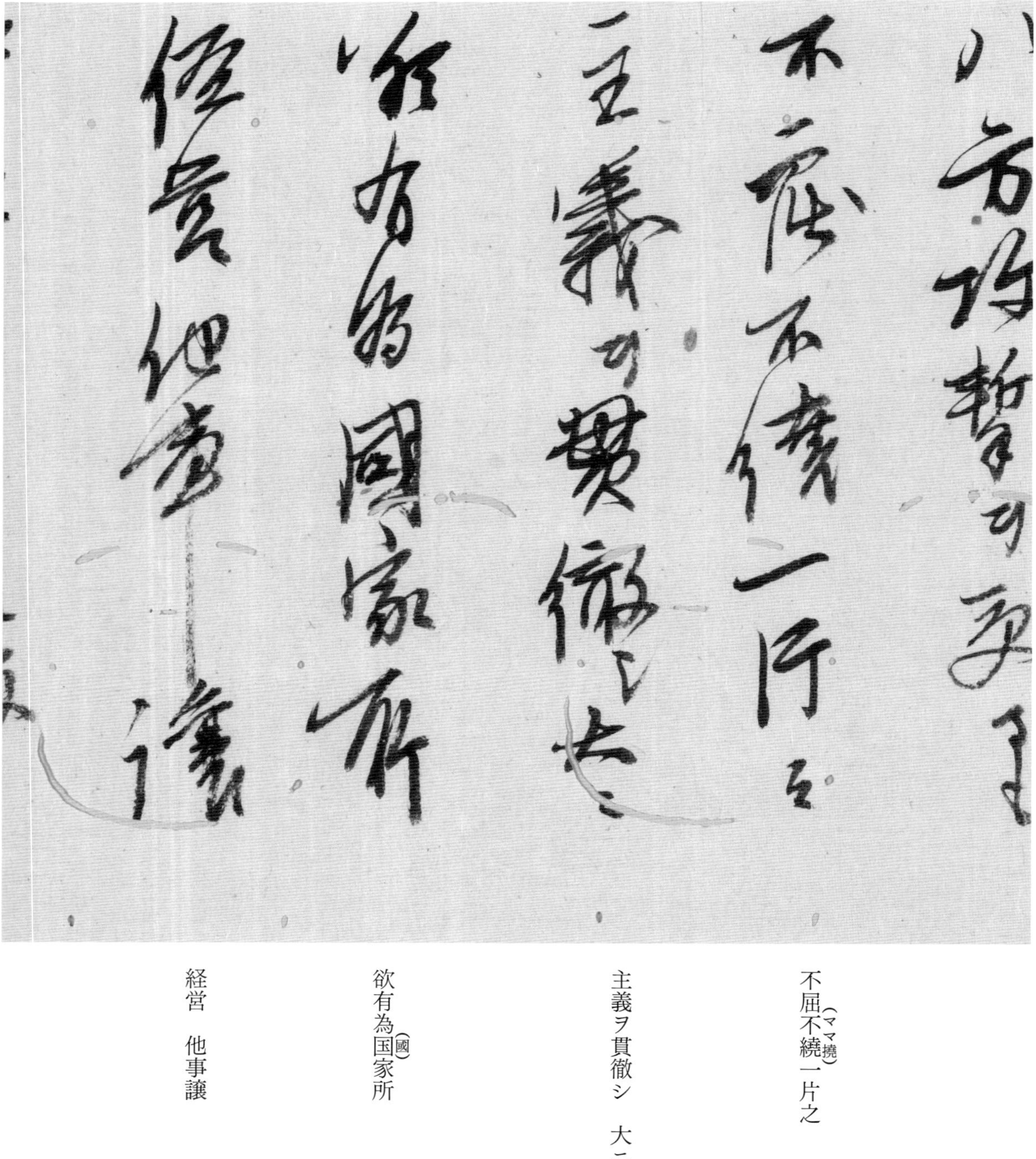

不屈不繞（ママ撓）一片之
主義ヲ貫徹シ　大ニ
欲有為国（國）家所
経営　他事譲

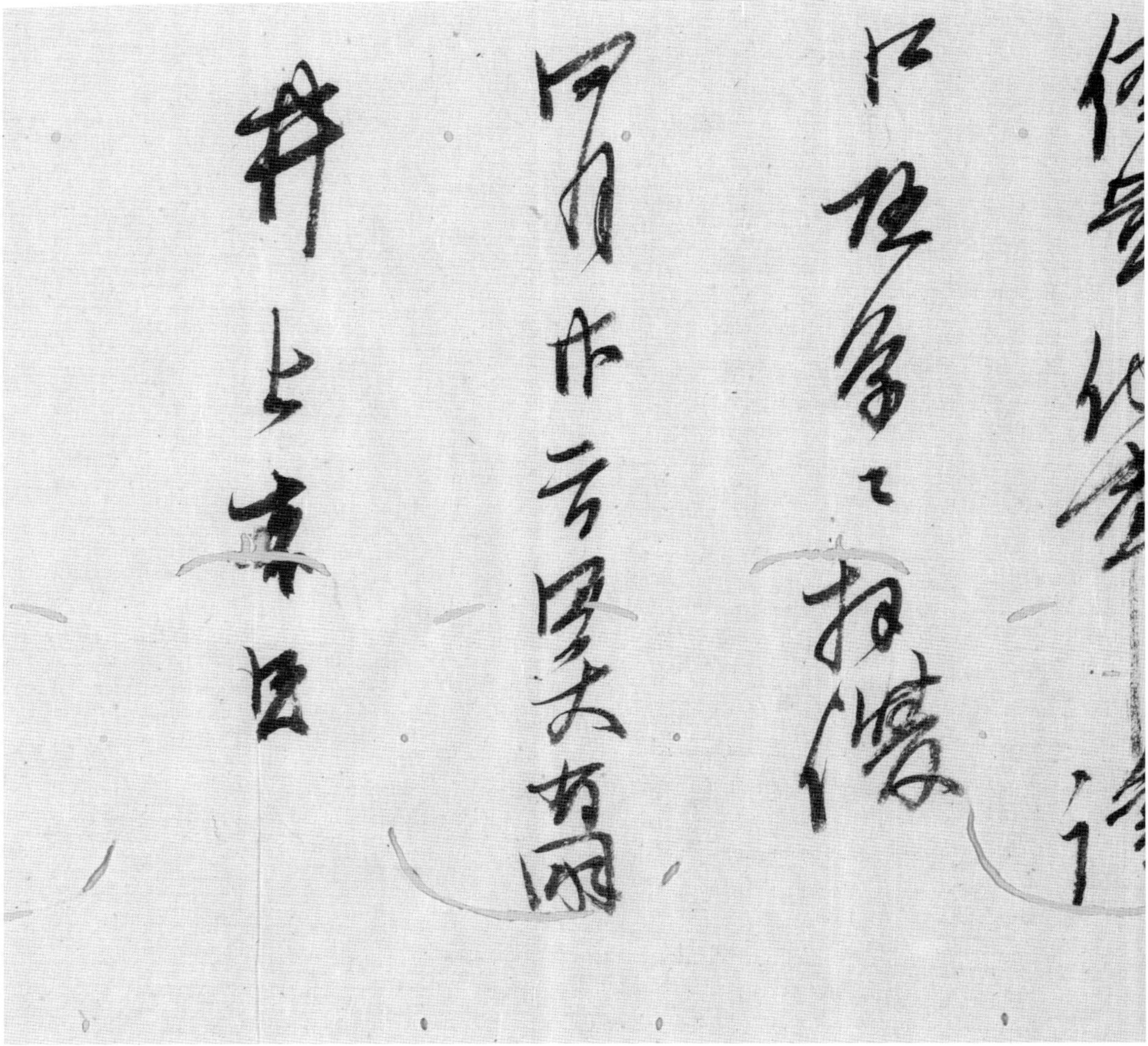

口頭　草々拜復

四月廿二日早天　有朋

井上老兄

【解題】 明治二十二年（一八八九）十月二十二日、条約改正問題で行き詰った内閣総理大臣黒田清隆《きよたか》は辞表を捧呈、後継首班として欧州外遊より帰国した山縣有朋を推した。しかし山縣は逡巡して受けず、やむなく内大臣三条實美が大命により首相を兼務する。山縣内閣が漸く発足した時には、すでに年の暮れ、十二月二十四日になっていた。井上は前内閣から引き続き法制局長官として留まった。山縣の逡巡の裏面には、前内閣からの懸案たる条約改正問題に加え、第一回総選挙と国会開設を予定する新内閣の前途が、容易ならざるものになるであろうとの予見があった。とくに民党側は大幅な減税政策を主張しており、第一議会の紛糾は必然視されていた。山縣は欧州外遊中、各国で見聞した選挙と国会の有様について次のように記している。「小官巡遊中、一二上下両院会議之形況より、選挙之方法を目撃するに、沈著老成之議論は、匆論喝采を不得、急躁過激之空論を主張するの徒は、漸次名望を博するの影響は、文運発達に随ひ、尚ほ一歩を進むるの形勢状勢也［中略］国会は文明之華実、政治家之精神とも可申と雖、其弊や国家を玩弄視するに到ては、実に不堪慨嘆候」。「欧州文明之今日に於て」なお、このような印象を受けたことに山縣は緊張する。「目下我国之形勢を招来に推考するに、随分予想外之困難を惹起し可申候。今より覚悟せざる可らずと察申候」（四月五日付芳川顕正・田中光顕宛山縣書翰『公爵山縣有朋伝』中巻）。さて本書翰で山縣が「敬服」したという井上の意見は今日では不明であるが、これより少し後、井上は山縣に来たるべき国会対策に関して意見書を呈している。井上は同意見書において、政府の軍備増強政策を肯定する一方、「貴紳上流」に蔓延する「腐敗の病患」に強い警告を発し、「公衆の政府に対する信用は既に分毫を存することなし」と政府にも反省を求め、率先して冗費節約することを主張した。「今の道に由て進むときハ帝国議会の初期ハ徒ニ官民紛争の場となり［中略］兵備拡張の論の如きも秖ニ減税の説と相衝突して却て議会解散の媒介となるに至らん」。そもそも井上の見るところ、日本の政党員は「欧州の国会の富家翁」とは異なり、「皆忠君愛国を以て自ら抱負するの徒」であり、「国家独立の問題」に関しては「異類の人に非さるへし」とする。井上は「忠君愛国」の精神において、日本の政党員は「欧州文明」のそれよりも優れていると考えていた。したがって、政府自らが冗費節約の姿勢を示し、政党員の「忠君愛国」の情に訴えることができれば、彼らはもはや敵ではない。「兵備拡張の説ハ以て大勢を一転し大運を挽回す」るだろう（「冗費節約意見案」『井上毅伝』史料篇第二）。かつて国権論において大隈と激しく対立した「保守主義者」井上とは異なる側面が垣間見える。

［髙杉洋平］

三〇、貴族院議員処遇に関する伊藤博文書翰

文書番号　Ⅱ-二七一
発信者　伊藤博文（宮中顧問官）
受信者　井上毅（法制局長官）
発信月日　明治二十三年七月十日
寸　法　一八・八糎＊九七・〇糎

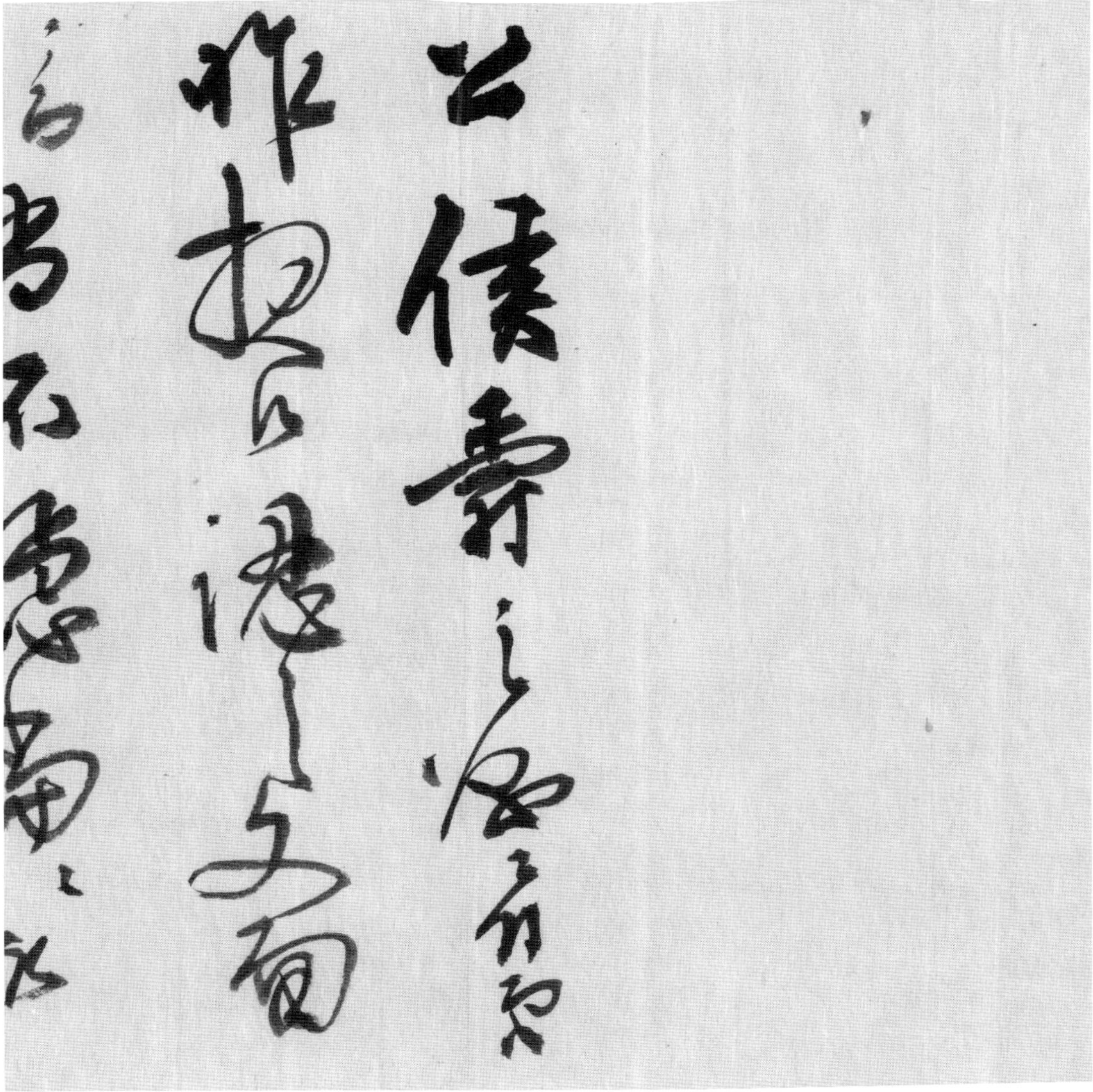

公侯爵ノ儀ニ付てハ

昨夜御認之文面

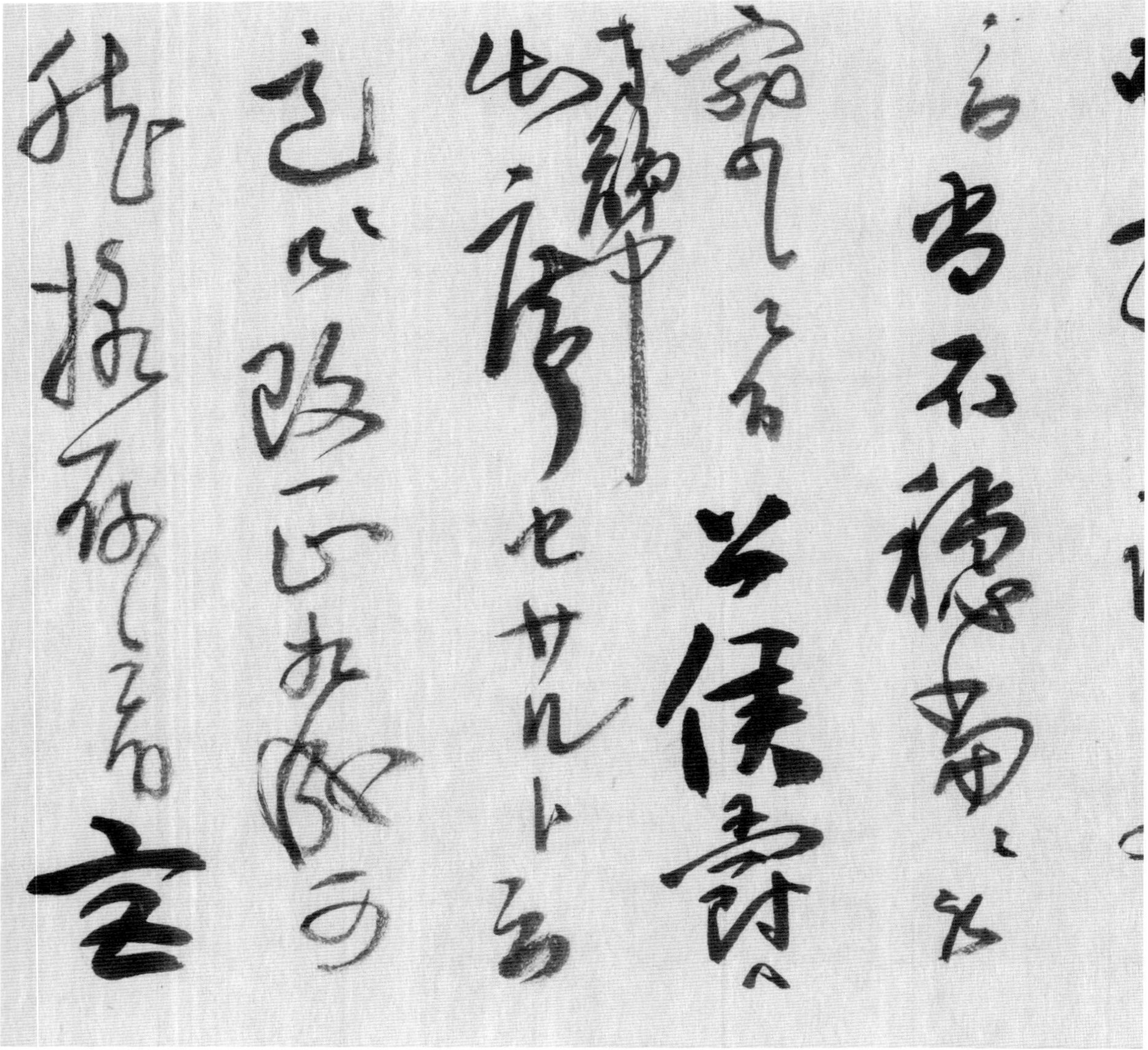

ニて尚不穏当(當)ニ被
察候ニ付　公侯爵ハ
奉職中
出席セサルト云
意ニ御改正相成可
然様存候ニ付　宮

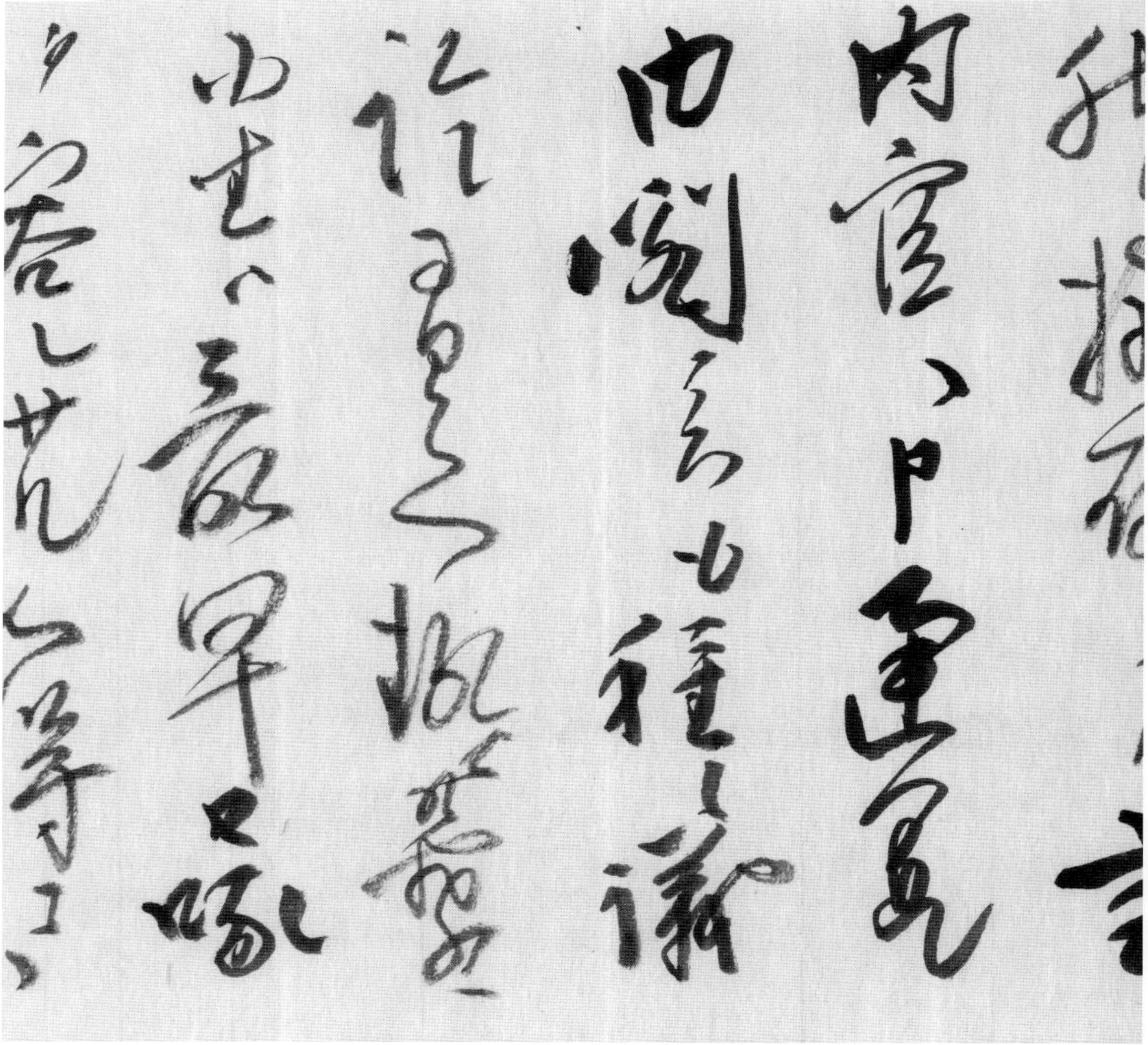

内官へ申通置候
内閣ニても種々議
論有之候趣ニ被察候
小生ハ最早口啄

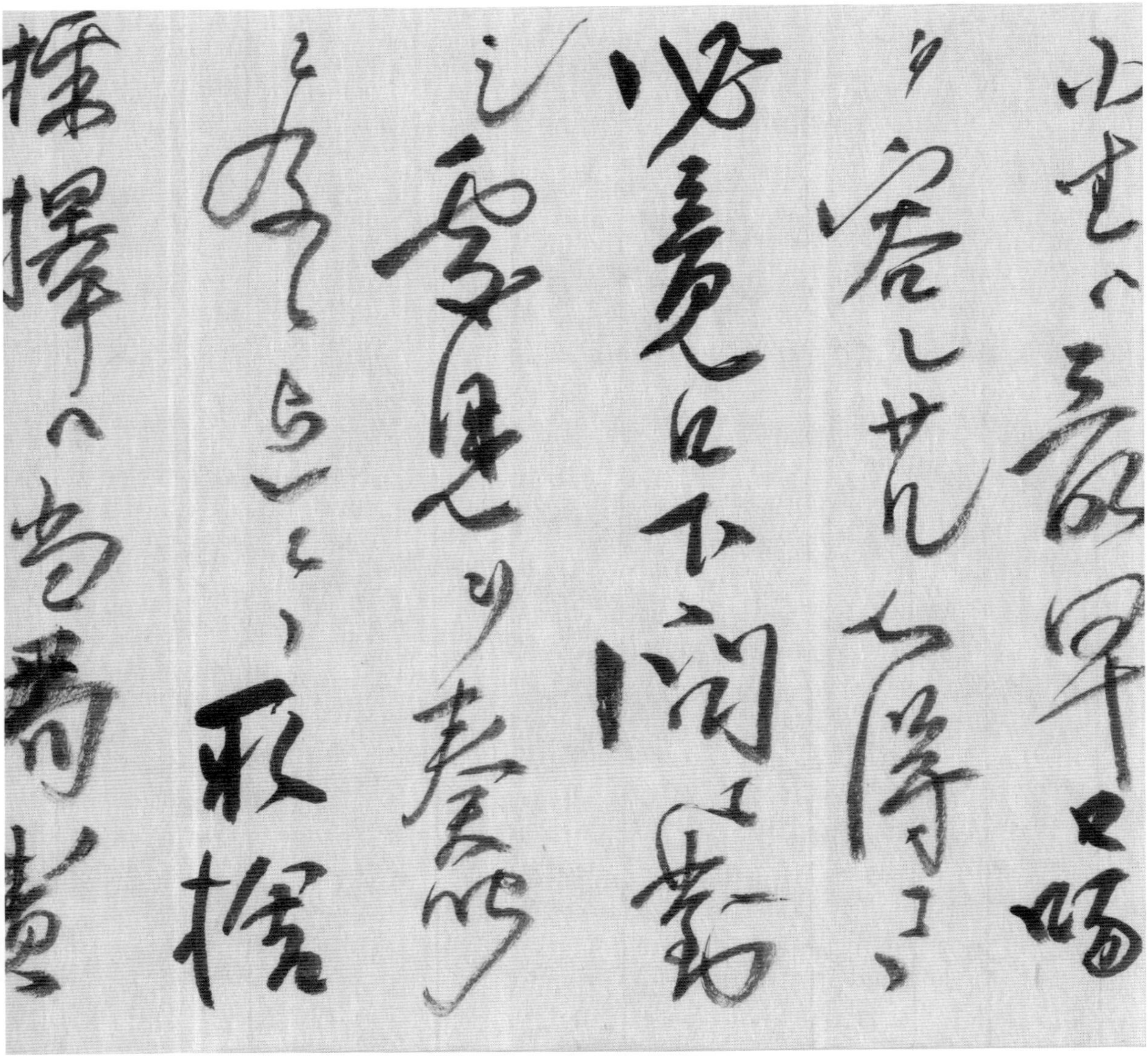

ヲ容レサル心得ニ候
必竟御下問ニ対（對）
シ　処（處）見ヲ奏聞
ニ及候迄ニ候　取捨

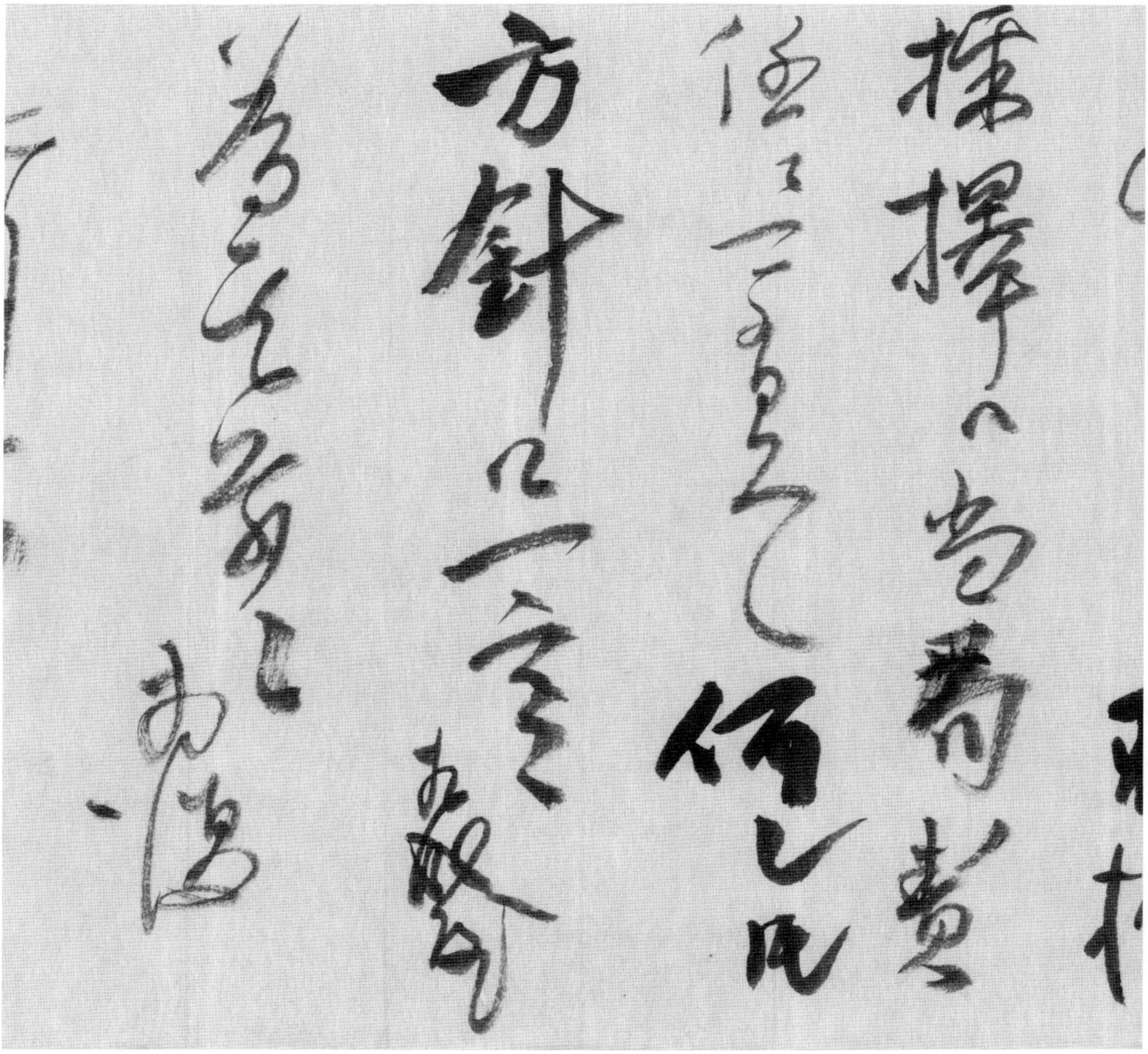

採択（擇）ハ、当局ノ責
任ニ可有之候　何レトモ（氏）
方針御一定相成度候
為其　草々拝復

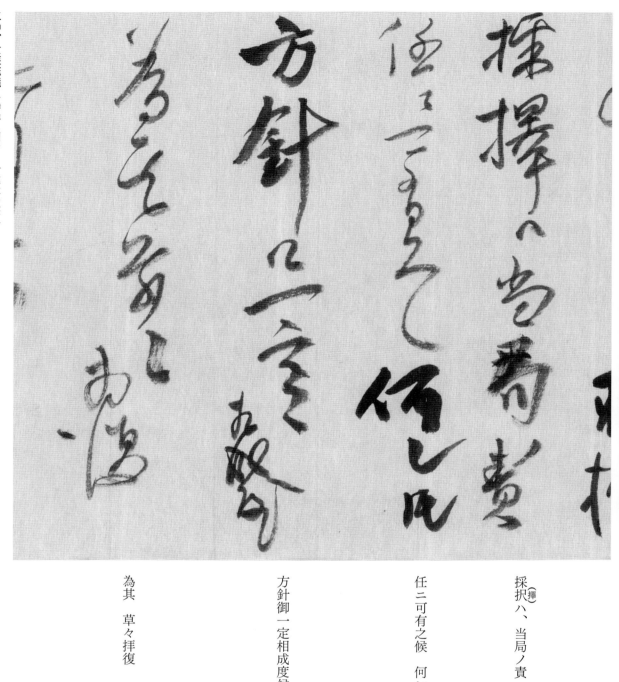

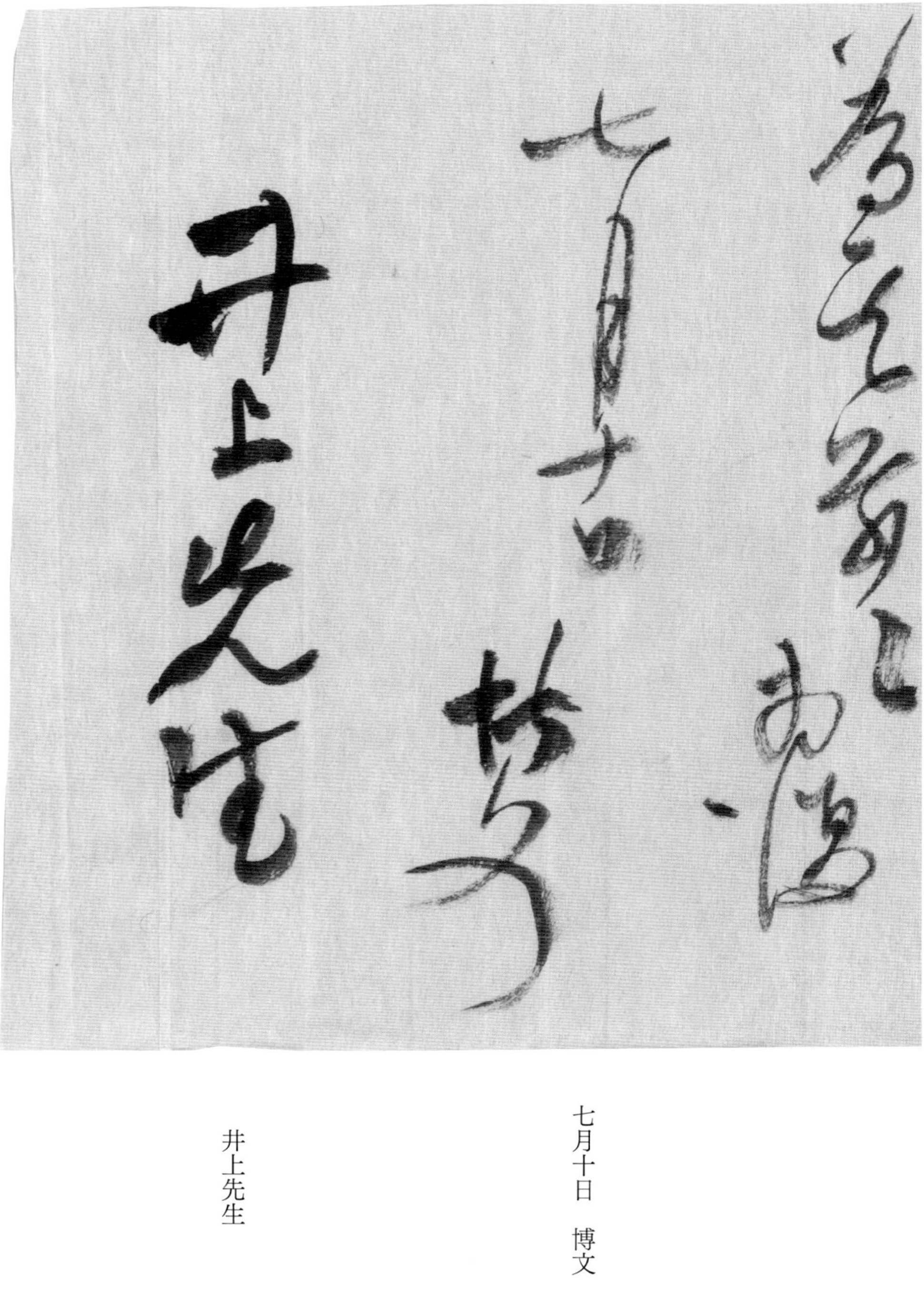

七月十日　博文

井上先生

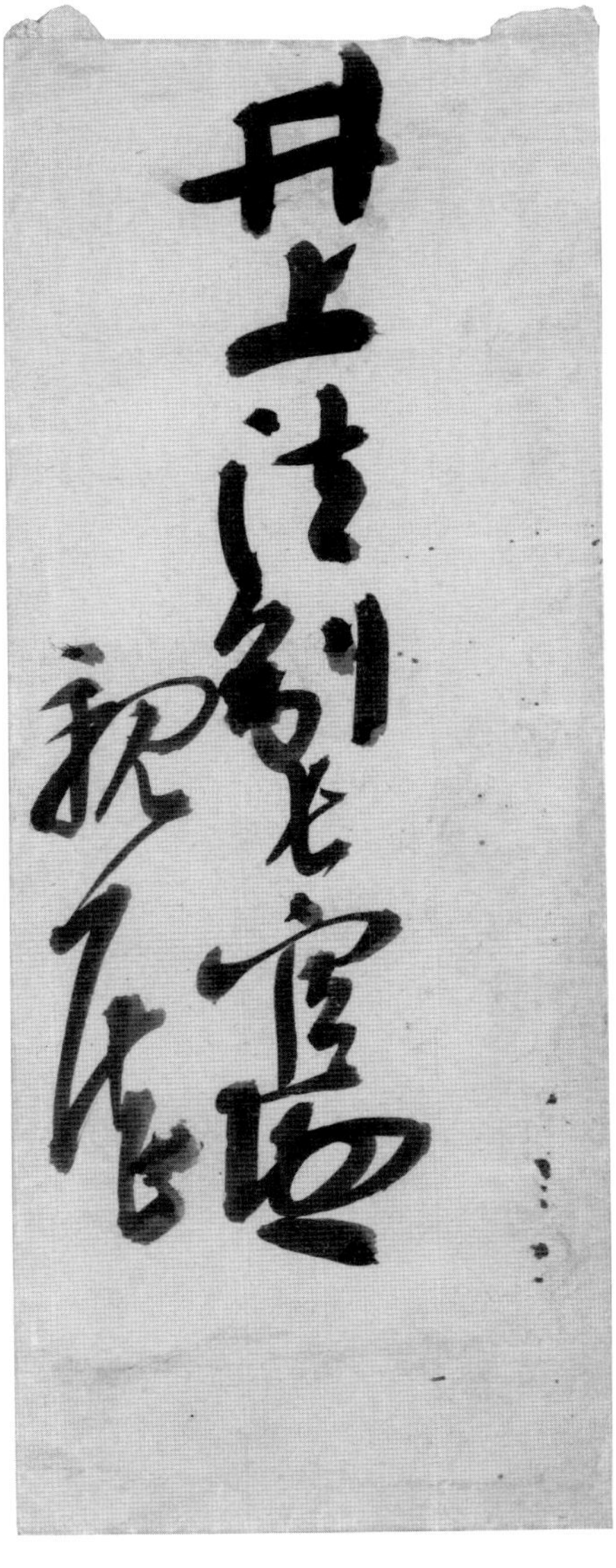

（封筒表）
井上法制長官殿
親展

（封筒裏）
緘
博文

【解題】　大日本帝国憲法下における立法機関である帝国議会は、貴族院と衆議院の二院制が採用され（第三十三条）、貴族院の詳細は貴族院令によって定められることとなり、皇族・華族および勅任された議員で組織された（第三十四条）。貴族院令は、憲法が発布された明治二十二年（一八八九）二月十一日に、憲法附属法令として同日付の官報により、議院法、衆議院議員選挙法、会計法とともに公布された。貴族院令では、皇族、公・侯爵のほか、伯・子・男爵のうち互選により選挙された者、国家に勲功ある又は学識ある者より特に勅任された者、多額納税者の中から互選して勅任された者で議員は組織されると規定された（第一条）。しかし、翌年七月の貴族院議員の選任や選挙の直前まで、これら貴族院議員が軍人・官吏・枢密顧問官を兼任することの可否などの細部にわたる問題が議論された。

本書翰は、貴族院議員の宮内官兼任をめぐる問題について、法制局長官の井上毅と宮中顧問官である伊藤博文との間で交わされた書翰の一つである。宮内官兼任問題は、明治二十三年七月に宮内省より兼任を禁ずべきとの議が起こったことに端を発し、宮内省高等官のうちの天皇、皇族の御側に仕える「君側官」を貴族院議員とすることを避ける趣旨から呈せられた。当時、宮内官には華族が多く用いられており、兼任禁止を規定することによる、貴族院令に定める議員規定との抵触が懸念され、山縣内閣はこれを重大な問題と見なして、井上毅も意見書（「宮内官貴族院兼官意見」『井上毅伝』史料篇第二）を提出している。

この問題をめぐっては、天皇の「御内意」に基づき、宮内省達により規定される運びとなり、達案が審議されていく中で、「貴族院議員ノ選挙ニ応シタル者」と修正されたことで、選挙を経ずに議員となる公・侯爵は達の適用外となるため、井上はこの公・侯爵の件に関する懸念を伊藤への書翰に認めた（七月十日付書翰『井上毅伝』史料篇第四）。これに対し、伊藤は本書簡にて、公・侯爵が宮内官に奉職中は貴族院に出席しないことで規定に対応する旨を示したが、内閣と見解が相違することについては「御下問ニ対シ、処見ヲ奏聞」したまでであり、その取捨採択は当局の責任に委ねると述べている。

この達は、七月十一日の官報号外に宮内省第十二号達として掲載され、兼任禁止とされる宮内官職にある公・侯爵は貴族院へ欠席届を提出することが慣例となった。このような「君側官」と貴族院議員の兼任の否定は、宮中の政治的中立ないしは貴族院との分離を図らんとするものであった。

【宮部香織】

三一、教育勅語に関する山縣有朋書翰

文書番号　Ⅱ－四八〇－二
発信者　山縣有朋（内閣総理大臣）
受信者　井上毅（法制局長官）
発信月日　明治二十三年七月二十三日
寸　法　一七・七糎＊八九・〇糎（巻子）

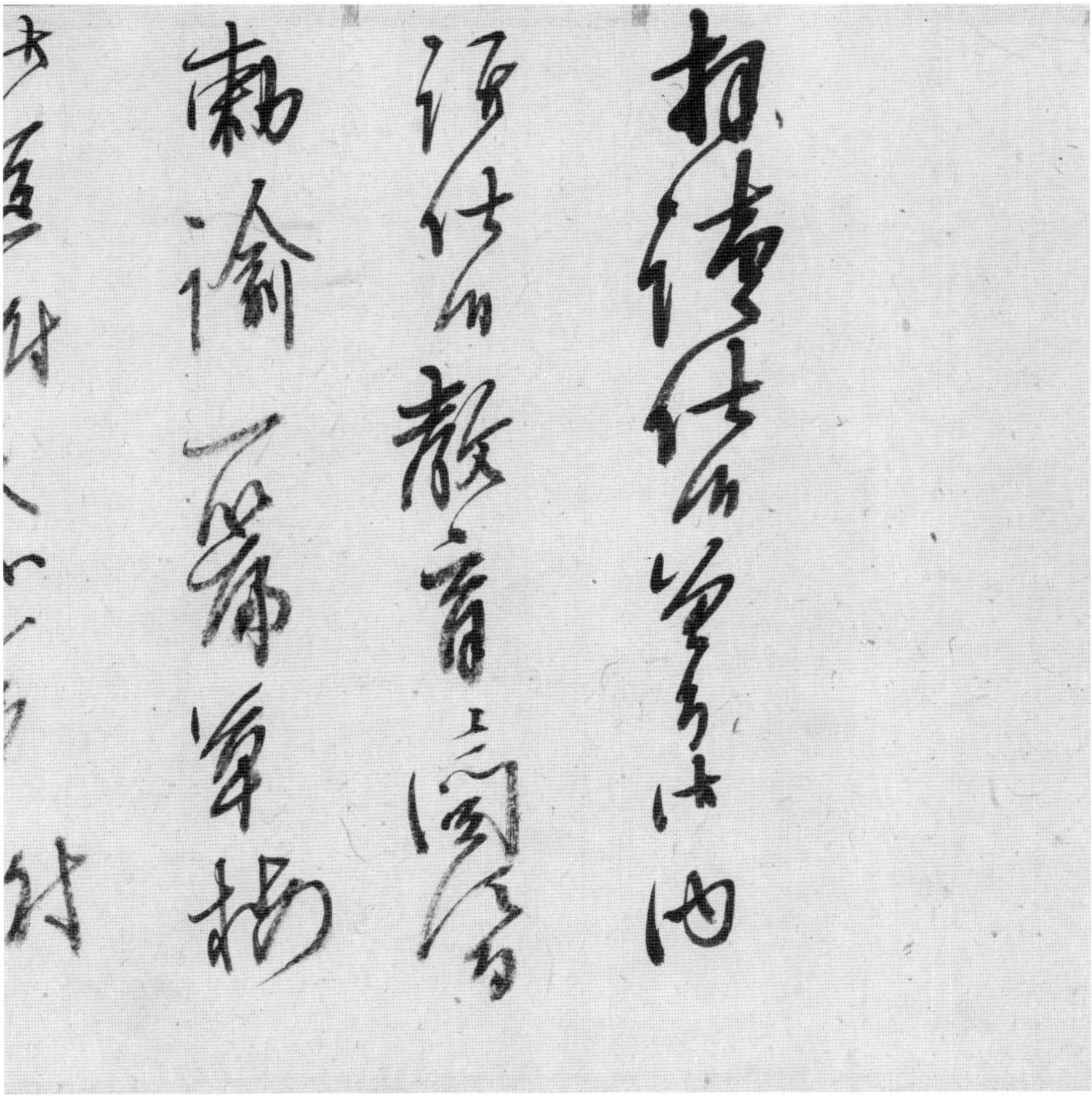

拝読（讀）仕候　曽て御内
話仕候教育ニ関する
勅諭一篇草按

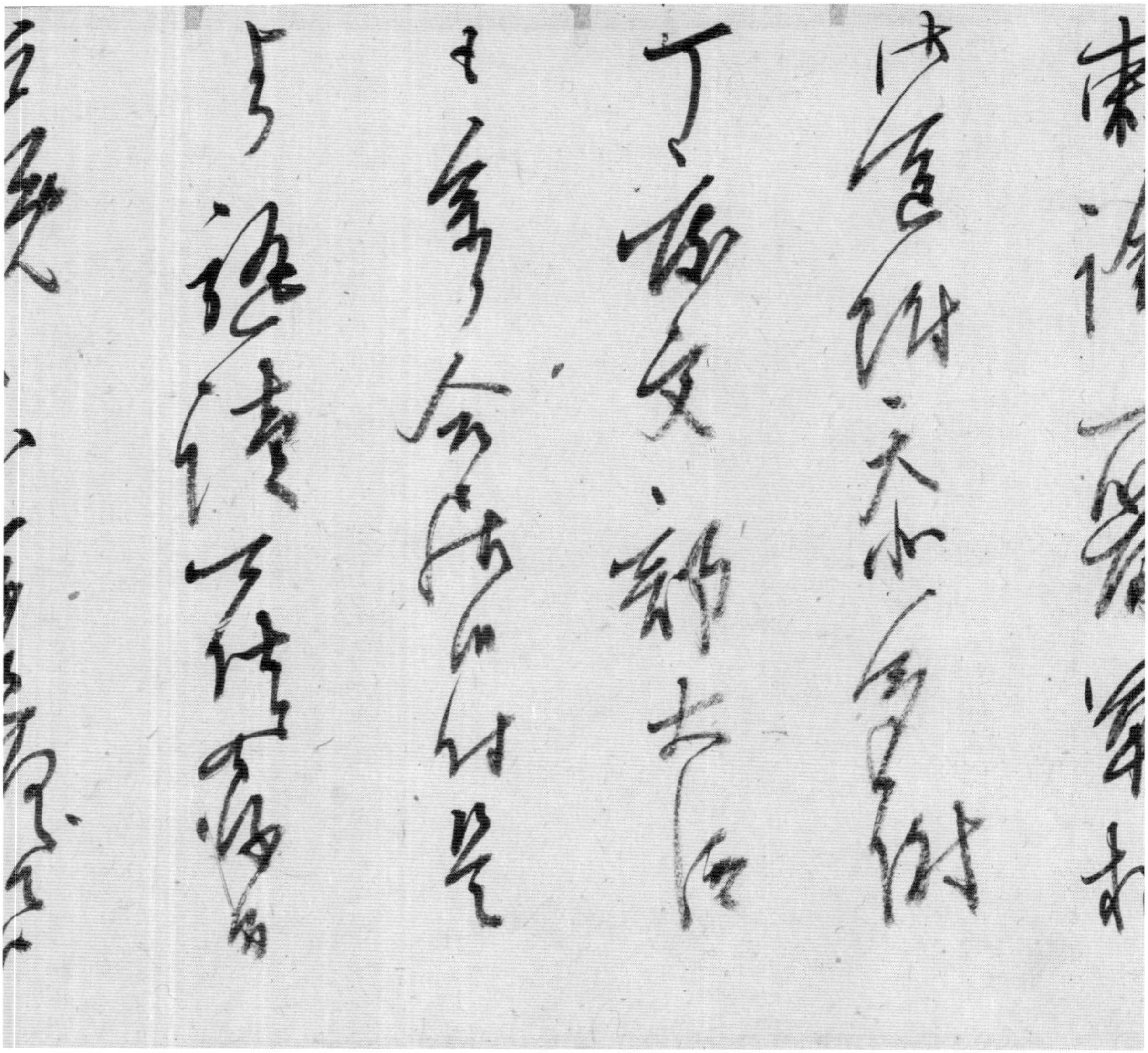

御送附忝多謝
丁度文部大臣
も参リ合居候付　是
より熟読（讀）可仕と奉存候

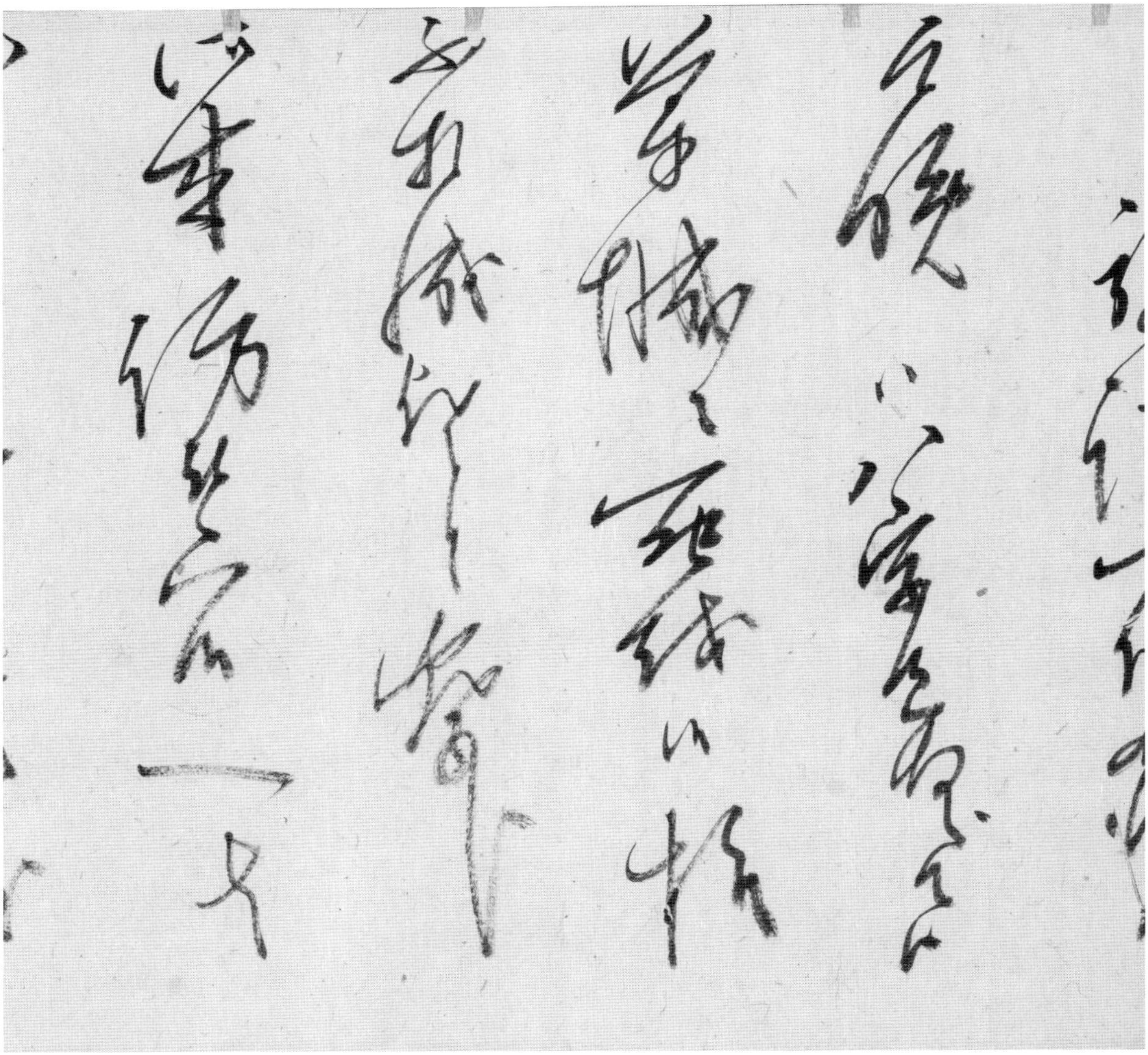

今晩ハ八字過ならてハ
芽城ニ罷越候様
不相成歟ト察申候
御来訪被下候へは

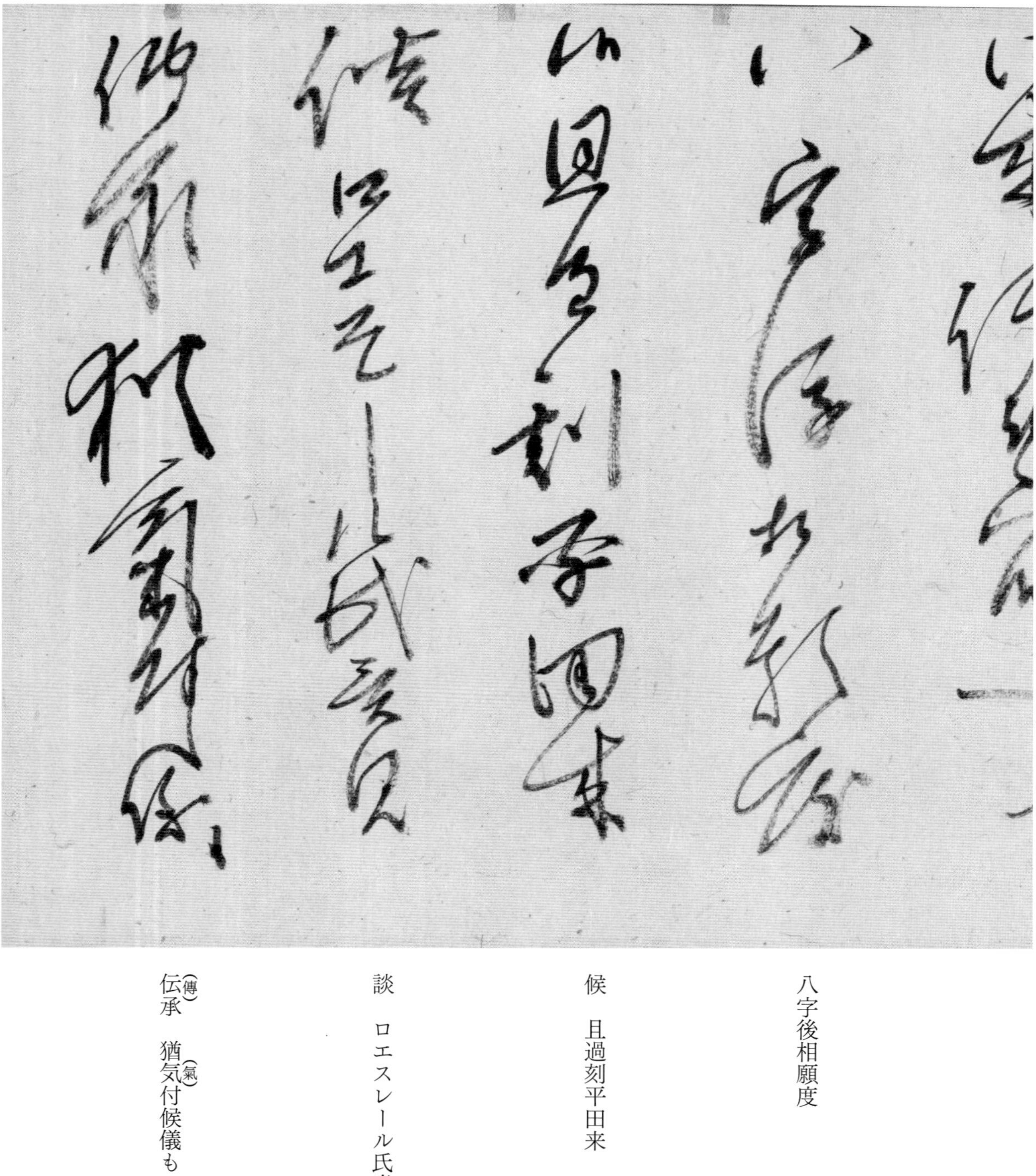

八字後相願度
候　且過刻平田来
談　ロエスレール氏意見
伝（傳）承　猶気（氣）付候儀も

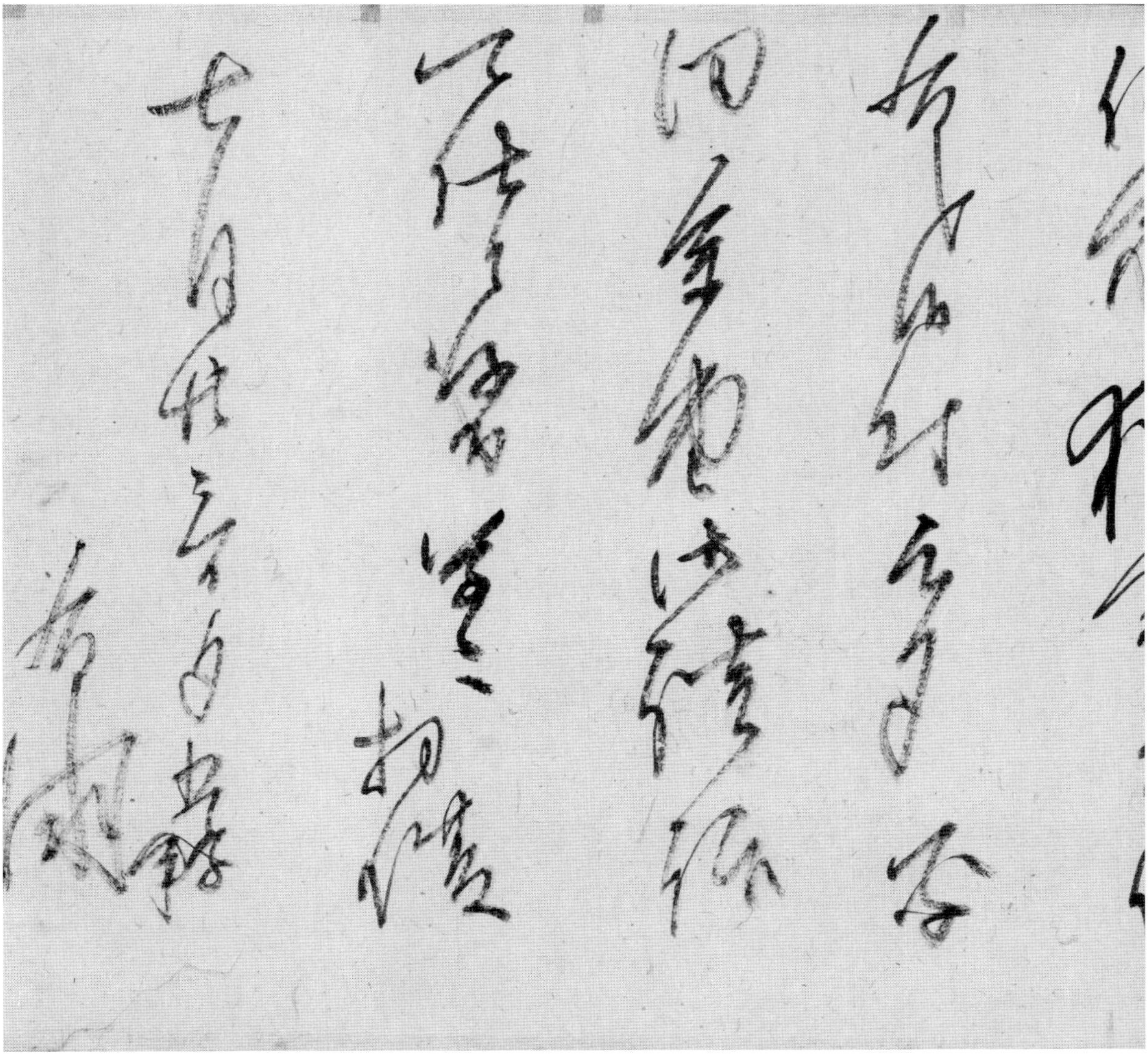

有之候付　今夕平

田参堂御談話

可仕と存候　草々拝復

七月廿三日夕五字半

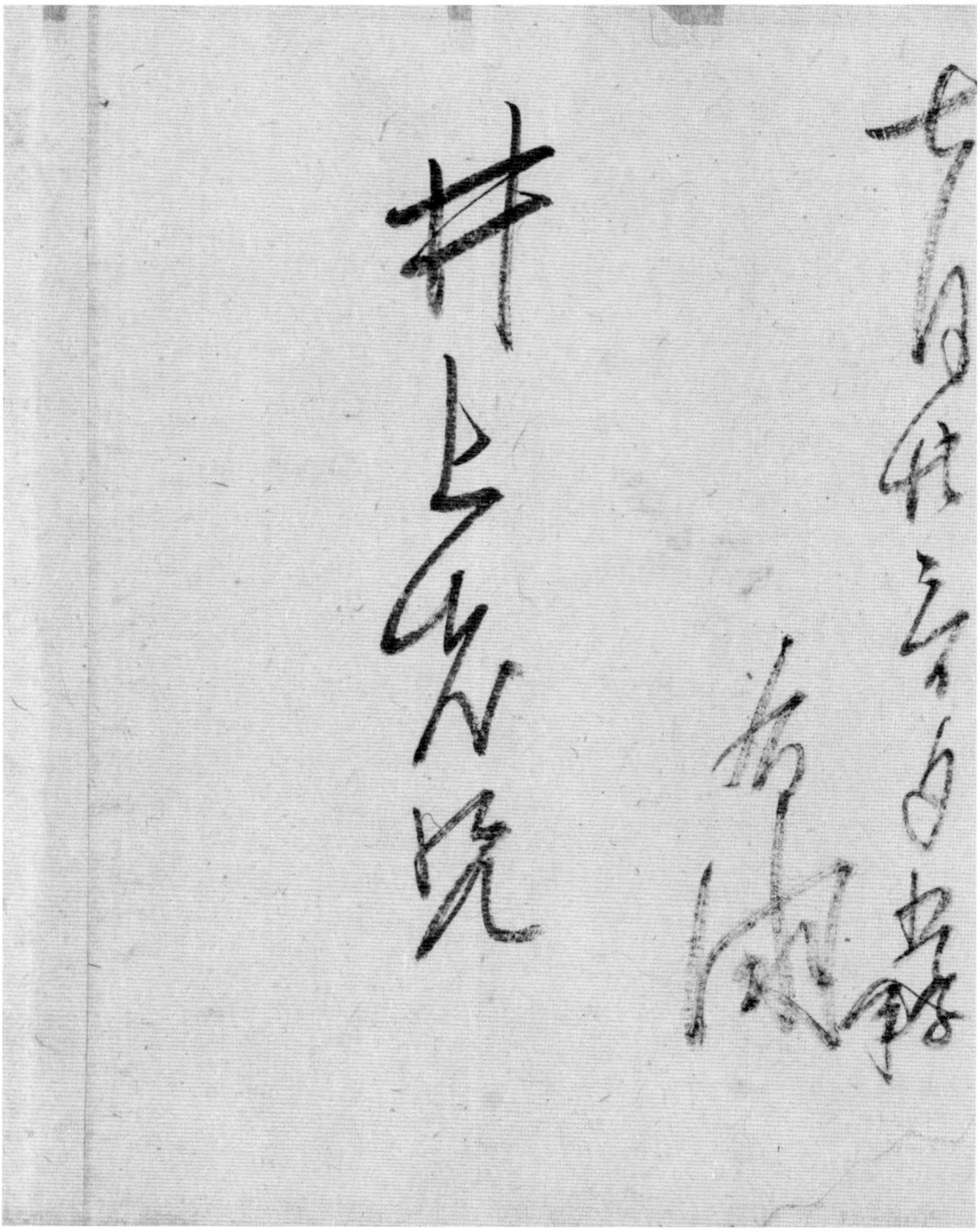

有朋

井上老兄

【解題】　明治二十三年（一八九〇）十月三十日に渙発された教育勅語成立の直接の契機は、同年二月開催の地方官会議にて決議された「徳育涵養ノ議ニ付建議」を受けて、天皇親臨の閣議において徳育に関する勅諭の渙発が決定したことにある。文部大臣芳川顕正は、同年五月十七日に就任する際、明治天皇より特に「教育上の基礎となるべき「箴言」を編めよ」との御沙汰を拝受し（芳川顕正「教育勅語御下賜事情」）、直ちに勅諭作成に着手、元東京大学教授であり当時元老院議官兼女子高等師範学校長の中村正直に起草を委嘱した。中村は六月上旬から中旬にかけて勅諭案を作成し、芳川に提出した。同案は、芳川より総理大臣山縣有朋にもたらされ、そこで山縣はこれを法制局長官兼枢密顧問官で、これまで詔勅の起草に数多く携わってきた井上毅に見せて意見を求めた。井上は六月二十日と二十五日の二度にわたり山縣へ書翰を送り、当該勅語は立憲政体主義に基づき「社会上ノ君主ノ著作公告」としての性格を有すべきことや、内容についても宗教、哲学、政事、学問等のあらゆる分野で批判や争いが生じることがないものにすべきとして、この中村による宗教的・哲学的色彩が強い勅諭案を批判し（『井上毅伝』史料篇第二）、同時に自らが起草した勅語初稿を山縣に送付した。これにより、山縣から井上に勅語案推敲の依頼がなされた。またこの時、勅語案の作成に、明治天皇の側近で枢密顧問官の元田永孚の意見も徴することが定まったものと見え、井上は六月二十八日に勅語初稿を元田に送って意見を求めている（『井上毅伝』史料篇第四）。元田は六月末と七月上旬の二度にわたり同稿の修正案を井上に送り、井上は元田の修正意見を取捨しつつ、初稿を大幅に修正した次稿を作成して、山縣のもとへ送った。

本書翰は、井上から次稿を受け取ったことへの山縣の返答で、次稿提出に対する謝辞とともに、ちょうど芳川も居合せているので、これより熟読する旨が記されている。翌八月上旬、芳川はこの次稿に対して中村や当時帝国大学文科大学教授の島田重礼に意見を徴して文部上奏案を作成し、同月十日頃、明治天皇へ奉呈した。

なお、本書翰では続けて、今晩八時過ぎに「芽城」（山縣の目白私邸）に来てもらいたいとの依頼と、先刻法制局行政部長平田東助が来てロエスレルの異見を伝聞して気付いたことがあるので、今夕平田がそちらを訪ねて談話する旨が記されている。この日の談話の内容に関して、海後宗臣は山縣、芳川、井上三者による教育勅語草案についての談合と述べている（海後宗臣『教育勅語の成立史研究』）が、稲田正次は、小学校令改正において、勅令とするか法律とするかをめぐる件であろうと指摘している（稲田正次『教育勅語成立過程の研究』）。

【齊藤智朗】

三二、教育勅語に関する元田永孚書翰

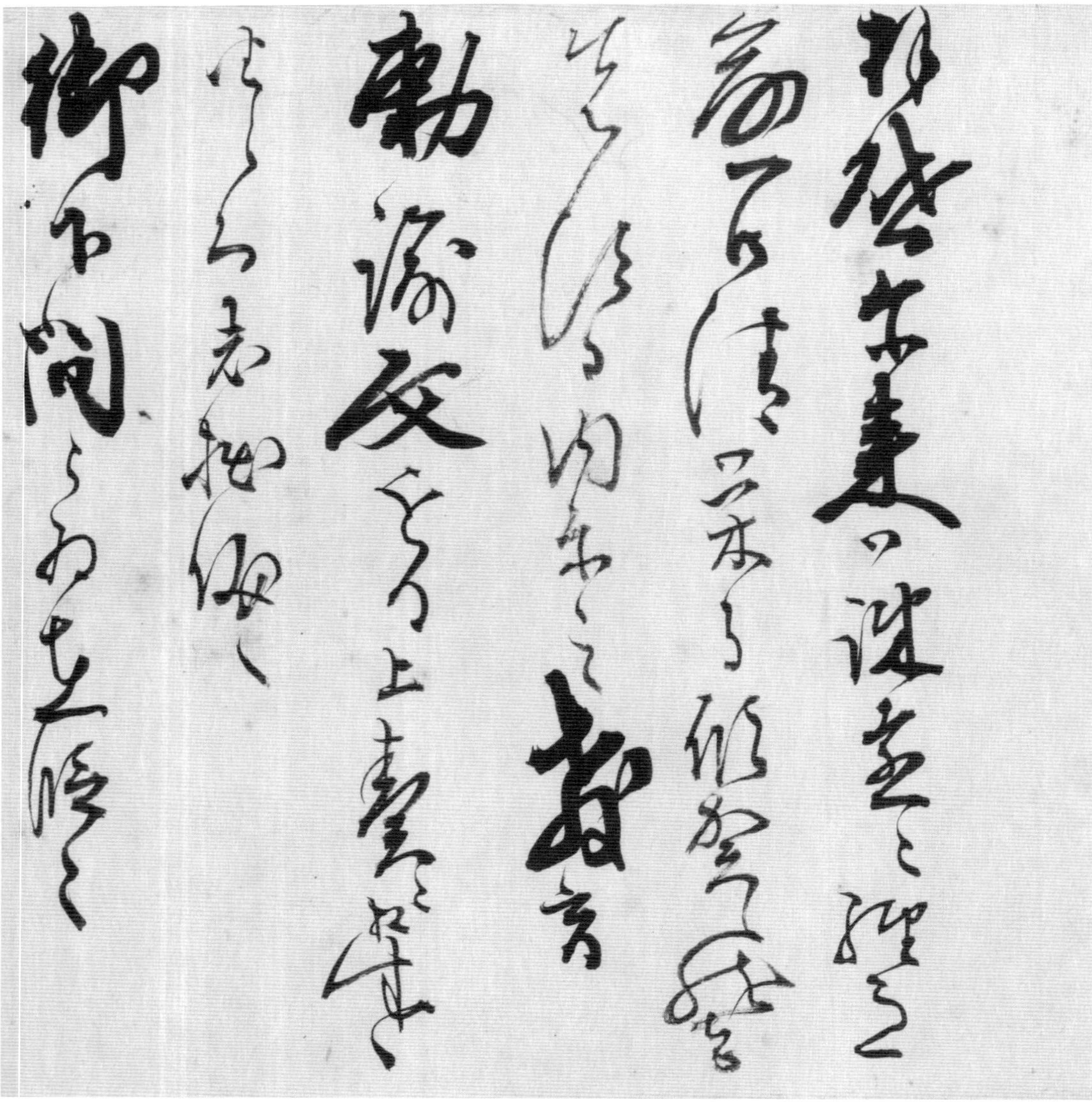

文書番号　Ⅱ-四九一-一
発信者　元田永孚（枢密顧問官）
受信者　井上毅（法制局長官）
発信月日　明治二十三年八月二十六日
寸　法　一八・五糎＊一八六・五糎（巻子）

拝啓爾《(尓)》来御疎遠ニ経過
愈御清栄奉欣賀候　然は
先頃御内示之教育
勅諭文　近日上奏ニ相成候
由ニて　老拙儀へ
御下問被為在　段々

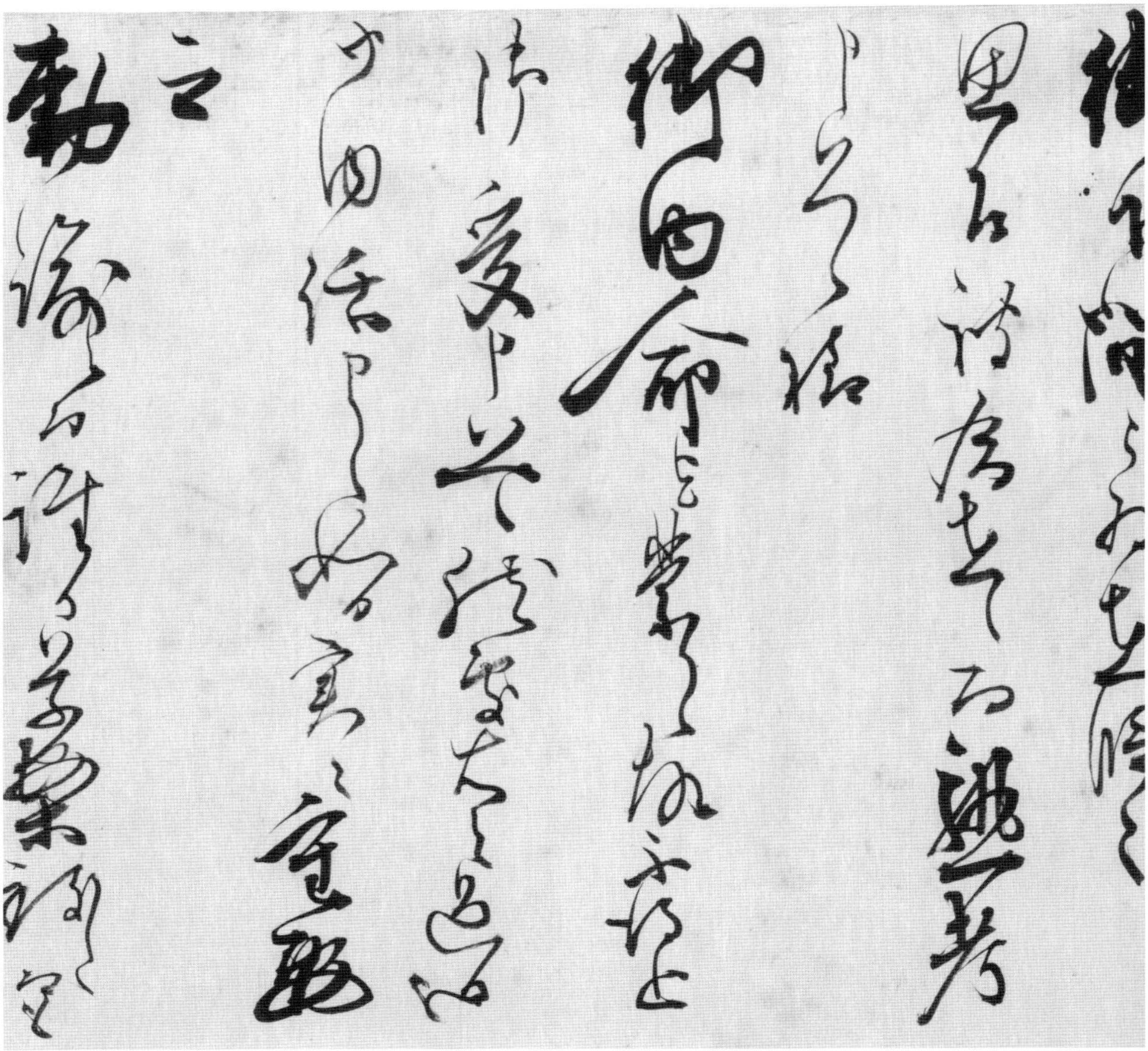

思召被為在候て　熟考
申上候様
御内命を蒙り候故　不得止
御受申上候　然処（處）右は過日も
御内話申候如ク　実ニ重要
之

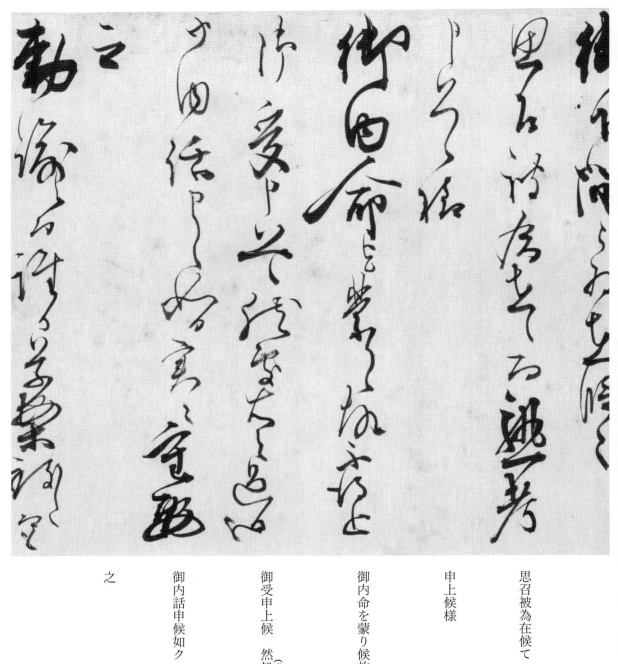

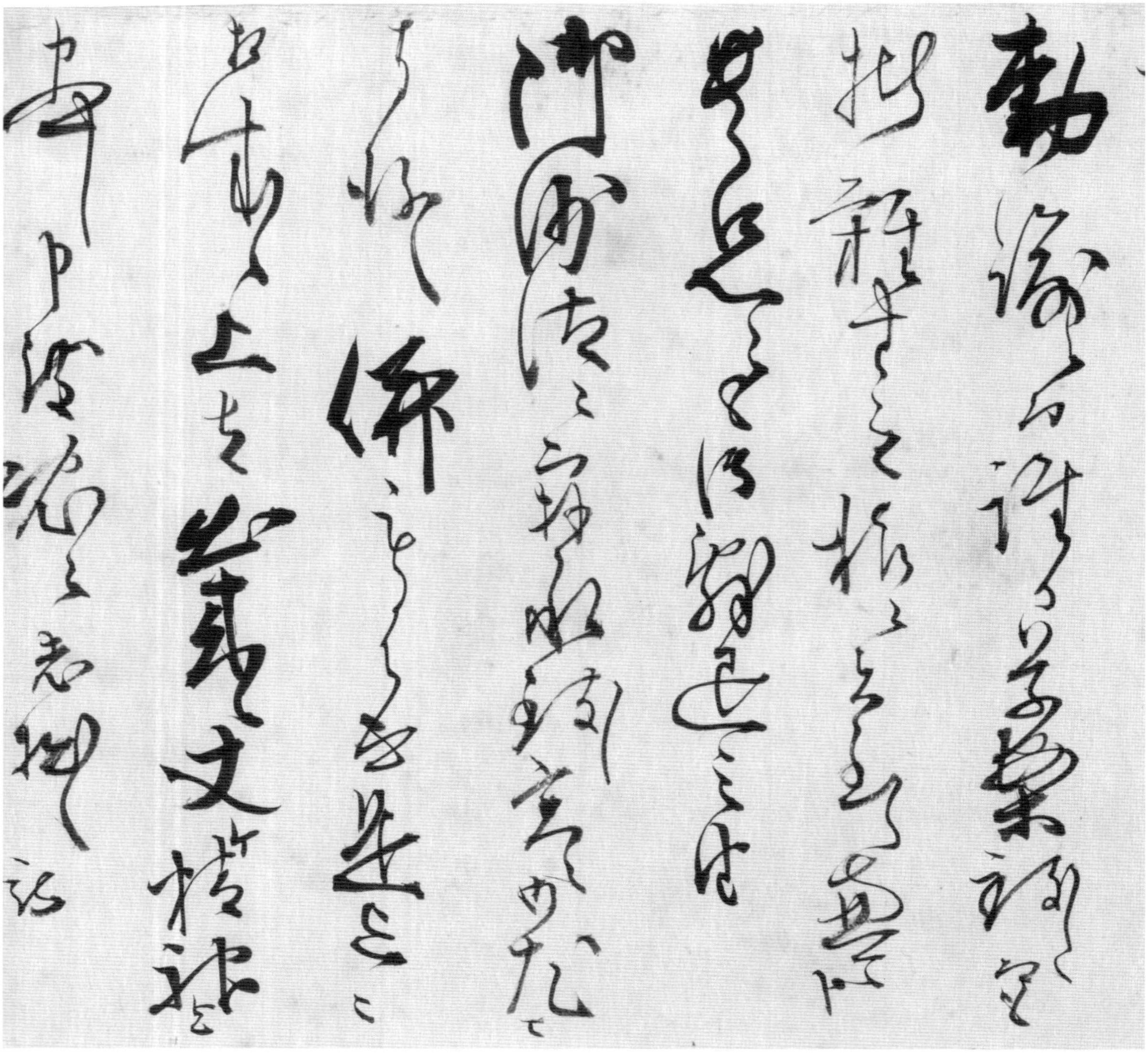

勅諭ニて　誰か草案致候ても
批難無之様ニは至り兼候ト
貴兄ニも御辞退之由
御沙汰ニて拝承致し　実ニ御尤ニ
奉存候　併もはや是迄ニ
相成候上は　出来候丈ケ精神を

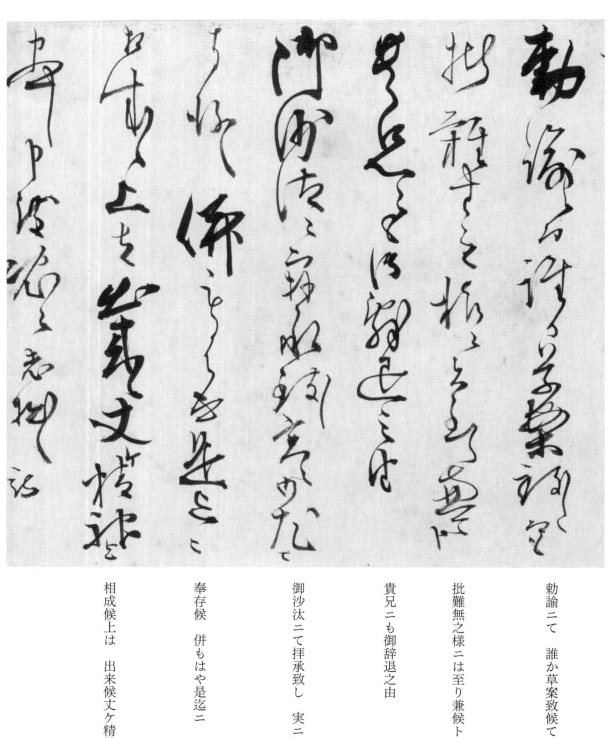

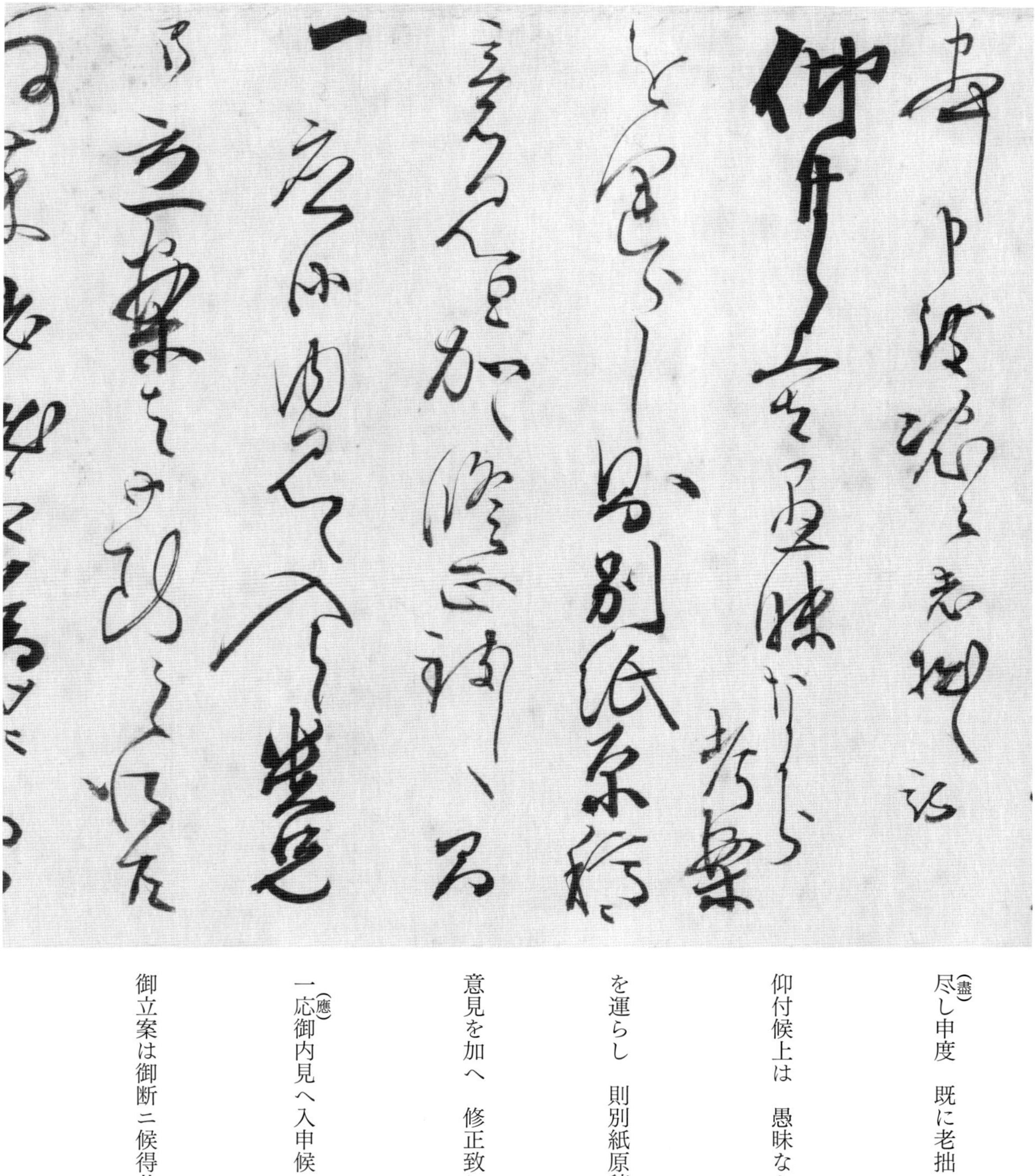

尽《(盡)》し申度　既に老拙へ被
仰付候上は　愚昧なから考案
を運らし　則別紙原稿ニ
意見を加へ　修正致し候間
一応《(應)》御内見へ入申候　貴兄
御立案は御断ニ候得共

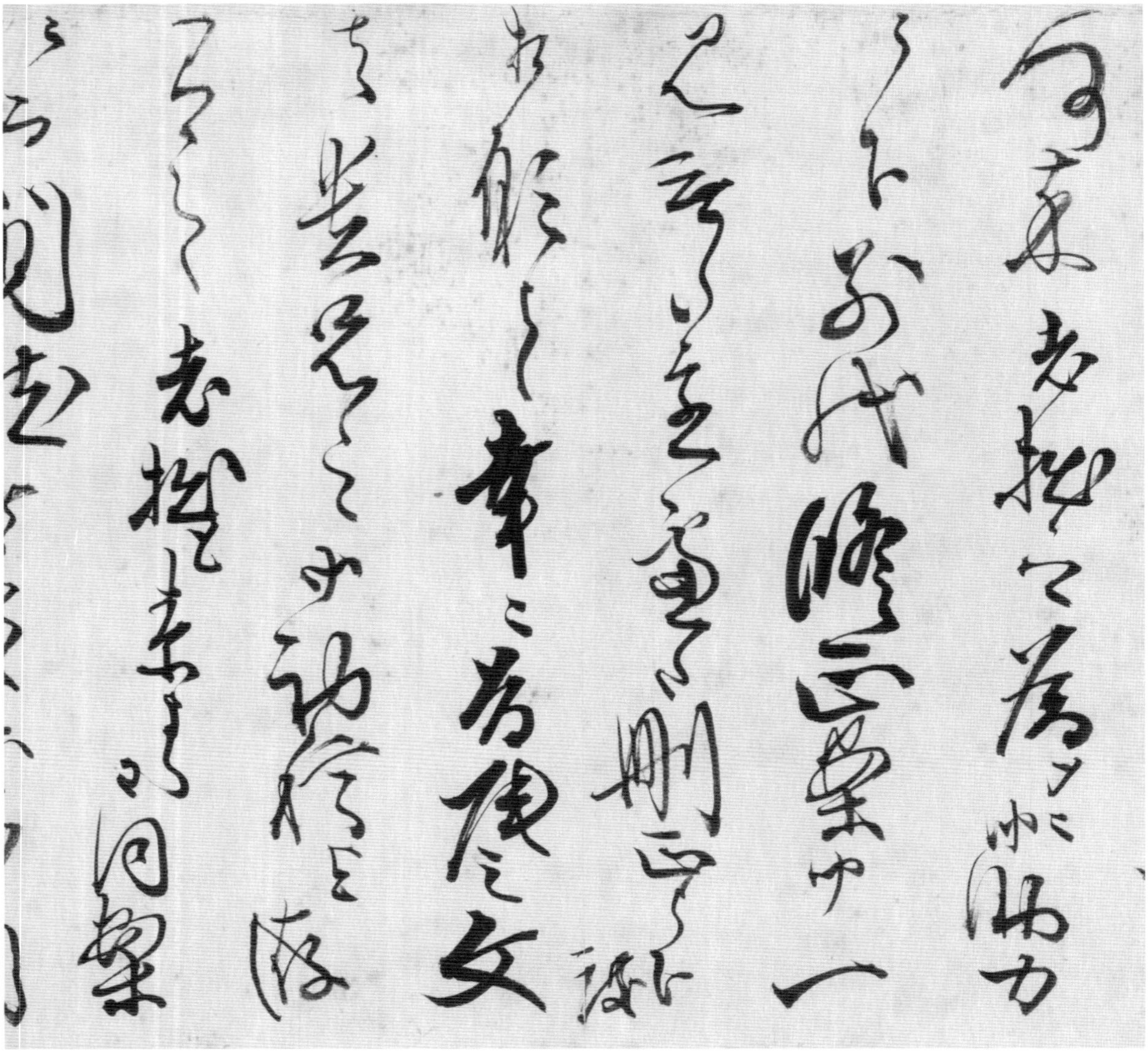

何卒老拙之為メニ御助力
被下　別紙修正案御一
見無御遠慮御刪正被下度
相願申候　幸ニ首尾之文
は　貴兄之御初稿を存し
有之候　老拙も素より御同案

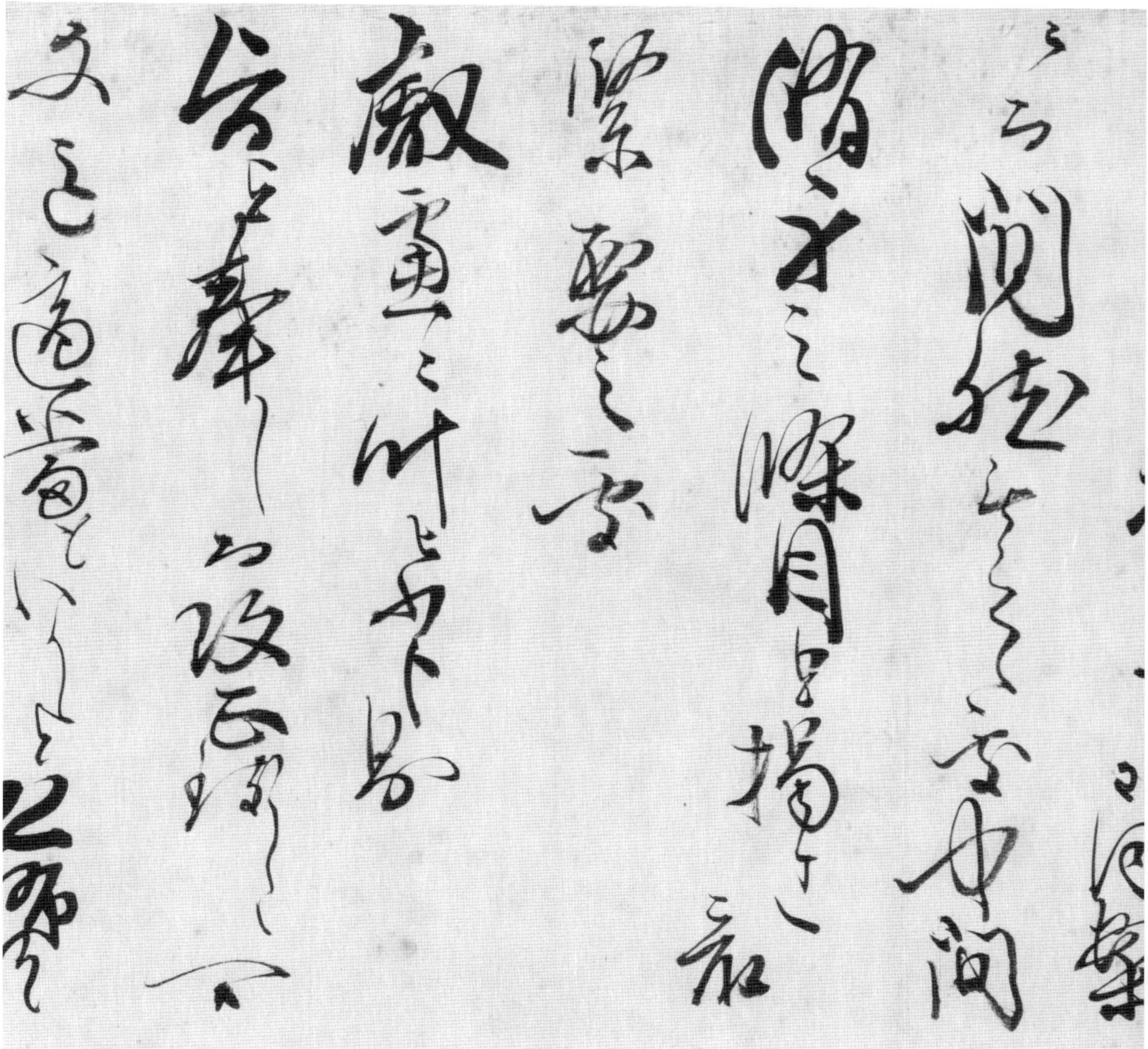

ニて間然無之候処（處）　中間
修身之条（條）目を掲ケ候最
緊要之処（處）
聖慮ニ叶ヒ不申　則
旨を奉して改正致し候へ共

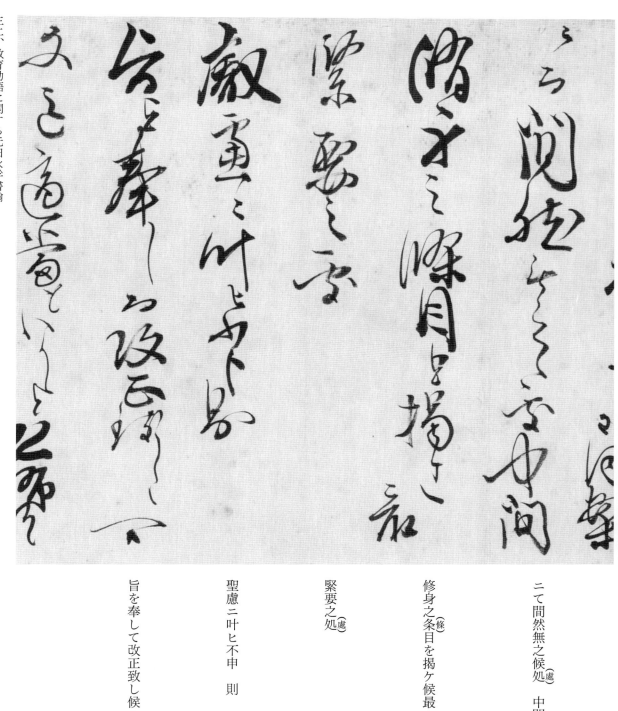

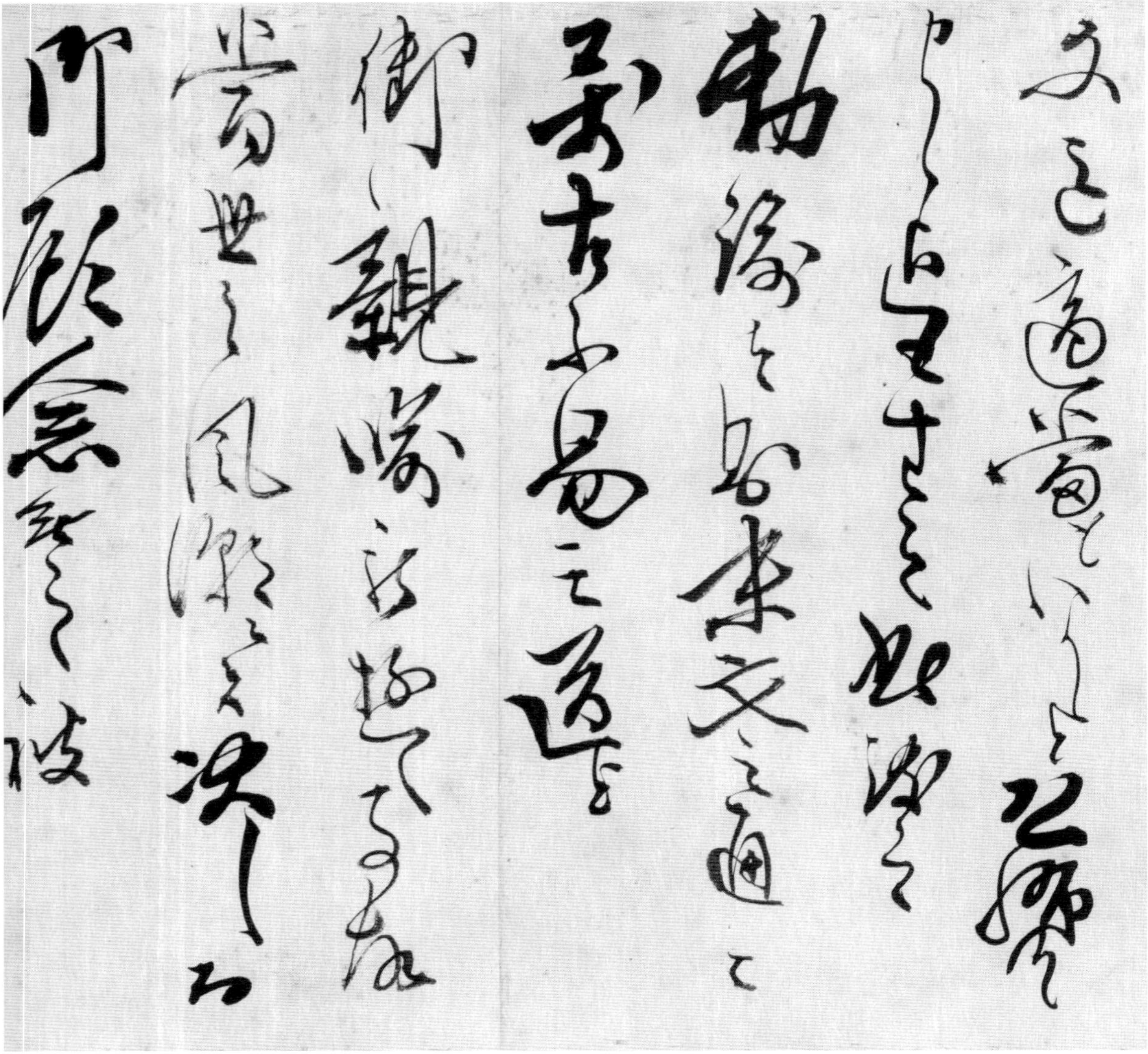

文意適当(當)もいかゝと恐怖仕候
中候迄も無之　此度之
勅諭は　則末文之通ニ
万(萬)古不易之道を
御親喩被遊候事故
当(當)世之風潮ニは決して

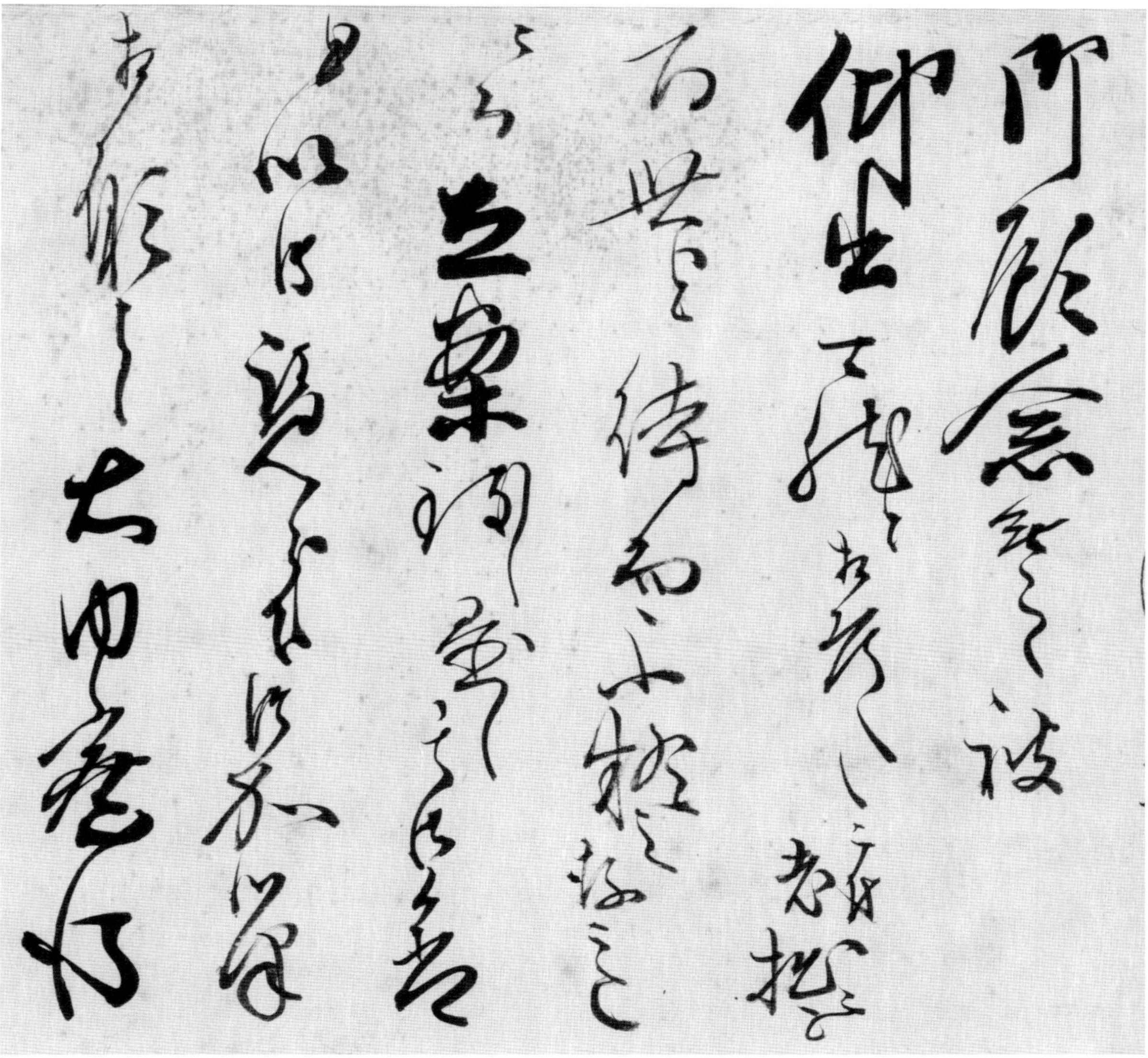

御顧念無之被
仰出可然と相考へ候ニ付　老拙ニも
百世を待て不疑之存意
ニて立案致し置候　其御含
を以御覧被下御加筆
相願申候　右内密得

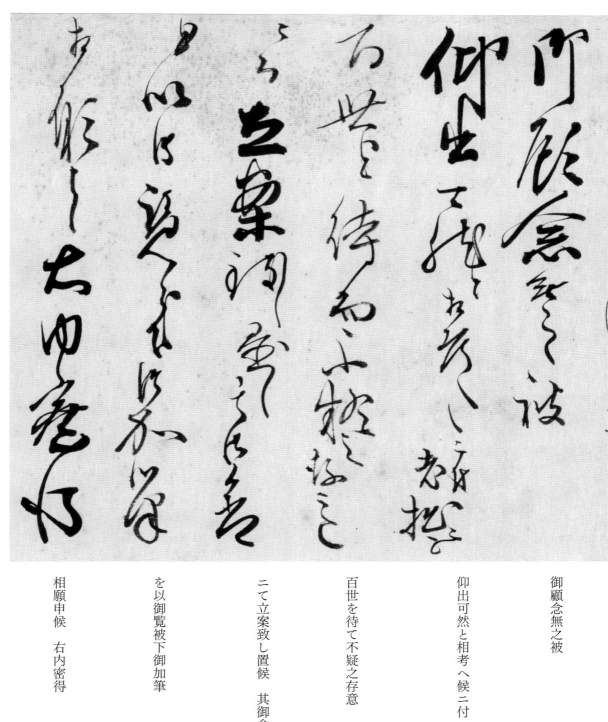

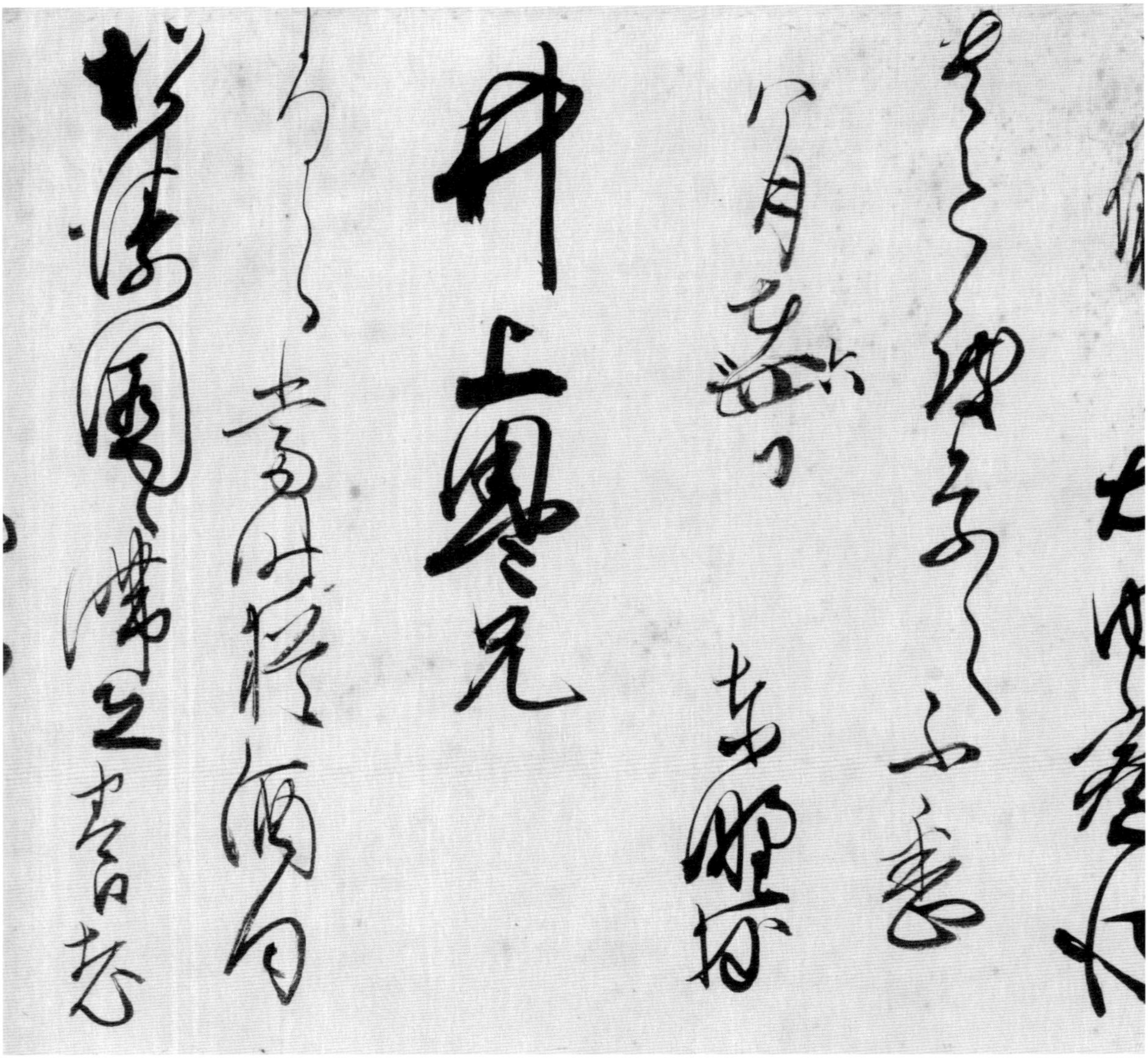

貴意度　草々不悉

八月二十四〔六〕日　東野拝

井上盟兄

尚々　当(當)時猶酒匂

松濤園へ滞在養老

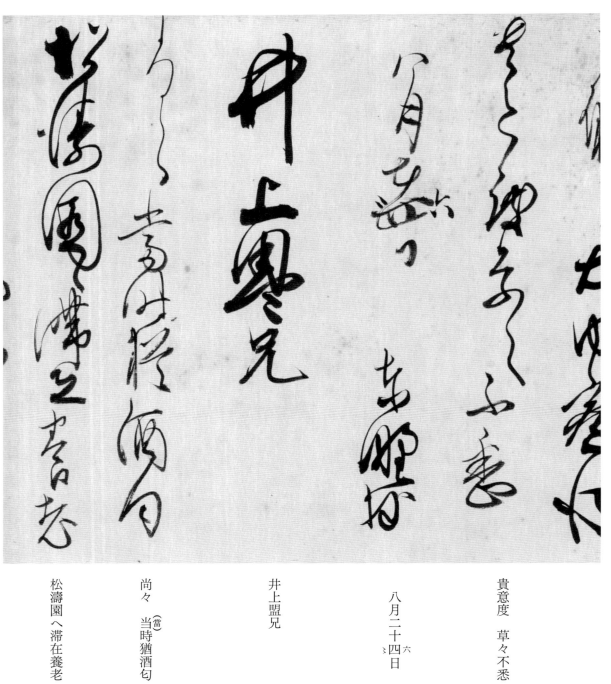

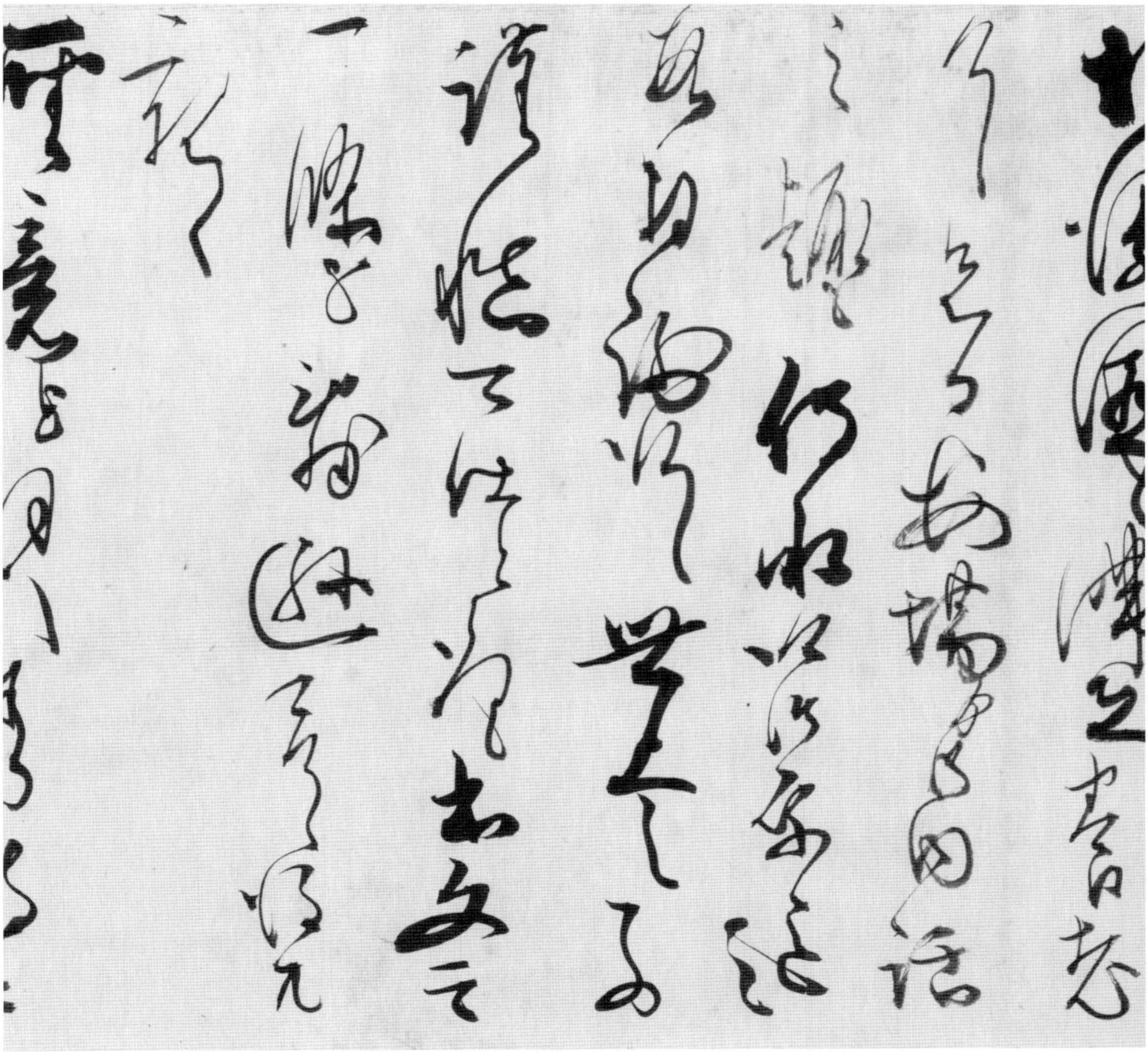

仕候　先日安場ヨリ(ゟ)御内話
之趣も伝(傳)承仕　御厚意之
段拝謝仕候　世上之事
謹慎可仕と存候　本文之
一条(條)も　辞(辭)避可仕候得共
親く

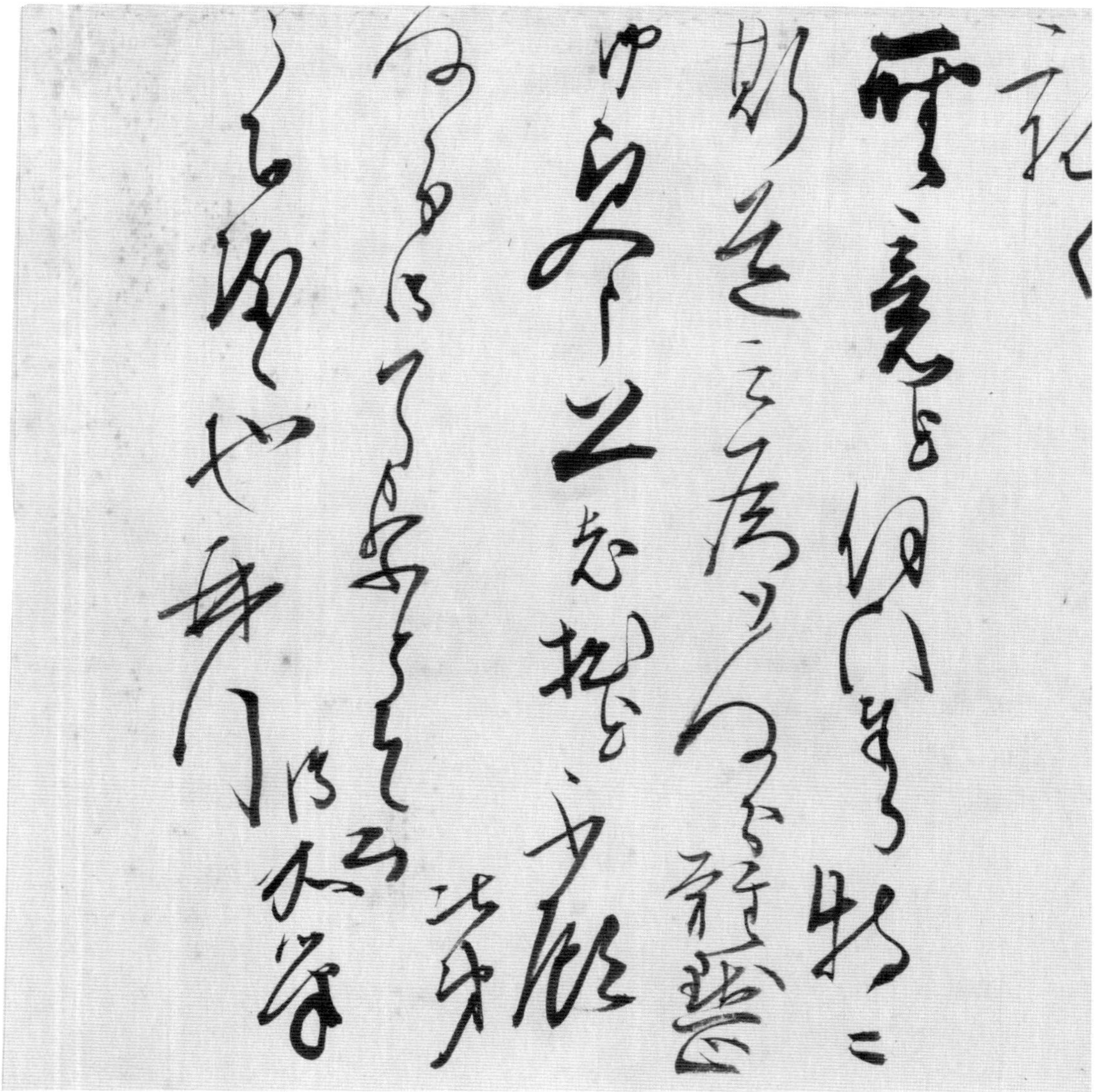

聖意を伺ひ奉り　特ニ
斯道之為メ何分難黙止
御受申上　老拙を不顧次第
何分御了察被下候て御加筆
被下度候也　再行

【解題】 文部大臣芳川顕正は、井上毅が元田永孚の修正意見を取捨して起草した教育勅語次稿をもとに、中村正直や島田重礼からも意見を徴して作成した文部上奏案を明治二十三年（一八九〇）八月十日頃、明治天皇へ奉呈した。同案は元田に下付され、その検討が命じられた。

本書翰は、元田が文部上奏案に対する自らの修正案を井上に送り、その意見を求めたものである。元田は、明治天皇より勅語案検討の内命を受けたことについて、実に「重要之勅諭」にて、誰が起草しても批難がないものとすることは困難であり、「貴兄」（井上）が辞退したのももっともであるが、お受けした以上は可能な限り精神を尽くしたいとの決意を表している。そして、愚昧ながら考案をめぐらし、修正案を作成したので一応ご覧に入れたく、「貴兄」（井上）は立案を断っているが、どうか遠慮なく删正《さんせい》していただきたいと、元田は井上に勅語作成のための助力を願い出ている。ここで元田が井上に助力を求めた理由の一つに、文部上奏案に示された首尾の文が、井上による勅語初稿のそれと近いものであり、この文面については元田も首肯したことがあった。しかし、中間の修身に関する条目（徳目）については叡慮に叶わず、旨を奉じて修正したとする。ただ元田は続けて、その文意が適当であるかを恐れており、言うまでなく今度の勅諭は万古不易の道を御親諭されるものゆえ、当世の風潮には決して顧念することなく仰せ出されて然るべきと考え、私も百世を待って疑わずの存意で立案している、その点を踏まえてどうか加筆願いたいとも述べており、井上の学識や文章力に心服していたことも窺える。一方の井上も、本書翰の冒頭で「先頃御内示之教育勅諭文、近日上奏ニ相成候由」と、上奏前すでに元田に対し内々に文部上奏案を提示していたことなど、明治天皇の側近である元田への配慮が窺えるとともに、本書翰に対する八月二十八日付の返書において、「生ハ何時たりとも奔走之労を厭はず候間、御旅寓へ参向可仕、御一筆御申遣可被下候、又何ヶ度も御下問を受候事、本意無此上奉存候」（『井上毅伝』史料篇第四）と、同郷の先輩でもある元田へ敬意をもって対応する姿勢を示している。

なお、元田は本書翰の追伸で「酒匂松濤園へ滞在養老仕候」と、小田原の旅館松濤園にて養老して、そこで元田・井上共通の同郷の後輩である安場《やすば》保和《やすかず》より井上からの内話を聞いたことなどを記している。元田はこの後、文部上奏案に対する奉答案を奉呈する九月上旬まで同所に滞在し、この間、井上と勅語案の推敲を繰り返し行って、これにより教育勅語の文案が整えられていくことになる。

【齊藤智朗】

三三、教育勅語に関する元田永孚書翰

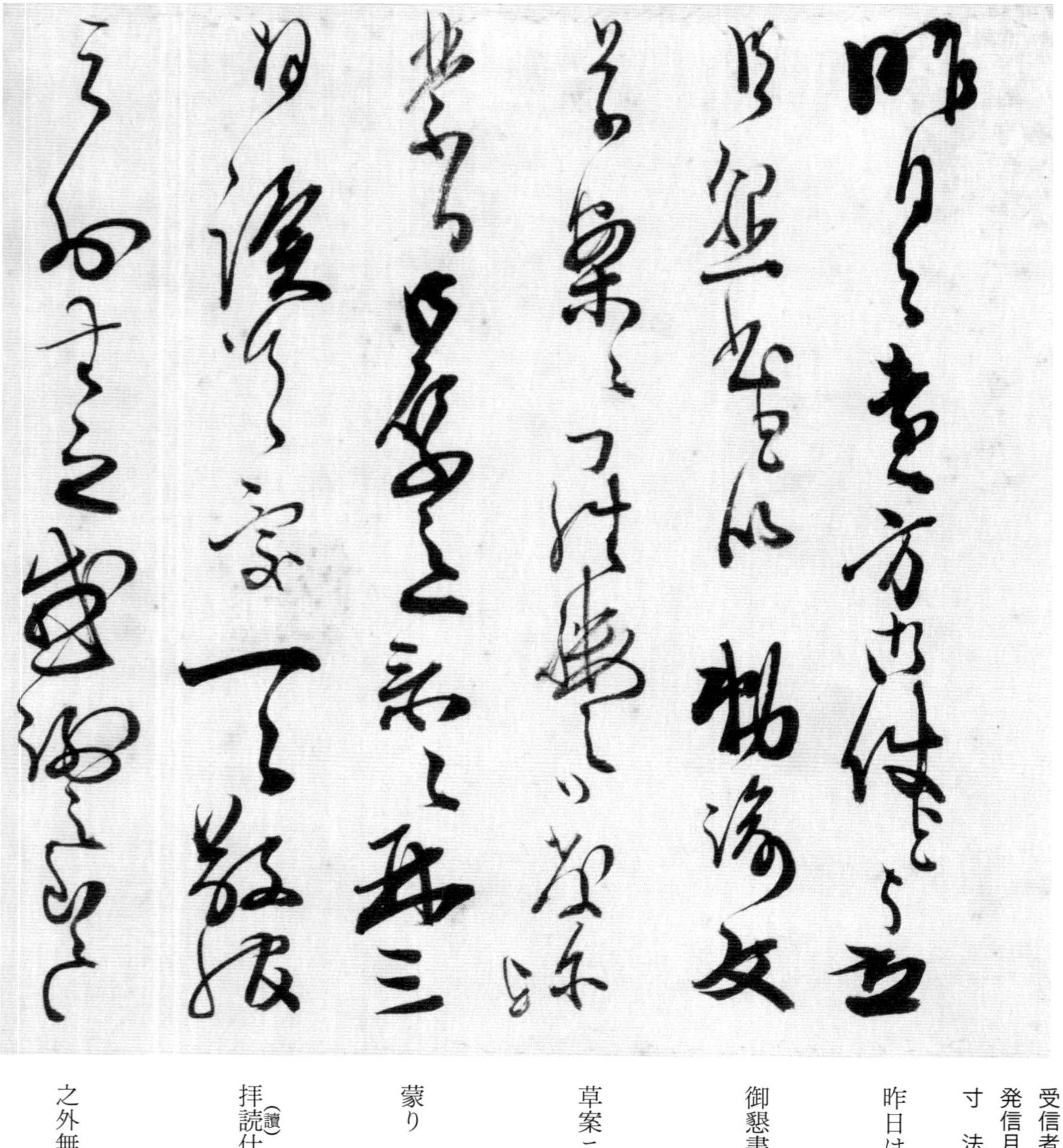

文書番号　Ⅱ-四九一-二
発信者　元田永孚（枢密顧問官）
受信者　井上毅（法制局長官）
発信月日　明治二十三年八月三十一日
寸　法　一八・五糎＊一一三・五糎（巻子）

昨日は遠方御使を被立
御懇書を以　勅諭文
草案ニ羅縷之御教示を
蒙り　御厚意忝く再三
拝読(讀)仕候処(處)　一々敬服
之外無之　感謝之至ニ候

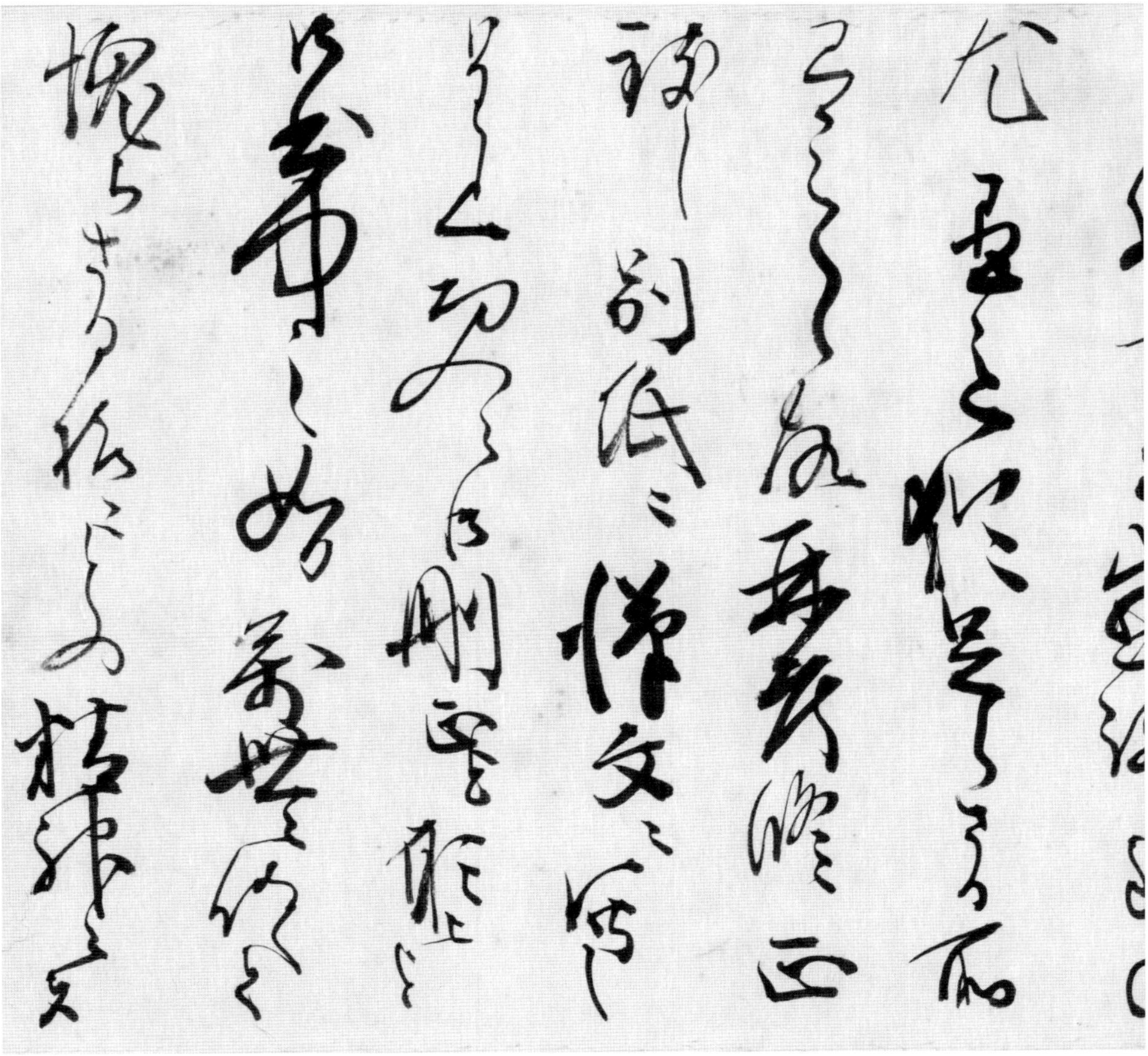

尤愚意猶足らさる所
有之候故　再考修正
致し　別紙ニ漢文ニ写し
呈上　更ニ御刪正を願ヒ申候
御書中之如ク　万（萬）世ニ伝（傳）へて
愧ちさる様ニとの精神ニは

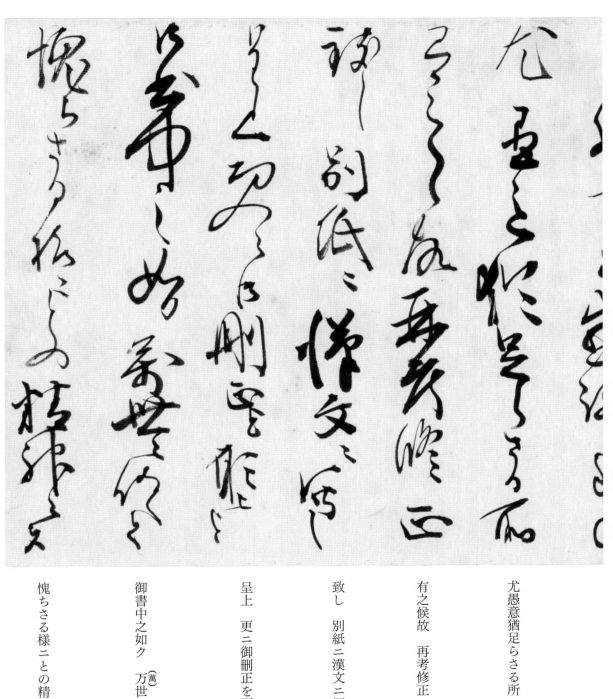

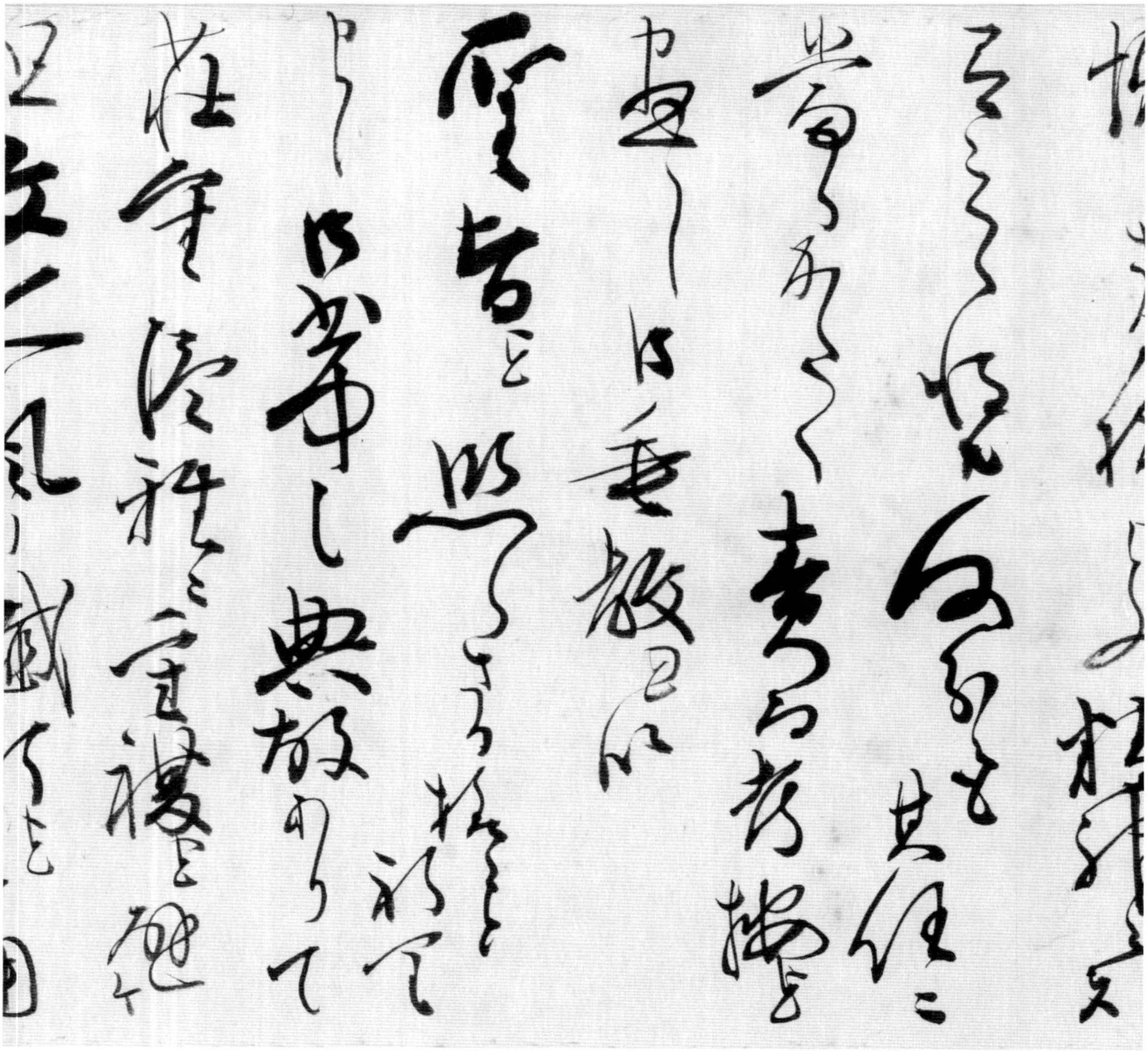

有之候得共　何分ニも其任ニ
当(當)りかたく　責て考按を
尽(盡)し　御垂教を以
聖旨を照らさる様ニと祈り
申候　御書中之典故ありて
荘重温雅ニ重復を避ケ

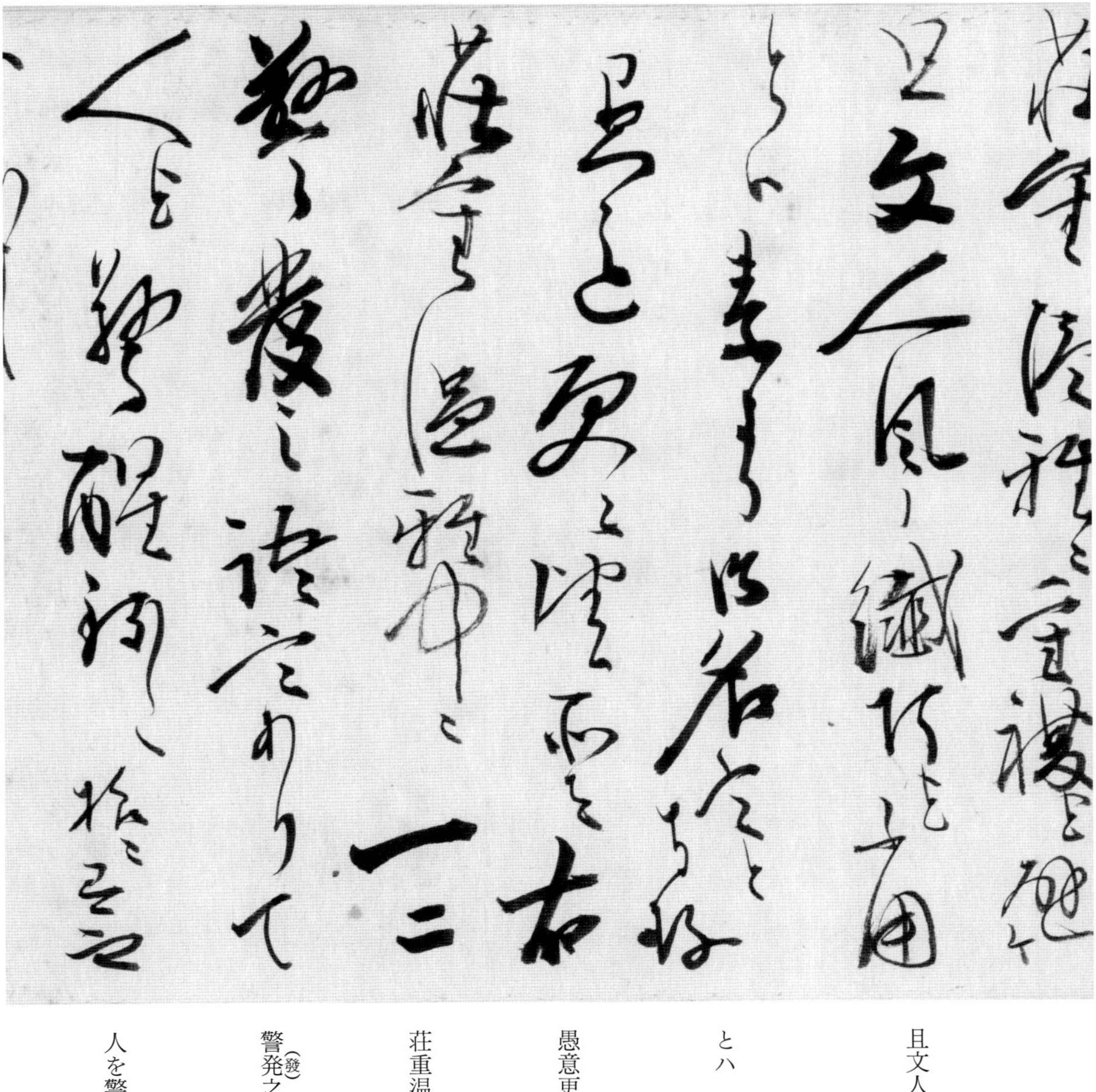

且文人風ノ繊巧を不用
とハ　素より御名言と奉存
愚意更に望ム所は　右
荘重温雅中ニ一二
警発(發)之語言ありて
人を警醒致し候様ニ有之

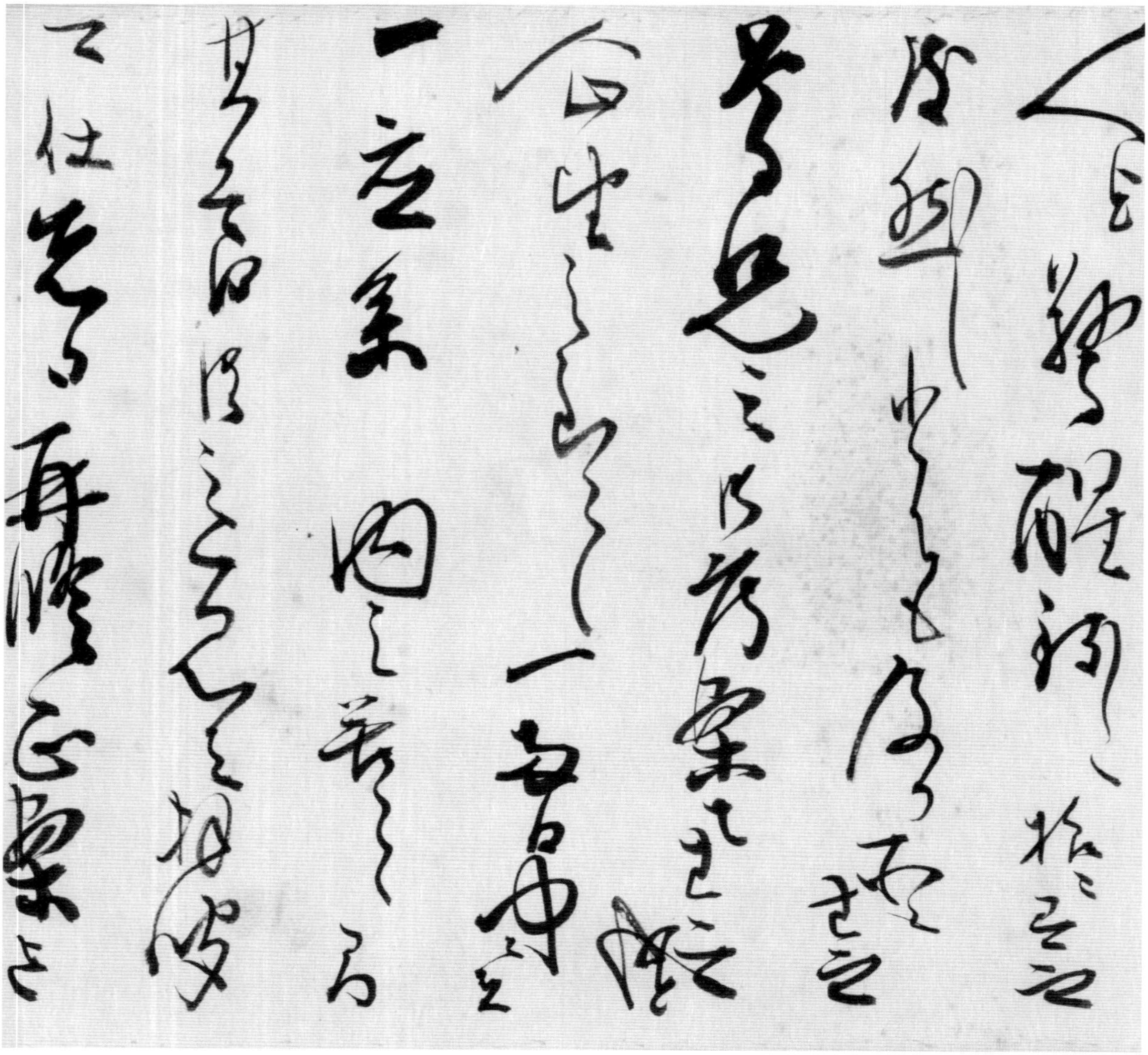

度　然しとても及フ所ニ無之
尊兄之考案は無之哉と
企望之至ニ候　一両日中には
一応参　内之筈ニ候間
其節御意見を拝聞

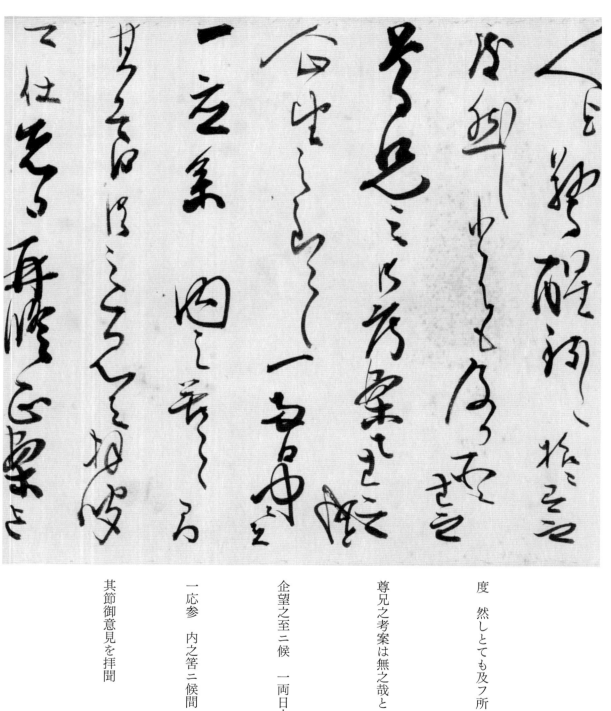

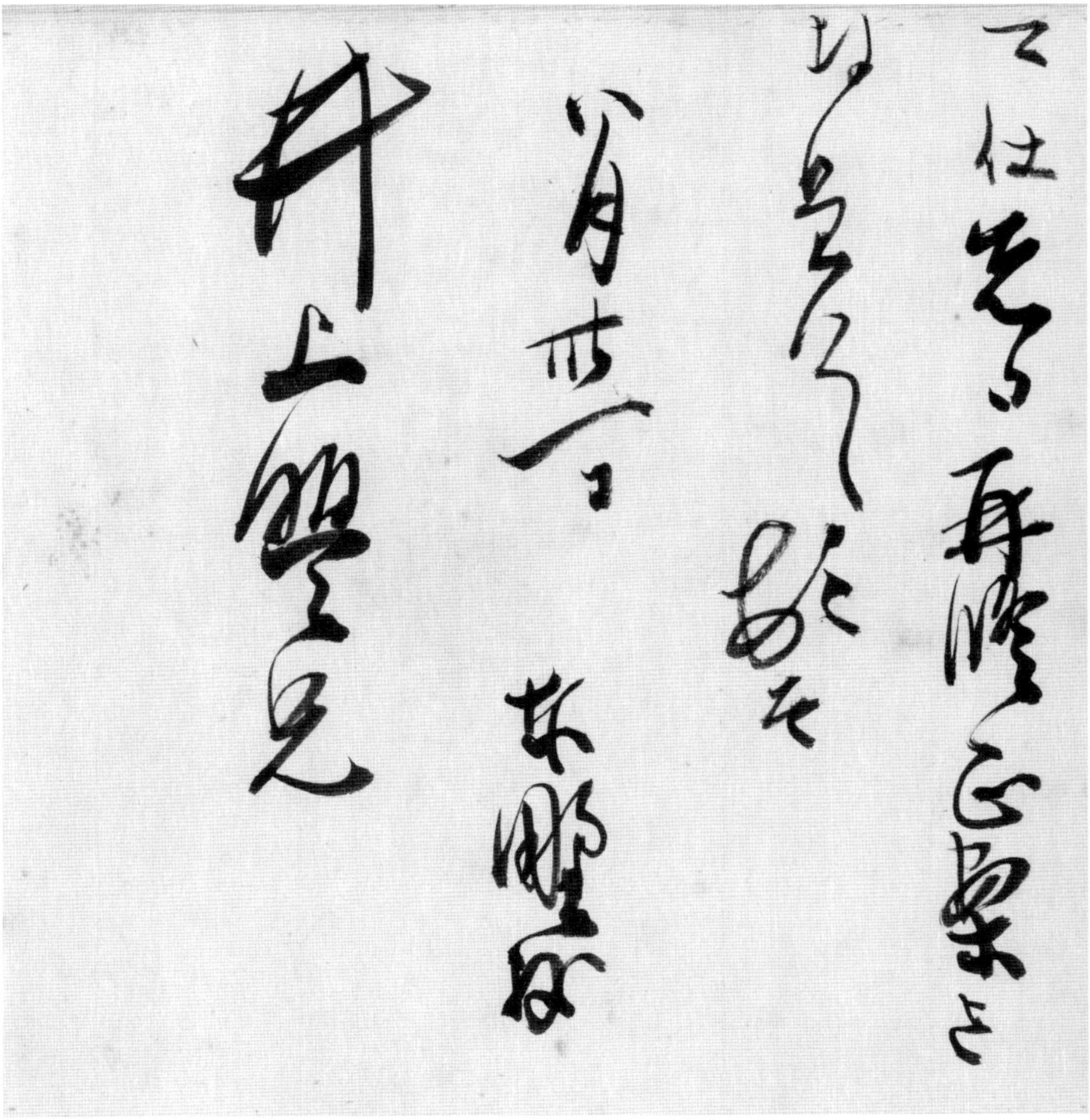

可仕　先つ再修正案迄
拝呈仕候　頓首
八月三十一日(卅)　東野拝
井上盟兄

【解題】　明治二十三年（一八九〇）八月二十六日、元田は明治天皇の内命を受けて作成した文部上奏案に対する奉答案としての勅語修正案を井上に送ってその加筆修正を依頼した（書翰三二）。その二日後の二十八日に井上は同案に対する修正を行い、元田へ返送した。本書翰は、井上からの修正意見を受けた元田が、さらに「徳教之勅語案」と題する再修正案を作成して、井上に再度その加筆削除を願い出たものである。

本書翰ではまず、先に送った勅語修正案に対し、詳細な修正意見を寄せた井上に感謝の念を示すとともに、なお足らないところがあるので再考・修正し、再修正案を漢文に写して進呈するので、これについてのさらなる訂正を願い出ている。この元田による再修正案は、その前の修正案に対する井上の意見をほぼ受け入れて作成されたものであったが、元田自身の判断で修正に応じなかった点や新たに書き加えた箇所もあった。同案を受け取った井上は九月三日付でその修正意見を元田へ送っており、そこで「漢文として玩味する時ハ、梢あきたらぬ心地の文字あり」と十二箇所にわたる修正点を指摘しつつ、元田の判断によった箇所のほとんどを修正すべきとの意見を呈している（『井上毅伝』史料篇第四）。ただし、元田が先の修正案に対する井上の修正意見に応じずに残した「国体」と、新たに加筆した「徳器」の表現については井上も了解し、これら二点についてはこの後削除・修正されることなく、教育勅語の正文となった。この九月三日付の井上の修正意見を元田はほぼ全面的に受け容れて、文部上奏案に対する奉答案を完成させて五日に井上へ再送し、これを受けた井上は翌六日に、自らの意見をほぼ受け容れてくれたことに対する感謝の書翰を送っている（『井上毅伝』史料篇第四）。元田はこの数日後、明治天皇に拝謁して完成した奉答案を奉呈した。

元田は、この奉答修正案を奉呈した以後も、教育勅語の完成まで、明治天皇からの御下問にこたえるかたちで常に関与し続けた。元田は明治四年に侍読を拝命して以降、侍講、侍補と、明治天皇の君徳輔導に努めるとともに、明治十二年の教育議論争以降、徳育の重要性を一貫して主張してきており、教育勅語起草の際も、井上による初稿より前となる六月十七日付で「教育大旨」と題する案を作成して先鞭をつけていた。このように、元田にとって教育勅語の渙発はまさに宿願であり、その起草過程においても最も積極的に携わり、かつ中心的な役割を果たした。勅語渙発の直後、井上は元田への書翰の中で、勅語渙発は元田の積年にわたる「御誠心御輔導之美果」であると讃えている（『井上毅伝』史料篇第四）。元田は教育勅語の成立にすべての力を尽くし果たしたがごとく、勅語渙発から約三ヶ月後となる翌二十四年一月二十二日に逝去している。

〔齊藤智朗〕

三四、教育勅語に関する山縣有朋書翰

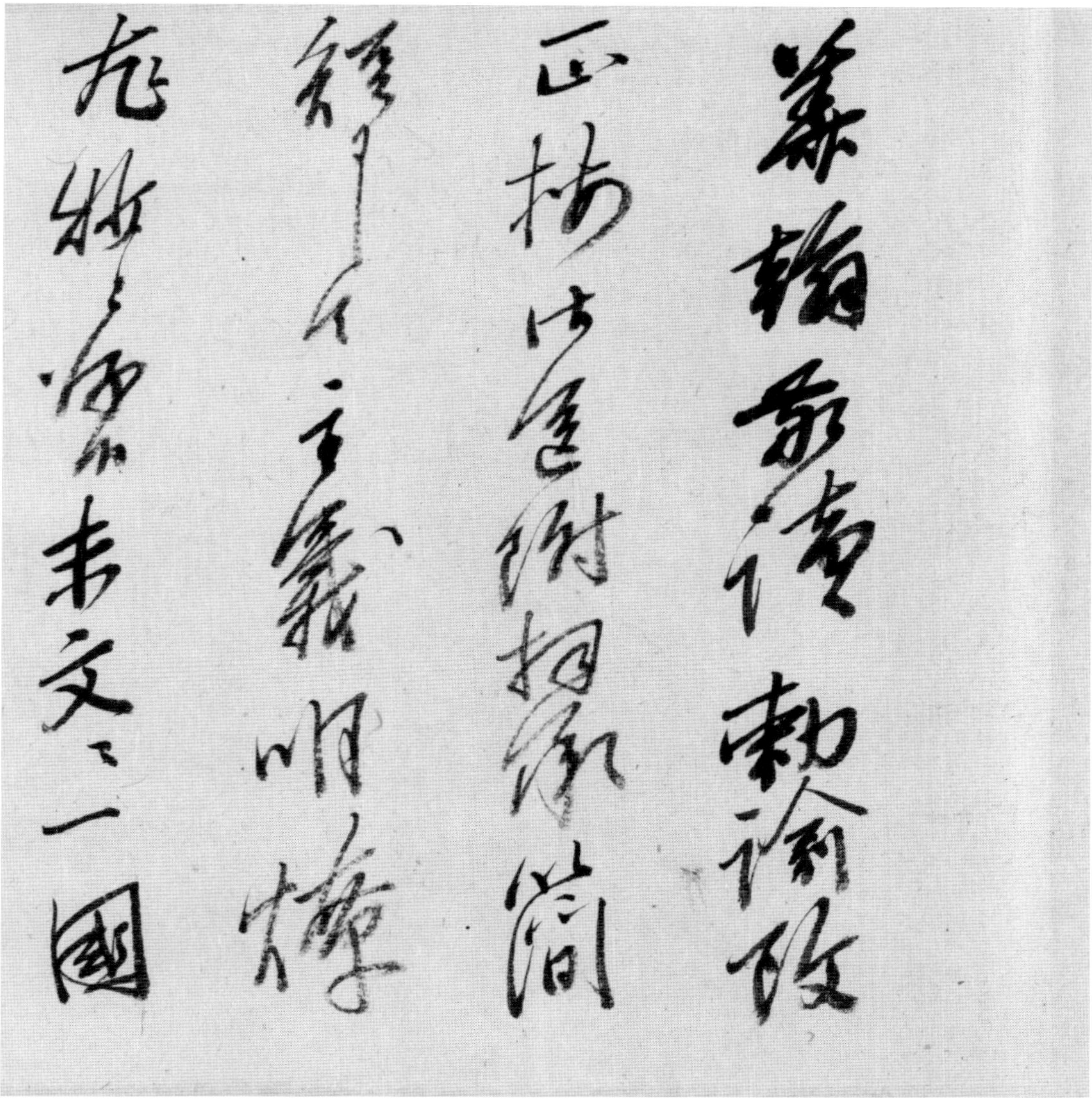

文書番号　Ⅱ-四八一-一
発信者　山縣有朋（内閣総理大臣）
受信者　井上毅（法制局長官・枢密顧問官）
発信月日　明治二十三年九月二十三日
寸法　一七・六糎＊一一六・〇糎

華翰敬読（讀）　勅諭改
正按御送附拝承　箇
短にして主義明燎（ママ瞭）
尤妙と存候　末文ニ一国（國）

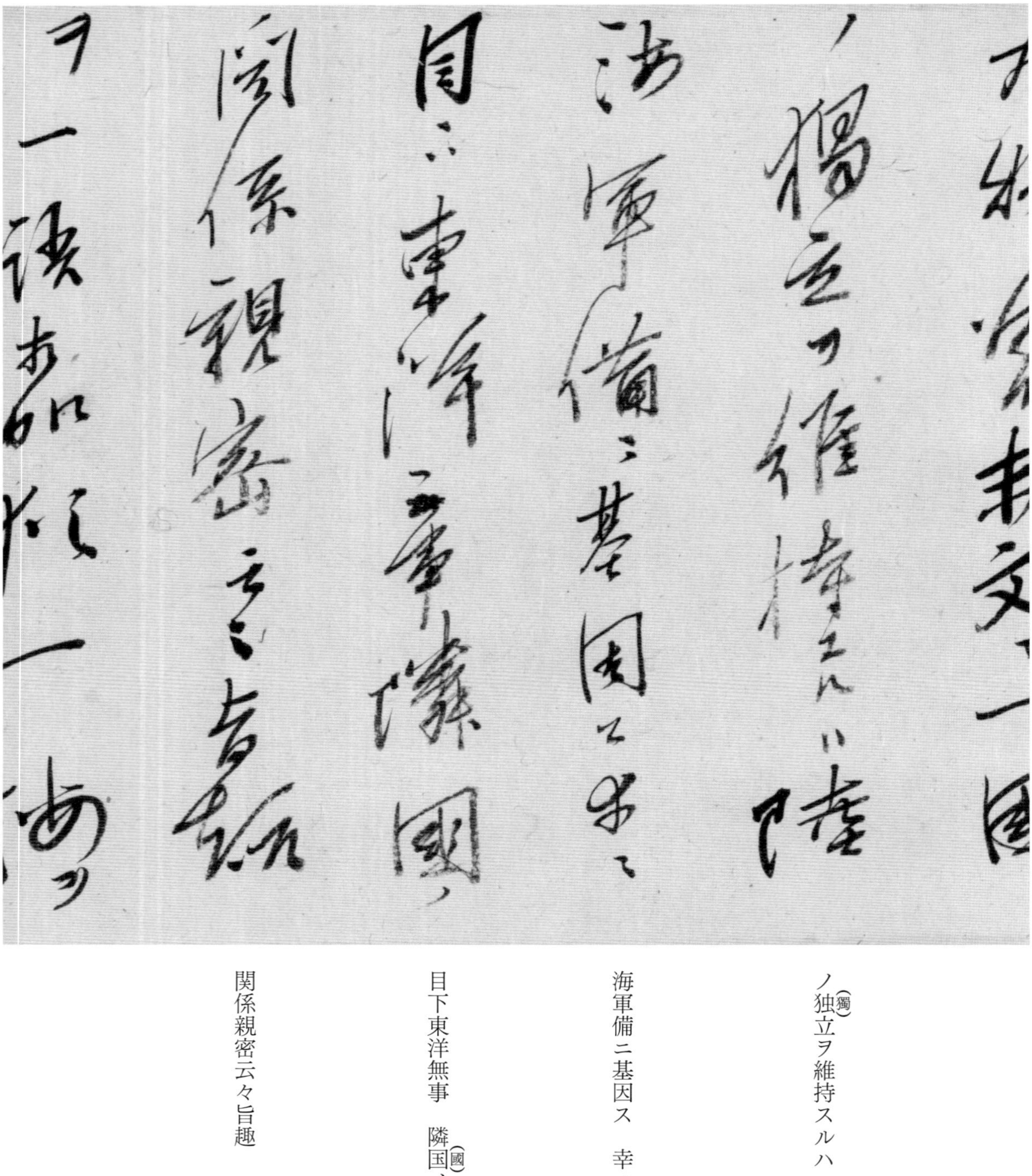

ノ独(獨)立ヲ維持スルハ　陸
海軍備ニ基因ス　幸ニ
目下東洋無事　隣国(國)ノ
関係親密云々旨趣

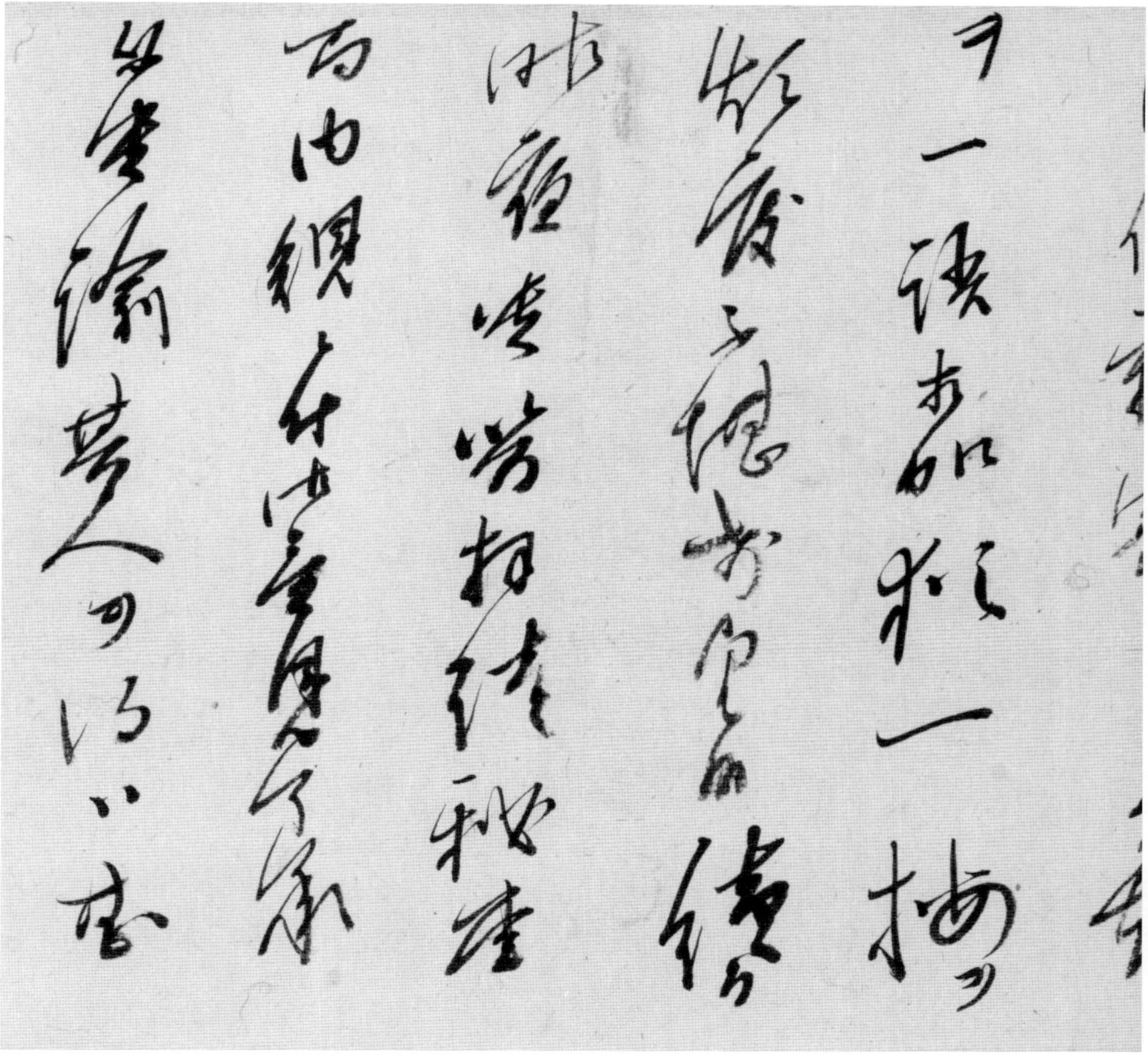

ヲ一語相加　猶一按ヲ

煩度不堪希望候　続(續)て

昨夜貴簡拝読(讀)　秘書

局内規ニ付　御意見了承

如貴諭其人ヲ得ハ甚

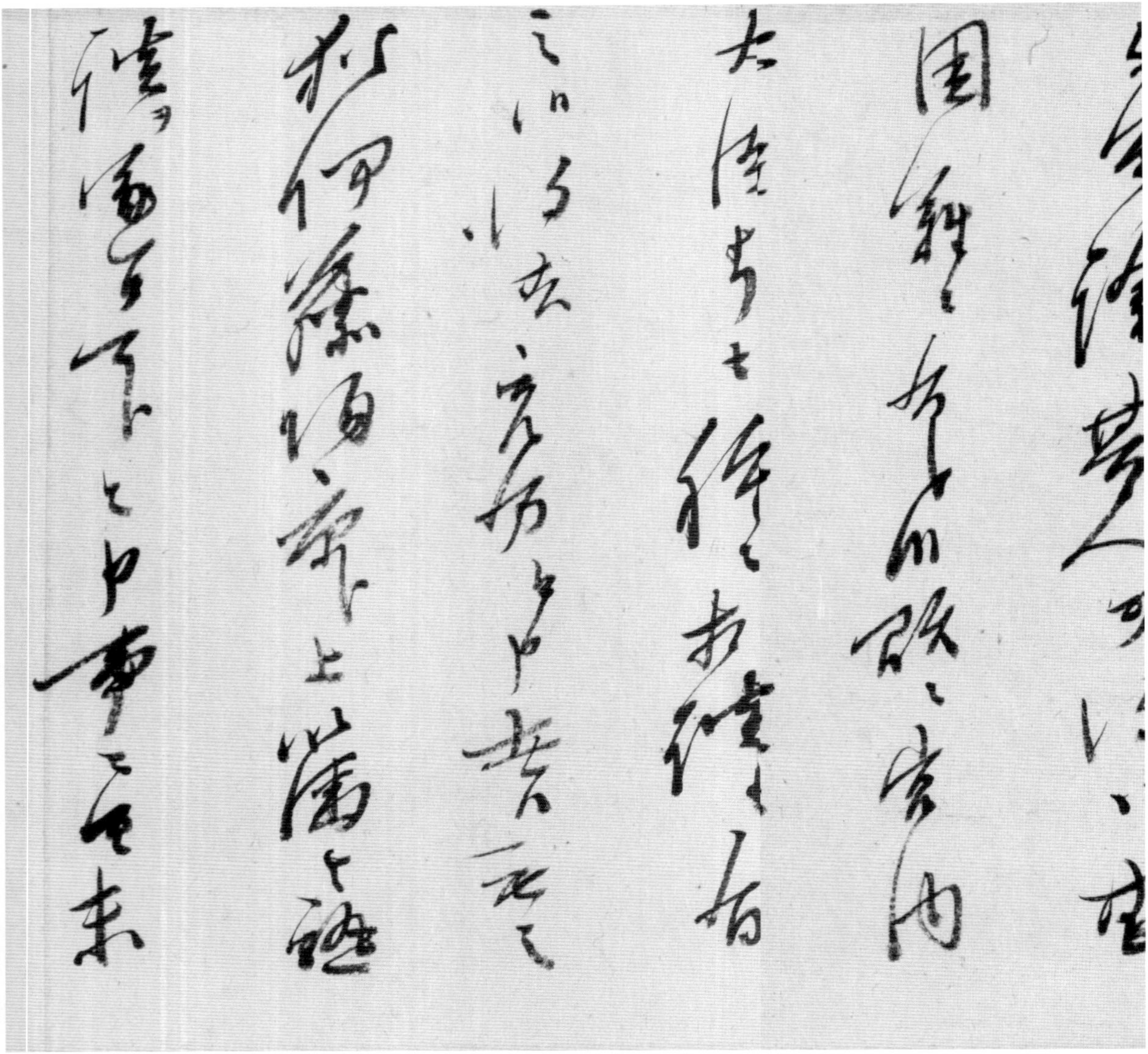

困難ニ有之候　既ニ宮内
大臣よりも種々相談も有
之候得共　充分と申者ハ無之
猶伊藤帰京之上　篤と熟
談ヲ遂ケ可申と申事ニて未

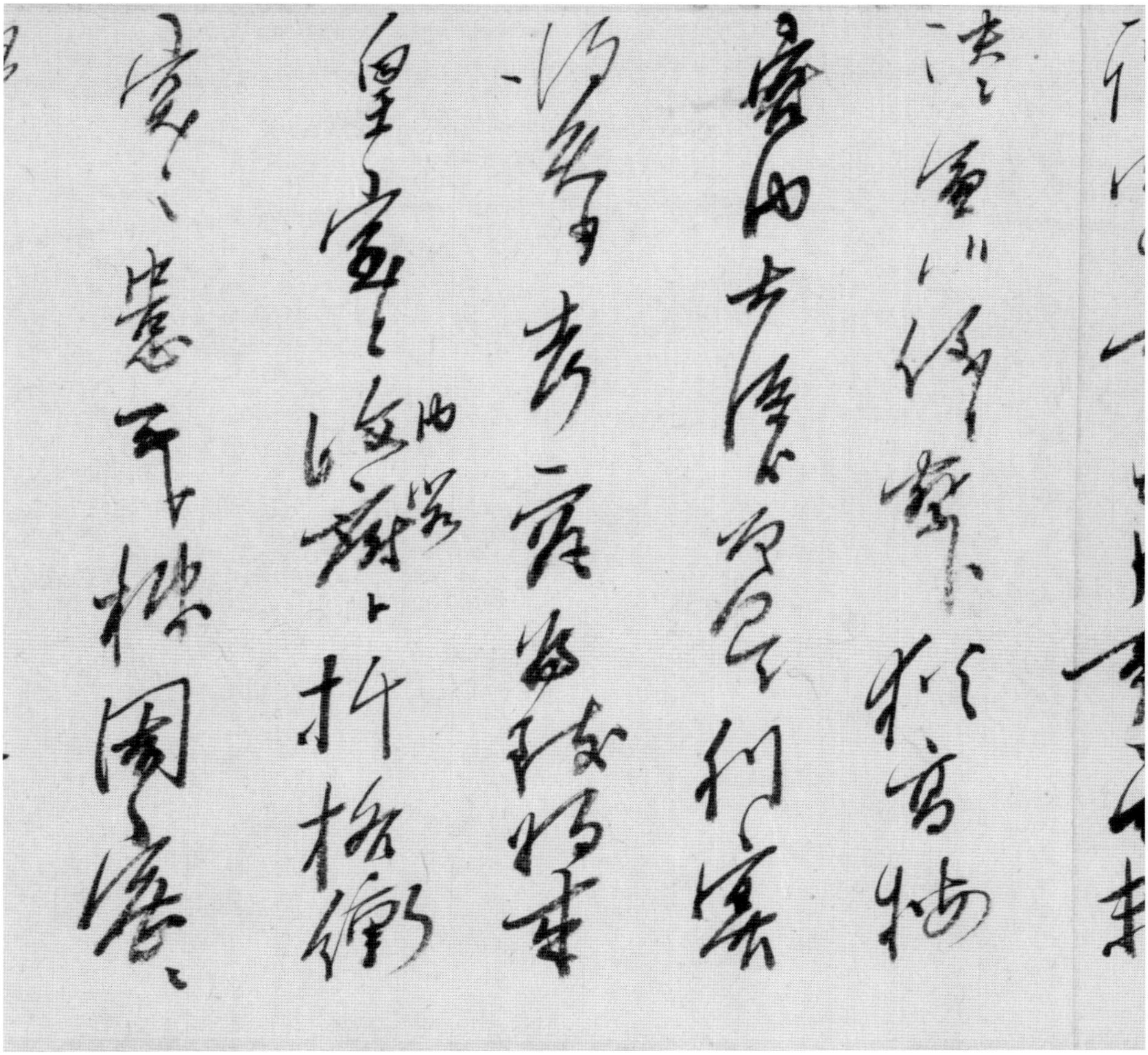

決シ兼候儀と察申候　猶高按
宮内大臣ヨ《(ら)》リ差廻し　利害
得失も考究為致　将来
皇室と政府《内閣》ト扞格衝
突之患無之様　周密ニ

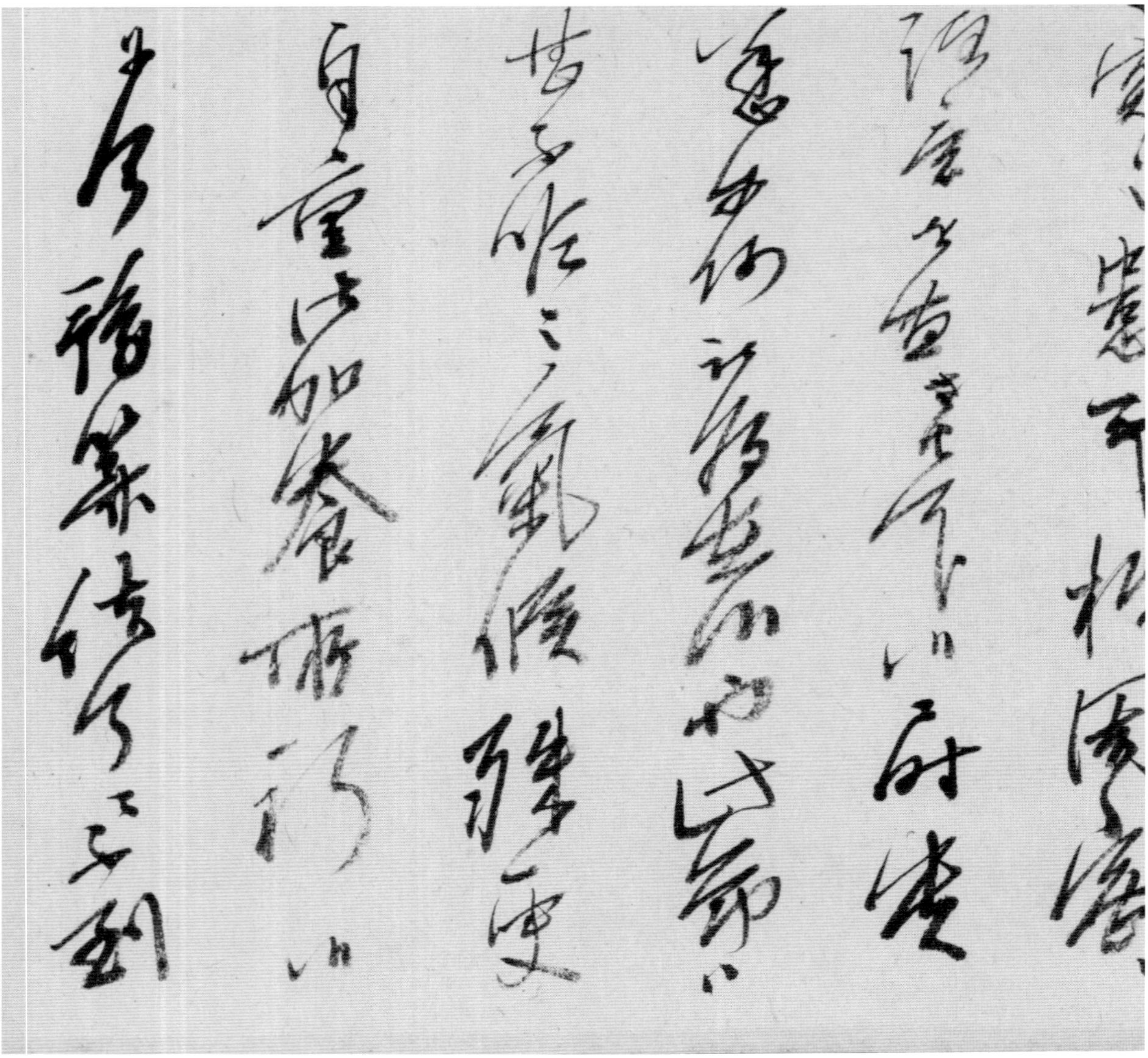

注意を尽（盡）させ可申候　于時貴
恙如何被為在候や　此節ハ
甚不順之気（氣）候　殊更
自重御加養所祈候
于今予（豫）算結了ニ不到

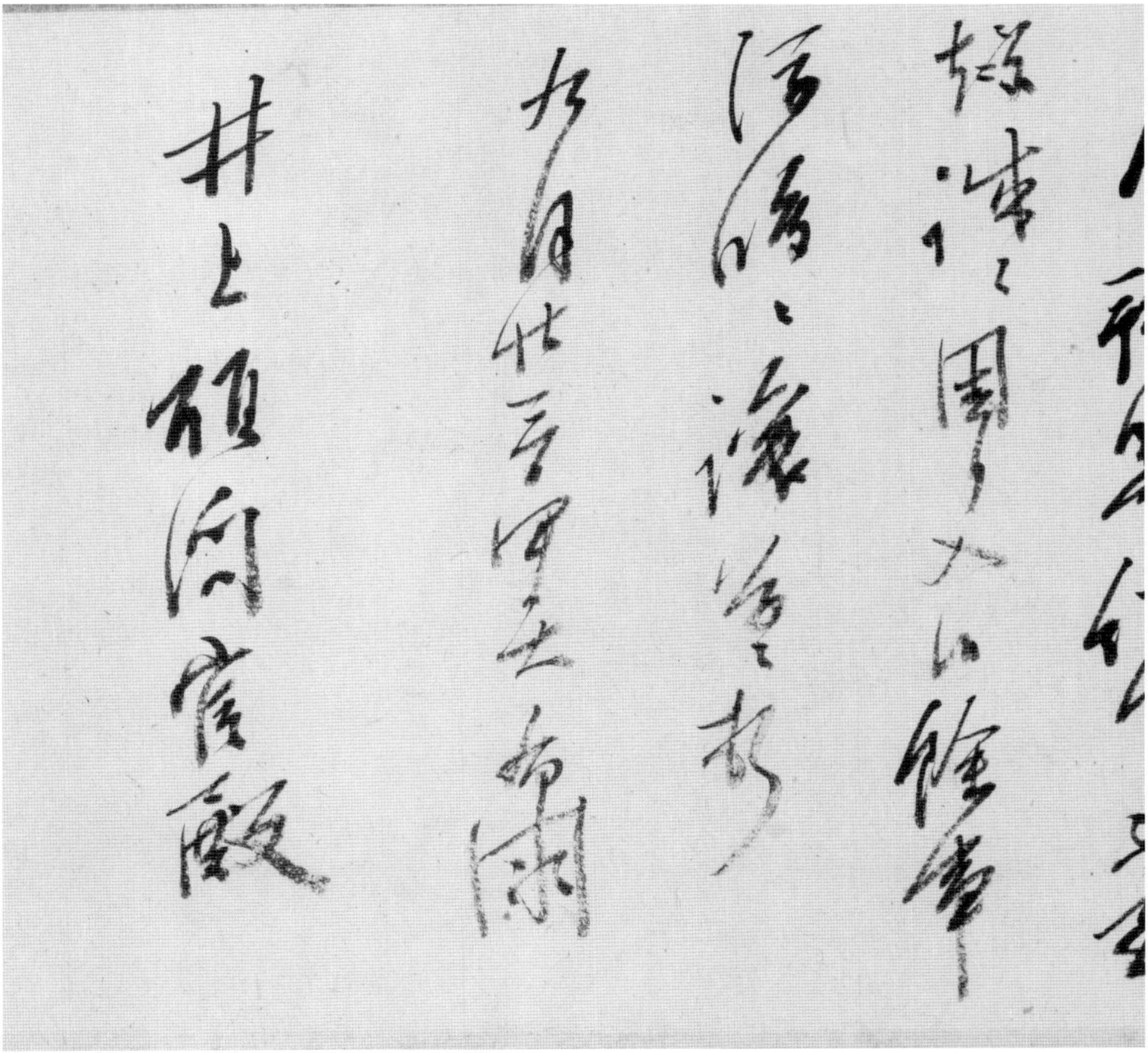

趣　誠ニ困リ入候　餘事

後鳴ニ譲　草々頓首

九月廿三日早天　有朋

井上顧問官殿

【解題】　明治二十三年（一八九〇）九月上旬に元田永孚が奉呈した奉答案（書翰三三解題）は、明治天皇より文部大臣芳川顕正に下付され、大要はこの通りでよいとの御沙汰が伝えられた。芳川は元田の奉答案に対して多少の修正を要すると考え、総理大臣山縣有朋と協議して、井上毅により同案に対する修正案をまとめさせることとし、井上は元田の奉答案の文面を簡潔明瞭に修正した勅諭案を完成させて、九月二十三日に山縣に提出した。

　本書翰は、それに対する山縣の返書であり、殊に山縣はここで教育勅語の末文に「一国ノ独立ヲ維持スルハ、陸海軍備ニ基因ス、幸ニ目下東洋無事、隣国ノ関係親密」といった趣旨を加えたいと井上に依頼している。そもそも山縣は、教育勅語の作成について「余ハ軍人勅諭ノコトガ頭ニアル故ニ教育ニモ同様ノモノヲ得ンコトヲ望メリ」（「教育勅語発布ニ関スル山縣有朋談話筆記」）との認識をもっており、この年の三月の井上代草による「国家独立自衛ノ道」を唱えた軍備意見においては、「疆土」である「主権線」と、「隣国接触ノ勢、我カ主権線ノ安危ト緊ク相関係スルノ区域」である「利益線」の二つを挙げ、「利益線ノ焦点」である「朝鮮」をめぐる「東洋ノ均勢」を説くとともに、「利益線ヲ保護スルノ外政ニ対シ、必要欠クヘカラサルモノハ、第一兵備、第二教育是ナリ」との考えも示していた（『井上毅伝』史料篇第六）。しかし、本書翰で依頼した末文への加筆に対して井上から返事が何もなかったため、山縣は同月二十九日付で「先日御依嘱致置候勅諭按御修正相成候ハヽ、御送附可被下候」（『井上毅伝』史料篇第五）と督促したが、勅語には「政事上ノ臭味ヲ避ケザルヘカラズ」（『井上毅伝』史料篇第二）と考えていた井上は結局それに応じなかった。なお、本書翰の後半部分は、この後の同年十二月に宮中に設置された文事秘書局に関する内容となっており、同局設置に伴い井上はその初代官長に就任（兼務）している。

　本書翰において勅語の内容に関する修正意見を述べた山縣であったが、この時以外は文案に口出しすることはなく、教育勅語の成立過程においては、地方官会議における自らの訓示演説を受けて決議された「徳育涵養ノ議ニ付建議」を閣議決定してから、その完成まで一貫して尽力し、殊に芳川・井上と協議を繰り返し、元田を含めた協力体制を構築して、総理大臣として高所より勅語作成の環境整備に努めた。このような山縣の姿勢を元田は高く評価・賞賛し、教育勅語渙発の翌日となる明治二十三年十月三十一日、元田は佐佐木高行《たかゆき》に向けて「既に今日官報に見え候教育勅語も山縣の注意より出来たり、伊藤にては或は六ケ敷事ならん」（津田茂麿『明治聖上と臣高行』）と評したとともに、その三日後となる十一月三日の天長節には山縣へ書翰を送って、「此勅諭之賛成を以て、山縣総理大臣一生之大功なり」と讃えている（『元田永孚関係文書』）。

〔齊藤智朗〕

三五、教育勅語に関する芳川顕正書翰

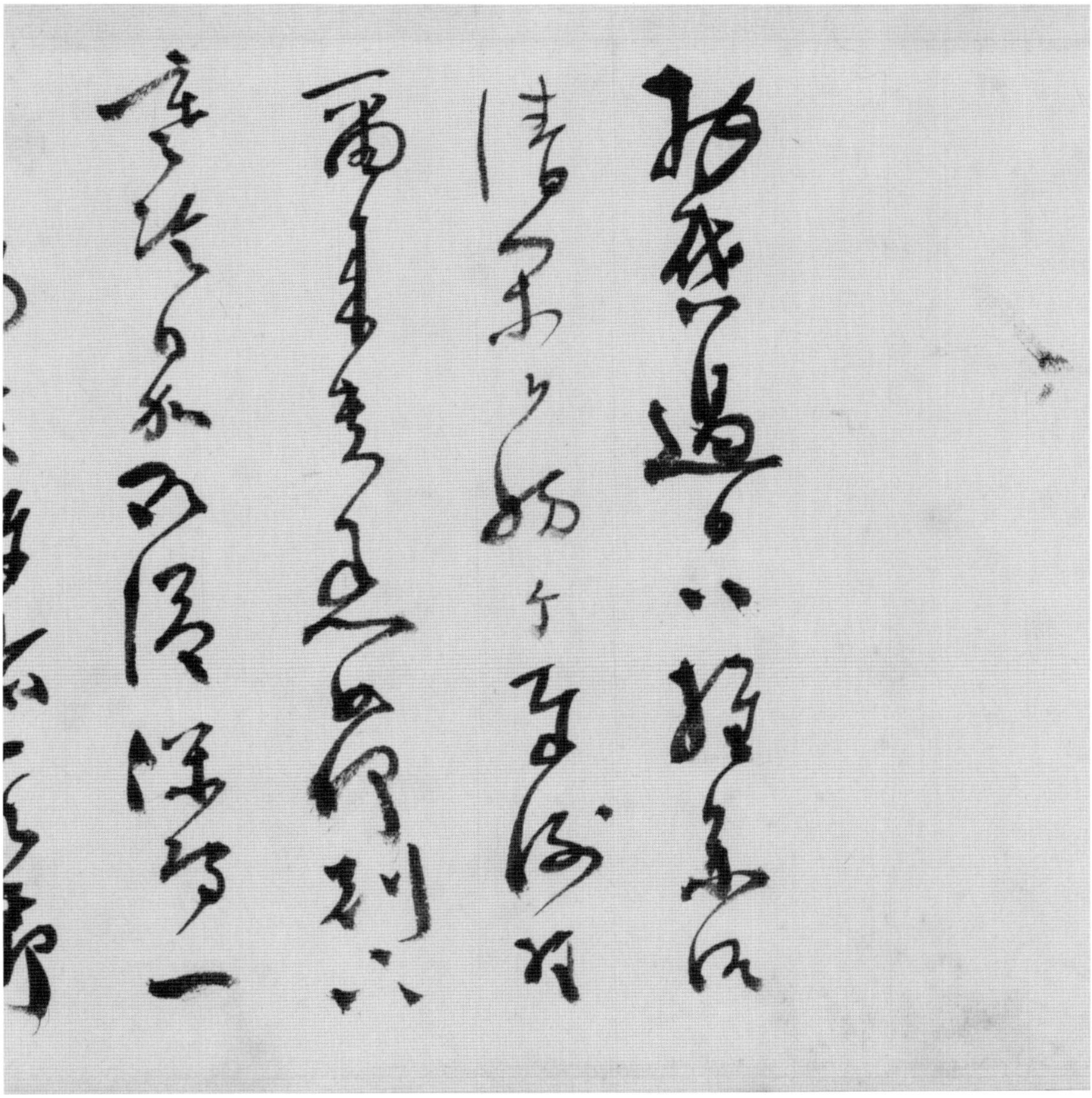

文書番号　Ⅱ―四九一―五
発信者　芳川顕正（文部大臣）
受信者　井上毅
　（法制局長官・枢密顧問官）
発信月日　明治二十三年十月二十二日
寸　法　一七・八糎＊一四七・五糎（巻子）

拝啓過日ハ推参　御
清閑ヲ妨ケ奉謝候
爾来貴恙如何　刻下
寒冷日加御温保専一

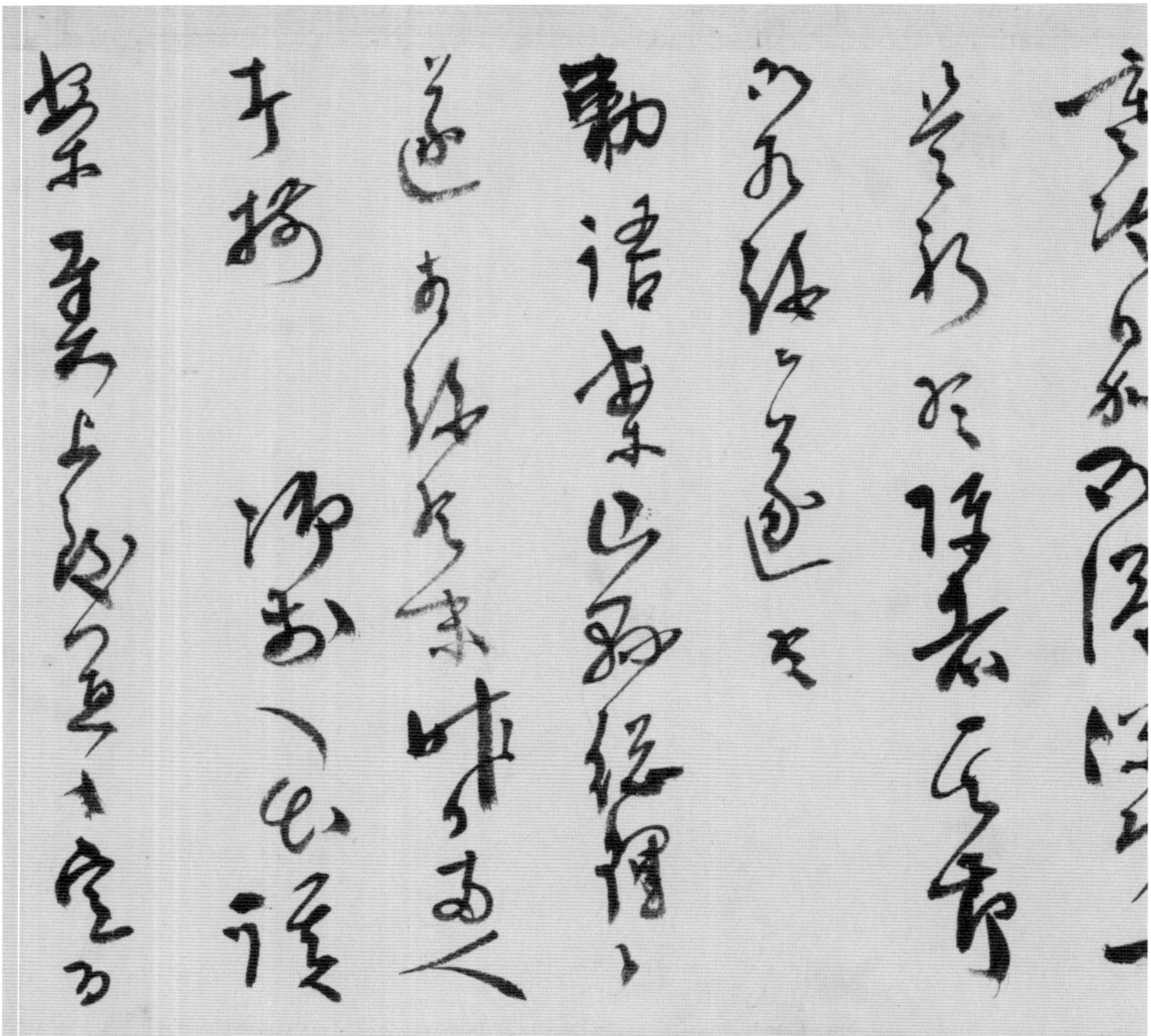

是祈候　陳は其節
御相談ヲ遂候
勅語案　山縣総理ト
遂相談候末　昨日両人
打揃　　御前へ出　該
案奏上致置候　定て

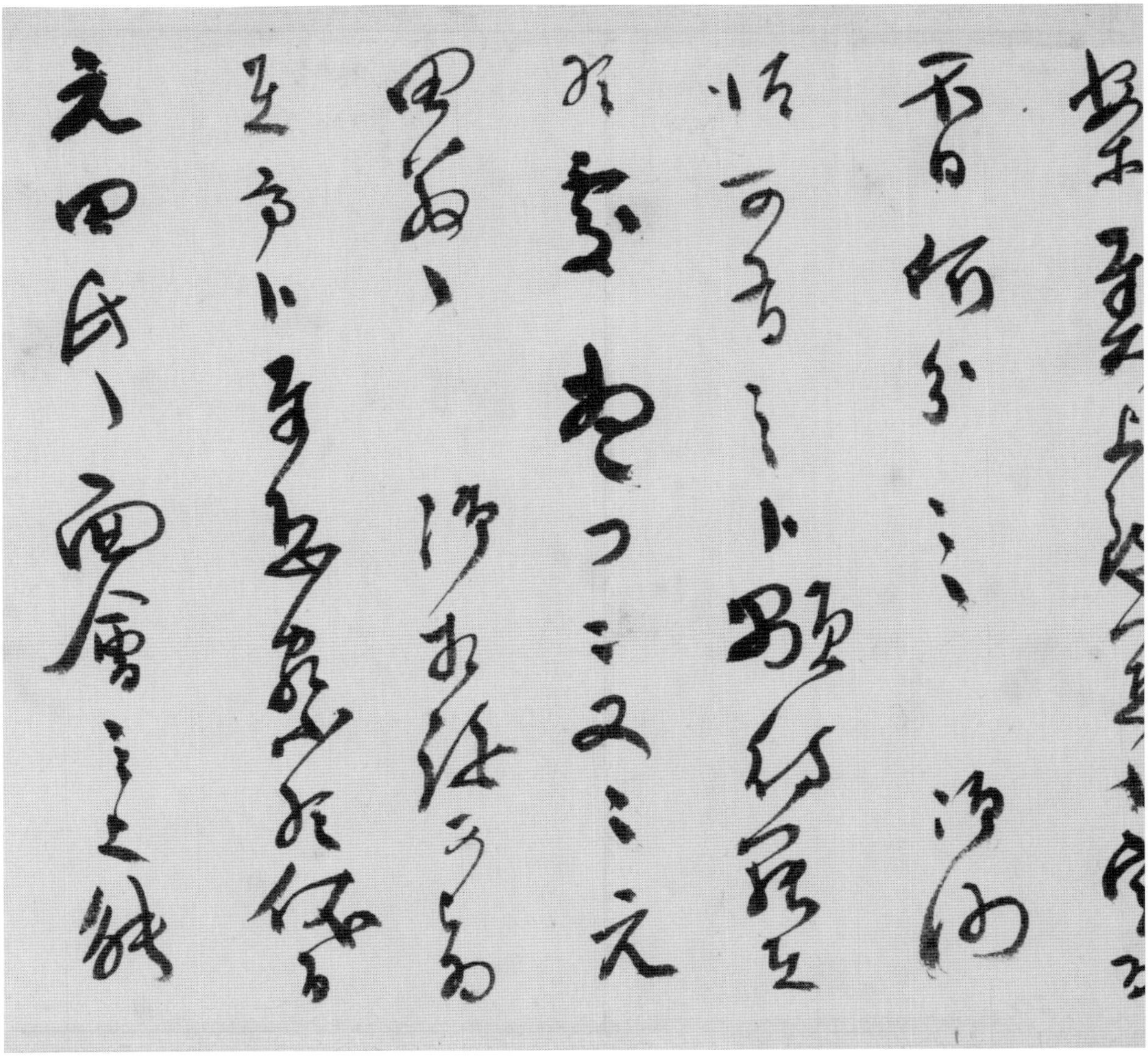

不日何分之　御沙
汰可有之ト頻待罷在
候処（處）　想フニ又々元
田翁へ　御相談可被為
在方ト奉恐察候　依て
元田氏へ面会（會）之上　能

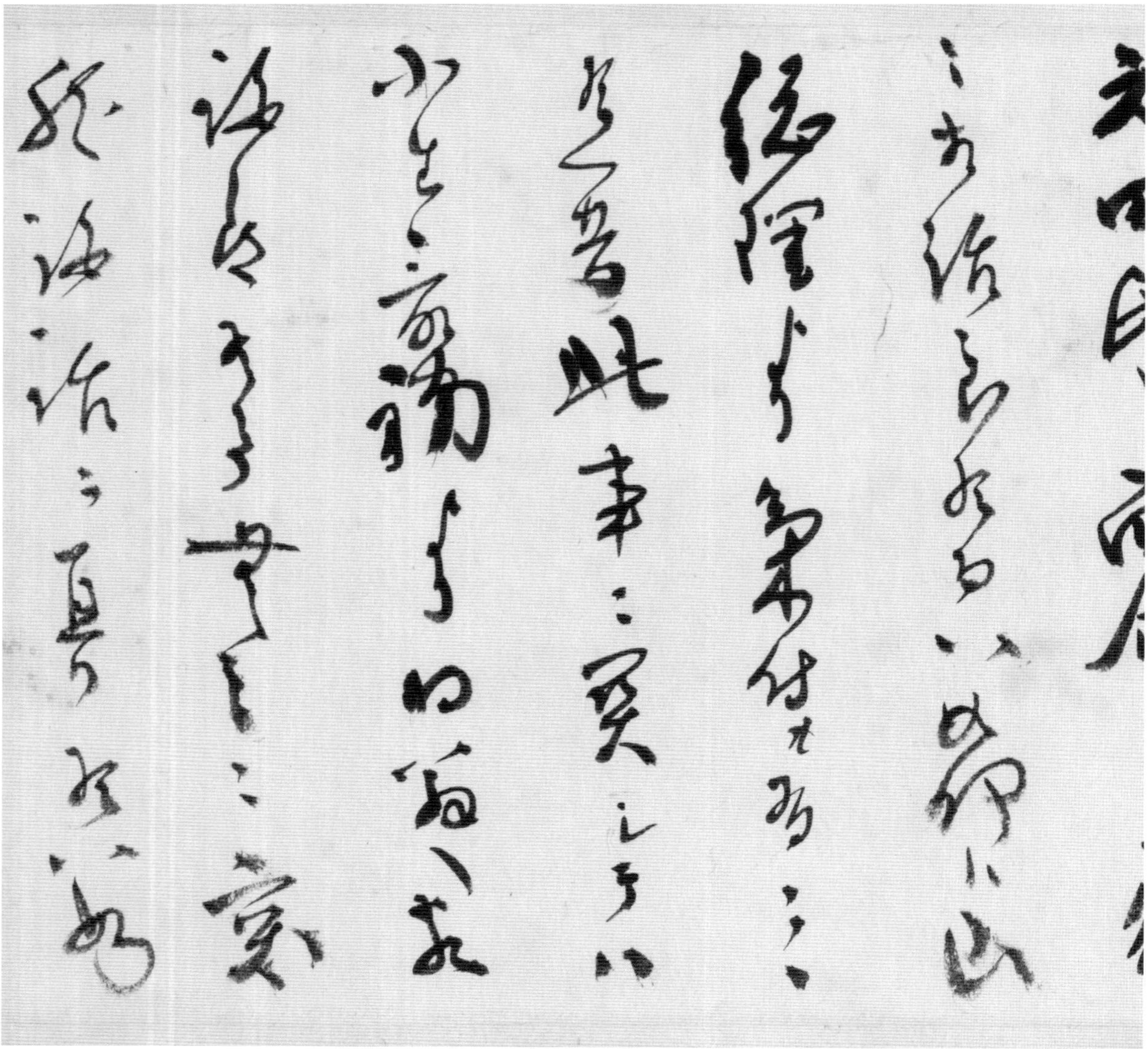

々相話置候てハ如何ト　山
総理より気（氣）付も有之
候へ共　此事ニ関シテハ
小生最初より同翁へ相
談致候事無之ニ　突
然談話ニ亘リ候ハ如

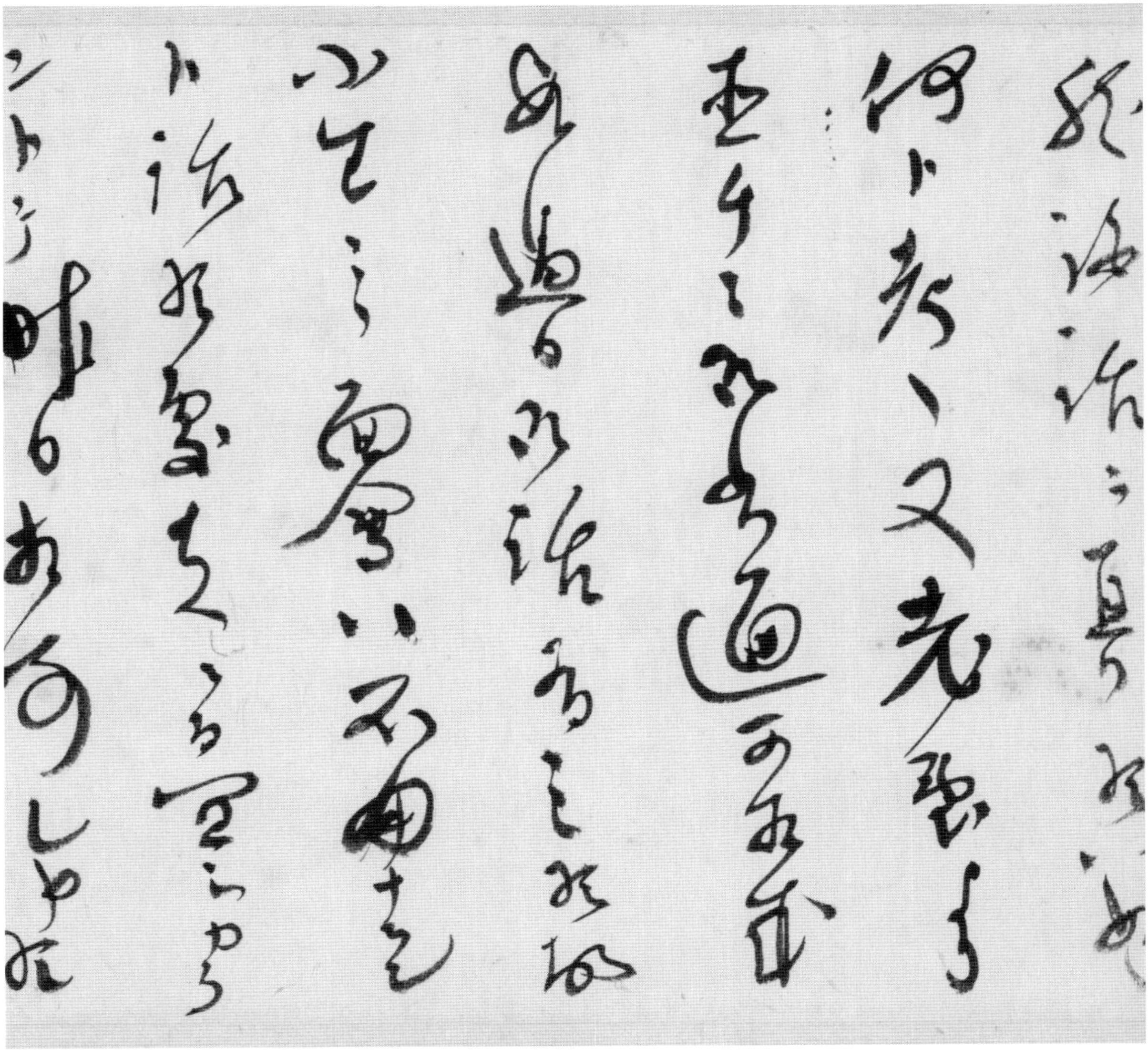

何ト考へ　又老臺より
直チニ御書通可相成
段　過日御話有之候故
小生之面会(會)ハ不用ナラン
ト話候処(處)　夫ニて宜シカラ

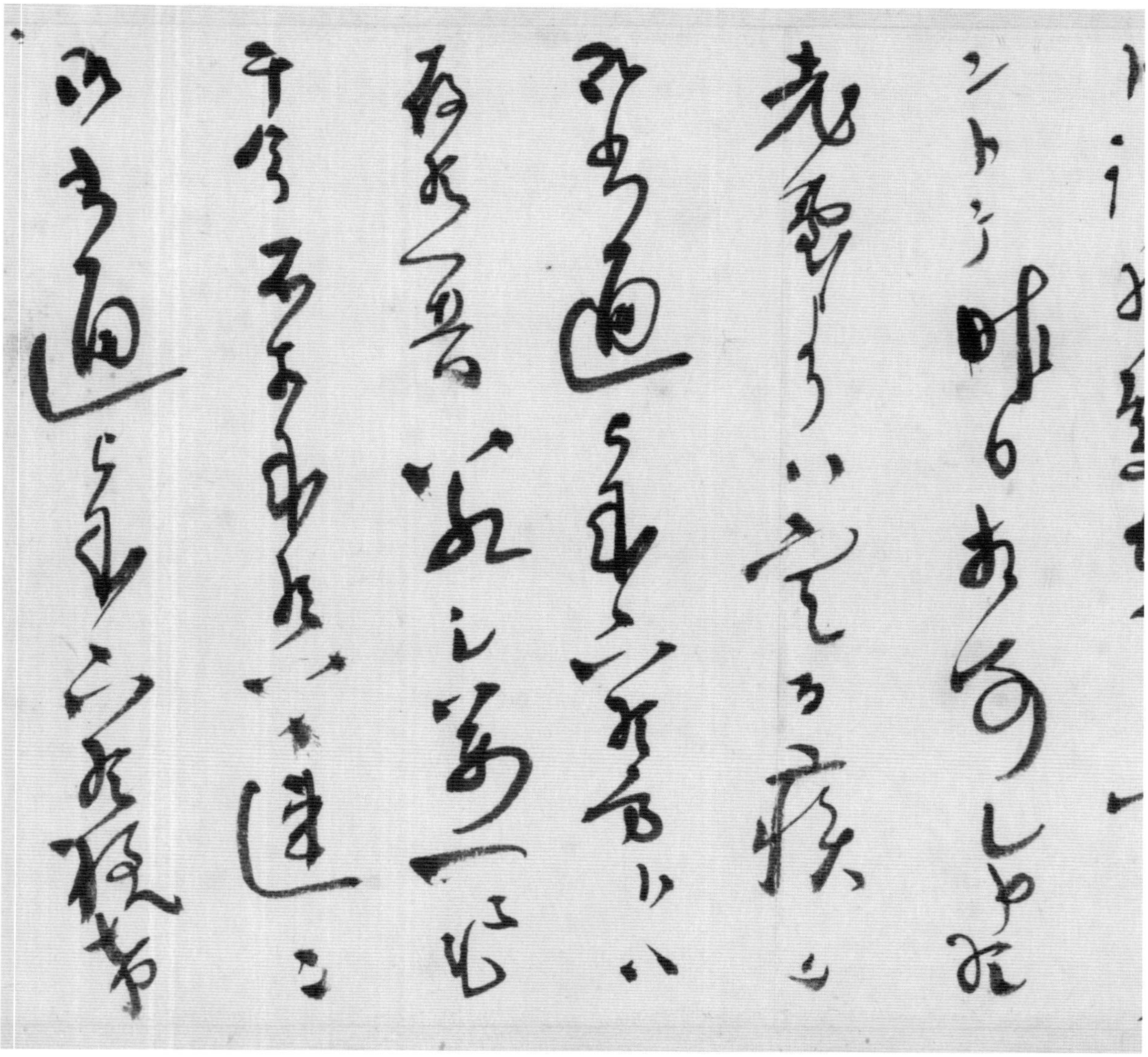

ントテ昨日相別レ申候
老臺よりハ定て疾ク
御書通被成下候方トハ
存候へ共　若シ万(萬)一ニも
于今不相成候ハヽ　速ニ
御書通被成下候様希

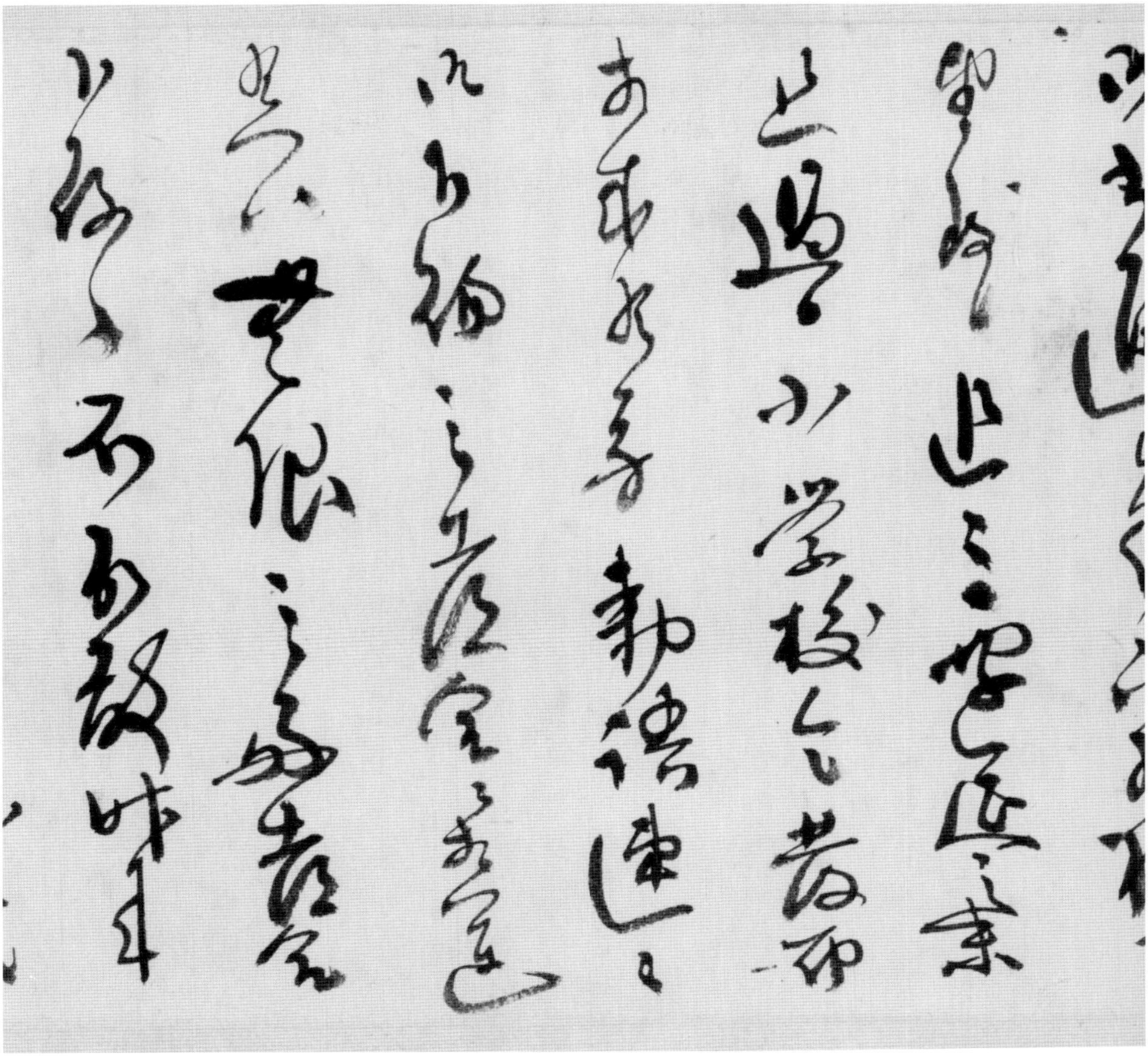

望致候　追々遷延之末
且過日小学校令発《(發)》布
相成候旁　勅語速ニ
御下賜之都合ニ相運
候ヘハ　無限之好都合
ト存候　不取敢昨来

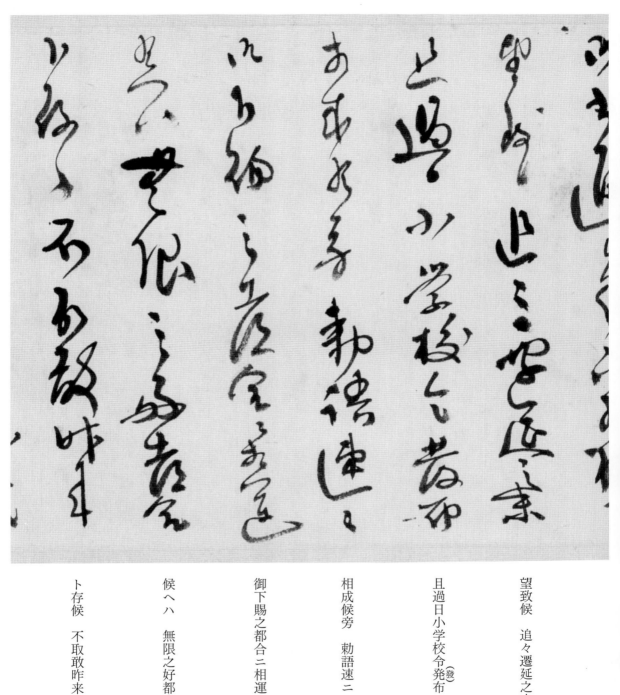

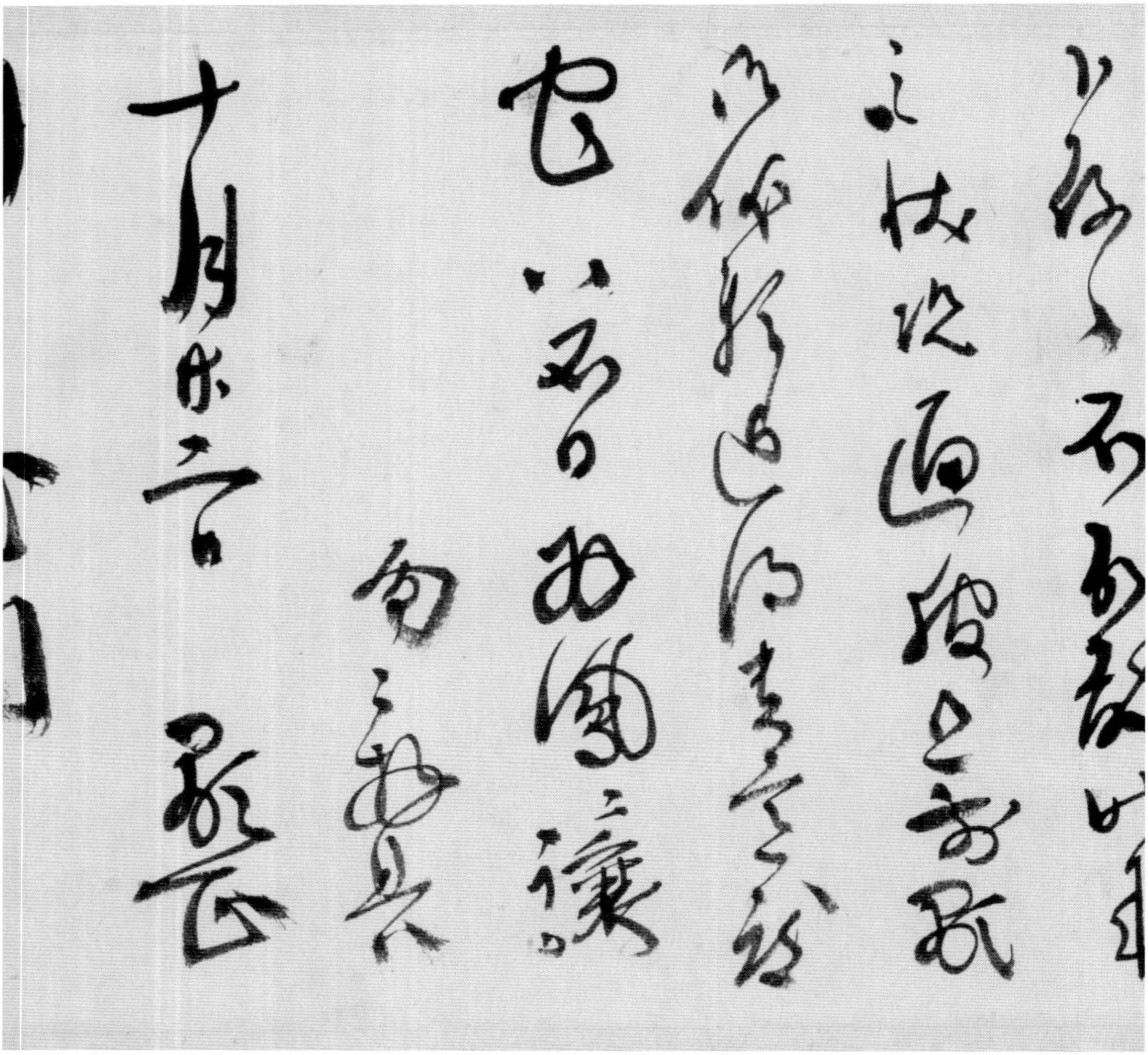

之状況通報　且前顕
御依頼迄得貴意度
他ハ不日拝鳳ニ譲候
匆々拝具
十月廿二日　顕正

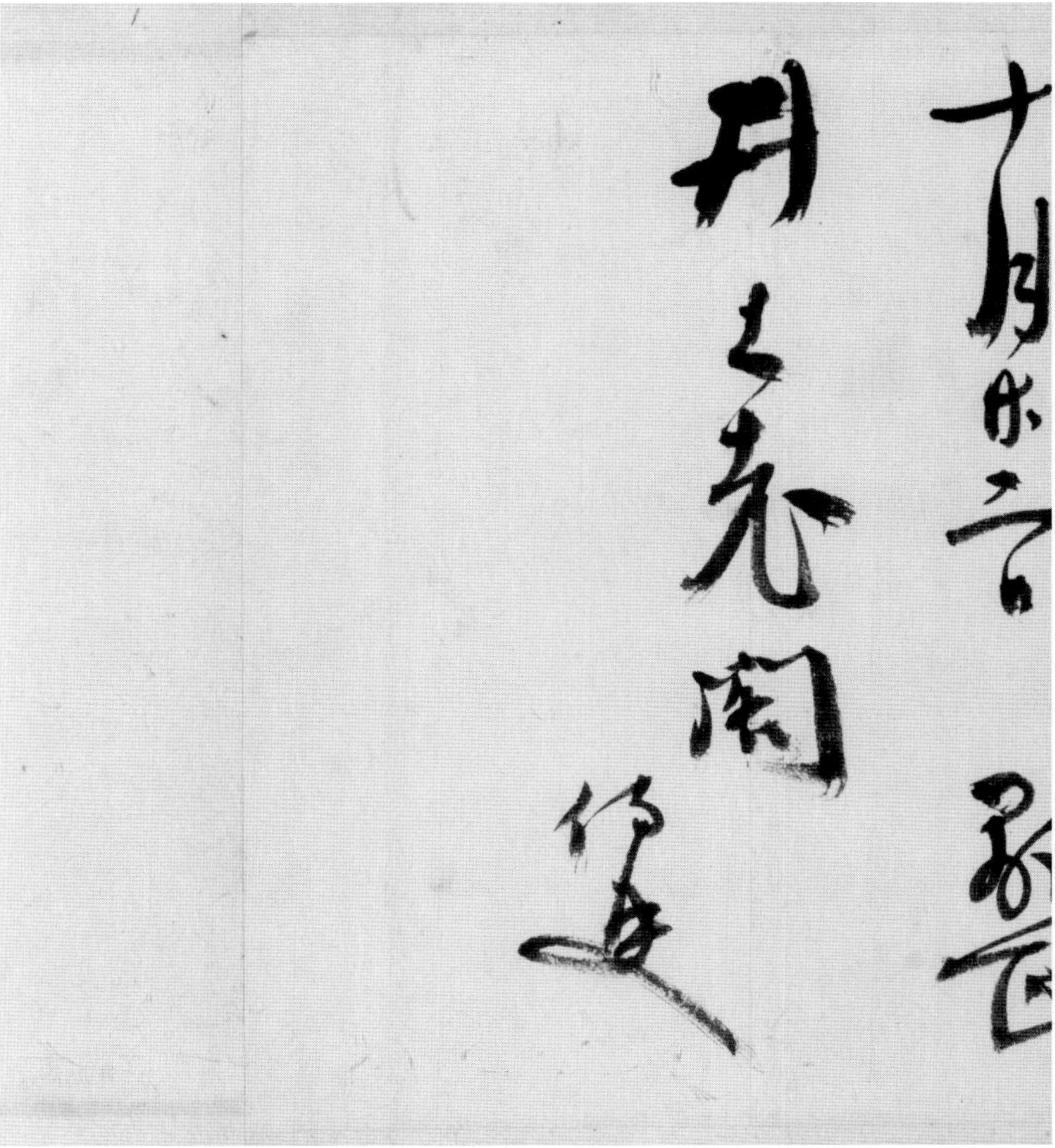
十月廿六日　顕正
井上老閣
侍史

井上老閣
侍史

【解題】　明治二十三年（一八九〇）九月二十三日に井上毅より元田永孚奉答案を修正した勅諭案を受け取った総理大臣山縣有朋（書翰三四解題）は、早速同案を文部大臣芳川顕正に送った。芳川はさらに同案に若干の修正を施して文部提出閣議案を作成し、同案は同月二十六日の閣議で承認された。また、閣議決定の後も、文面についてはさらに推敲を重ねることが了承されたものと見え、翌十月上旬において芳川は中村正直や島田重礼の意見を改めて徴しており、同月中旬には井上と協議して、これにより十月二十日付で内閣上奏案が確定され、山縣と芳川は翌二十一日に明治天皇に拝謁して奉呈した。

本書翰は、内閣上奏案を奉呈した翌二十二日に芳川が井上に送ったものである。ここで芳川は井上に対し、勅語案を上奏した上は何分の御沙汰があるか頻りに待っているが、天皇は又々元田へ御相談されるであろうと恐察しており、よって元田に面会の上、話し置いてはいかがとの注意を山縣からも向けられたが、勅語の件に関しては最初より元田と相談したことがないため、突然談話をしてもどうかと考え、また過日井上より直ちに元田へ書状を送るとの話もあったので、面会は不要であろうと伝えたところ、山縣もそれでよろしかろうということになった、ついてはすでに元田へ書状を送ったことと思うが、万が一まだならば速やかに書状を送るよう希望するという、内閣上奏案を奉呈した直後の山縣との遣り取りを詳細に伝えるとともに、元田への書状の送致を催促している。これは、十月七日の小学校令発布を踏まえて、教育勅語も速やかに御下賜されれば限りなく好都合であると芳川が認識していたことによるものである。本書翰を受け取った井上は、教育勅語の迅速な発表のため協力を願う旨の元田宛の書翰（『井上毅伝』史料篇第四）を同日付で認め、まずはその文面を確認してもらうべく、依頼者である芳川へ送った。

教育勅語渙発時の文部大臣である芳川顕正は阿波国出身、慶應三年（一八六七）に長崎養生所での医学修業中に伊藤博文と交遊し、明治三年には伊藤の推挙で明治政府の官僚・政治家となった。山縣が内務卿・内務大臣時代に内務大輔・内務次官として補佐し、明治二十三年五月の第一次山縣内閣の改造に際して、榎本武揚に代わり文部大臣に就任した。山縣系の有力政治家であり、明治後期から大正前期においては、山縣枢密院議長のもと副議長を務めた。また、この間の明治四十三年から翌四十四年までの一年間、皇典講究所長・私立國學院大學学長を務めている。明治二十九年に子爵を授けられ、四十年には伯爵に昇爵した。大正九年逝去。

【齊藤智朗】

三六、教育勅語に関する芳川顕正書翰

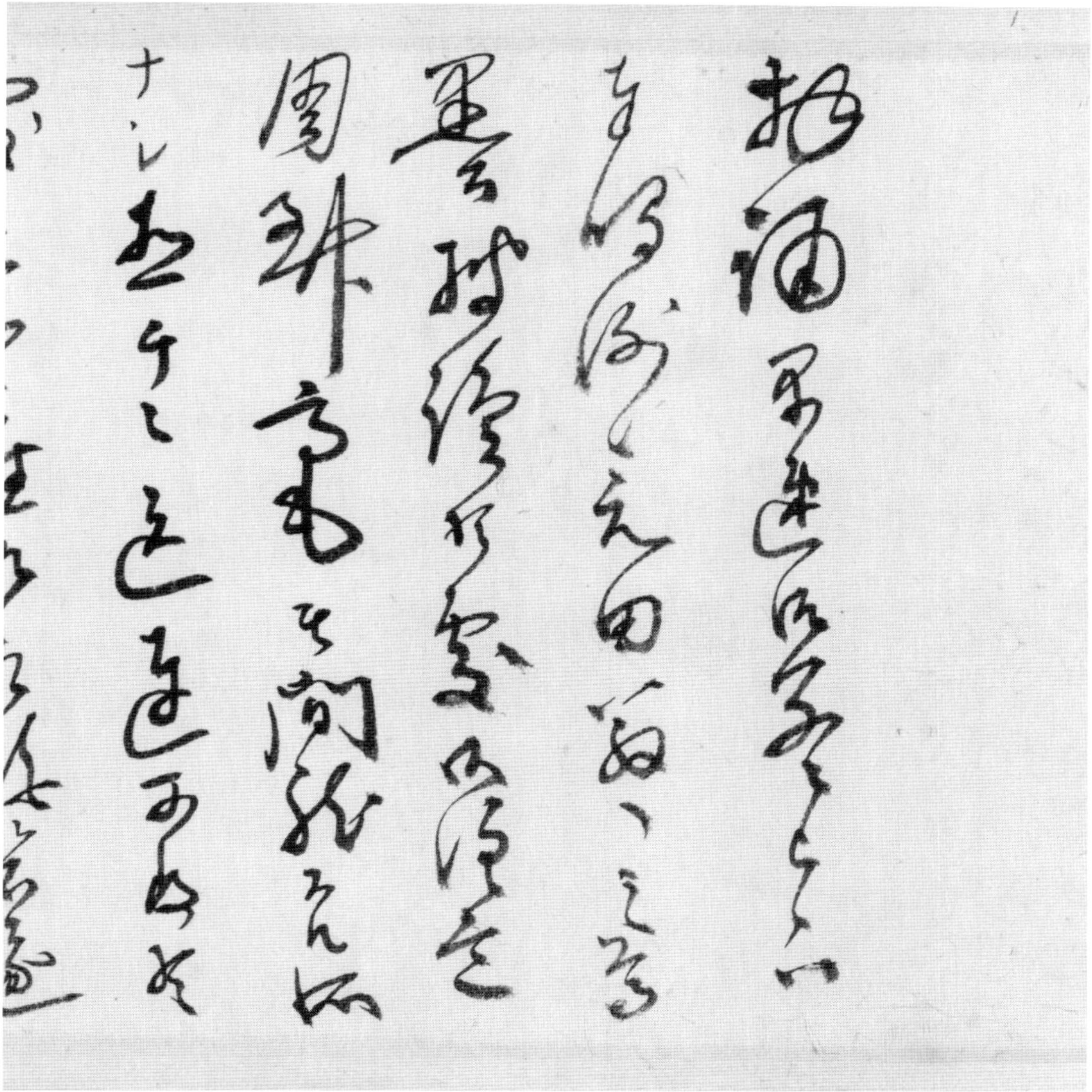

文書番号　Ⅱ–四九一–六
発信者　芳川顕正（文部大臣）
受信者　井上毅
　　　　（法制局長官・枢密顧問官）
発信月日　明治二十三年十月二十二日
寸法　一七・二糎＊二〇三・〇糎（巻子）

拝誦　早速御答被下
奉鳴謝候　元田翁へ之尊
墨披読（讀）候処（處）　御注意
周到毫モ間然スル所
ナシ　直チニ送達可致候

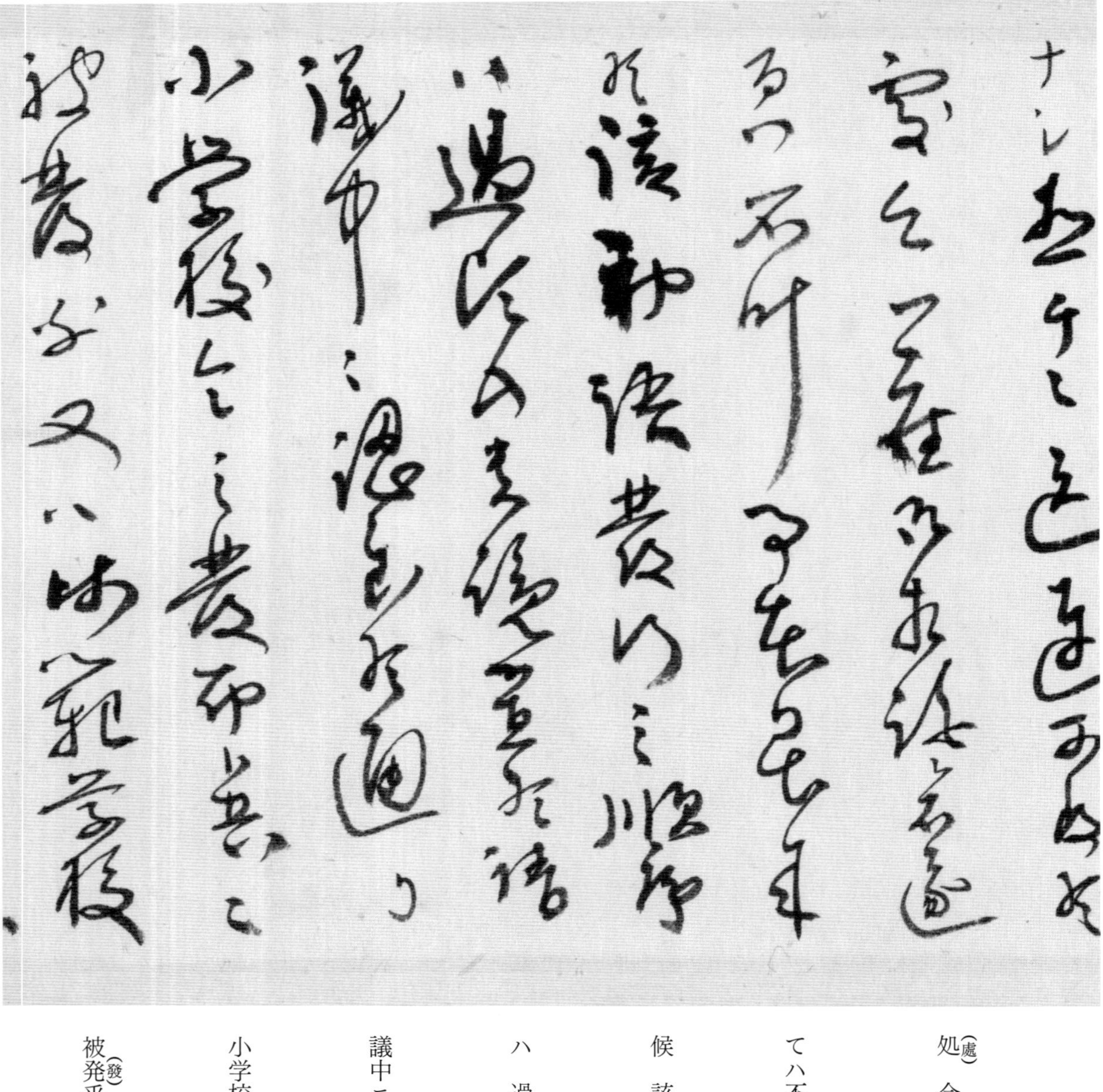

処（處）　今一応（應）御相談ヲ不遂
てハ不叶事　本日出来
候　該勅語発（發）行之順序
ハ　過頃入貴覧置候請
議中ニ認置候通り
小学校令之発（發）布ト共ニ
被発（發）乎　又ハ師範学校

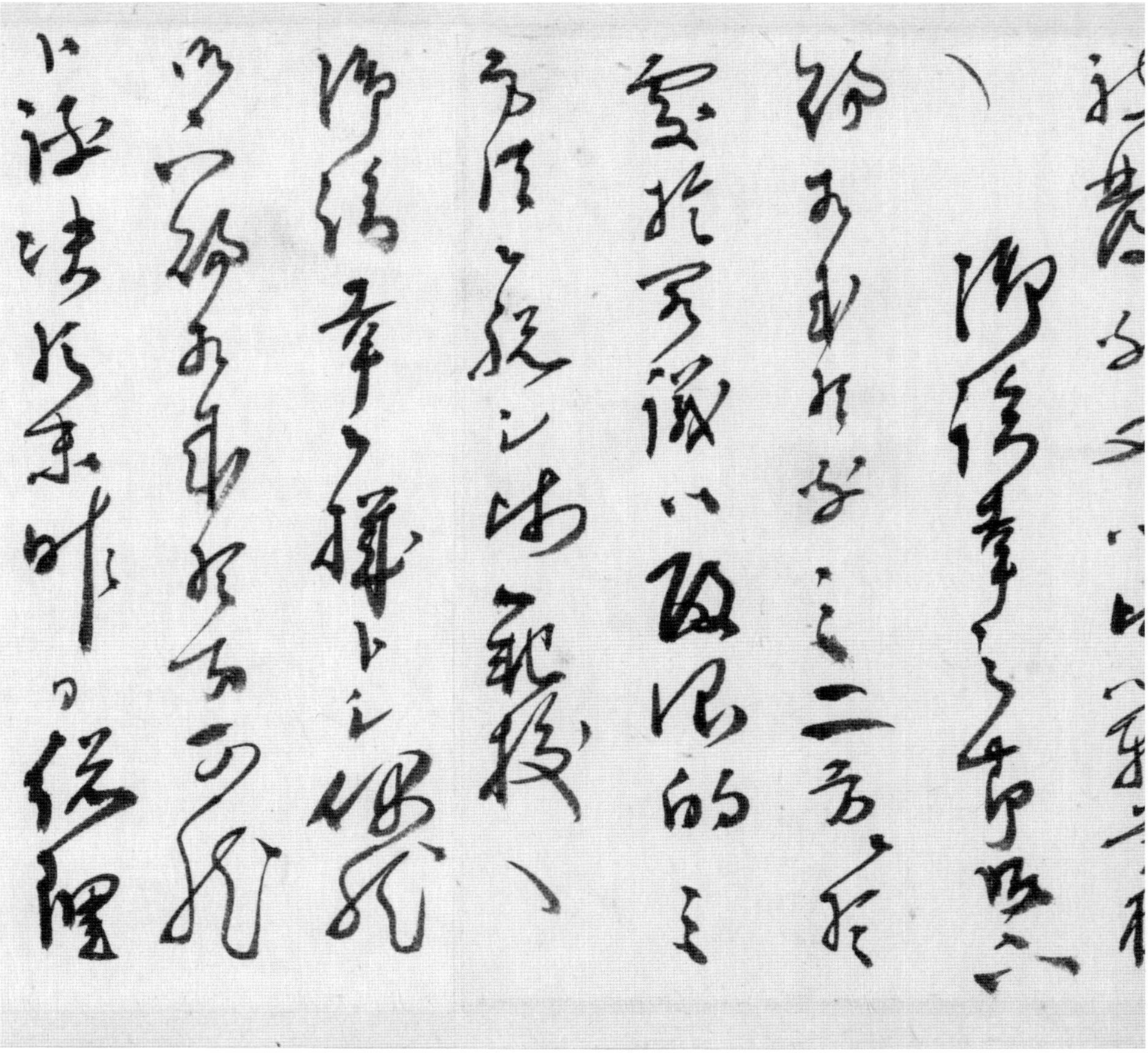

へ　御臨幸之節　御下
賜相成候乎之二方ニ候
処(處)　於閣議ハ政治的之
方法ヲ脱シ　師範校へ
御臨幸ヲ機トシ　偶然
御下賜相成候方可然
ト評決候末　昨日総理

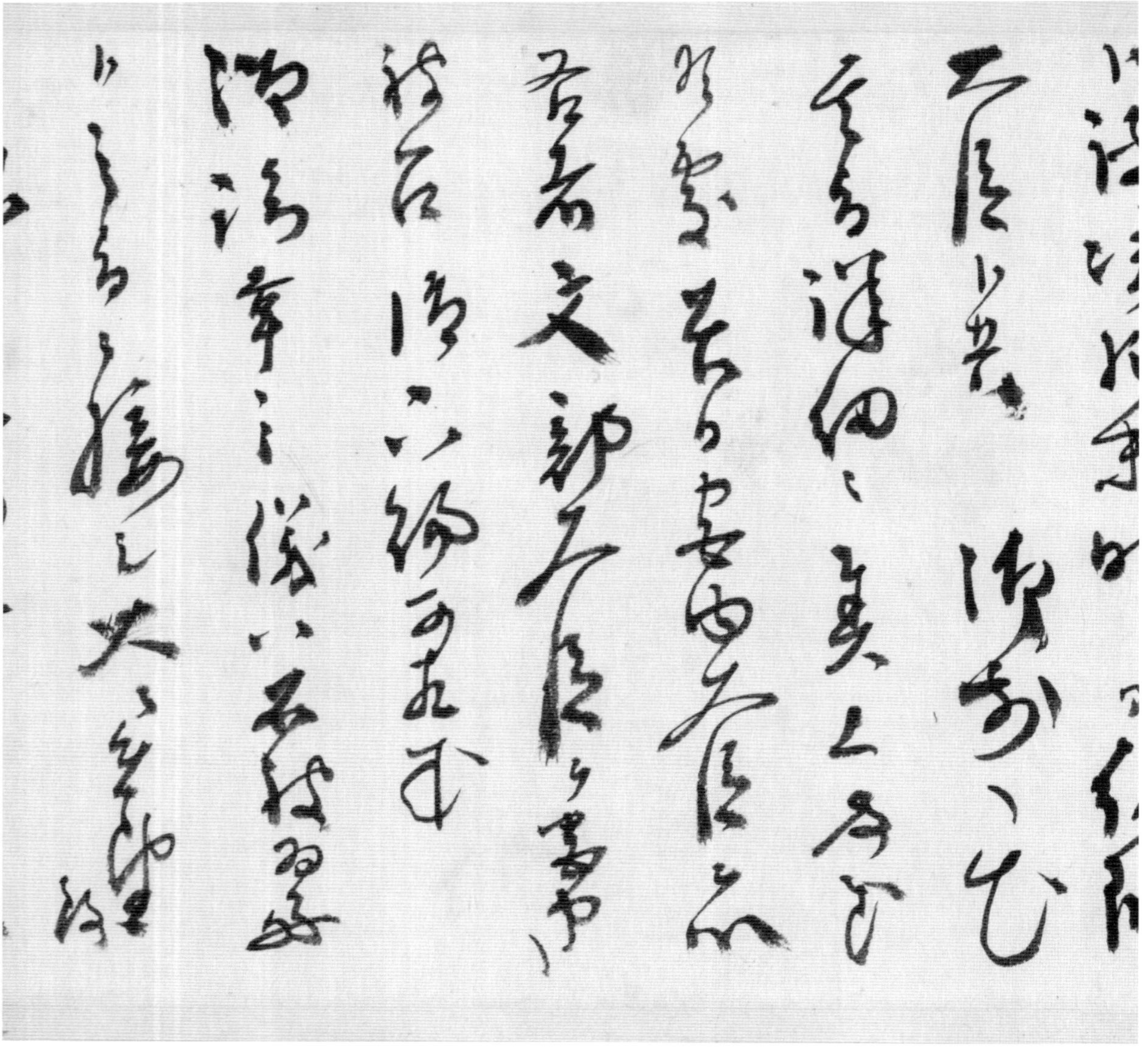

大臣ト共　御前へ出
其旨詳細ニ奏上及置
候処（處）　本日宮内大臣ヲ以
右は文部大臣ヲ宮中へ
被召　御下賜可相成
御臨幸之儀ハ不被為好
ト之旨ニ接シ　大ニ失望致

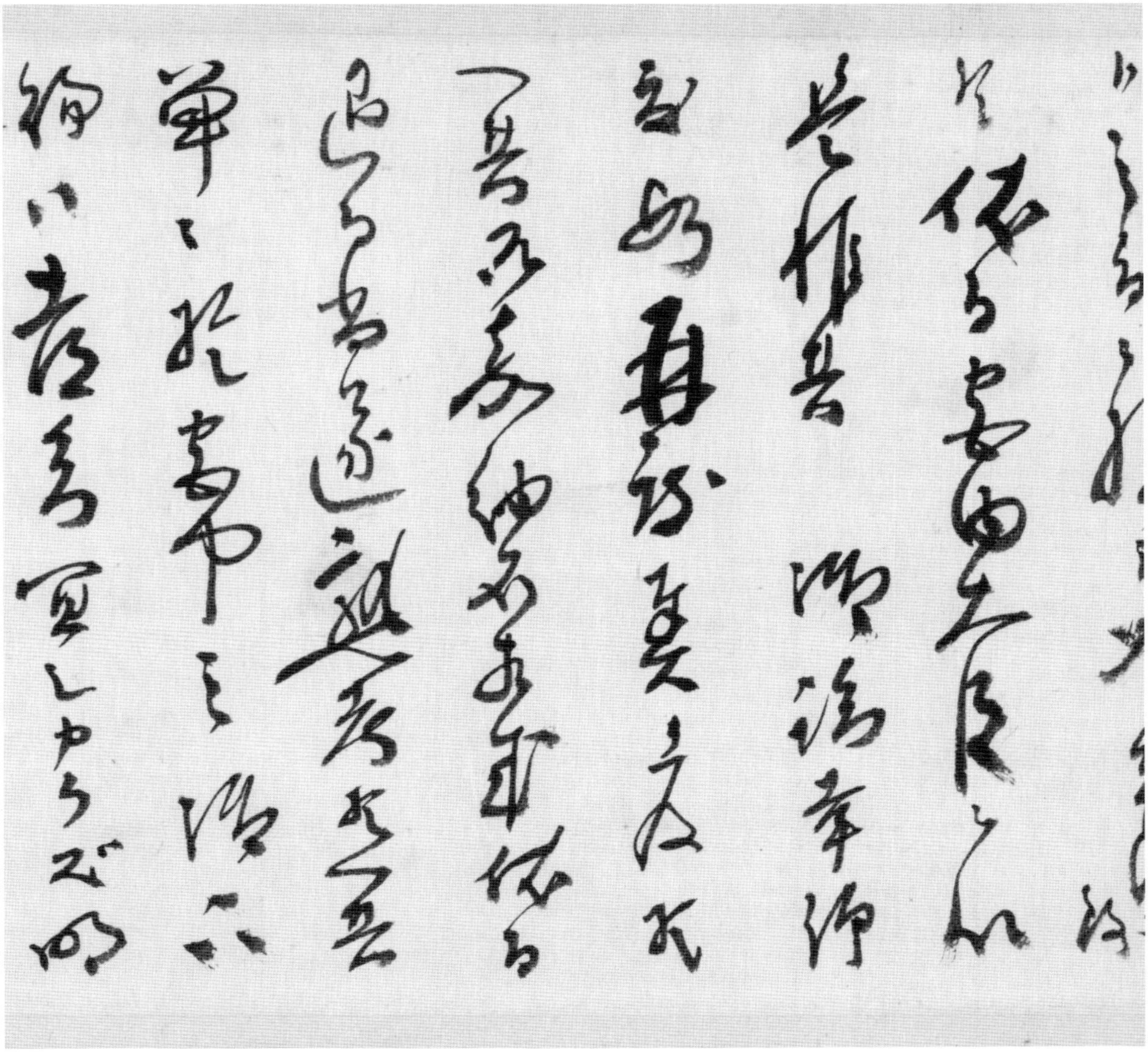

候　依て宮内大臣ヲ以
是非共　御臨幸仰
度段再度奏上及候
へ共　御嘉納不相成　依て
退て尚遂熟考候へ共
単ニ於宮中之御下
賜ハ都合宜シカラズ　明

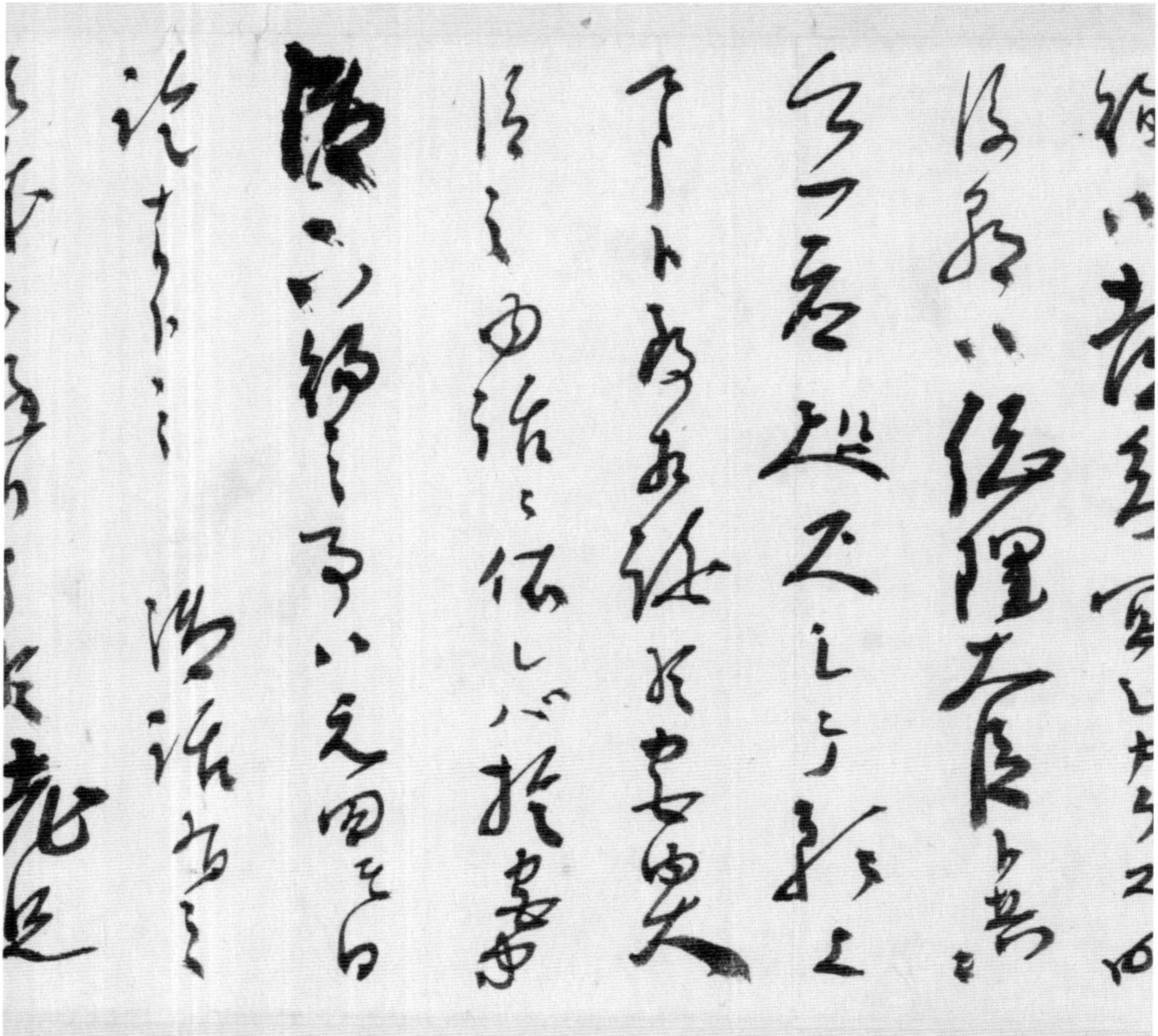

後朝ハ総理大臣ト共ニ
今一応(應)咫尺シテ願上
可申ト致相談候　宮内大
臣之内話ニ依レバ　於宮中
御下賜之事ハ元田モ同
論ナリト之　御話有之

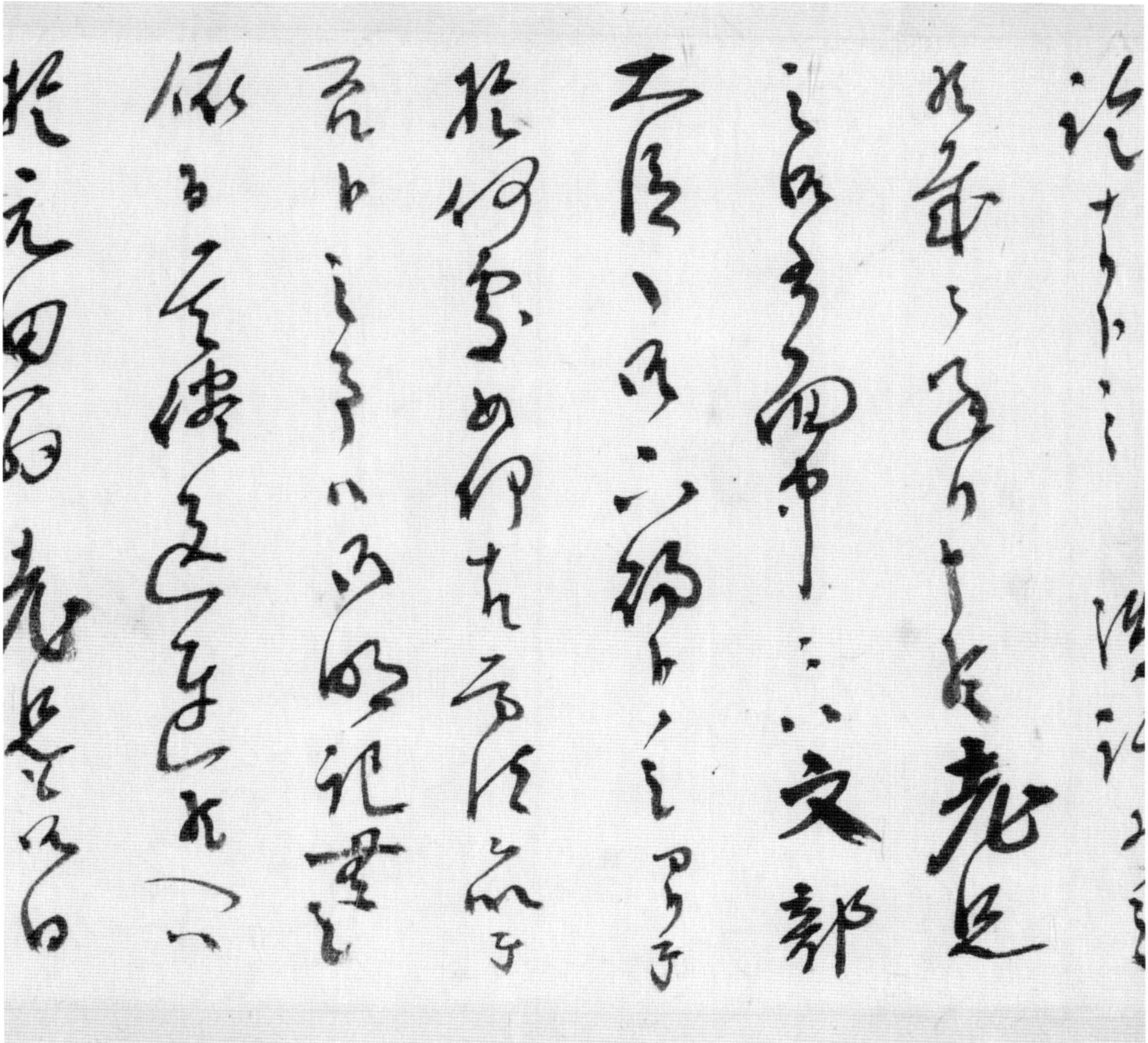

候哉ニ承リ申候　老兄
之御書面中ニハ　文部
大臣ヘ御下賜トノミアリテ
於何処（處）如何ナル方法ヲ以テ
スルト之事ハ御明記無之
依て其儘送達候ヘハ

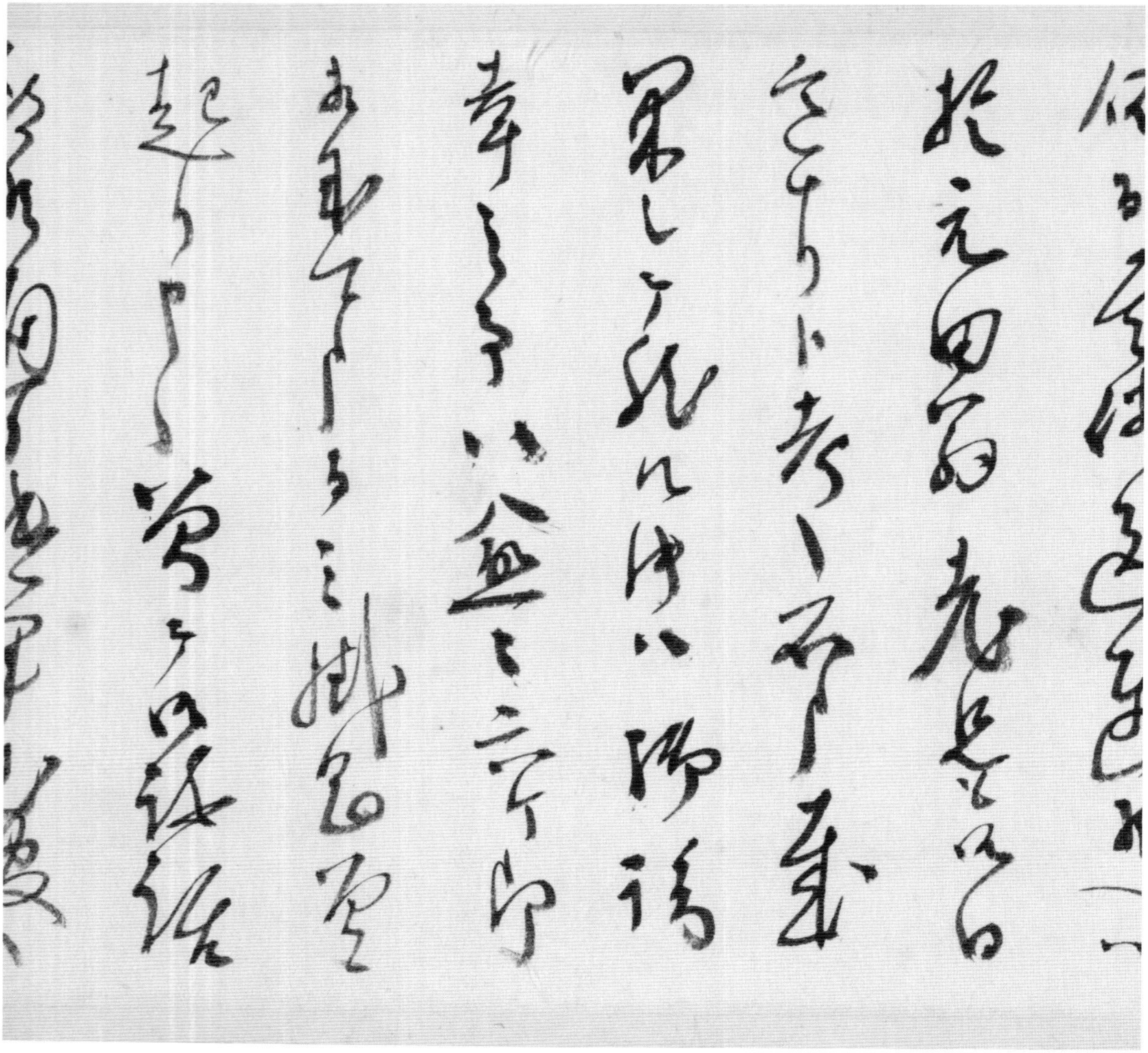

於元田翁老兄も御同
意ナリト考へ不申哉
果シテ然ルトキ（キ）ハ　御臨
幸之事ハ愈々六ケ布
相成可申と之掛念差
起リ申候　曾（曽）テ御談話

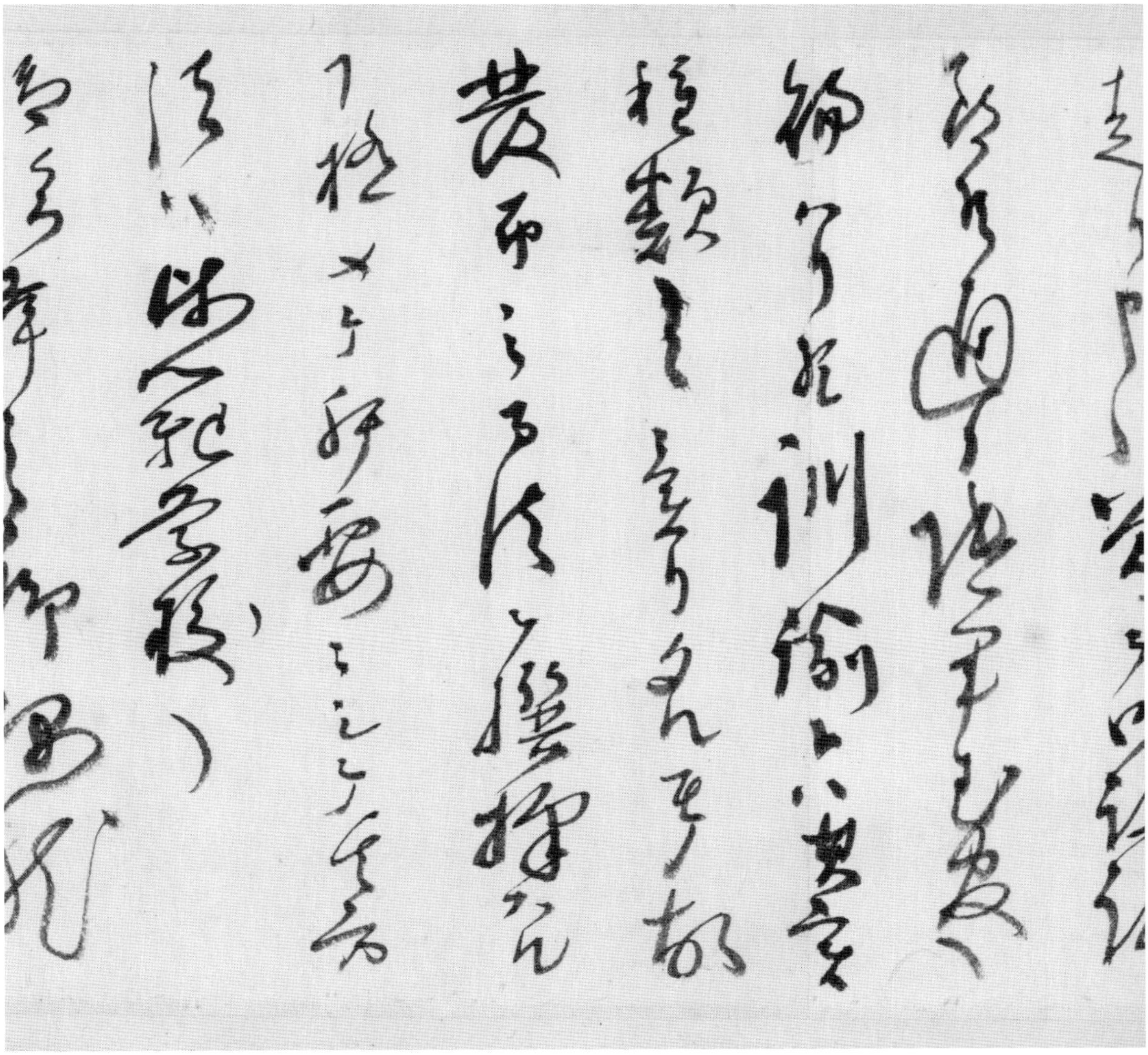

致候通リ　陸軍武官へ
賜ハリ候訓諭トハ　其実
種類之異リタルモノ故
発(發)布之方法ヲ撰択(擇)スル
コト(ヿ)極メテ肝要ニシテ　其方
法ハ師範学校へ

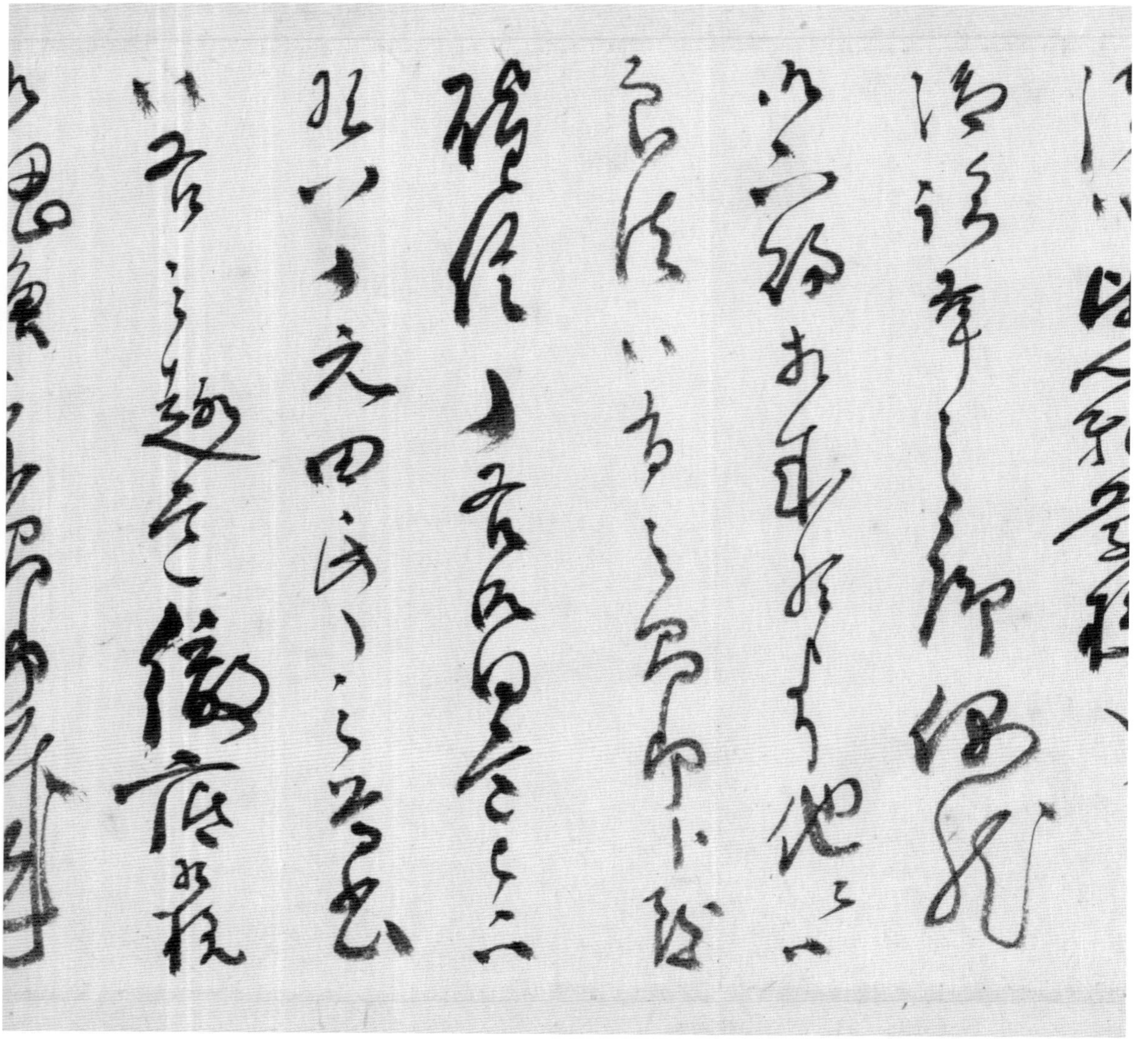

御臨幸之序　偶然
御下賜相成候より他ニハ
良法ハ有之間布ト致
確信候　右御同意被下
候ハヽ　元田氏へ之尊書
ハ　右之趣意徹底候様

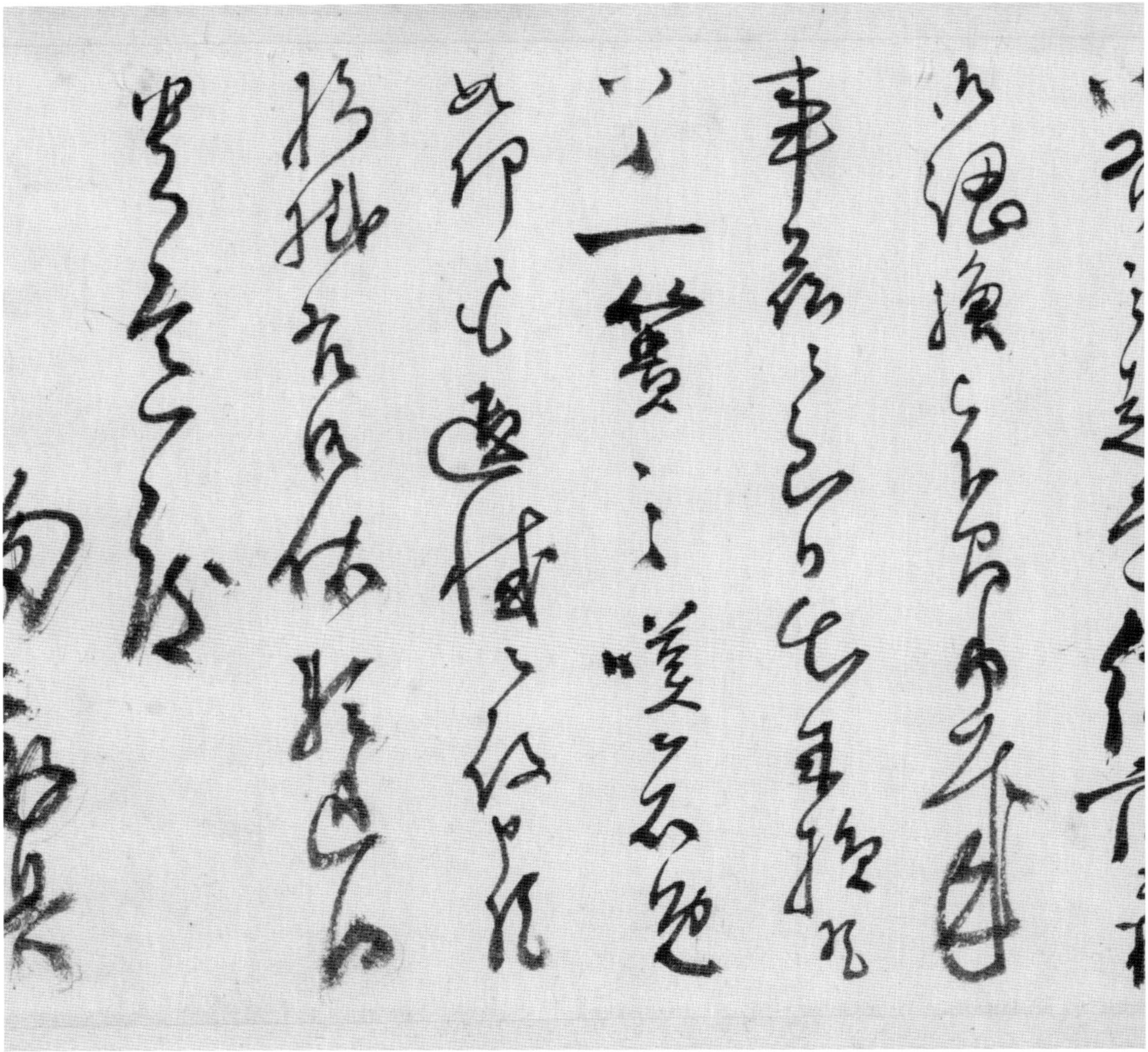

御認換被下間布哉
事茲ニ至リ出来損候
ハ、　一簣之嘆ヲ不免
如何ニも遺憾ニ存申候
指掛右御依頼迄得
貴意度

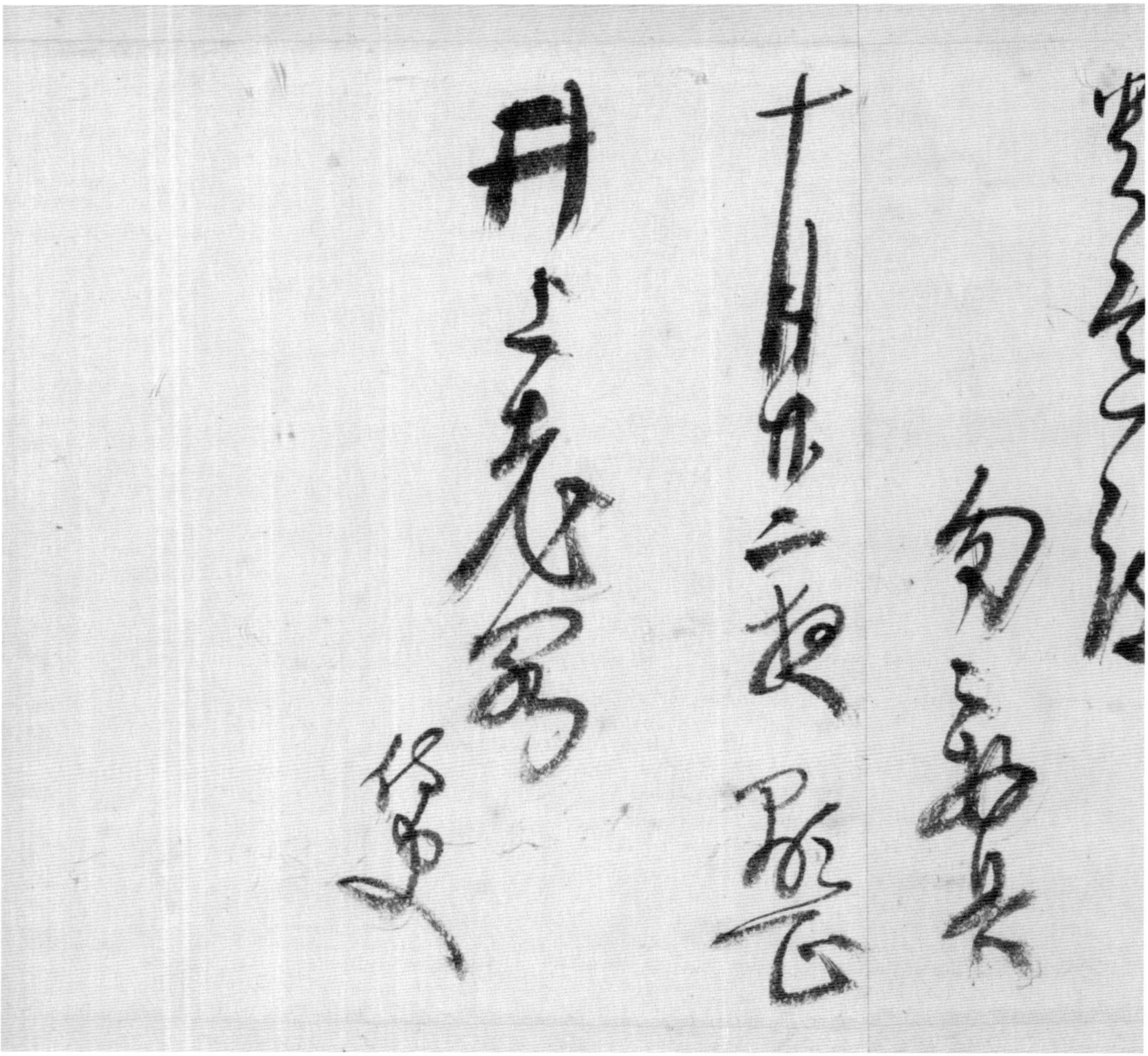

匆々拝具

十月廿二日夜　顕正

井上老閣

侍史

【解題】　教育勅語成立の過程において、文案とともに大きな問題となったのが、その発布の手続・方法をめぐってであった。そもそも井上毅は、明治二十三年（一八九〇）六月二十日、同二十五日の山縣有朋宛書翰において、教育勅語は責任大臣の輔弼による政事上の命令ではなく「社会上ノ君主ノ著作公告」であるべきとし、その発布方法についても、学習院か教育会に臨御の序をもって演説の体裁として下付されるべきことを唱えていた（『井上毅伝』史料篇第二）。こうした井上の意見を受け入れて、文部大臣芳川顕正も九月二十六日の閣議に臨んでの文部提出閣議案（書翰三五解題）を付した「徳教ニ関スル勅諭ノ議」において、勅語の発布方法について、「高等師範学校ニ聖駕親臨ヲ仰キテ勅諭ヲ賜ハランコトヲ願ヒ、本大臣之ヲ受ケ以テ訓令ヲ全国ニ発シ普ク衆庶ニ示ス」か、「不日小学校令発布ノ同時ニ於テ勅諭ヲ公布セラルヘキ」かの二つの発布手続を掲げており、同閣議では、政治的な方法によらず、高等師範学校に親臨の上、文部大臣に授ける方法を取ることに決せられた。

同年十月二十一日、総理大臣山縣有朋と芳川は、明治天皇に拝謁して内閣上奏案を奉呈した際（書翰三五解題）、勅語の発布手続についても、高等師範学校に臨幸の上、下賜するという閣議決定の議を上奏した。しかし翌二十二日、宮内大臣土方久元《ひじかたひさもと》を通じて、教育勅語は宮中で文部大臣に下賜することとし、学校臨幸の方法は取らない旨が芳川に伝えられた。慌てた芳川は同日中に再度宮内大臣を通じて学校臨幸の方法を奏上したが許しを得ることができなかった。

同日、元田への書状執筆を催促する書翰をすでに井上に送っていた芳川は、井上からの元田宛書状案を受けて（書翰三五解題）、さらに同日中に二通目となる本書翰を送った。本書翰では、同日に起きた右の経過とともに、宮内大臣からの内話として、明治天皇より勅語の宮中での下賜は元田も同論であるとの御話があったことが記されている。そこで、井上からの元田宛書状案には、文部大臣へ御下賜とのみあって、どこでいかなる方法をもってするかの明記がないので、このまま送達すれば、元田は井上も自分と同論と考え、学校臨幸のことは益々難しくなるとの懸念を示している。芳川はここで、教育勅語は軍人勅諭とは種類の異なるものであり、それゆえ高等師範学校へ臨幸の上での下賜が最も良い方法であると述べており、井上と同様、教育勅語は「社会上ノ君主ノ著作公告」であるとの考えを抱いていたことが窺える。

本書翰を受け取った井上は、早速元田宛書状案に「追啓」として、「或ハ学校へ臨幸之序を以て其学黌生徒ニ下付せられ、即ち広く全国之子弟ニ下付せらるゝ等之手続、尤妙奉存候」（『井上毅伝』史料篇第四）と書き足して元田のもとへ送ったが、これに対し元田は二十四日付返書で「明後廿六日より廿八日迄は、茨城県下兵隊演習天覧行幸ニて、学校へ臨御者いつれ十一月天長節後ニも可相成、未タ何とも承り不申候」と指摘した上で、内閣上奏案に「明治二十三年十月三十日」の日付がすでにあることを踏まえれば、そもそも内閣（特に山縣）は学校臨幸の上で下賜するという方法を取るつもりがないのだろうと返答している（『井上毅伝』史料篇第五）。

【齊藤智朗】

三七、教育勅語に関する芳川顕正書翰

文書番号　Ⅱ―四九一―七
発信者　芳川顕正（文部大臣）
受信者　井上毅（法制局長官・枢密顧問官）
発信月日　明治二十三年十月二十三日
寸　法　一七・二糎＊七〇・五糎（巻子）

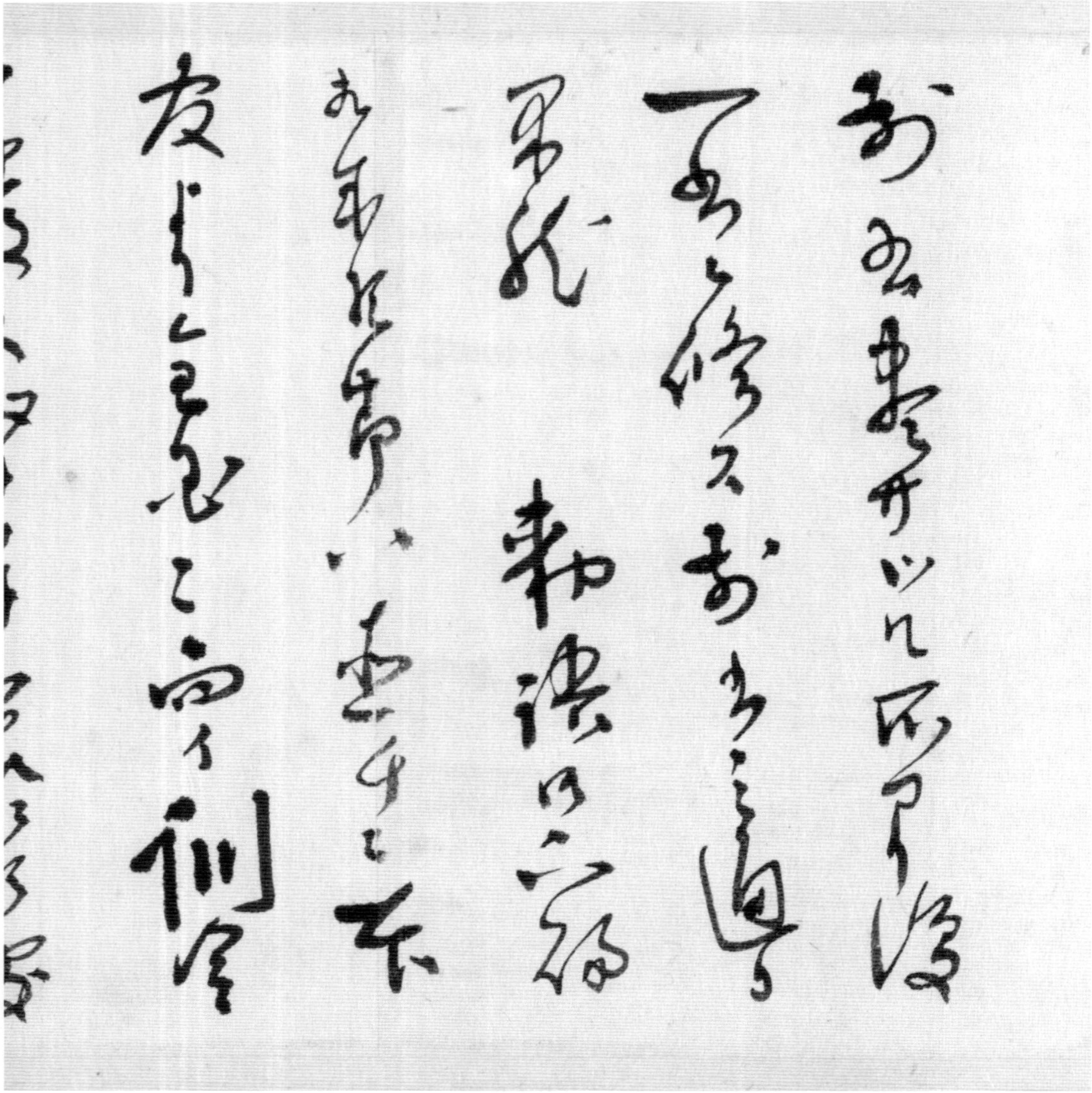

前書尽（盡）サヾル所アリ　復
一書ヲ修ス　前書之通リ
果然　勅語御下賜
相成候節ハ　直チニ本
官より全国ニ向イ　訓令

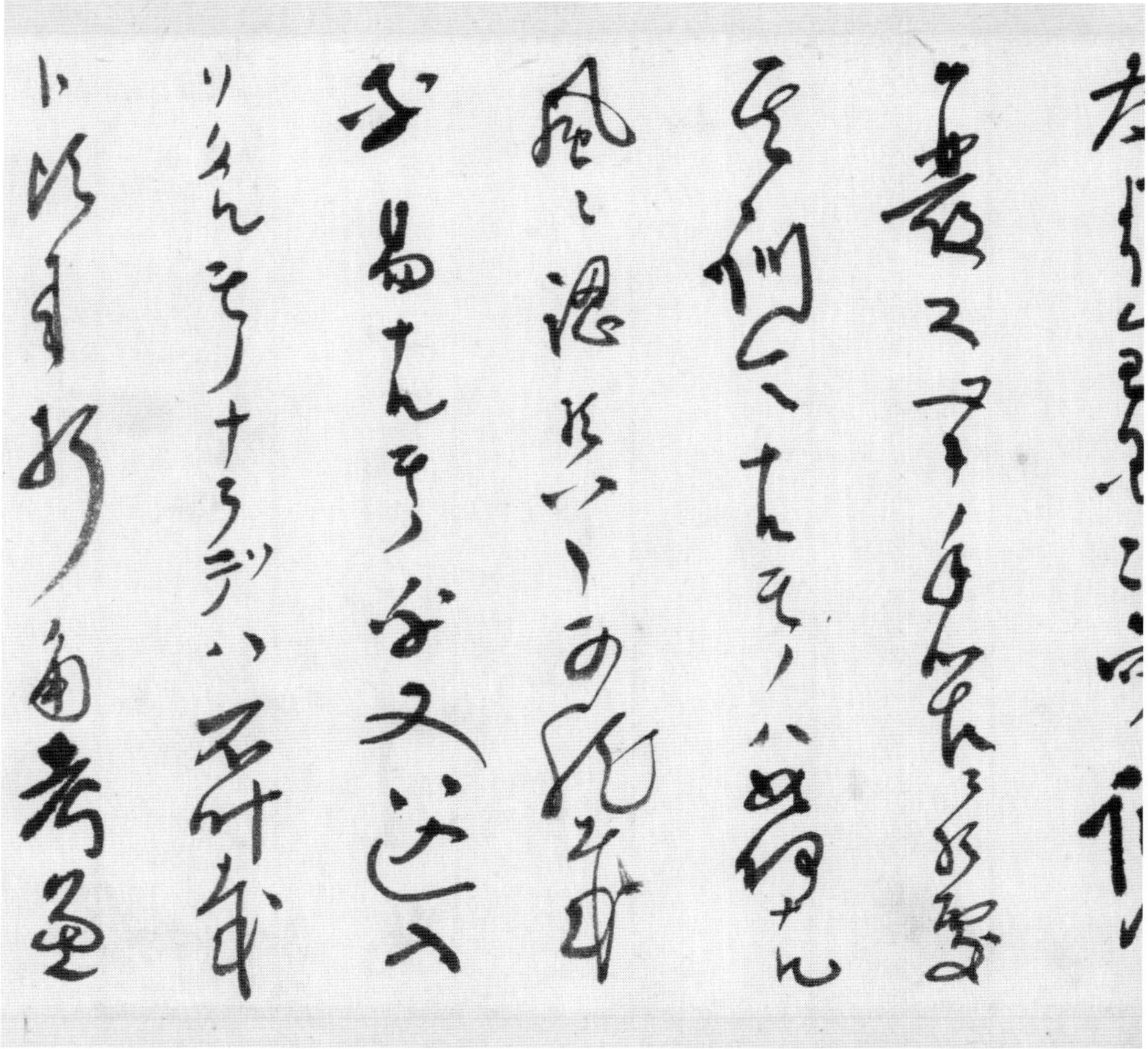

ヲ発(發)スベキ手筈ニ候処(處)
其訓令ナルモノハ　如何ナル
風ニ認候ハヽ可然哉
平易ナルモノ乎　又ハ込入
リタルモノナラデハ不叶哉
ト頃来折角考慮

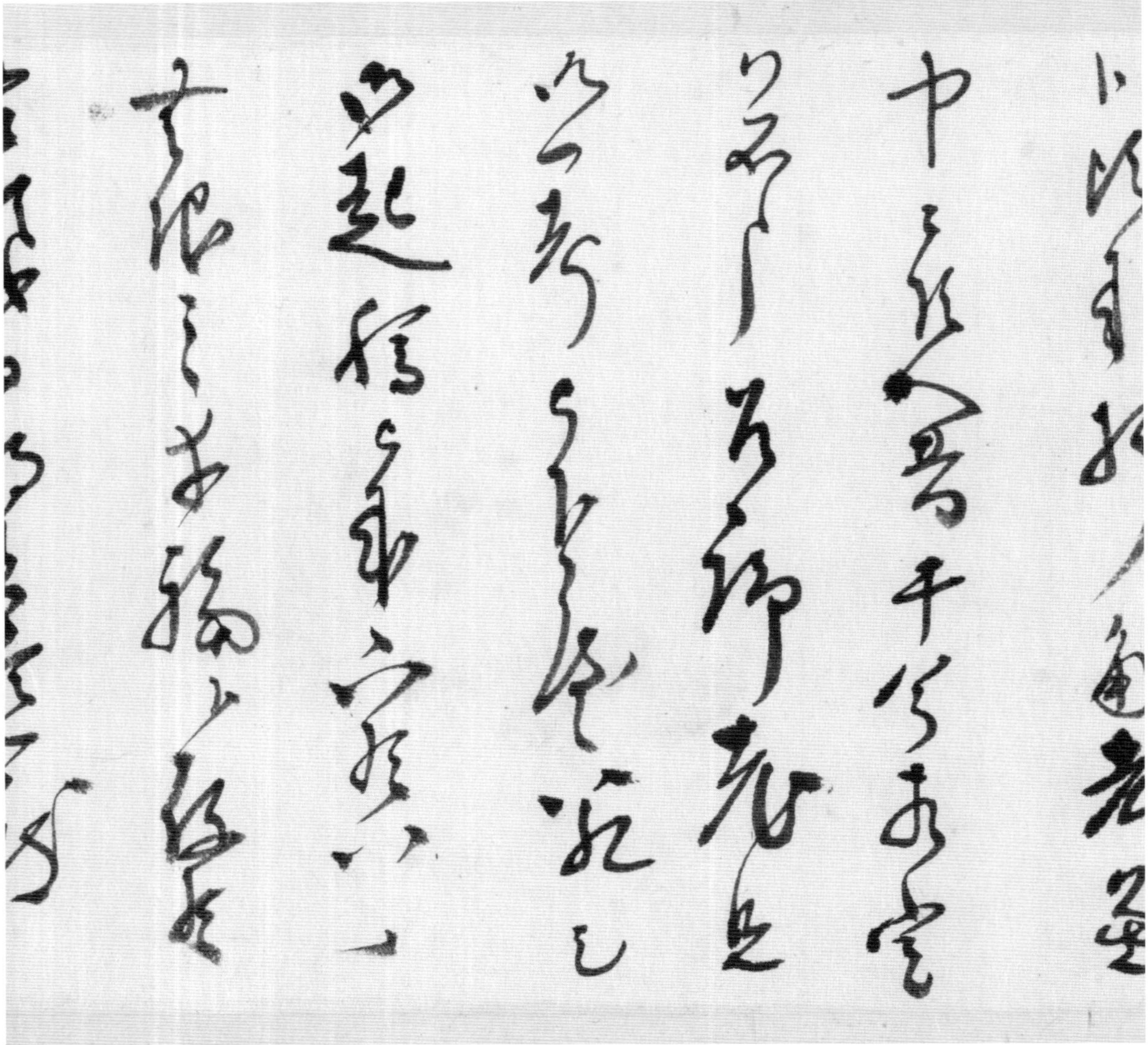

中ニ候ヘ共　于今相定
リ不申　乍序老兄
御一考被下度候　若シ
御起稿被成下候ハヽ
無限之幸福ト存候

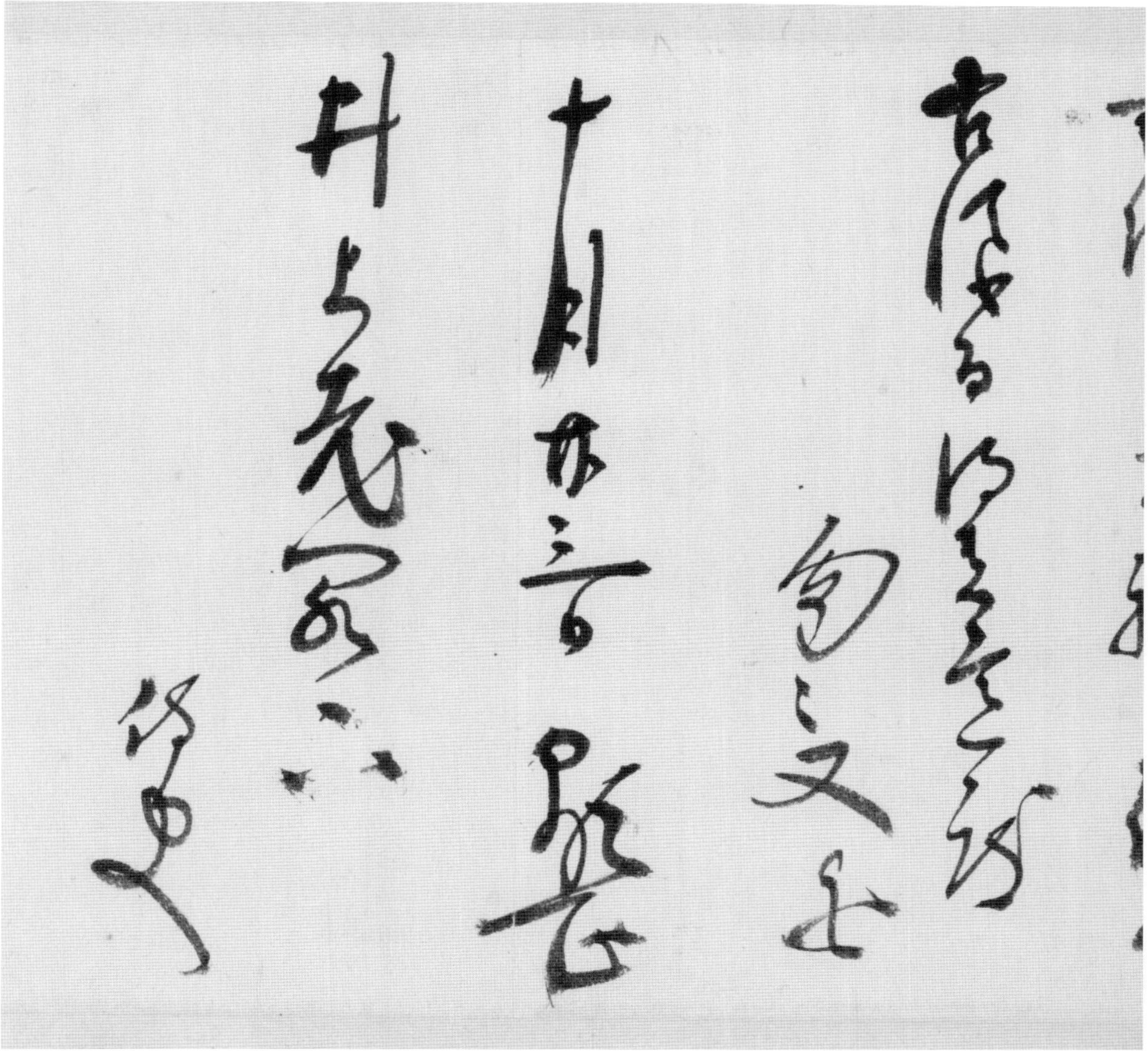

右添て得貴意度

匆々又白

十月廿三日　顕正

井上老閣下

侍史

【解題】　明治二十三年（一八九〇）十月二十二日、教育勅語の発布方法をめぐって芳川顕正と井上毅との間で往来がなされた（書翰三六解題）が、その翌日の二十三日に芳川が「前書尽サヾル所アリ、復一書ヲ修ス」として井上に送った本書翰は、勅語下賜の節に文部大臣が全国に発する訓令について取り上げたものである。

教育勅語渙発《かんぱつ》に伴う文部大臣訓令の発布をめぐっては、九月二十六日の文部提出閣議案を付した「徳教ニ関スル勅諭ノ議」（書翰三六解題）に挙げられた教育勅語渙発の二つの発布方法のうち、「高等師範学校ニ聖駕親臨ヲ仰キテ勅諭ヲ賜ハランコトヲ願ヒ、本大臣之ヲ受ケ以テ訓令ヲ全国ニ発シ普ク衆庶ニ示ス」ことが同日の閣議において採用されたことから、十月二十一日に明治天皇に奉呈された内閣上奏案（書翰三五解題）にも「勅語発布手続」として「高等師範学校へ車駕親臨シ勅語ヲ降シ給フ、文部大臣之ヲ奉シ訓令ヲ全国ニ頒布シテ普ク衆庶ニ示ス」ことが掲げられていた。本書翰は、この文部大臣訓令の起草を芳川が井上に依頼したものであり、井上は早速草案を作成し芳川に送って修正の遣り取りがなされ、この後二、三日以内に完成したものと考えられる。

この井上起草による文部大臣訓令は、文部大臣名による「訓示」として、教育勅語渙発の翌日となる十月三十一日付で発布された。訓示には「勅語ノ謄本ヲ作リ普ク之ヲ全国ノ学校ニ頒ツ」、「学校ノ式日及其他便宜日時ヲ定メ生徒ヲ会集シテ勅語ヲ奉読」とあり、これにより勅語の謄本が各学校に下賜され、学校では勅語奉読式が行われるようになった。全文は以下の通りである。

訓　示

謹テ惟フニ我カ
天皇陛下深ク臣民ノ教育ニ軫念シタマヒ茲ニ忝ク
勅語ヲ下タシタマフ顕正職ヲ文部ニ奉シ躬重任ヲ荷ヒ日夕省思シテ
嚮フ所ヲ愆ランコトヲ恐ル今
勅語ヲ奉承シテ感奮措ク能ハス謹テ
勅語ノ謄本ヲ作リ普ク之ヲ全国ノ学校ニ頒ツ凡ソ教育ノ職ニ在ル者
須ク常ニ聖意ヲ奉体シテ研磨薫陶ノ務ヲ怠ラサルヘク殊ニ学校ノ式
日及其他便宜日時ヲ定メ生徒ヲ会集シテ
勅語ヲ奉読シ且意ヲ加ヘテ諄々誨告シ生徒ヲシテ夙夜ニ佩服スル所
アラシムヘシ

明治二十三年十月三十一日

文部大臣芳川顕正

［齊藤智朗］

三八、教育勅語に関する芳川顕正書翰

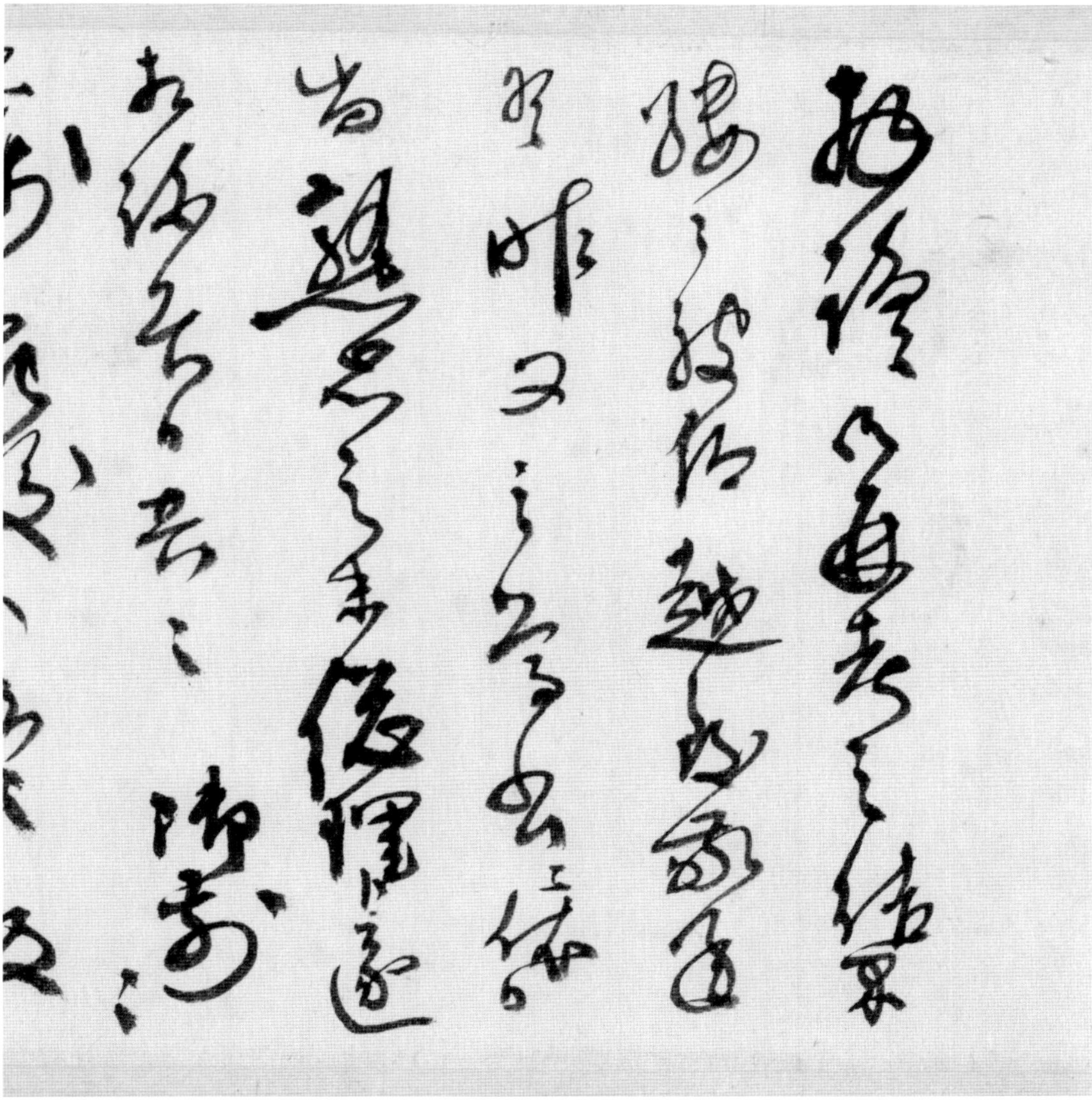

文書番号　Ⅱ－四九一－八
発信者　芳川顕正（文部大臣）
受信者　井上毅
（法制局長官・枢密顧問官）
発信月日　明治二十三年十月二十四日
寸法　一七・二糎＊一二一・〇糎（巻子）

拝読(讀)　御再考之結果
縷々被仰越致敬承
候　昨夕之尊書ニ依リ
尚熟思之末　総理ト遂
相談　本日共ニ　御前ニ

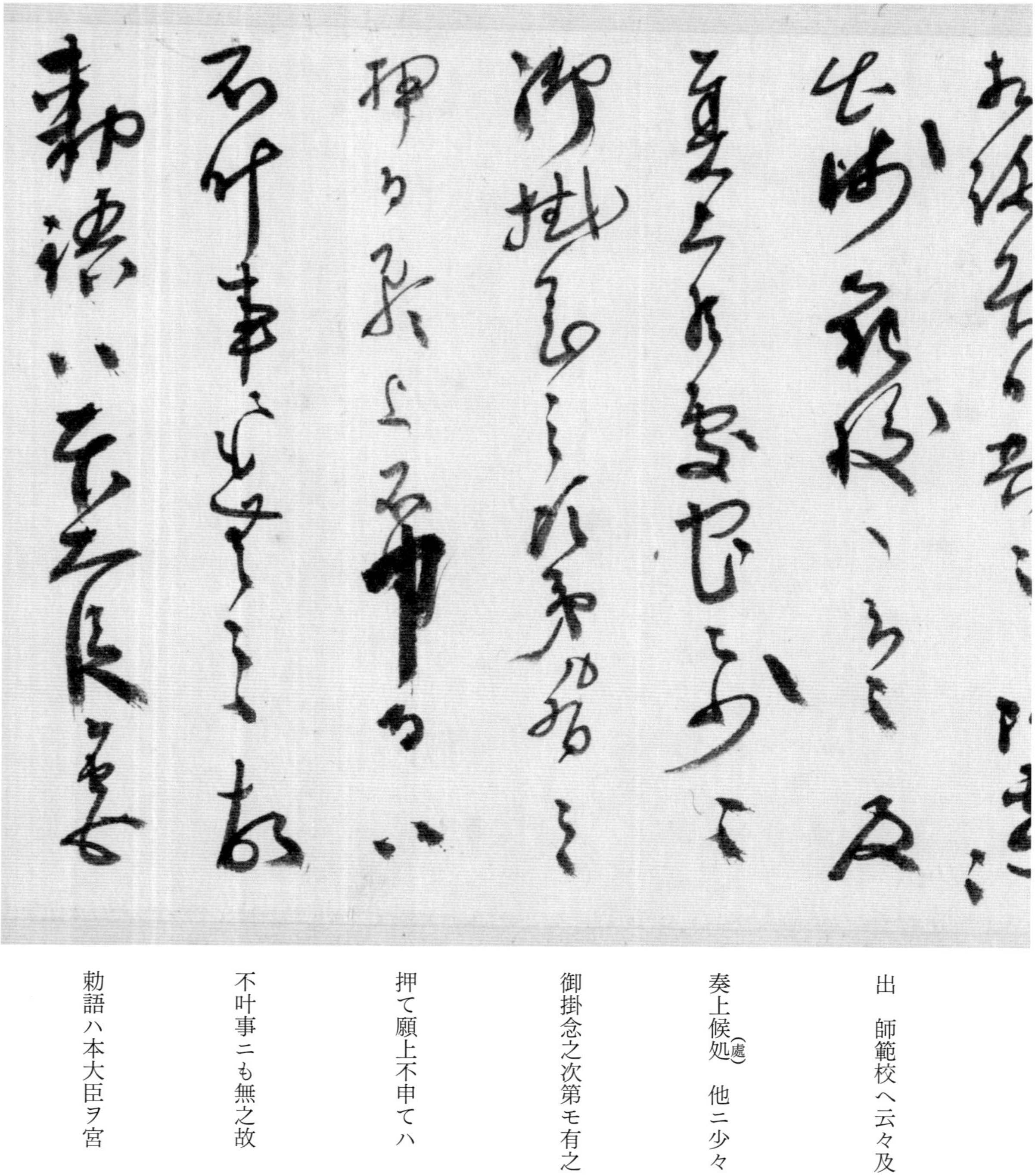

出　師範校へ云々及
奏上候処（處）　他ニ少々
御掛念之次第モ有之
押て願上不申てハ
不叶事ニも無之故
勅語ハ本大臣ヲ宮

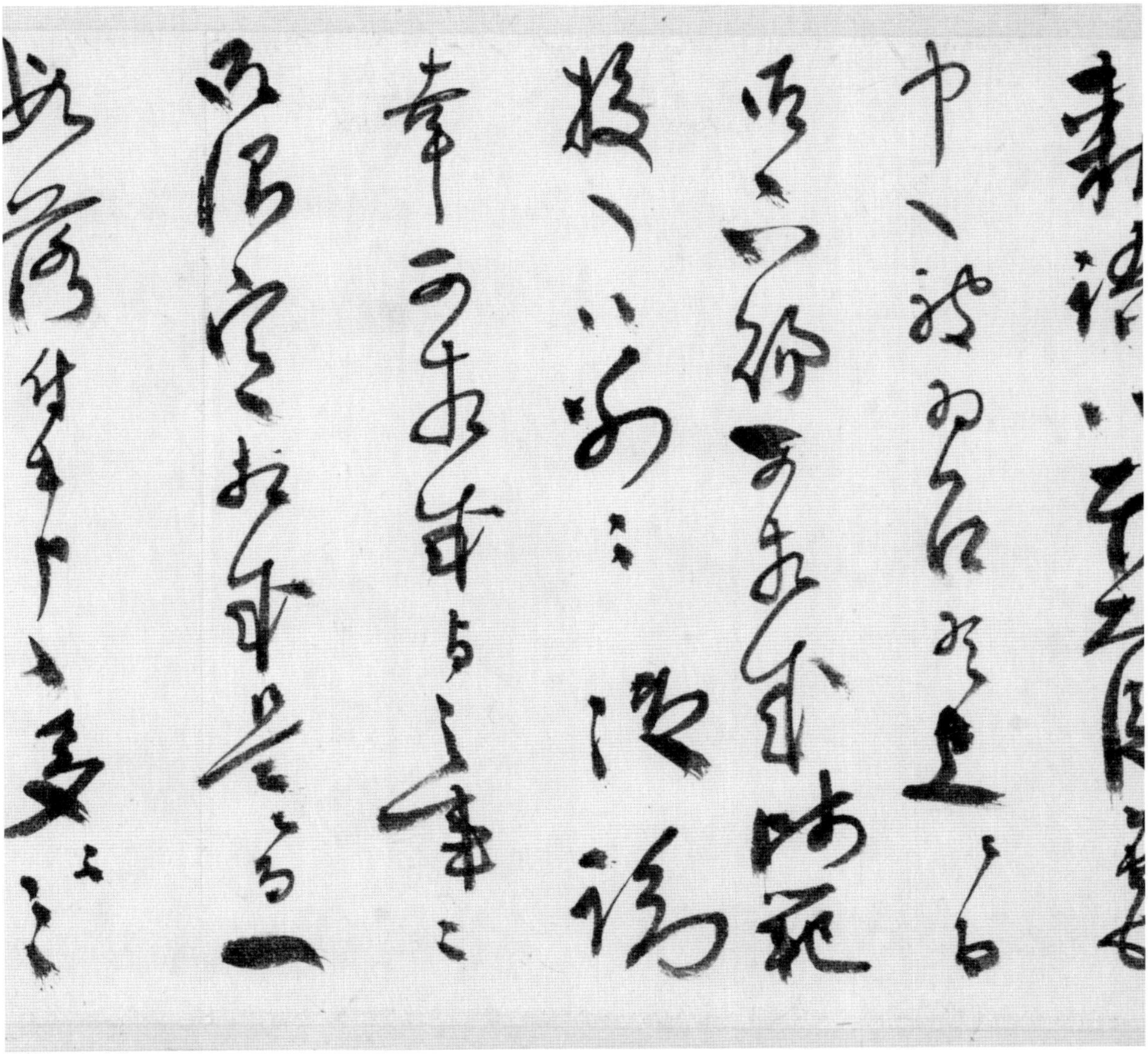

中へ被為召候上ニて
御下賜可相成　師範
校へハ別ニ　御臨
幸可相成と之事ニ
御治定相成　是ニて一

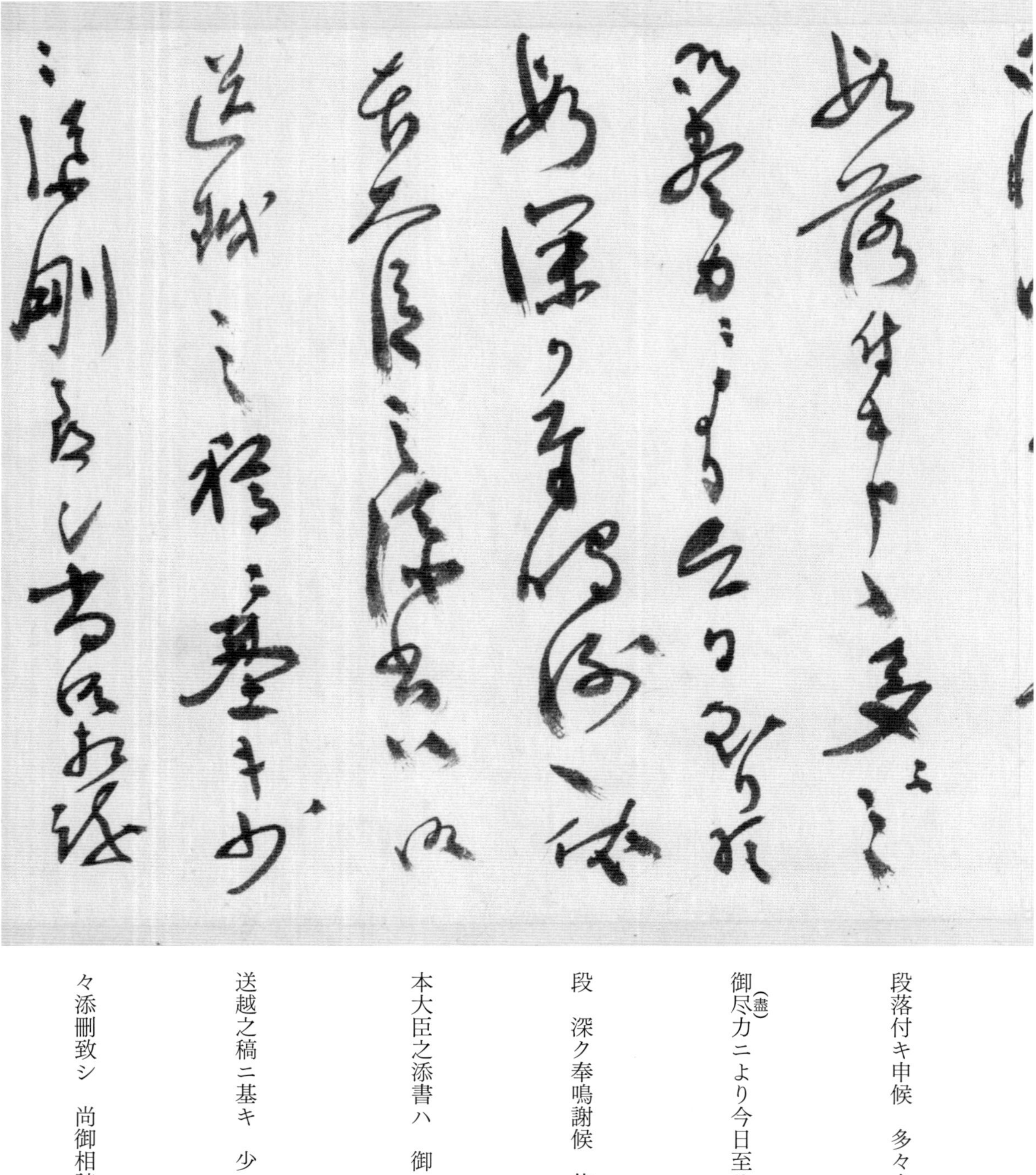

段落付キ申候　多々之
御尽(盡)力ニより今日至リ候
段　深ク奉鳴謝候　依
本大臣之添書ハ　御
送越之稿ニ基キ　少
々添删致シ　尚御相談

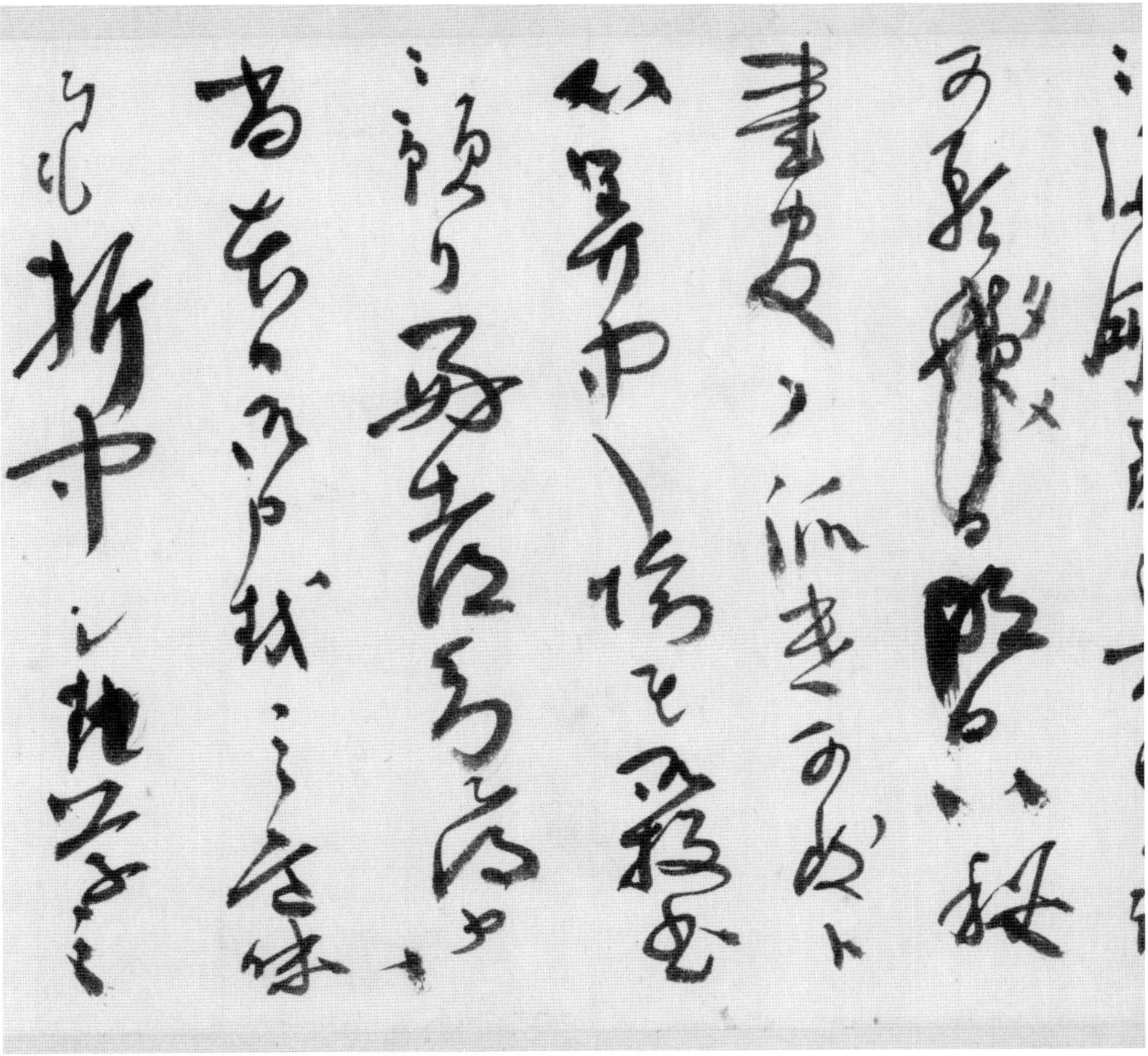

可願タメ　明日ハ秘

書官ヲ派遣可致ト

心算中へ恰モ御投書

ニ預リ　好都合ヲ得申候

尚本日御申越之意味

ヲも折中シ　起草之

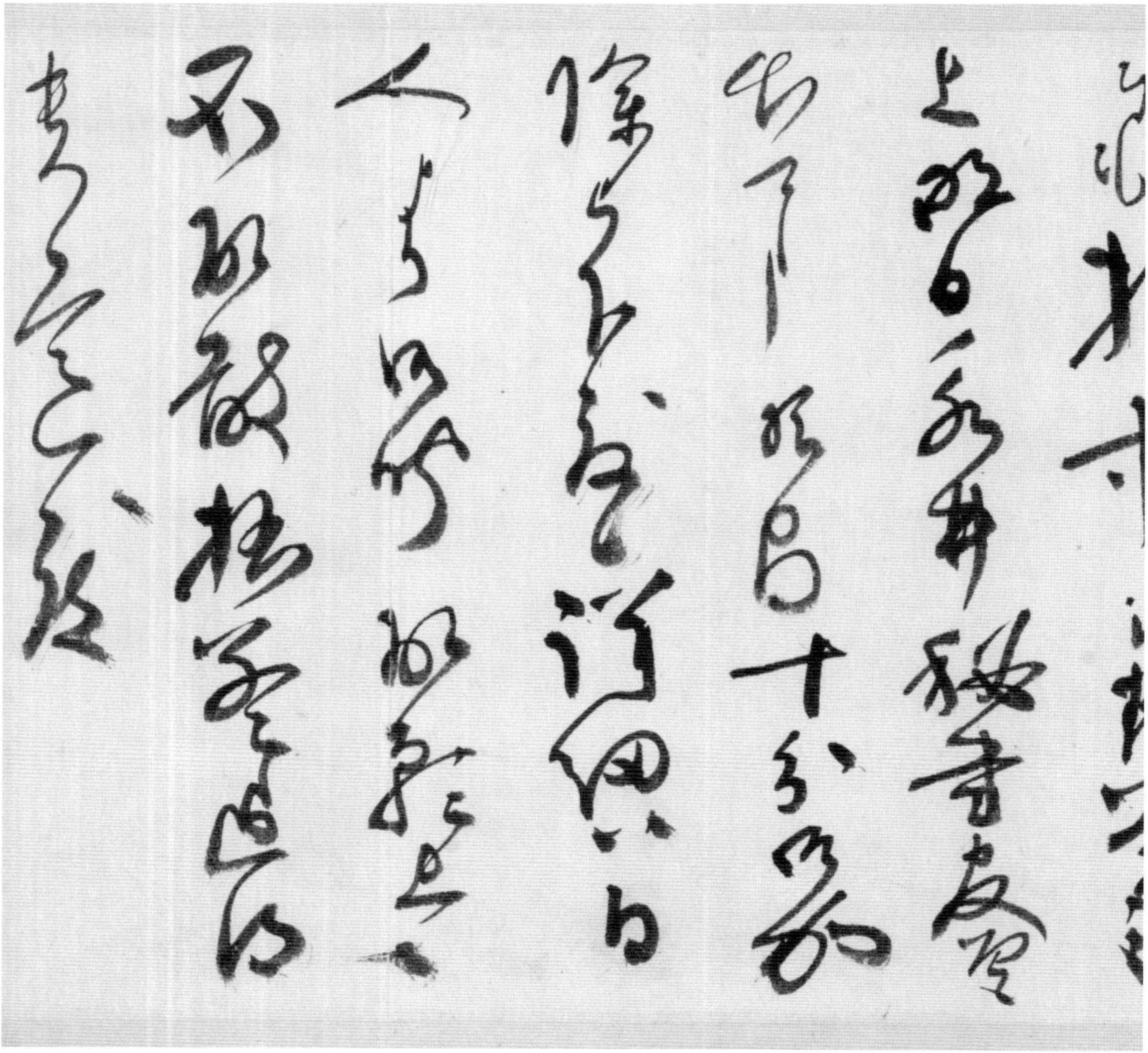

上　明日永井秘書官差
出可申候間　十分御加
除被下度候　詳細ハ同
人より御聞取願上候
不取敢拙答迄得
貴意度

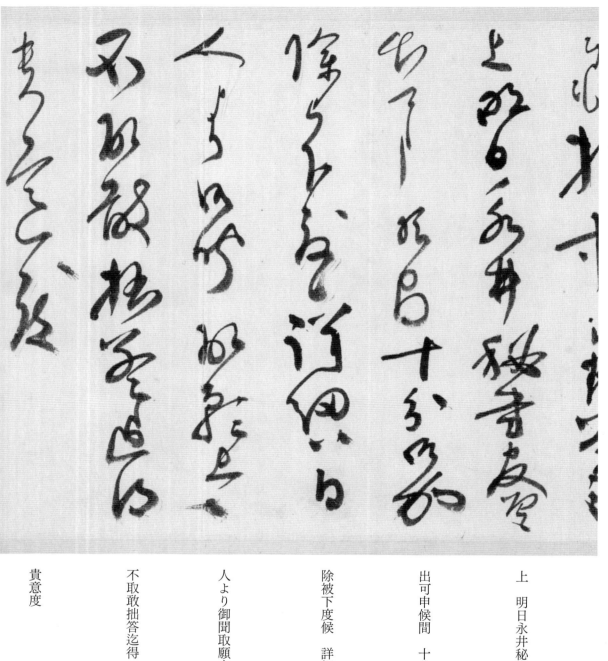

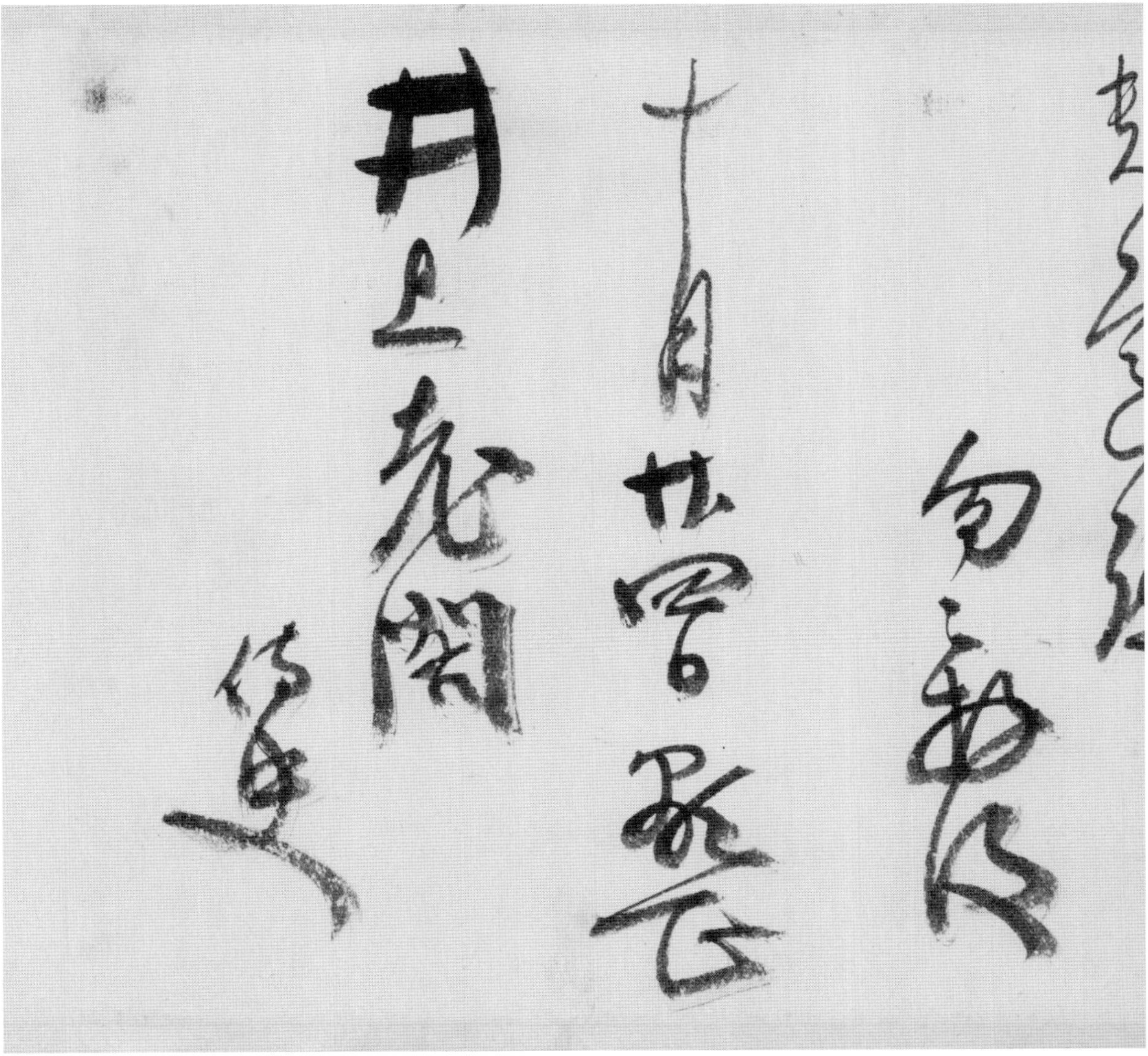

匆々拝復

十月廿四日　顕正

井上老閣
侍史

【解題】 明治二十三年（一八九〇）十月二十一日の内閣上奏案を受けて、翌二十二日に明治天皇より侍従長徳大寺實則が元田永孚のもとに遣わされ、意見が求められた。元田は「原文の中にて之を古今ニ通シテ謬ラス、之ヲ中外ニ施シテ悖ラザルベシ、此ノ悖ラザルベシのベシ之一字、弛寛にして堅確ならす」とし、「不《ズ》レ悖《ラ》ニ修正」すべき（『井上毅伝』史料篇第五）との一点を二十四日に奉答し、これが採用されて、教育勅語の文案が確定するに至った。

本書翰は同日、文部大臣芳川顕正が総理大臣山縣有朋とともに参内し、明治天皇に拝謁した際の模様を井上毅に伝えたものである。ここで芳川は勅語の発布方法について、改めて高等師範学校へ臨幸の上で下賜する方法を奏上したが、願いは聞き入れられず、文部大臣を宮中に召されて下賜することに決まったこと、高等師範学校へは別に臨幸になることに定まったことを伝えている。ここにおいて教育勅語の発布方法も確定し、これにより芳川は「多々之御尽力ニより今日至り候段、深ク奉鳴謝候」と、教育勅語成立までの井上の尽力に深く謝辞を述べている。

教育勅語の起草過程における芳川は、主任大臣として一貫して責任感を強く抱いてその完成を進め、文案の作成をめぐっては井上を中心に中村正直や島田重礼など、様々な立場・視点からの意見を徴するとともに、自らも取捨を行った。殊に教育勅語正文における「常ニ国憲ヲ重シ国法ニ遵ヒ」の一文は、明治二十三年八月十日頃に明治天皇に奉呈された文部上奏案（書翰三二解題）に掲げられていたのを、元田の奉答案を作成する過程で井上が削除したもので、この背景には道徳に関する勅諭に政治的な表現は避けるべきとする井上の配慮があったものと考えられる。しかし、芳川はこの一文を必ず盛り込むべしと考え、九月二十六日の文部提出閣議案（書翰三五解題）において自ら復活させ、その後の正文化を導いている。

【齊藤智朗】

三九、教育勅語に関する芳川顕正書翰

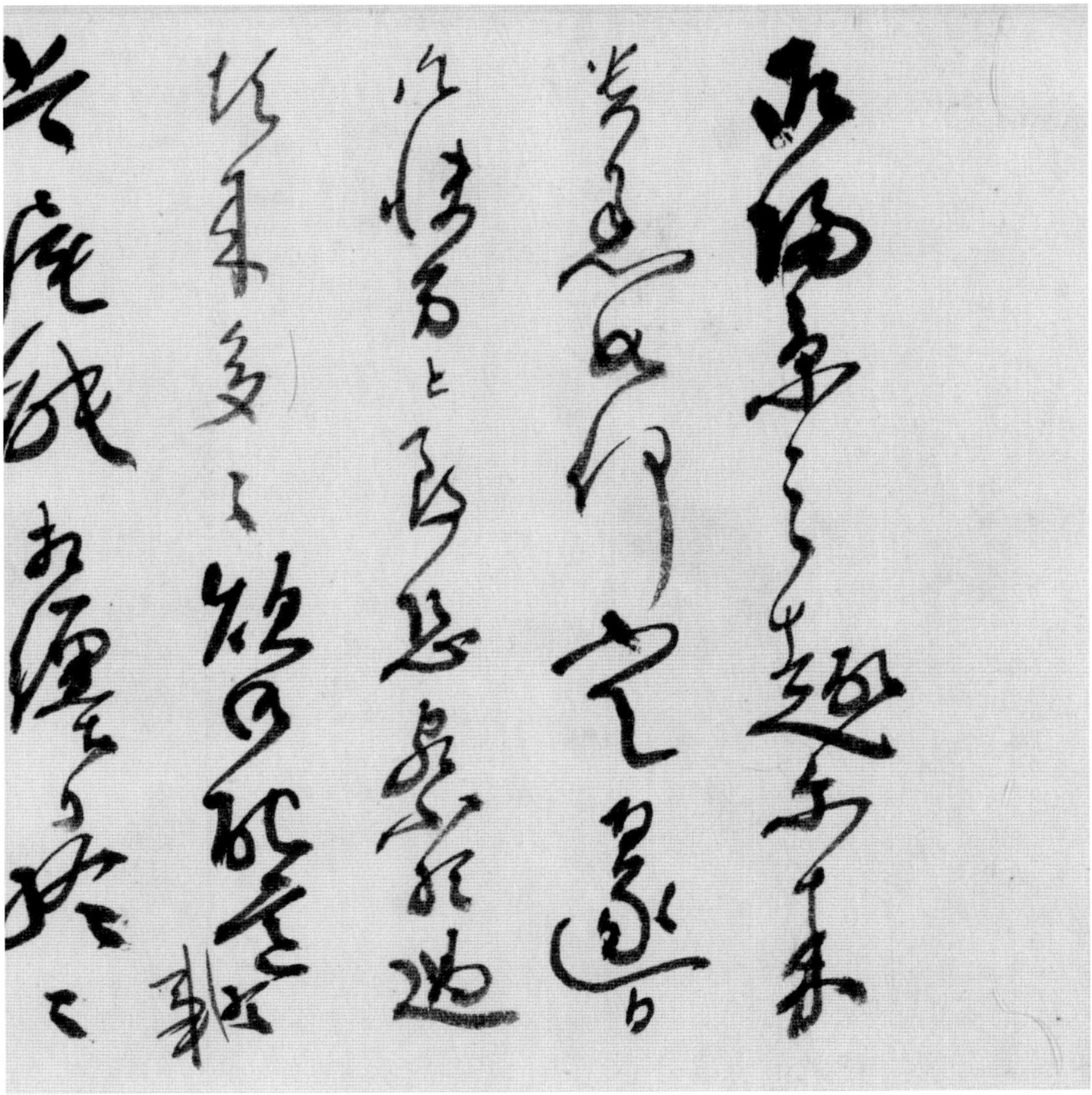

文書番号　II−四九一−九
発信者　芳川顕正（文部大臣）
受信者　井上毅
　　　（法制局長官・枢密顧問官）
発信月日　明治二十三年十一月一日
寸　法　一七・二糎＊一一三・七糎（巻子）

御帰《（歸）》京之趣　爾《（尓）》来
貴恙如何　定て逐日
御快方と致恐察候　過
頃来多々煩御配意候事

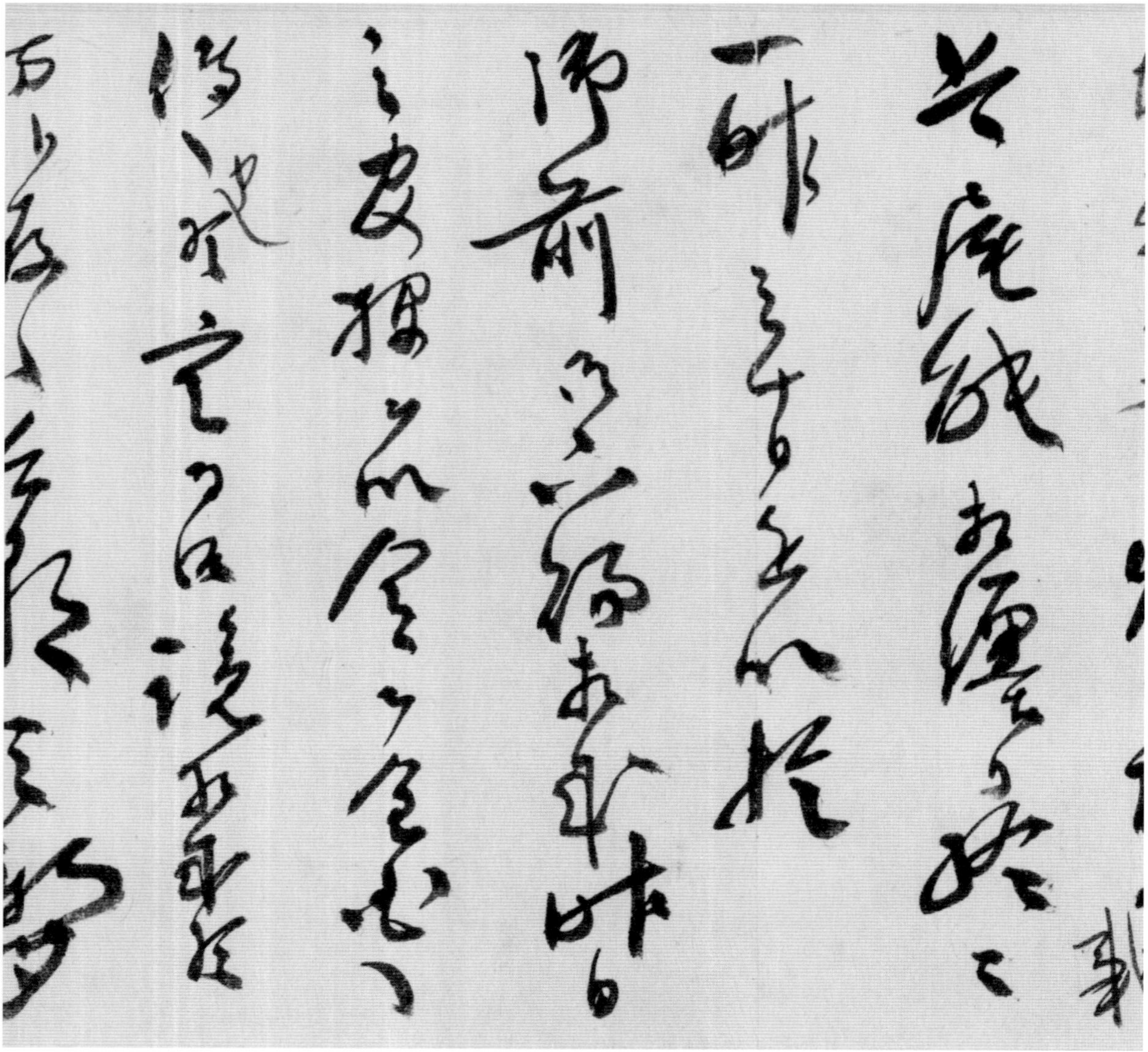

首尾能相纒リ　終ニ
一昨三十日を以　於
御前御下賜相成　昨日
之官報ヲ以令ヲ全国へ
伝(傳)へ申候　定て御読(讀)相成候

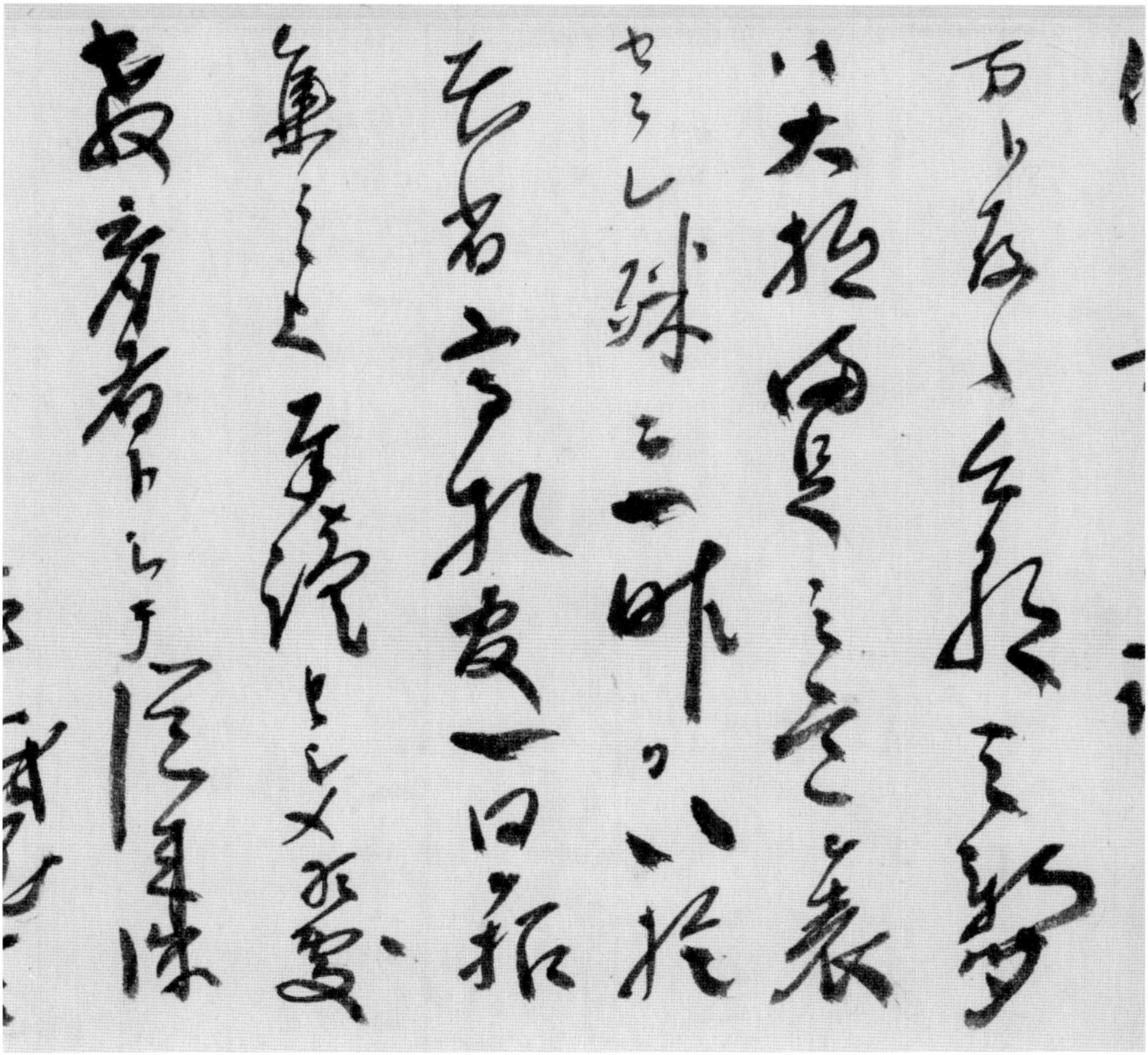

方ト存候　今朝之新聞
ハ大抵満足之意ヲ表
セラレ　殊ニ一昨日ハ於
本省高等官一同ヲ招
集之上　奉読(讀)セシメ候処(處)
教育者トシテ従来深

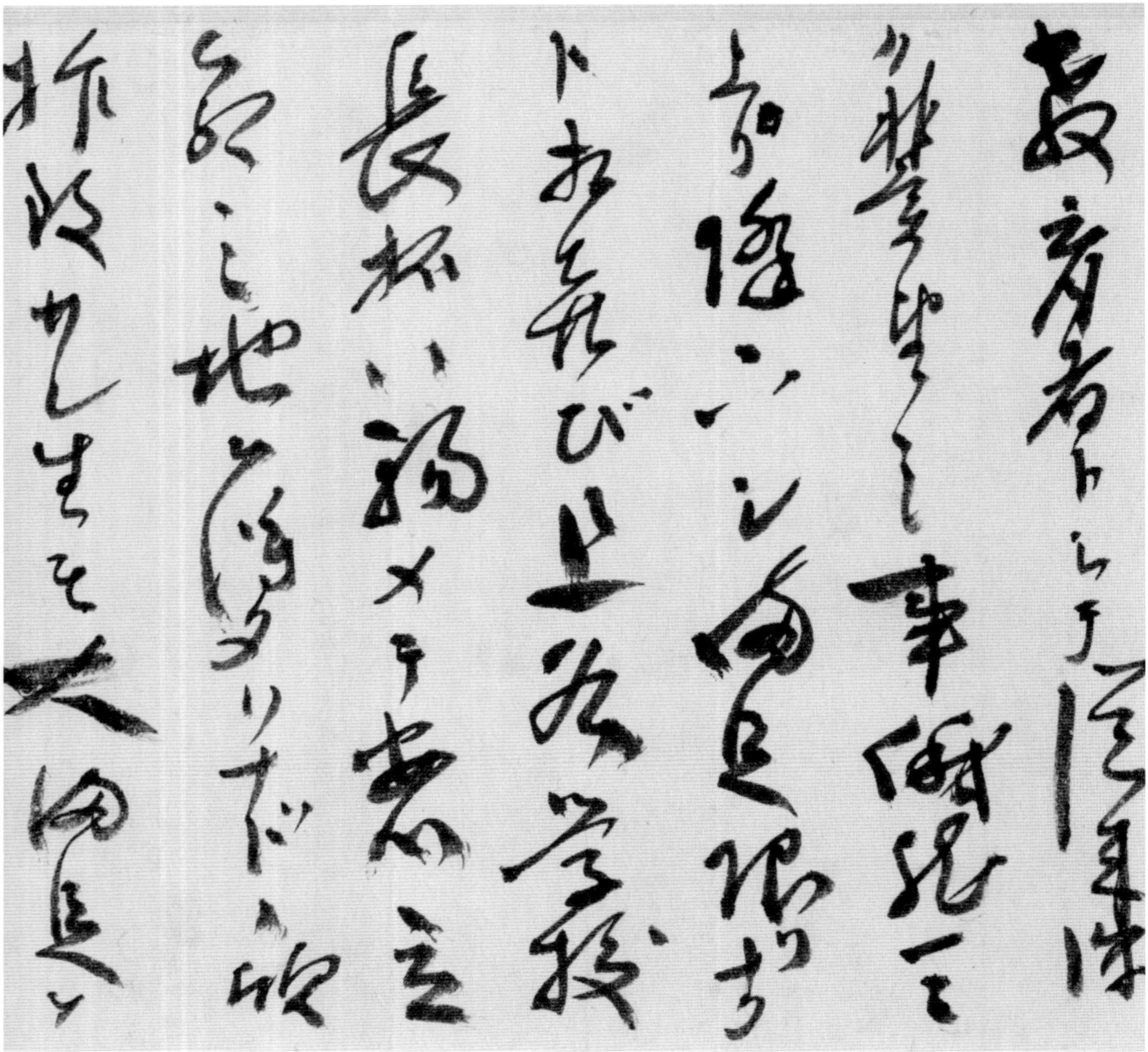

ク冀望之事　俄然天
上ヨリ降下シ　満足限リナク
ト相喜(㐂)び　且各学校
長抔ハ初メテ安心立
命之地ヲ得タリナド、欣

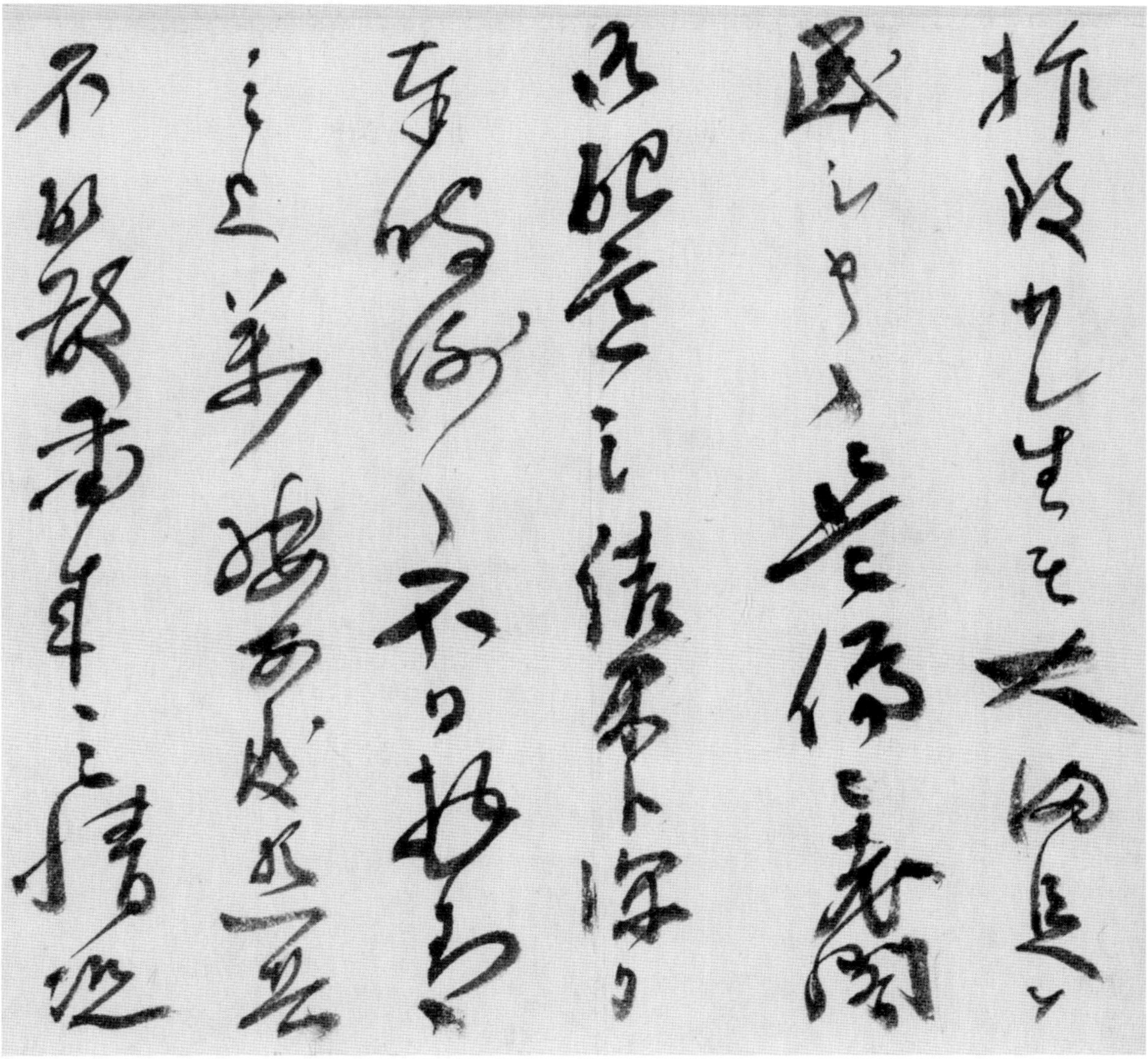

扑致サレ　生モ大満足ヲ
感シ申候　是偏ニ老閤
御配意之結果ト深ク
奉鳴謝候　不日拝青
之上万(萬)縷可致候へ共
不取敢爾来之情況

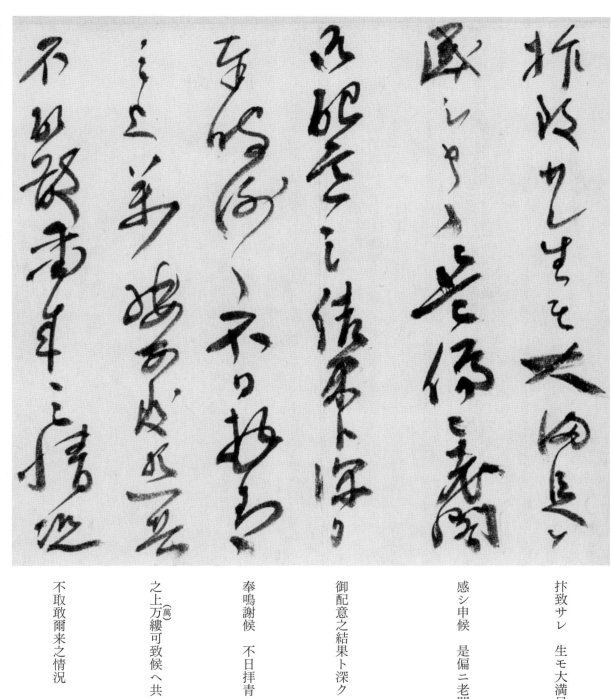

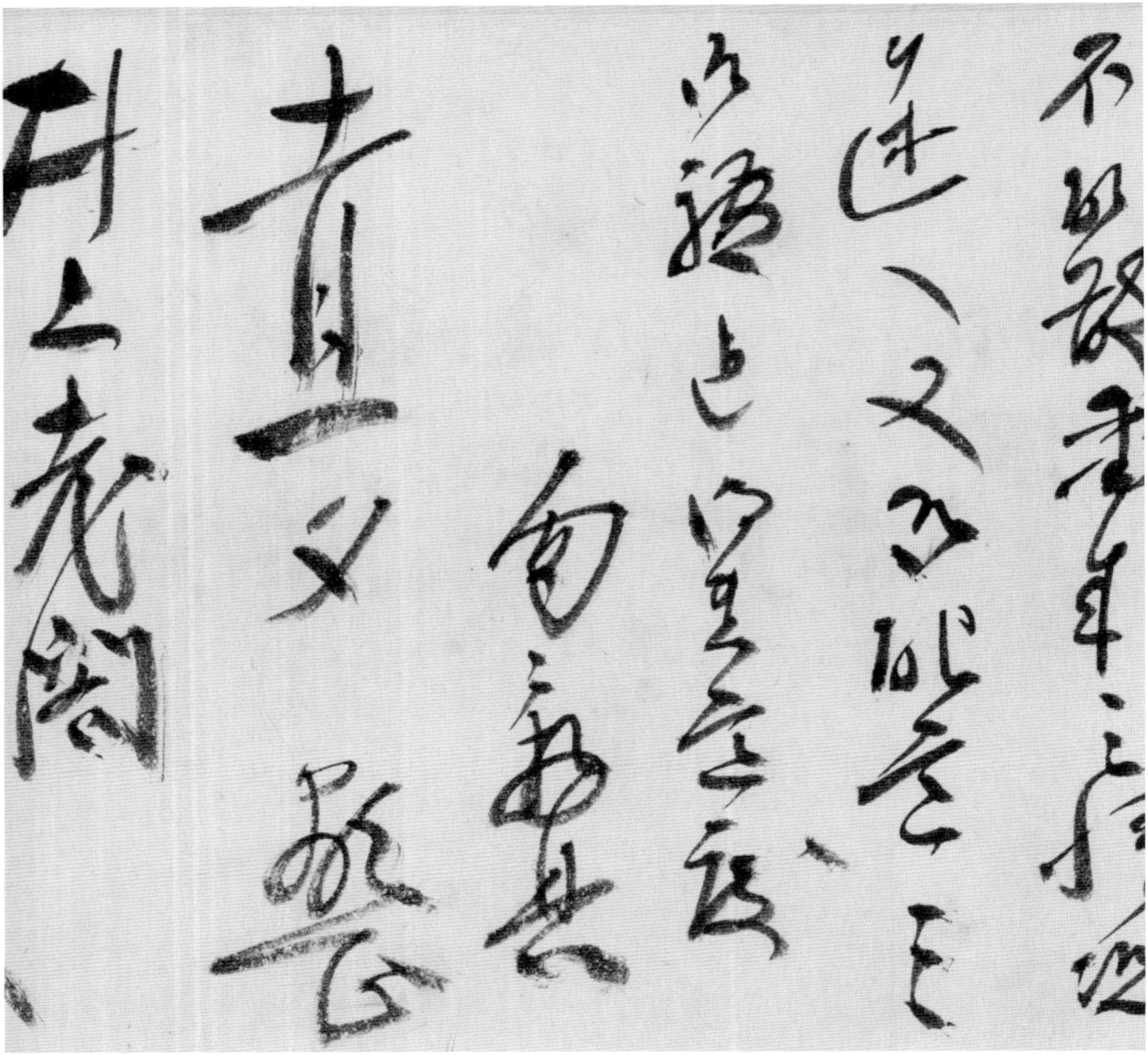

ヲ述へ　又御配意之

御礼(禮)迄得貴意度

匆々拝具

十一月一夕　顕正

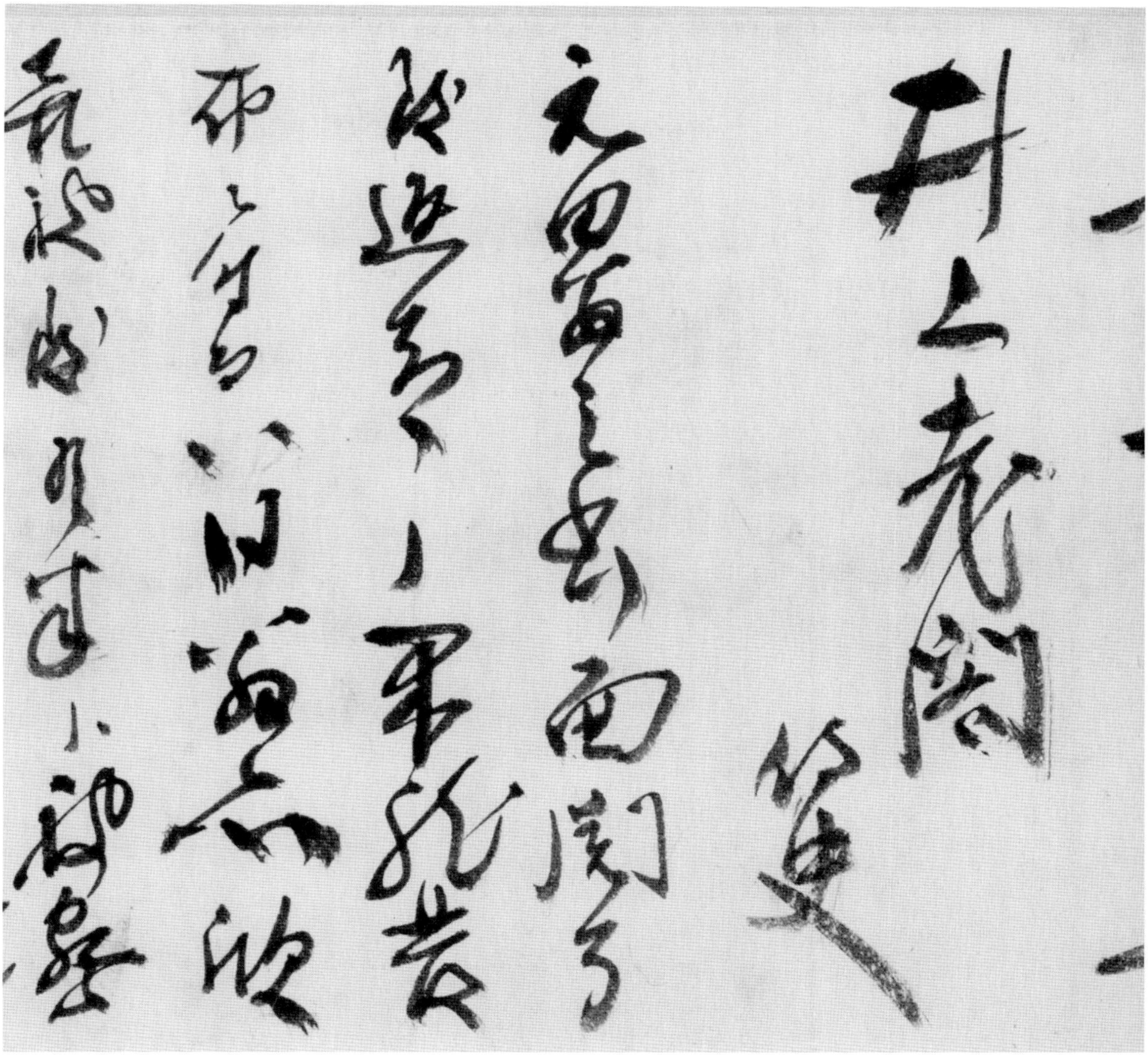

井上老閣

侍史

元田翁之書面閲了

致返却候　果然発（發）

布ニ付てハ　同翁亦欣

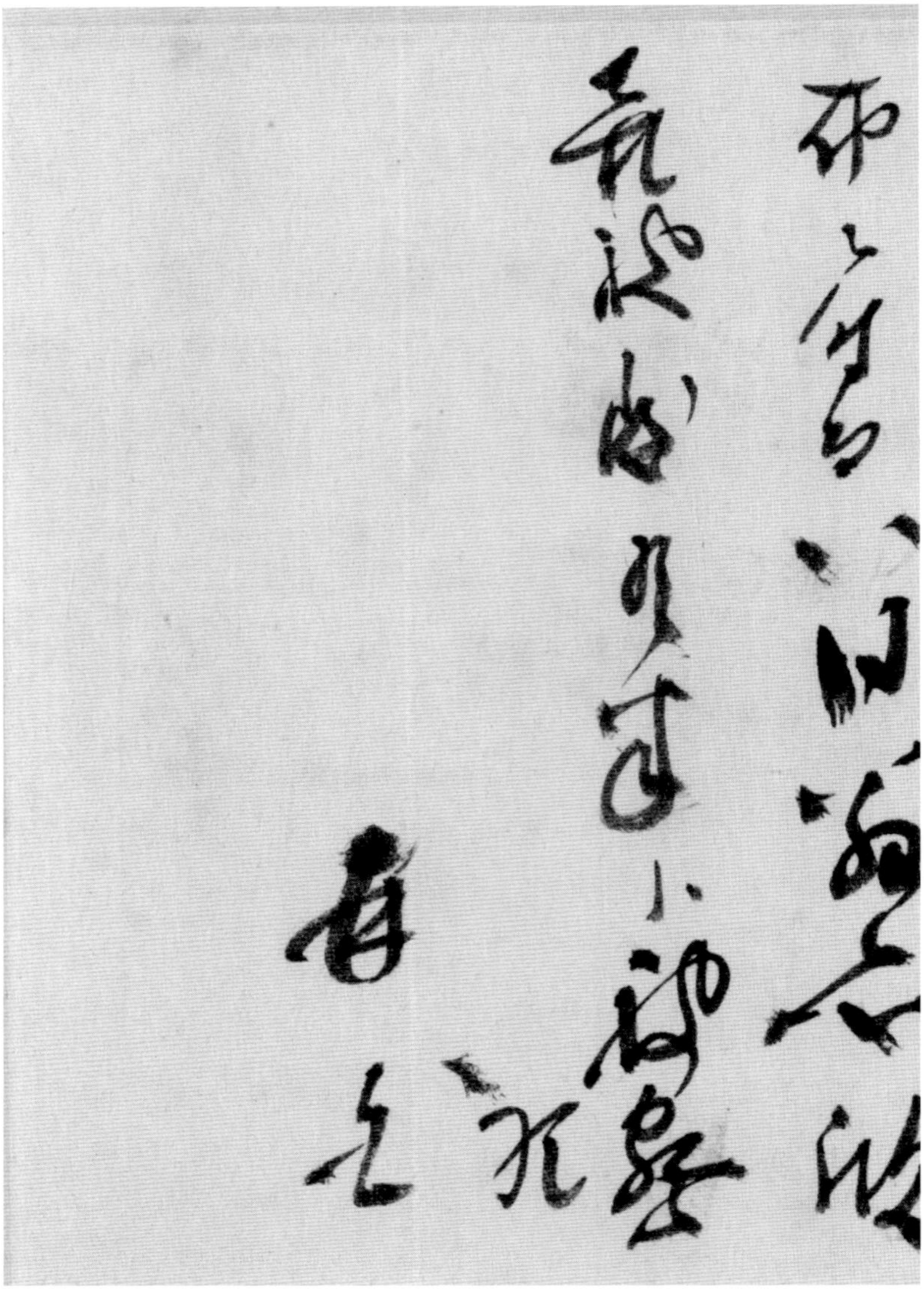

喜(七七)被致候半ト被察候

再白

【解題】　明治二十三年（一八九〇）十月三十日、特に総理大臣山縣有朋・文部大臣芳川顕正が宮中に召されて教育勅語が下賜された。勅語には文部大臣等の副署がなく、これは教育勅語が「社会上ノ君主ノ著作公告」であり、政事上の「責任大臣之補弼」によらない「真誠之叡旨」でなければならないという、井上毅がその起稿時に説いた主張（『井上毅伝』史料篇第二）がその後も一貫して受け容れられたことによる。勅語渙発を受けて、芳川は翌三十一日、「今般教育ニ関シ勅語ヲ下タシタマヒタルニ付其謄本ヲ頒チ本大臣ノ訓示ヲ発ス、管内公私立学校へ各一通ヲ交付シ能ク聖意ノ在ル所ヲシテ貫徹セシムヘシ」との文部省訓令第八号を発して、教育勅語の謄本と文部大臣訓示（書翰三七解題）を文部省直轄学校及び北海道庁・各府県管内の公私立学校へ頒布した。

本書翰は、教育勅語渙発《かんぱつ》の二日後、芳川が井上毅に向けて送った礼状であり、教育勅語について各新聞では大抵満足の意を表していること、また渙発当日には文部省高等官一同ないし同省直轄学校長に向けて奉読・謄本頒布を行い、皆満足・歓喜した模様も伝えている。そして芳川自身も「大満足」であり、これも偏《ひとえ》に井上の配意の結果として深く感謝の意を表している。なお、末尾に元田の書面を返却するとあるのは、内閣上奏案に対する元田の意見が記された十月二十四日付の井上宛元田書翰（『井上毅伝』史料篇第五）のことで、同案に対する元田の評価を心配した芳川のもとへ井上が送ったものと言われている。芳川は本書翰の最後に、元田もまた勅語渙発を欣喜しているであろうと察している。

実際に元田は教育勅語渙発に歓喜し、十一月三日の天長節に山縣へ向けて書翰を送り、回顧すれば明治維新以来、教育の主旨が定まらず、国民が進むべき方向も支離滅裂に至っていたが、今般の教育勅語は国民の主眼を明示した、実に万世無窮の道であり、かの不磨の大日本帝国憲法でも時世に応じて修正せざるを得ないが、教育勅語は万世にわたり再び変わることはないと、その意義を説いている（『元田永孚関係文書』）。また、元田は井上にも礼状を送り、井上も十一月二日付で返翰して、教育勅語は元田の積年にわたる「御誠心御輔導之美果」を結んだものであると讃えるとともに、元田・井上共通の同郷の後輩である佐々友房も勅語渙発に雀躍の有様であったことを伝えている（『井上毅伝』史料篇第四）。

教育勅語成立過程における井上は、文案作成に中心的な役割を担い、山縣・芳川・元田の各々との直接の書翰の遣り取りを通じて意見の相違等を調整して、実質的にまとめ役を果たした。なお、井上は明治二十六年（一八九三）三月から、亡くなる約半年前となる二十七年八月まで第二次伊藤博文内閣の文部大臣を務め、教育勅語を自らの徳育政策の中心に位置づけている。

【齊藤智朗】

四〇、開院式勅語に関する徳大寺實則書翰

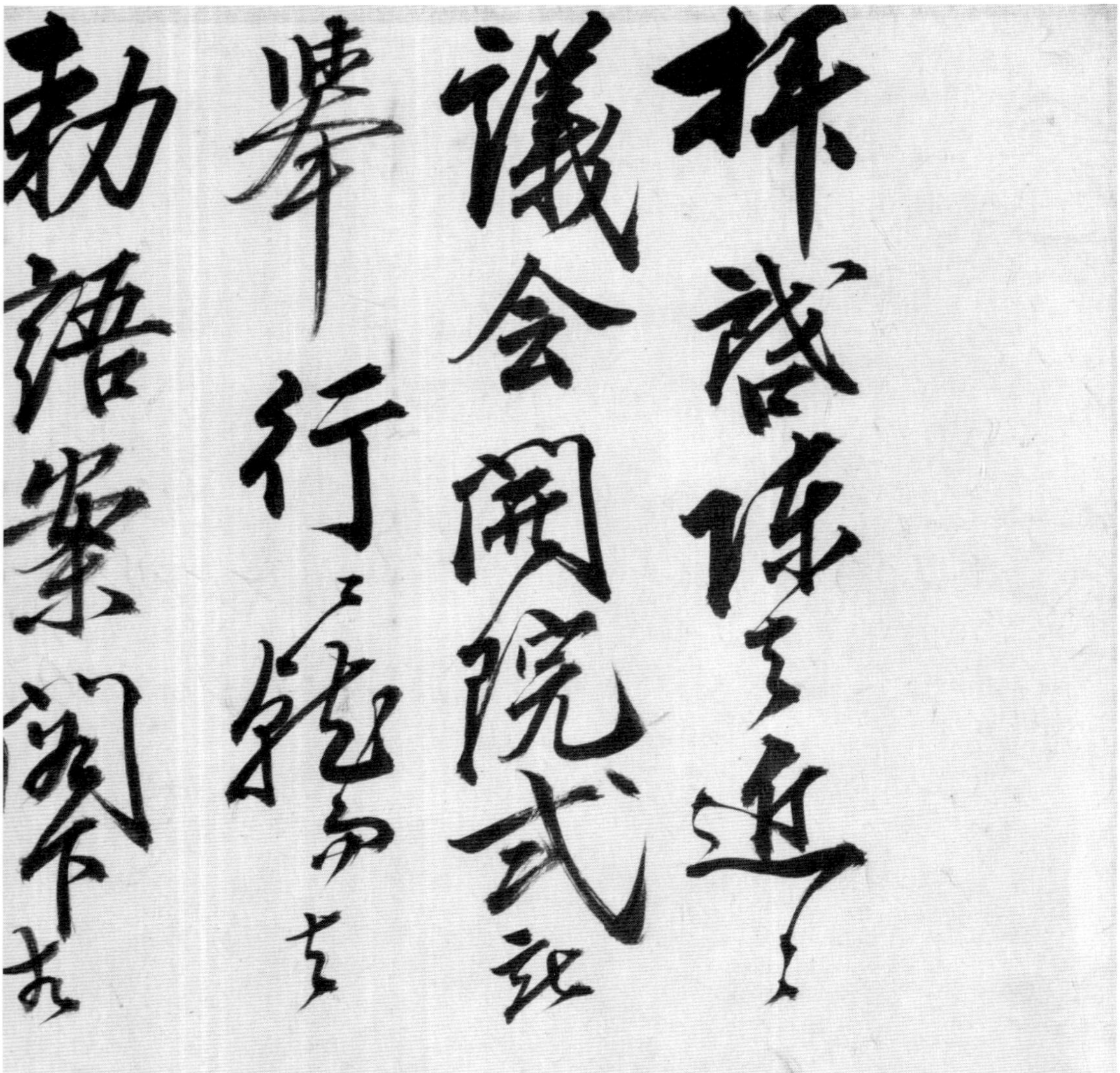

文書番号　Ⅱ−四八二−九
発信者　徳大寺實則（侍従長）
受信者　井上毅（法制局長官・枢密顧問官）
発信月日　明治二十三年十一月二十一日
寸　法　一八・三糎＊七四・〇糎（巻子）

拝啓　陳は近々
議会（會）開院式被
挙（擧）行ニ就ては

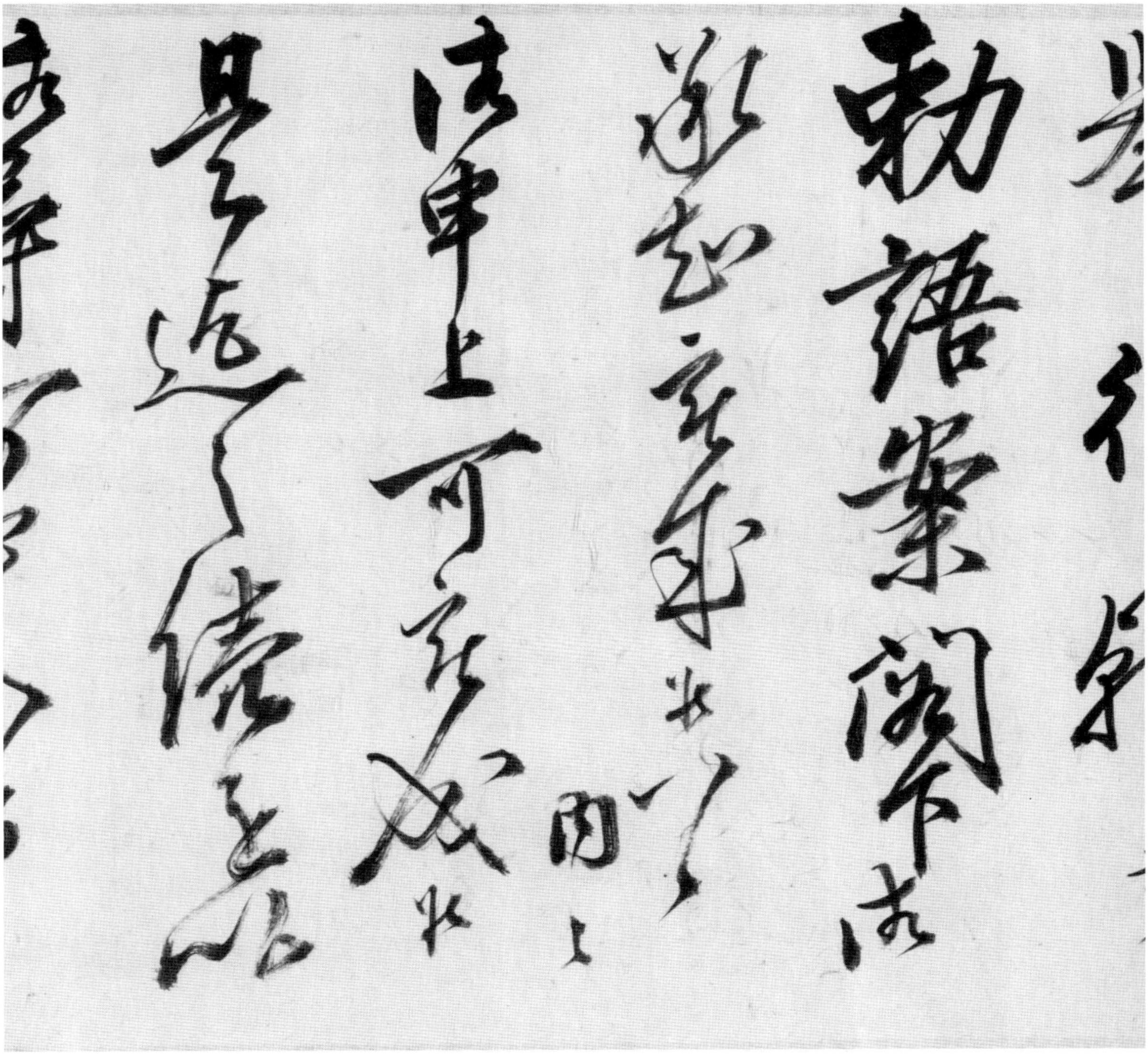

勅語案閣下御
承知被成候ハヽ　内々
御申上可被成候
是迄之続を以

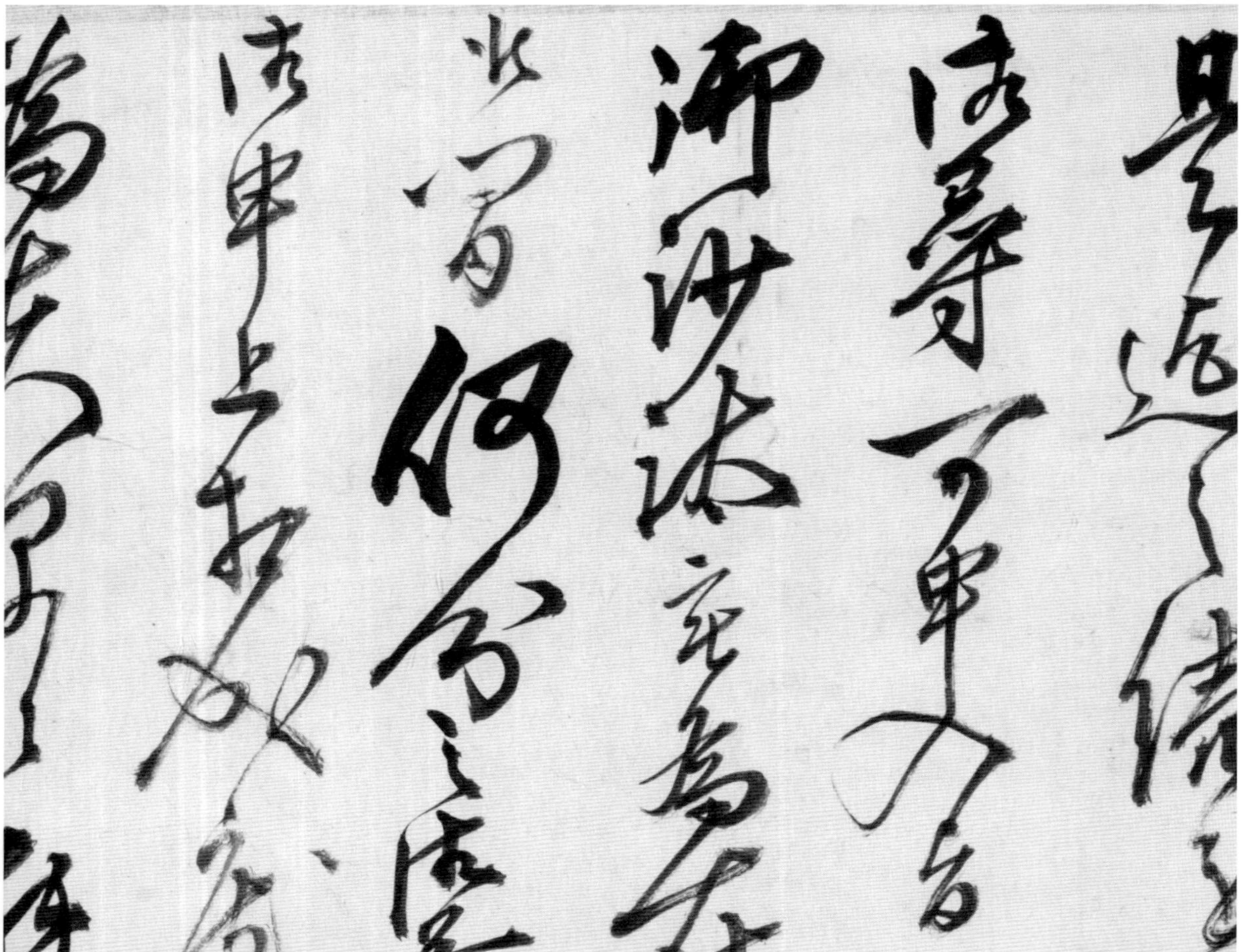

御尋可申入旨
御沙汰被為在
候間　何分之御答
御申上相成度

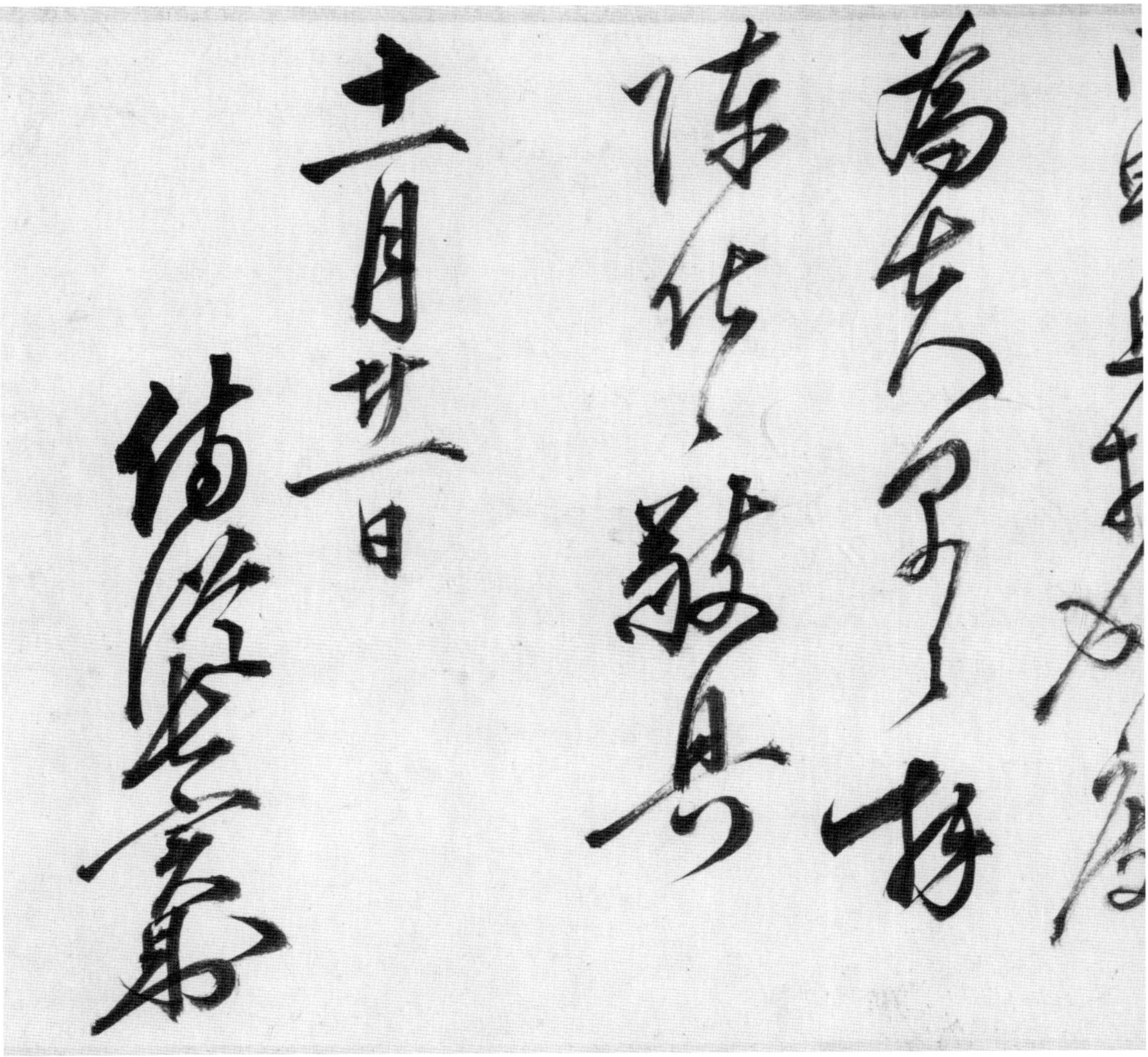

為其早々拝

陳仕候　敬具

十一月廿一日

侍従長　實則

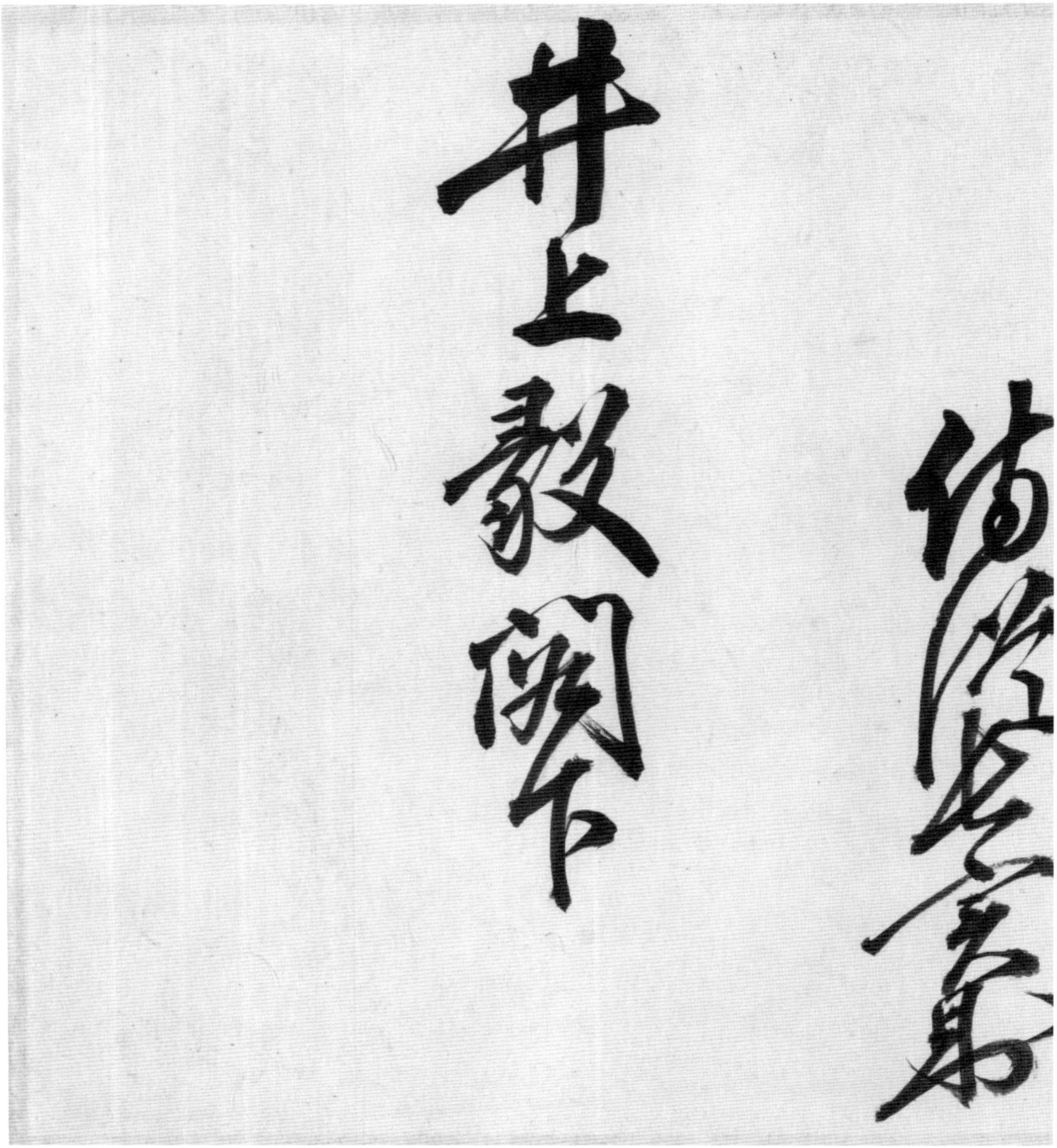

井上毅閣下

【解題】 明治二十二年（一八八九）二月十一日発布の大日本帝国憲法は、その上諭に「帝国議会ハ明治二十三年ヲ以テ之ヲ召集シ議会開会ノ時ヲ以テ此ノ憲法ヲシテ有効ナラシムルノ期トスヘシ」と、施行期日が帝国議会開会の時と定められ、また第七条には「天皇ハ帝國議会ヲ招集シ其ノ開会閉会停会及衆議院ノ解散ヲ命ス」とあって、憲法発布と同日、議院法、衆議院議員選挙法、貴族院令といった憲法附属法令が公布された。翌二十三年七月一日に第一回衆議院議員総選挙が、また貴族院議員についてもこの前後の時期に互選および勅任が行われて両院議員が定まるに至り、十月十日には第一回帝国議会召集の勅諭が渙発された。

明治二十三年十一月二十九日、宮中三殿における天皇親祭による奉告の後、第一回帝国議会開院式が貴族院において挙行され、開院式勅語が下賜された。なお、翌二十四年三月八日挙行の閉院式においても、勅命をもって大臣（この時は内務大臣西郷従道《じゅうどう》）による勅語の奉読がなされ、このような第一回帝国議会における召集・開会から閉会まで各々の詔勅の渙発《かんぱつ》は、以後の議会における先例となった。

本書翰は、この第一回開院式勅語の文案に関し、井上に対して御沙汰があったことを伝えるものである。同勅語の起草をめぐっては、井上による十一月十一日付の伊藤博文や伊東巳代治《みよじ》に宛てた書翰（『井上毅伝』史料篇第四、第六）に記述があり、この頃より着手されたものと見える。また本書翰を認めた後の数日間における元田永孚との往来（『井上毅伝』史料篇第四、第五）からは、前月の十月に渙発された教育勅語の作成と同様、井上と元田との間で文案の調整がなされ、特に明治天皇の思召しをもって修正されたことを窺い知ることができる。なお、「梧陰文庫」には「開院式」と題した調査資料をまとめた冊子が存し、ロエスレルやパテルノストロ、ピゴットといったお雇い外国人に対する答議も収められており、井上が初の議会開院式に臨んで西洋各国における事例を夙に調査していたことがわかる。なお、このうちの開院式勅語に関する答議を、井上は西洋各国や憲法学説における「勅語之不可欠之要素」を伝える上で元田へ送った（『井上毅伝』史料篇第四）が、元田からは「殊ニ我国ニ於テハ各国ト違ヒ候テ、簡明ヲ貴ビ候方、何ノ支モ無之」、「各国君民其体ヲ我国と異ニし、其文体も同しからす」との返答がなされている（『井上毅伝』史料篇第五）。

本書翰の発信者である徳大寺實則は右大臣徳大寺公純《きんいと》の長男で、西園《さいおん》寺《じ》公望《きんもち》は弟になる。明治四年（一八七二）から十七年（一八八四）まで宮内卿を務め、その後は明治天皇の崩御まで侍従長を本務とし、三条實美の逝去後は内大臣を兼務した。特に天皇の意思を正確に伝達することを行動規範とした人物であったと評されている。

【齊藤智朗】

四一、時事懸案に関する元田永孚書翰

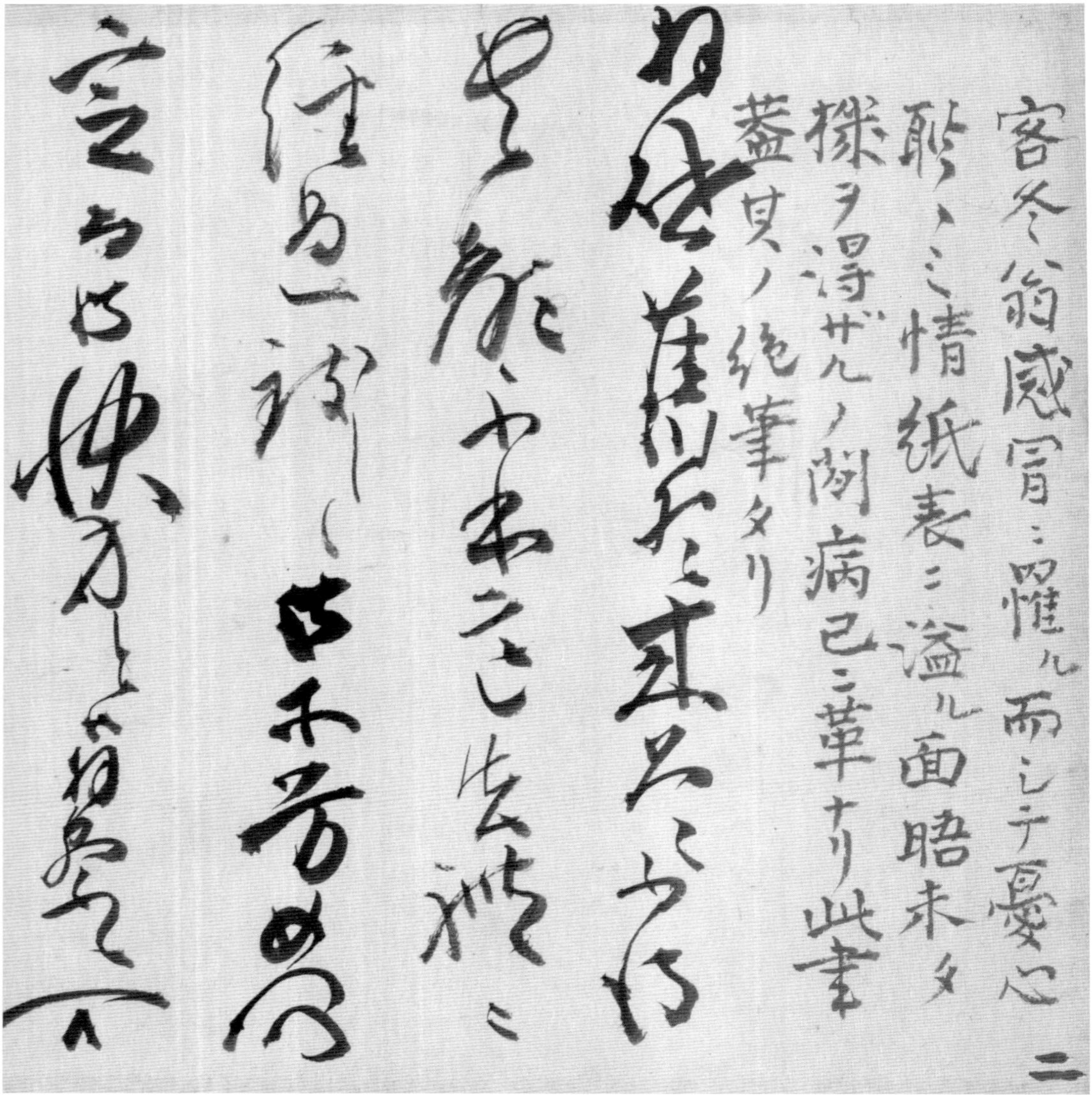

文書番号　Ⅱ-四八三-一
発信者　元田永孚（枢密顧問官）
受信者　井上毅（法制局長官・枢密顧問官）
発信月日　明治二十四年一月十三日
寸　法　一八・四糎＊七一・〇糎（巻子）

（朱筆）
客冬翁感冒ニ罹ル　而シテ憂心
耿々之情　紙表ニ溢ル　面晤未タ
機ヲ得（得）ザルノ間　病已ニ革ナリ　此書
蓋其ノ絶筆タリ

拝啓　旧（舊）冬来久々不得
貴顔　不本意失礼（禮）ニ
経過致し候　御所労如何

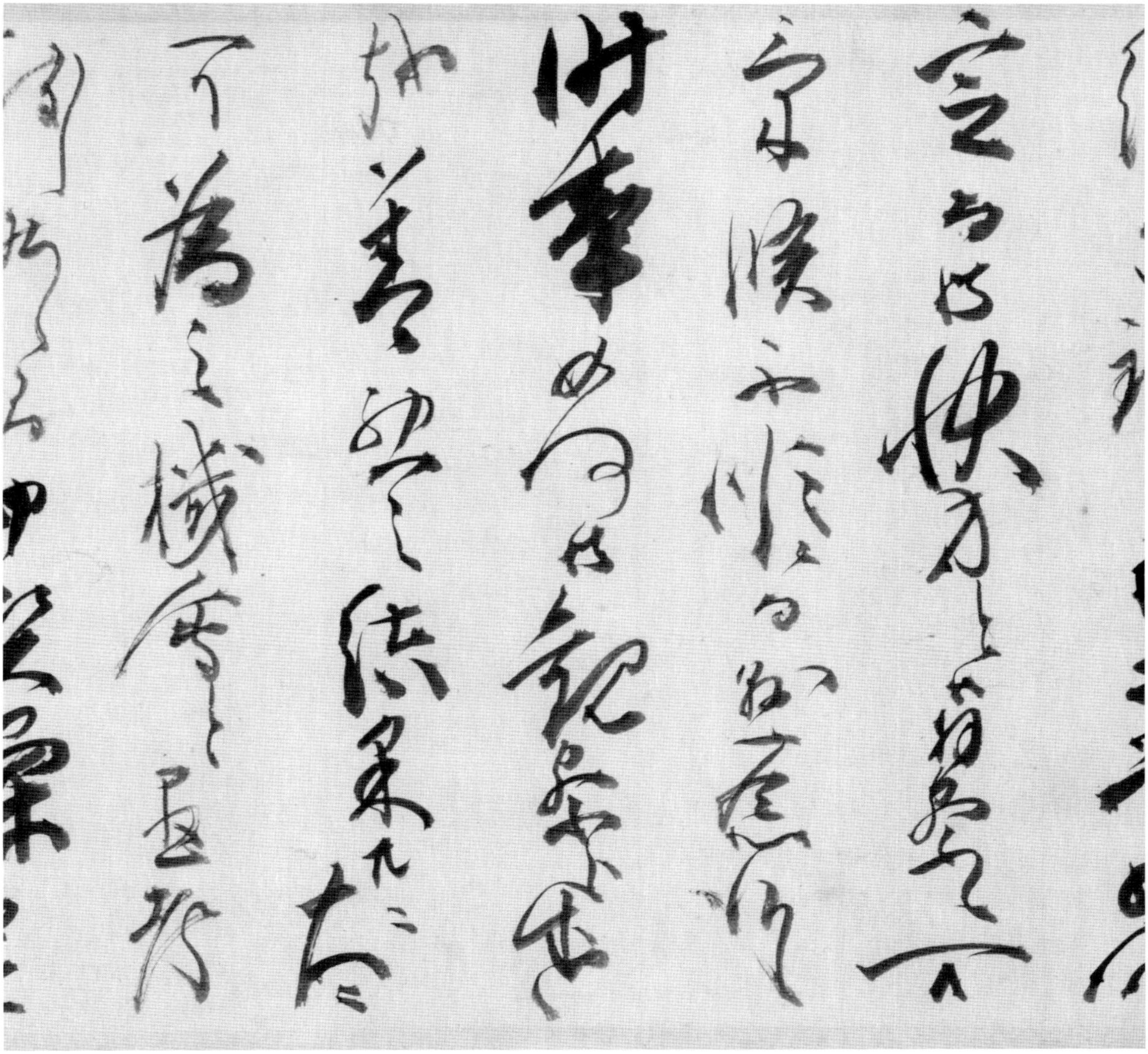

定て御快方とハ拝察候へ共
気（氣）候不順ニて懸念仕候
時事如何御観察被成候
哉　御青勲之結果　共ニ大ニ
可為之機会（會）と愚考

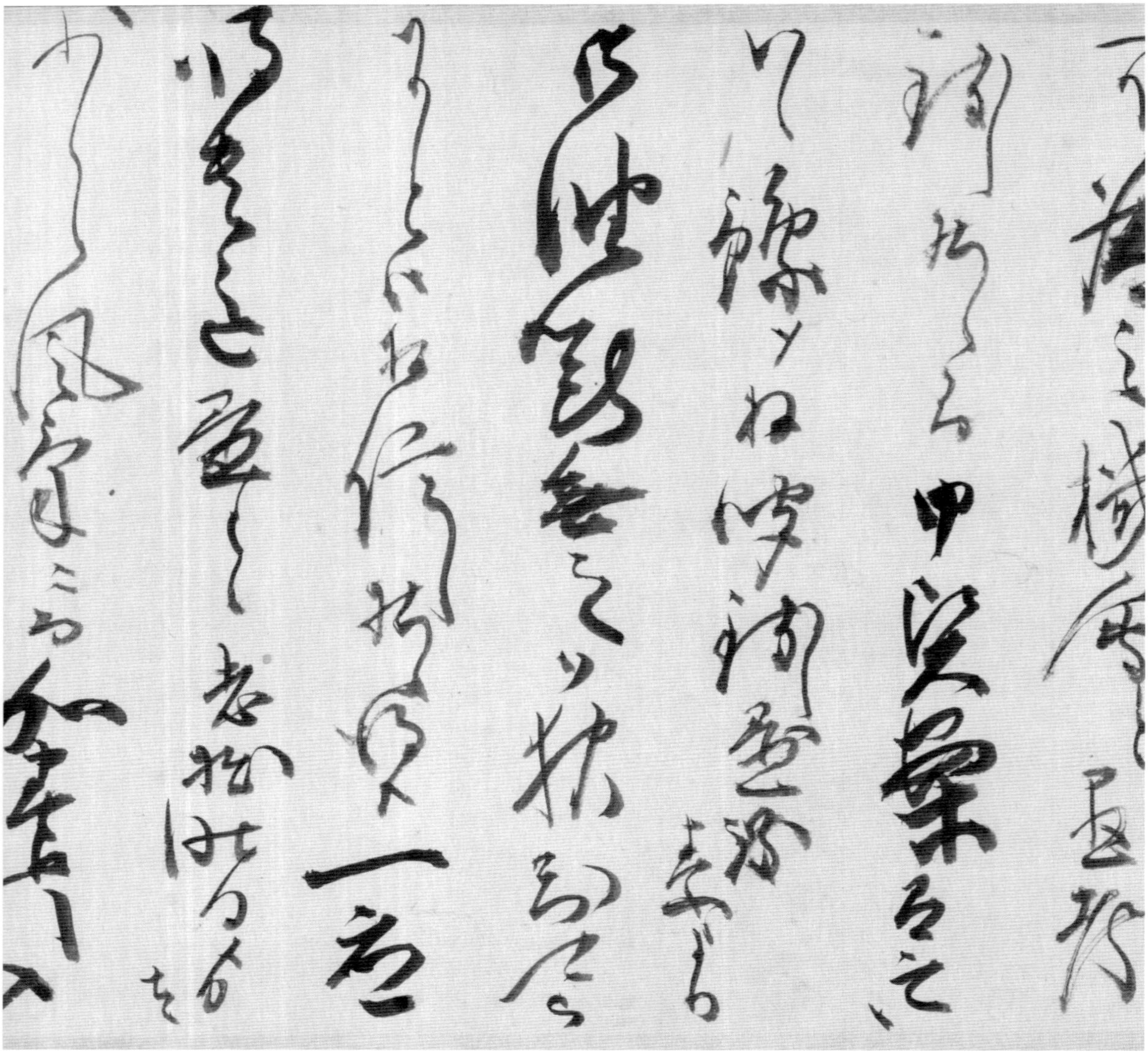

致し居候間　御賢案有之候
ハ、　予（豫）メ拝聞致し置度　素より
御油断無之御報知可被
下とハ相信し居候得共　一応（應）
得貴意置申候　老拙昨日ヨリ（ゟ）は

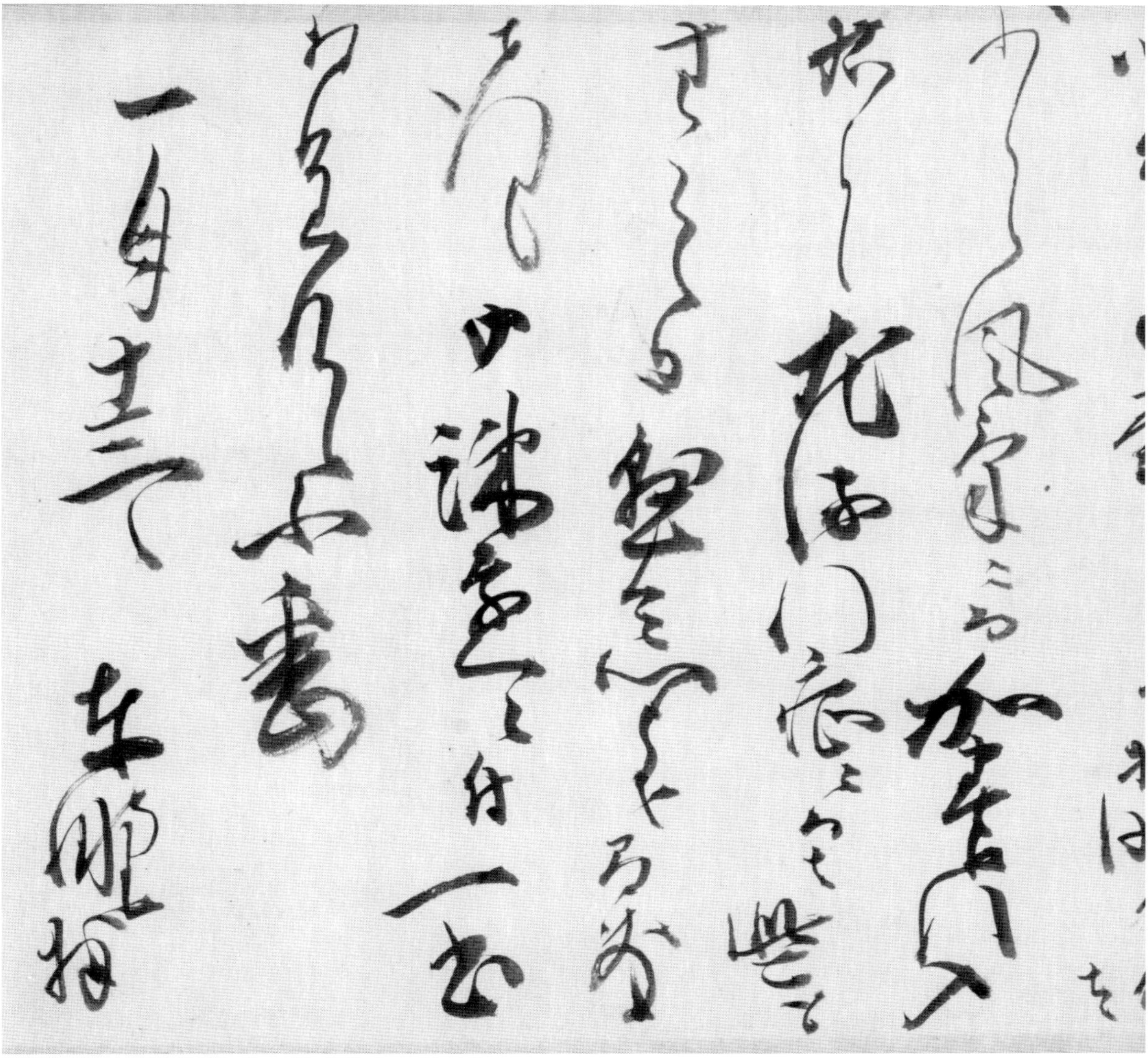

少々風気(氣)ニて加養引入
居申候　尤流行症ニては些も
無之　御懸念被下間敷
奉存候　御疎遠ニ付　一書
拝呈仕候　不悉
一月十三日　東野拝

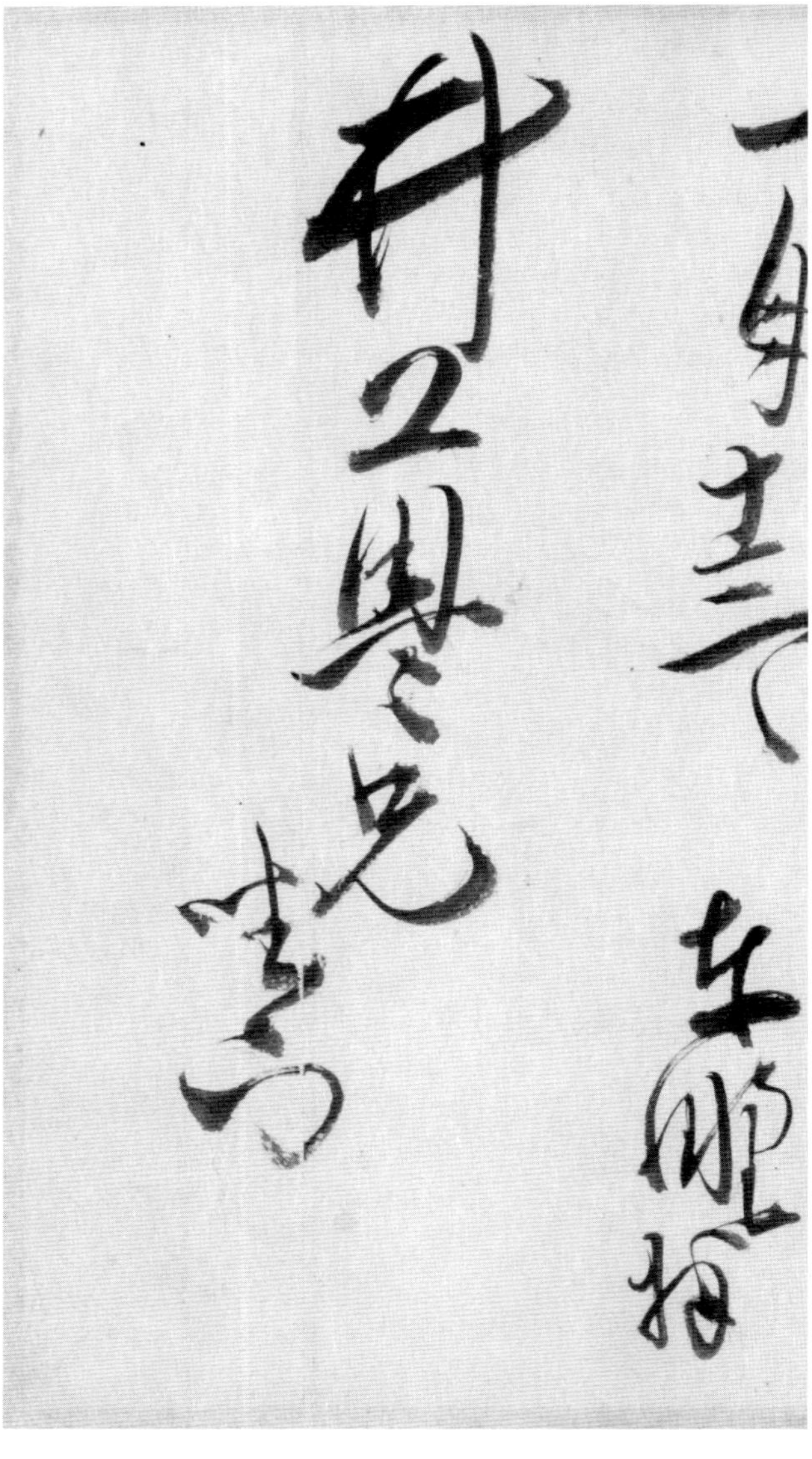

井上盟兄

坐下

【解題】 第一回帝国議会が開会し、近代日本における記念すべき立憲政治が開幕した明治二十三年（一八九〇）の晩秋から翌二十四年の春にかけては、悪性のインフルエンザが流行し、明治国家の建設に貢献してきた人々が相ついで世を去った時期にもあたっていた。まず本書翰から九日後の明治二十四年一月二十二日、元田永孚が死去した。ついで二月十八日に内大臣三条實美が、四月二十二日には元侍補の吉井友実《ともざね》も他界した。いずれも明治天皇の近くにあって長く仕えた人々であり、とりわけ元田は、天皇にとっては親代わりとも言うべき存在で、時には愚痴をこぼすことも出来る良き相談相手であった（西川誠『明治天皇の大日本帝国』）。

現存する、本書翰のひとつ前の井上毅宛元田書翰は、議会開会前の二十三年十一月二十七日付のものである。その書翰の内容が開院式の勅語案であることが象徴しているように、天皇の信頼が厚い元田は、井上にとって、天皇に関わる問題について真っ先に相談する相手だった。本書翰は、同様に、元田にとっても、井上がよき政治的相談相手だったことを示すものである。書中、元田は「時事如何御観察被成候哉」と二十六歳年下の井上に政情への見解を乞い、「少々風気ニて加養」の身ながら、「共ニ大ニ可為之機会」に際しての決意を披歴し、「御賢案」を報知してくれるよう求めているのである。

さて、元田は自身の病状を「流行症ニては些も無之」としているが、日に日に病状は悪化し、二十一日には危篤状態に陥った。天皇は、元田の存命中に長年にわたって君側に奉仕してくれた感謝の念を伝えることを望み、急遽男爵への叙爵が決定され、使者として井上が元田邸に差遣された。井上から聖旨を伝えられた元田は、「感泣し、合唱稽顙して天恩の厚きを謝し」、復命を受けた天皇も「旨の空しからざりしを喜」んだという（『明治天皇紀』第七）。翌二十二日、元田は七十四歳でその生涯を閉じた。書翰冒頭の端書は、元田の死後、井上が本書翰を「元田東野翁手簡」と題書した一巻にまとめた際、自筆にて書き記したものである（口絵参照）。

［内山京子］

四二、条約改正に関する伊藤博文書翰

文書番号　II－一七二
発信者　伊藤博文（枢密院議長）
受信者　井上毅（枢密顧問官）
発信月日　明治二十四年六月六日
寸　法　一八・二糎＊八二・〇糎

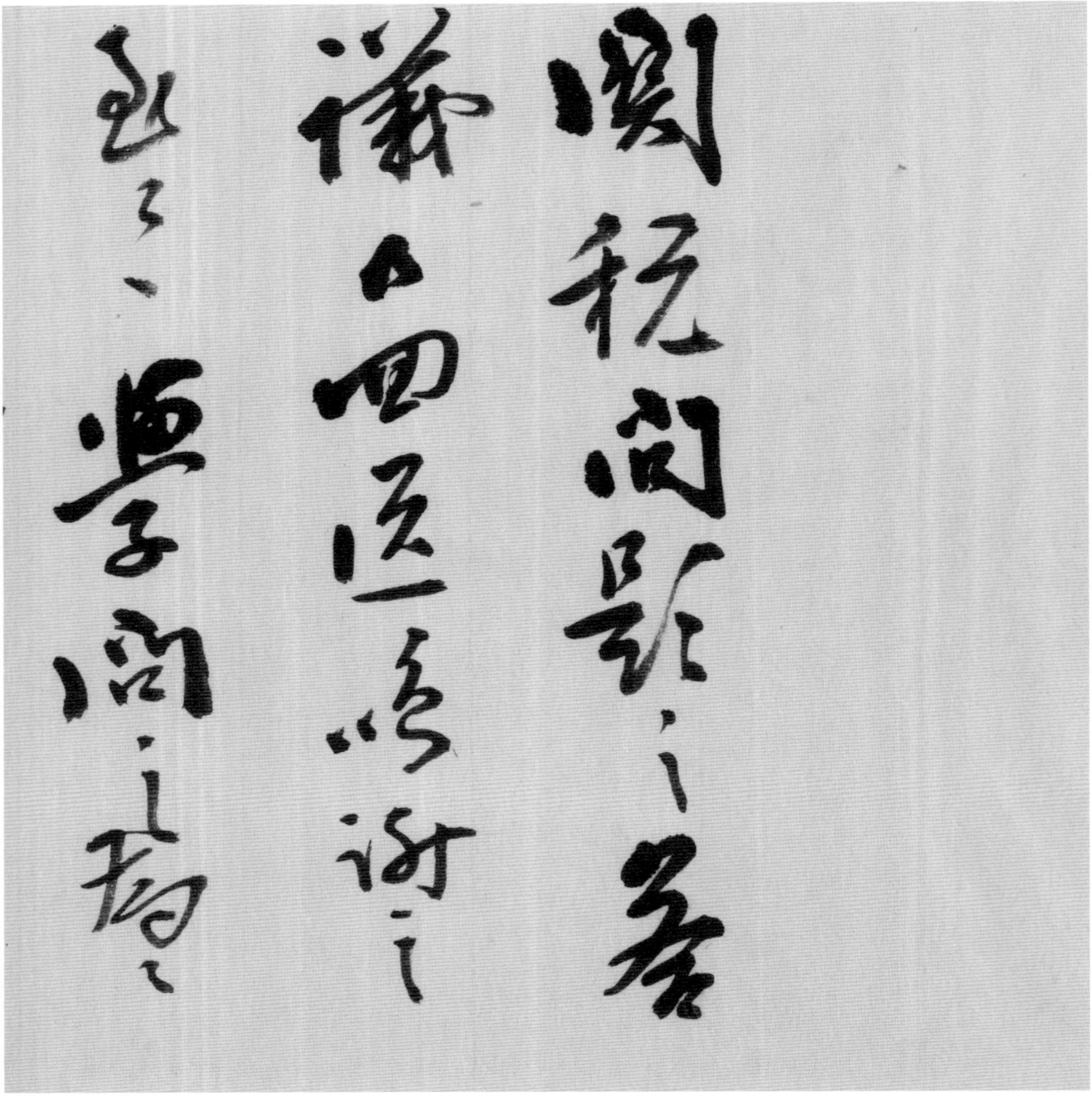

関税問題之答
議　御回(囬)送鳴謝之
至ニ候　学(學)問之為ニ

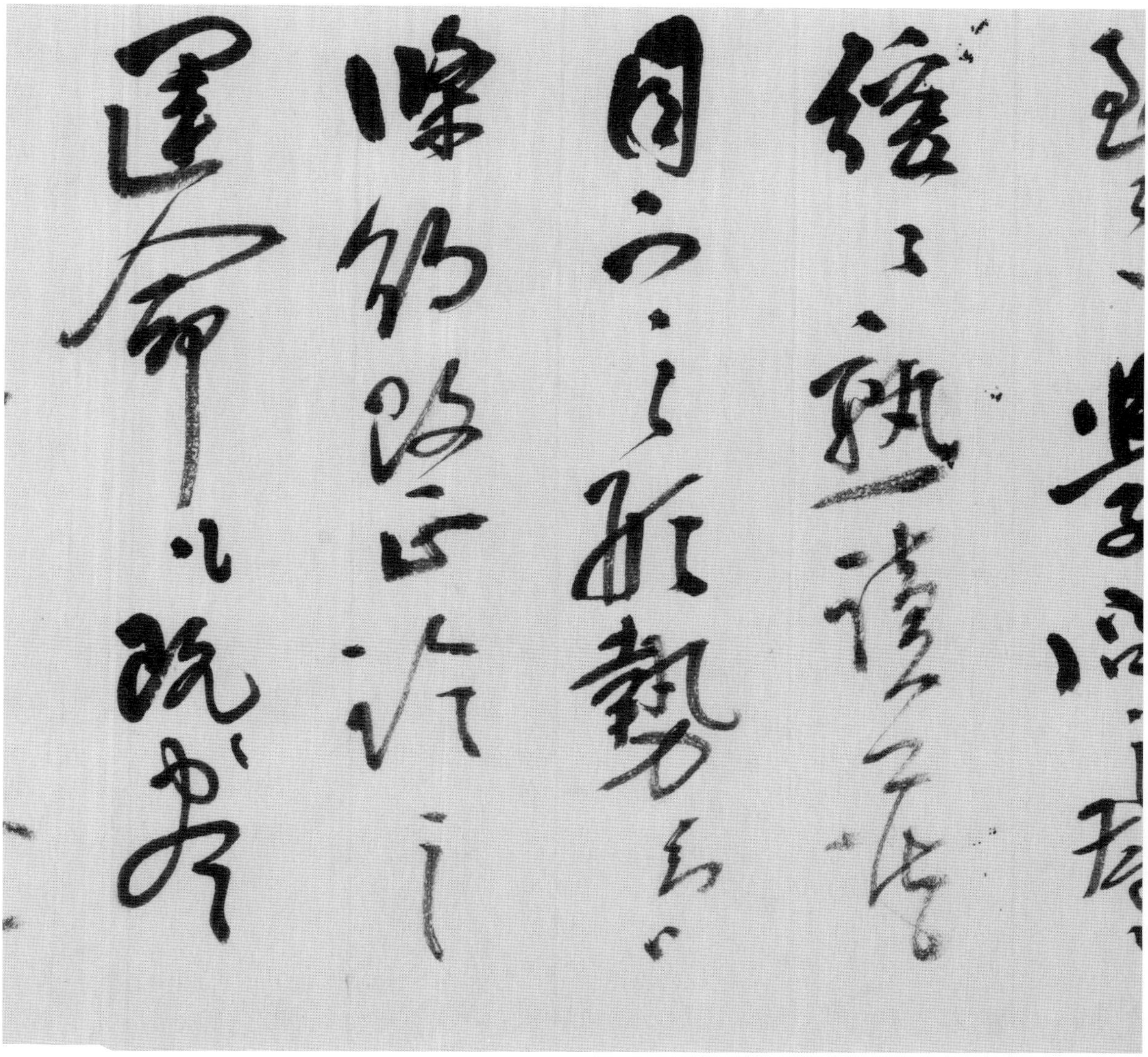

緩々熟読(讀)可仕候
目下之形勢ニてハ
条(條)約改正論之
運命も既ニ尽

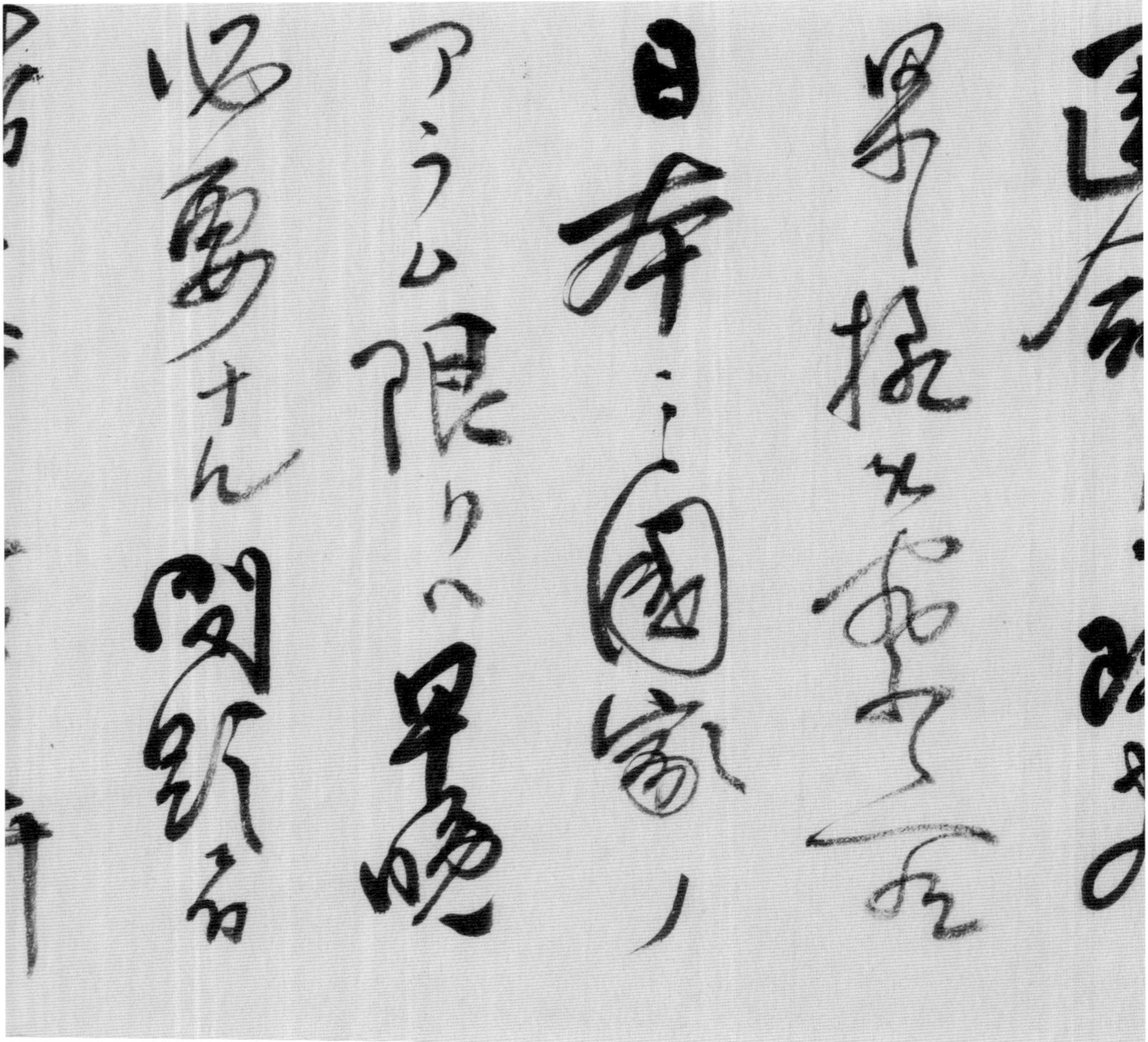

果候様被察候へ共

日本之国（國）家ノ

アラム限リハ早晩

必要ナル問題ニ付

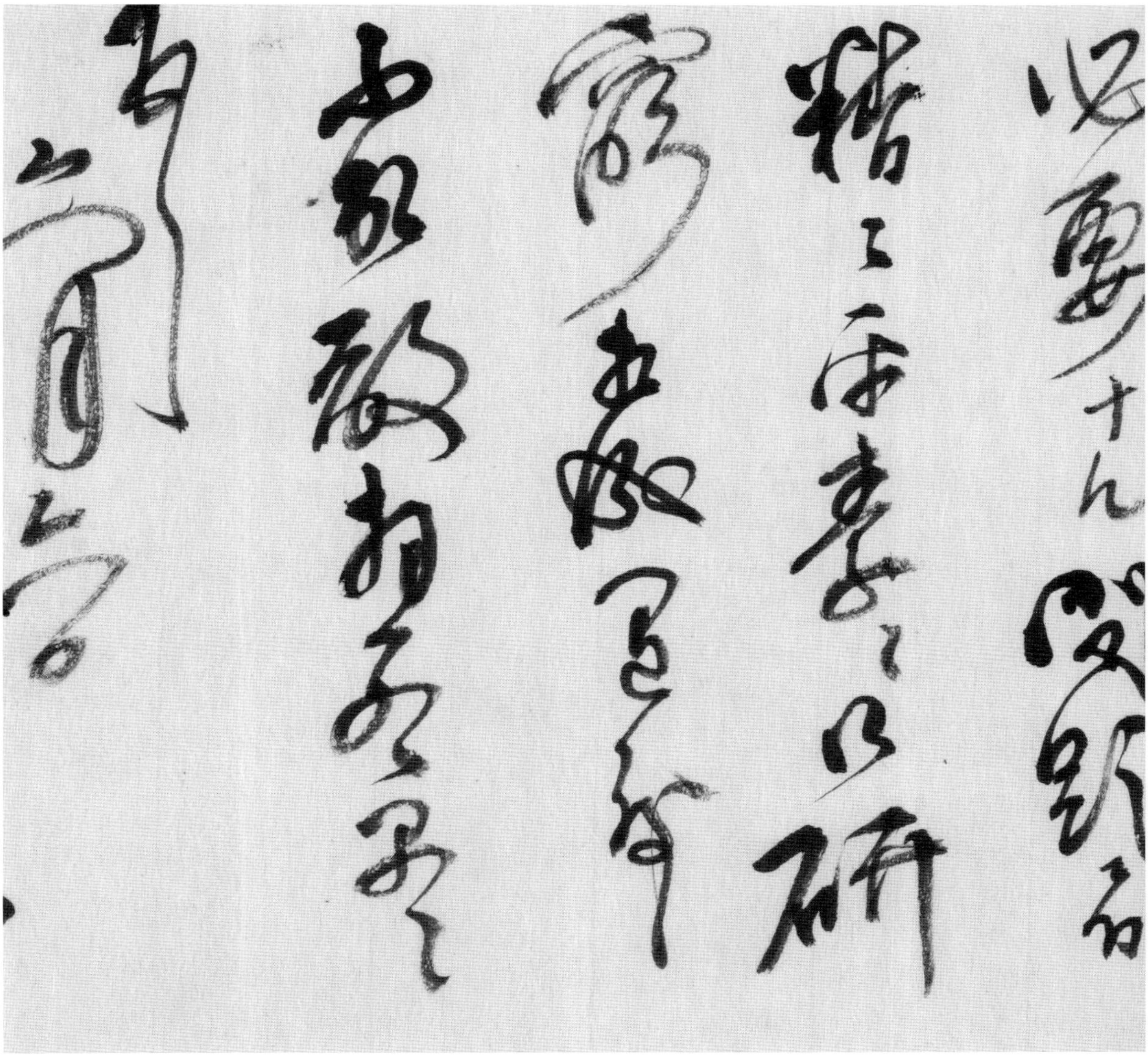

精々平素ニ御研
窮相成置度候
不取敢拝答　早々

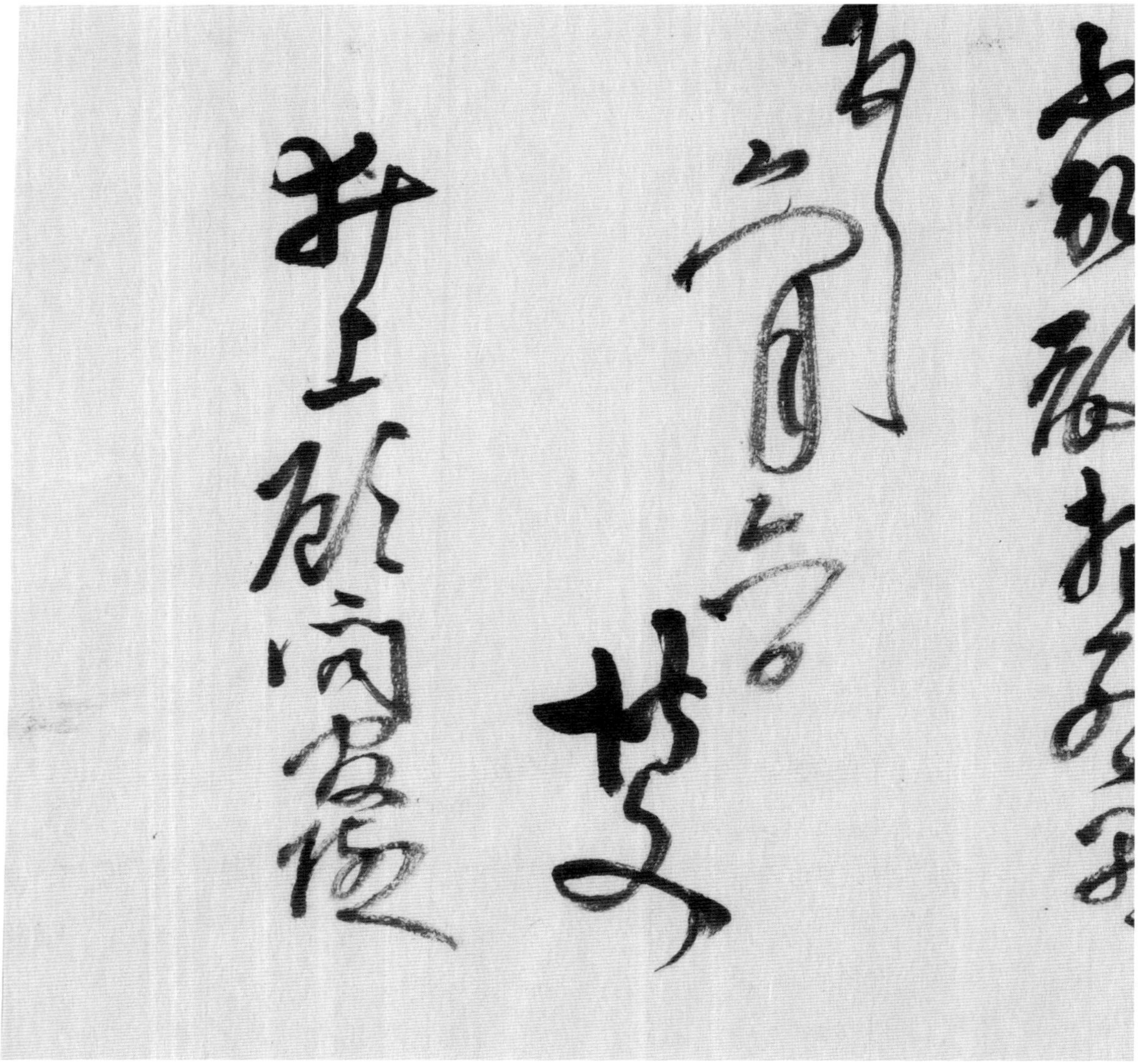

頓首
六月六日
博文

井上顧問官殿

【解題】 大日本帝国憲法の制定を受けて、国際法である条約と国内最高法規の憲法との関係を考えるうえで興味深いものである。当時の松方内閣は、明治二十二年（一八八九）十二月十日の閣議決定の方針に基づく条約改正を試み、憲法の制定を重く見た英国も好意的な態度を示して交渉が本格化していた。

井上は条約改正を睨んで、内閣顧問ロエスレルに対して関税は国内法における租税の一種なのか、そうであれば国内への適用には議会の議決が必要になるのかについて諮問した。というのも憲法第六十二条には租税の設定は法律によって規定し、一部の例外を除き議会の協賛が必要とされていたからである。ロエスレルは四月二十五日と五月二日の答議で関税は租税の一種であると答えるとともに、条約締結は憲法第十三条に基づく天皇大権であるので議会の協賛は不要であるが、条約に基づく法律の制定（＝関税の国内適用）は国内立法権に基づくもので議会の議決が必要と述べた（「ロエスレル氏関税条約ノ議会協賛ニ関スル討議」明治二十四年四月二十五日、「リヨースレル氏外国人領事任用ニ関スル討議」五月二日『近代日本法制史料集』第七巻）。これに関して、司法省御雇法律顧問パルテノストロは英国の例をひきつつ、国家元首（天皇）による批准だけでは「不完全ノ批准《ラチフヒカシヨン、アンコンプレット》」である、「憲法政治ノ国」では元首による批准の後に執行義務を負う議会に協賛を求めるのが常であり、加えて条約が国内法の一部になるには国内法上の手続が必要であるが、日本の憲法は天皇大権である条約締結と国内立法権に基づく法律の制定についての関連性を欠いていると指摘した（「国際法ト国法ノ関係ニ関スルパテルノストロ氏討議」『近代日本法制史料集』第十二巻）。

井上はパテルノストロの答議を枢密院議長伊藤博文に通報、パテルノストロは条約批准手続に関するロエスレルの説に反対したが、「憲法ト国際法との関係」では最も「精確之持説」を展開したと評した（六月六日付伊藤宛書翰『井上毅伝』史料篇第四）。伊藤のこの返翰は「目下之形勢ニてハ条約改正論之運命も既ニ尽果候様被察候」と述べ、大津事件によって条約改正交渉が中断している状況を嘆きつつも、井上によってもたらされた条約と国内法の問題は「日本之国家ノアラム限りは早晩必要ナル問題」として、さらなる研究を求めたのである。　【種稲秀司】

四三、議会対策に関する松方正義書翰

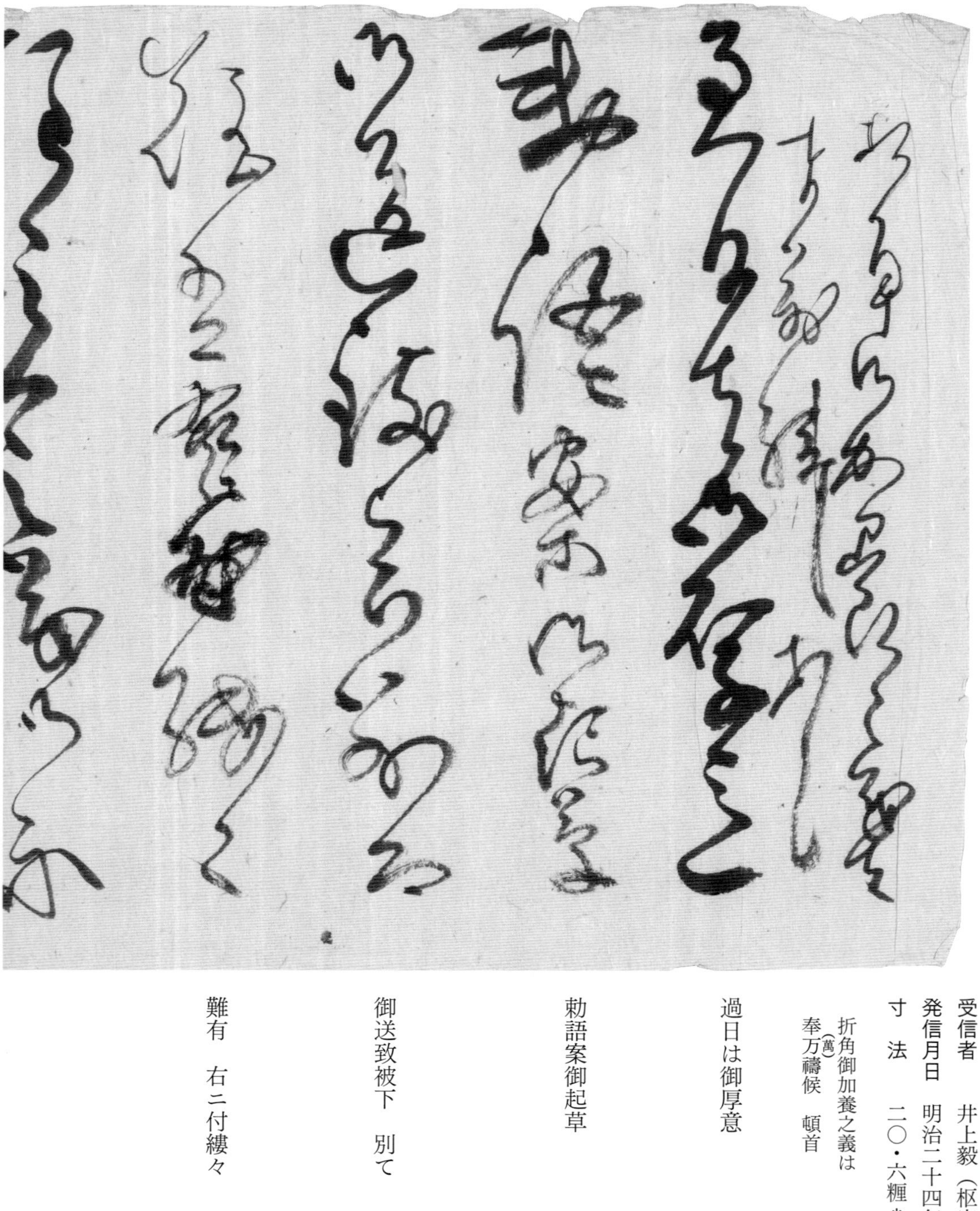

文書番号　Ⅱ–七〇
発信者　松方正義（内閣総理大臣）
受信者　井上毅（枢密顧問官）
発信月日　明治二十四年十月三日
寸　法　二〇・六糎＊一七四・五糎

折角御加養之義は
奉万（萬）禱候　頓首
過日は御厚意
勅語案御起草
御送致被下　別て
難有　右ニ付縷々

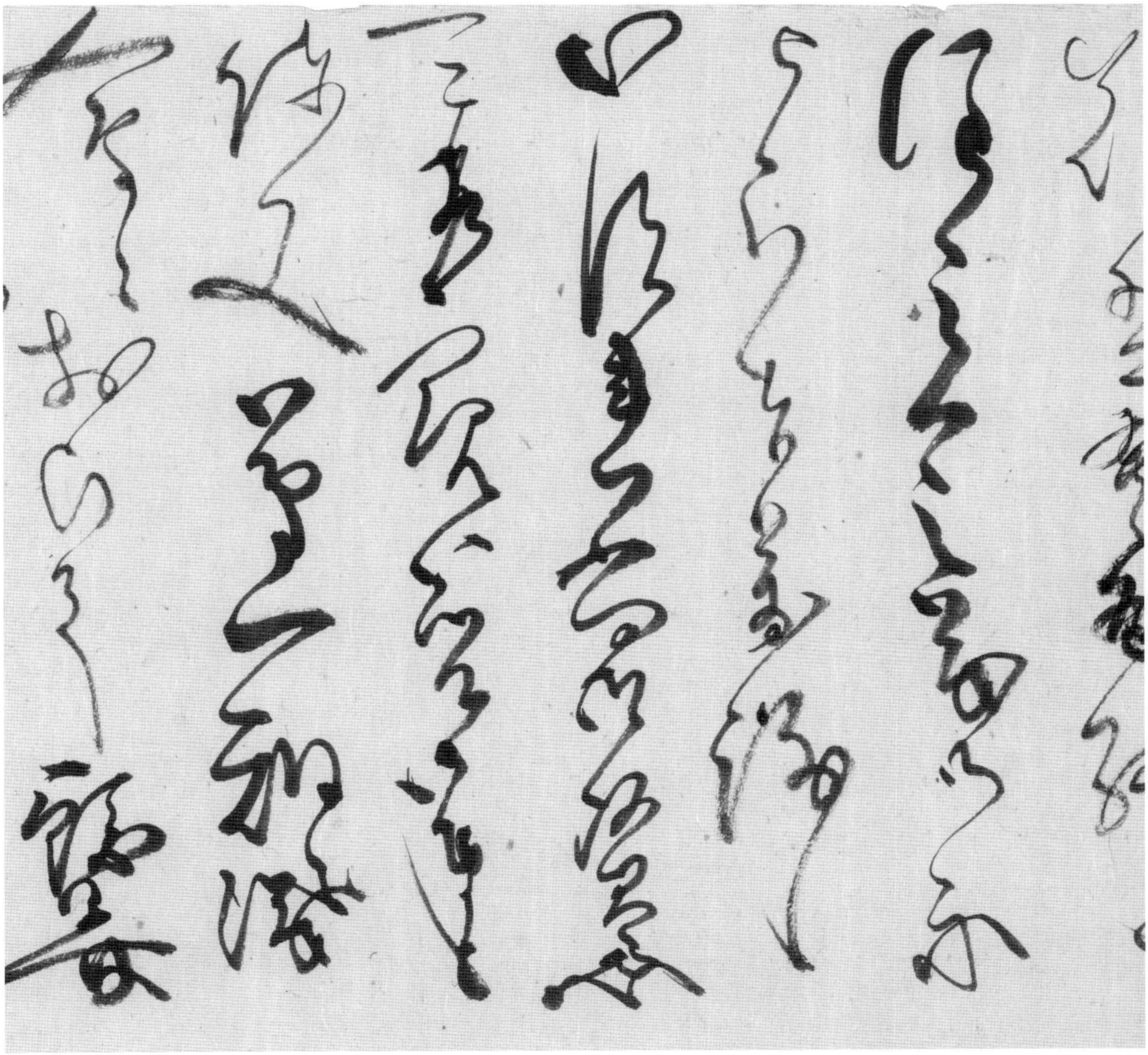

注意之義御示
被下奉万（萬）謝候
いすれ尚御賢慮
一々相窺含御座候
偖又第一期之議

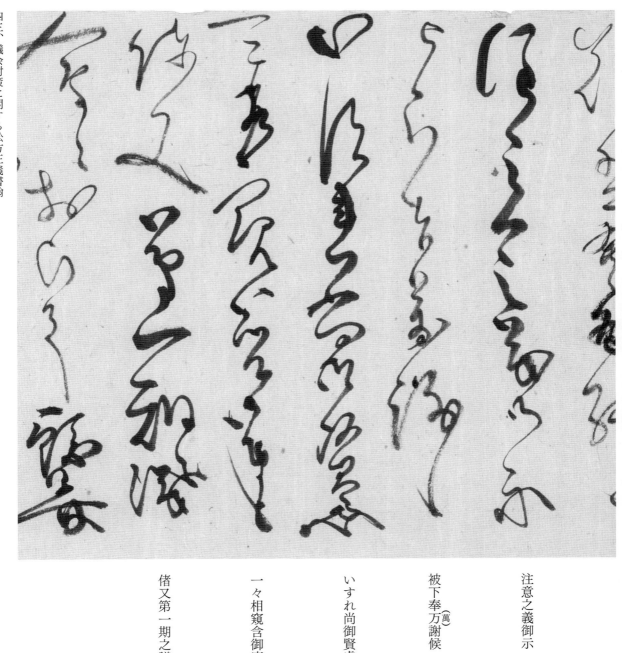

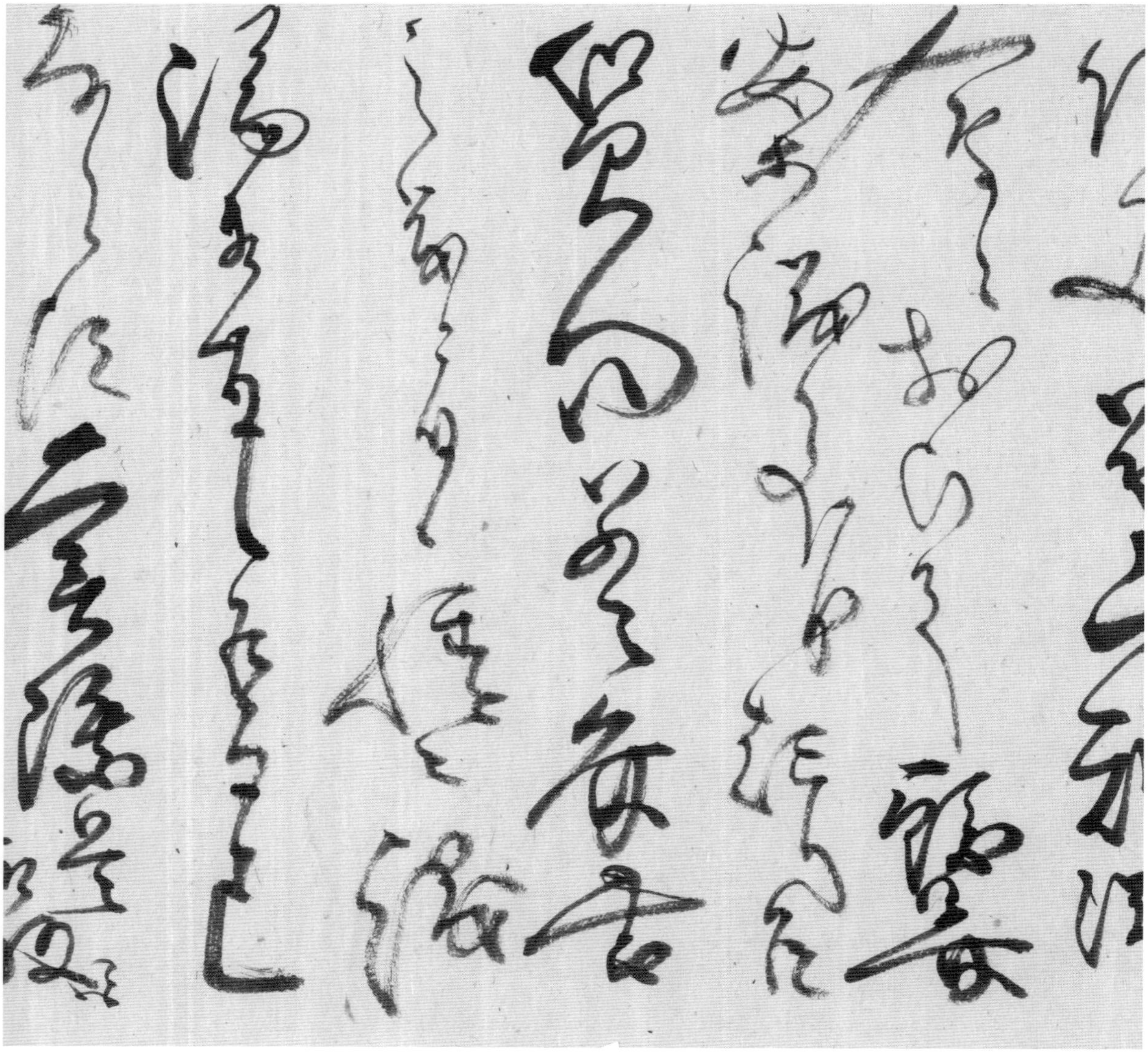

会(會)ニおひて予(豫)算
案議事ヨリ(ゟ)起り候
質問答弁書
之義ニ付　種々議
論相生し候而已

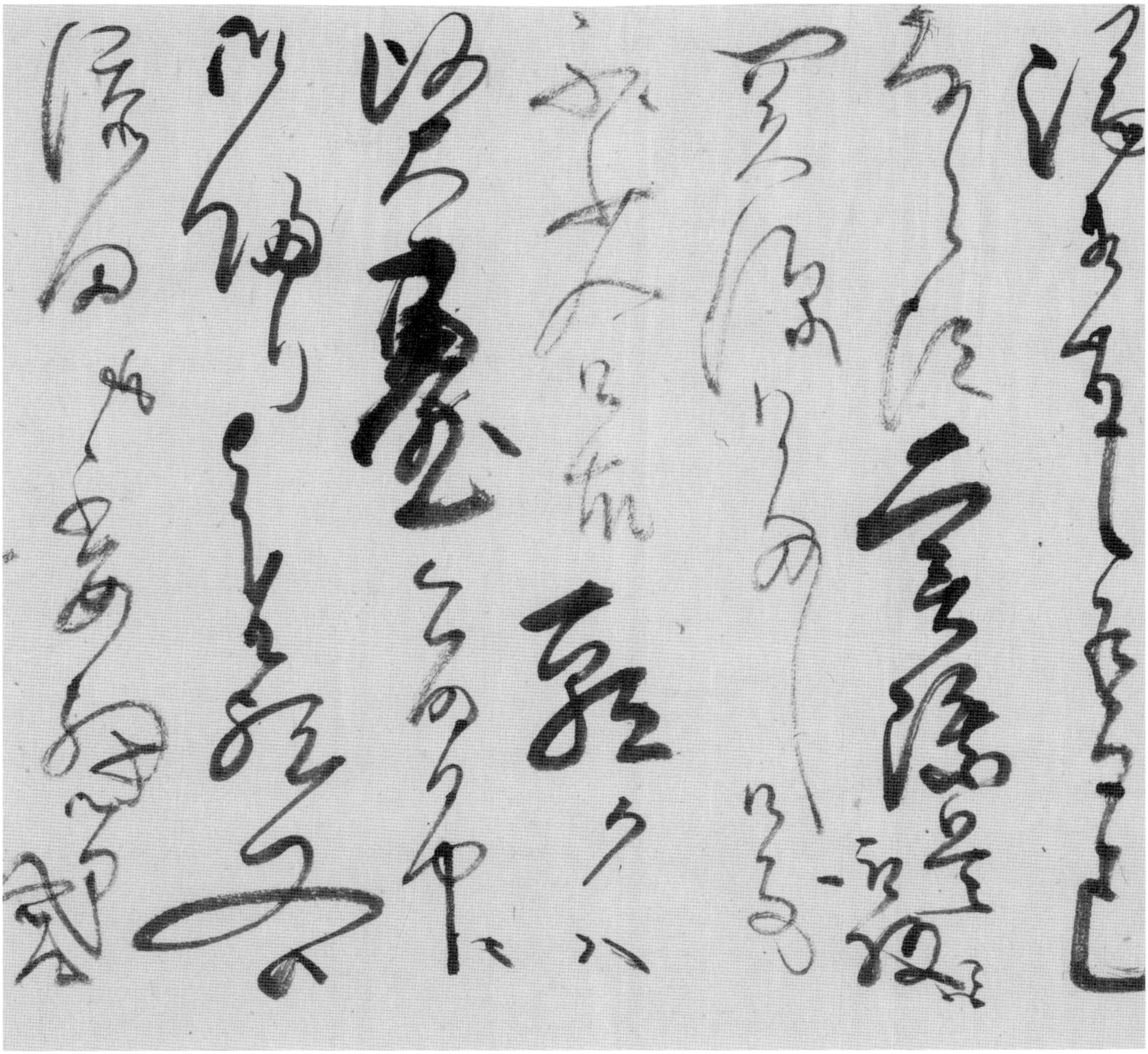

ならす　実際上之取扱ニも
関係いたし候事
不少候故　願クハ
賢臺今明日中ニ
御帰(歸)り被下候歟　又ハ

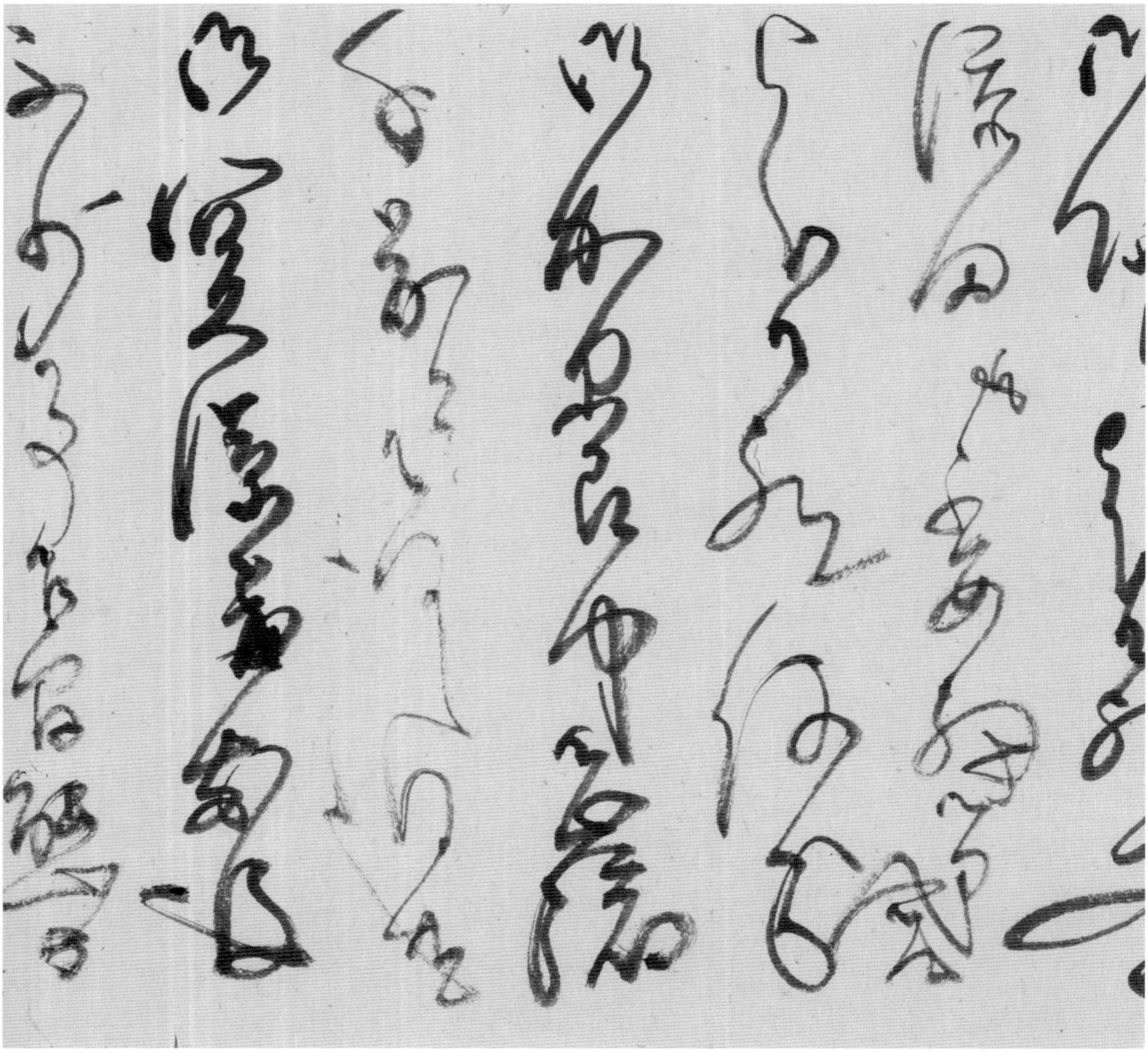

添田え委細御申合
被下候歟　何分
御加養中　恐縮
千万（萬）ニ奉存候得共
御関係も前後

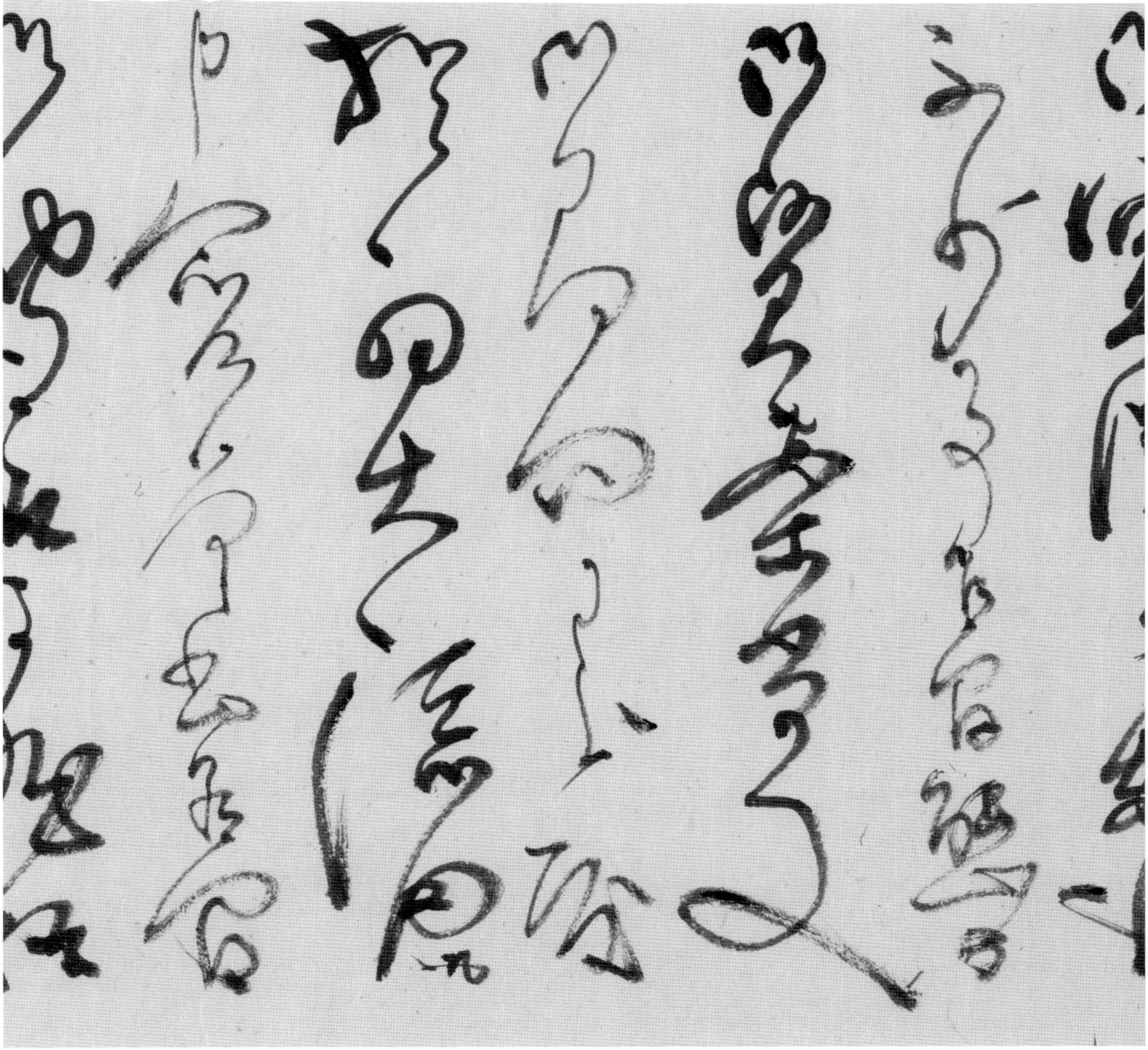

不少事候間　態と
御賢案　尚又
御尋問被下度
猶細大添田え
申含差出候間

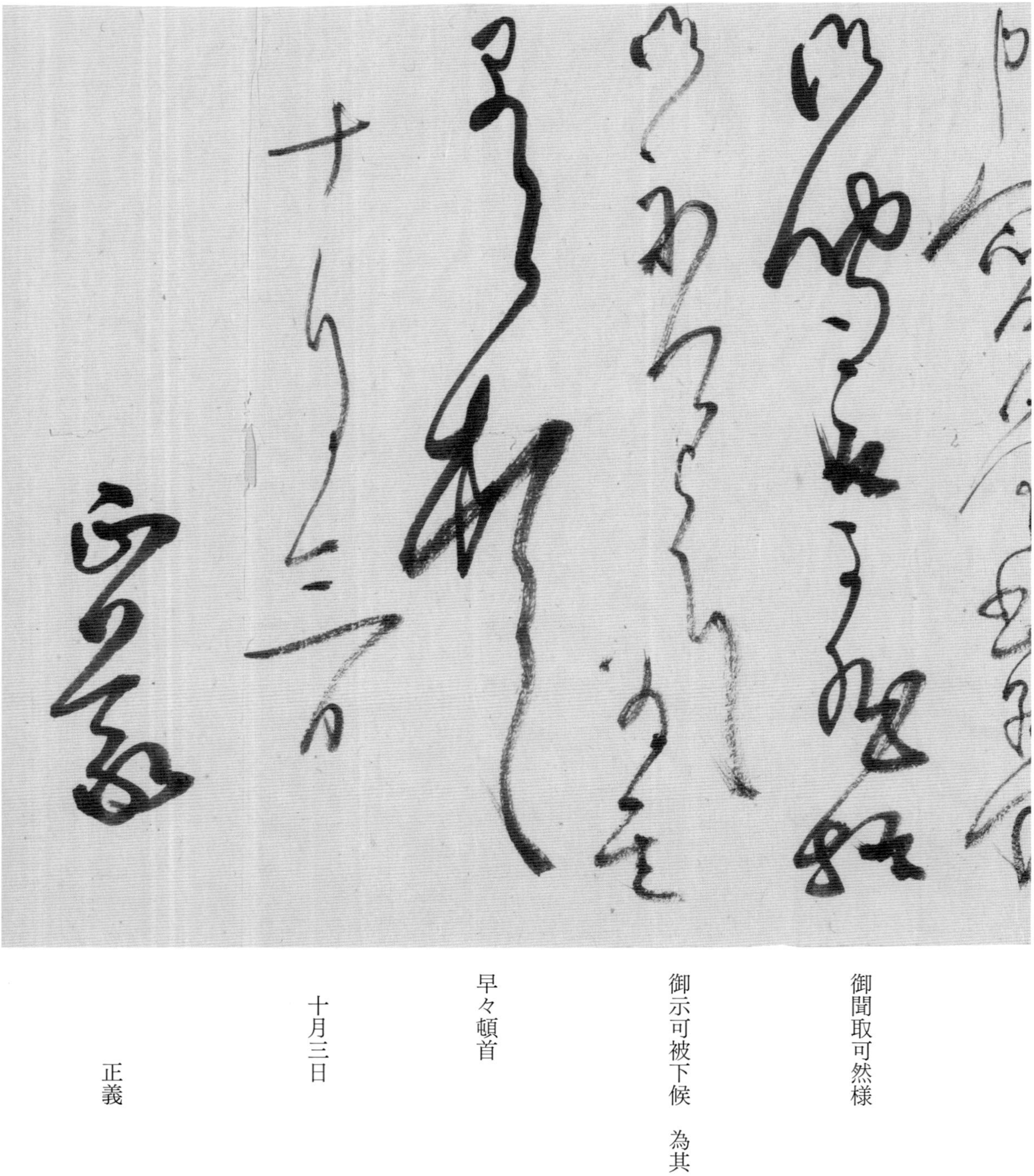

御聞取可然様
御示可被下候　為其
早々頓首
十月三日
正義

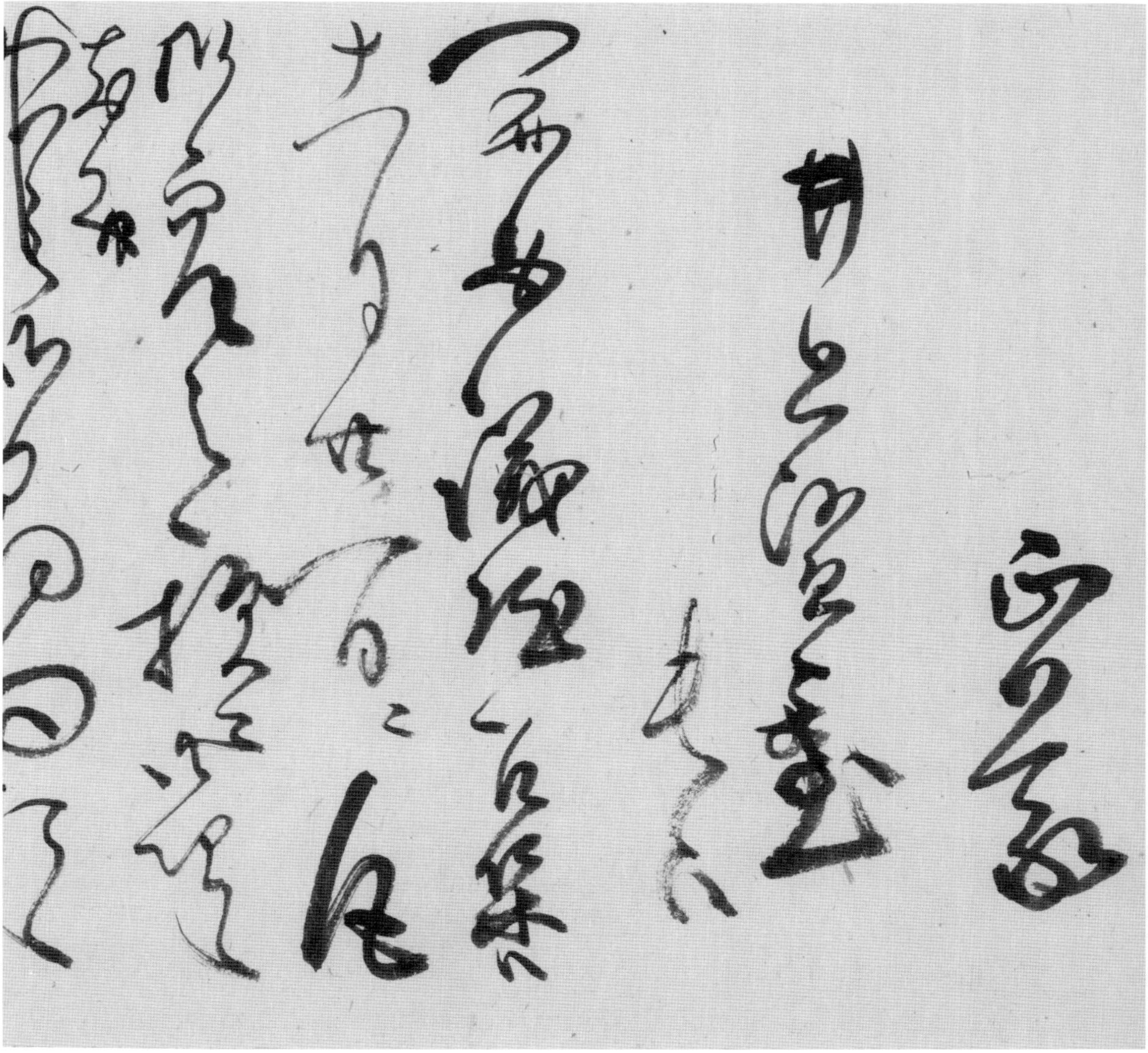

井上賢臺

貴下

再白　議院召集ハ

十一月廿一日ニ凡

御究之様ニ御座候

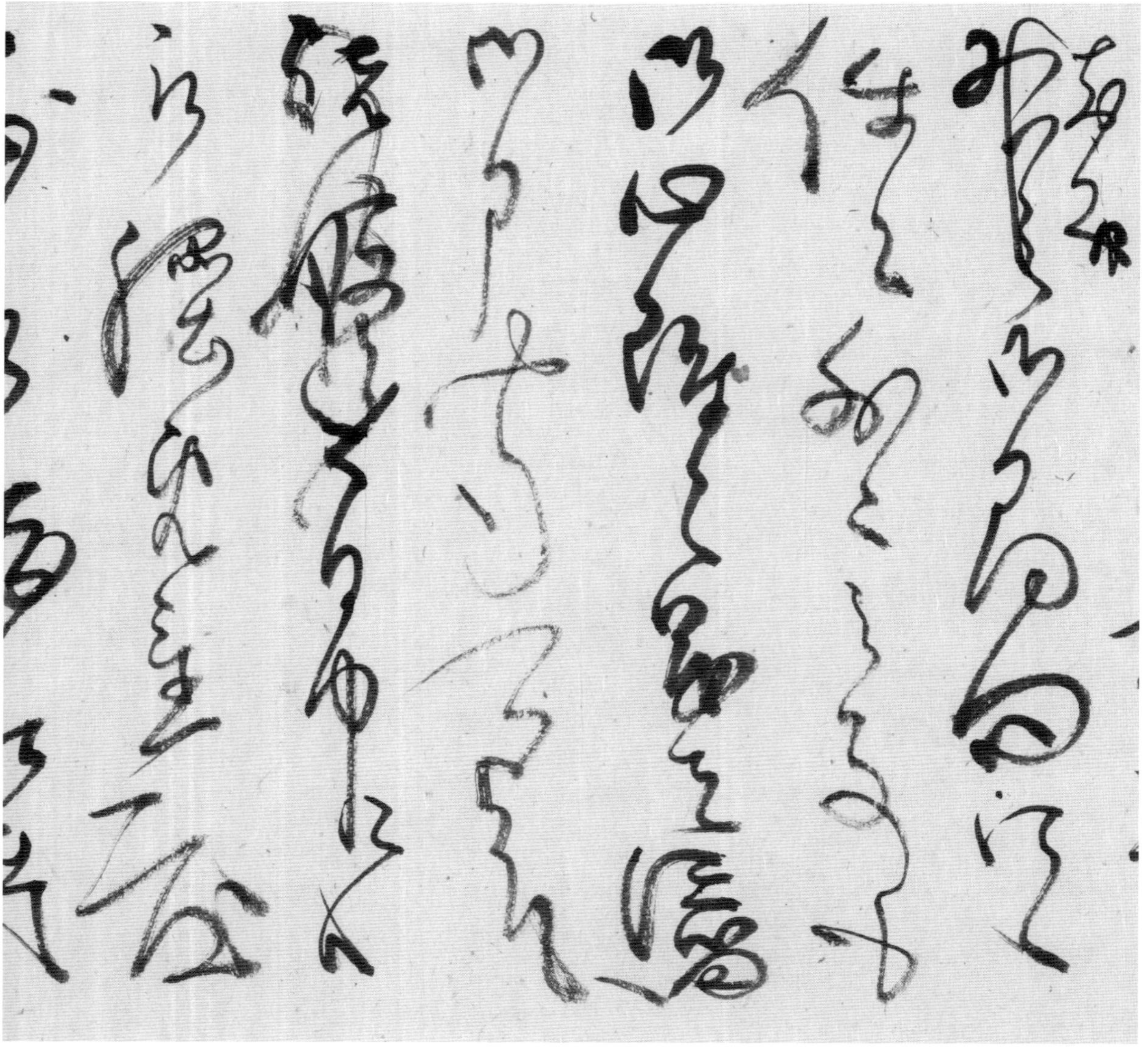

前文御尋問仕候
件々外々之事も
御心附之義は　添田へ
御申聞可被下候
諸般近日中ニハ
取纏め置度

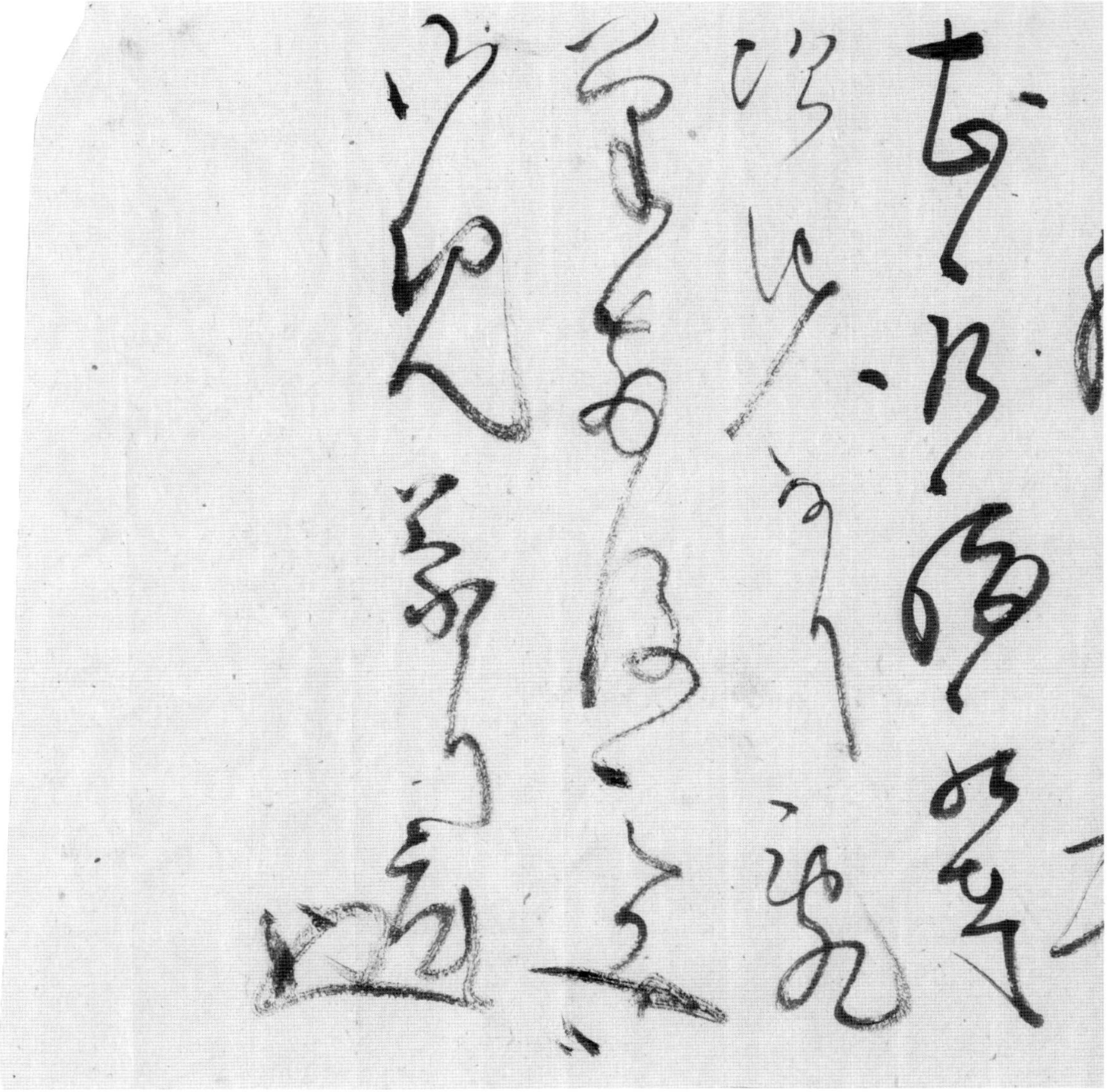

甚取紛罷在候
次第なり　乱
筆前後之文ハ
御免蒙り度候也

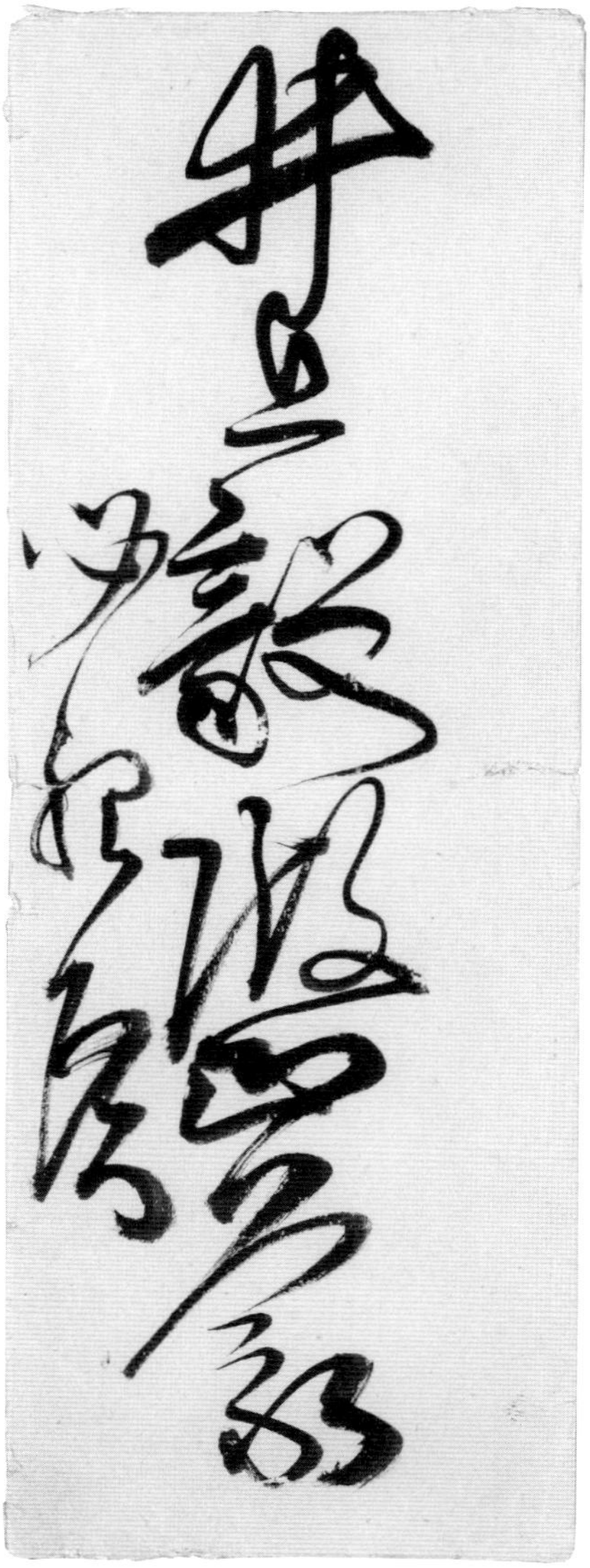

（封筒表）

井上毅殿　正義

必親展

（封筒裏）

緘

【解題】 明治二十三年（一八九〇）十一月二十九日、記念すべき第一議会に臨んだ山縣有朋内閣は、「民力休養」を求める民党の激しい攻撃に晒された。多額の国防充実費を含んだ政府予算案は、民党議員が過半数を占めた予算委員会で八百八十八万円もの大幅な削減を余儀なくされた。政府は帝国憲法第六十七条（憲法上ノ大権ニ基ツケル規定ノ歳出及法律ノ結果ニ由リ又ハ法律上政府ノ義務ニ属スル歳出ハ政府ノ同意ナクシテ帝国議会之ヲ廃除又ハ削減スルコトヲ得ス）を盾にこれに対抗し、第一議会は大紛糾に陥る。政府は国内外への配慮から産声を上げたばかりの議会を解散することができず、結局、「黄白」による土佐派の切り崩しによって、なんとか予算を成立させた。しかし当初の政府案からは六百三十一万円もの削減を余儀なくされることになる。明治二十四年四月九日、疲労困憊した山縣は辞意を内奏した。しかし後継首班の決定は容易には進まなかった。山縣から推薦された伊藤博文は就任を固辞する。第一議会の混乱ぶりを目の当たりにし、伊藤のみならず誰もが組閣を忌避していた。結局「元勲級」の人物から首相を選出することを得ず、松方正義に大命が降下したときには、すでに五月六日になっていた。そのうえ、新内閣の組閣早々十一日には、来日中のロシア帝国皇太子遭難事件（大津事件）が勃発、外務大臣青木周蔵《しゅうぞう》・内務大臣西郷従道《じゅうどう》・陸軍大臣大山巖《いわお》・司法大臣山田顯義・文部大臣芳川顕正が相次いで辞任する事態に発展する。内閣はますます弱体化してしまったのである。さて、井上は山縣内閣に引き続き法制局長官に留任、初代伊藤内閣以来四内閣連続で政府を支えることになる。小粒で権威に乏しい「子爵内閣」にとって、井上の存在は自然に大きなものになっていた。第二議会を控え、松方も井上の貢献に期待していた。本書翰は来る第二議会に備え、井上の献策を求めたものである。本書翰にもあるように、第二議会においても、第一議会で紛糾を極めた予算問題が院議の中心になると考えられていた。「財政家」松方にとって「予算案議事」は最大の関心事だった。

〔高杉洋平〕

四四、議会対策に関する松方正義書翰

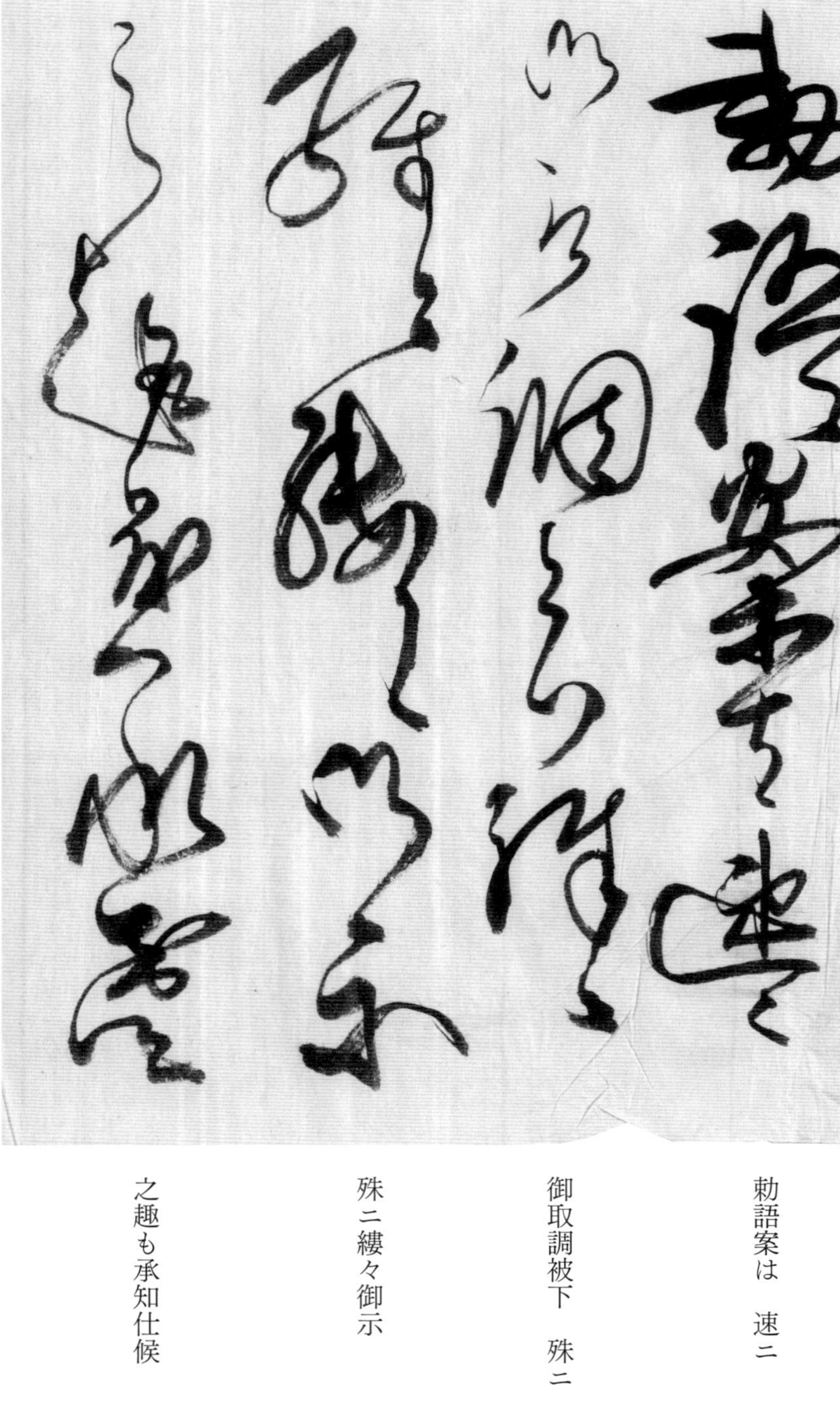

文書番号　II－九八
発信者　松方正義（内閣総理大臣）
受信者　井上毅（枢密顧問官）
発信月日　明治二十四年十月四日
寸　法　一八・二糎＊八二・〇糎

勅語案は　速ニ
御取調被下　殊ニ
殊ニ縷々御示
之趣も承知仕候

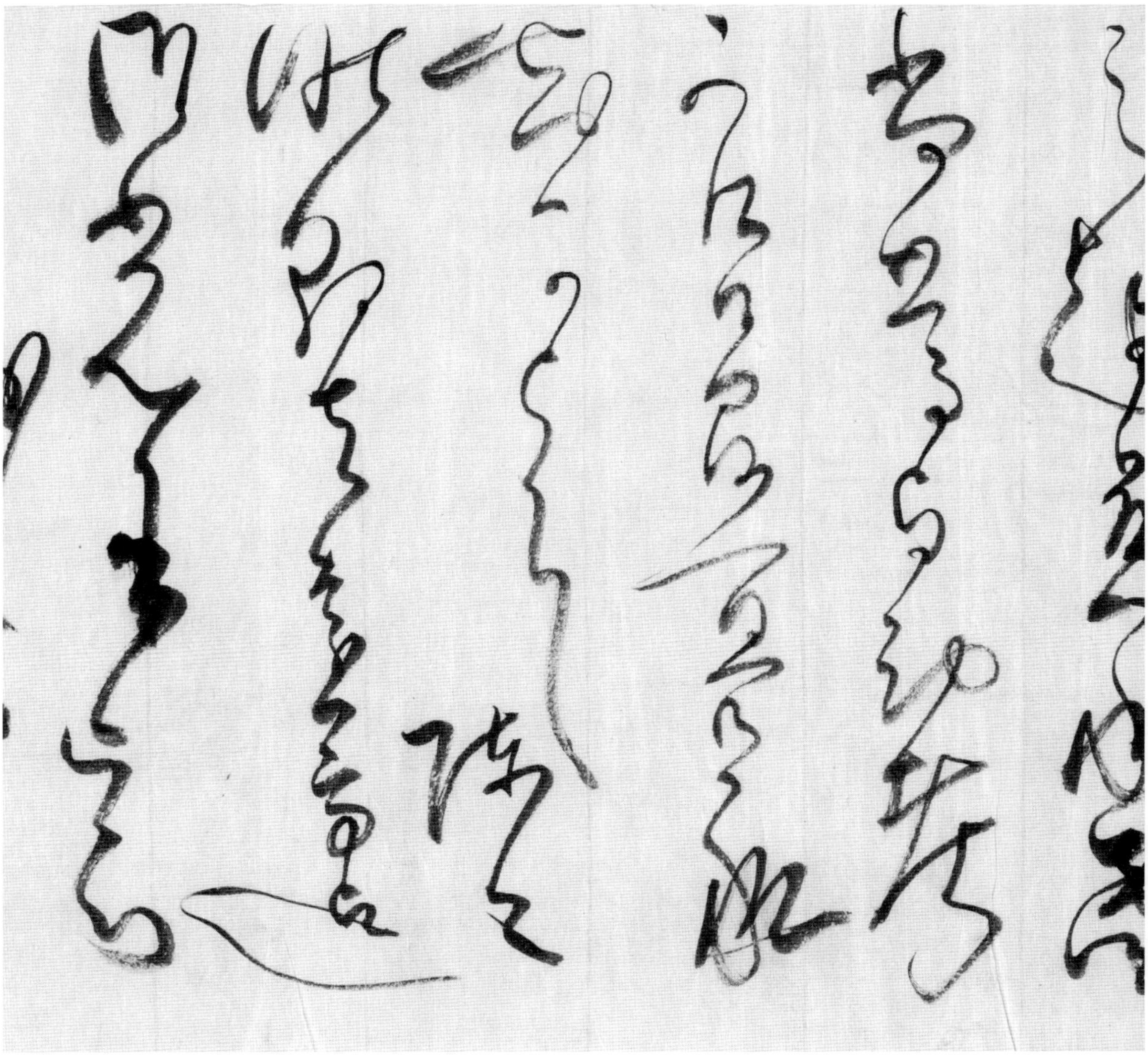

尚篤と勘考

可仕候間　宜御承

知可被下候　陳者

昨朝は遠方迄

御光来被下

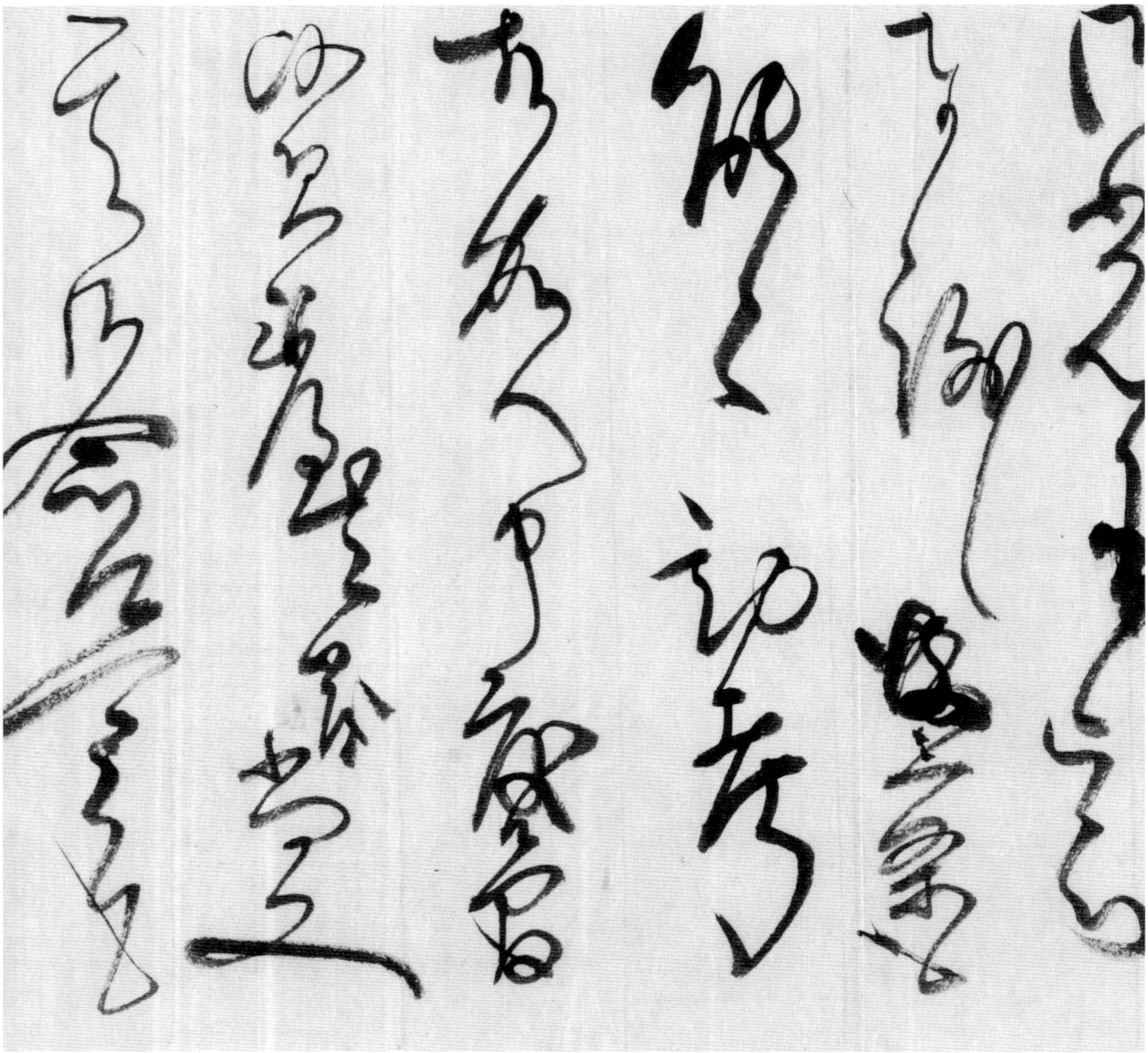

奉謝候　彼一条も
能々勘考
相加へ申度候間
賢臺ニも尚又

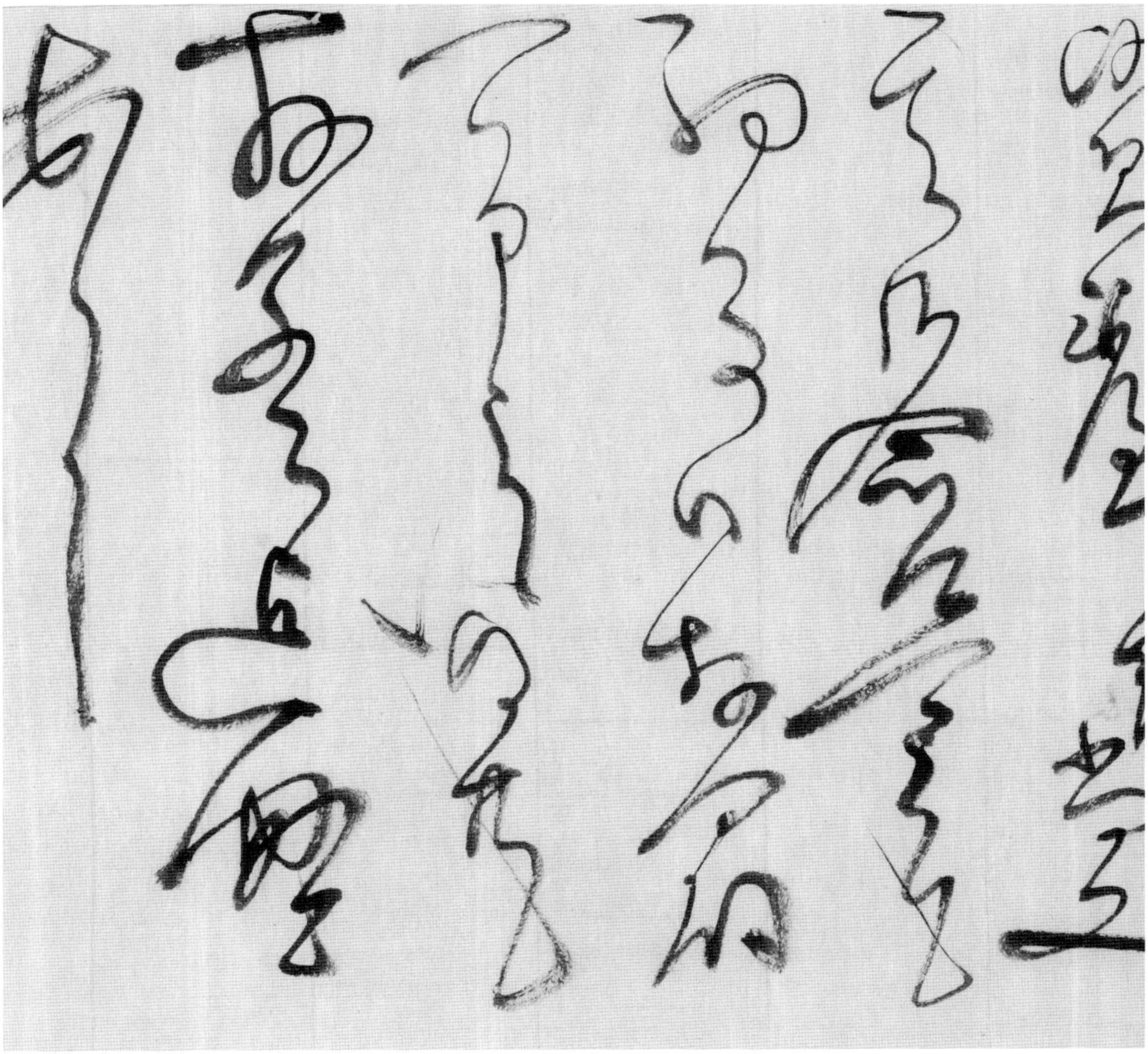

其御含可被下候
細事ハ拝眉
可申上候得共
拝答迄　匆々

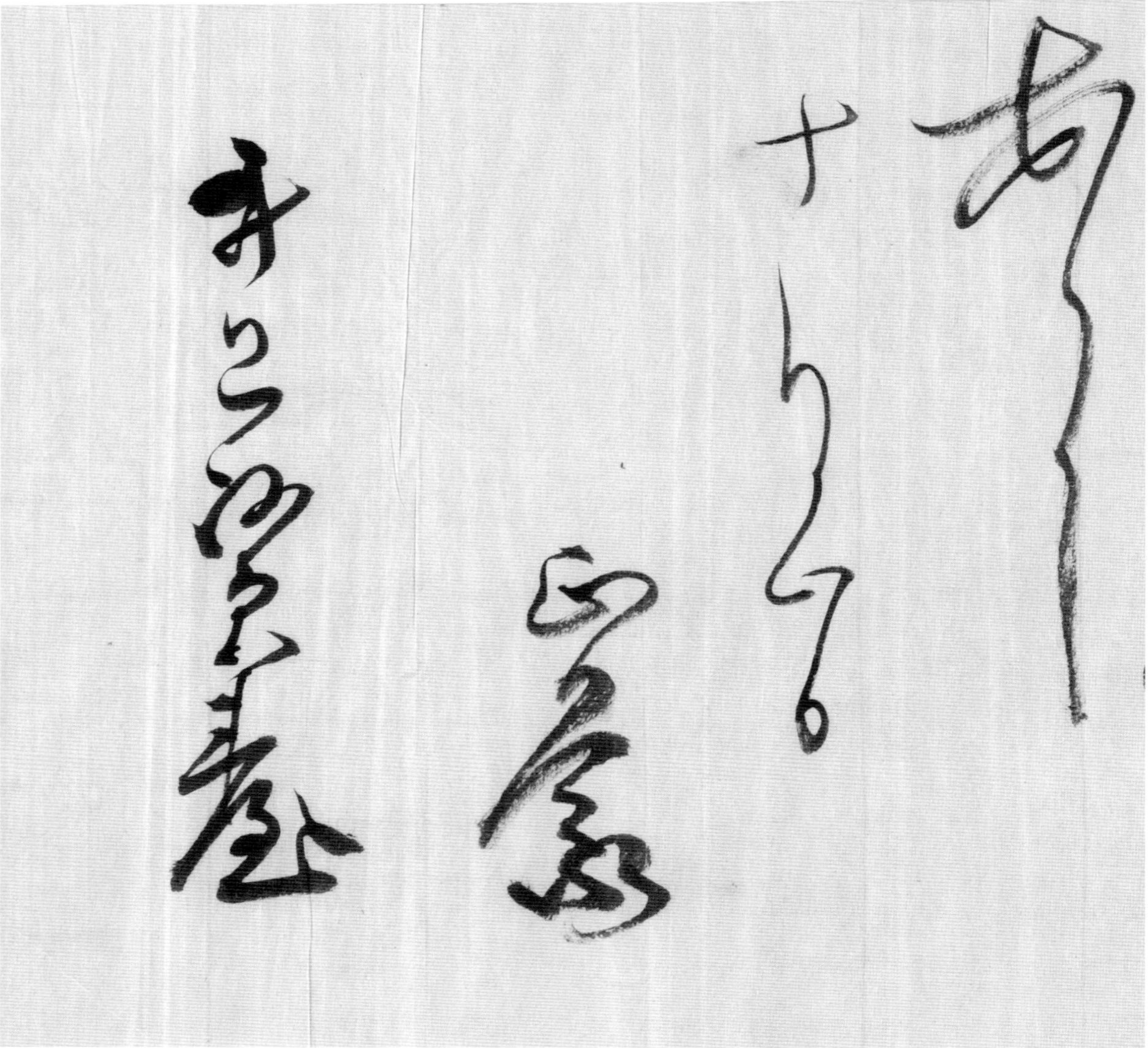

頓首

十月四日

正義

井上賢臺

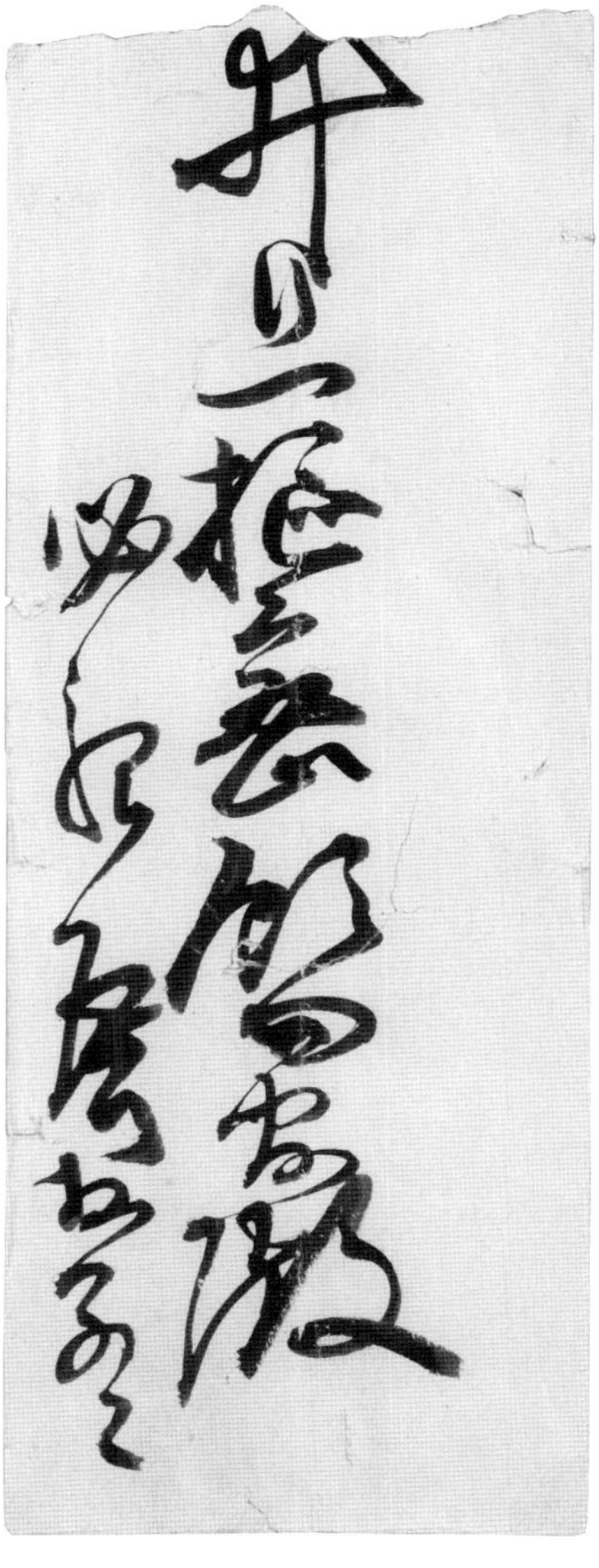

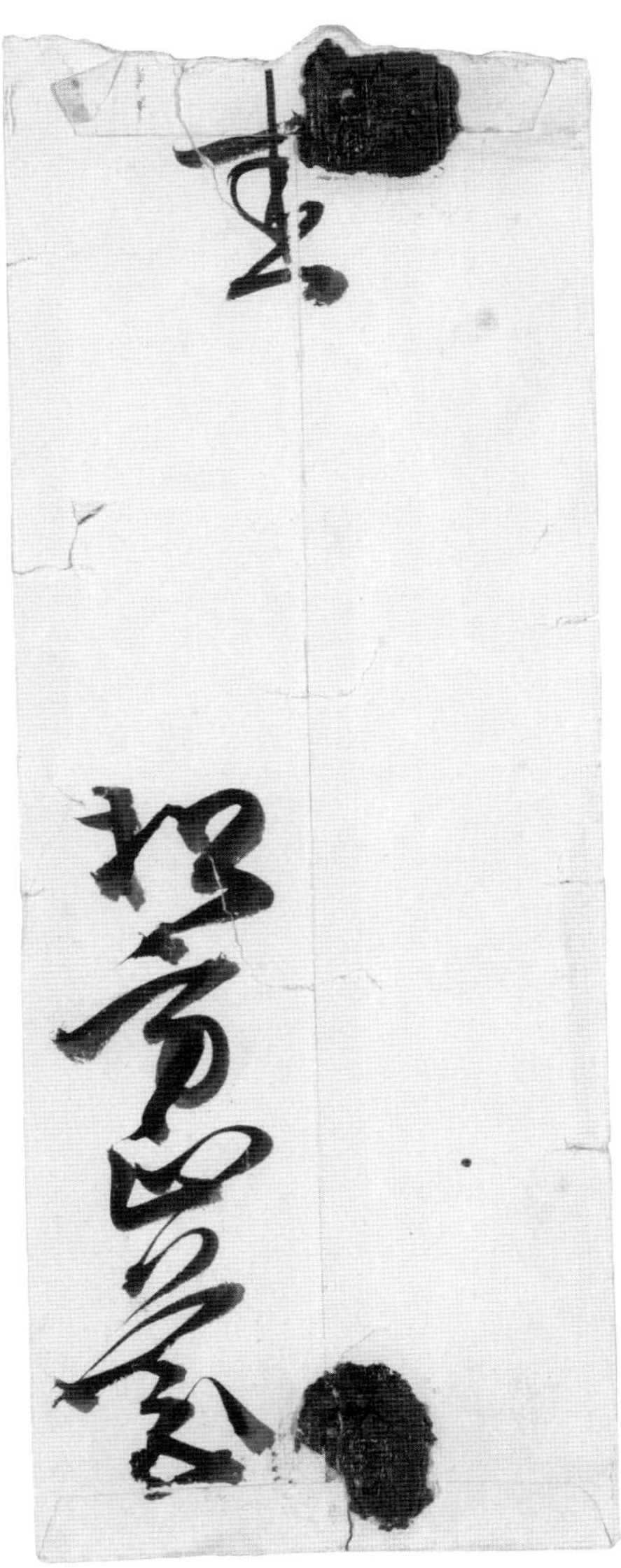

（封筒表）

井上枢（樞）密顧問官殿

必親展　拝答

（封筒裏）

封

松方正義

【解題】 第二議会に先立つ明治二十四年（一八九一）七月頃、松方首相は議会対策について井上に下問し、これに対して井上は意見書を上程している。同意見書によれば、井上は、第一議会において、政府が民党に対して「可成的沉着穏和」の態度をもって臨んだことを、「憲法実施ノ初ニ当リ不祥ナル争擾ヲ避ル為ニ当然ノ処置ト謂フヘキ」と一応肯定している。しかし同時に、「第二期以下ノ議会ニ於テハ政府ハ専ラ進為ノ気象ヲ示シ底蘊ヲ吐露シ政府ノ責任ト体面トヲ全クシ且先ンシテ人ヲ制セザルヘカラス」とする。特に予算問題に関しては、いたずらな妥協を排し、「全力ヲ用ヰ」て政府原案を承認させることが必要であると考えていた。したがって、民党の批判の前に妥協を重ね、当初案より六百三十一万円もの削減を余儀なくされた前内閣の議会対策には批判的であった。井上によれば、政府案はすでに「十分ノ改正節減ト精確ヲ加ヘタル」ものであるから、「憲法六十七条ノ費目ニ於テハ一定シテ動カサヽルノ決意」が必要であり、「其決意ヲ委員会ノ第一日ニ於テ大蔵大臣ヨリ表明」することが必要だとする。そして「各大臣ハ総テ其ノ当務ノ予算ヲ説明スル為ニ自ラ委員会ニ出席シ各差出スル所ノ政府委員ト倶ニ議会ニ当ルコトヲ怠ラサルヘシ」、「予算及ソノ他ノ議案ニ於テハ政府ハ其ノ熱心ヲ公衆ニ表明セザルヘカラス」という。「予算ハ掛値ナキヲ要するのである（「第二議会対策意見」『井上毅伝』史料篇第二）。その「正攻法」の議会対策には、明治立憲政体のプランナーたる井上の面目が躍如する。だが井上の理想論が、現実政治の上でどれほどの効力を持ちうるかはまた別問題である。果たして第二議会が開催されると、政府は民党の反対の前に再び予算問題で行き詰る。この事態に、井上は再び「正攻法」での突破を主張する。議会解散である。「政府若断然最後手段ニ出ざれハ、民党之目的たる予算不成立ニ落候而、［中略］故ニ此際何等之名義ニ拘らず解散ヲ行ヒ、然後政府ハ死地ニ入而非常之政策ヲ施ス之外、他ニ転策あるへきに非ス」（十二月二十日付伊藤宛井上書翰『井上毅伝』史料篇第四）。帝国議会は第二回にして最初の解散総選挙へと突き進むことになるのである。

【髙杉洋平】

四五、議会対策に関する伊藤博文書翰

文書番号　Ⅱ－一九九
発信者　伊藤博文（枢密院議長）
受信者　井上毅（枢密顧問官）
発信月日　明治二十四年十二月二日
寸　法　一八・二糎＊一六一・五糎

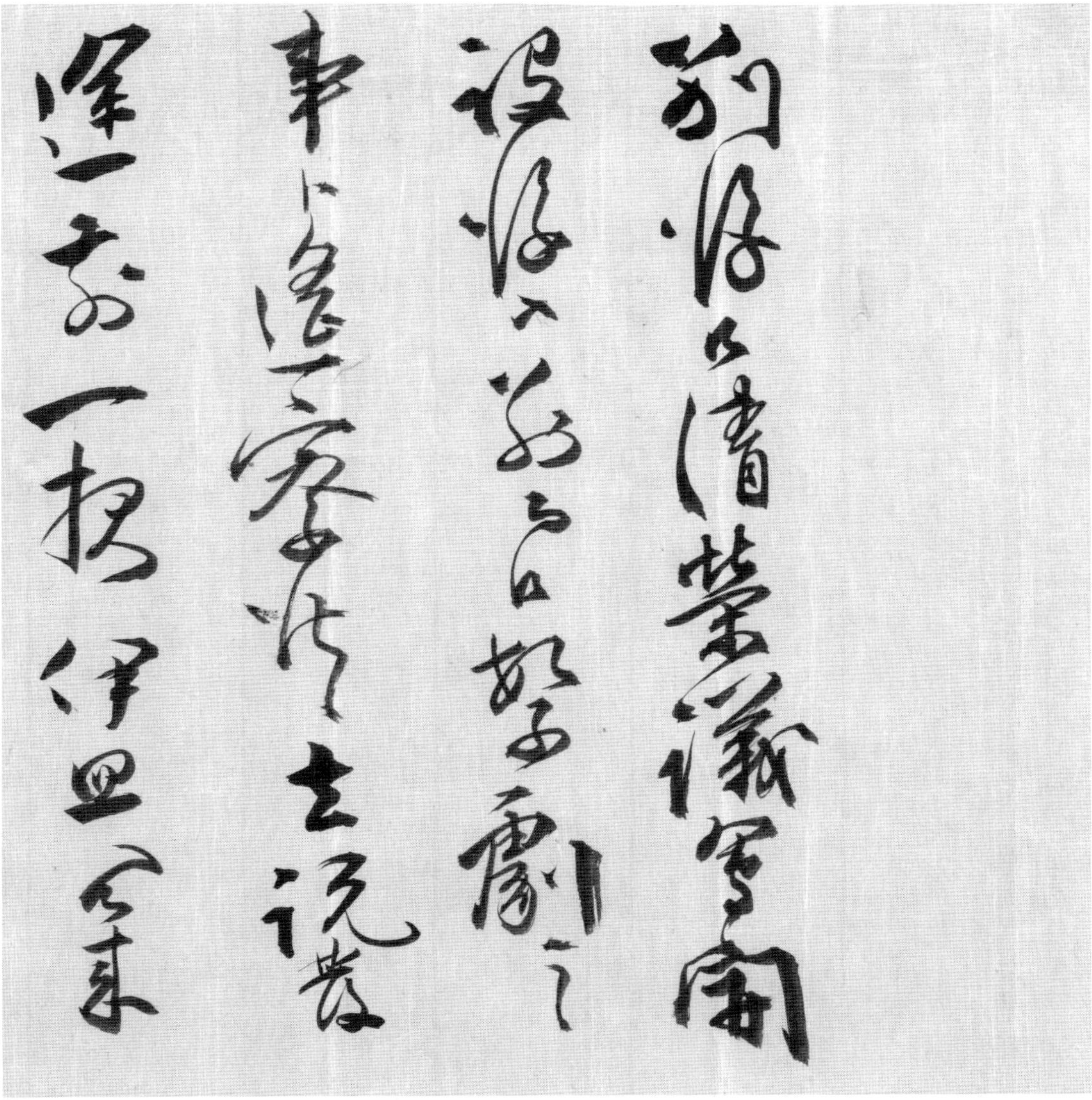

別後御清栄（榮）　議会（會）開
設後ハ別て御繁劇之
事ト遙察仕候　却説発（發）
途前一夜伊皿へ御来

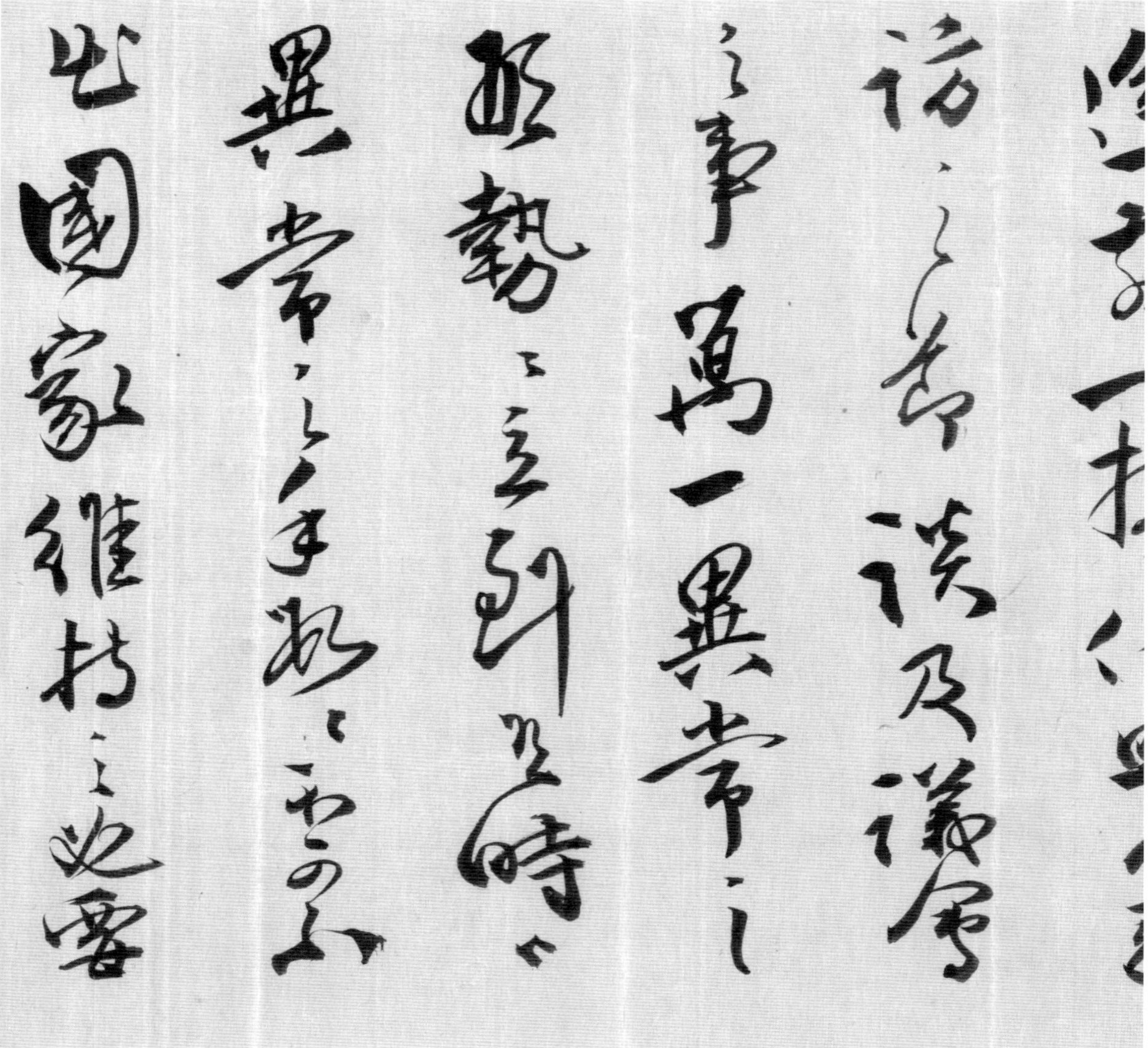

訪之節談及議会（會）
之事　万（萬）一異常之
形勢ニ立到候時ハ
異常之手段ニ不可不
出　国（國）家維持之必要

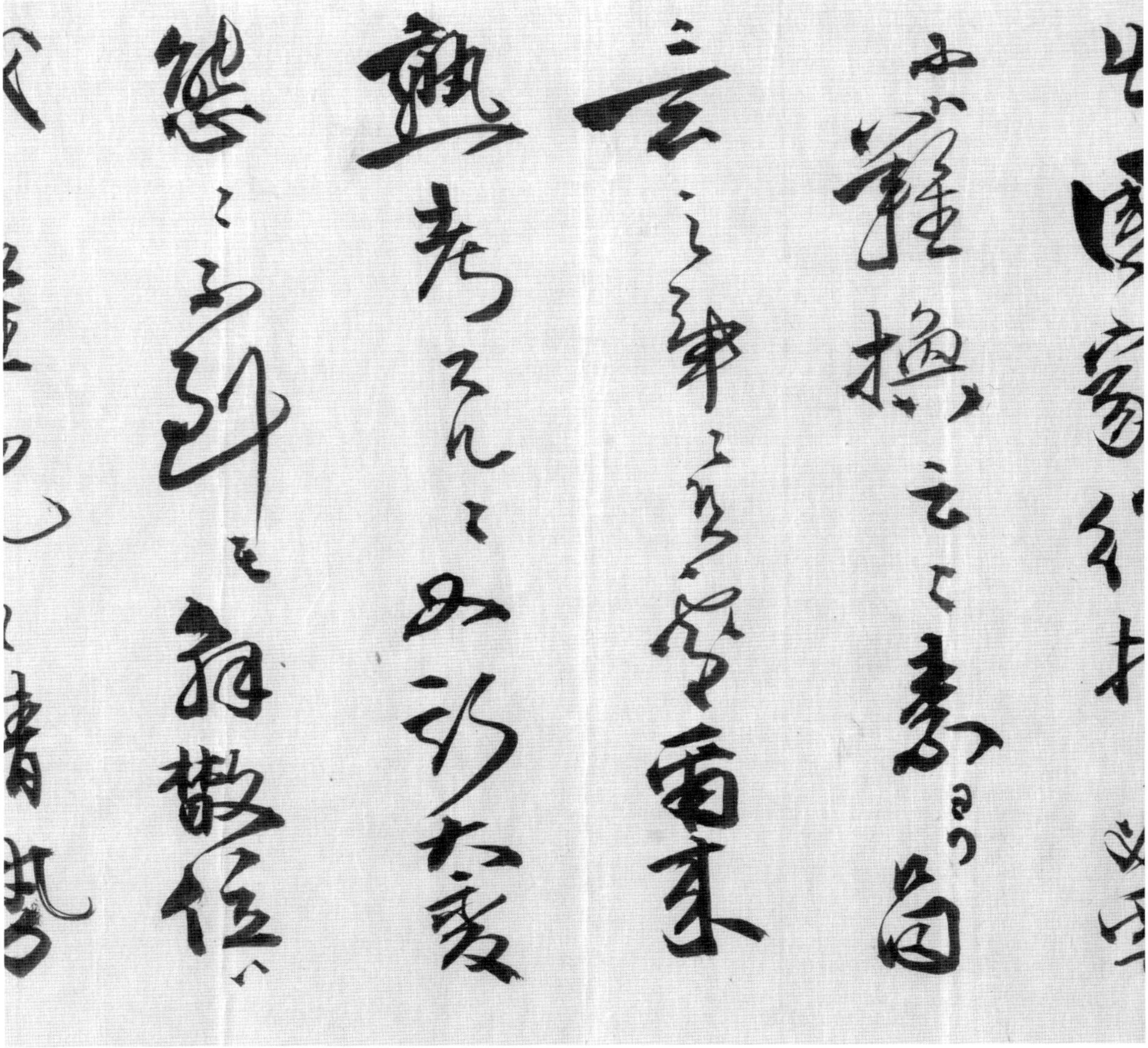

にハ難換云々　素ヨリ御同

意之事ニ候処（處）　爾来

熟考スルニ　如此大変

態ニ不到モ　解散（散）位ハ

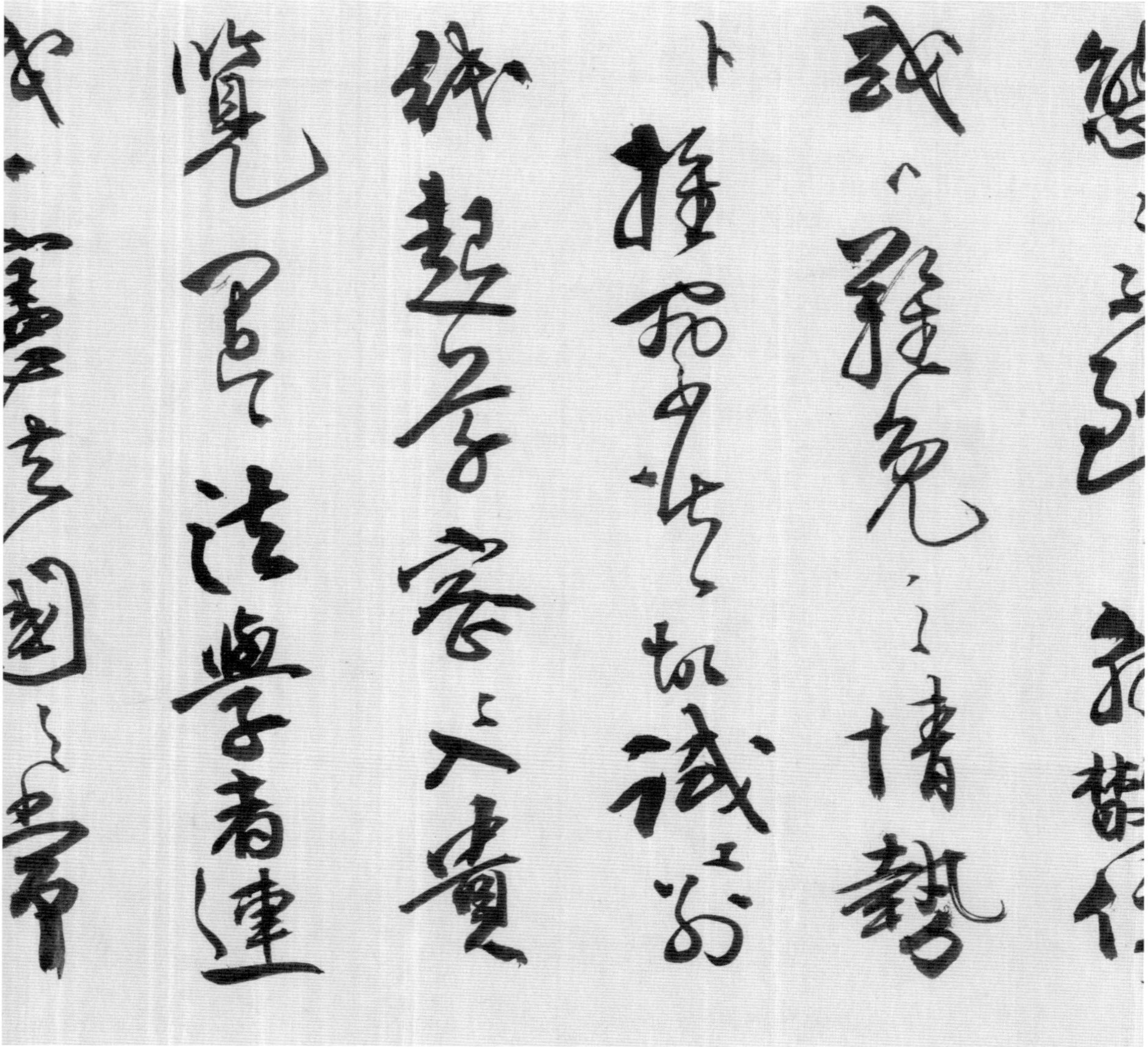

或ハ難免之情勢
ト推察仕候故　試ニ別
紙起草密ニ入貴
覧置候　法学（學）者連

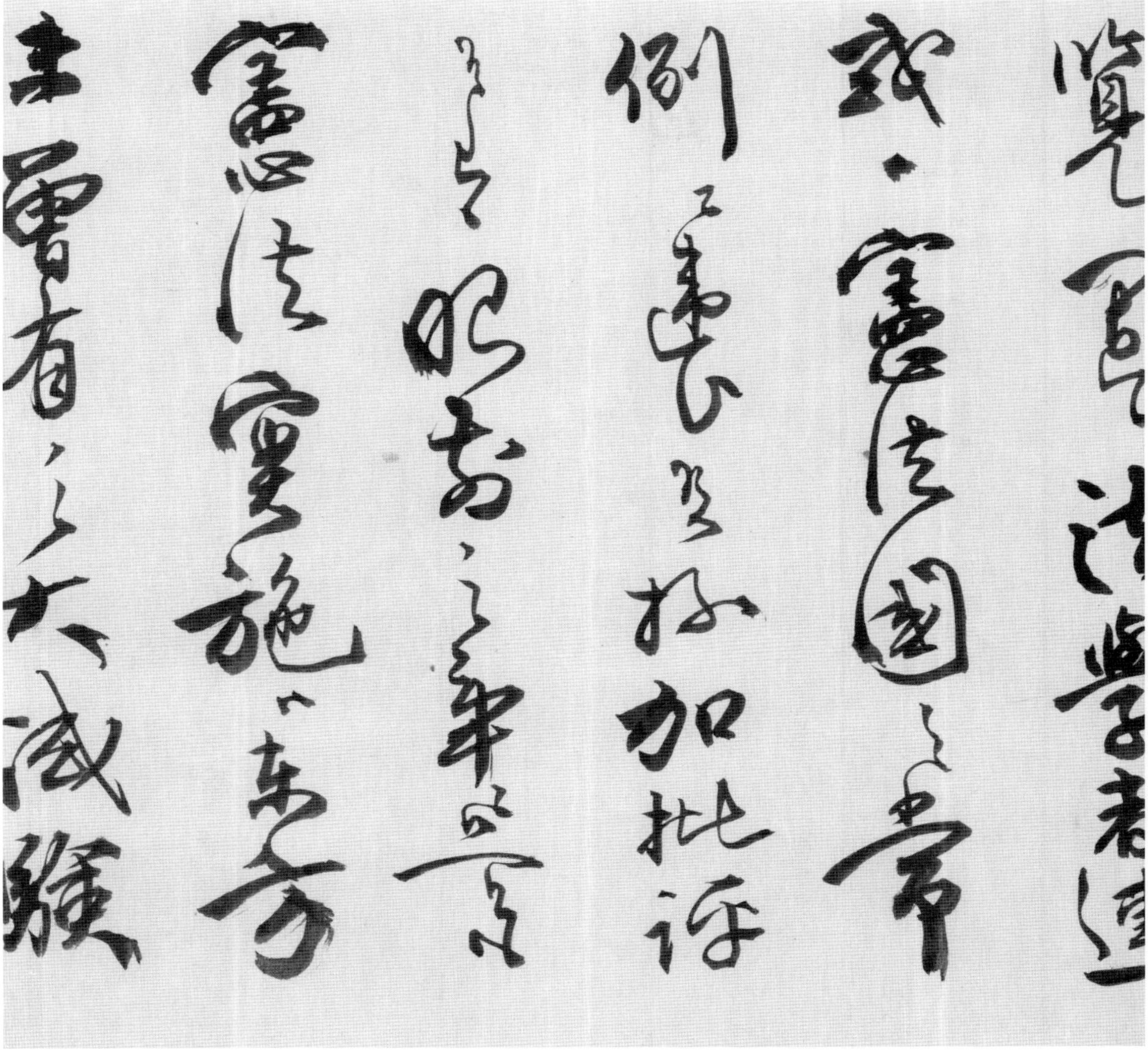

或ハ憲法国（國）之常
例ニ違ヒ候抔加批評
候は　眼前之事に候へとも
憲法実施ハ東方

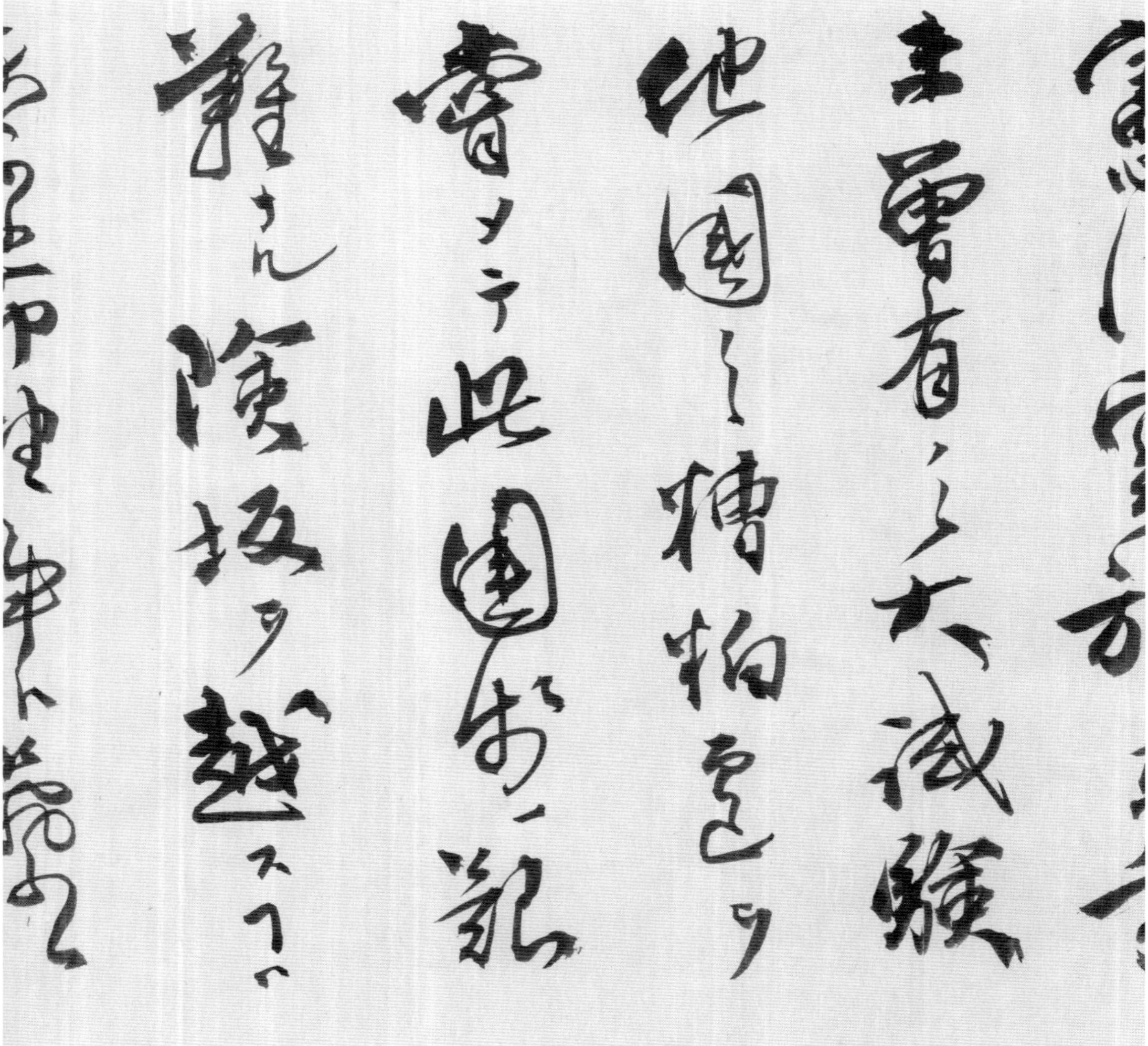

未曾《(曽)》有之大試験
他国《(國)》ノ糟粕而已ヲ
嘗メテ此国《(國)》歩ノ艱
難ナル険坂ヲ越スコト《(ヿ)》ハ

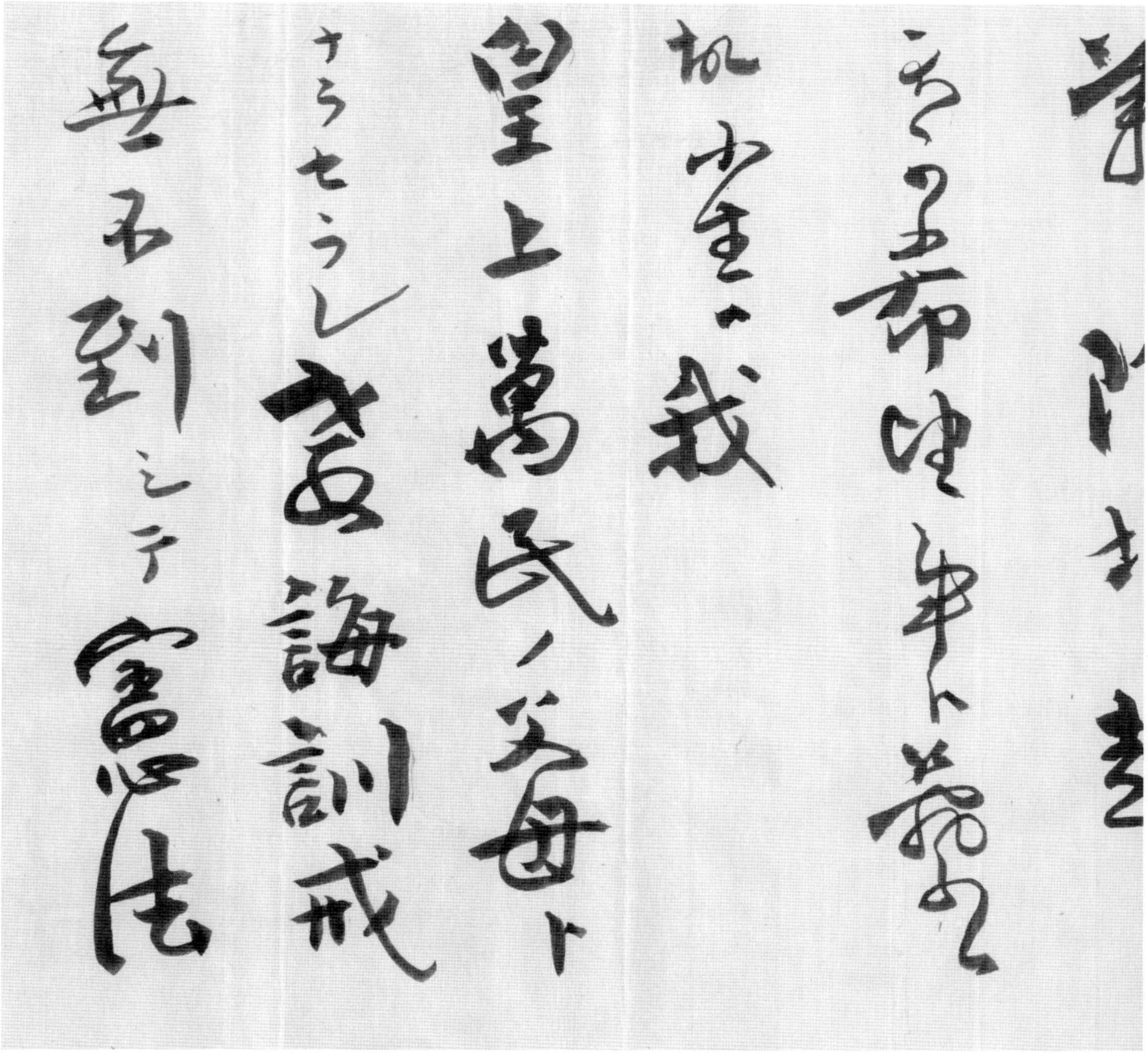

不可希望事ト被察候
故　小生ハ我
皇上万（萬）民ノ父母ト
ナラセラレ　教誨訓戒
無不到シテ憲法

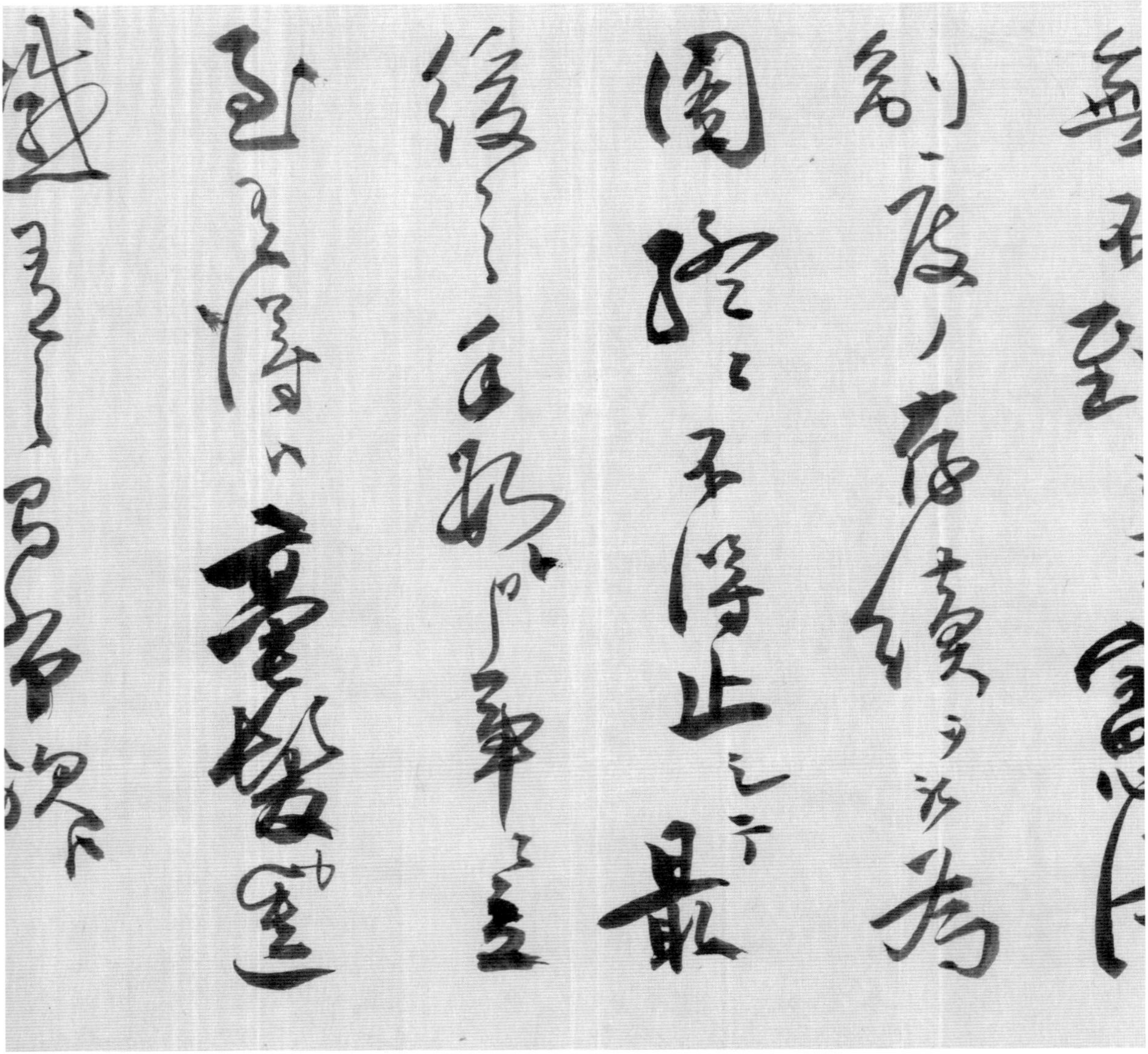

制度ノ存続（續）ヲ被為
図（圖）　終ニ不得止シテ最
後ノ手段ト申事ニ立
至候得ハ　毫髪も遺

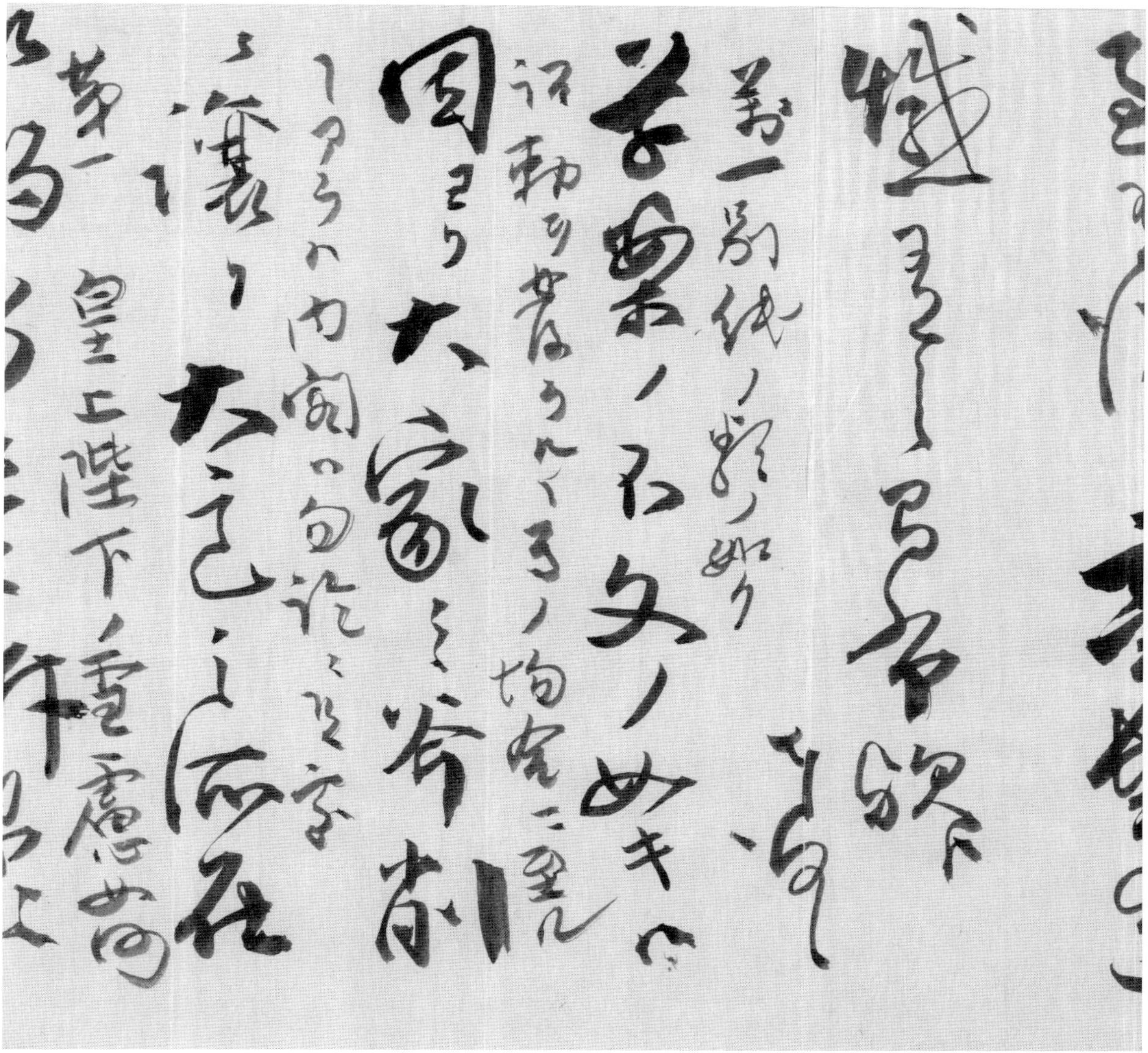

憾有之間布歟ト
　奉存候
万(萬)一別紙ノ類ノ如ク
草案ノ不文ノ如キハ
詔勅ヲ発(發)ラル、等ノ場合ニ至ル
固ヨリ大家之斧削
コ(ヿ)トアラハ　内閣ハ勿論ニ候処(處)
ニ譲り大意ノ所在
第一　皇上陛下ノ聖慮如何

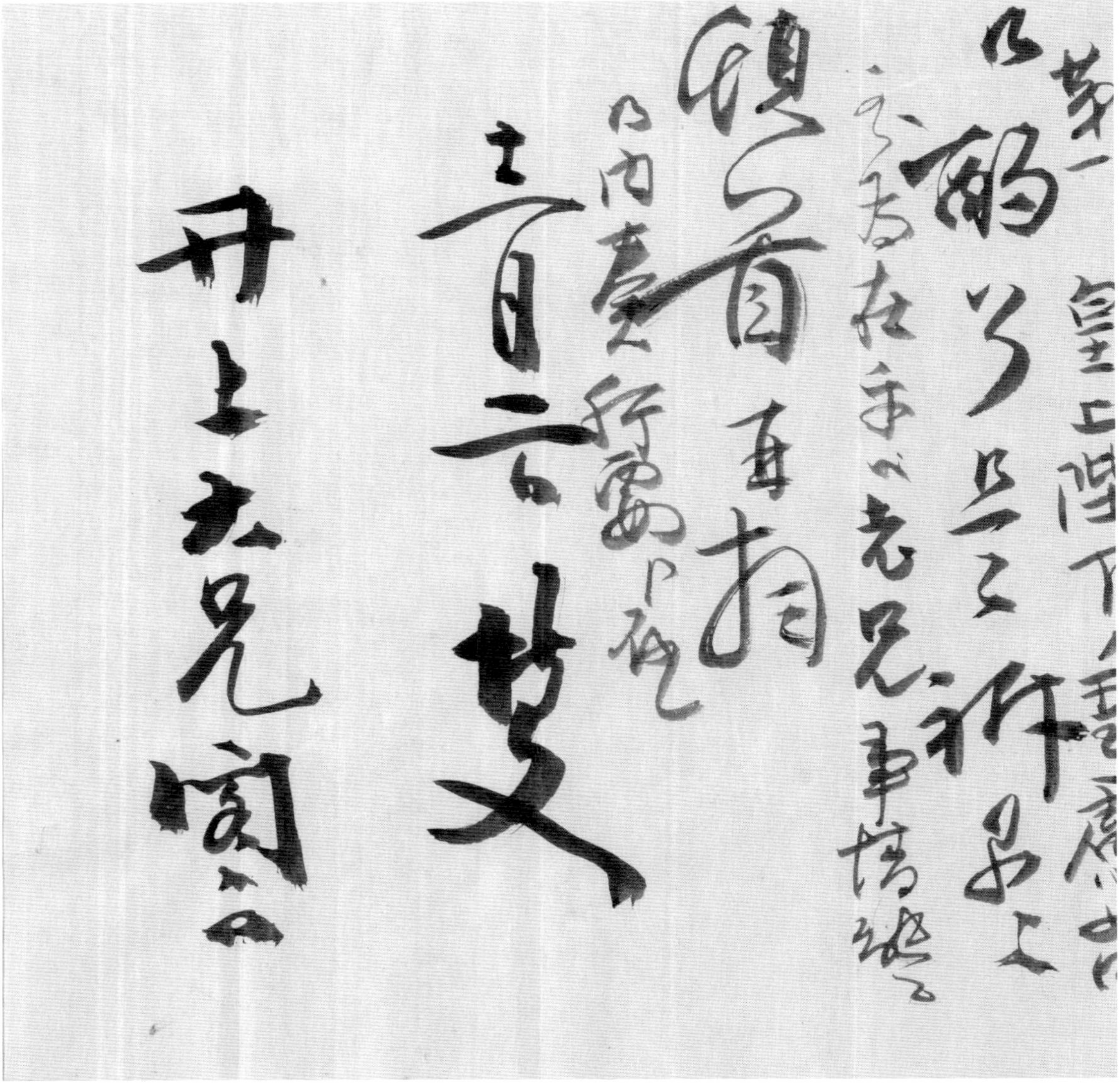

御酌了是祈　早々

可被為在乎ハ　老兄事情能々

頓首再拝

御内奏肝要ト存候

十二月二日　博文

井上大兄閣下

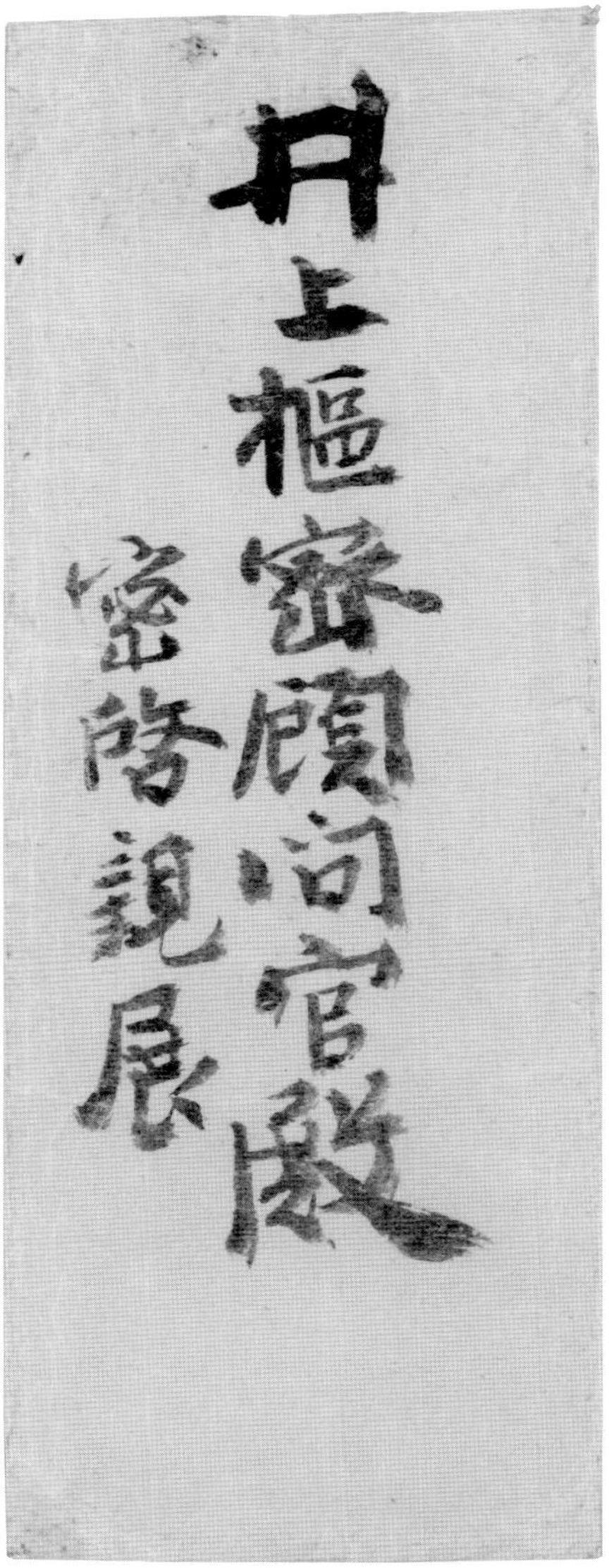

（封筒表）

井上枢（樞）密顧問官殿

密啓親展

（封筒裏）

緘　伊藤議長

【解題】 民党との衝突によって再び停滞した第二議会を、伊藤博文は苦々しい思いで眺めていた。伊藤は政府の無策を非難するとともに、政権攻撃を繰返す民党勢力に対して警戒心を露わにした。今のままでは「政党騎虎の勢は一層激烈の熱度を加へ、［中略］地方の民心は知らず識らず其の勢力に誑惑し去られ、憲法政治なるものは独り政党競争の勝敗に委し」、「我国家の命運をして危殆ならしむるなきを保し難し」。伊藤の民党勢力に対する反感は激しいものだった。「民心に害毒を吹込むものは、官海に志を得ざる不平の徒なり」とまで言い切っている（「御下問奉答の控」深谷博治『初期議会・条約改正』）。伊藤は民党勢力を牽制するため、議会解散と同時に国民を訓戒する詔勅を渙発《かんぱつ》することを画策する。「詔勅政策」である。本書翰は伊藤が自身の「詔勅政策」に関して井上の意見を徴したものである。しかし本書翰で伊藤自身が「憲法国之常例ニ違ヒ候抔加批評候は眼前之事に候」と認めたように、宮中を政争の渦中に巻き込みかねない「詔勅政策」には大きな危険性もともなった。だが伊藤にとっては、「憲法制度」が運用面において現に破綻に陥りつつあることのほうが、遙かに重大な問題であった。「憲法制度ノ存続ヲ被為図、終ニ不得止シテ最後ノ手段ト申事ニ立至候得ハ、毫髪も遺憾有之間布歟ト奉存候」。しかし伊藤の「詔勅政策」に井上は、「不祥ノ命令ハ之ヲ宰相ニ委子慶類ノ事ハ国王自ラ之ヲ施行スルハ一般ノ通則ナリ」との英国王の言を引き、積極的賛意を示さなかった（十二月二十日付伊藤宛井上書翰『井上毅伝』史料篇第四）。井上の躊躇の裏には、宮中府中の別を乱すことへの懸念があったと思われる。結局、伊藤は「詔勅政策」を断念した。しかしやがて伊藤は、明治政府の誰もが夢想だにしなかった奇策に打って出ることになる。明治二十五年一月二十二日、政局の見通しに関する天皇の下問に対して伊藤は次のように内奏した。「今日ニ処スルノ途ヲ案スルニ、博文自ラ職ヲ辞シテ民間ニ下リ、大成会（第一議会以来ノ政府党）ヲ基礎トシテ、天皇主権ノ大義ヲ標榜スル一政党ヲ組織シ、自由民権主義ノ党派ヲ圧倒シテ内閣ヲ援クルノ外ナシ」（春畝公追頌会編『伊藤博文伝』中巻）。大日本帝国憲法施行と議会開設から僅か一年、明治立憲制樹立の最大の功労者は、「政党騎虎の勢」を目の当たりにして、早くも政党政治の渦中に飛び込むことを決意したのである。

【髙杉洋平】

四六、開院式勅語に関する徳大寺實則書翰

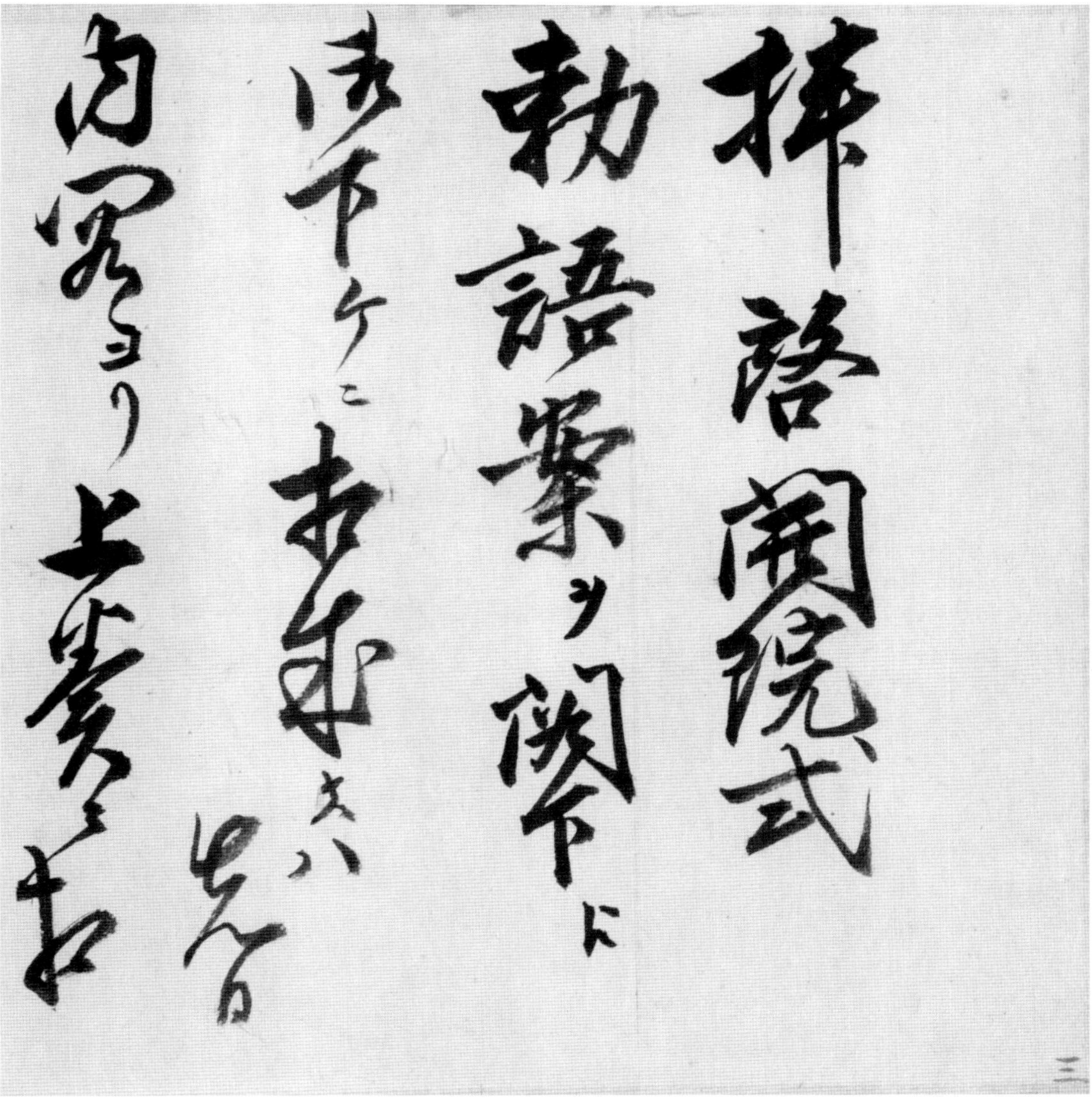

文書番号　Ⅱ-四八二-三
発信者　徳大寺實則（侍従長）
受信者　井上毅
　　（枢密顧問官・文事秘書官長）
発信月日　明治二十五年四月二十五日
寸　法　一八・四糎＊七八・五糎（巻子）

拝啓　開院式
勅語案ヲ閣下ゑ
御下ケニ相成候ハ　先日
内閣ヨリ上奏ニ相

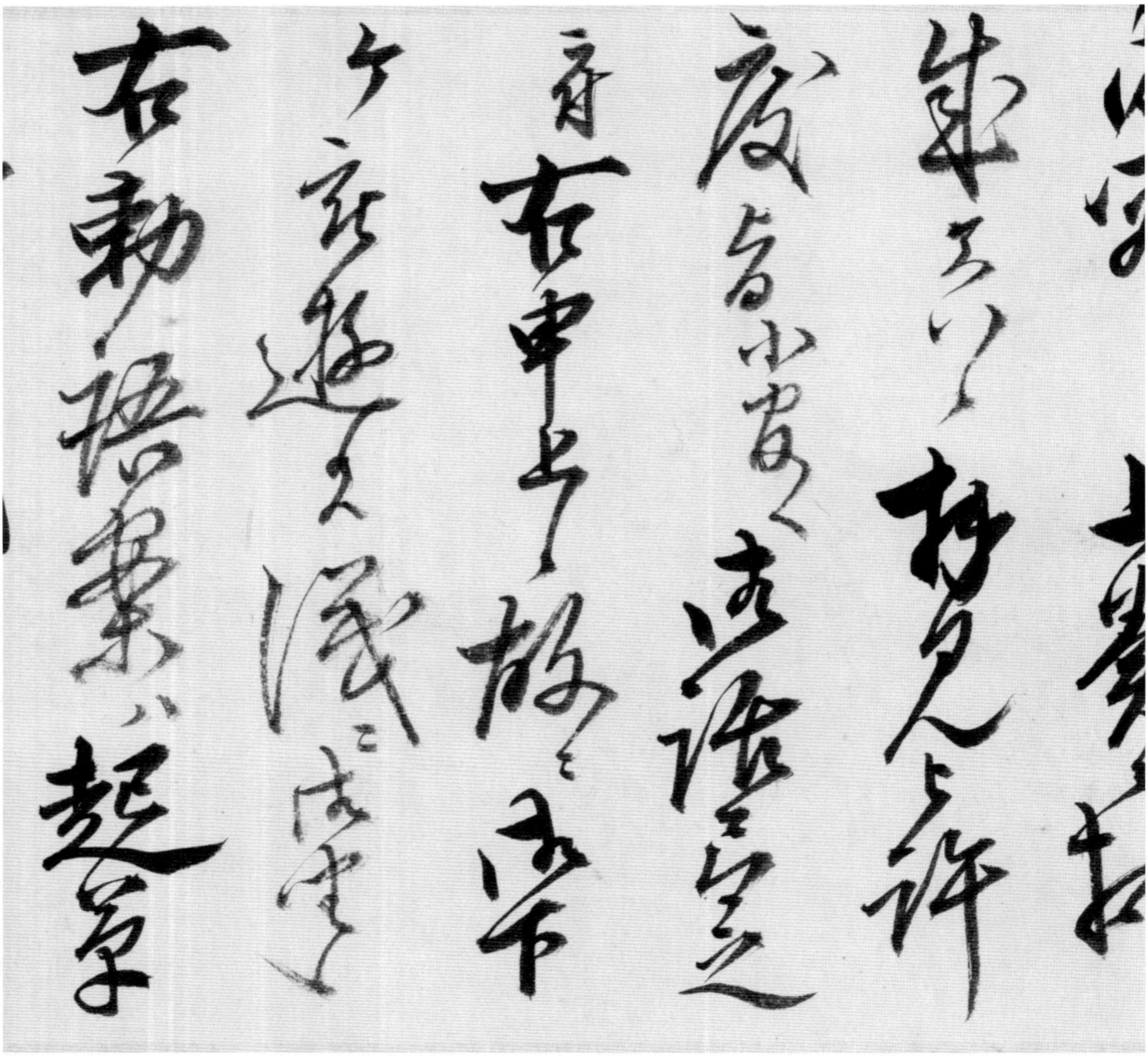

成候ハ、　拝見被許
度旨　小宮へ御話有之
ニ付　右申上候故ニ御下
ケ被遊候儀ニ御座候
右勅語案ハ起草

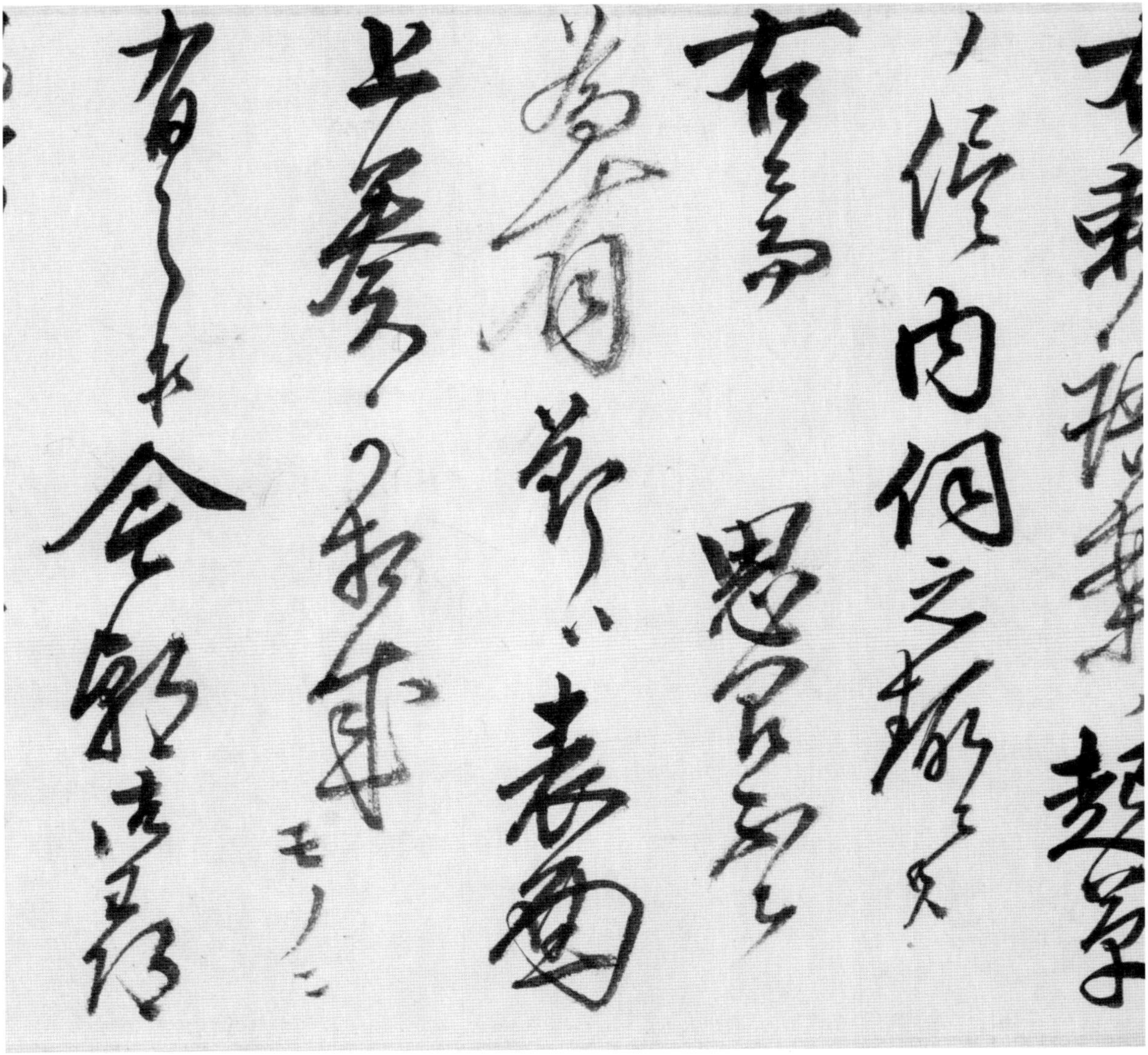

ノ儘内伺之趣ニ候
右ニて　思召不被
為有節ハ　表面
上奏可相成モノニ
有之候　今朝御尋

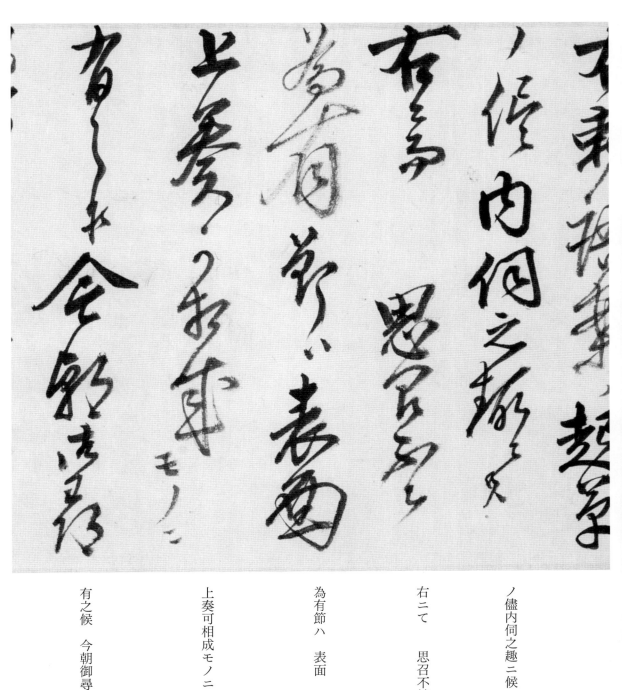

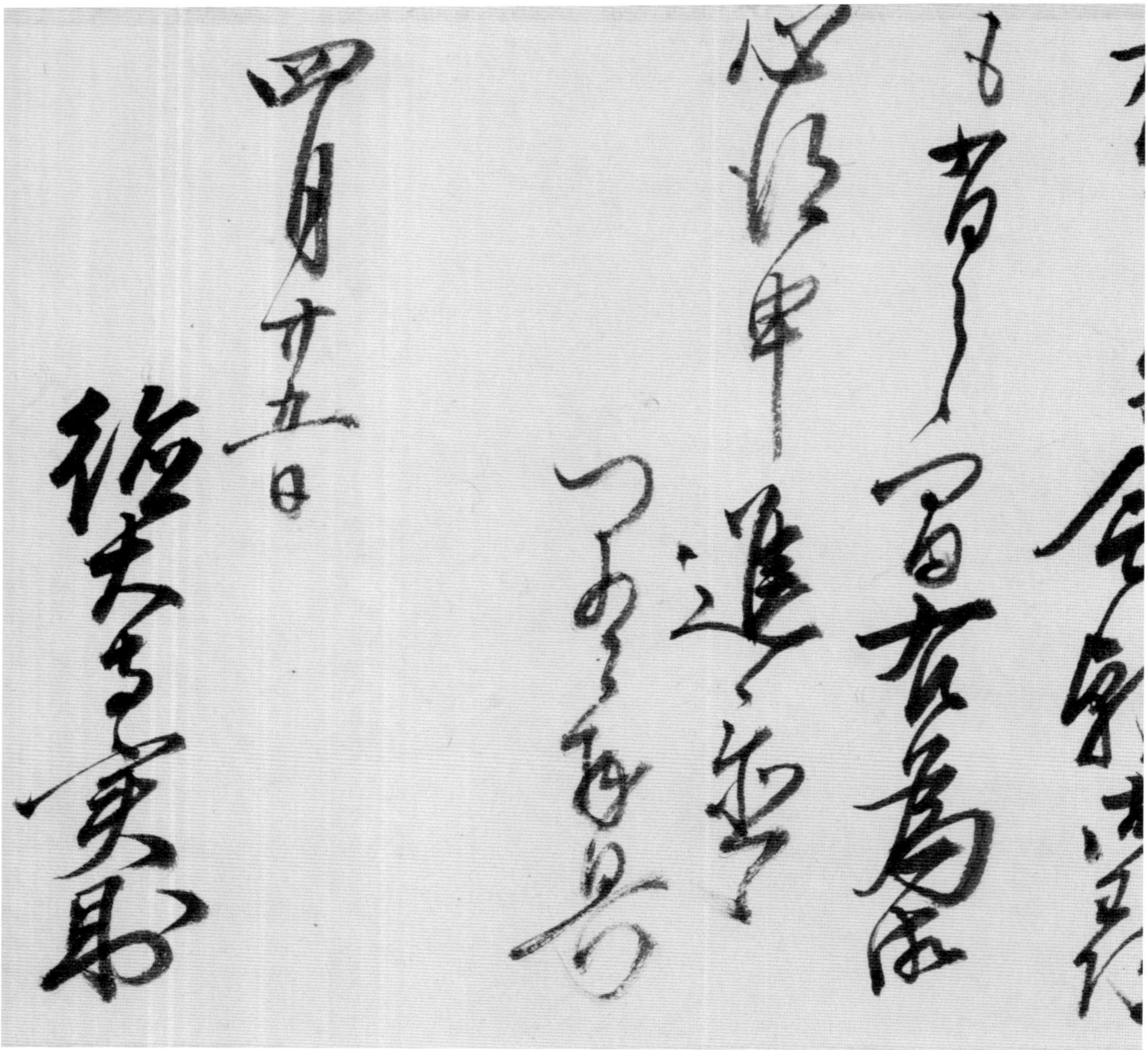

も有之候間　右為御
心得申進置候
早々拝具
四月廿五日
徳大寺実則

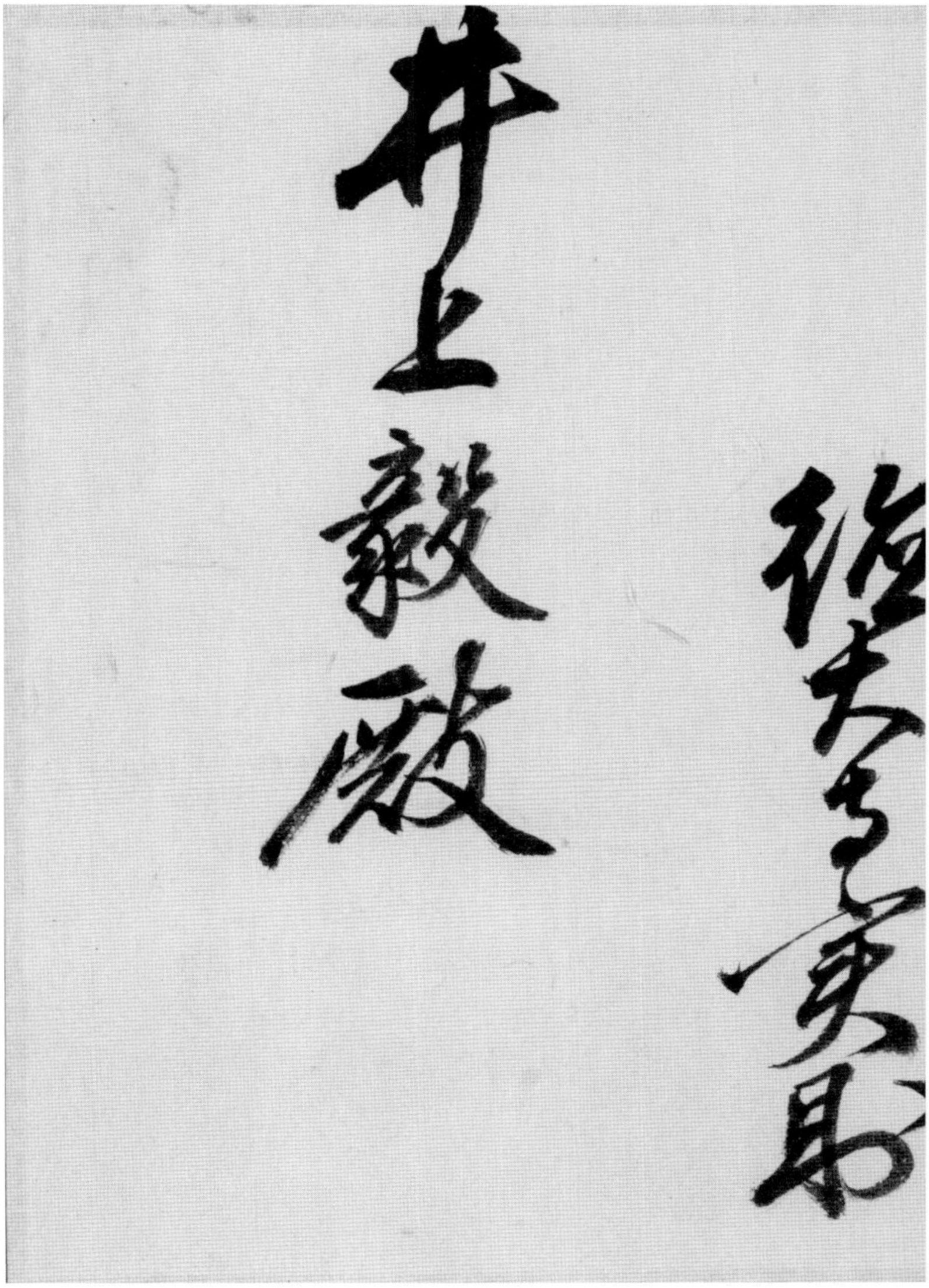

井上毅殿

【解題】　本書翰は、明治二十五年（一八九二）五月六日に挙行された第三回帝国議会開院式の勅語案作成に係るものである。本書翰には、開院式勅語案が内閣より上奏された際には拝見を許されたい旨を井上毅が侍従長兼内大臣徳大寺實則へ事前に頼み、そこで徳大寺が実際の上奏前に草案を井上に提示したことが記されている。この内閣上奏案を見た井上は修正案を作成して、同日となる四月二十五日中に上奏するとともに、総理大臣松方正義にも送っている（『井上毅伝』史料篇第六）。なお、井上は内閣上奏案があまりに不整頓であるとして上奏した意見書を、翌二十六日に枢密院議長伊藤博文に送っており（『井上毅伝』史料篇第四）、これに対し伊藤も「議会開院之勅語案ニ対シ、覆奏之貴案逐一御尤至極ニ存候」と同日中に返書している（書翰四七）。

　このとき井上が兼務していた文事秘書官長は、明治二十三年（一八九〇）十二月に宮中に設置された文事秘書局の長官で、井上はその初代官長となる。文事秘書官長は「旨ヲ奉シ文事ニ関スル内廷ノ文書」を管掌し、井上の後の歴代官長も詔勅の文飾や故実の調査を担った。ただし、明治二十六年三月に井上が文部大臣に就任するにともない文事秘書官長を辞任することになった際、特に「詔勅文案の御下問は従前の如く渝ることなかるべし」との聖旨を、徳大寺を通じて賜っており（『明治天皇紀』明治二十六年三月七日の条）、詔勅文案の起草・修正について、井上においては属人的な側面があったことも指摘されている。

　また、この時期井上は、天皇が故あって開院式に臨御できない場合における手続きに関しての聖問も受けており、本書翰の翌日となる明治二十五年四月二十六日付で、奉答書となる「開院式意見案」（『井上毅伝』史料篇第二）を呈している。そこで井上は、西洋各国の例を参照しつつ、「総理大臣又ハ他ノ国務大臣ニ委任セラレ開会ヲ挙行セシメ及勅語ヲ宣読セシメラル」ことをはじめ、細かな手続きを示している。この後、『明治天皇紀』明治二十五年五月三日の条には、「帝国議会開院式には天皇臨御せらるゝを常とし、故ありて臨御あらせられざるときは、内閣総理大臣を勅使として勅語を朗読せしめ、内閣総理大臣事故あるときは、次席大臣をして代行せしむべしとの御沙汰あり、以て例と為さしむ」とあり、この井上の奉答書に基づいて定められたものと見ることができる。

【齊藤智朗】

四七、条約改正に関する伊藤博文書翰

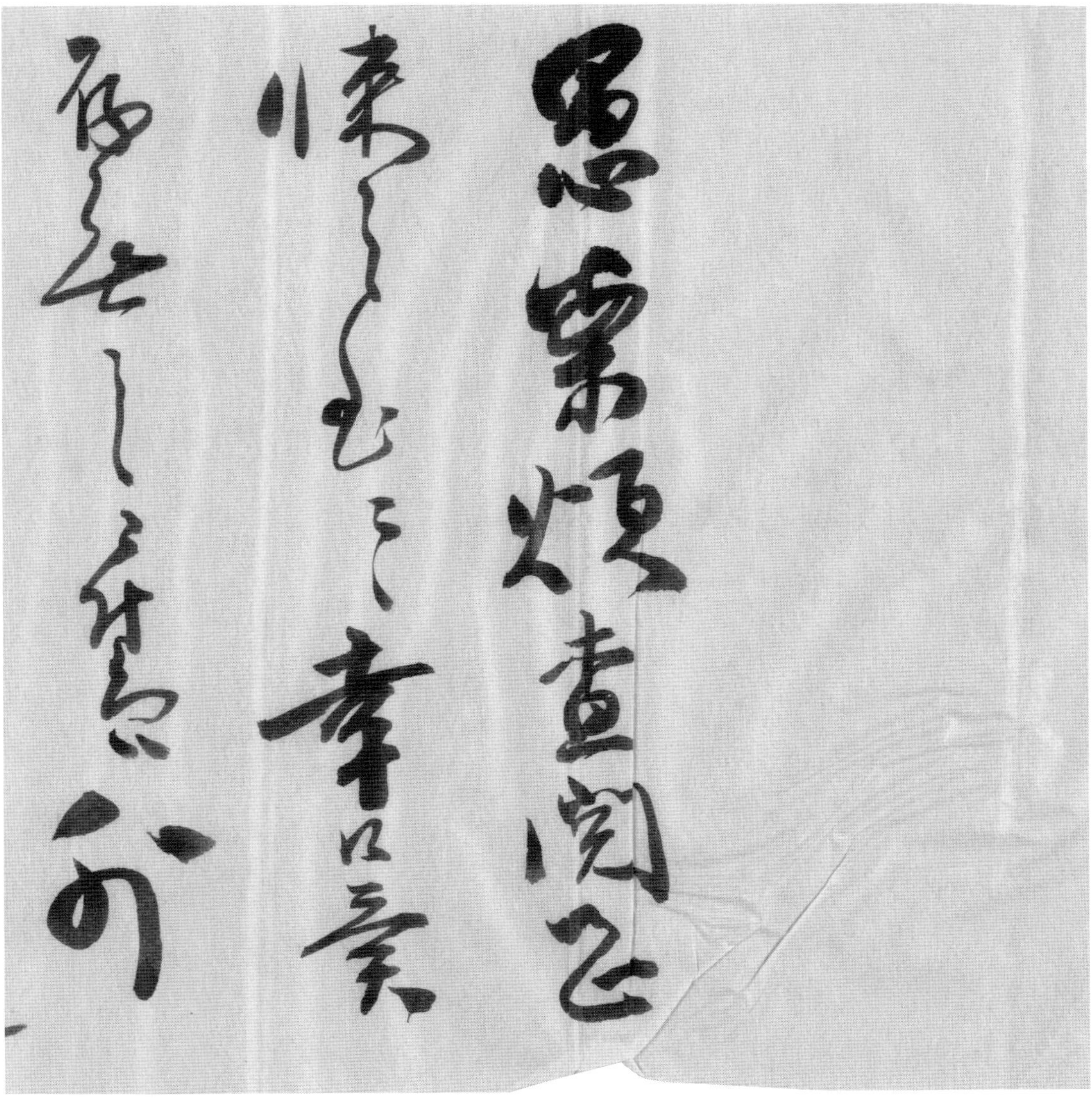

文書番号　Ⅱ-二〇一
発信者　伊藤博文（枢密院議長）
受信者　井上毅（枢密顧問官）
発信月日　明治二十五年四月二十六日
寸法　一七・三糎＊一〇四・〇糎

愚案煩査閲恐
悚之至ニ候　幸御異
存無之ニ付てハ　外

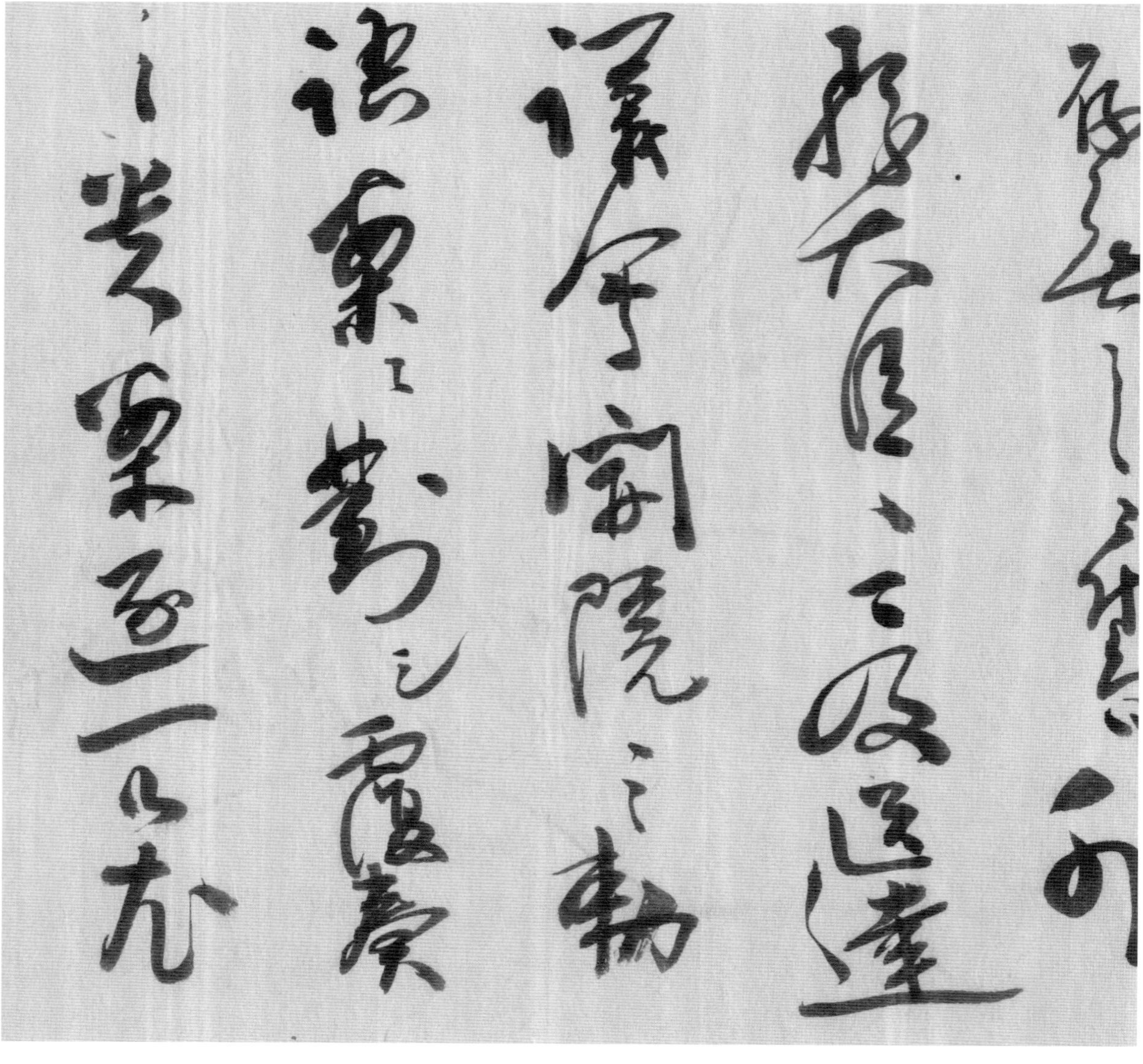

務大臣へ可及送達

議会(會)開院之勅

語案ニ対(對)シ　覆奏

之貴案逐一御尤

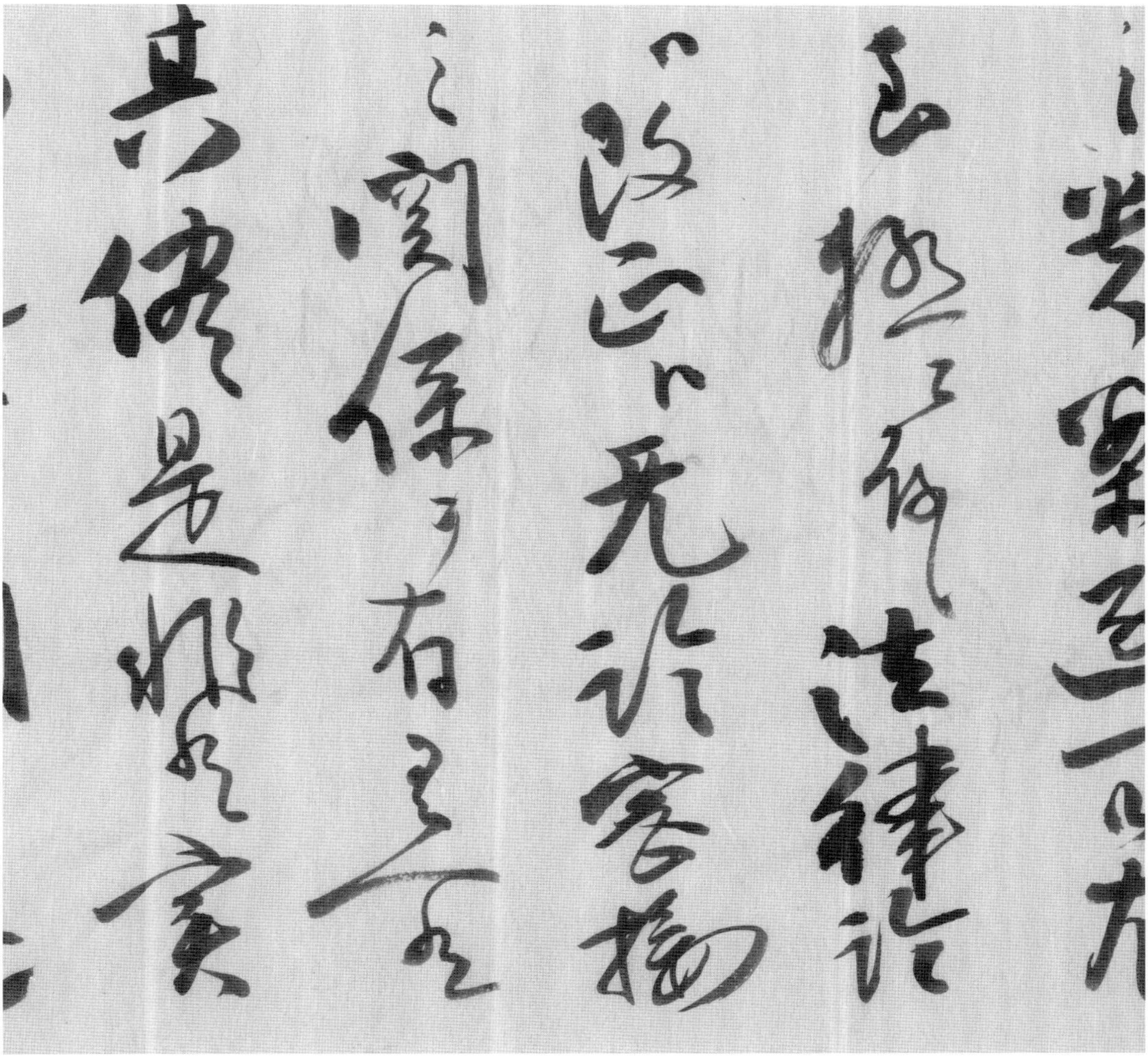

至極ニ存候　法律論
ハ改正ト無(无)論密接
之関係ヲ有候へ共
其儘是非共実

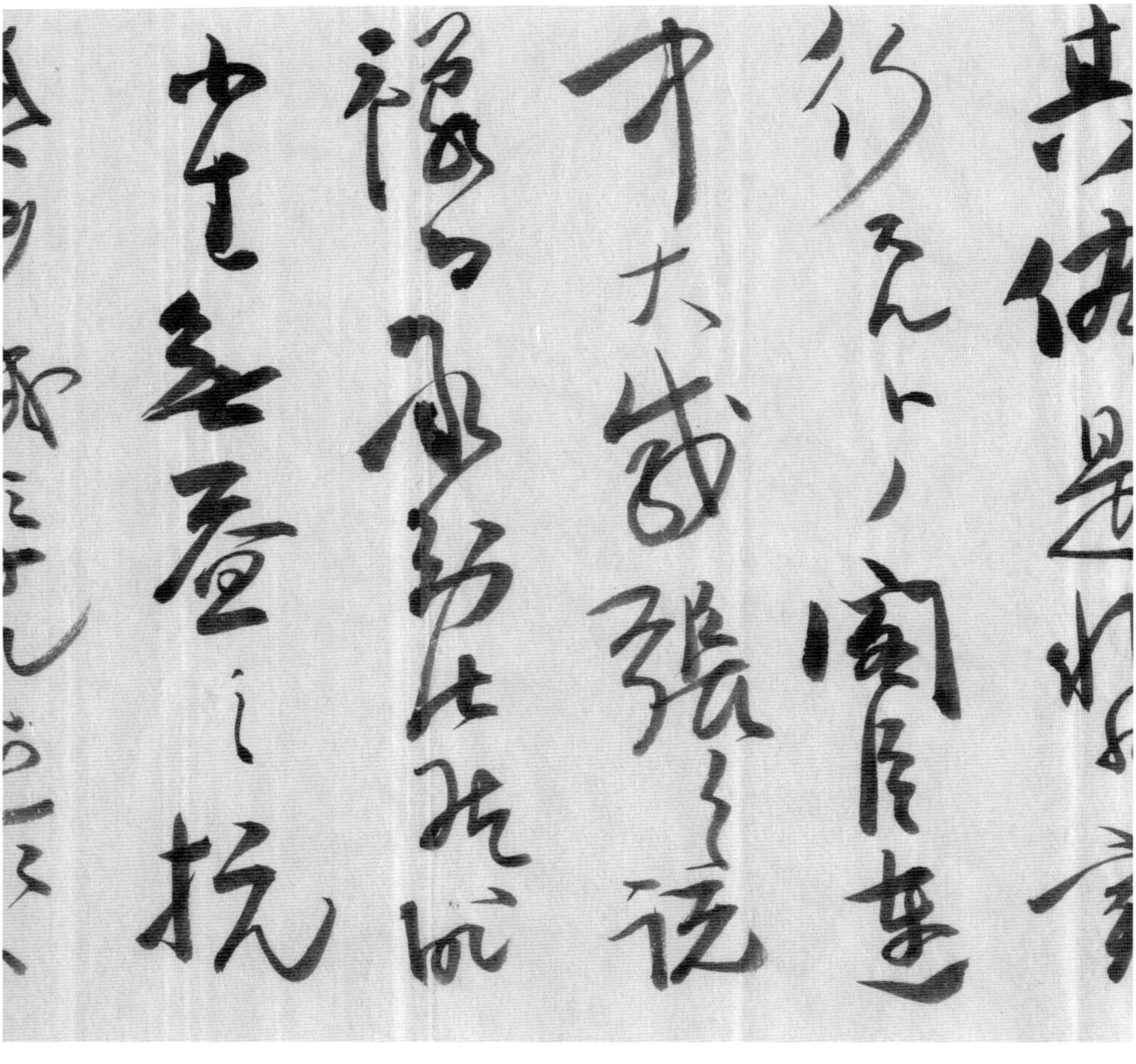

行スルトノ閣臣連

中大威張之説

予(豫)て承知仕居候故

小生無益之抗

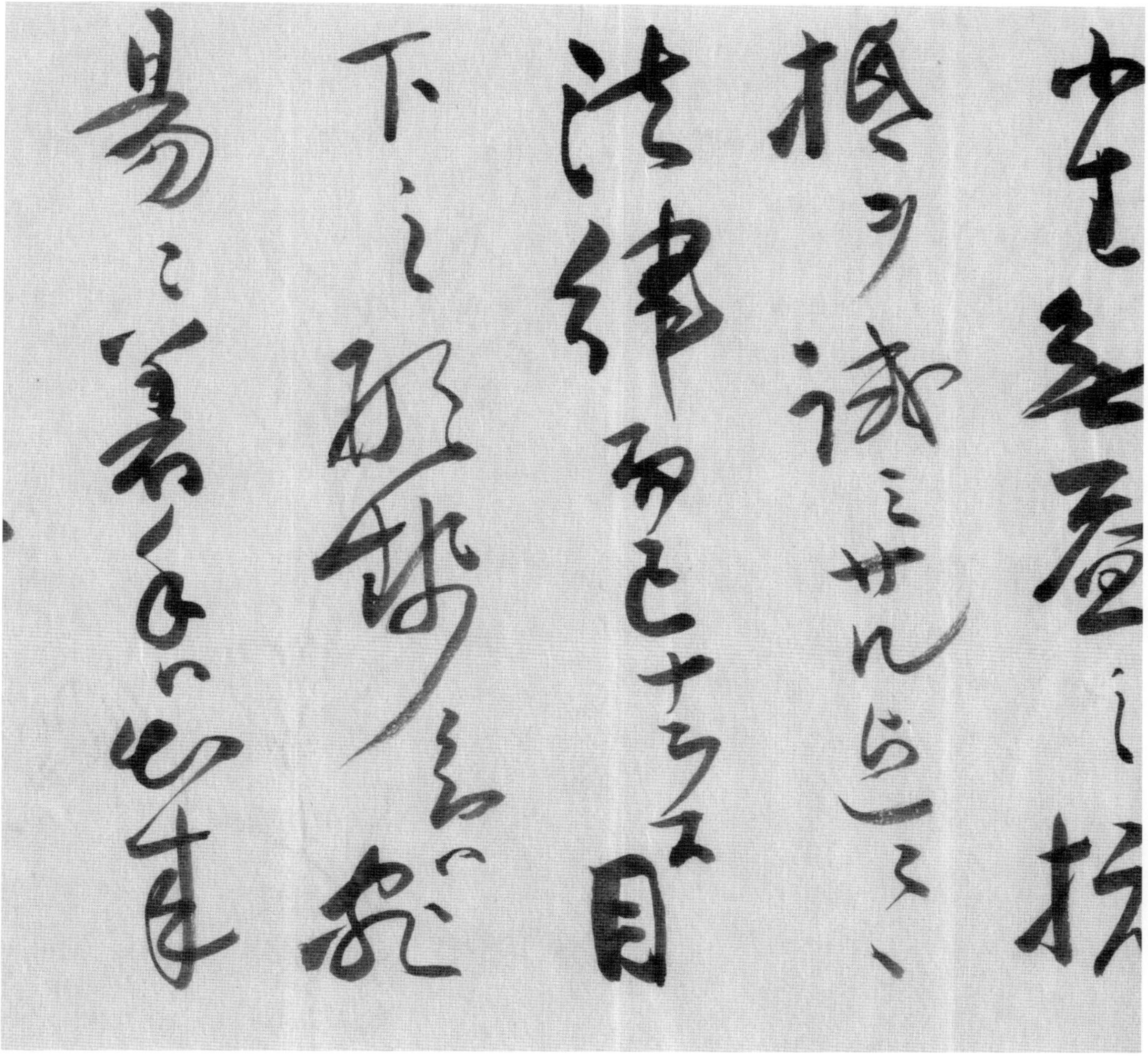

抵ヲ試ミサル迄ニ候
法律而已ナラス　目
下之形勢ニてハ容
易ニ着手ハ出来

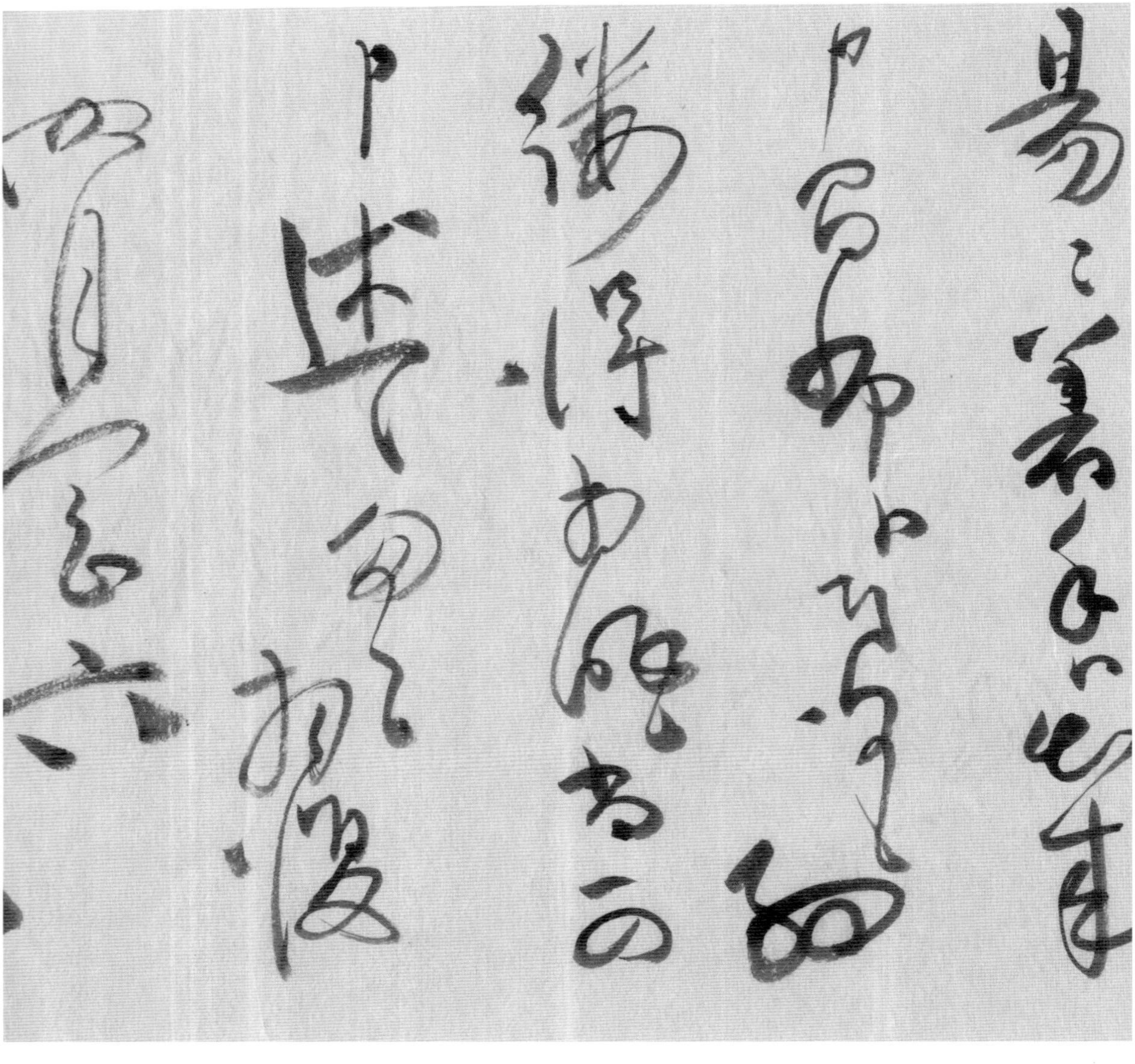

申間布ト奉存候　細
縷得拝晤　尚可
申述候　匆々拝復

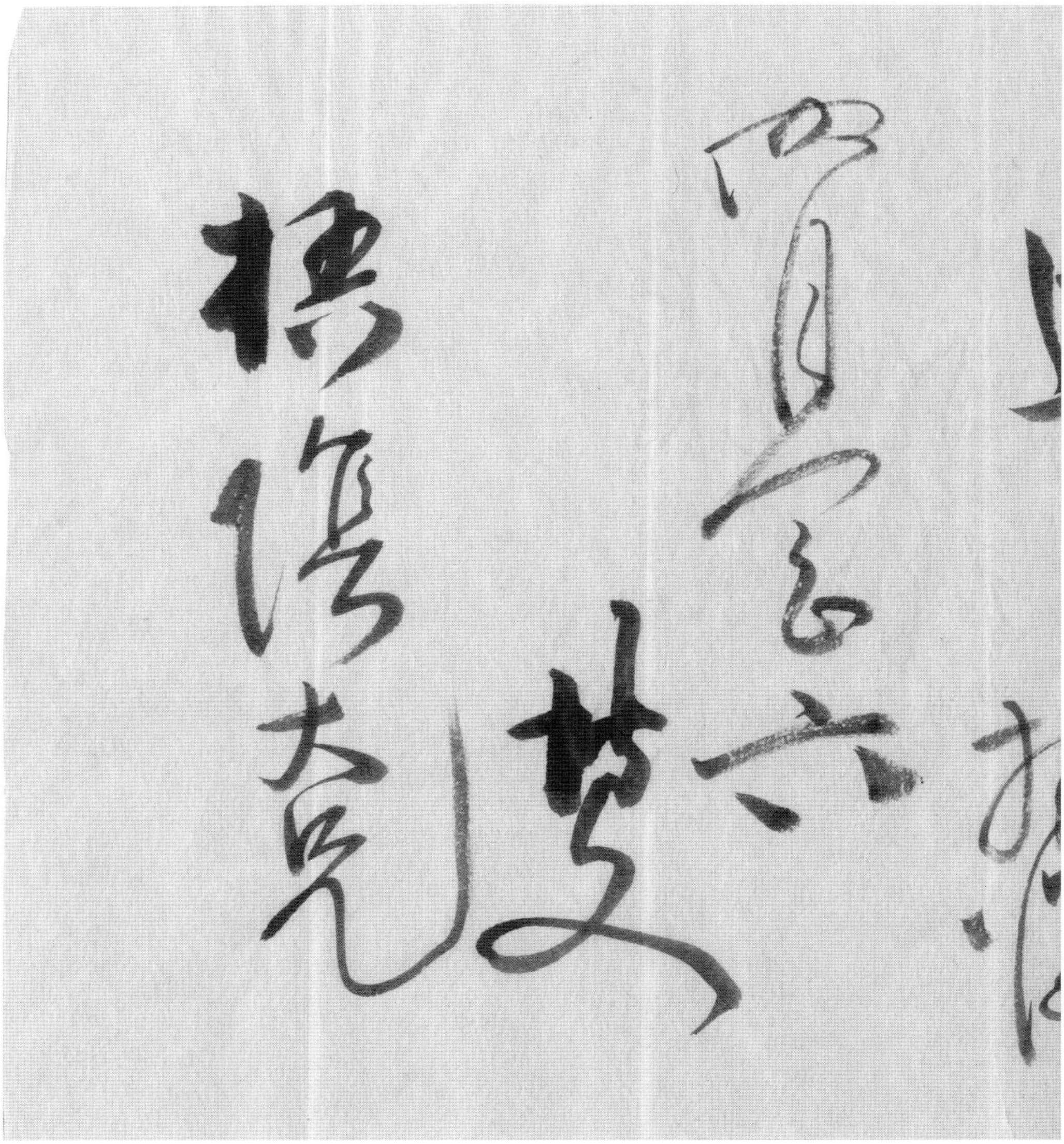

四月念六

博文

梧陰大兄

（封筒表）

井上顧問官殿　博文

密啓親展

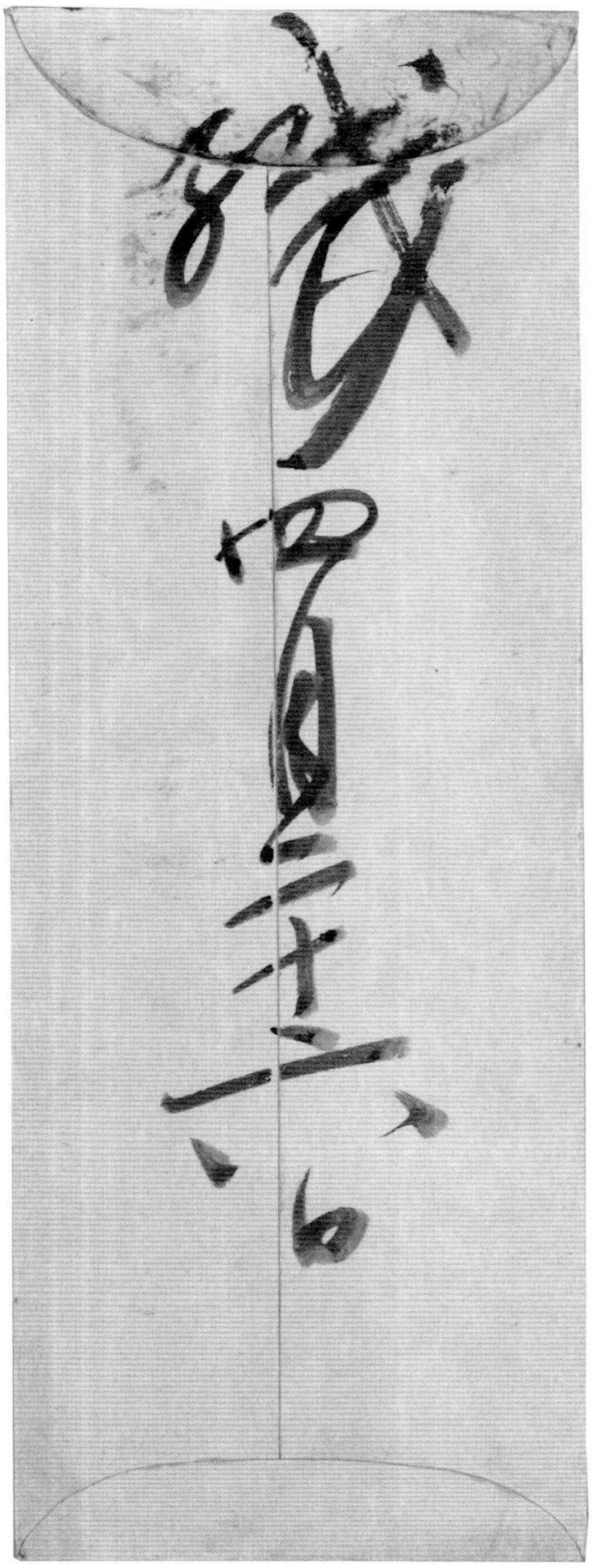

（封筒裏）

緘　四月二十六日

【解題】 井上から伊藤に宛てた、条約改正交渉の再開に向けて設置された正しい条約改正案調査委員会に関する明治二十五年（一八九二）四月二十六日書翰（『井上毅伝』史料篇第四）への返翰である。まず注目したいのは、「法律論ハ改正ト無（无）論密接之関係」があるとの記述である。井上は外国人による不動産所有に制限を設けるべきとしていたが、明治二十二年十二月十日の閣議決定では井上の原案にあった外国人の不動産所有の制限は「我カ法律命令ニ遵由セシム」とされ、外務大臣榎本武揚《たけあき》のもとで作成された改正条約案にも制限、禁止は明文化されなかった（『閣議案』明治二十二年十二月十日、「寺島伯案条約編成理由ノ説明」明治二十五年四月十三日『条約改正関係大日本外交文書』第三巻）。これに関して井上は、日本の法律＝法例（明治二十三年十月六日に公布された外国人に適用すべき法律の通則）第四条の動産、不動産規定では「其所在地」＝日本の法律を適用するとしながら、本国法による外国人の相続、遺贈を認めることは、処分を所有権の一部と位置づける民法第三十条と相まって外国人の不動産所有を認めることになると指摘（明治二十五年四月二十一、二十三、二十五日付榎本宛井上質議『条約改正関係大日本外交文書』第三巻）、二十六日の伊藤宛書翰では民法が条約改正の「一大障碍」であると批判した（『井上毅伝』史料篇第四）。伊藤は井上の意見を評して二十五日に意見書を草する。それが書翰にある「愚案煩査閲」である。次に「議会開院之勅語」とは、井上の左の指摘に対する返答である。すなわち井上は、天皇の裁可を得るべく内閣で起草された開院式勅語案は「不整頓」であると指摘し（二十六日伊藤宛書翰）、議場に混乱を来たさないためにも「公共ノ利害ニ関スル最モ実質的ノ形勢ヲ陳述」すべきとの意見書を提出したのである（「開院式意見案」四月二十六日『井上毅伝』史料篇第二）。つまり、松方正義内閣が勅語を何らかの形で利用することを警戒していたことが窺われる。

この書翰により、次のことが判明する。すなわち、「大威張」で条約改正を「其侭是非実行」しようとする松方内閣に対して、伊藤は井上の助言を受けつつ「無益」ではない、有益な抵抗を模索していたのである。その後、伊藤は自らの第二次内閣において、日本の国情にあわないとして批判された民法、商法とともに、法例についても実施延期を決定し、これらの法典の再検討に乗り出す。

〔種稲秀司〕

四八、開院式勅語に関する徳大寺實則書翰

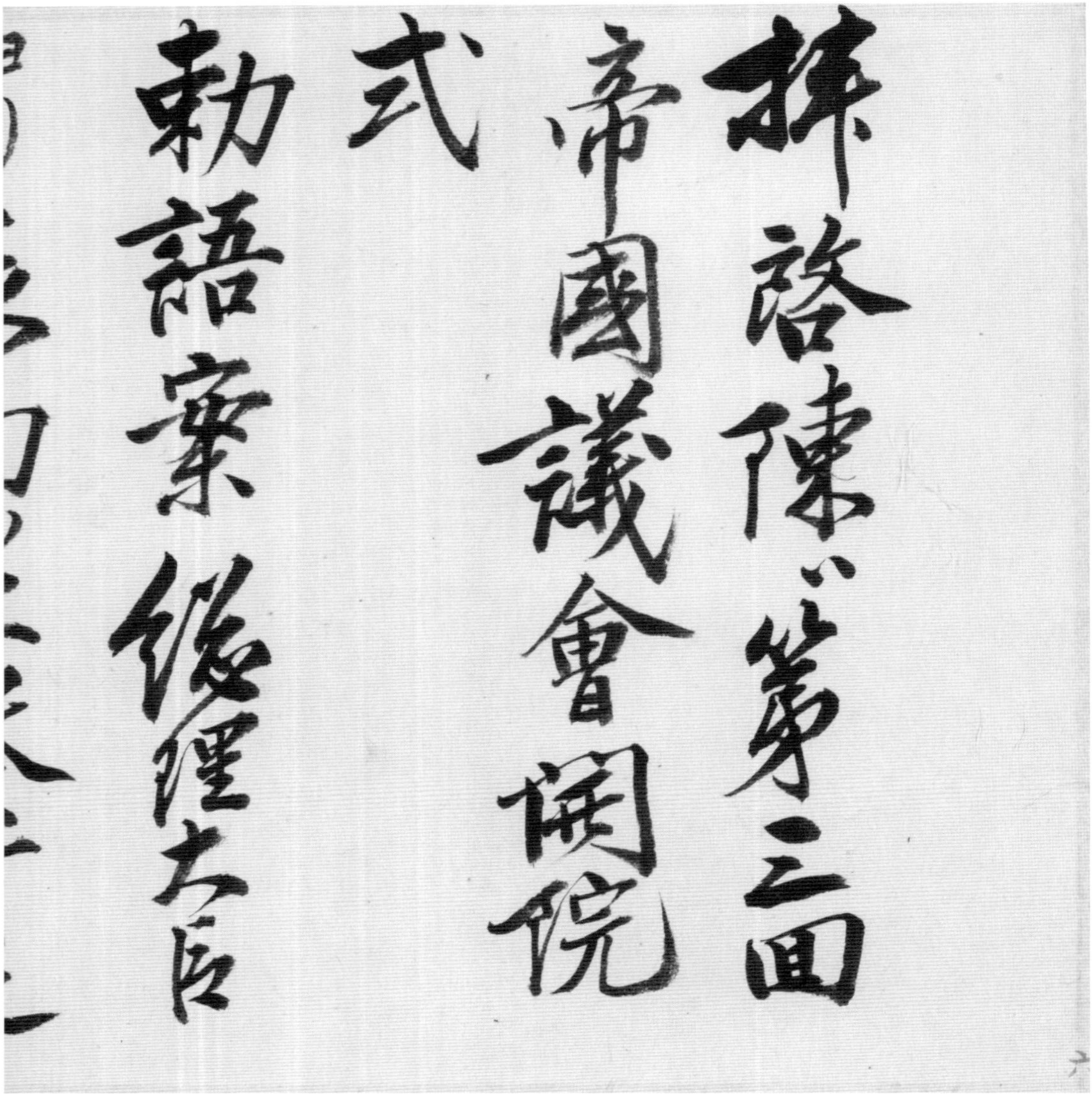

文書番号　II—四八二—六
発信者　徳大寺實則（侍従長）
受信者　井上毅（枢密顧問官・文事秘書官長）
発信月日　明治二十五年四月三十日
寸　法　一八・六糎＊六〇・〇糎（巻子）

拝啓　陳ハ第三回
帝国(國)議会(會)開院
式
勅語案　総理大臣

ヨリ表面ノ上奏有之
候　右案ハ閣下え総
理大臣ヨリ相談被致
御承知ニ相成居候哉

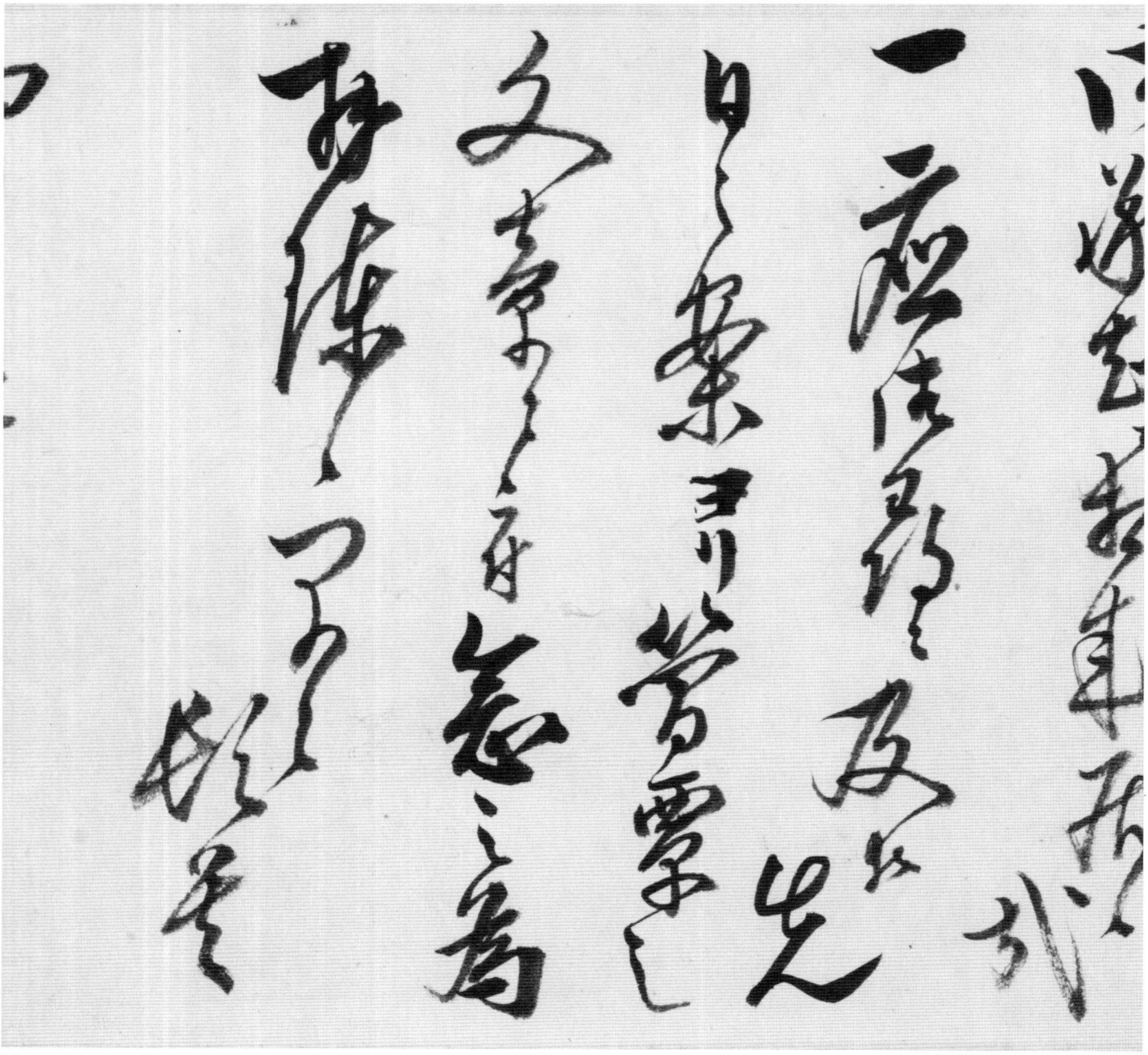

一応（應）御尋ニ及候　先
日之案ヨリ簡覃之
文章ニ候付　念之為
拝陳候　早々頓首

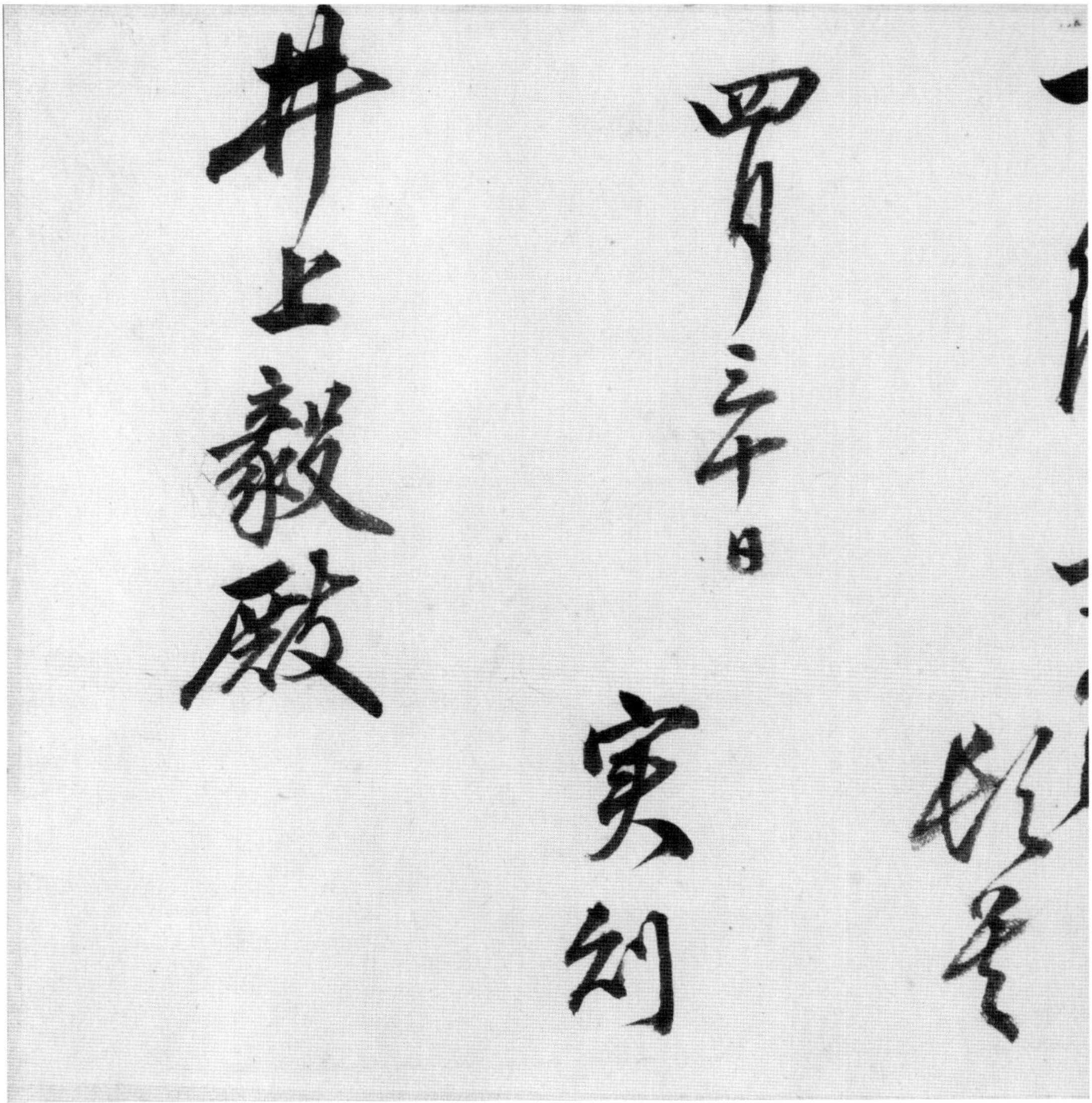

四月三十日　実則

井上毅殿

【解題】　本書翰は、この五日前となる四月二十五日付の書翰（書翰四七）と同様、第三回帝国議会開院式勅語の作成に係るものである。本書翰では、開院式勅語案が総理大臣松方正義より上奏され、同案については総理大臣から井上に相談がなされており、それゆえ井上も承知のことと思うが、先日の案より簡単な文案となっていることから、念のため確認を促す旨が記されている。

明治二十五年（一八九二）五月六日に開院式が挙行された第三回帝国議会は、いわゆる「選挙干渉」があった第二回衆議院議員総選挙をうけて開催されたもので、貴衆両院において選挙干渉に関する決議案が可決されるなど政府の責任を問う声が強く、また政府が提出した追加予算案をめぐっては、軍艦製造費の全額削除を決議した衆議院とそれに反対する貴族院との間で紛糾した。この第三回の議会は特別会であったため会期が四十日と短く、六月十五日に閉会式が催されたが、翌七月二十七日に松方内閣は退陣した。

ちなみに、松方内閣に代わって第二次伊藤博文内閣が成立するが、第四回帝国議会においても軍艦製造費計上の可否をはじめとする予算審議をめぐり紛糾したため、明治二十六年二月十日、内廷費より六年間にわたり毎年三十万円を下賜し文武官の俸給一割を返納して軍艦製造費に当てることを定めるとともに「和協の道」を説いた「和衷協同の詔」が渙《かん》発《ぱつ》され、これにより軍艦製造費を含めた予算案が両院を通過して成立するに至った。同詔の渙発において、井上はその文案作成に携わるなど積極的な役割を果たしたことはもとより、すでに明治二十五年六月二十三日付の「国家宏運意見」（『井上毅伝』史料篇第二）において、内廷費十分の一の二十年間賜与による海軍拡張に関する詔の渙発を上奏していた。なお、この「和衷協同の詔」渙発の約一ヶ月後となる三月七日に井上は、河野敏《と》鎌《がま》に代わり第二次伊藤内閣の文部大臣に就任しており、これが井上にとって最後の官職となった。

【齊藤智朗】

四九、井上意見書に関する徳大寺實則書翰

文書番号　Ⅱ-四八二-五
発信者　徳大寺實則（侍従長）
受信者　井上毅（枢密顧問官）
発信月日　明治二十五年六月二十三日
寸　法　一八・七糎＊八八・五糎（巻子）

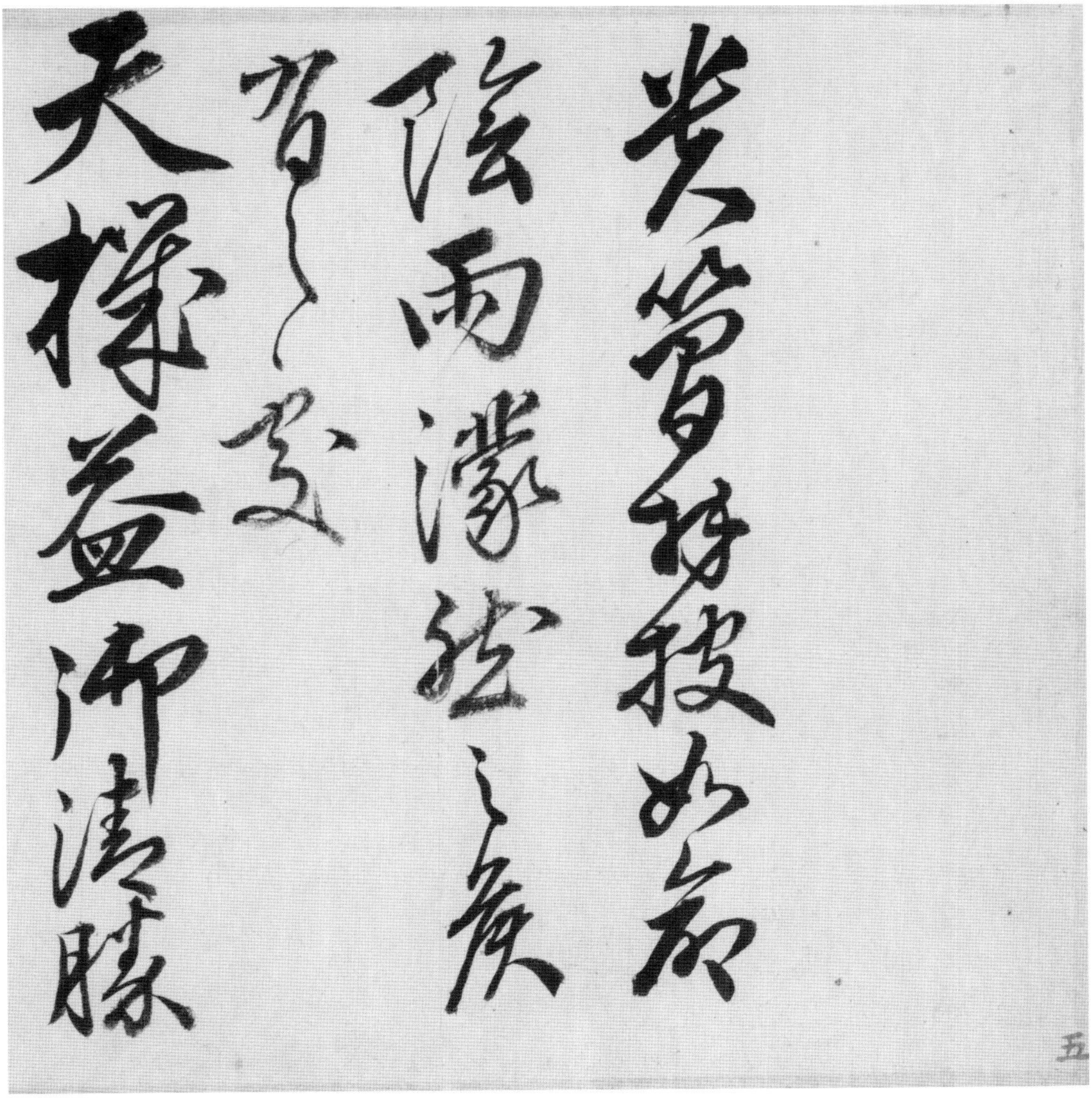

貴簡拝披　如諭
陰雨濛然之候
有之候処(處)
天機益御清勝

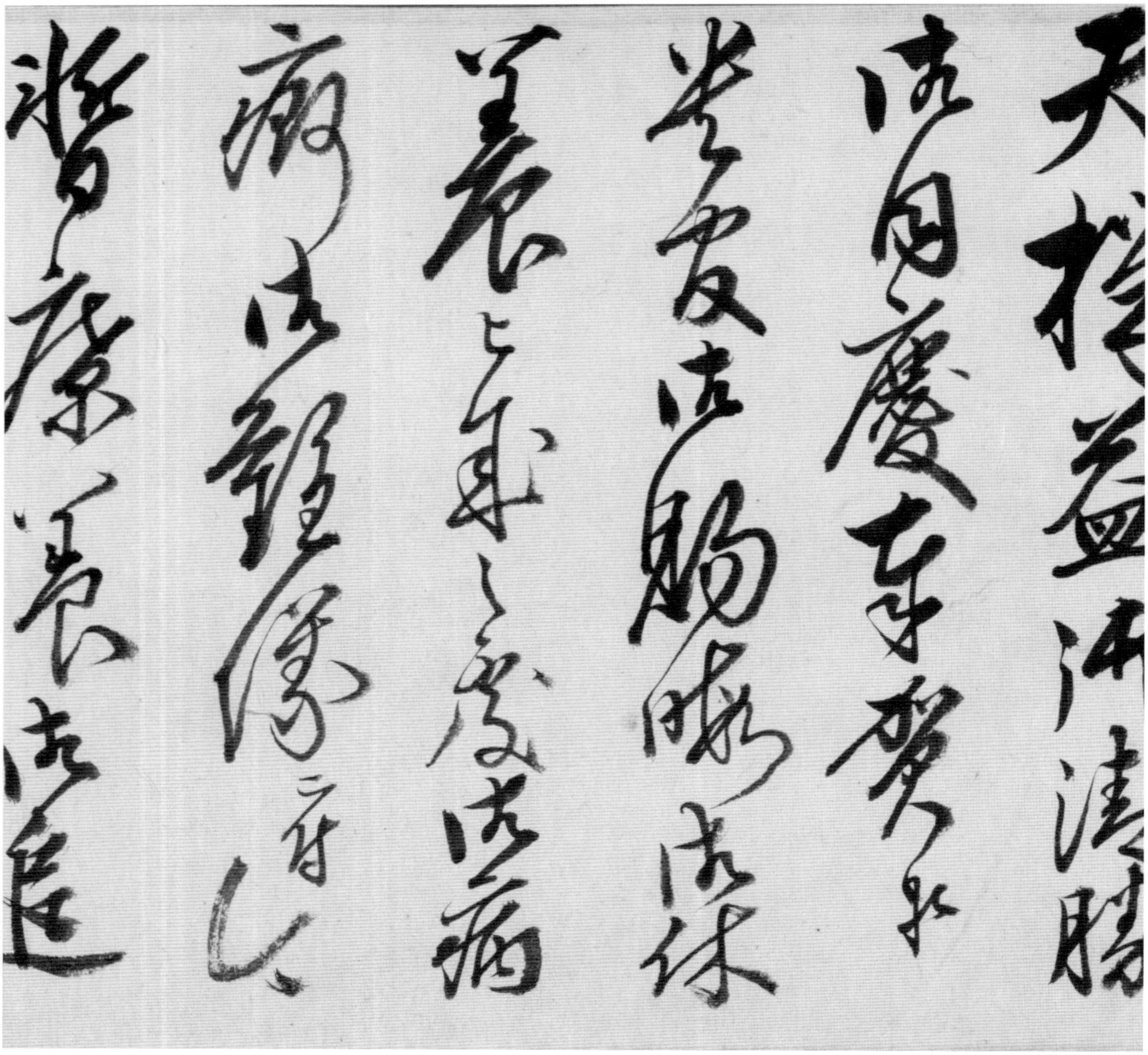

御同慶奉賀候
貴官御賜暇御休
養被成候処（處）　御病
痾御難儀ニ付　今

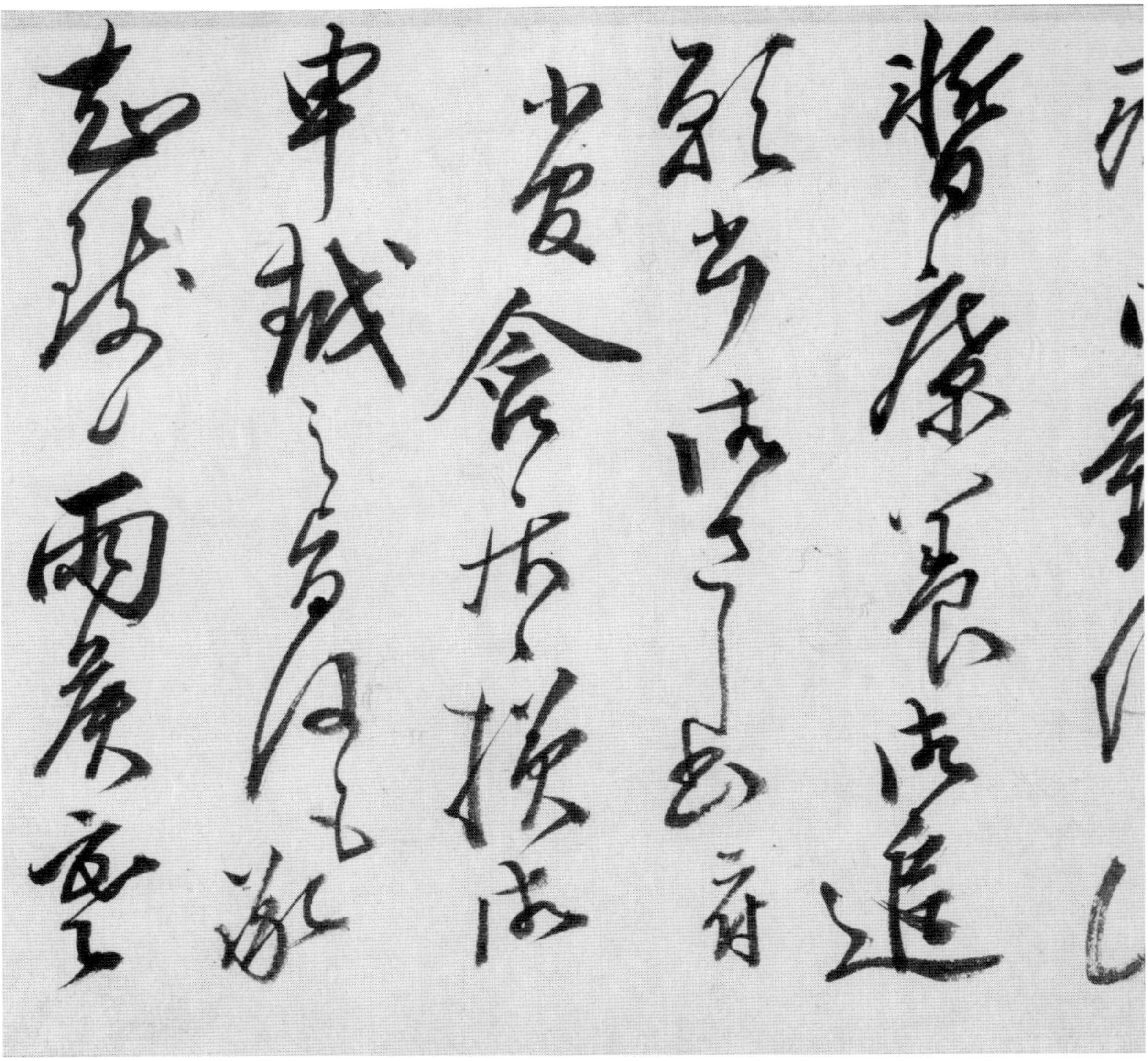

暫療養御追
願書御さし出ニ付
小官含居候様御
申越之旨　何も承
知致候　雨候寒

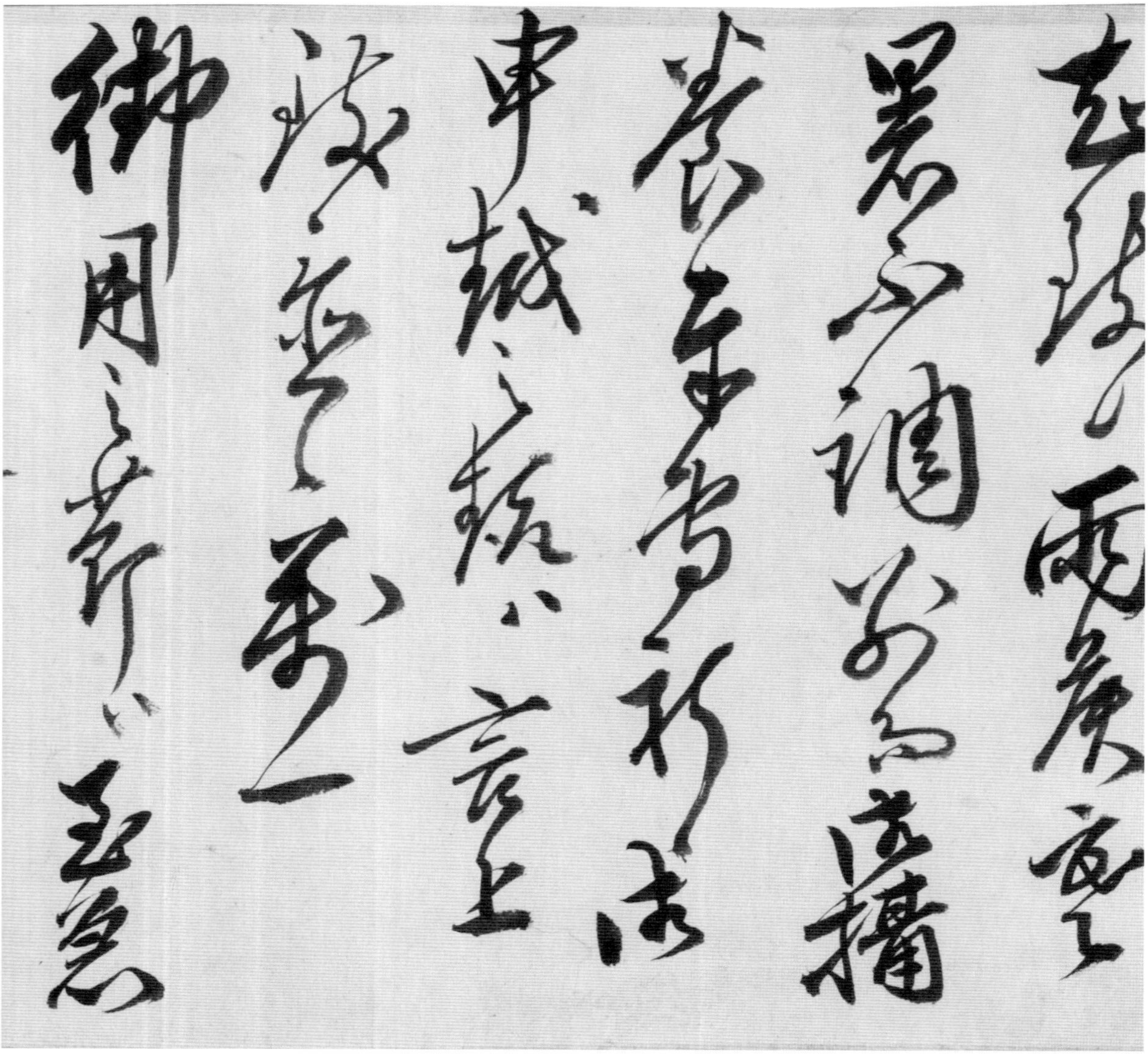

暑不調　別て御摂
養奉専祈候　御
申越之趣ハ言上
致置候　万（萬）一
御用之節ハ至急

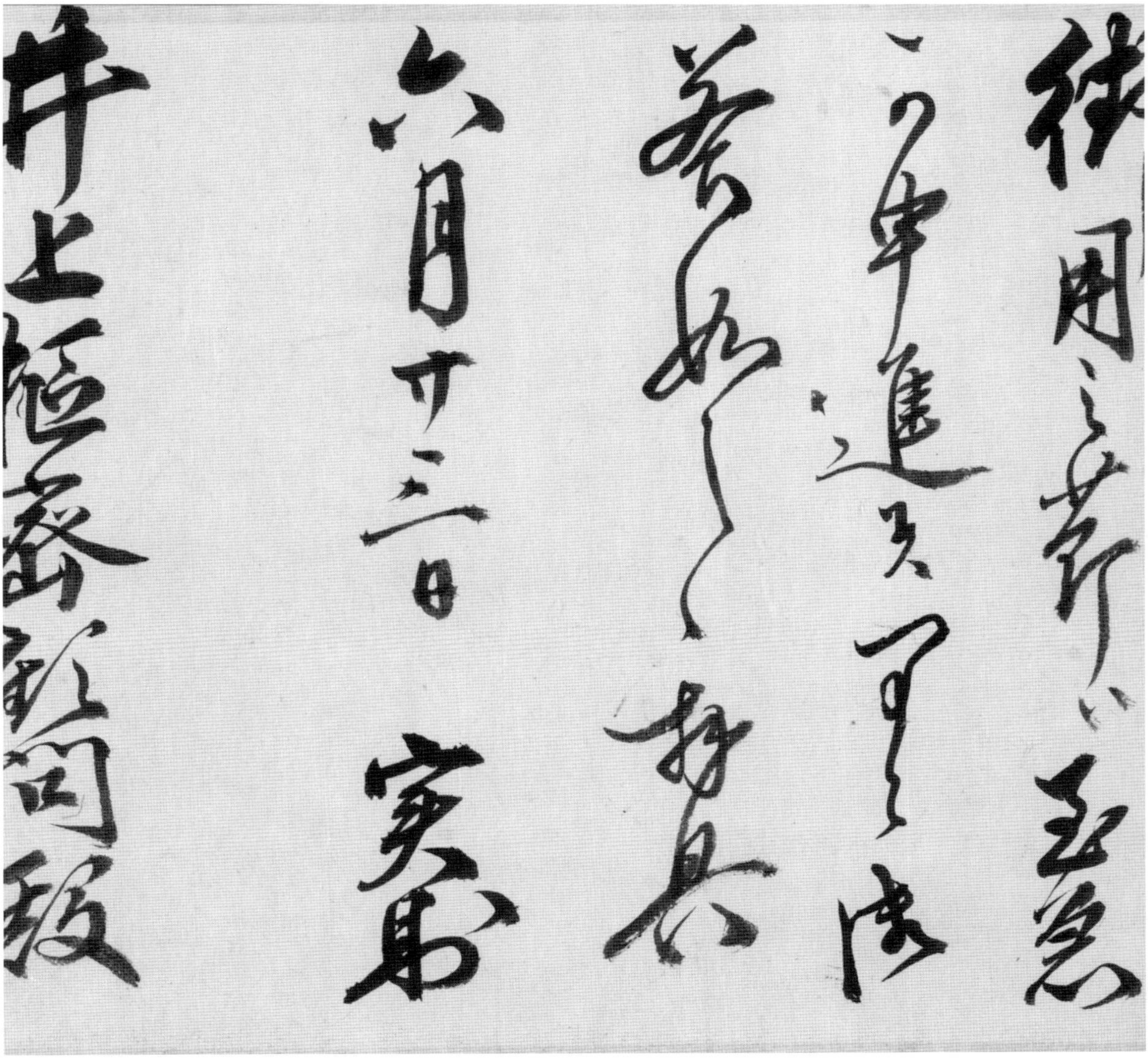

可申進候　早々御
答如之候　拝具
六月廿三日　実則

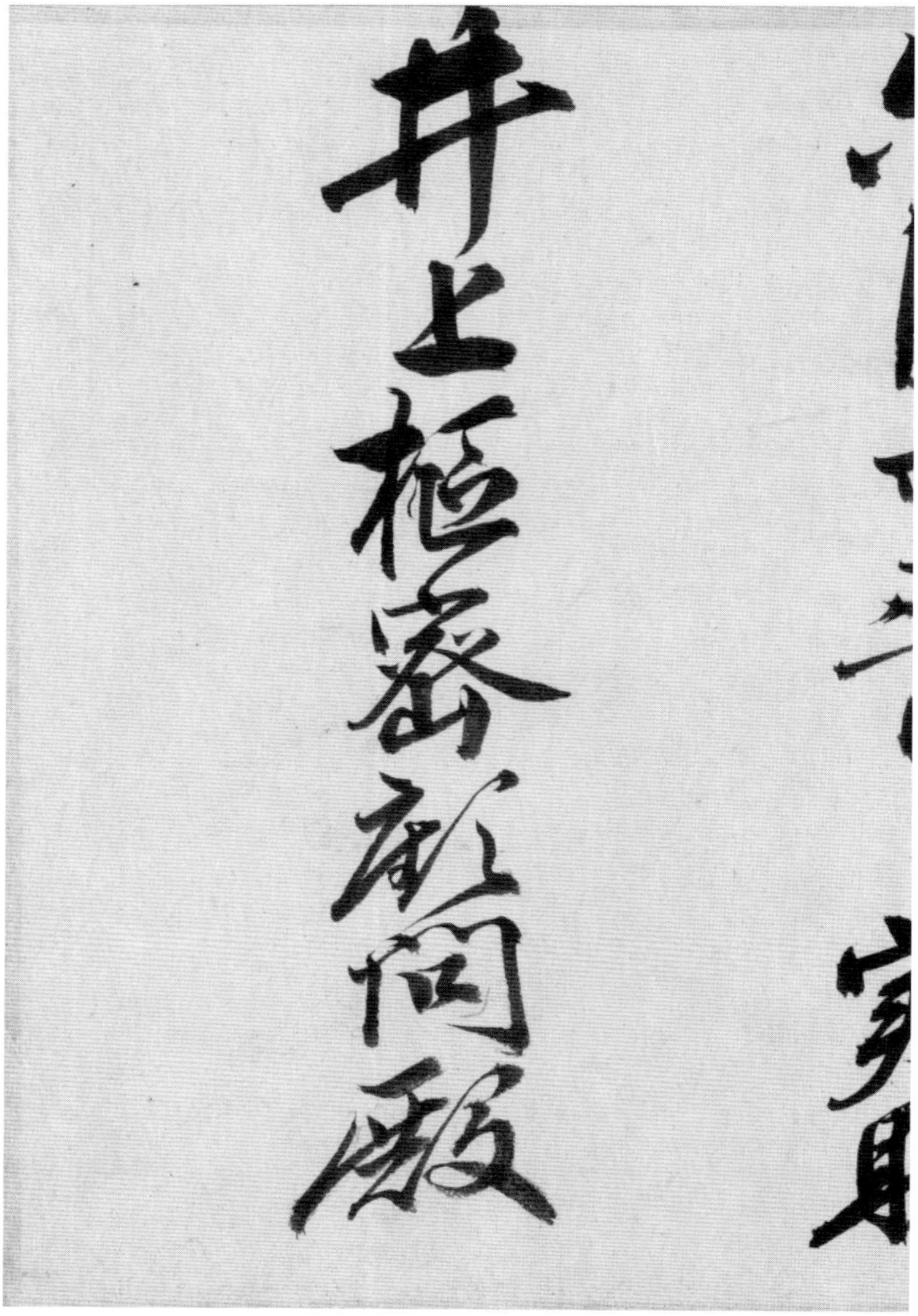

井上枢（樞）密顧問殿

【解題】　明治二十五年（一八九二）六月十四日、第三議会が閉会した。四日後の同月十八日、井上毅は政治の喧騒から逃れるように三浦郡葉山村において休養に入り、夏には北海道を漫遊した（木野主計『井上毅研究』）。本書翰は、井上が束の間の休息を得ていたこの時期のものであり、侍従長徳大寺實則が井上書翰に対する返翰として送ったものである。

　明治二十四年（一八九一）五月の松方内閣成立以降、藩閥政府と政党間の対立は激化の一途を辿り、翌二十五年二月の総選挙に際しては、内相による選挙干渉が行われるに至った。政界が井上の理想とする官民双方の互譲の精神から遠ざかるなか、政党への対応をめぐって藩閥政府内には深い亀裂が生じていた。

　六月下旬、休養中の井上は、熟考を重ねた「政治に関する上奏（国家宏運意見）」を提出するため、一旦帰京した（六月二十五日付松方正義宛井上書翰、『井上毅伝』史料篇第四）。井上は、かねてより詔勅政策の実施、すなわち「陛下之督励に依り、大命の下に綱挙り目張り、元気一たび振ひ、手足皆動くの勢を生ぜしむ」こと、つまり天皇が率先して徳義に基づいた「聖断」を示すことで政界全体の風潮を一変させることを意図していた（『井上毅伝』史料篇第二）。にもかかわらず、この秘策に対する山縣有朋や伊藤博文の反応は鈍く、井上はついに業を煮やして自ら上奏するという異例の挙に出たのである。

　侍従長として天皇の側近に長く奉仕した徳大寺は、しばしば私心のない伝達者であったと評される（渡辺幾治郎「明治天皇と徳大寺実則」『明治天皇と輔弼の人々』）。井上自身の言葉を借りれば、この上奏は「憲法上之危期近キニ在」ことを憂慮するあまり、「分外ノ至」「狂盲之罪」を自覚しつつも「此際聖明之叡断ヲ仰キ候外無之ト信」じ、徳大寺侍従長に託したものだった（六月二十六日付伊藤宛井上書翰、『井上毅伝』史料篇第四）。その意味で物議を醸す可能性のある上奏だったが、徳大寺は粛々と伝達者としての役割を果たした。井上の念願は、翌二十六年二月、「和協の詔勅」という形で実現する。

［内山京子］

五〇、病中来談希望に関する松方正義書翰

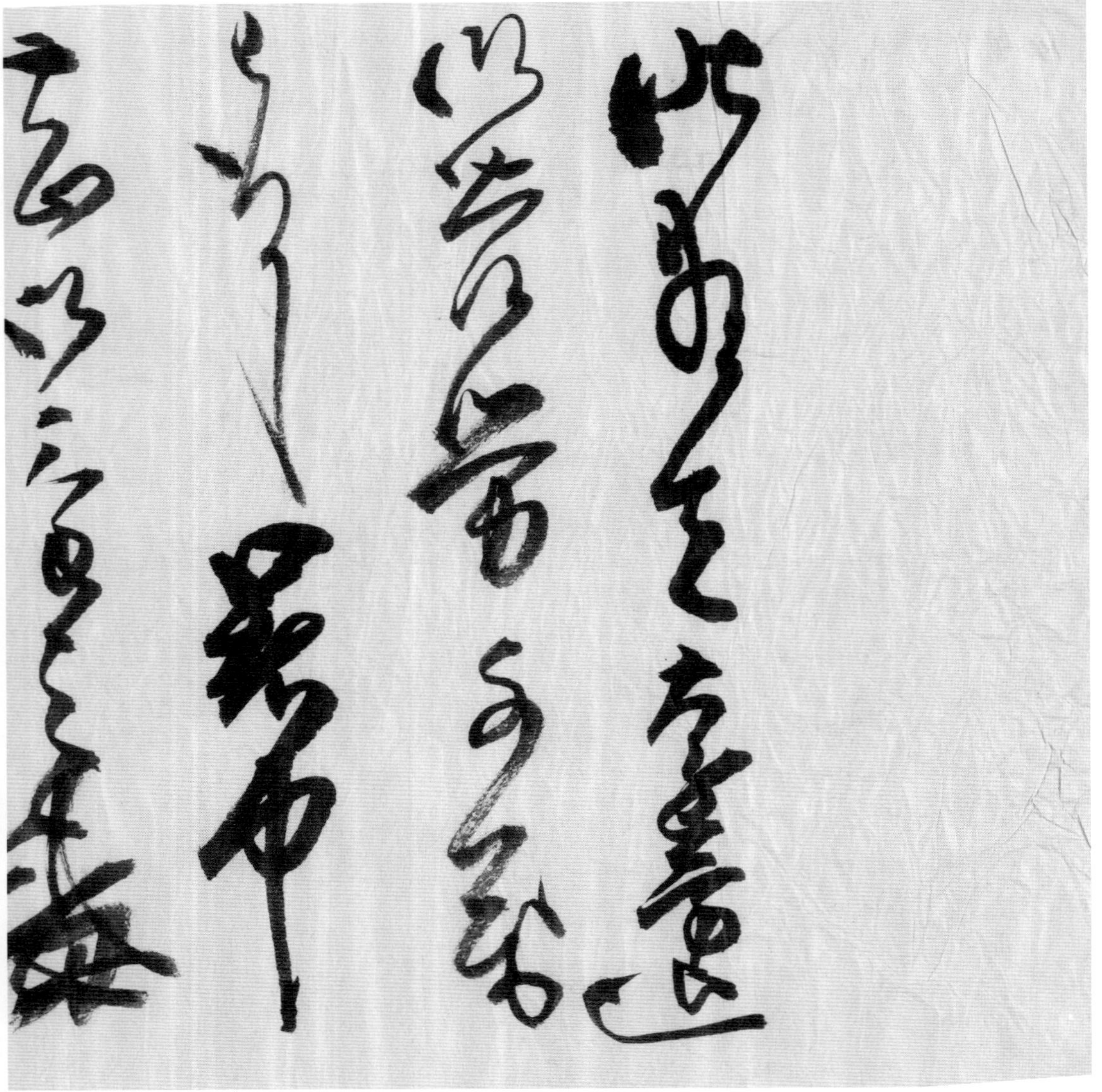

文書番号　Ⅱ－九七
発信者　松方正義（内閣総理大臣）
受信者　井上毅（枢密顧問官）
発信月日　明治二十五年七月十二日
寸　法　一八・七糎＊一二一・〇糎

昨朝は遠方迄
御苦労千万（萬）
奉存候　暑中

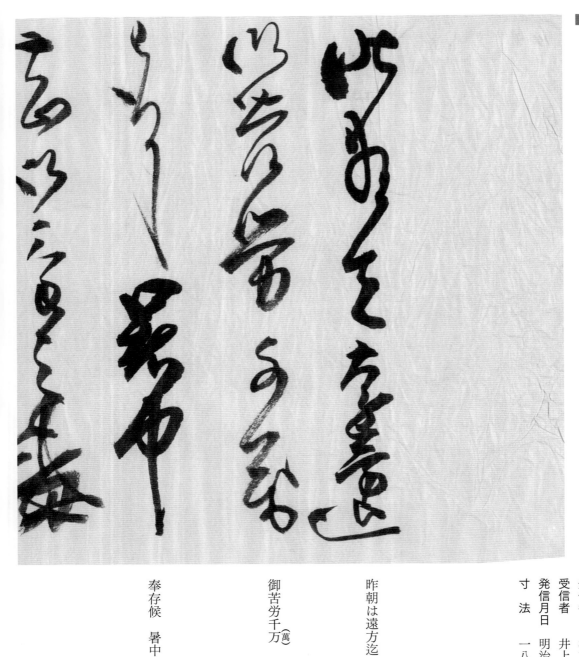

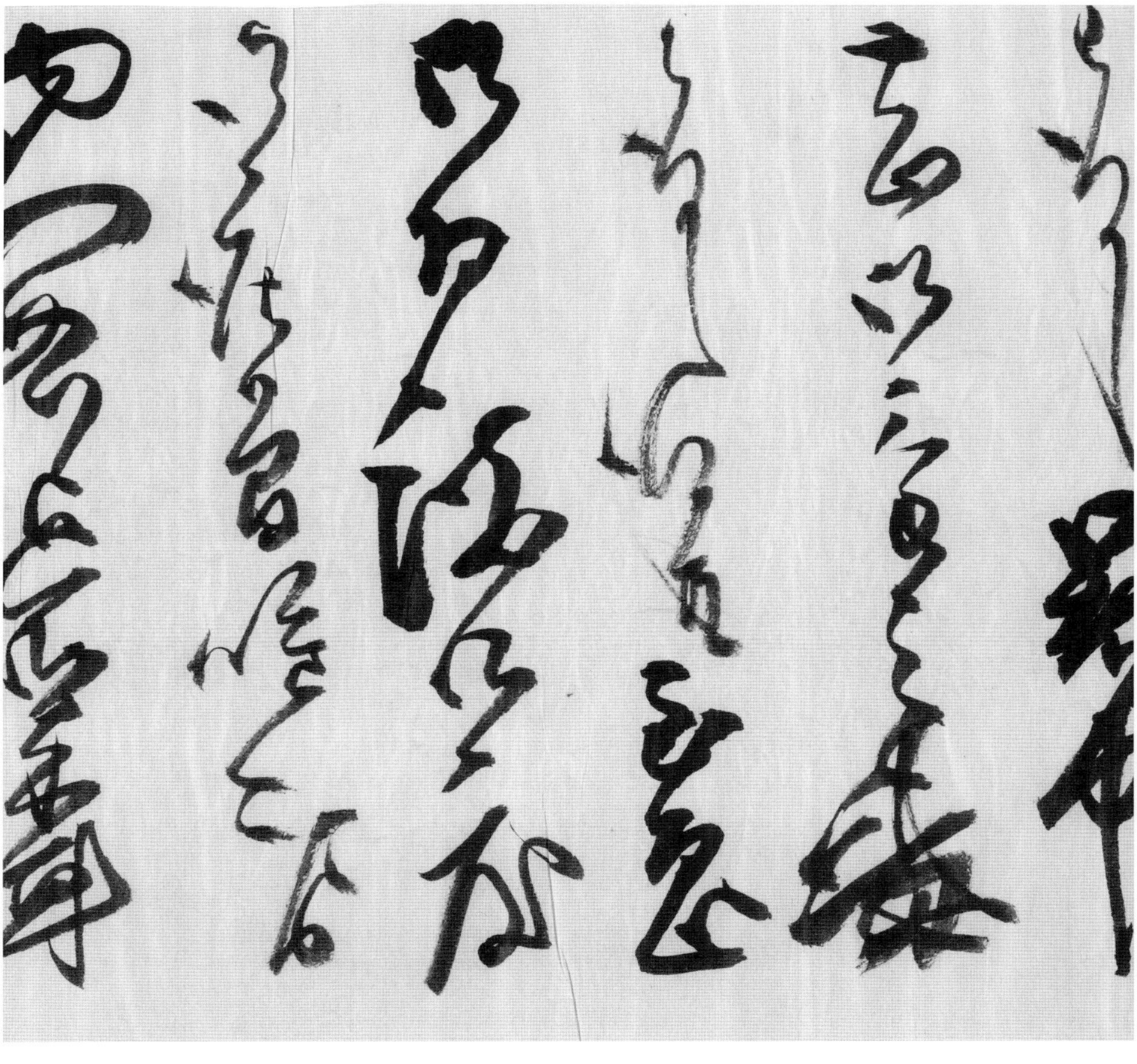

甚御気之毒

奉存候得共　至急

御相談仕度

御座候間　唯今ヨリ（ゟ）

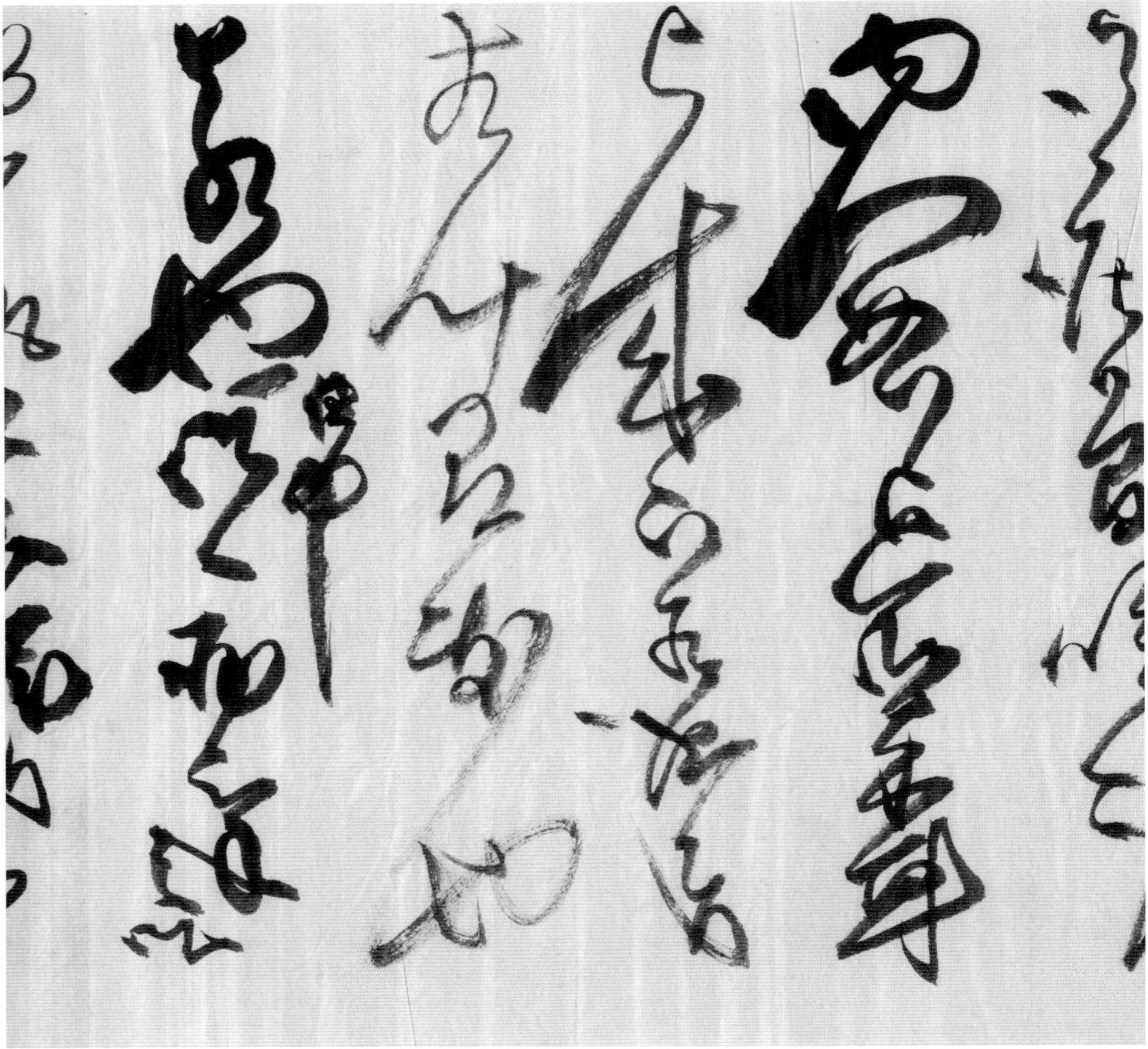

内閣迄御来車
被成下候儀は
相叶間敷や
若や日中御病気之御

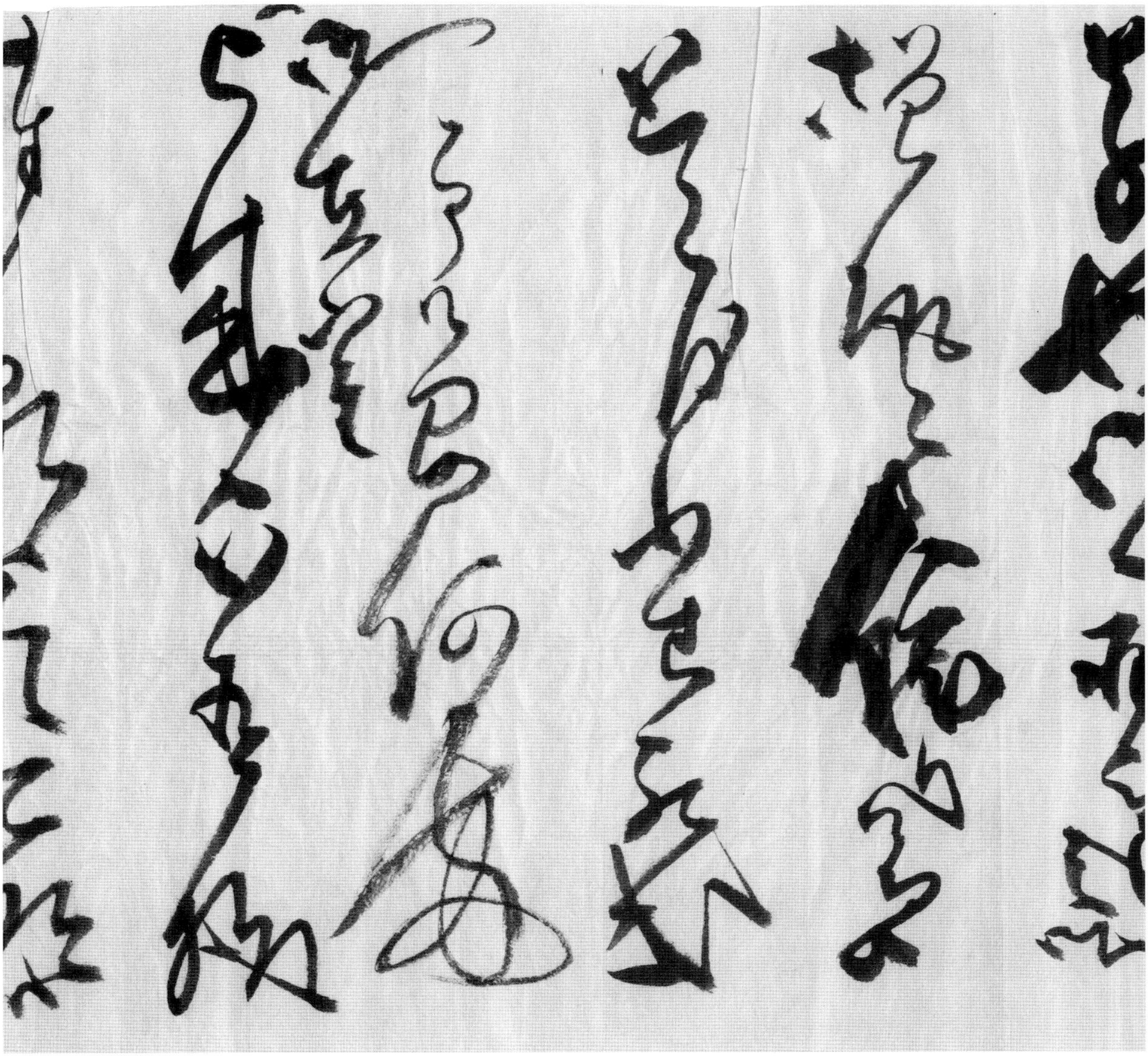

模様ニ依リ候てハ
是ヨ《（ら）》リ小生罷出
可申候間　何卒
御在宅
被成下候様

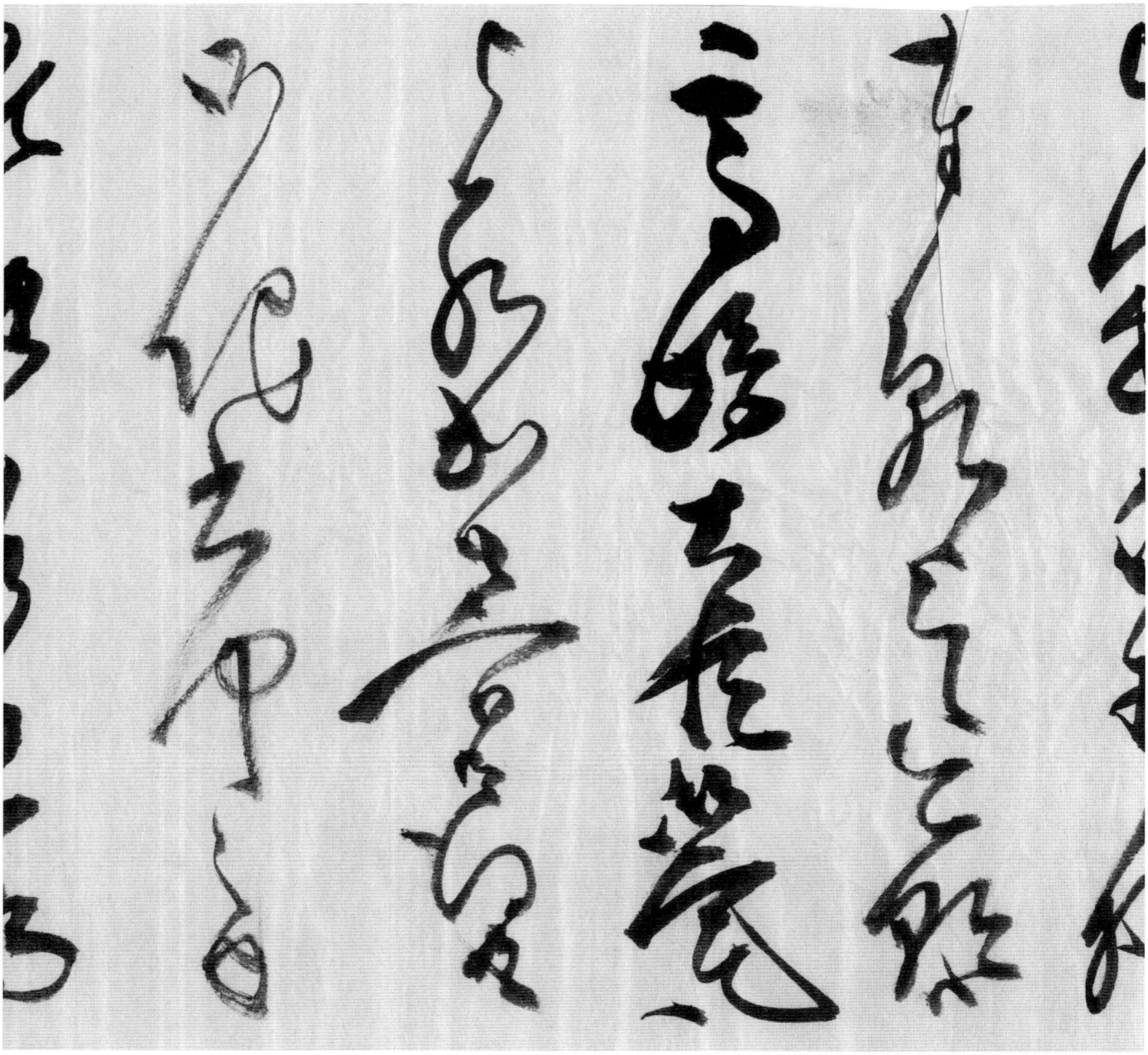

奉願上候　今朝ハ
高嶋大臣御宅へ
被罷出候旨候得共
御他出中之由

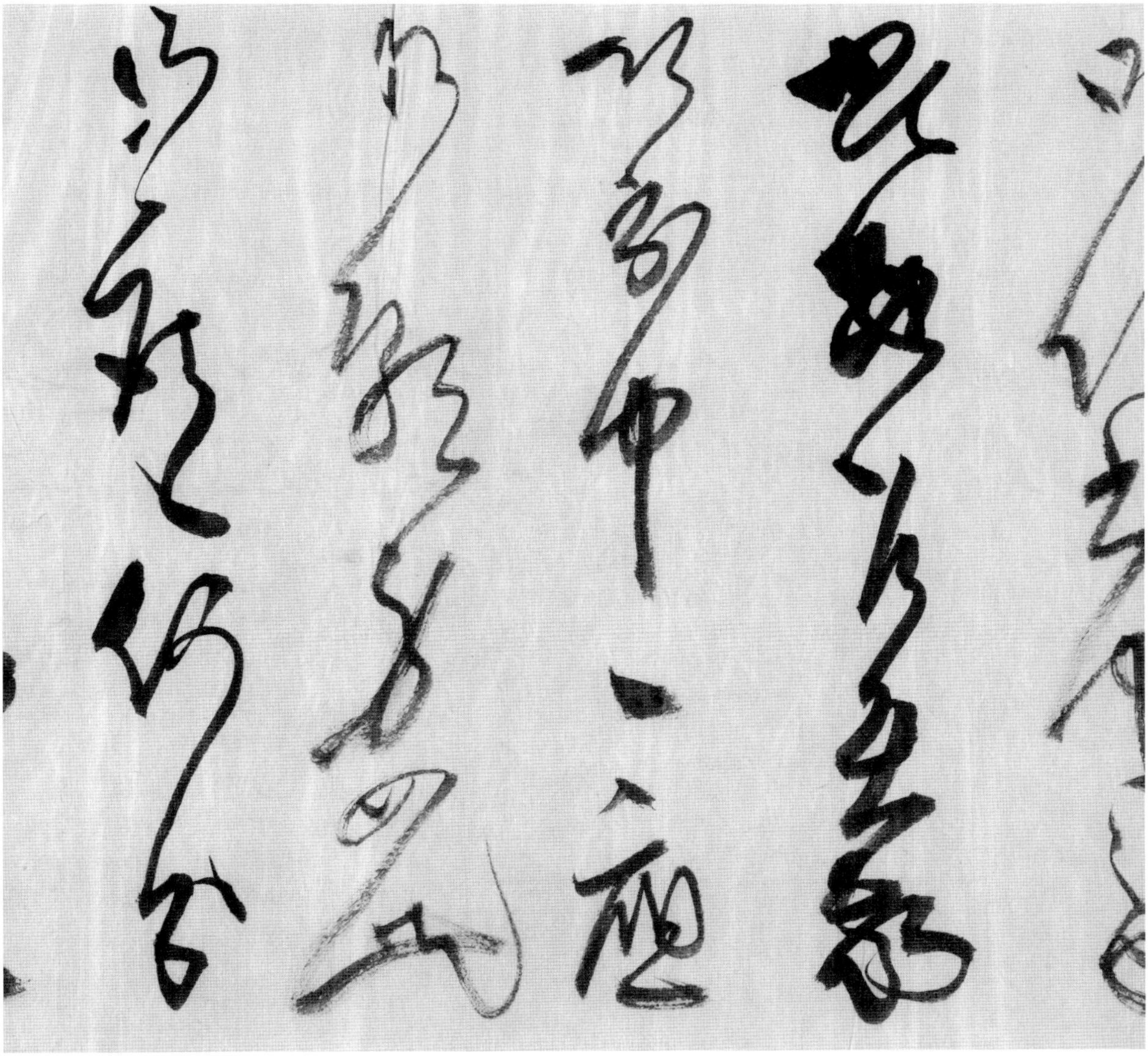

此段乍失敬
以書中一応(應)
御願旁如此
御座候　何分

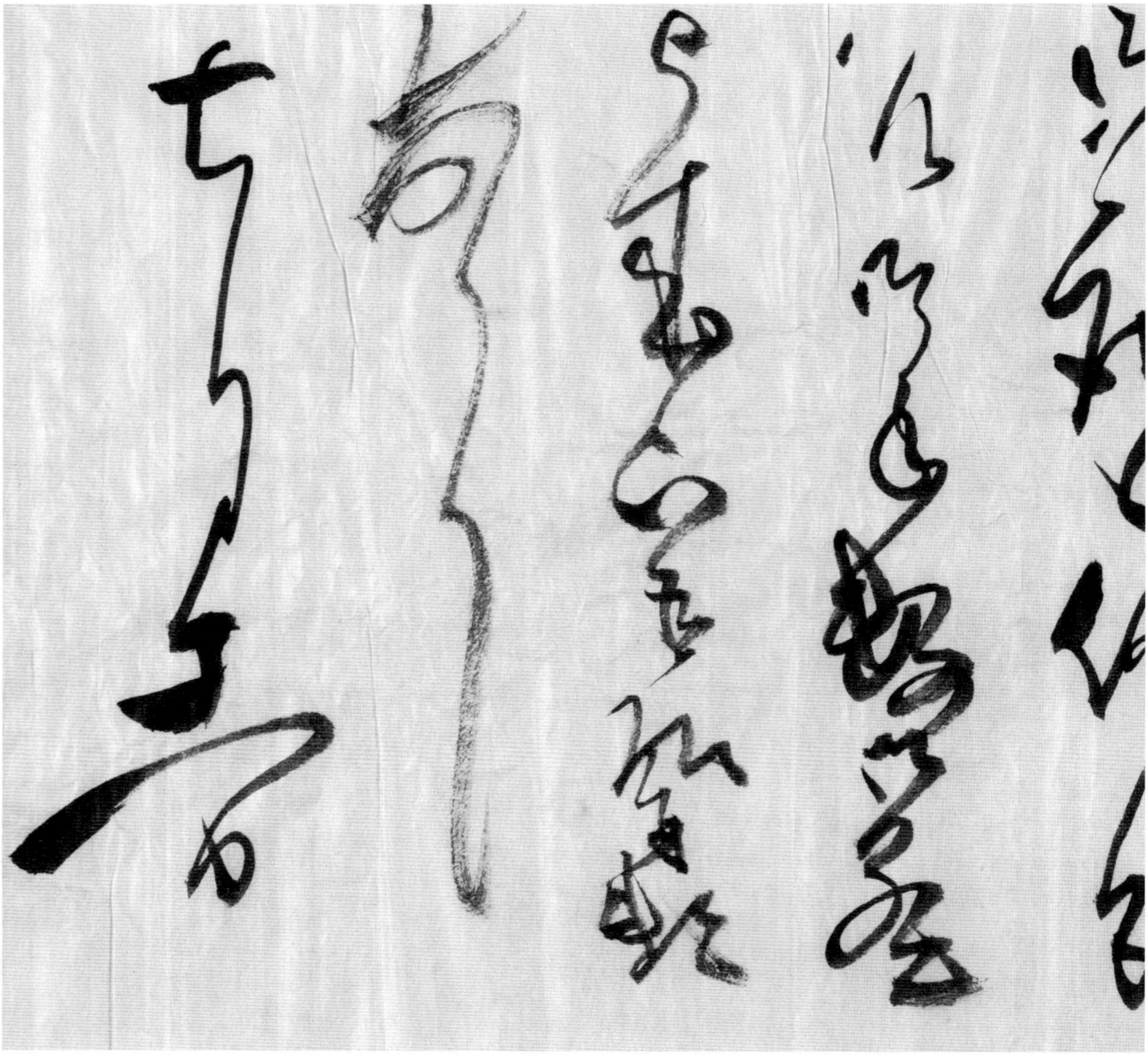

乍御手数御答
被成下候様奉頼候
頓首
七月十二日

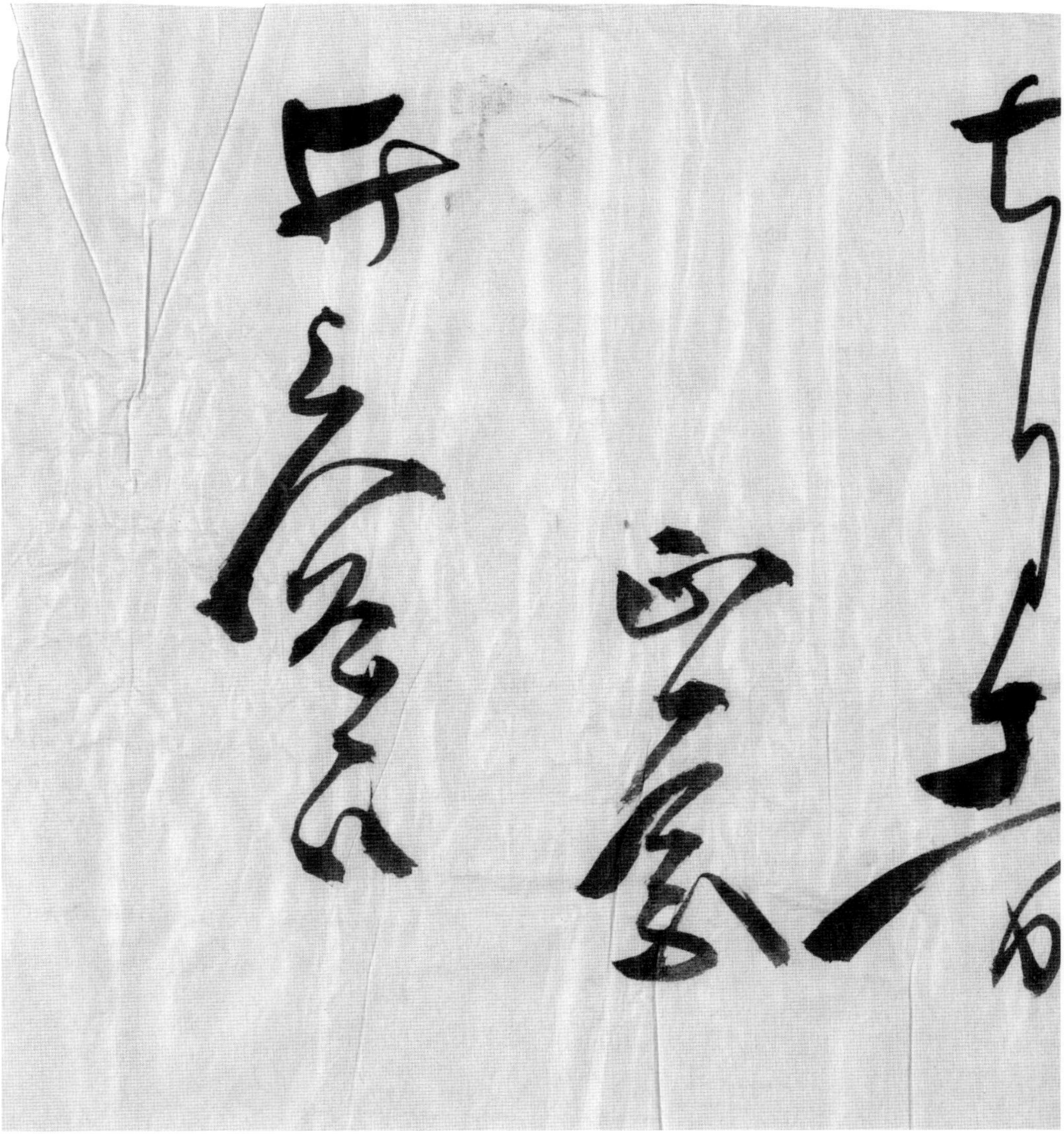

正義

井上閣下

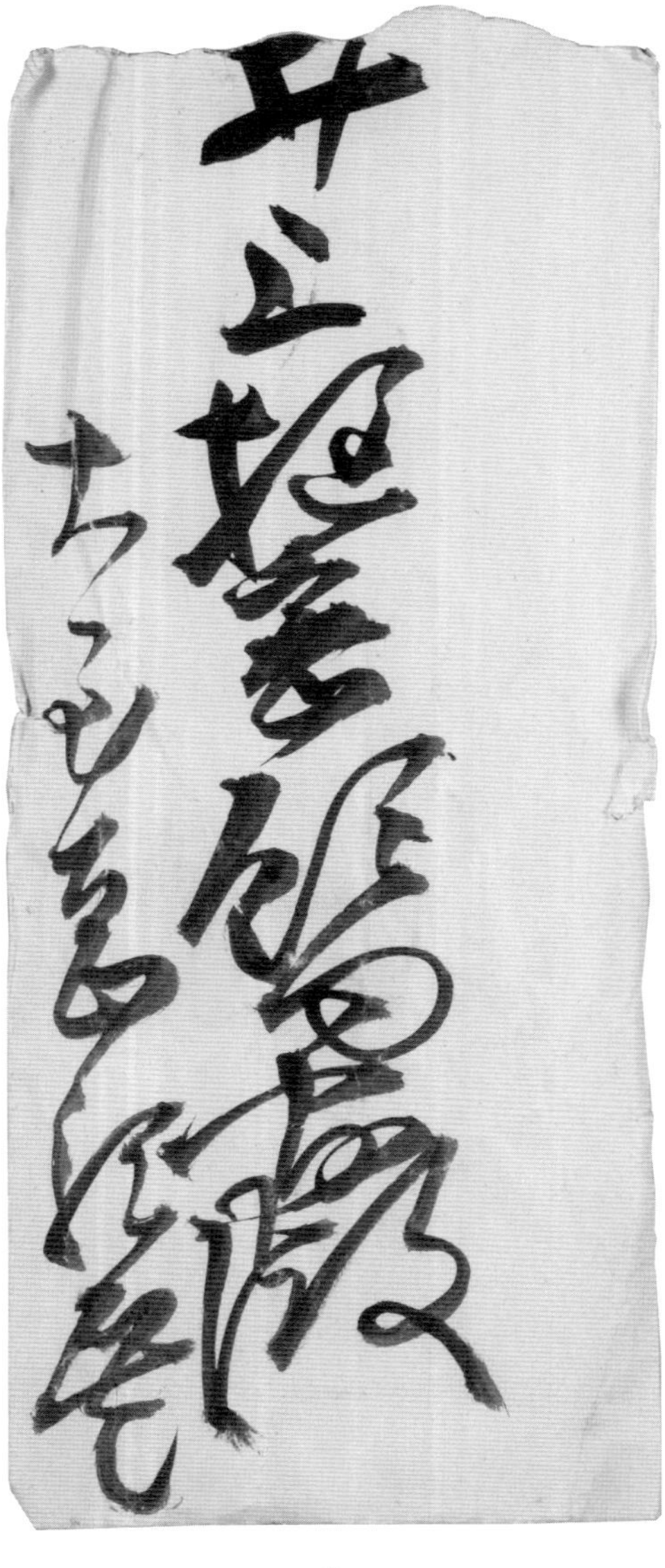

（封筒包紙）

松方

済

（封筒表）

井上枢（樞）密顧問官殿

大至急親展

（封筒裏）

封　松方正義

【解題】 明治二十五年（一八九二）六月十四日、第三議会が閉会した。十六日、松方正義首相は辞意を表明し、後任に伊藤博文を奏薦するが、紆余曲折を経て内閣の退陣が決定するのは、七月三十日に至ってのことだった。本書翰は政局が迷走を続けたこの時期に、首相松方が、事態打開を求めて井上入閣を企図し、その面談を丁重に求めたものである。

第一次松方内閣は、元勲が松方以外参加せず、次世代の官僚たちから構成された、軽量級と呼ばれた内閣だった。この松方内閣は、次世代の官僚たちに彼らの驥足を伸ばす好機を与えたが、同時に彼らの強烈な上昇志向はとかく政権内部の錯乱要因となり、内閣は混乱しがちだった。その混乱を収拾しえなくなった首相松方は、ついに辞任を決意するが、松方周辺の次世代の官僚たちや古参地方官たちは、元勲不在の松方政権における「力の真空」の継続を望み、あくまで松方内閣が存続することを期待した。彼らは七月十日に行われた元勲会議の決裂に狂喜し、欠員・兼任状態の閣僚三ポストに次世代の官僚を送るべく画策し、その結果浮上したのが井上毅法相案だった（佐々木隆『藩閥政府と立憲政治』）。

本書翰からは、同時に浮上していた内務次官白根専一《せんいち》の内相案については退けた松方が、井上に対しては自ら積極的に入閣を要請していたことがわかる。しかしこの要請に対し、同日、井上は自ら「疎暴」と表現する激烈な返書を送り、入閣を固辞した。すなわち、第三議会開会中に提出した詔勅渙発《かんぱつ》を含む政策案を再度突き付け、松方内閣に対して「倦ミ切リタル人心」を挽回するためには「小政略」では到底間に合わないにも関わらず、自分のような「書生輩之入閣抔とハ、却テ政府之体面ニモ関係」するとして、定見のないままにその場をしのごうとする松方の態度を痛烈に批判したのである（『井上毅伝』史料篇第四）。「大政略」を示すことなくいたずらに政権の延命を図ろうとする松方と、混迷を深める政局全体への井上の憤りが示されていよう。八月八日、元勲総出の第二次伊藤内閣が成立し、明治政府は「末路之一戦」に突入することとなる（七月三日付井上馨宛山県有朋書翰、「井上馨関係文書」）。【内山京子】

五一、文教政策に関する伊藤博文書翰

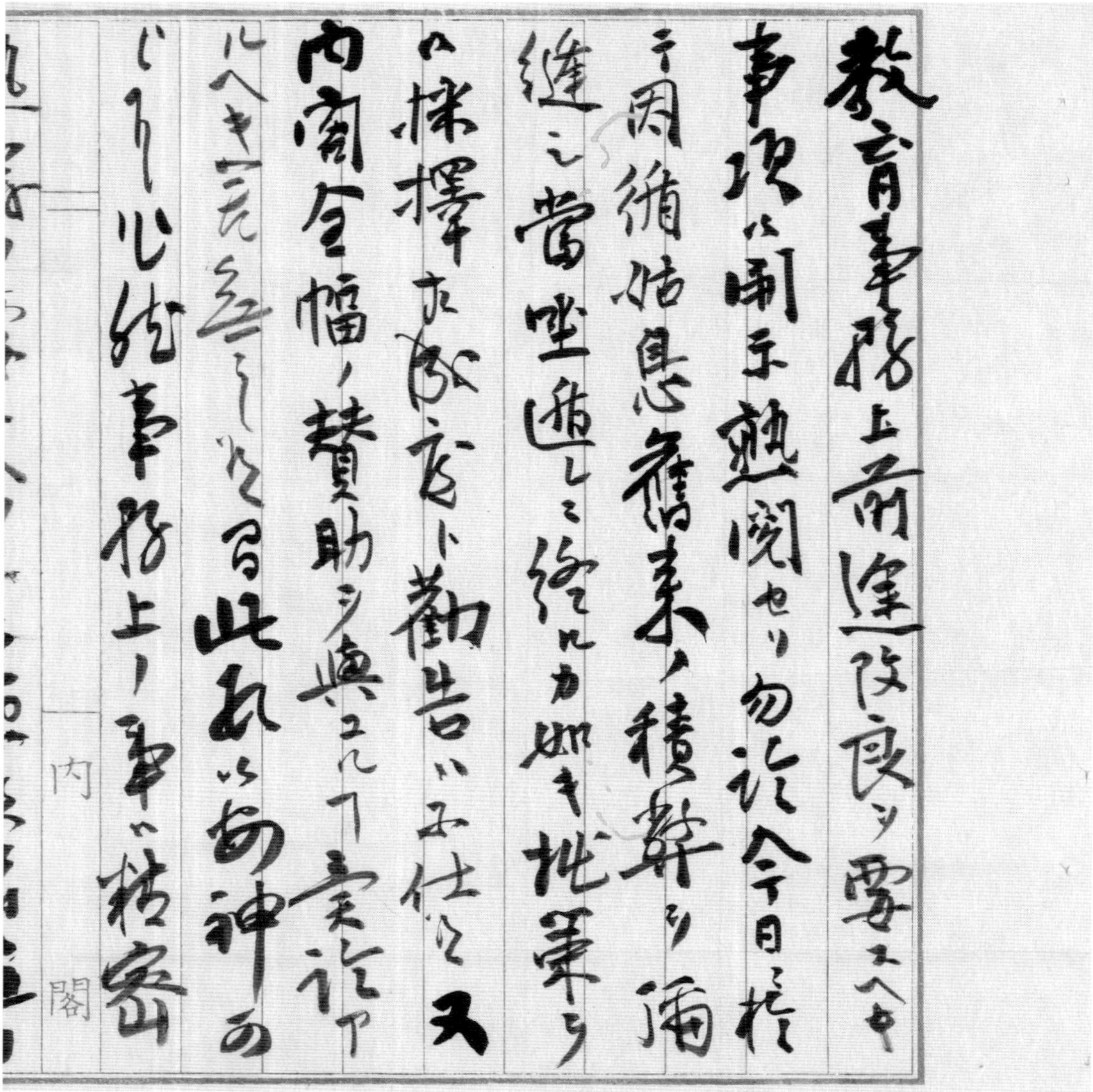

文書番号　Ⅱ-二五七
発信者　伊藤博文（内閣総理大臣）
受信者　井上毅（文部大臣）
発信月日　明治二十六年六月八日
寸　法　一八・三糎＊二〇・二糎

教育事務上前途改良ヲ要スヘキ
事項御開示熟閲セリ　勿論今日ニ於
テ因循姑息旧《舊》来ノ積弊ヲ弥《彌》
縫シ　当《當》坐遁レニ終ルカ如キ拙策ヲ
御採択《擇》相成度ト勧告ハ不仕候　又
内閣全幅ノ賛助ヲ与《與》ユルコト《ヿ》異論ア
ルヘキ筈無之候間　此段御安神可
被下候　乍然事務上ノ事ハ精密

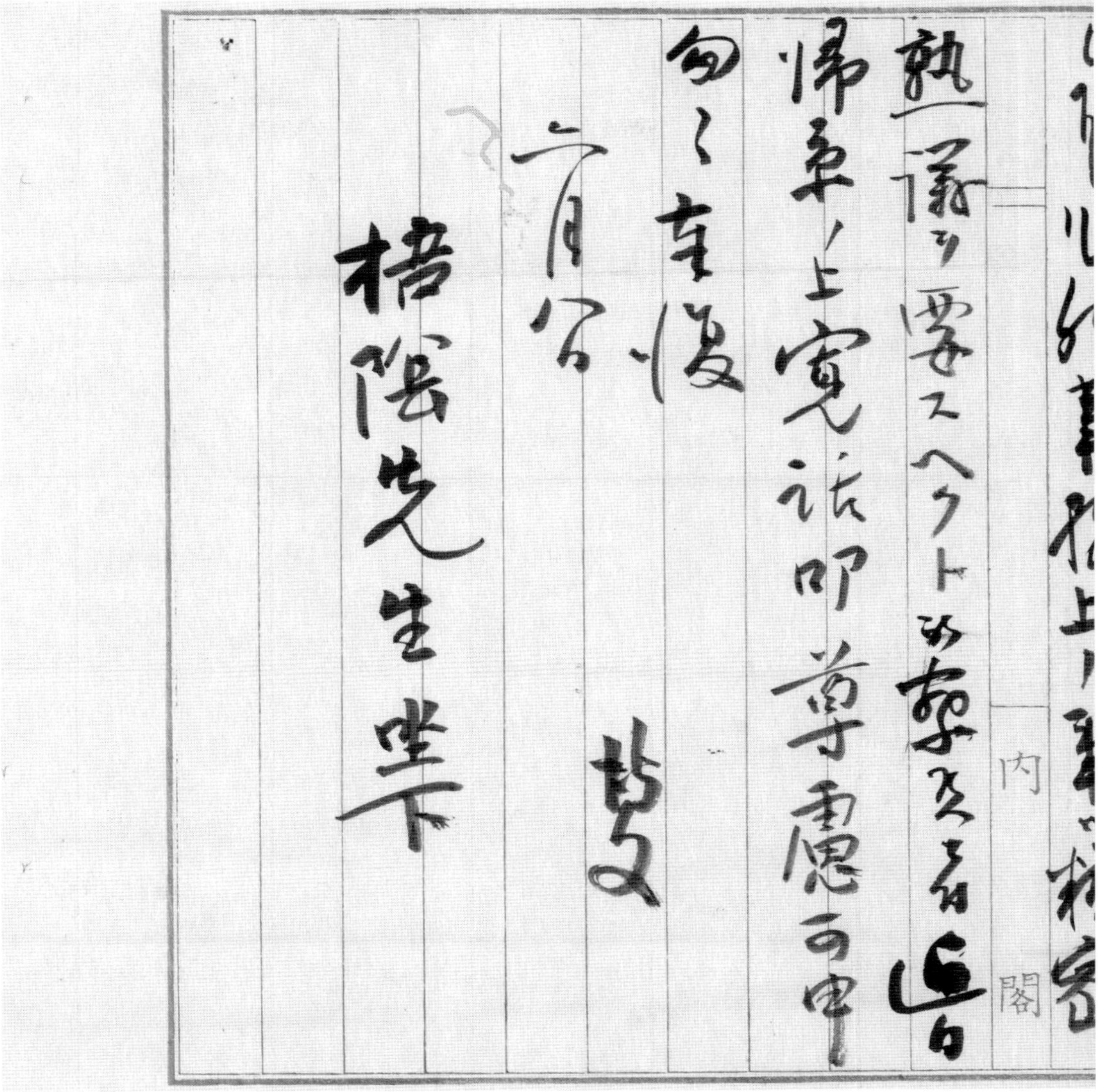

熟議ヲ要スヘクト被察候ニ付　近日
帰京ノ上寛話叩尊慮可申候
匆々奉復
博文
六月八日
梧陰先生　坐下

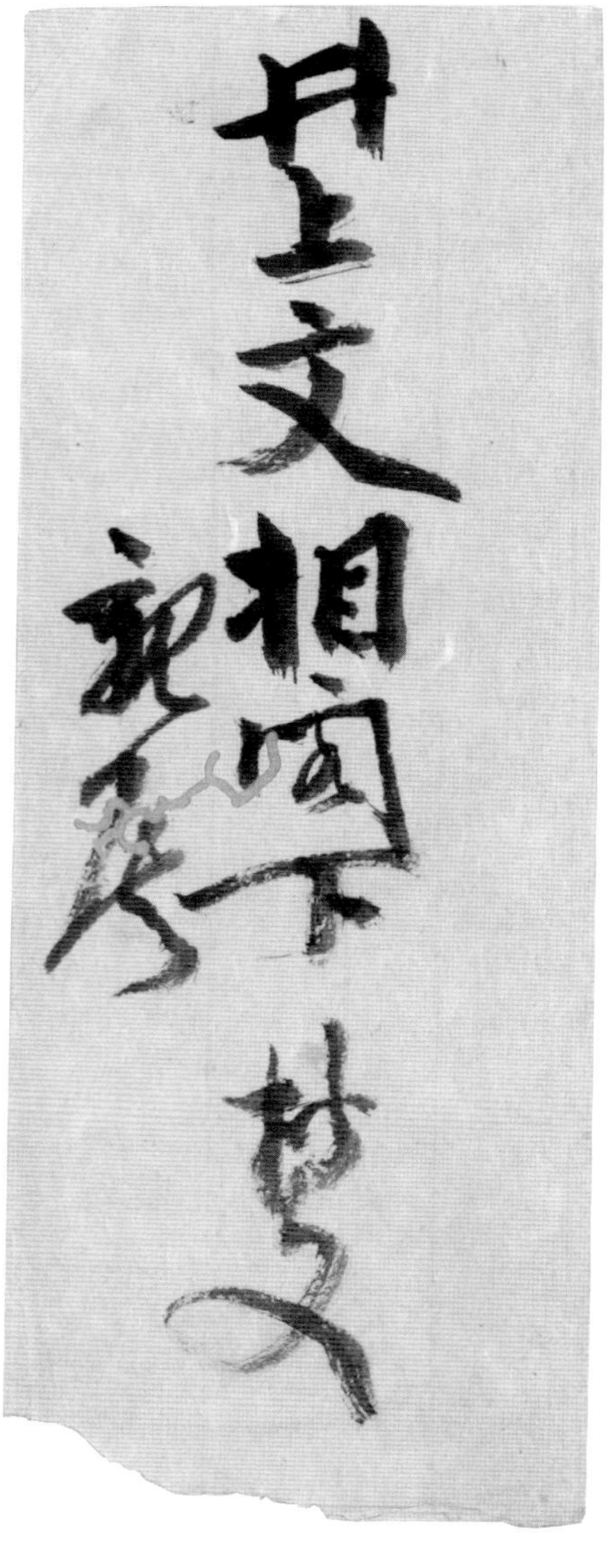

（封筒表）

井上文相閣下　博文

親展

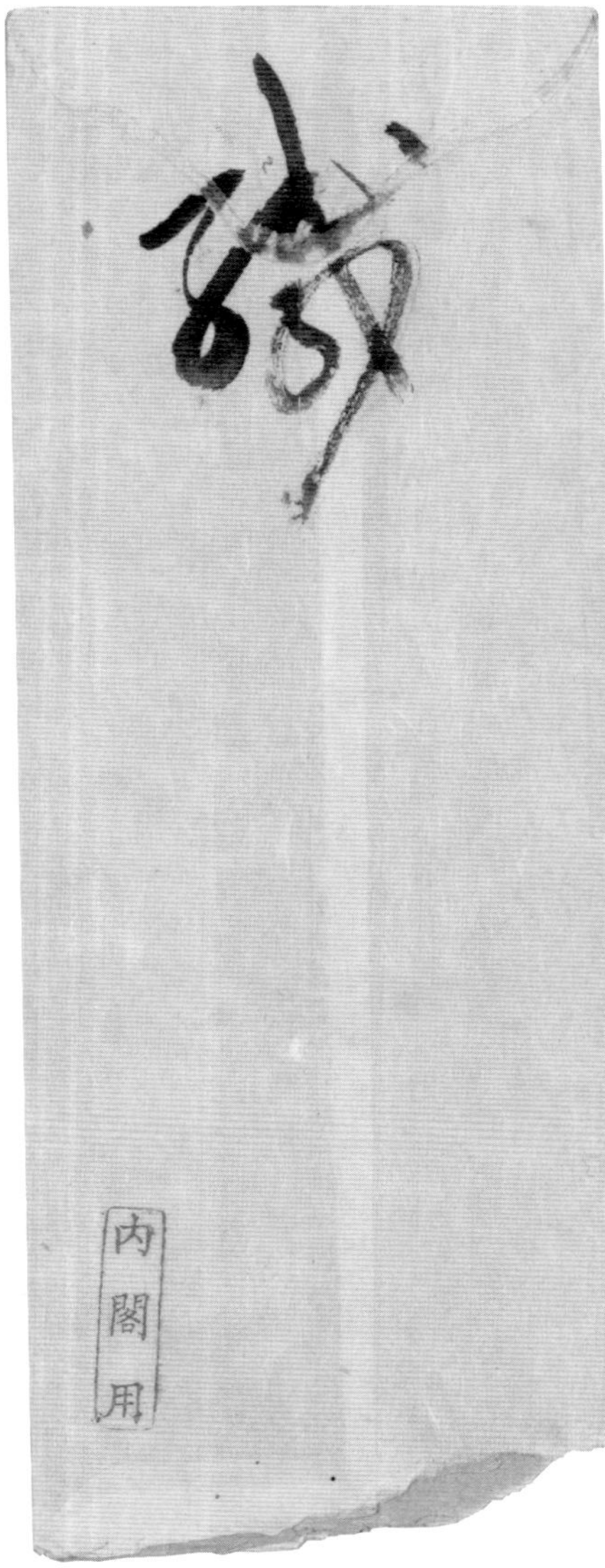

（封筒裏）

緘

【解題】　明治二十六年（一八九三）三月七日、井上毅は第二次伊藤内閣に文部大臣として入閣し、五十一歳にして初めて台閣に列することになった。この書翰は、入閣から三ヶ月後の六月八日、同日付の井上書翰に対する返書として、首相伊藤博文から井上に送られたものである。

井上は、前年八月の内閣成立直後にも要職への就任を要請されていたが、自分の「政事上之意見」は民党の議論と両立せず、「政府之調和之余地を存せらるゝ政略に対し得策にあらず」として辞退していた（八月二十九日付伊藤博文・井上馨・山縣有朋宛井上書翰、『伊藤博文関係文書』一）。政党といかに関わるかについて、伊藤と井上の間には、確かに拭いがたい距離感があった。しかし、伊藤内閣の成立は、政府は「人」であることを訴え続けてきた井上の主張を具現化するものであったし、二十七年二月十日、政府と民党との対立を詔勅によって収拾するという「和協の詔勅」の実行は、井上の念願を伊藤が採用したものだった。ここに両者は接近し、三月の内閣改造時に井上の入閣が実現する。

さて、本書翰と同日、六月八日の伊藤宛書翰において、井上は、内閣が「和協の詔勅」の公約事項である「減員減額ノミニ汲々」とするなら、より積極的な教育改革を志向する「政党連中」の攻撃を受けると共に、系統的に改革すべき教育改革が「チグハグノ改革」に陥ってしまうとして、積極的な改革の必要を伊藤に訴えた（『井上毅伝』史料篇第四）。本書翰は、これに対し伊藤が、「勿論今日ニ於テ因循姑息旧来ノ積弊ヲ弥縫シ、当座遁レニ終ルカ如キ拙策ヲ御採択相成度ト勧告ハ不仕」、「内閣全幅ノ賛助ヲ与ユルコト異論アルヘキ筈無之」と力強く応じたものである。近年、第二次伊藤内閣は、内閣の方針を閣議決定することで閣内の統一を図り、首相の強いリーダーシップの下で政権運営を試みたことが指摘されているが（村瀬信一『明治立憲制と内閣』）、この両者のやり取りからは、この試みが確かに存在したことを感じ取ることが出来よう。以降、井上は公約である海軍改革・行政改革実行の厳格な監視者として、そして後に明治期の二大改革と称される教育改革を実現した文部大臣として、翌二十七年八月に病気により辞職するまで、伊藤首相の下で文字通り粉骨砕身に徹するのである。

〔内山京子〕

五二、文相辞表に関する伊藤博文書翰

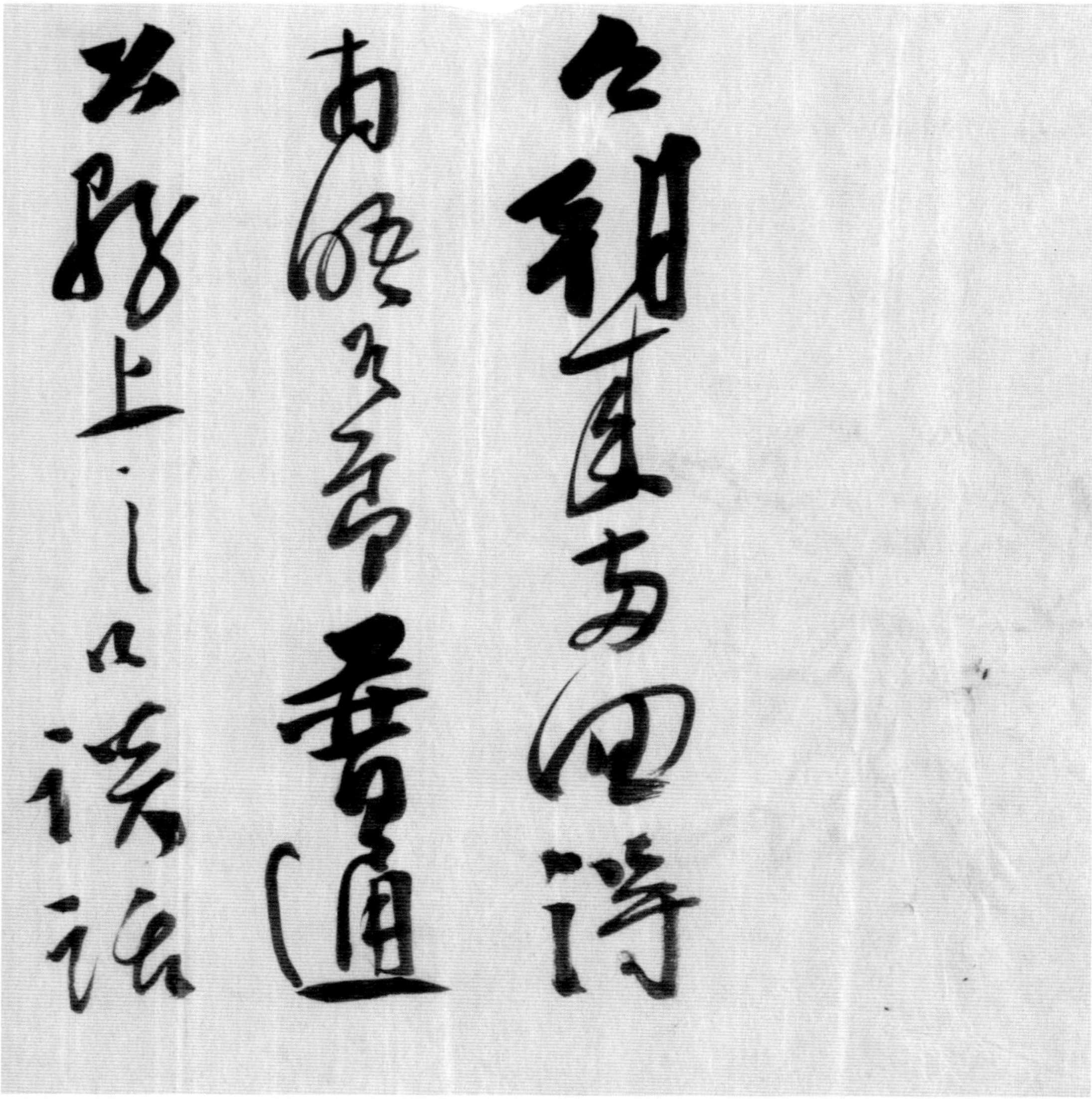

文書番号　Ⅱ―二五六
発信者　伊藤博文（内閣総理大臣）
受信者　井上毅（文部大臣）
発信月日　明治二十七年七月十八日
寸法　一七・二糎＊一五四・〇糎

今朝来　両回得
拝晤候節　普通
公務上之御談話

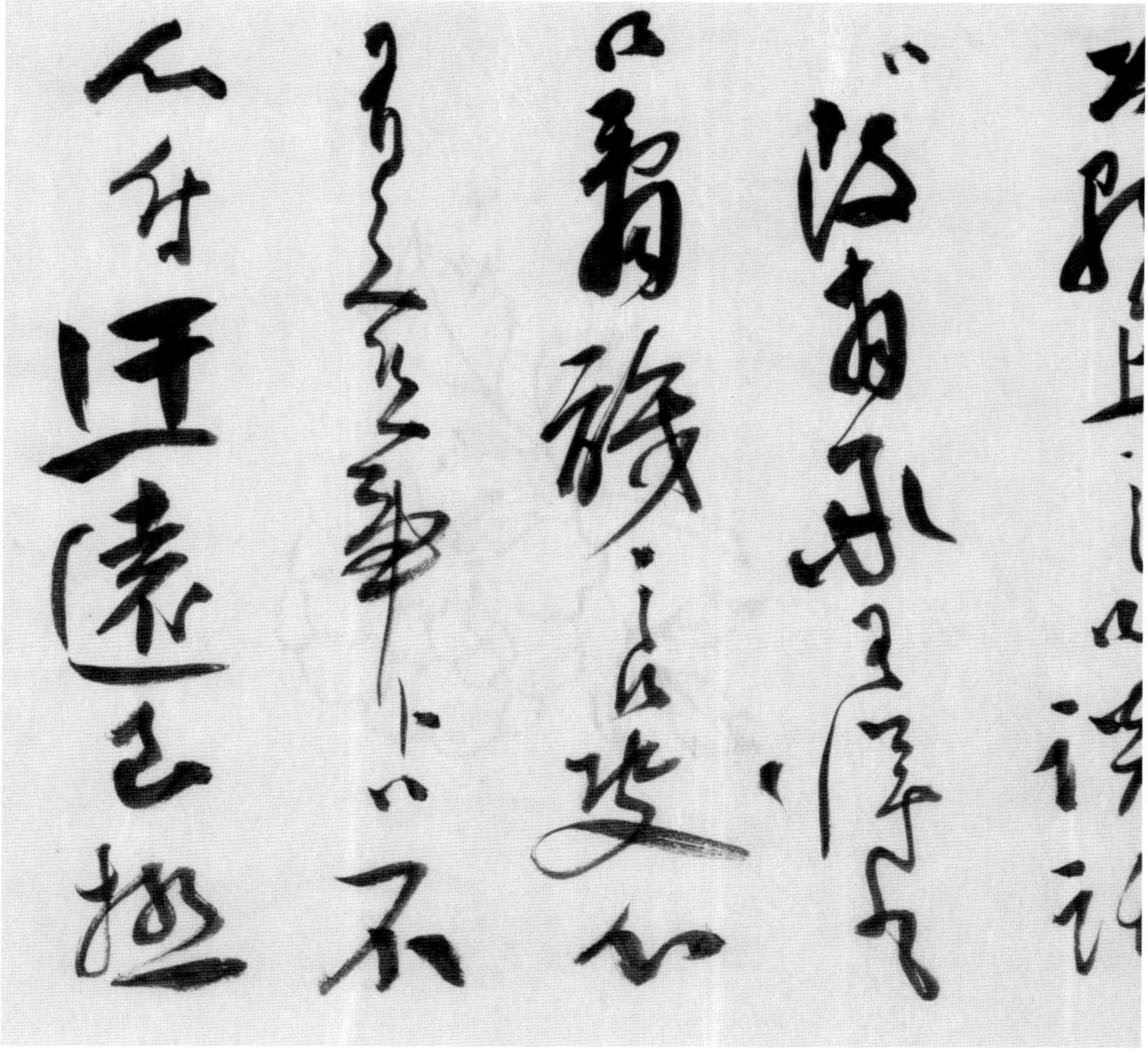

ハ致拝承候得共
御辞職之御決心
有之候事トハ不
心付　迂遠至極

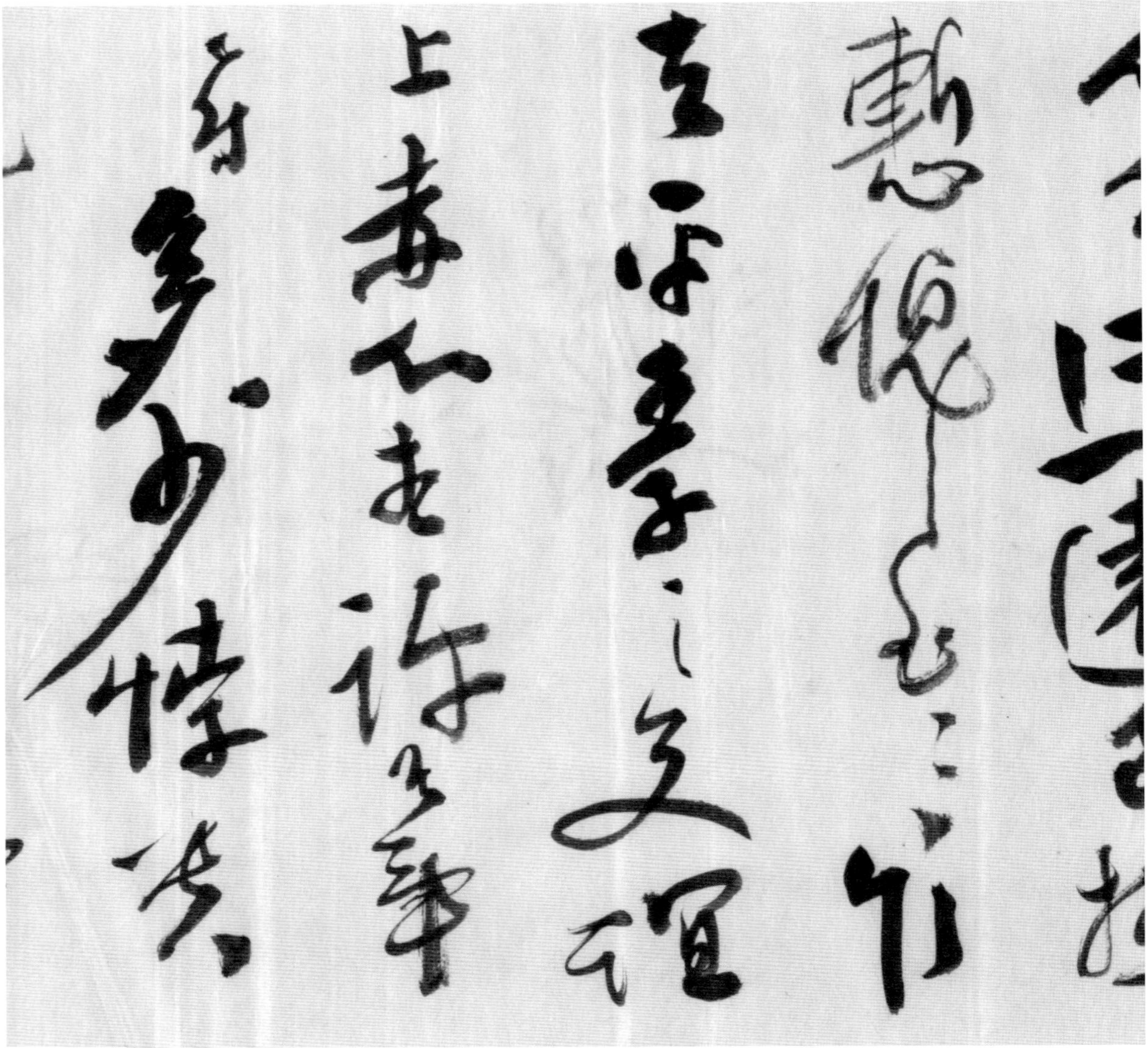

慙愧之至ニ候　乍
去平素之交誼
上　赤心相許候事
ニ付　多少悖貴

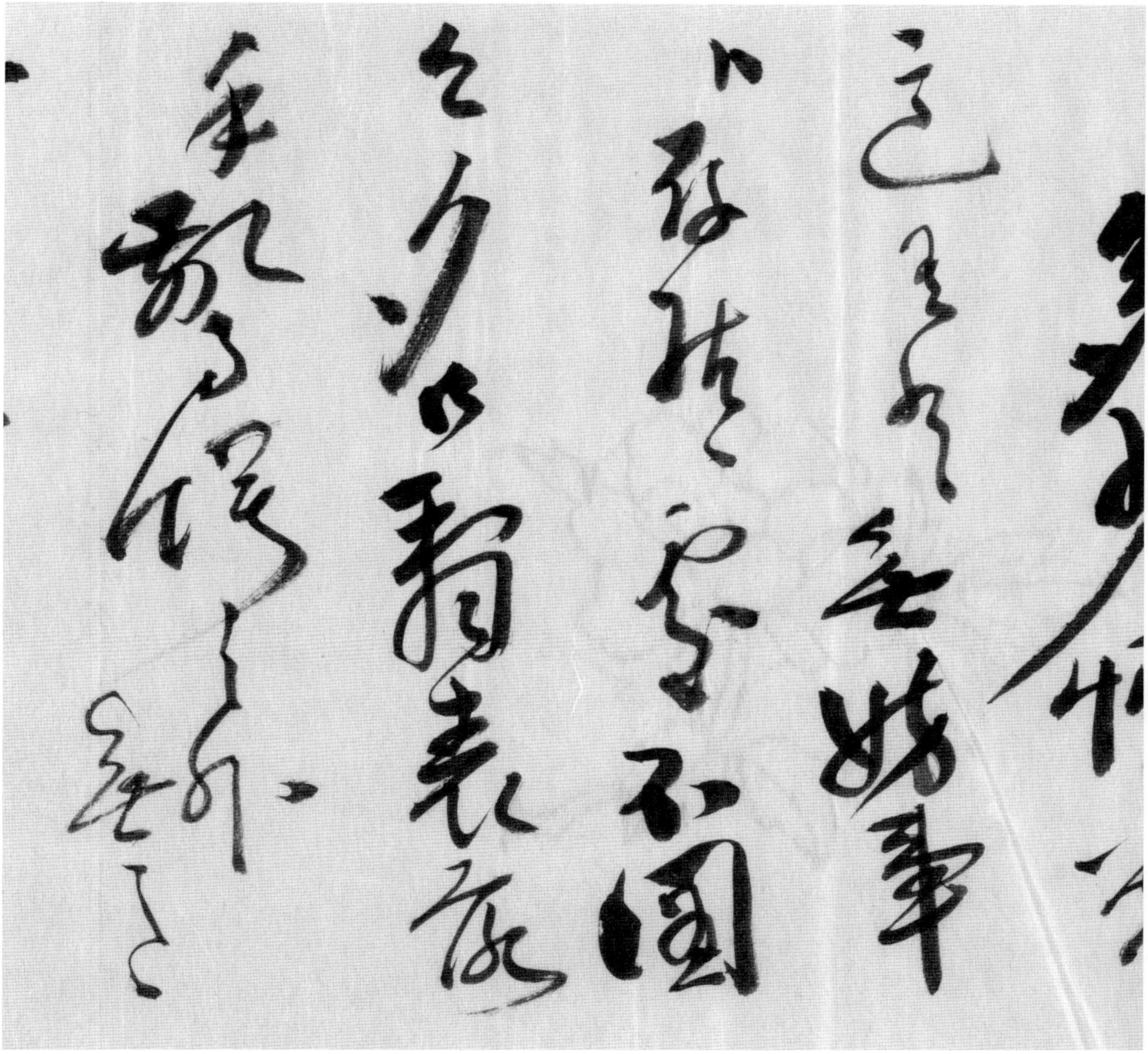

意候共　無妨事
ト存居候処（處）　不図（圖）
今夕御辞表落
手驚愕之外無之候

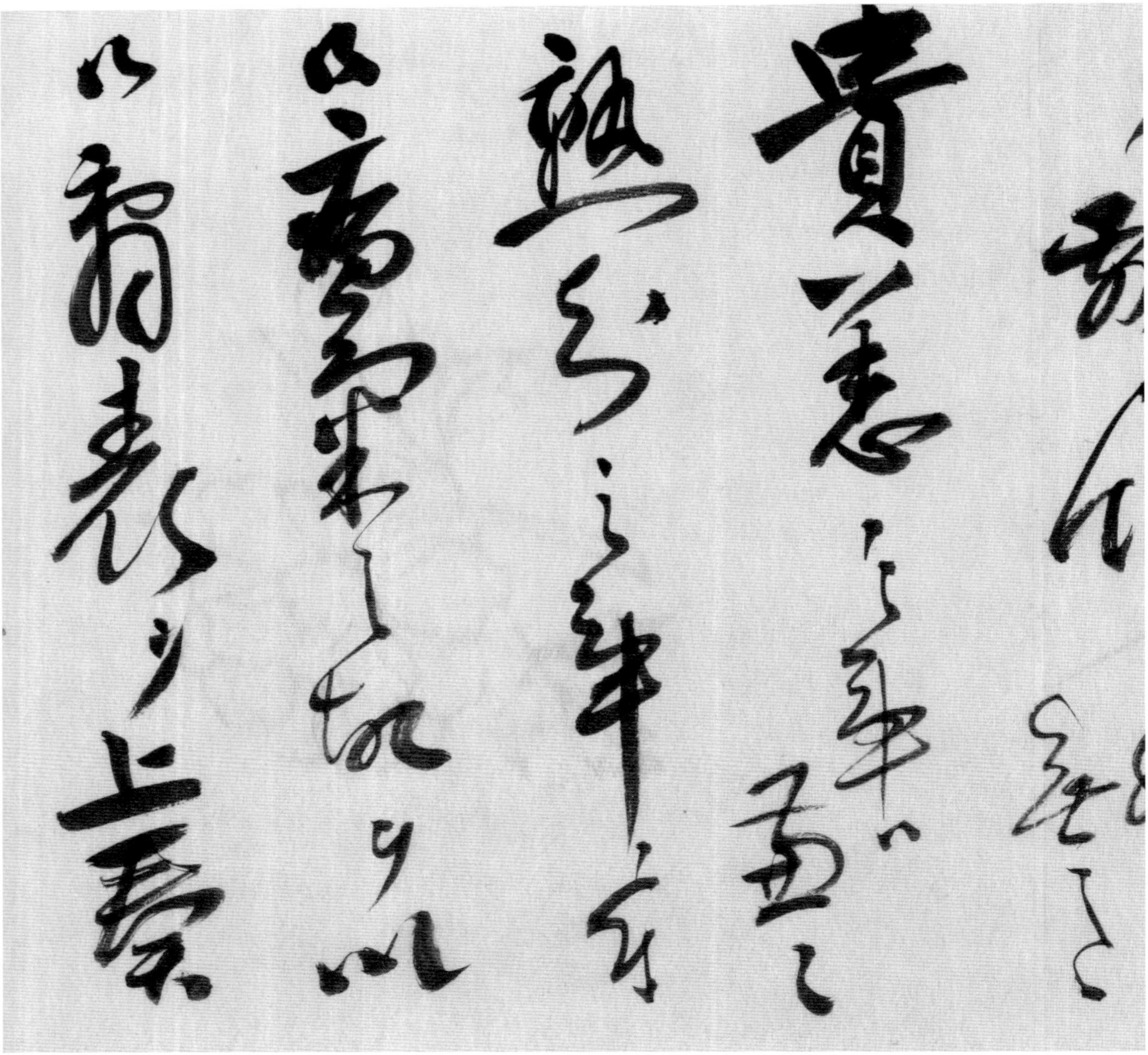

貴恙之事ハ兼々
熟知之事ニ付
御病気（氣）之故ヲ以
御辞表ヲ上奏

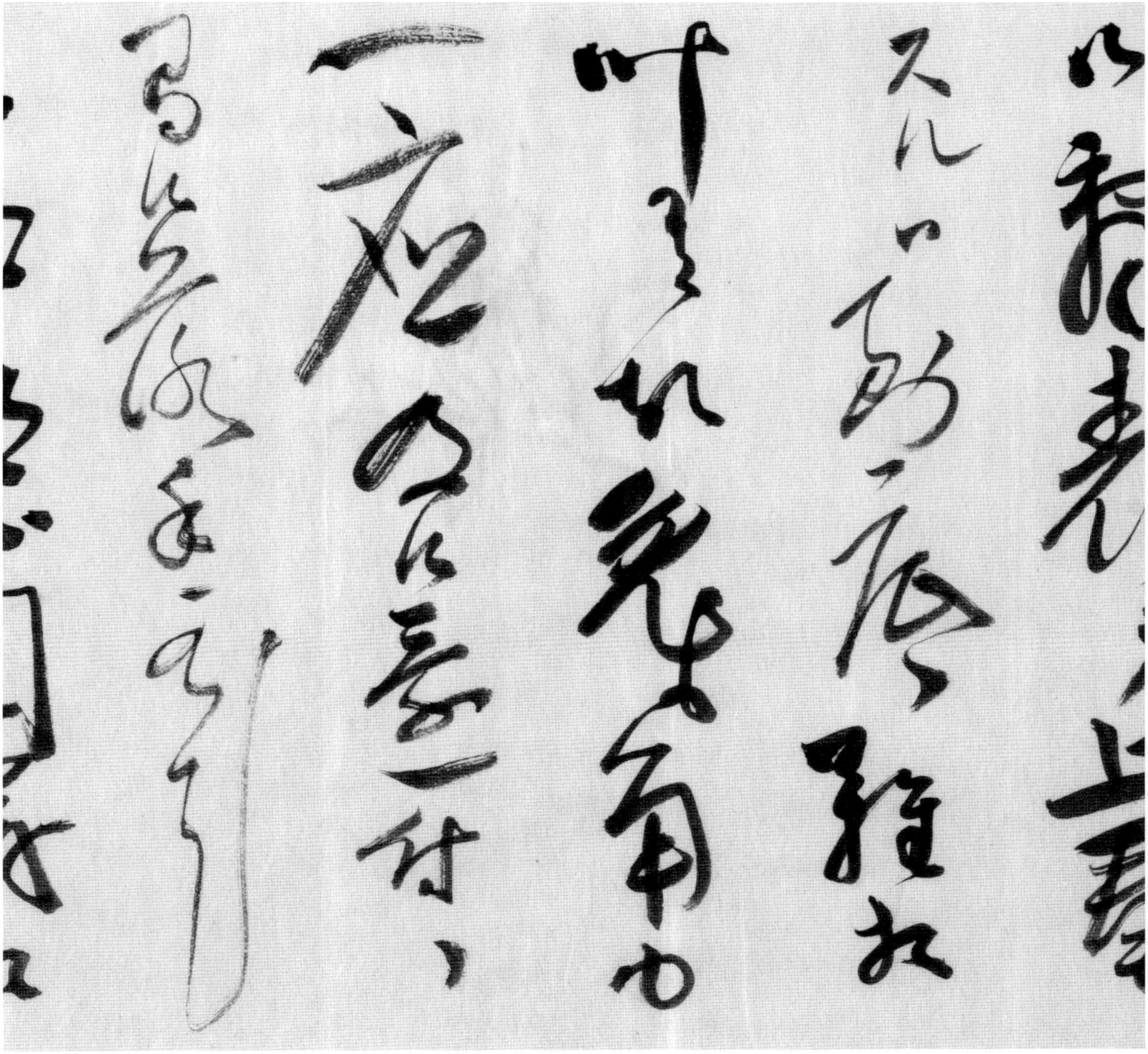

スルハ到底難相
叶候故　兎も角も
一応(應)及御還付候
間御落手可被下候

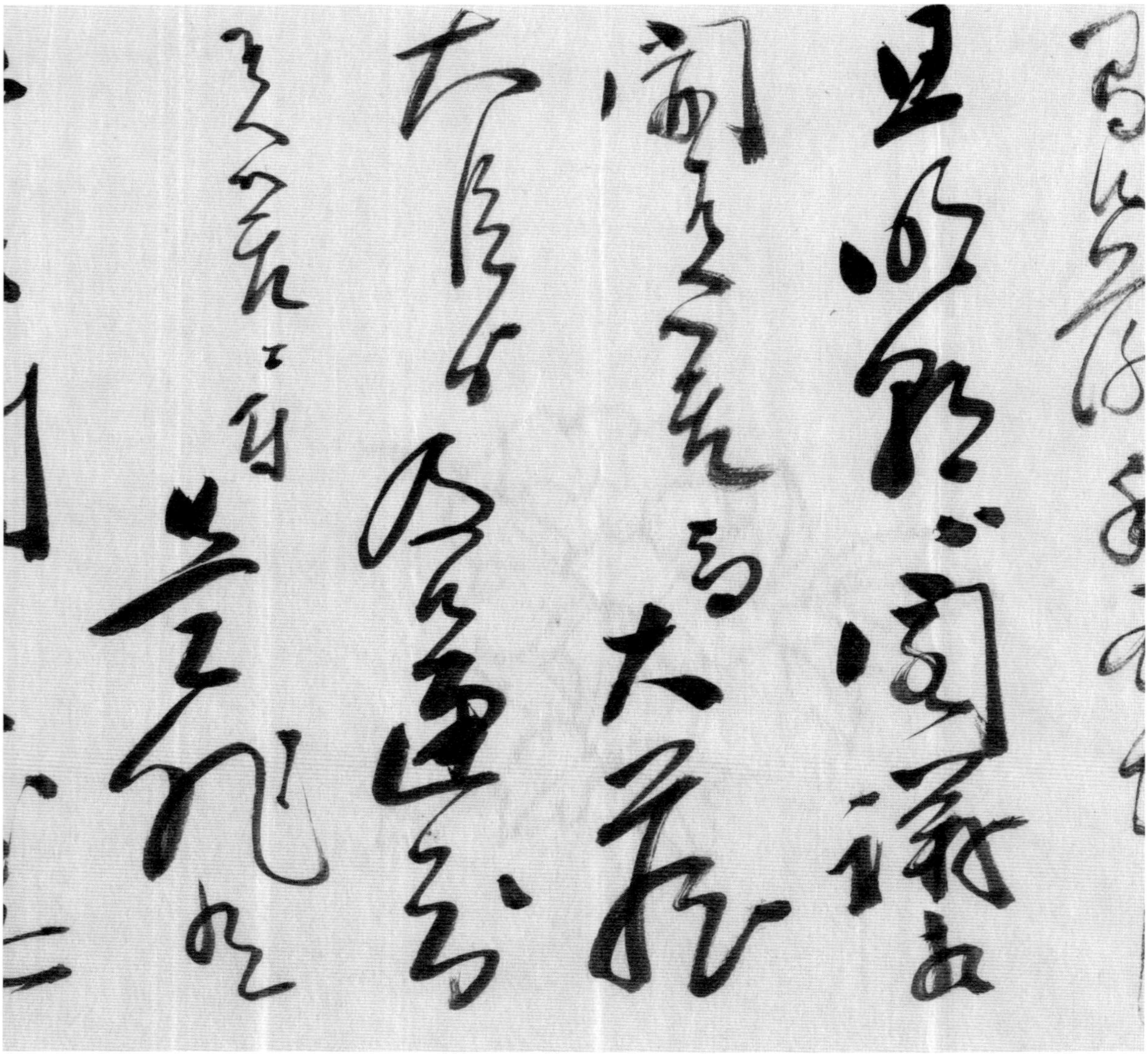

且明朝ハ閣議相
開候筈ニて　大蔵
大臣ヨリ(ら)及御通知
候筈ニ付　是非共

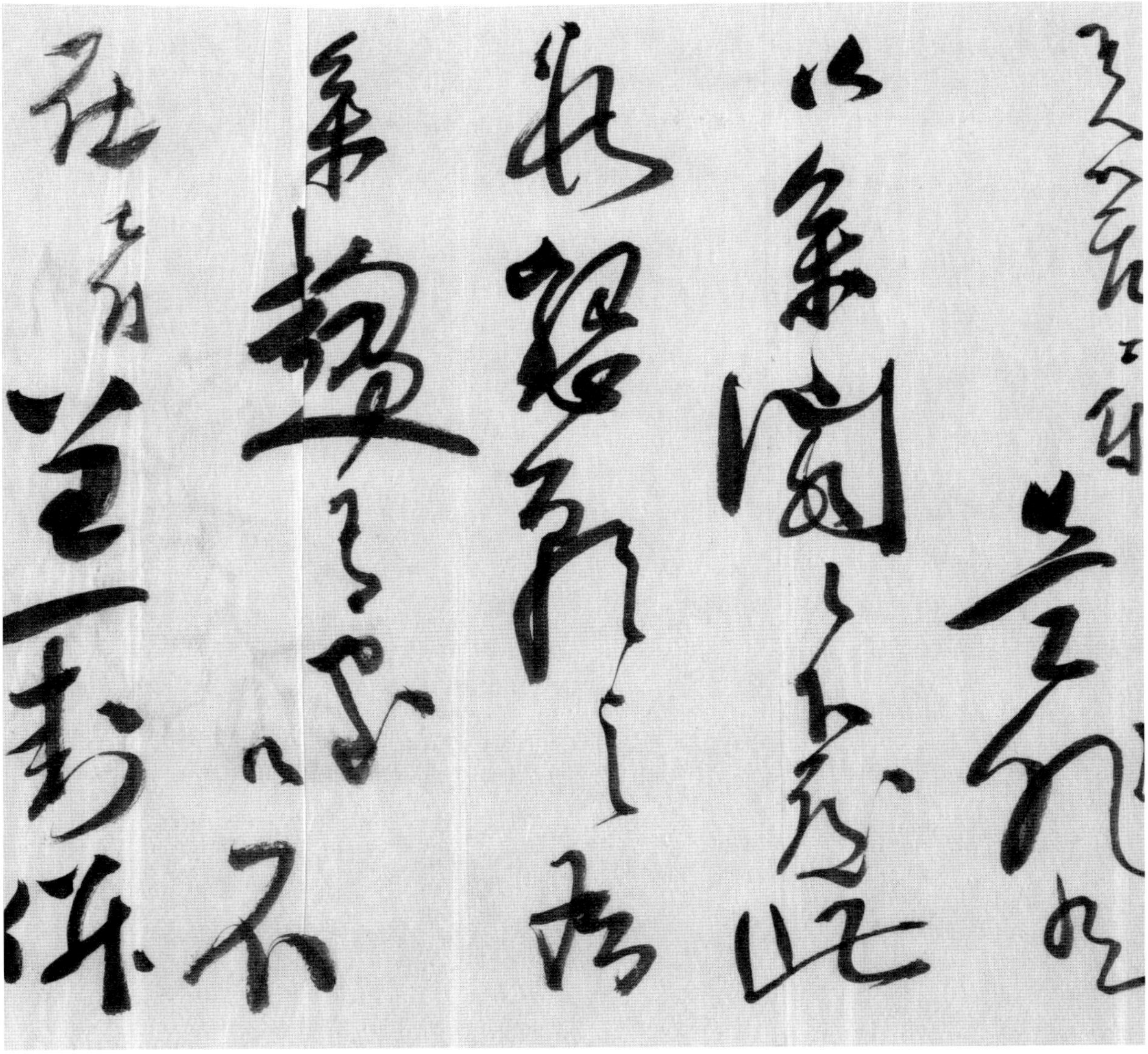

御参閣被下度　此
段懇願之為
参趨候処（處）　御不

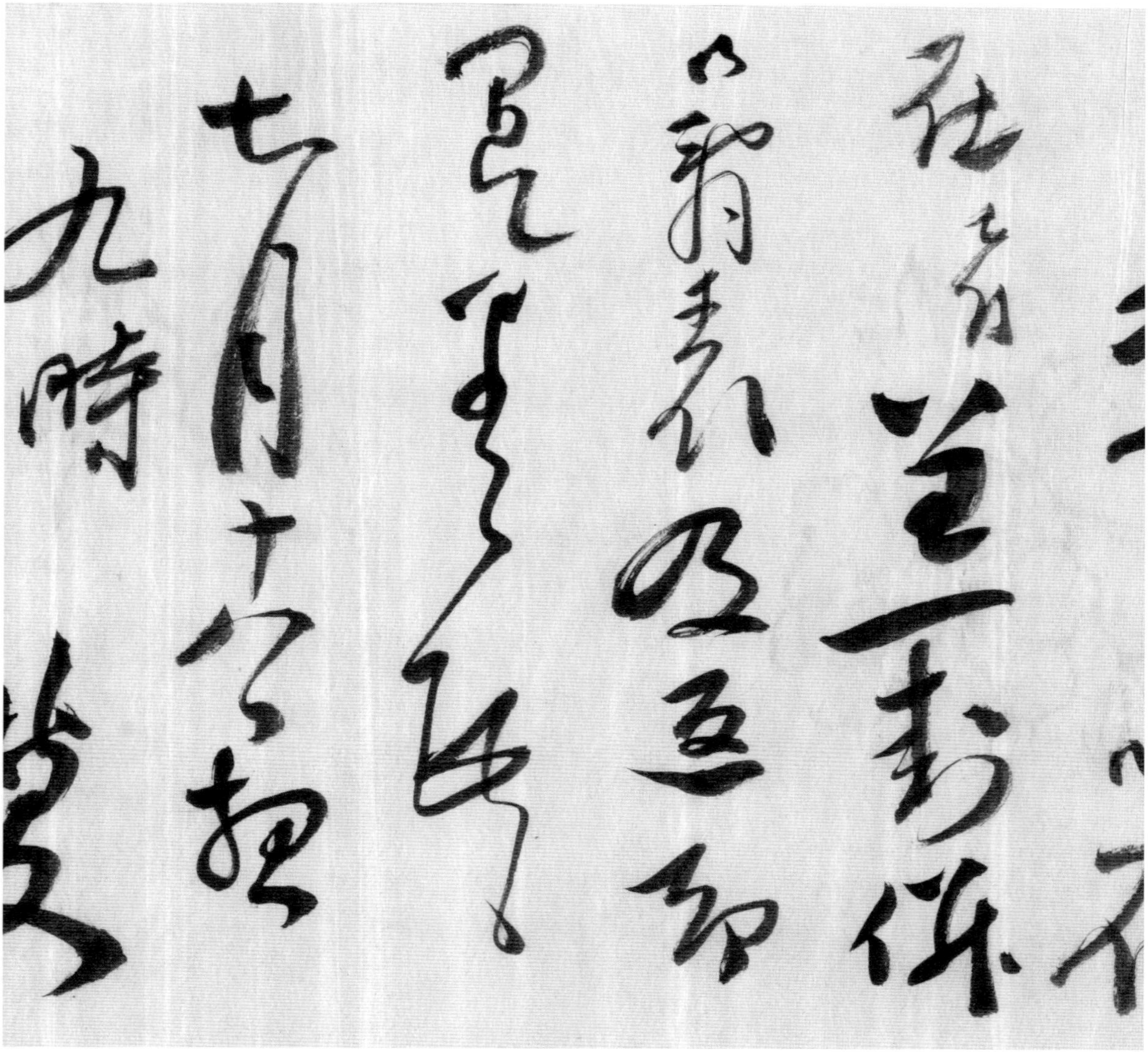

在ニ付　呈一封併
御辞表及返却
置候　早々頓首
七月十八日夜

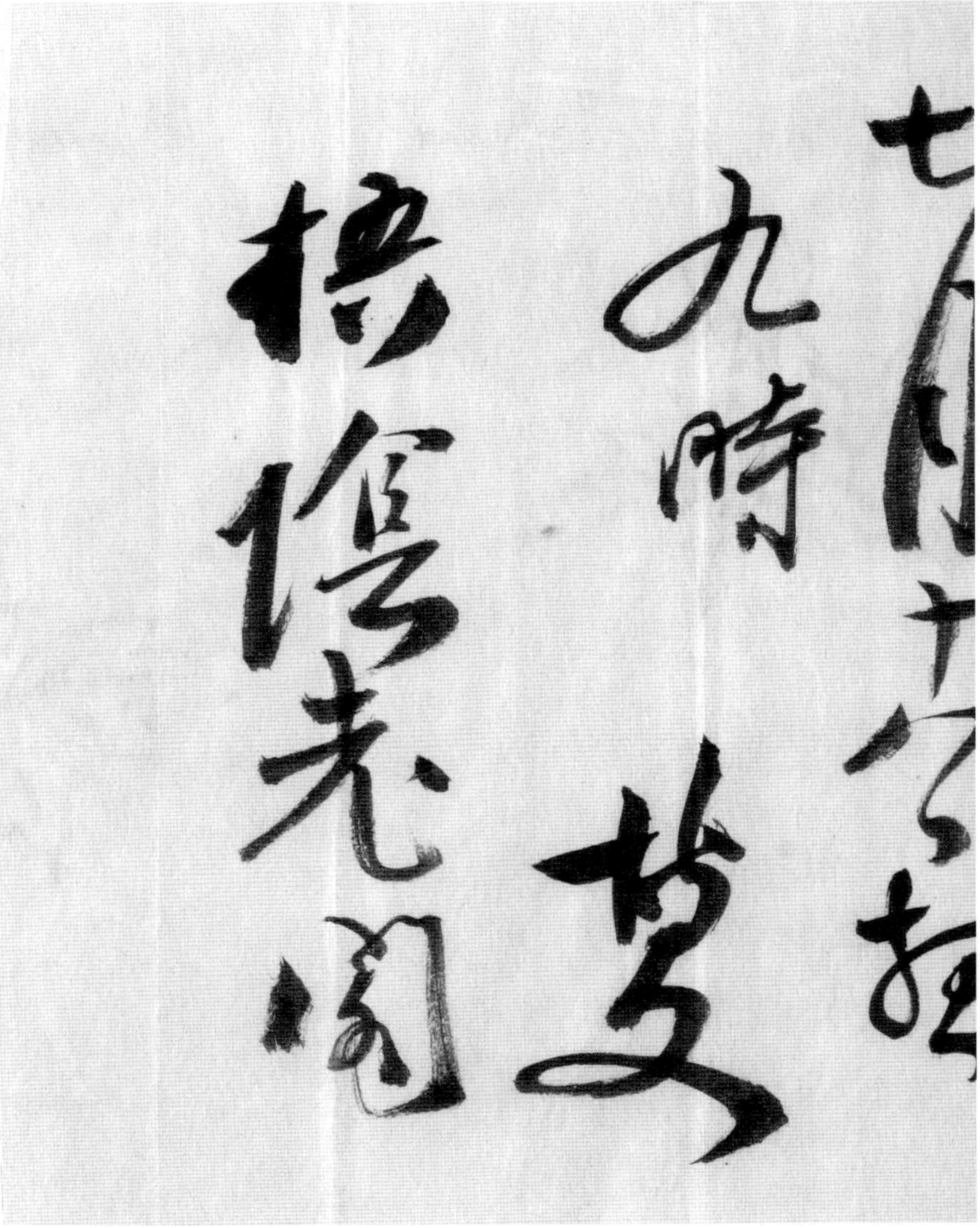

九時　博文

梧陰老閣

（封筒表）

井上文部大臣殿　博文

親展密

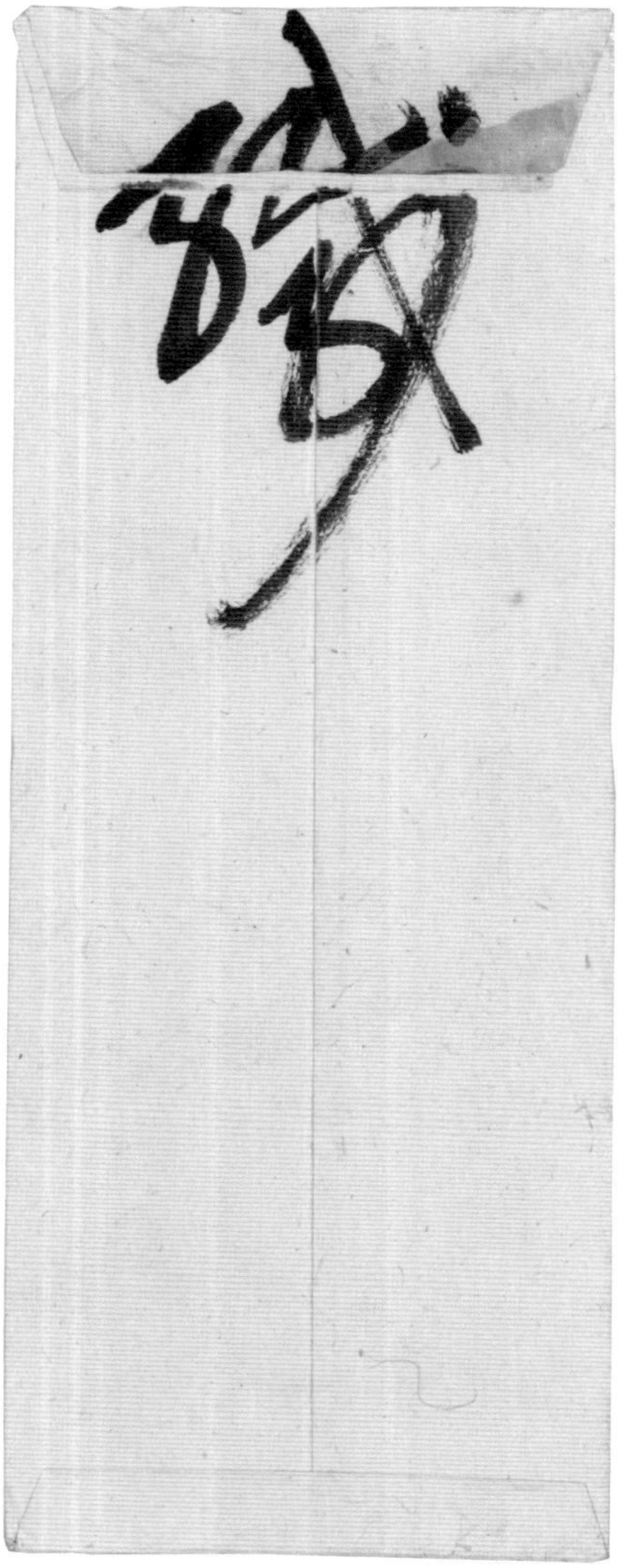

（封筒裏）

緘

【解題】　井上毅の晩年は、肺結核との格闘の日々だった。明治二十年代に入ると度々吐血し、二十三年（一八九〇）六月には「到底不治症と覚悟」している旨を伊藤博文に伝えた。このとき井上は、医者から「転地療養より善きハなき」と勧告されたにもかかわらず、「予算問題落着」まではと応じなかった（六月十八日付井上書翰、『井上毅伝』史料篇第四）。井上は、「予算問題落着」を自身の官吏生活の終着点と心に決めていたのである。

明治二十六年三月、文部大臣として入閣したとき、さらに井上の病勢は進んでいたが、自身の発意である「和協の詔勅」の実行によってようやく「予算問題」の解決に道筋が付けられたからには、公約の実行と文部大臣としての教育改革の実現に心血を注ぐことは本懐だった。しかし、衰弱は日々進み、二十七年四月、井上は伊藤に、頭痛のため法案の説明書類を執筆する力もなく、「実に大事之時機に際し、いひ甲斐無き次第、心事如夢」と書き送るまでになった（四月二十日付井上書翰、『井上毅伝』史料篇第四）。

七月十八日、井上は遂に伊藤に辞意を表明した。曰く、「近来ハ宿患益々烈布胸膈常ニ痛苦ヲ覚候テ、為ニ神経モイクラカ麻痺ト過敏トヲ発シ、全身ハ疲労甚布到底不用ノ身ニ落チ入リ候ハ、医師ノ言ヲ待タス、自ラ感覚致候」。時あたかも日清戦争の開戦前夜であり、このまま要職に留まることで「誤国ノ罪ヲ犯スニ至ル」ことを憂懼した井上は、伊藤に翌日の閣議における速やかな決定を求めたのである（同日付井上書翰、『井上毅伝』史料篇第四）。

本書翰は、これに対する伊藤の返答である。伊藤は「不図今夕御辞表落手驚愕之外無之」との心境を吐露した上で、病気のことは「兼々熟知」のことであり、「御病気之故ヲ以御辞表ヲ上奏スルハ到底難相叶」として、井上の辞表を直ちに返送した。

【内山京子】

五三、文相辞表に関する伊藤博文書翰

文書番号　Ⅱ―二六九
発信者　伊藤博文（内閣総理大臣）
受信者　井上毅（文部大臣）
発信月日　明治二十七年七月十九日
寸　法　一八・九糎＊八二・〇糎

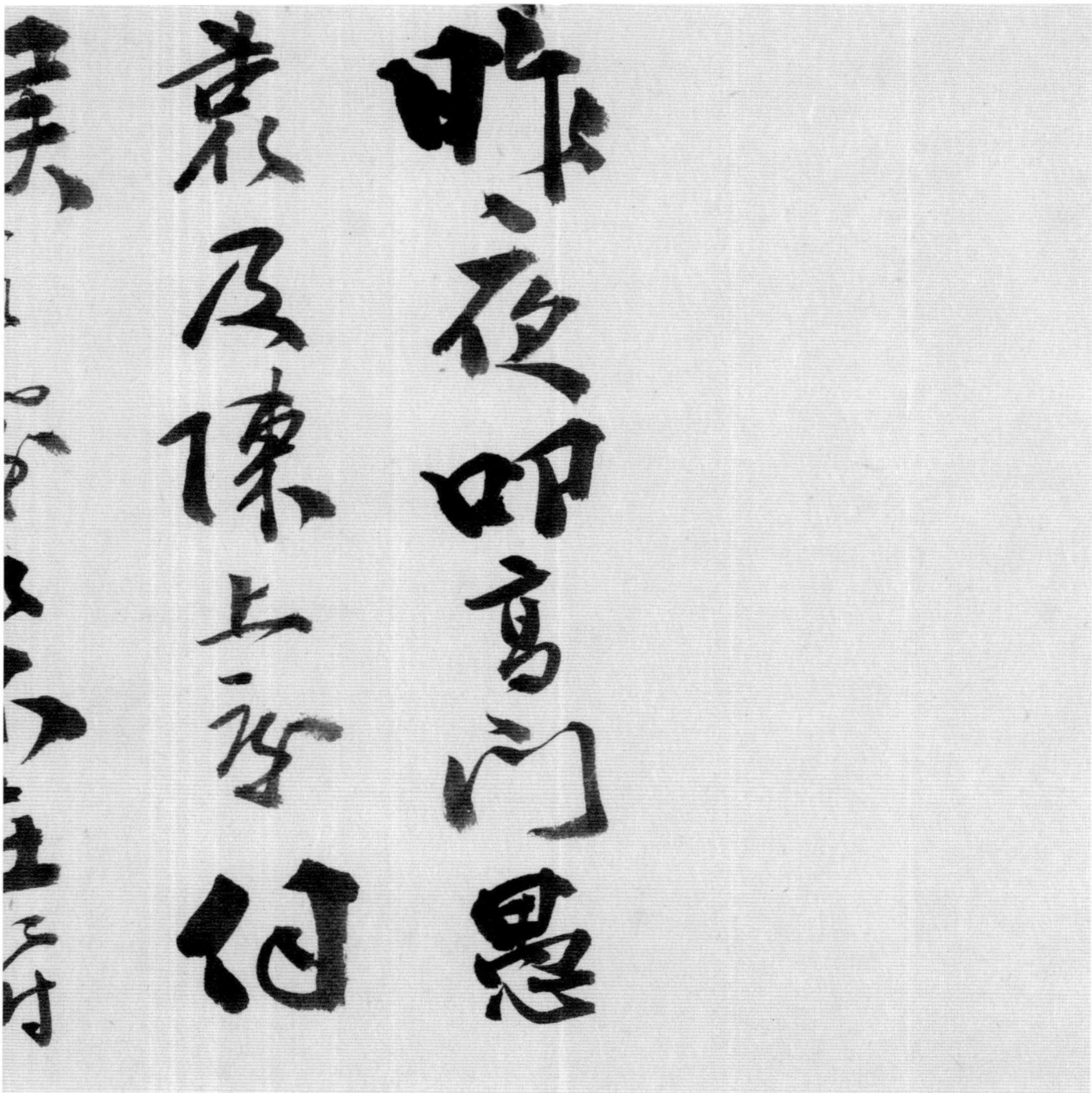

昨夜叩高門　愚
衷及陳上度伺

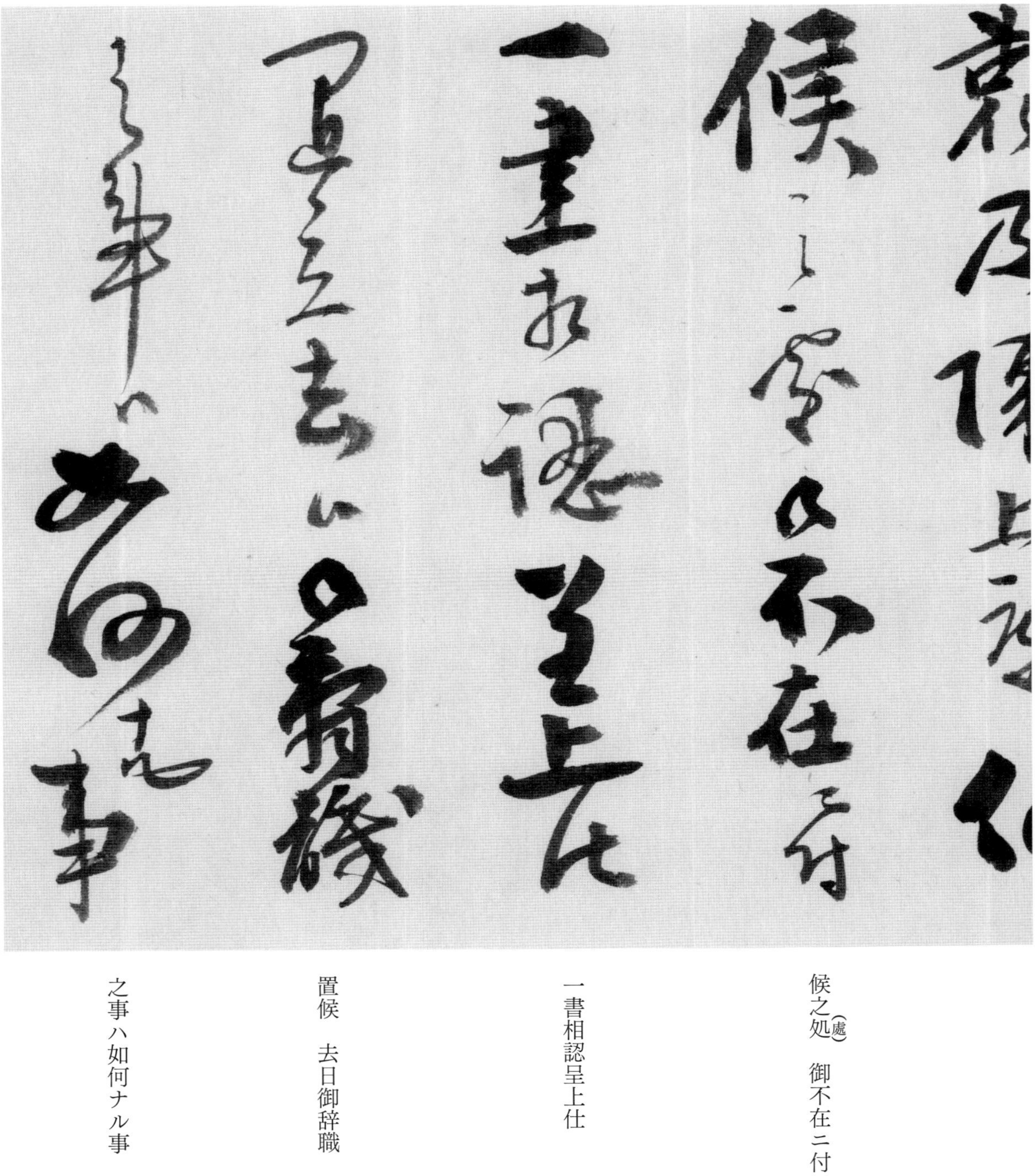

候之処（處）　御不在ニ付
一書相認呈上仕
置候　去日御辞職
之事ハ如何ナル事

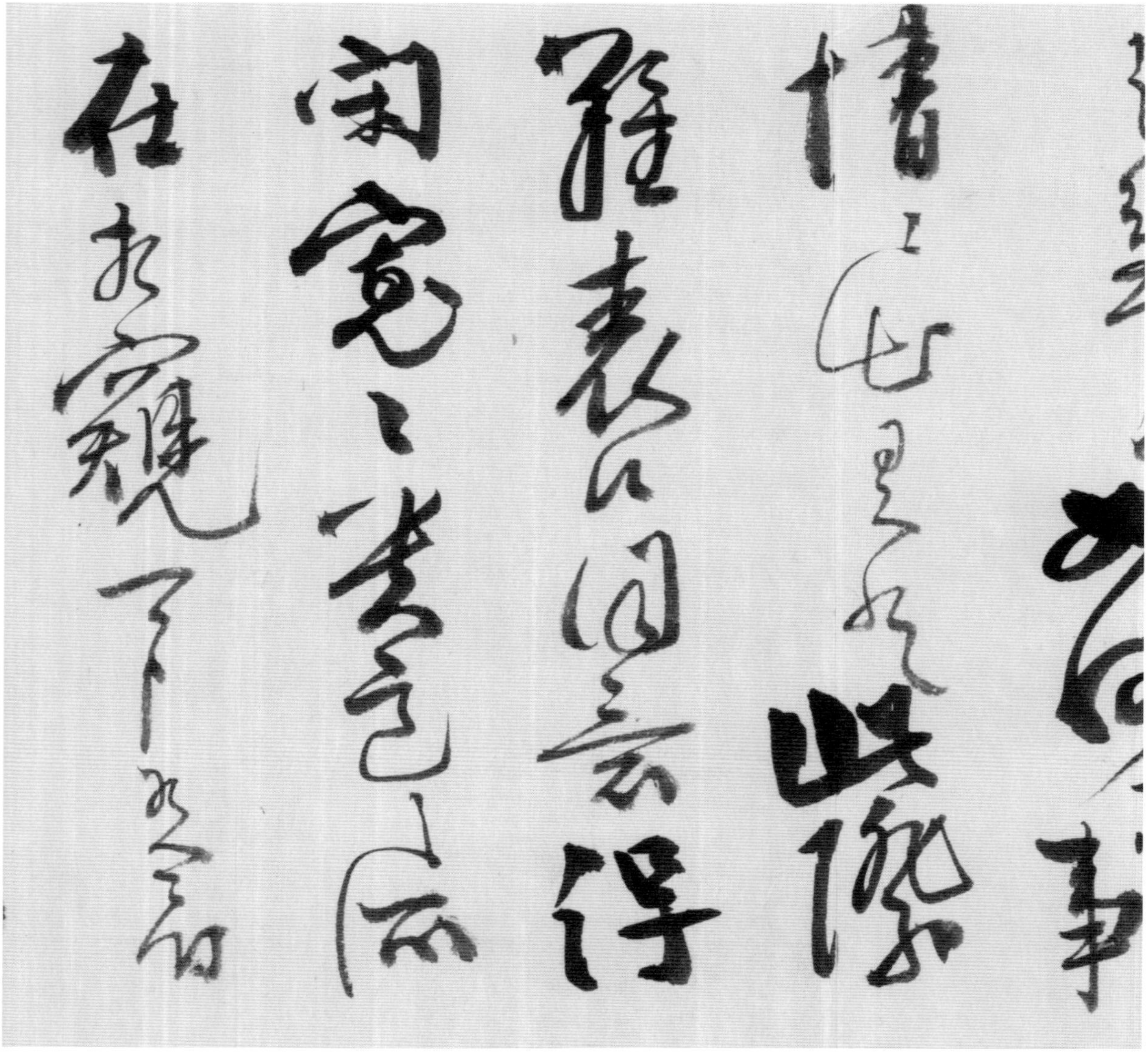

情ニ出候共　此際
難表御同意　得
閑寛々貴意之所
在相窺可申候ニ付

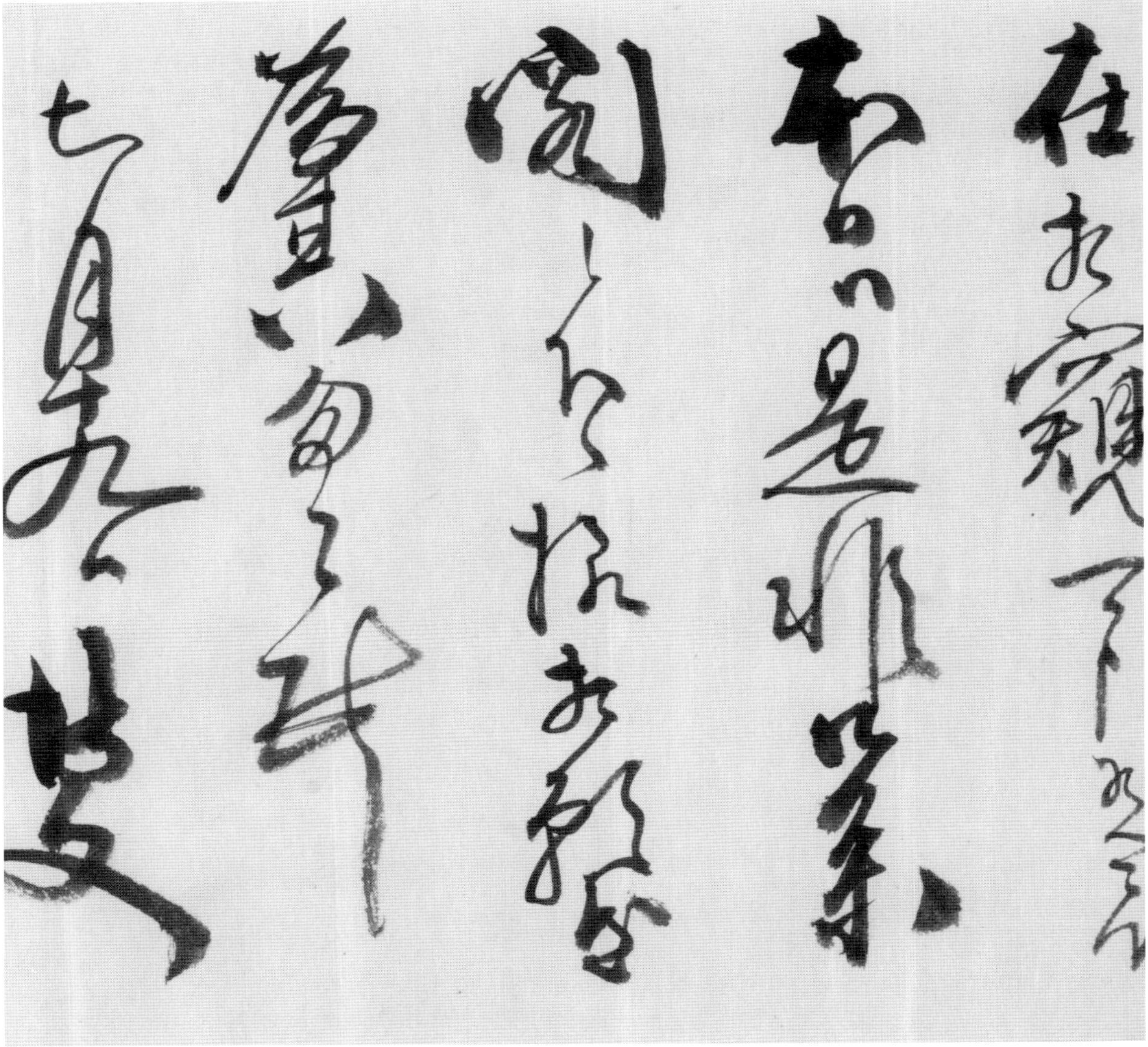

本日ハ是非御参
閣被下候様相願度
為其　匆々頓首

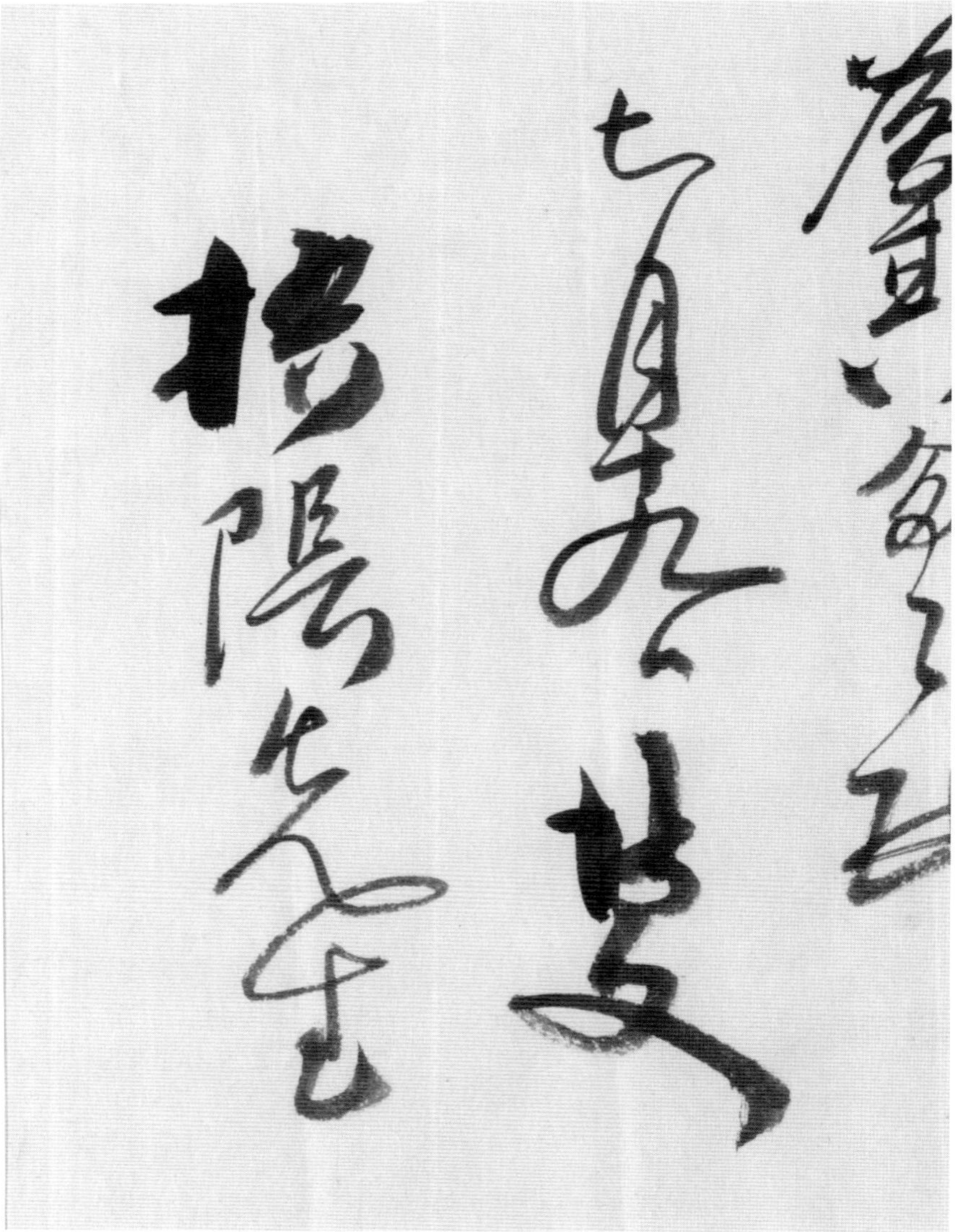

七月十九日　博文

梧陰先生

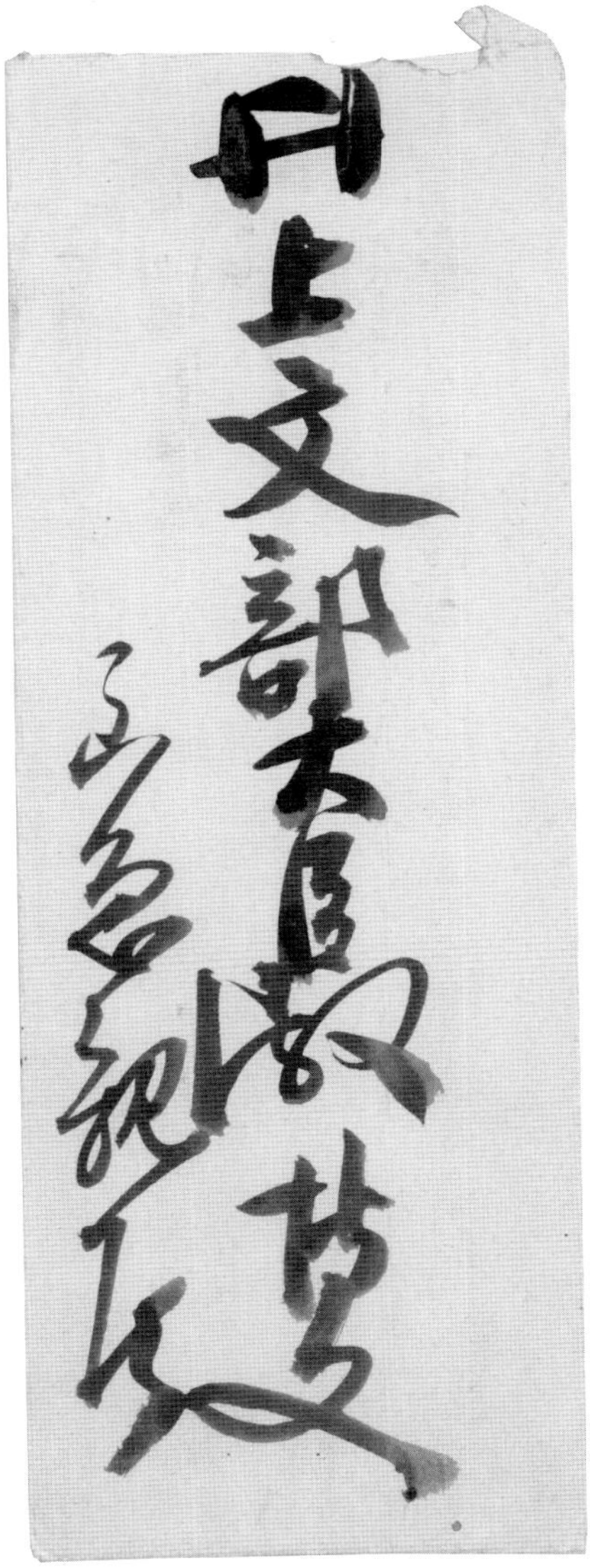

（封筒表）

井上文部大臣殿　博文

至急親展

（封筒裏）

緘

【解題】 明治二十七年（一八九四）七月十八日、井上毅の文相辞意に驚愕した首相伊藤博文は、同日夜、直ちにその辞表を返送した。本書翰は、翌十九日に再度、伊藤から井上に送られたものである。「御辞職之事ハ如何ナル事情ニ出候共、此際難表御同意」とあるように、伊藤は、井上の辞意を受け入れるつもりは毛頭なかった。

井上もすぐさま、自分としても「不本意千万」ながら「不得已事情ニテ決心」した胸中を吐露して、重ねて伊藤の決断を「哀訴情願」した（同日付井上書翰、『井上毅伝』史料篇第四）。しかし翌二十日、伊藤の意を受けた内閣書記官長伊東巳代治から天皇の「御内諭」を伝えられ、さらに再度伊藤に説得されたことで、井上はいったんは辞職を思い留まることになる（伊藤宛伊東書翰、『伊藤博文関係文書』三）。

しかし、病勢はなおもつのり、八月七日には左手指頭に腫物が出来、全身に微熱と懈怠を感じるようになった（伊藤宛井上書翰、『井上毅伝』史料篇第四）。さらに八月二十三日、「病第一増加早や極点に達」した井上は、たまらず再び辞表を提出する（伊東宛井上書翰、『伊藤博文関係文書』一）。八月一日、すでに日清戦争は始まっていた。今回は、より周到に、文部次官牧野伸顕《のぶあき》《しんけん》を通して薩摩閥の領袖である黒田清隆《きよたか》に、また司法次官清浦圭吾《きようらけいご》を通して伊藤とならぶ長州閥の巨頭であった山縣有朋にも事情を打ち明け、周旋を依頼した（同日付牧野宛井上書翰、『井上毅伝』史料篇第五）。八月二十八日、伊藤もようやく説得を断念し、翌二十九日付にて井上は本官を免じられた。

ただ、気がかりは、思い半ばで辞任することになった文部省のことである。八月三十一日、井上は、突然の大臣交代によって混乱が生じることを懸念し、次の二点を文部省高等官に伝えるよう、牧野次官に託した。一つは事柄上、機密にてことを進めざるを得なかったことへの陳謝であり、そしてもう一つは、急遽、井上の後を襲った「臨時兼任長官」である芳川顕正は「小官教育上同主義之人」であるから、いささかも動じることなく「各員従前之通精励」して、芳川大臣を支えてもらいたいという申し入れだった（牧野宛井上書翰、『井上毅伝』史料篇第四）。

【内山京子】

五四、文相辞任後処遇に関する伊藤博文書翰

文書番号　II-二五五
発信者　伊藤博文（内閣総理大臣）
受信者　井上毅（文部大臣）
発信月日　明治二十七年八月二十八日
寸　法　一八・九糎＊一五二・〇糎

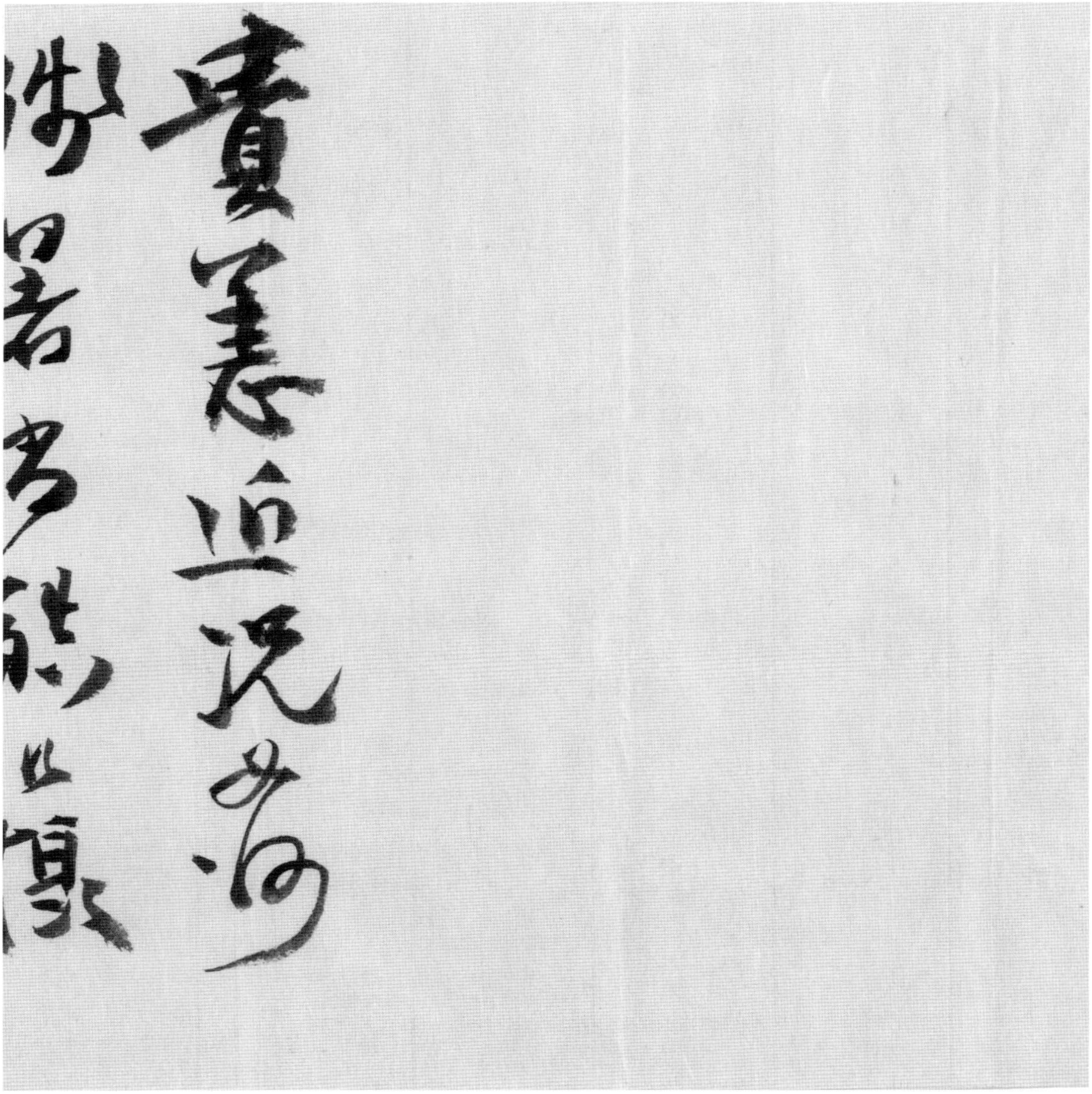

貴恙近況如何

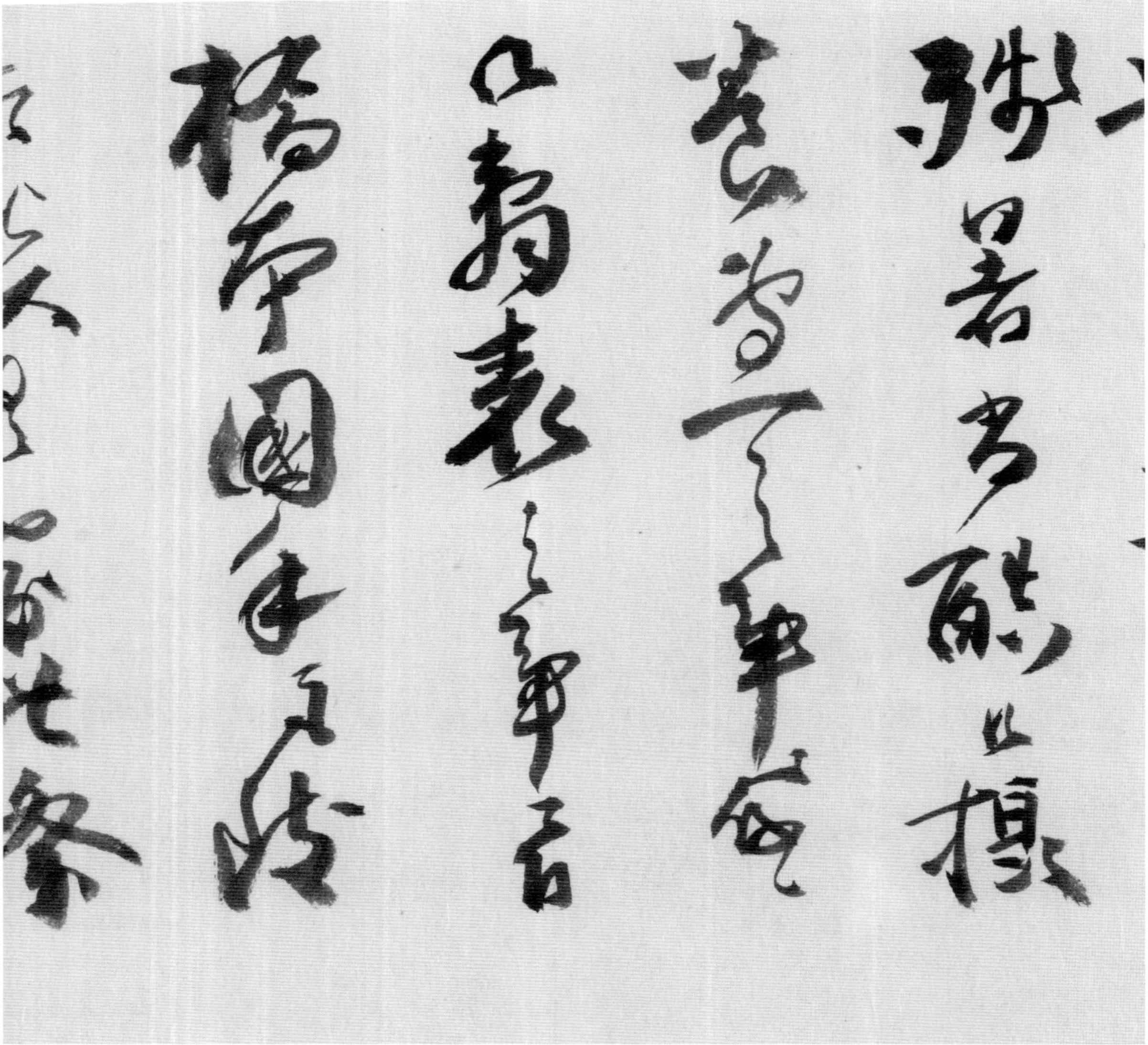

残暑尚酷　御摂
養専一之事ニ存候
御辞表之事ニ付
橋本国(國)手ニも致

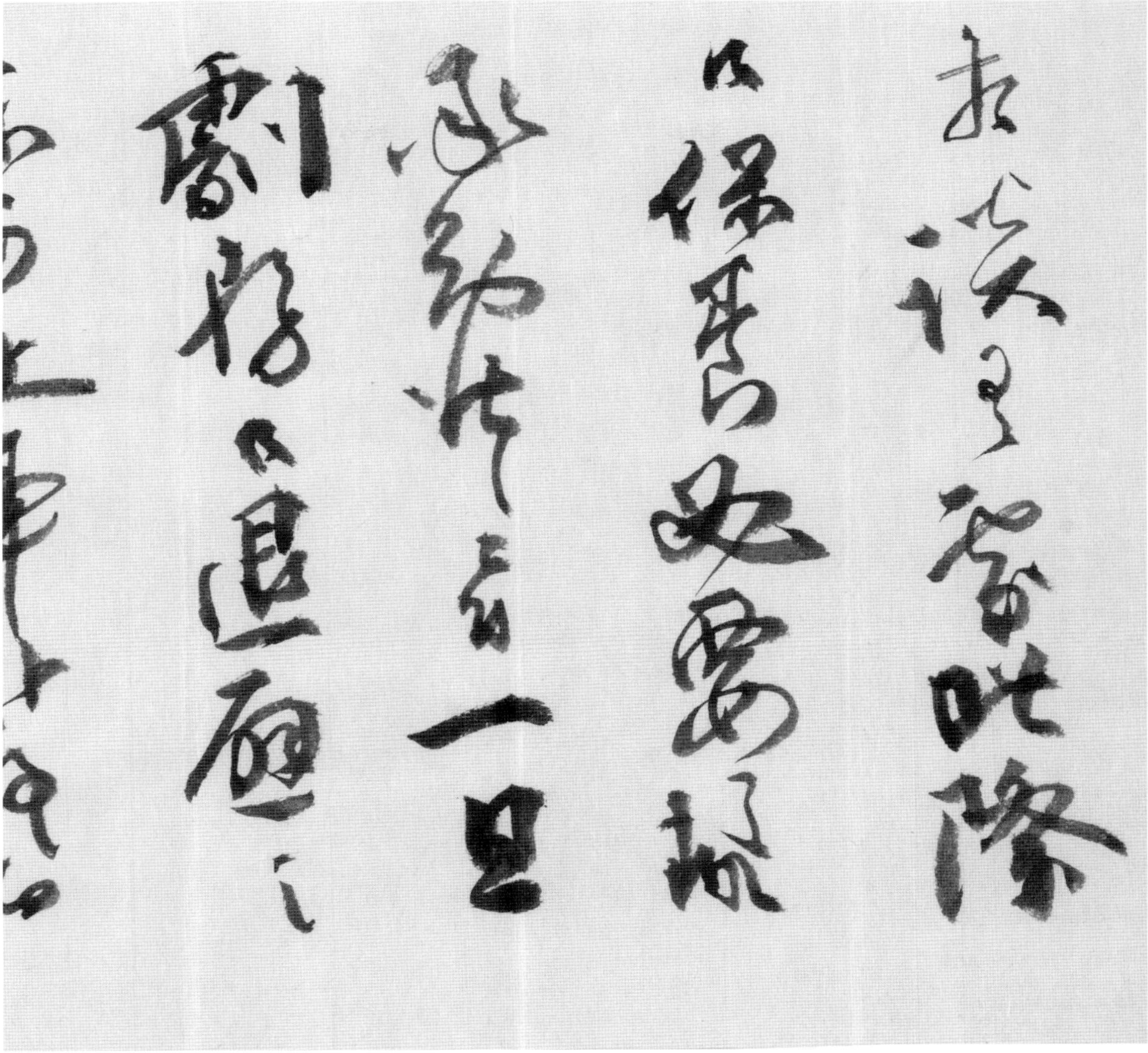

相談候処（處） 此際
御保養必要之趣
承知仕候ニ付　一旦
劇務御退避之

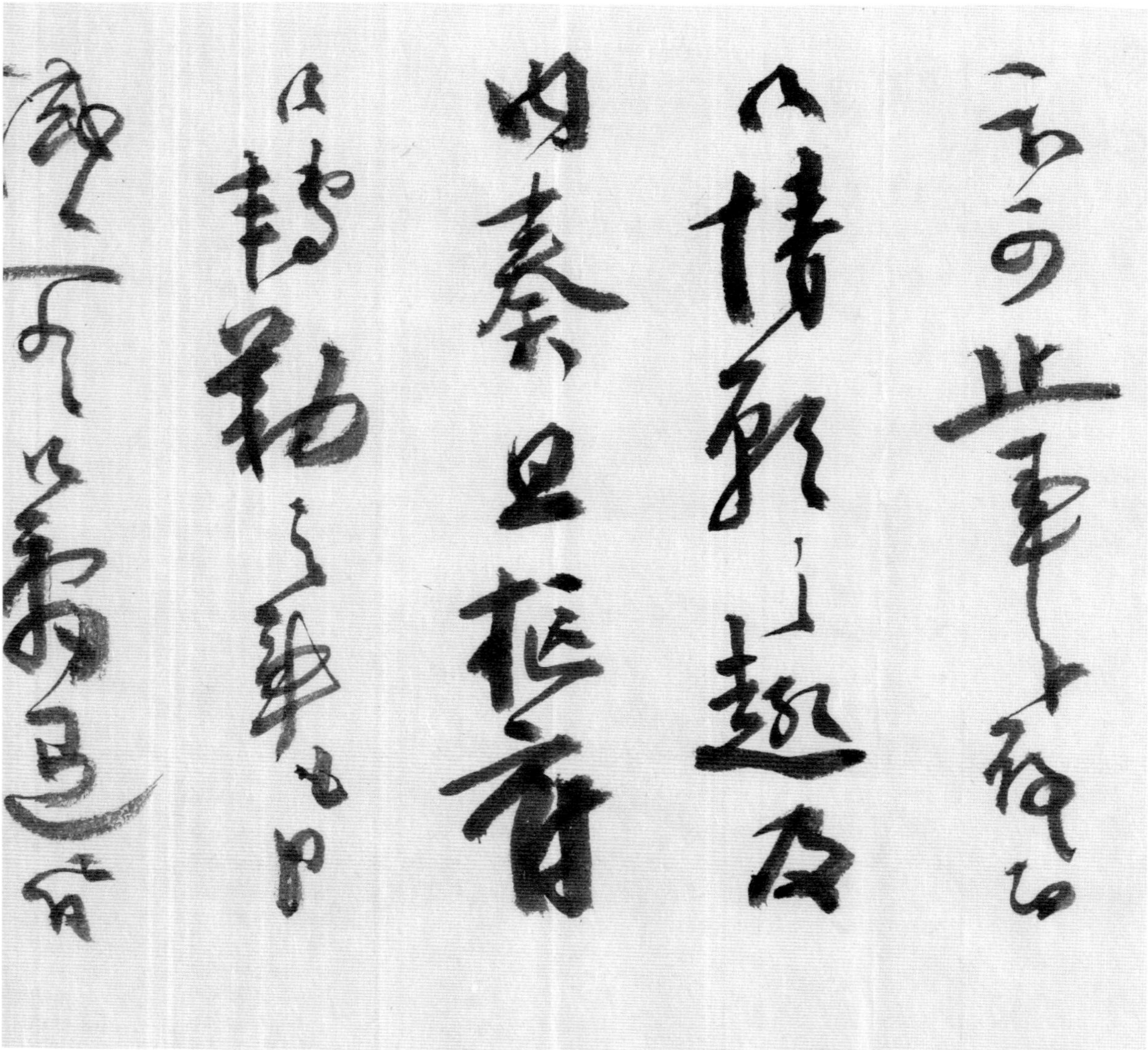

不可止事ト存候て
御情願之趣及
内奏　且枢府
御転(轉)勤之事も申

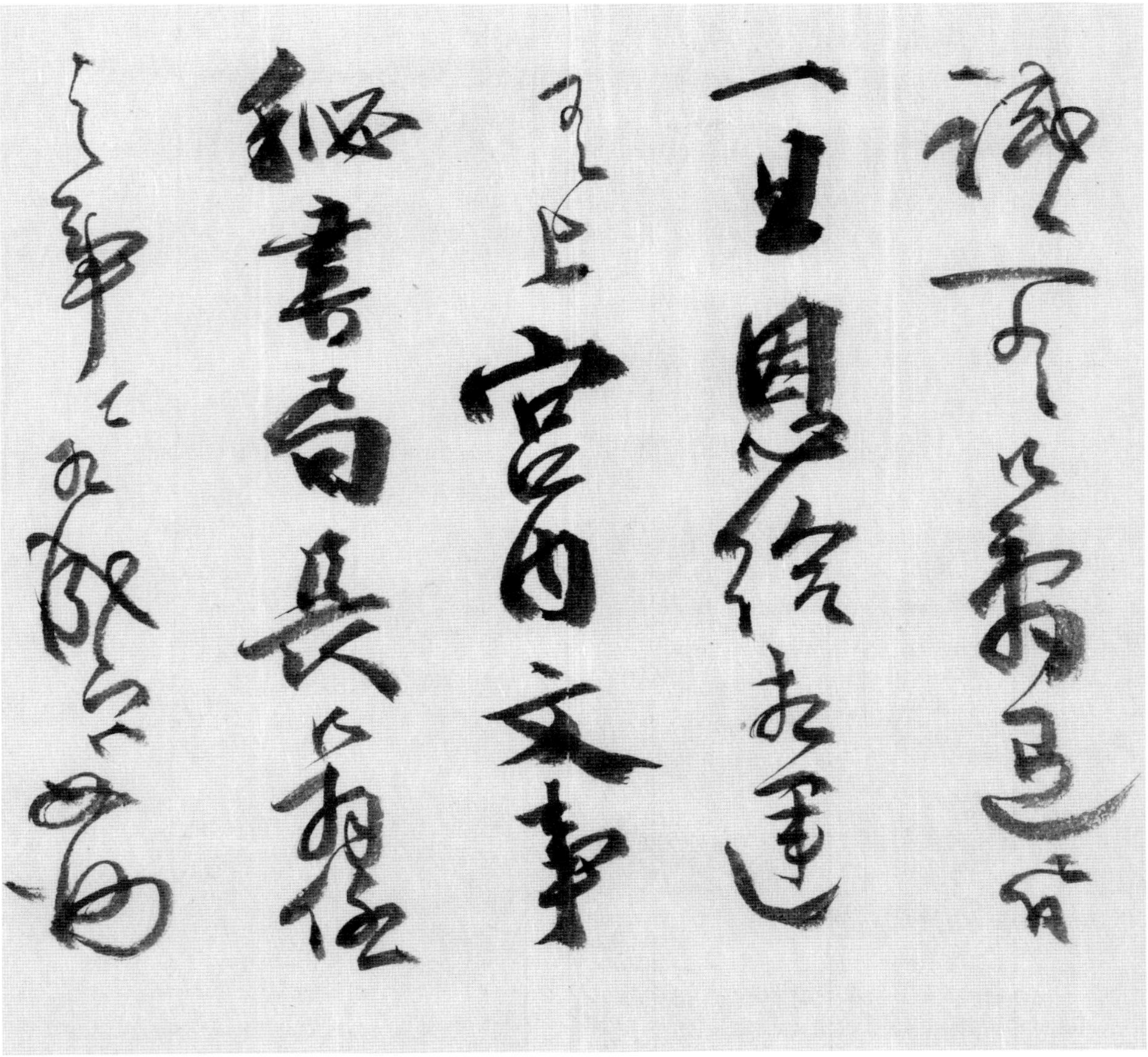

試候へ共　御辞退ニ付
一旦恩給相運
候上　宮内文事
秘書局長御拝任
之事ニ相成候てハ如何

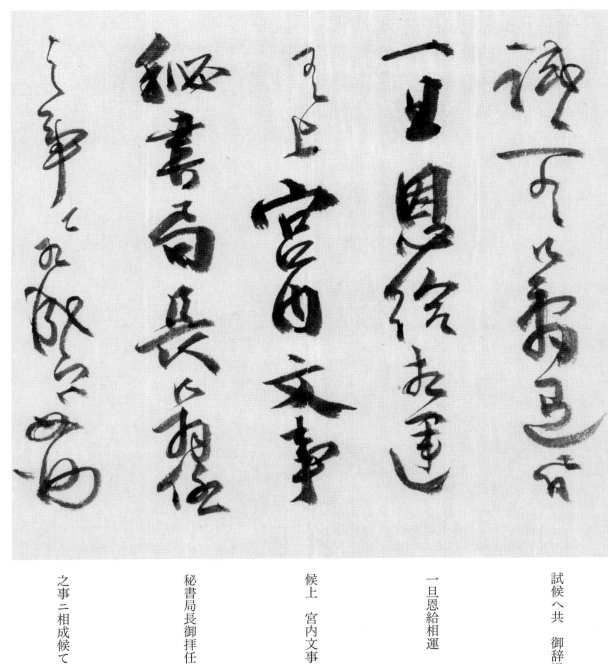

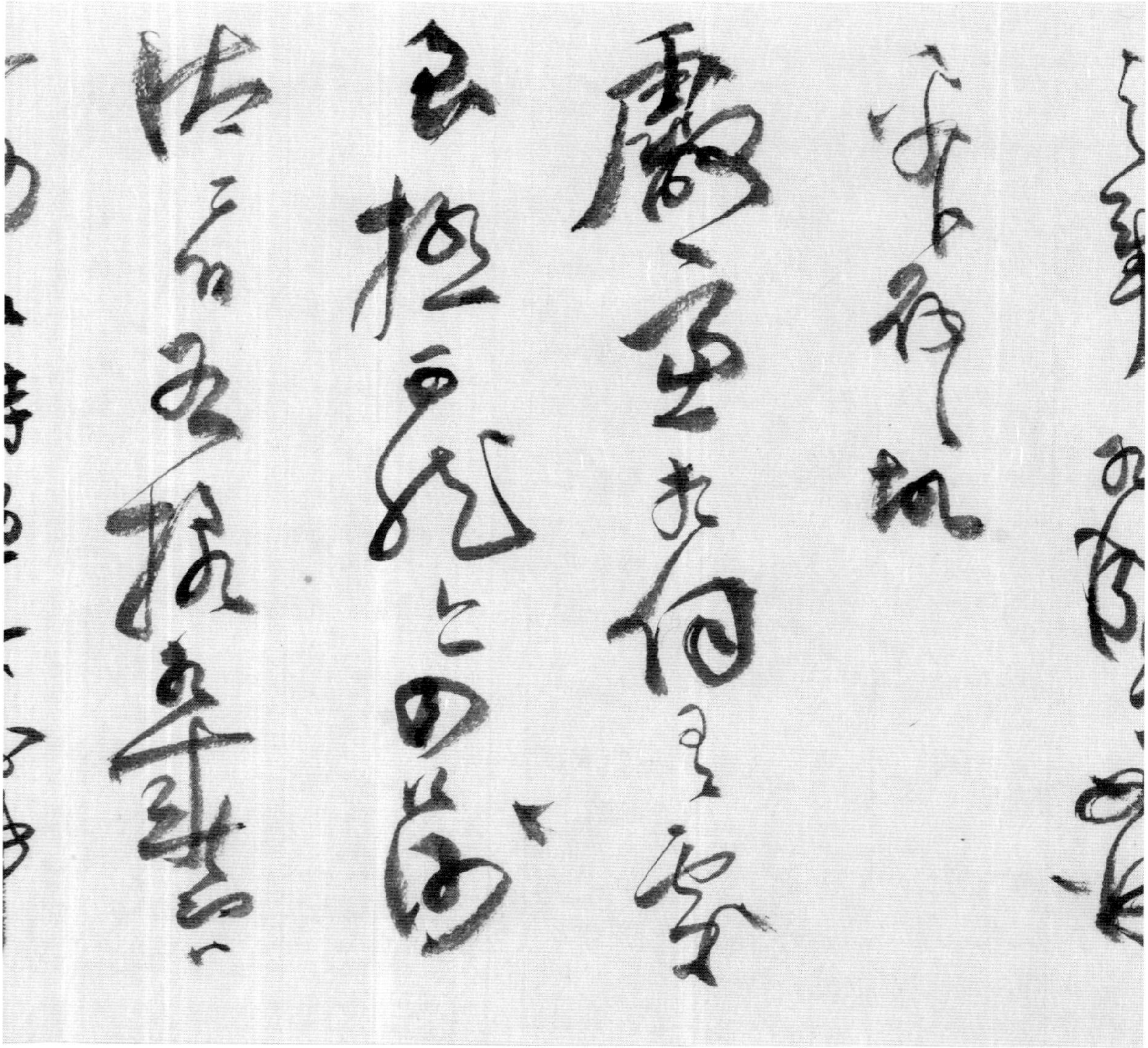

乎ト存候故
叡慮相伺候処（處）
至極可然との御沙
汰ニ付　右様相成候てハ

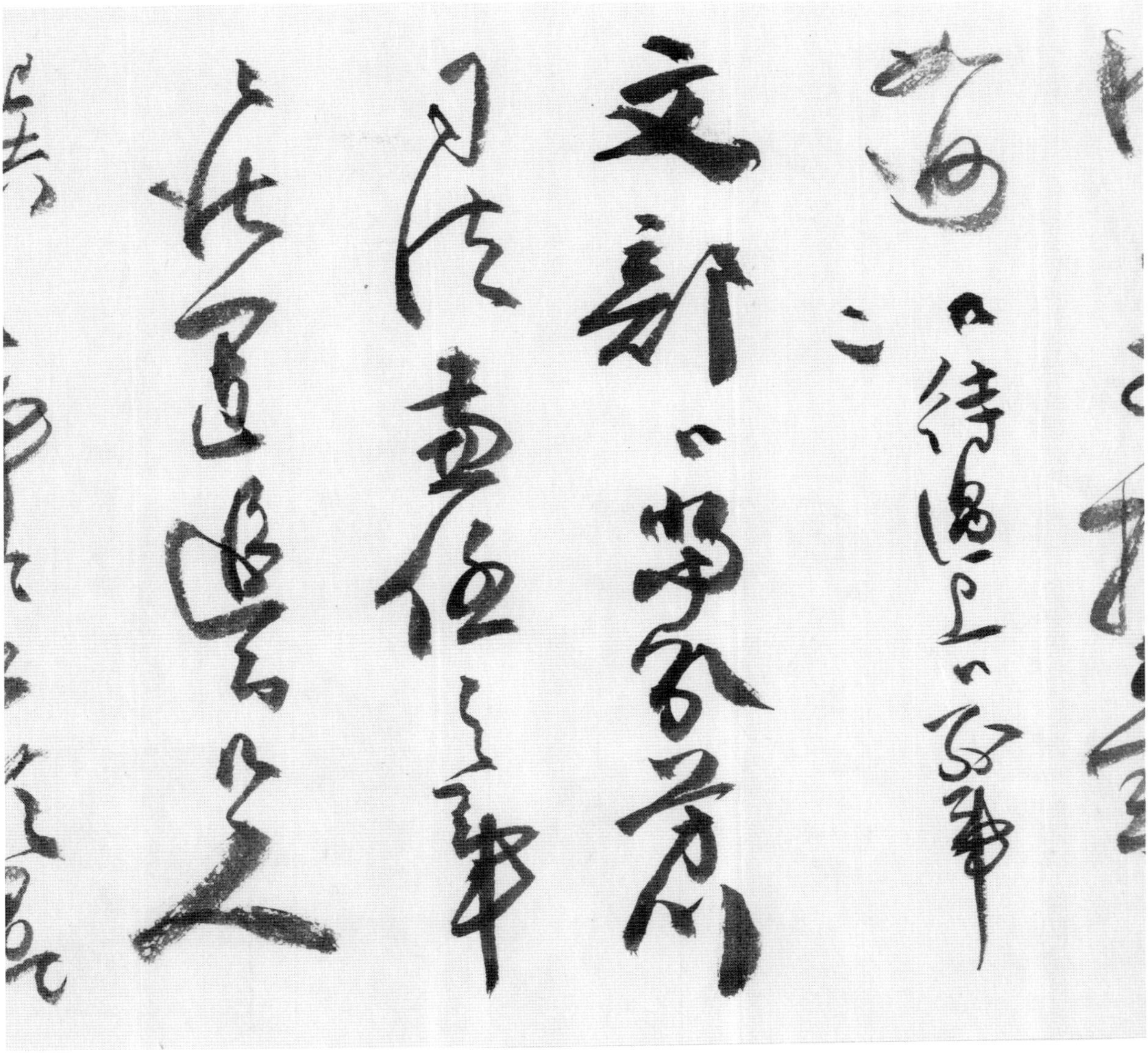

如何　御待遇上ハ別事
也
文部ハ当(當)分芳川
司法兼任之事
ニ仕置　追て御人

撰之事ニ相願置候
前条無御腹蔵
御回（囬）答被下度候
為其　匆々頓首

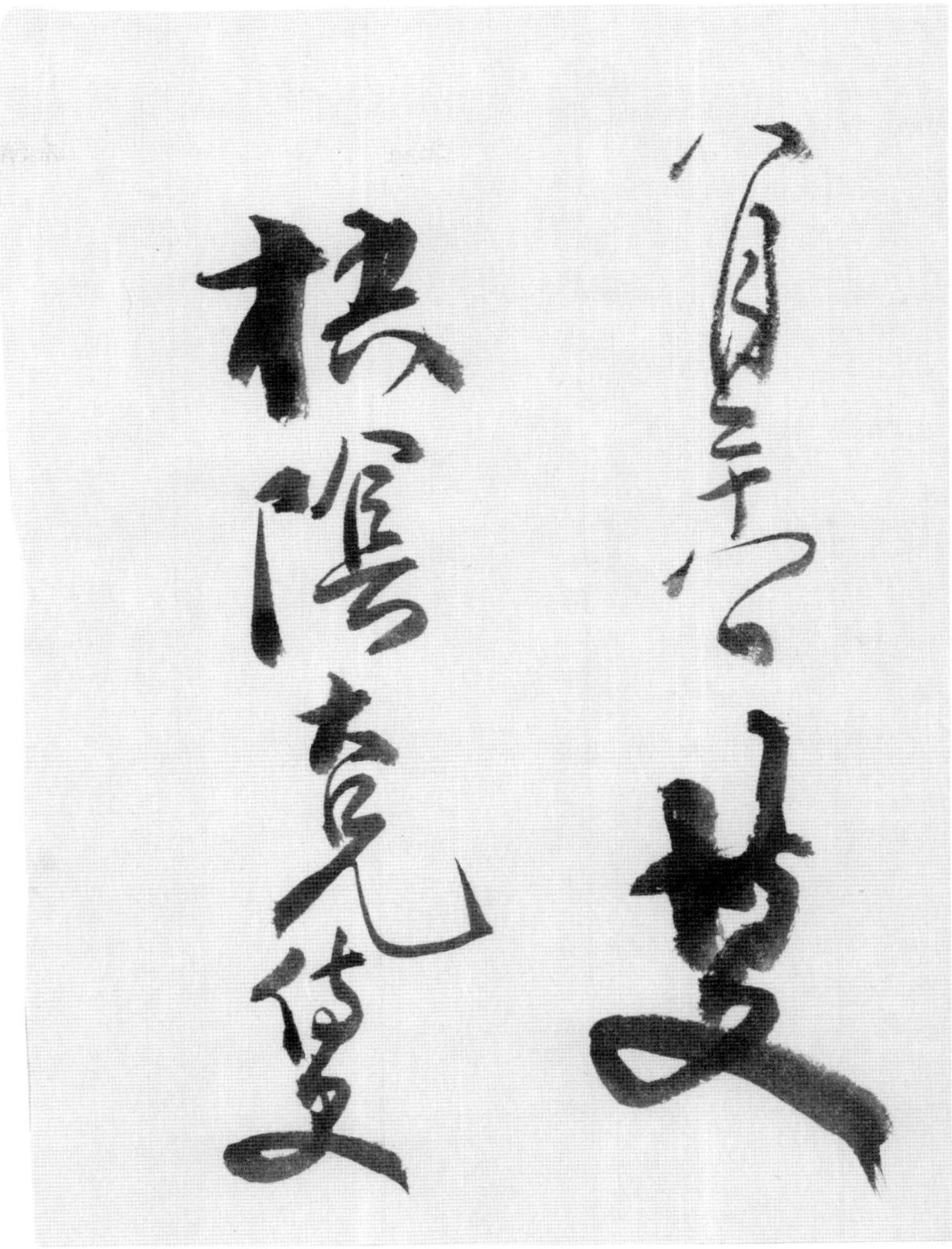

八月二十八日　博文

梧陰大兄侍史

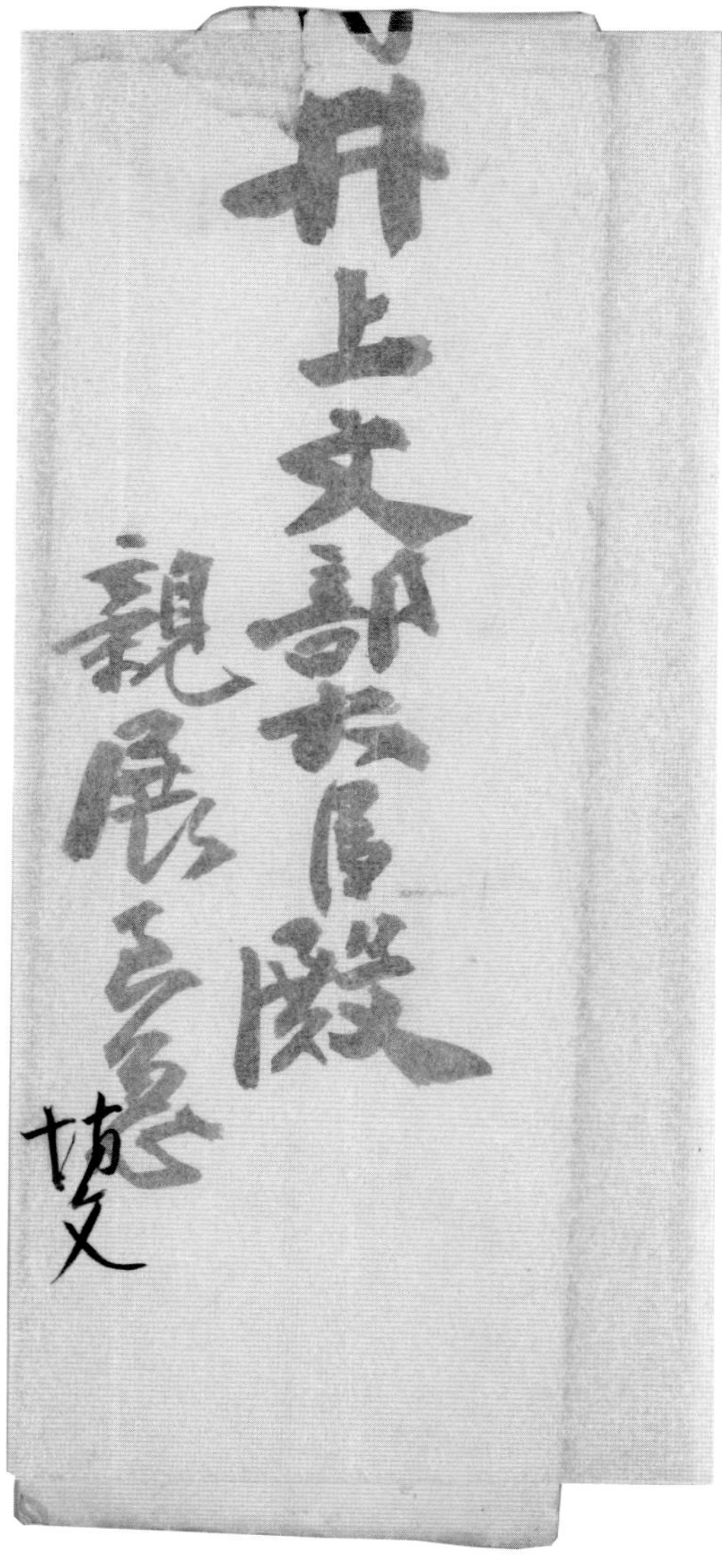

（封筒包紙）

博文

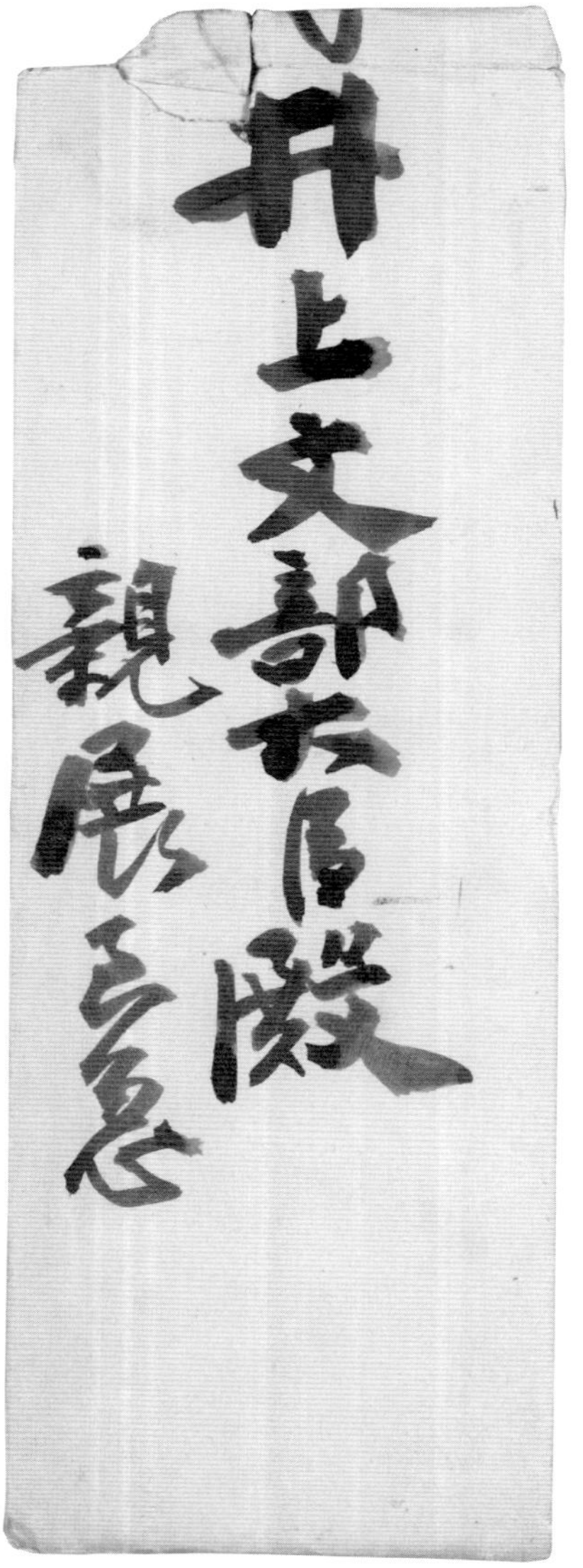

（封筒表）

井上文部大臣殿

親展至急

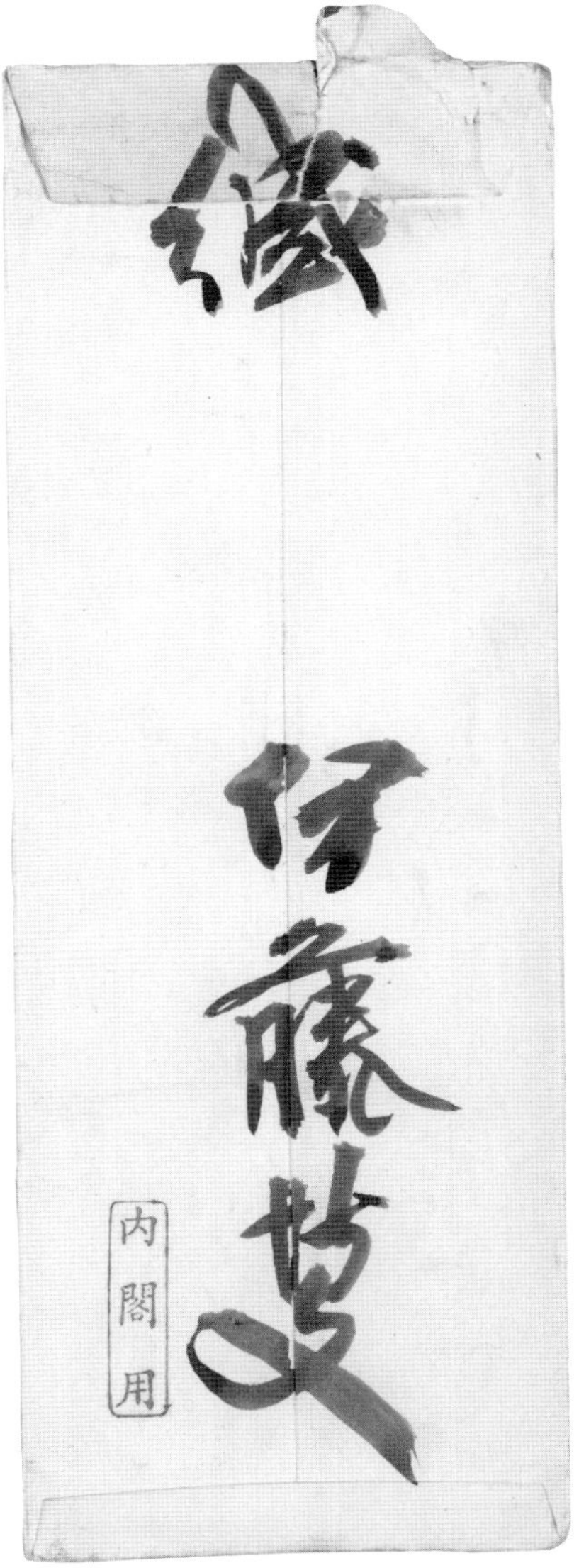

（封筒裏）

緘　伊藤博文

【解題】 明治二十七年（一八九四）八月二十九日、井上毅は本官を免じられ、神奈川の三浦・逗子・葉山等で療養の日々を送ることになった。本書翰は、その前日首相伊藤博文から送られたもので、明治初年以来、伊藤から送られた百通を優に超える書翰中、現存する最後のものである。

日本赤十字社病院長の橋本綱常《つなつね》に相談した結果、「一旦劇務御退避之不可止」ことを了解した伊藤は、井上の献身と貢献にふさわしい処遇として、枢密顧問官や文事秘書官長への転任の可能性を探り、明治天皇にも了解を取り付けていた。しかし、こうした伊藤の配慮に対して、井上は同日付書翰において丁重な謝辞を述べつつも、辞職が聞き届けられた以上、名ばかりの官に就くことは心苦しく、治療に専念したい心事を伝えて辞退している。井上はこのとき、治療へのわずかな希望を抱き、「若万一幸ニして意外ノ朽敗ヲ扶ケ而再タヒ官務ニ堪ふるニ至リ候ハヽ、無限之天恩ヲ懇請シ、先日御内諭之通枢員之末列ニ具ハリ（文事秘書局ヲ兼ヌルモ可ナリ）、是を以而小生終焉之地と相心得尽瘁いたし度」（『井上毅伝』史料篇第四）と考えていたのである。

劇務から解放された井上の病状は、一旦は快方に向かった。十月十一日には時々発熱はあるものの、執筆は自在であり何なりと命じてもらいたいと伊藤に書き送っている（同日付井上書翰、『井上毅伝』史料篇第四）。しかし寒気が募るに従い、病状は悪化した。十一月十九日付の井上書翰は、現存する井上から伊藤への最後の書翰となるが、そこには「文振武興、二千年来曠古異常之時運ニ遭遇シなから、ヨク〳〵仏神ニ見限られ候ものと見え、気息奄々草間ニ活ヲ偸ミ候事、実ニ安カラヌ次第ニ而、日本第一之不幸男児ハ小生ニ限ると沈ムバカリニ悔恨スル事、日ニ幾度なるも知らず」（『井上毅伝』史料篇第四）と記されている。国家への献身こそ天命と思い定めた井上にとって、日清戦時下の闘病生活は、いかばかりのものだっただろうか。翌明治二十八年三月十五日、伊藤が広島において講和会議の準備に繁忙の日々を送っていた頃、井上は五十三歳でその生涯を終えた。

【内山京子】

五四、文相辞任後処遇に関する伊藤博文書翰

五五、大久保利通に関する三条實美詠草

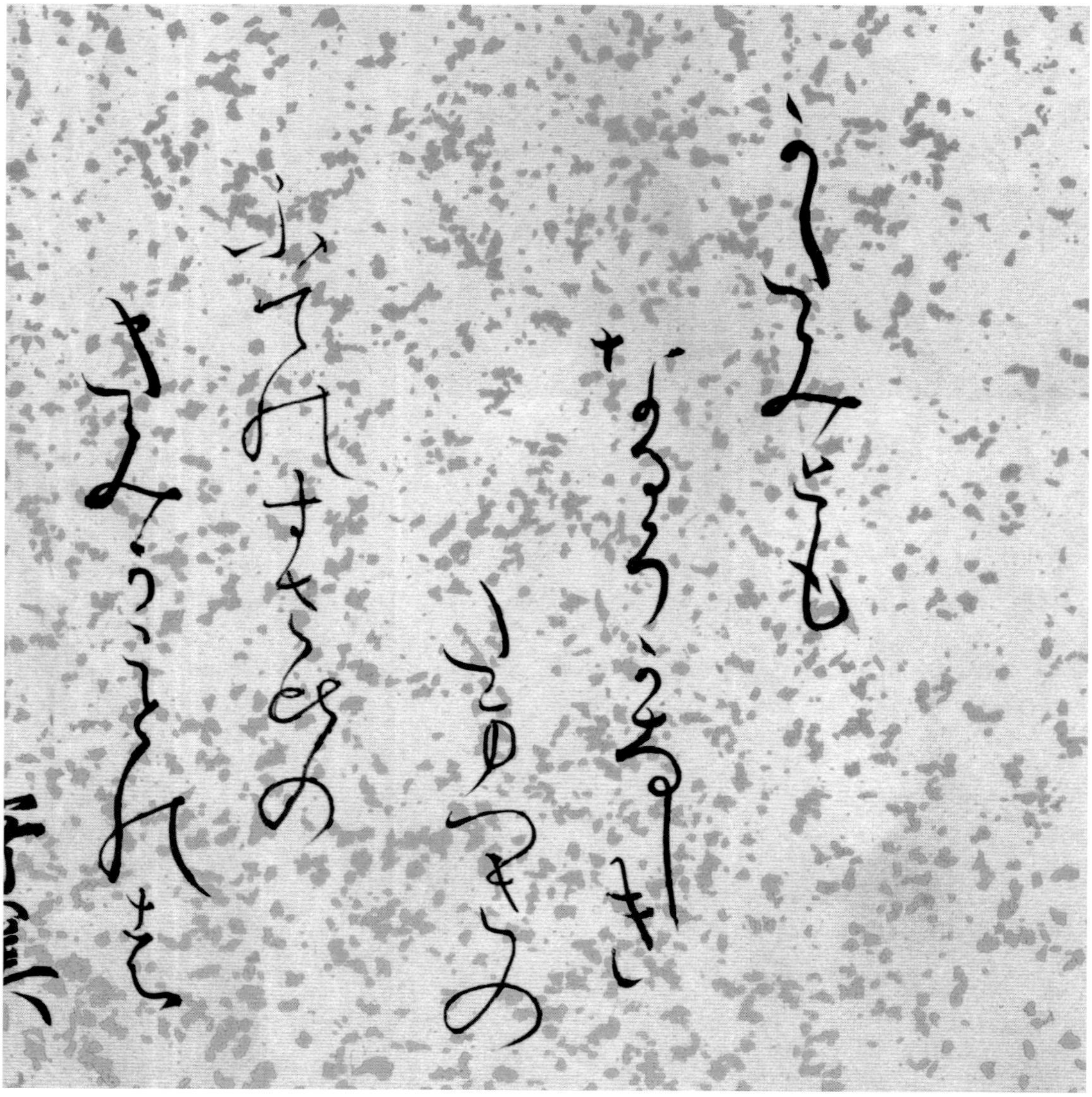

文書番号　Ⅱ-五〇四-二（口絵参照）
発信者　三条實美
受信者　井上毅
発信月日　不明
寸　法　一七・五糎＊四五・五糎（巻子）

かたみとも
なるそかなしき
たまつさの
ふてのすさひの
きみかことのは

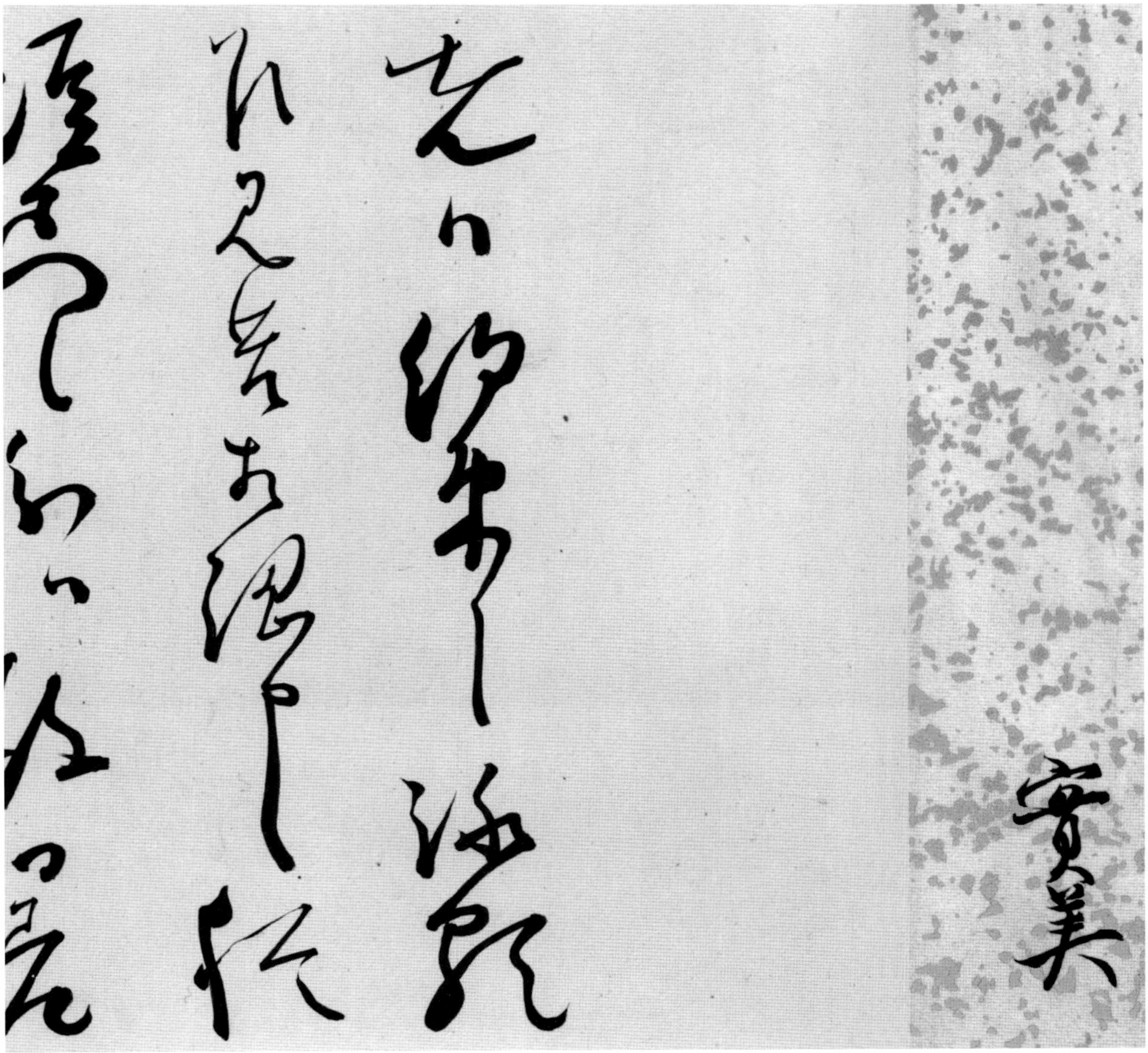

實美

先ハ約束之詠題

乍見苦相認申候　猶

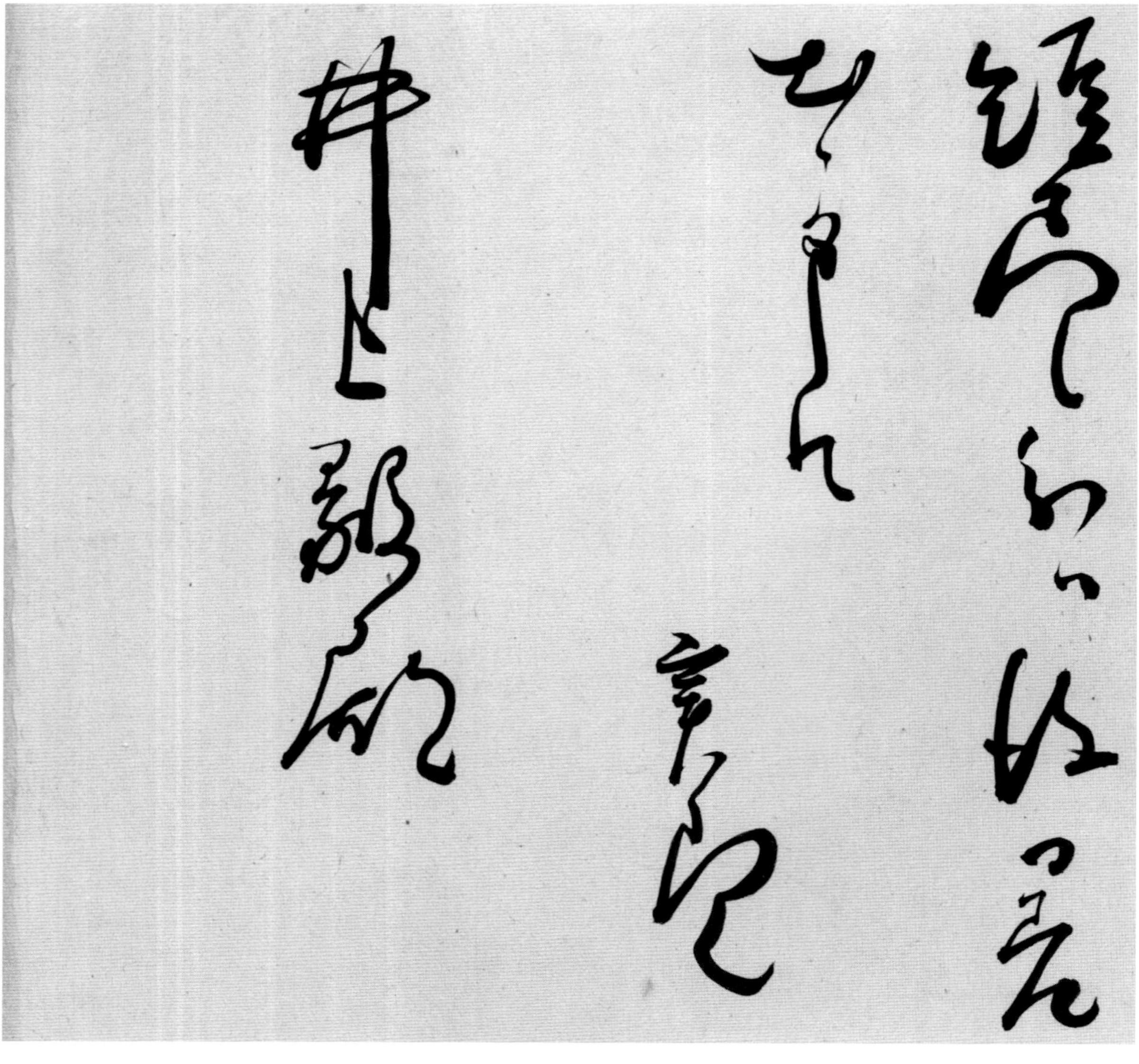

短尺之分ハ後日差
出可申上候
実美
井上毅殿

【解題】　三条實美は梨堂と号し漢詩も詠んだが、その真面目は、むしろ和歌にあると言われる。三条の詠歌は、政治家らしく、国家、帝室、故郷、古人あるいは故人を想って詠まれたものがほとんどで、花鳥風月の自然美を詠った和歌はあまり残さなかった（堀江秀雄『詩に生きる維新登場者』）。明治政府内にあっては、薩摩閥と長州閥のバランスを重視して自己抑制を常とする政治家だった三条は（佐々木隆「内大臣時代の三条実美」、沼田哲編『明治天皇と政治家群像』）、歌人としては、対照的に「至誠至情」を凝結させた、「徹頭徹尾主観的詩人」だった（堀江前掲書）。

本書翰に認められた和歌も、故人を想って詠まれたものである。「たまつさ」とは手紙のことで、「ふてのすさひ」とは慰みに気ままに書き留められたものをいう。通常、恋文を含意することが多いが、ここでは、その相手は明治十一年五月に暗殺された大久保利通である。書翰の年代は不明だが、明治二十四年二月の三条の逝去後、高崎正風《まさかぜ》がまとめた『難四之可他延（梨のかたえ）』（二十六年三月刊）という三条の歌集によれば、この和歌は、大久保の書翰を集めた巻物に添えるために、かつて井上が三条に依頼して詠まれたものだという。ただし、「ふてのすさひ」という表現は、三条の後日の推敲の結果か、あるいは明治天皇の和歌の師でもあった高崎が添削したものか、この書では、「ひかりのこれる」と改められている。

井上にとって、明治政府は「天皇陛下の政府」であり、「故三条公故岩倉公を視て政府の柱石」と考えていた。陸羯南《くがかつなん》によれば、井上は折に触れて三条・岩倉のことを採りあげ、三条死去の報を受けた際、暗涙を垂れながら、「公逝く、国家復た社稷の臣なし」と語ったという（『日本』明治二十八年三月二十日号、『陸羯南全集』第九巻）。現在この書翰は、井上がともに「政府の柱石」とした岩倉の和歌（本書八）と一緒に、「巌公遺書」と題した巻物に収められている（「梧陰文庫」Ⅱ—五〇四）。

［内山京子］

解説

井上毅小伝――「明治の朱子」とたらんとして　坂本一登

本書に収められた明治顕官書翰の書風について　柴田紳一

井上毅小伝――「明治の朱子」とたらんとして　坂本一登

一、修学時代

井上毅《こわし》は、天保十四年（一八四四）十二月、肥後藩の家老長岡監物《けんもつ》の家臣、飯田権五兵衛の三男として、熊本の郊外、竹部に生まれた。幼名を、多久馬《たくま》という。のち、慶応二年（一八六六）長岡家臣井上茂三郎《しげさぶろう》の養子となって井上姓を名乗り、明治五年（一八七二）六月一五日改名して井上毅となった。以下、煩を避けるため、幼少期も含めて姓名を井上毅と統一する。

井上毅は、幼少の頃より神童の誉れ高く、嘉永五年（一八五二）一月、十歳の時、長岡家の家塾必由堂に入塾した。井上は、そこで抜群の学力を示し、安政四年（一八五七）七月、長岡監物の勧めで、肥後藩の藩校時習館《じしゅうかん》の訓導、木下犀潭《さいたん》（韡村《いそん》）の家塾に入門した。井上は、そこでも研鑽を続け、文久二年（一八六二）十月、二十歳の時、今度は木下の推挙により、陪臣の身でありながら総数が十人にも満たない、時習館の居寮生となった。その異例の抜擢は、井上の学業がいかに抜きん出ていたかを示すものであろう。

では、井上の時習館での学業とは、どのようなものであり、どのような教養を身に付けたのだろうか。井上の勉学ぶりを窺わせる資料として『灯下録』八冊と『骨董簿』九冊という勉学ノートが残っている。これらを一瞥すると、井上の修学が、この時代の時習館の性格を反映して、朱子学を基本としながら、徂徠《そらい》学や国学をも取り入れた折衷的色彩の濃いものであったことが解る。しかしそれは無味乾燥な儒学の訓詁学などではなく、幕末の動乱を視野に入れた極めて実践的な関心に裏打ちされたものであった。

井上の学修記録を大別すると、凡そ四つの分野に分類することができる。第一は、いうまでもなく四書五経をはじめとする儒学の経典類である。ただ、その読書範囲は、狭義の経書およびその注釈書に限定されず、諸子百家の古典を含み、さらに日本の儒者たち、荻生徂徠《おぎゅうそらい》、貝原益軒《かいばらえきけん》、佐藤一斎《いっさい》、山県大弐《だいに》あるいは水戸学派の著作にまで広がっている。第二の分野は、中国と日本の歴史に関連する文献である。重点は圧倒的に中国史にあり、宋を中心として唐、遼、金、元など各時代の史書に及んでいるが、とりわけ朱子をはじめとする宋代の「名臣」たちの伝記的史実に強い関心を寄せている。第三は、儒学とは直接の関係はないが、幕末の日本をめぐる内外情勢に関連して、地理、制度、政策、物産など、いわば現実政治上の諸問題について、『海国図志』などの文献に当たって研究した形跡が残されている。第四は、漢詩に関するノート類で、これも量としては決して少なくはない。

井上の知的関心はこのように広範囲に及んでいたが、井上の学問は単なる折衷主義や実用主義ではなく、その中心には学問全体を統括するものとして井上なりの朱子学が厳然と存在していた。その井上の朱子学とは、朱子学の壮大な形而上学的側面に傾斜するものではなく、より実践的な側面、すなわち「治国平天下」の政治の世界における「倫理学」を意味していた。井上は、朱子の哲学よりも、朱子その人の政治的実践に強く惹きつけられ、朱子が皇帝にささげた「封事」や「奏劄」を何頁にもわたって抜粋筆写し、その憂国の情と忠誠心に対して何度も感嘆を書き留めている。つまり、朱子の政治的実践を模範として仰ぎ、その出処進退あるいはその政策的意見を学ぶことを通して、井上は自己の学問を形成していったのである。

井上の熊本時代における知的事件のハイライトは、肥後実学党の総帥、横井小楠《しょうなん》との対決である。元治元年（一八六四）十月、熊本郊外の沼山《ぬやま》津《づ》に謹慎中だった小楠を、実学党とは対立関係にある学校党の系譜に連なる井上が、問答を取り交わすため訪ねたのである。この記録が有名な『横井沼山問答書留』（『井上毅伝』史料篇第三）である。問答は大別して、学問論、耶蘇教論、交易論、分党論に整理できるが、対決の構図は、実学で聞こえた小楠に対して、井上が保守的な立場から論争を挑んだものである。ちなみに、対談当時、小楠は五六歳、井上は二二歳だった。

対談の中で、小楠は西洋近代に成立した「経綸窮理の学」を賞揚して、儒教が理想とする聖人の道である「利世安民の事業」を、儒教とは直接縁のない西洋近代がむしろ実現している現実を強調した。そして、その成果の上に、富強を達成した西洋諸国との交易が不可欠と論じ、さらに「鎖国の旧習」を批判して、西洋諸国もその経綸を発明して富強の域に達したのは僅々数十年のことであるから、日本も「一新の法制」を設けて大いに改革をすれば、西洋諸国と対等の地位に立つことも可能だとしたのである。

これに対して、井上は、鎖国を維持する立場から、日本においても各藩が障壁を廃して全国市場を確立すれば独立経済も不可能ではなく、外国との交易に踏み出す必要がないばかりか、西洋各国の行動は公平心によるものではなく利害の打算に発するものであるから、日本が開国を拒めば武力に訴えてでも、交易の利を貪ることは必定である。また十分な準備のない安易な開国や新奇な改革は、必ずや人心を不安にし社会秩序を動揺させ、内乱を誘発せずにはおかない。それは日本を発展ではなくむしろ崩壊に導くものであると反論したのである。

両者、相譲らず、結局、議論は平行線を辿った。井上は、風俗、言語、教法、立国の基本など日本の「国体」を守るため、あえて開国や明治維新という大規模な政治変動には消極的な立場を選んだのである。もっとも、井上は、小楠のある種の楽観主義に反発して、ことさらに鎖国論を唱えたが、もちろんそれだけで事が済むと考えていたわけではない。西洋各国が達成した、人材を養成し、福祉を充実させ、さらには産業を育成して武備を充実させるなどの「利世安民の事業」の成果は認めざるを得なかったし、西洋列強と日本との軍事上の優劣を考慮すれば、日本が開国を拒否できないことも理解していた。それゆえ、井上は、小楠との対決の後、日本の独自性と安全を防御するために、また開国交易を日本の崩壊ではなく発展に結びつけるためにも、洋学修業を決意するのである。

慶応三年（一八六六）二月、井上は、洋学を学ぶために、藩の学校方奉行の許可を得て江戸に上った。しかし維新の動乱は、江戸での修学を困難とし、井上は、混乱を避けて一旦郷里の熊本に帰り、今度は長崎で、後に司法省の同僚となる外国通事の名村泰蔵《たいぞう》についてフランス学を勉強した。井上は、後年のイメージからドイツ学を専攻したようにみなされがちであるが、井上の洋学の基礎はドイツ学ではなくフランス学であった。

明治三年（一八七〇）九月になると、井上は、木下塾の同門で藩校時習館の先輩でもあり、当時大学の少博士だった岡松甕谷《おうこく》との関係から、小舎長に任じられた。これが井上の官吏としての出発点である。翌明治四年（一八七一）十二月、鶴田皓《あきら》の世話で司法省に転じ、明治五年（一八七二）六月、井上は司法省の上司同僚ら七名とともに欧州派遣の命を受けた。この洋行の決定は、井上にとってまさに僥倖であり、「法制官僚」井上毅の誕生に決定的な影響を与えることになる。

明治五年九月より翌明治六年（一八七三）九月までの約一年間、井上は主としてパリに滞在して、フランスの司法制度について調査研究をおこなった。短期間の、ベルリンやフランス地方都市への視察旅行をのぞいて、専らボアソナードら仏人法学者の講義に出席しながら、洋書の読解と翻訳に明け暮れる日々であった。その成果は、帰国後の明治七年（一八七四）、『仏国大審院考』『治罪法備考』『王国建国法』『仏国司法三職考』（『井上毅伝』史料篇第三）という、いわゆる司法四部作となって結実するが、とりわけ『治罪法備考』は三百頁を越える大作で、井上が留学中に行った刑法と刑事訴訟法についての研究の集大成だった。

では井上は、何故にかくも刑法と刑事訴訟法の研究に精力を注いだのであろうか。それは、単なる職務上の必要を越えて、井上が「文明」というものを強く意識していたからであった。当時の日本においては、「拷問の制」がなお一般的だった。井上は、『治罪法備考』の「緒言」において、「拷問の制」こそは「蛮野の徴」以外の何物でもなく、これを残す限りは「自ら文明と称す、笑を致さゞるも亦愧を為さゞらん乎」と述べて、日本の現状を慨嘆した。『治罪法備考』とは、この「拷問の制」を廃止して、文明の制度たる「人身の自由」と「家宅不侵」の原則を確立するために、罪刑法定主義、遡及法の禁止、法によらざる捜索その他令状の禁止、残酷刑の禁止、自白強要の禁止など、近代的な刑事司法制度の全般を紹介したものだったのである（なお『治罪法備考』は、政府内のみならず、植木枝盛《えもり》を始めとする民権家や啓蒙家にも大きな影響を与えた）。

では、幕末期あれほど開国や外国との交易に異を唱えた井上は、明治期に入るや留学を契機に一転して、西洋派の啓蒙的知識人に変貌したのであろうか。そうではない。明治期の井上も、幕末期と同様、いわば後ろ向きに西洋に接近していくのである。

井上は、西洋近代に対するナイーブな憧憬からこれを模倣しようという態度は決してとらない。そうではなく、西洋近代を学修する井上の姿勢には、民族的な危機感から洋学を始めた幕末期と同様に、当初から主体的な性格が濃厚であった。すなわち、日本という国家を存続させるには、西洋近代をどのように理解し、どのように咀嚼すればよいのか、また社会秩序を混乱させずに日本の富強を実現するには、西洋近代の何をどのように導入すればよいのか、あるいは独自性を守りつつ、日本の文明を進化させるには、西洋近代とどのように向き合えばよいのか、西洋近代に対する井上の接近には、このように主体的で選択的な姿勢が鮮明だったのである。

こうした井上毅の姿勢を象徴的に示すのは、明治六年（一八七三）、つまり欧洲留学の帰国直後にまとめられた「欧洲模倣を非とする説」（『井上毅伝』史料篇第一）という意見書である。これは、日本が欧洲列強に対抗して独立を維持するためには、「鋭意勇進して旧来の弊を去り、改進の路に就き、文物制度より日常百般の事に至るまで悉く彼国の風に倣ひ、以て第二の欧洲を創造すべし」という謬説に、井上が反駁したものである。

井上は、まず急進的な「第二の欧洲化」という試みが果たして可能かという問題を提起する。そして、言語、宗教、風俗など「種族」の異なる日本にとって、それは不可能な要求だと退ける。もちろん井上も、改革が必要なことは認める。ただ、井上は、「国民の性質」を「本来の性質」と「外来の性質」とに分け、普遍的な性格をもつ「外来の性質」は欧洲から積極的に輸入して改革することを歓迎するが、「国民に特有の性質を創造する」「本来の性質」の改革には慎重な配慮が必要だと訴える。すなわち井上は、国情を無視した急進的な改革ではなく、こうした区別と程度をわきまえた漸進的な改革こそが、独立の維持と新たな文明の創造に寄与すると主張したのである。「抑も我邦は往時支那の文明をとり国民の性質を創造せり。今又欧洲の文明をとり之を改良すること難からず。而して幸にして五十年間の平和を保ち、其基礎を堅固にせば、遂に一大文明を創造して社稷を全くし、独立を存し、以て幸福を得るに足るべし」。

井上の主体的で選択的な姿勢は、本職である司法制度や法律学の調査研究において、より具体的な形で現れる。井上は、前述のように、フランス語を学び、フランス語を通して西洋近代という世界に分け入っていったが、しかしだからといってフランスを模範国として、その司法制度や国家制度を丸ごと日本に移植しようとしたわけでない。井上は、モデルを探す際には、常に日本の国情に照らして、何が日本に相応しく何が有益なのかを個々の制度や分野ごとに吟味する姿勢を忘れなかった。

例えば司法制度の形成について、フランスとドイツを比較して、井上は明らかにドイツに好意を寄せている。というのも、フランスの司法制度が革命後一挙に集権的体制に移行したのに対して、ドイツのそれは十八世紀半ば以降改革を積み重ねて漸く一九世紀半ばに現行の体制に落ち着いたものだったからである。その漸進的プロセスに、井上は共感を抱いた。あるいは前述した『治罪法備考』の中で、井上は多くの点で西洋近代の刑事法原則に賛同しながら、陪審制だけは、英米普三ヶ国で制度化されているにもかかわらず、日本の「国俗慣習」「固有の旧制」にそぐわないとして、頑として採用しようとはしなかった。

井上の選択の基準は、一般的に言えば、前述の「外来の性質」と「本来の性質」とに対応して、近代国家の形成に資する公的な領域においては西洋近代をモデルとして積極的な改革を推奨し、他方、国民の生活や社会に関わり合う私的な領域については慎重で漸進的な改良を選好する傾向にあった。法律学の分野でいえば、刑法は全国統一的な法典化と制度化を推進しようとしたのに対して、民法においては、フランスの集権的統一性よりも、国内各地域における習俗慣習の多様性を法として尊重するドイツ法学、「ローマの法を学べよ、而して汝の法に従って生活せよ」という「局法《ドロア・ロカル》」論の方に井上の共感はあった。

また、こうした選択の契機は、地方制度をめぐる井上の議論の中にも現れている。明治初年に井上が選んだのは、今度はドイツ・プロイセン流ではなくフランス流の地方制度であった。その理由は、町村以下の「自治」を尊重する点で両国に差はないものの、それより上位の郡県という国家と密接に関連する中間領域に関しては、プロイセンでは州単位の広汎な「自治」が行われているのに対して、フランスでは中央政府に直結した全国一律の地方「行政」が行われているからであった。換言すれば、井上は、国民の「旧慣」の世界を守るため、町村以下の地方社会に中央政府が画一的かつ急進的に介入することを阻止しようとしたが、列強と対峙する近代国家の形成については権力の多元化を克服した中央集権的なシステムを樹立しようとしたのである。それが、無用な混乱を回避して、日本の富強を実現する現実的な方策だと考えていたからである。

以上のような問題関心から、井上は西洋近代を研究し、また理解を深めていった。井上は、変わるためではなく、むしろ変えるべきでないものを変えないために、すなわち日本の西洋化をめざすのではなく、むしろ日本のアイデンティティを守るために、いわば後ろ向きに西洋近代と向き合っていった。しかしそれは井上の西洋近代に対する理解が浅薄だったことを意味するわけではない。井上の残した厖大で詳細な調査資料が、その緊張感を雄弁に物語っている。圧倒的な儒教的教養に加えて、こうした西洋近代についての豊富な知識と鋭敏な理解を獲得することによって、井上の政策立案能力は、法学のみならず政治の世界においても飛躍的に高まった。そしてそれは、幕末期、朱子の政治的実践に憧れた井上が、「明治の朱子」とたらんとして実際に活動を開始する準備が整ったことを意味した。以後、井上は、明治政府の中枢において、およそあらゆる事柄について獅子奮迅の働きをしていくことになるのである。井上、三二歳のことであった。

二、明治政府の中枢にて

明治政府の中枢において、井上が幕僚として献策した意見書は、枚挙に遑がない。以下では、主な意見書、および本書に翻刻され解説を付された書翰を中心に、井上の政治的生涯を概観していきたい（以下の引用は『井上毅伝』史料篇第一・第二参照）。

井上が、明治政府の首脳にその存在を知られる契機となったのは、帰国後に井上が提出した二つの意見書である。最初のものは、明治七年（一八七四）四月、太政大臣宛に作成された「官吏改革意見」である。これは、現時の政治が安定しない理由として、「官吏に規律なし」、「選挙（人材登用）に法なし」「官制冗濫」「民政修まらず」「文法太繁（繁文縟礼）」の五項目を指摘し、これらの「時弊」に政府が真剣に対応することを訴えたものである。この意見書は、伊藤博文の注目するところとなり、以後長年に及ぶ両者接近のきっかけとなったと伝えられる文章であるが、すでに明治十年代後半に実施される近代専門官僚制改革を先取りする内容をもっていた（書翰一）。

もうひとつは、台湾出兵に関して、八月井上が提出した「対清政策意見」である。この意見書は、全権弁理大臣として清国に向かう大久保利《とし》通《みち》の目に止まり、その結果、大臣一行の随員に加えられたばかりか、北京での外交折衝にも直接参画する機会を得た。井上は、これ以降、中国および朝鮮との紛争はいうにおよばず、条約改正の問題にも絶えず積極的な関心を示して、その都度重要な役割を果たしていくことになる（書翰七）。

明治八年（一八七五）には、三月大審院の設置の必要を説いた「司法省改革意見」を提出し、四月には漸次立憲政体樹立の詔の起草にも関与した。また十月には江華島事件に際して、参議木戸孝允《たかよし》の「乞朝鮮派遣使臣建議案」を代草した。これが井上による代草の嚆矢である。以後、井上は、明治政府の大臣参議の意見書ばかりでなく、天皇の勅語案の起草にも深く関わることになった。明治九年（一八七六）には、右大臣岩倉具視の知遇も得、求めに応じて「憲法意見」を提出し、立憲政治について解説した。

明治十年（一八七七）四月、西郷軍が決起して西南戦争が勃発すると、井上は、郷土熊本の動向が西南戦争の帰趨を決めることを予言し、参議大久保や陸軍卿山縣有朋に対して処方策を入説した（書翰二）。そして七月西南戦争の帰趨が明らかになると、戦争によって荒廃した熊本の復興を願って「肥後力食社意見」を起草するとともに、士族授産の必要を岩倉に訴えた（書翰三）。

西南戦争が終わった明治十一年（一八七七）になると、本格的に国家形成の動きが始まる。在野では高知を中心に自由民権運動が胎動をし始め、明治政府内でも立憲制導入の検討が具体化した。政府の柱石だった大久保は手始めとして、いわゆる三新法と呼ばれる「郡区町村編制法」「府県会規則」「地方税規則」を制定していくが、井上はこれらの法案の主要な起草者の一人だった。三新法は、地方議会から段階を踏んで国家レベルの議会政治を導入する、漸進的な手法による立憲政体創設の第一歩だった。同時に、地方制度を、従来の画一的な「大区小区制」からより「固有の慣習」を尊重する、その意味で井上の構想と一致する方向へと政策転換を図るものでもあった。

明治十四年（一八八一）十月には、いわゆる明治十四年政変が起こった。天皇の名において明治二十三年（一八九〇）を期して国会開設を公約することになる、この政変において、井上は主要な舞台回しの一人であった。三月、参議大隈重信《おおくましげのぶ》が密かに二年後の国会開設とイギリス流の議院内閣制の採用を明記した立憲政体に関する意見書を提出した。驚愕した右大臣岩倉は、内密に井上を呼び、その反駁書の起草を命じた。岩倉と同じく、条件の異なる日本でイギリス流の議院内閣制を直ちに採用すれば、国家分裂の危機につながると憂慮した井上は、イギリス流の議院内閣制の採用を断固として阻止することを決意する。そして急遽、ロエスレルに意見を徴しながら、「欽定憲法考」「憲法意見第一」「憲法意見第二」「憲法意見第三」を書き上げ、イギリス流を排斥して、いわゆるプロイセン流の立憲政体の採用を主張した。そして同時に、大隈追放の多数派工作を開始した。北海道官有物払い下げ事件をめぐる騒然とした状況の中で、明治政府の立憲政体モデルの選択と、権力闘争とが複雑にからんだ、この政変の帰結は、明治国家の骨格にも大きな影響を与えた。九年後の国会開設だけでなく、薩長藩閥政府の成立、北海道官有物払い下げの中止、緊縮方針をとる松方財政への転換など、明治政府の運営が大きく変化していくのである（書翰四～六）。

明治十五年（一八八二）三月、政変のもう一人の舞台回しの主役だった伊藤が、欧洲へ憲法調査に出発した。井上は、国内に残って、伊藤に代わって参事院議長となった山縣の下で留守を預かることになる。また、これが機縁となり、井上は山縣にも求めに応じて意見書の起草を行うようになった。七月には、朝鮮京城において、大院君に扇動された旧軍の兵士が蜂起し（日本人も殺害される）、清国軍によって鎮圧される壬午の変が起こった。井上は朝鮮に渡ってこの事件の処理にあたり、帰国後、より中期的視野から東アジアの安定化を模索して「朝鮮政略」を提出した。朝鮮半島の列国共同管理を提起した、この井上の朝鮮中立化構想は、政府首脳にも強い示唆を与え、さまざまに形を変えながら、日清戦争までの朝鮮政策の大きな枠組みとなった。

明治十六年（一八八三）八月、伊藤が欧洲から帰国した。これより先、岩倉は、欧洲で憲法調査に従事している伊藤が西洋に過度に心酔することを恐れ、明治十五年十二月内規取調局を新設して、井上に日本の政治的伝統や皇室制度についての調査を命じた（書翰八）。明治十六年七月、その右大臣岩倉が死去して、宮中に空白が生まれると、伊藤は、明治十七年（一八八四）三月宮内卿に就任し、内規取調局を廃止して、自らの調査機関として制度取調局を新設した。しかし伊藤は同時に、保守的な天皇や宮中の意向に配慮して、欧洲を参考にしながらも、日本の国情と伝統に則した立憲政体を創設することを明らかにし、不安の緩和に努めた。井上は、今度は、伊藤の下で、宮内省図書頭として、華族制度の創設など皇室制度の改革に尽力する一方、立憲政体創設の準備に努めていくのである（書翰九～一〇）。

明治十八年（一八八五）四月、井上は外務省御用掛の兼務を命じられ、特派全権大使伊藤の随員として清国に渡った。前年十二月に起きた、甲申の変の後始末として、朝鮮をめぐる日清関係を調整するためであった。交渉は難航したが、最終的には日清両国の朝鮮からの撤兵と将来の出兵の際の相互通知を定めた天津条約が締結された。井上はその約定案の起草に関わった。また、この年の十二月には、伊藤とともに内閣制度の創設に尽力し、伊藤が初代内閣総理大臣となると、井上は臨時官制審査委員長となって、内閣制度のみならず、各省官制通則の制定や官吏試験資格任用制度の導入など国家統治機構全体の統一と改革に奮闘した。さらに翌明治十九年（一八八六）二月に公布される、内閣制度の創設と密接に関連する公文式にも関与し、法律や命令の起草・裁可・公布の手続きを整備した。

明治十九年秋、井上はいよいよ憲法と皇室典範の起草に着手した。御雇い外国人のロエスレルやモッセに適宜質問しながら、しかしあくまで自らの調査と考究に基づいて明治二十年（一八八七）四月甲案乙案を完成させた。ほぼ同時期、ロエスレルの草案も完成し、以後、この両草案を土台に約一年をかけて伊藤および伊東巳代治《みよじ》、金子堅太郎《けんたろう》の三人と激論を交わしながら憲法草案を練り上げていくことになる。その起草作業には紆余曲折もあったが、一貫して最も中心的な役割を果たしたのは井上であった。それゆえ明治二十一年（一八八九）四月、枢密院が新設されて、憲法および皇室典範の草案が諮詢された際も、井上が枢密院書記官長として、両草案の説明にあたった。翌明治二十二年（一八九〇）一月、両草案のすべての審議が終了し、紀元節にあたる二月十一日、大日本帝国憲法が発布された（皇室典範も制定されたが、この時点では公布されなかった）。伊藤と井上は、この憲法をドイツを始めとする西欧諸国の単なる模倣ではなく、天皇が全体を統合する「徹頭徹尾日本的なもの」（一八八九年三月一日付シュタイン宛伊藤博文書翰）として制定した。伊藤と井上は、この憲法制定を通して、伝統と国情を踏まえた上でなお、新たな日本の政治的文明を創造しようとしたのである。数知れない井上の献策において、この憲法制定こそが、井上の畢生の事業であった。なお、伊藤の名で公刊された『憲法義解』は、井上が起草の際、条文の説明のために執筆したもので、実際には井上の著作である（書翰一二〜二二）。

ところで、井上毅らが憲法草案を推敲していた明治二十年（一八八七）は、井上馨《かおる》外相の条約改正が挫折した年でもあった。条約改正の内容、すなわち治外法権の撤廃と関税の一部回復の代償として、西洋流の法典編纂を約束し、外国人の判事と検事を一定期間任用することが明らかになると、たちまち政府内外から批判が噴出した。とりわけ政府の法律顧問ボアソナードが、改正案は日本の法的独立を損なうと非難したことが契機となり、閣内からも司法大臣山田顕義や欧洲帰りの農商務大臣谷干《たて》《かん》城《き》《じょう》が強硬な反対意見を表明した。さらに明治天皇の信任が厚い佐佐木高行《たかゆき》や元田永孚などの宮中グループも反対の立場を明かにし、ついに政府は七月列国に対して改正会議の無期延期を通告、九月井上馨は責任をとって外相を辞任した。実は、こうした反対運動の背後には、ボアソナードに機密を洩らし、山田や元田らに密かに働きかけた、井上毅の画策があったのである（書翰一一）。

明治二十二年（一八八九）になると、今度は黒田内閣の外相大隈が条約改正に取り組んだ。大隈は、井上馨案を修正して、関税率を引き上げ、外国人裁判官も大審院に限定し、法典編纂についても日本側の主体性を強調した。しかし大隈改正案も、外国人判事を一定期間任用する点では井上馨案を踏襲しており、再び国内世論は激昂した。井上毅も、外国人判事の任用は国辱であるばかりか憲法違反と捉え、九月『内外臣民公私権考』（『井上毅伝』史料篇第三）を公刊して、元田らと連携して反対運動を展開した。しかし首相黒田と外相大隈は、あくまで帰化法の制定と条約廃棄論を唱えて初志貫徹を図り、政府は分裂状態のまま身動きのとれない状態に陥った。結局、この問題は、十月の大隈外相遭難という前代未聞の出来事によって決着が付けられ、条約改正は再び延期となったのであった（書翰二二〜二七）。

さて、憲法の制定に伴い、翌明治二十三年（一八九〇）はいよいよ帝国議会の開設の年となった。井上は、その準備のため明治二十二年十月臨時帝国議会事務局総裁となり、東洋初の議会開設のため、関係する諸法規を制定するとともに、議事堂の建設や衆議院選挙に使用する投票用紙の用意、さらには全国各地の投票所の準備に至るまで東奔西走した（書翰二八）。翌明治二十三年七月、第一回衆議院議員総選挙が実施され三百名の新議員が決定し、十一月帝国議会の開会となった（書翰四〇）。またこの間、山縣首相の諮問に応えて、文相芳川顕正や元田らと協力しながら、良心の自由に抵触せず、宗教とも哲学とも区別された国民道徳の規範となる教育勅語の発布に渾身の力をふるった（書翰二九〜三九）。こうして、明治典憲体制が漸く確立したのである。

三、晩年について

最後に、晩年の井上について触れておきたい。明治二十一年（一八八八）二月、憲法草案の審議が大詰めを迎えていた頃、井上は法制局長官に任命された。第一議会閉会後の明治二十四年（一八九一）五月までその職を務め、その間、枢密院書記官長、臨時帝国議会事務局総裁を兼任し、明治二十三年（一八九〇）七月には枢密顧問官となった。やがて明治二十六年（一八九三）三月、第二次伊藤内閣に文部大臣として入閣するが、病のため一年半で辞任し、およそ半年後の明治二十八年（一八九五）三月、日清戦争の帰趨を懸念しつつ五二歳で没した。直前の一月に子爵を授けられた。

立憲政治が開幕した後の井上の行動を貫くものは、井上の畢生の作品である憲法を守り、井上の信奉するところの立憲政治を維持発展させることであった。そして井上は、立憲政治の定着には、単なる法律の条文だけでは事足りず、それを補い下支えするものとして「徳義」すなわち政治的倫理の涵養が不可欠だと考慮していた。

明治二十二年（一八八九）春、井上はまず首相黒田に対して、「立憲施政意見」を提出し、「誓て憲法の精神を維持する事」「君主の為に責に任ずる事」「内閣の一致及機密」の保持という三項目からなる「輔相の徳義」について詳説した。翌明治二十三年（一八九〇）五月にも、黒田を継いだ山縣首相に対して改めて「徳義」の重要性を強調した。立憲政治を開始するにあたって、井上が最も懸念したのは、国内政治における「太平の気習と官民党派の怨念」だった。というのも、弛緩した風潮と官民間の執拗な憎悪の応酬は、風教を乱し人心を腐敗させるとともに、必要以上の官民の対立および国論の分裂を引き起こし、互譲の精神が不可欠な立憲政治を危うくする可能性を孕んでいたからである。「立憲の政は官民相譲るの徳義を以て精神とするものにして、決して単純なる法律的の作用を以て視るべからず」。すなわち立憲政治を実りあるものにするには、ことさらに対立を煽る「雄弁美辞と術数籠絡」ではなく「政事家の憂国の誠、率先の実」を伴う互譲の精神こそが必須と考えていたのである。

それゆえ、井上はこうした状況を克服するために、官民双方に自制を求めた。もっとも、井上の場合、その力点は明らかに統治責任を担う官の側に措かれていた。実際、第一議会の開幕が近づくとともに、井上の献策は議会との対立を可能な限り回避して、政府側に自重を求める方向に傾いていった。提案すべき法案も、内容条文ともによく精査された、教育や興業銀行法案のように人民の利益となるものを選び、政党の反発が予想される高等警察などの治安立法は避けることを主張した。加えて、民党が多数を占めると予測される衆議院では、政党側の政策をすべて拒否するのではなく「政府は立憲政の精神を曠廃せずして議会の職務を敬重する」ため、「事宜の許す限りの譲予を為さざるべからず」と是々非々の態度を慫慂し、「政府其意見を固執するは正理に背くものなり」と積極的な妥協さえ求めたのであった。

しかし明治二十三年（一八九〇）末いよいよ第一議会が開幕すると、民党側の攻勢は井上の予想をはるかに超えるものとなった。民党が優越する衆議院予算委員会は、明治二十四年度の予算案を一割以上削減する大鉈を振るい、その中には、起草過程において井上が苦心した、いわゆる政府の法律上の義務的経費を定めた第六十七条費目も含まれていた。その後も、民党側が、政府側の説得に一切耳を貸さず、強硬な姿勢を崩さない姿を目の当たりにして、井上は早くも立憲政治の前途に暗雲が立ちこめるのを感じた。井上は、解散論一色だった当時の政府内にあって、それでも安易な解散説に反対して政府の自制を求めたが、民党側の非妥協的な態度には危機感を深めざるを得なかった。それゆえ、土佐派の「軟化」によって土壇場で漸く妥協が成立し、六百五十一万円の削減により、第一議会がなんとか解散せずに閉幕を迎えられたことに、胸をなで下したのであった（書翰四一）。

明治二十四年（一八九一）五月、かねて辞意を固めていた山縣が首相を辞任して、松方内閣が成立した。その直後に起こったのが、大津事件である。大津事件といえば、ロシアの報復を恐れる日本政府が、ロシア皇太子襲撃の犯人である津田三蔵《さんぞう》を政治的理由から死刑に処そうとしたが、大審院長児島惟謙《いけん》がその圧力に屈せず司法権の独立を守り無期徒刑にした事件として著名である。しかし実際は、政府の意向に反対だったのはひとり児島のみでなく、政府内には井上を始めとして日本の法的主権の維持を主張する官僚らの多くの反対論があり、彼らも必死に政府首脳に入説していた。井上らは刑法の皇室に対する罪を外国皇族に拡大解釈して死刑にすることは、憲法が定めた罪刑法定主義に反すると抗弁し、欧州で発生した同様の事件の解決策を調べつつ、ロシアとの外交的解決を図る方策に奔走した。結局、最終的に政府首脳が児島の行動を黙認したのは、司法権の独立のためというより、天皇の直々の謝罪を始めとする各方面の努力の結果、外交的解決の見通しが立ち、津田を死刑にしなくてもロシアが報復的行動に出ないことが判明したからであった（書翰四二）。

さて、第二議会に臨むにあたって、井上は第一議会の経験を踏まえて、今度は議会側の譲歩を促す方策を考慮した。政府の「籠城主義」を改めて、「専ら進為の気象を示し、先んじて人を制」する、いわゆる積極主義の方針を提言したのである（書翰四三～四四）。井上は、第一議会における政費削減の結果生じた、余剰金六百五十万円を活用して、治水事業、興業銀行の資本、北海道開拓事業という三案のうち何れかを選択すべきとして提案し、余剰金を、政党が主張する地租軽減ではなく、むしろ産業育成に回すことによって、懸案の地租問題の解決を試みた。いわゆる民党側の「民力休養論」に対抗して、政府側からの積極主義、すなわち「民力育成論」を提示することによって、政党側の柔軟な姿勢を引き出し、立憲政治を機能させる互譲の精神を喚起しようとしたのである。

しかし、大胆な政策転換を行うのに必要な政府内の鞏固な意思統一は、松方内閣では望むべくもなかった。政務部設置問題を契機として、政党への対応をめぐって閣内は分裂し、対立は激化するばかりであった。他方で政府の積極主義は、一部に関心をもつ議員はいたものの、民党側の強硬姿勢を大きく転換させるまでには至らなかった。政府は再び手詰まり状態に陥り、事ここに至れば、井上も解散論に同意する他なかった。結局、第二議会は明治二十四年（一八九一）十二月二十五日解散される。政党への嫌悪を強めた井上は「第二期議会解散紀事」と題する文書をあえて認め、「蓋し立憲政体の善美を為す所以の者、政府と議会と協同調熟、以て国家公共の福利を進むること」にあるにもかかわらず、政党側が審議に非協力的な姿勢を変えなかったと非難している。

だが解散が、状況の劇的な好転を約束するわけではない。明治二十五年（一八九二）二月に予定された総選挙も、依然として民党の優勢が伝えられた。こうした情勢の中、深刻さを受け止めた井上が、事態改善のために熟考に熟考を重ねた画策こそ、詔勅政策の実行であった。すでに井上は、解散前にも伊藤に対して「到底明天子の懿徳に倚り国家を保全し、進歩を規画する外無之」と切言していた。しかし伊藤は、伊藤なりに熟考した上で、逆に井上が嫌悪する、吏党を基礎とする新党結成に踏み切ろうとした（書翰四五）。天皇は驚き、他の元老も賛成しなかったために、この時点では伊藤新党は実現しなかった。しかし、伊藤は、新党結成を見合わせる代わりに、枢密院議長の辞表を提出し、同時に二月に実施された総選挙における内相品川弥二郎《やじろう》らの選挙干渉に痛烈な批判を加えた。結局、伊藤は天皇に慰留されて留任するものの、内相品川らが更迭されるなど、政府内は大揺れとなり、政党への対応をめぐって藩閥の一体性に深い亀裂が走ることになったのであった（書翰四六～五〇）。

こうした中、明治二十五年（一八九二）八月、元勲総出と称される第二次伊藤内閣が成立した。この内閣に対する井上の心中は複雑であった。確かに井上は、政府の混乱を見るにつけ、伊藤が率先して内閣を組織することを望み、伊藤が中心になって事態の収拾にあたることを繰り返し訴えてきた。しかし他方で、その伊藤は、必ずしも井上の献策に耳を貸さず、今度は、むしろ井上の反対にもかかわらず、内閣書記官長伊東巳代治を窓口として、自由党との接近を模索しようとしていた。こうした事態に対して、井上は入閣を固辞したばかりでなく、政党への接近とは異なる別の方策を提言した。すなわち、情勢を一気に挽回するための秘策として、再び詔勅政策の実行を迫ったのである。

その詔勅政策が実行に移されるのは、政府が提出した明治二十六年度予算案に対して、あらためて民党勢力が徹底抗戦の姿勢をみせ、明治二十六年（一八九三）二月、首相伊藤の反対演説にもかかわらず、衆議院が内閣不信任案を上程可決した時だった。二月九日首相伊藤は、議会の行動を痛烈に批判する上奏文を奉呈し、その中で局面打開策として、詔勅により議会と政府の「和協」を命じられるか、即時解散か、その決裁を天皇に仰いだのである。翌二月十日天皇は「和協」の詔勅を発し、製艦費補助のため宮廷費を省いて毎年三十万円を六年間下附するとともに、文武官僚も同期間その俸給の十分の一を献納するよう命じた。この詔勅を受けて議会は二月十三日奉答文を議決し、二月十六日から予算再審査会が開かれ、双方歩み寄りの上で妥協が成立して、三月一日第四議会は閉院式を迎えた。井上が念願し続けた詔勅政策は、ここに漸くにして実現をみることになったのである。

第四議会の終了後、明治二十六年（一八九三）三月、伊藤は内閣改造を行い、伊藤の強い推挙によって、井上が文相として初入閣した。井上は、翌明治二十七年（一八九四）八月、病のため辞任するまで、兼官を一切辞退して教育改革に専念した。帝国大学から小学校まで、師範学校から私立学校まで、およそ学制と文部行政のほぼ全面的な改修を行い、森有礼《ありのり》文相時代と並べて明治期における二大改革と称された。文相時代の井上はしばしば「凡そ教育と云ふものは其国の言語、其国の歴史に基かざる筈はない」と述べ、日本の歴史、国文、国語を重視して、国民の特性を養うことを繰り返し訴えた。言い換えれば、井上は、西洋の実学を学んで常に進歩を図りつつも、日本の言語と歴史に基礎づけられた「国民教育」ないしは「国体教育」の実施を通して、愛国心と「徳義」すなわち日本人としての倫理を涵養しようとしたのである（書翰五一～五五）。

四、「明治の朱子」として

井上は、晩年になって「法律は道理に対して不完全なるの説」という論説を書いている。そこには、「人は法律的の人に非ずして道徳的の人なり。国は道徳より成立するものにして、法律より成立するものに非ざるなり」と記されている。もちろんそれは、井上によってなされた数々の政策提言が、かりそめのものだったことを意味するわけではない。それどころか、井上は身命を賭して一途に制度や法の立案に没頭してきた。むしろ制度や法の立案に精励したからこそ、その限界についても意識するところが強かったのであろう。

そのゆえもあって、立憲政治が開幕した後の井上は、これまで述べてきたように、自らが心血を注いで創り上げた憲法と立憲政治を維持し発展させるために、「徳義」すなわち立憲政治を支える政治的倫理の涵養に努めた。井上は、時に個々の予算や政策の実現を越えて、藩閥政府と民党の双方に誠実さと自制を求め、互譲の精神に基づく政治を期待した。そしてそれを実現するために、藩閥政府には解散の抑制を求め、民党には積極政策を立案して柔軟さを引き出そうとした。さらに最後には、詔勅政策の採用を繰り返し進言し、天皇の権威に依拠して世の風潮を一変させることに執念を燃やした。

もっとも、それが井上を幸福にしたかどうかは別の問題である。晩年の井上には、しばしば孤独の影が付きまとった、といわれる。藩閥政府より「徳義」を優先する態度は山縣に連なる人々には奇異に受け止められたし、政党への接近を拒否する姿勢は伊藤に近い人々には時代錯誤と感じられた。最後に実現した詔勅政策でさえ、確かに第四議会の収拾には有効だったが、井上が望んだように藩閥政府と民党の双方を含む政界全体が、立憲の「徳義」を重視する方向に変わったわけではなかった。

とりわけ、井上が好んで献策を続けた伊藤との関係が、政党への対応をめぐって円滑さを欠くようになったことは、井上にとって（おそらく伊藤にとっても）痛恨事であったろう。もっとも伊藤と井上との関係は、常に一心同体だったわけではなく、むしろ濃淡はあれ緊張の連続であったという方が事実に近い。しかしそれでも両者は、日本に立憲政治を創造し定着させるために、政治家と官僚というそれぞれの立場から懸命に考え、その緊張と協調の中で、明治という国家は創られたのである。その伊藤に対して、井上は最期を迎えるにあたって、「自分は伊藤の為に一生を誤られた」（渡辺幾治郎談）と親しい人に語ったという。その文脈も真意も不明であるが、それは伊藤に対する最後の甘えであるとともに、晩年に生じた伊藤との微妙な隔たりに対する無念さの表明でもあるように思われる。

朱子学では、人として正しいと思うことを正しいという理由だけで行うことを重んじる。それが義であり、逆にためにする所があって行うのが利である。したがって、朱子学者は、現状が正しいと考えれば保守的にもなるが、現状が不正であると考えれば、個人的利害とかかわりなく、孤立を恐れぬ断固たる反対者ともなりうる。明治十四年政変や条約改正問題における、あるいは立憲政治開幕後における、井上の振る舞いのある意味異様な激しさについては、多くのことが書かれてきた。だか、それは井上の権謀術数の現れというより、井上にとっては、まさに自らが正しいと考える「義」に対する献身だったのではなかろうか。この意味において、井上は、まぎれもなく朱子学の徒であり、自ら「明治の朱子」とたらんとして、自己の生涯を貫いたのである。

参考文献

井上毅伝編纂委員会編『井上毅伝』史料篇第一—第六、國學院大學図書館、一九六六—一九七五。

國學院大學日本文化研究所編『井上毅伝』史料篇補遺第一—補遺第二、國學院大學、一九九四—二〇〇八。

木野主計『井上毅研究』続群書類従完成会、一九九五。

坂井雄吉『井上毅と明治国家』東京大学出版会、一九八三。

大久保利謙「明治一四年の政変」（『明治政権の確立過程』所収、御茶の水書房、一九五七）。

渡辺　浩『日本政治思想史』東京大学出版会、二〇一〇。

坂本一登『伊藤博文と明治国家形成』吉川弘文館、一九九一（講談社学術文庫、二〇一二）。

坂本一登「明治憲法体制の成立」（『岩波講座　日本歴史　近現代二』第一六巻所収、岩波書店、二〇一四）。

追記

近年は、井上毅について内在的に理解しようとする研究も増え、その功罪を含め多彩な研究が現れるようになった。しかし、かつては専制的な藩閥政府の絶対主義官僚として、否定的な評価が一般的であり、まともな研究対象と見做されることさえまれな時代もあった。そうした知的風潮の中にあって、井上毅の「実像」を伝えるため、井上の資料を丹念に収集し翻刻し編纂し、広く研究者に提供するとともに、自らもそれらの資料に基づいて、井上の思想と政治活動について実証的に紹介研究されてきたのが、國學院大學図書館に長く勤務された木野主計先生であった。また、前述した知的雰囲気を熟知しなおかつそれを意識された上で、井上の残した遺文書と誠実かつ丁寧に格闘し、井上の生涯の内在的理解を志されたのが、故坂井雄吉先生であった。現在の井上毅研究の水準は、両先生の業績と学恩抜きには考えることができない。人はみな先人の肩の上に乗って世界を眺める。本小論も、両先生の業績に深くかつ多くを負っている。記して感謝申しあげたい。

本書に収められた明治顕官書翰の書風について

柴田紳一

ここでは本書に収載された井上毅宛九氏中五氏の書翰および井上自身の書風について概述する。

九氏および井上の明治国家建設への多大な寄与と、明治天皇補佐者としての各人とに関しては、『明治天皇紀』および同書の編纂担当者であった渡辺幾治郎の戦前・戦中・戦後一連の著書、とりわけ戦後に刊行された渡辺著『明治天皇』上下（一九五八、宗高書房）を参照されたい。また個々の書翰の背景・内容等についてはそれぞれの解説に譲る。

まず九氏および井上、加えて明治天皇を生年（西暦）順に並べると次のようになる。

元田永孚　一八一八（文政元）
岩倉具視　一八二五（文政八）
松方正義　一八三五（天保六）
三条實美　一八三七（天保八）
山縣有朋　一八三八（天保九）
徳大寺實則　一八三九（天保十）
伊藤博文　一八四一（天保十二）
芳川顕正　一八四一（天保十二）
井上毅　一八四三（天保十四）
山田顯義　一八四四（弘化元）
明治天皇　一八五三（嘉永五）

いずれも江戸時代の生まれで、最年少は明治天皇である。

右の中で明治天皇の宸筆《しんぴつ》は別格として、伊藤博文が重大事件の折々に記した直筆手記・書翰草稿はすでに戦前に『伊藤博文秘録』『続・伊藤博文秘録』として釈文・写真版共に刊行され、広く知られている。他九氏についても『近世名流大家真蹟書翰選集』（一九二九）などに書翰の写真版が掲載されている。現在もインターネット上で早稲田大学が公開している「古典籍総合データベース」で大隈重信宛九氏の書翰等を小さな画面ながら見ることも可能である。しかし「執筆」という言葉はありながら実態は「入力」と化している昨今、また書翰・手紙ならぬ電子メールが圧倒的多数派を占める現在、個々人自筆の書風などということはほとんど顧みられない。本稿の筆者も書道の専門ではないが、歴史研究上の大切な史料として多くの書翰に接してきた。以下、「執筆」とはまさに自らの手で筆を執り優れた先人の「書」を大方が敬仰した時代に刊行された高橋角太郎著『勤王志士遺墨鑑定録』（一九三七、巌松堂書店）を主たる手がかりとして表記の解題を行うものである（高橋角太郎は「鴻爪庵」との号を有する蒐集家で、詳しい経歴は判らないが、その所見はきわめて妥当である）。

○

その前にここで、右に記した「書翰・手紙」ということに関して、史上の人物が書翰を認《したた》めるという行為について再確認しておきたい。大久保利通（一八三〇生）の次男に生まれた牧野伸顕（一八六一生、井上毅文部大臣により文部次官に抜擢される）の婿となった吉田茂（一八七八生）も八十九年の生涯に数多くの書翰を認めた。筆者はかつて吉田の書翰集を編み、その際、新聞社から求められて次のような文章を寄せたことがある。

史料としての吉田茂書翰

一〇日に『吉田茂書翰　追補』（中央公論新社）が刊行され、一九九四年出版の『吉田茂書翰』（吉田茂記念事業財団編・中央公論社刊）とあわせて総計約一四〇〇通、吉田茂が書き残した手紙が史料として利用可能になった。両書翰集の編纂に携わった者としては、戦後六十年を過ぎてこれだけの手紙が残っていたことを誠にありがたく思う。

　前記の財団が一九七一年に創立された際、初代会長・「吉田学校の優等生」佐藤栄作首相は式辞の中で、師吉田は日記こそ書かなかったが多くの手紙を発しているから一日でも早く一通でも多く関係者から複写させてもらうことが重要である、と述べた。卓見であった。

（中略）

「書く」ということは「考える」ことの結実であって、一通一通に込められた吉田の、広くは世界全体から国家・国民、そして狭くは知人・家族等に向けられた思いの丈が手紙には凝縮されている。解読しながらその熱い情念・信念に圧倒されることしばしばであった。憂慮・配慮・苦悩・歓喜、実によく考えよく書いた人だと思う。

世は「インターネット社会」となり、ひいて「ペーパーレス社会」を迎えるのかも知れない。現代史研究の一次史料が為政者の残したフロッピーとかチップとかになるのだろう。だが、そこには改竄の余地もあり、到底史料とはいいがたい。不特定の人に発信されたデータの重要性はそれとして、やはり生身の人間が考え書き発した手紙の迫力・真実味には遠くおよばない。

「歴史とは見えない将来を照らし出す鏡である」という。吉田自身も読書家で座右の銘は「歴史を知らない民族は亡びる」だった。歴史とは「人」の営為の集積にほかならない。その最も代表的な「人」たる吉田茂の書翰から我々が学ぶことは余りにも多い。

（『読売新聞』二〇一一年三月一四日朝刊）

書風は人さまざまながら、まさに書翰・手紙＝「人」なのである。以上を前置きに、本書所収井上毅宛諸家書翰の書風について述べていきたい。

○

『勤王志士遺墨鑑定録』は「明治年代に於ける三筆として永久にその芳名を伝ふべきは、霞堂有栖川威仁親王［柴田註、熾仁の誤り］を筆頭に、梨堂三条實美公、春畝伊藤博文公の三者を推さねばならぬ」といい（二六頁）、この三者を「明治代表的三筆」と呼び（二八四頁）、元田永孚を「能書家三筆」の筆頭とし（同頁、元田に次いで杉孫七郎《まごしちろう》・西尾為忠《ためただ》）、井上毅を「手紙三筆」の筆頭としている（同頁、井上に次いで渋沢栄一・伊東巳《み》代治《よじ》）。そして三条・伊藤・井上・岩倉具視・山縣有朋・松方正義についてはそれぞれに個別に章を立てて論じている（つまりこの本は、総理大臣または総理大臣相当五＋例外一として六氏の書は詳しく対象とするが、徳大寺實則・芳川顕正・山田顯義についての言及はない。そこで冒頭に「九氏中五氏の書翰および井上自身の書風について」と断った次第である。徳大寺・芳川（号「越山」）・山田（号「空斎」）もそれぞれに能筆の揮毫・書翰を相当数遺していることはいうまでもない）。

　三条の書については「皇国の柱石三条実美卿」の題下、以下のように記している。「卿は元尊円法親王の御家流から出た書体であつた事は云ふまでもないが、中頃廟堂に在りし当時、吏僚にして書道の大家たる故巌谷一六、日下部鳴鶴、金井金洞［柴田註、金井之恭］、その他書道達人と相会して書法を聴き、古法帖を究め、研鑽琢磨、遂に三条卿その人の個性を発揮し、別に一新機軸を出すに至つたものと察する。俚諺に「書は其の人の体を露はすもの也」と言ふが、洵に其の言の如く、卿は生れながらの仁人君子にして、高遠なる気品と、錬磨の効果とに依つて悟入せられたる所の書道であるから、筆致自然に高尚にして、些の俗臭なく、玲瓏玉の如き光を発するものと謂ふべきである」（一五〇頁）。「卿の書翰に於ける一特色と云ふべきは、他の政治家諸元老等の書翰に見るやうな我意を主張し、理論を押通すと云ふやうな驕慢激発的の態度は殆んど見受けない事である」（一五一頁）。

岩倉の書については「智略雄弁大政治家の岩倉公」の題下、「公の書体は、和歌の揮毫も手紙の文字も、一定の型に嵌まりたる痩せ骨長手の文字で、岩倉一流の特色が露れて、何人にも見分け易い方であるが、決して世間一般の評する様の悪筆ではない、中々能書達筆である。併しながら公の書翰には、公私共に代筆多く、自筆は三分の一よりも尚ほ尠ない、尤も公自筆の手紙は、名文能書で、随分長文の物もあり、極秘の手紙に至つては、「丙丁又は読了の後は御返却被下」とて、同志に宛てたるものもある、堂上の人なるが故か、明治前後の手紙用紙は、奉書の紙を用ひたるが、後廟堂に立つてより、主に生紙罫引の半切を使用せられ、又代筆の際にも此の用紙を使用せしめた」（一五七頁）と述べている。

伊藤の書については「万能卓絶の春畝公」の題下、「明治三筆」の一のこととて、比較的詳しく評している。「公の書体は、俗に所謂壮年書き、中年書き、晩年書きの三期に区画する事のそれが当然のやうに思はる。而して明治十八年頃まで即ち公の三十歳［柴田註、四十歳の誤］位までを壮年書きとし、その後明治二十八九年までを中年とし、それから以後薨去の砌りまでを晩年と見做すのが最も穏当であらう。とは云へ、公は真に天才的の能筆家であるから、三期を通じて殆んど優劣なしとも云ひ得るのであるが、何人にもある如く、壮年期に於ては所謂進化発展の最中であるから、その書体も従つて千変万化の状態に在つて、未だ一家を成すに至らなかつた事は勿論である、殊に公は古法帖に依つて習得の道を講じ、且つ唐詩を盛んに習字的に揮毫されたのみならず、時には自己一流の達筆を揮つて他の需めに応ぜられたものが多いから、その出来栄えも亦千差万別、公の真蹟にして真蹟にあらざるかの疑を抱かしむるものさへ尠くないのである。次に中年期に及ぶと、比較的多く自作の詩を揮毫せられ、書風も殆んど春畝式に一定したる楷行の中庸を主とせられた。尤も時としては興に乗じて鳳翔鸞翥の独特自在の筆を揮はれたものもあるが、その為めに却つて後人をして「変り出来」の疑問を起さしむる事がある、何は兎もあれ、公の上出来として万人に歓迎せられ、尊重せらるゝのは、公大得意の楷行の中間ものである。進んで晩年期となると、大いに円熟したる行草中庸の書体で、動かざること富嶽の如く、実に雄大と荘重と豊麗とを兼ねた立派な出来栄で、東洋第一の為政家であり大偉人である所の公の面目が躍如として書体の上に発現し、豪放の気宇、英邁の精神、正しくその人に接するの感懐がするのである」（一九二～三頁）。「更に公の書翰文となると、これは真に万人の模範で、且つ書翰文の代表的なものと云へやう。言ふまでもなく書翰は、その人一代の記録ともなり、歴史とも見るべく、自然その人の性格と常住の行実をも察する事が出来る、相隔りたる人と人との談話の応答であるから、何人にも読み易く解し易く認めるのが第一要素でなければならぬ、徒らに達筆を誇りとして走り書き、擲り書きをやつたり、殊更に小むづかしき語句や、譬喩を引用したりするのは、心得違ひの甚だしきものである。此の意味に於て博文公の書翰なるものは、長文と短文とに拘はらず、常に楷行の中庸を以て認め、又表書（封筒）はすべて行儀正しき楷書を以てし、宿所番地に至るまで郵夫にも一見明瞭たらしむるやう注意し、文意の内容は一切楷行にて大書し、一行に八九字乃至十字位の場合が多いのである、此の点に於て公の書翰は万人の模範的代表的であると著者の称揚する所以である」（一九四頁）。

ついで山縣の書については「文武両道の含雪公」の題下、「公の風流韻事の心がけ厚く、漢詩と和歌とは共にその堂に入り、又更に書画の道にいそしみ深く、今に至り椿山荘主人朋、含雪公の筆蹟と云へば、詩と曰はず、和歌と曰はず、千金を投じて之れを購めんと欲する者が頗る多い。公の書体も又伊藤公と同じく、壮年、中年、晩年の三期に区画する事は出来るが、楷行草三体共に自由自在で、而もその書体の源流は何人から出でしもの乎、識者も之れが判定に苦しむ所で［柴田註、故藤井貞文國學院大學名誉教授（山口県出身）の直話「右肩上がりの山縣さんの書体は吉田松陰先生ゆずりである」（伊藤・山田も松下村塾出身）］、公自身も山県流と云ふであらう、唯古英雄の面影に似たるものありと評し得らるゝ。要するに含雪公の書体は、含雪公一流の書体と云ふの外はないが、壮、中、晩の三期を通じて大同小異である。尤も晩年に及び、熟練の結果、愈々妙境に達し、一種異様の筆力剛勁、気韻高尚、猛虎一声、山月高きの概がある」（二〇〇～一頁）。「更に公が政治家として内閣の主班に在りし当時の書翰は、又頗る立派なもので、前文は藤公のと違ひ、充分の形容詞を以て錦上花を添ゆるが如き感あるのみならず、末尾にも亦充分の敬意を表し、尚その事柄の秘密に属する場合には、読了後必らず丙丁堂に投入を乞ふとの注意書きがある。斯くの如くして、公の同僚や政客に贈答する書翰は、一として美文的長論文たらざるはなく、智略縦横、人間はおろか鬼神をも感動せしめずんば已まざる底の名文である。此の故に公は、軍人としては三尺の剣を揮つて三軍を叱咤し、政治家としては三寸の舌力よりも寧ろ机上の一筆を以て国家を料理し、人心を収攬するの文豪的資格を具備したる文武両道の大偉傑なりと云ふも、決して過賞ではない、一筆一揮、人を活殺するの力は、正に公の書翰に於て之を見る事が出来る」（二〇一～二頁）と評している。

首相として山縣の後を継いだ松方の書については「大師渇仰の海東公」の題下、「公は海東と号し、弘法大師の書風を慕ひ、晩年日課として之れを習得せられたことは有名な事実である。即ち熱烈な大師の信仰者で、大師を詠じたる自作の詩などもある、大師流の書風を悟入せられたる結果、揮毫の扁額、幅物の大字等は、円転滑脱、頗る堂に入つたもので、確に能書家の班に列すべき達筆であるが、他の元勲諸公の如く、一般的の風流文墨には親しまれなかつたやうである。従つて自作の詩歌、俳句等も全然無いではないが極めて稀である。公の手紙は大字と違ひ、青年時代より藩の書役を勤め、其の後幾十年の間役人生活で、公私とも頻繁に書翰を書かれたから、其の書体は太文字で達筆自在、なかなか長文のものもあり、筆意暢達、大いに珍重に値ひする。書翰の用紙は常に唐紙の半切れ巻紙で、文意も至極叮寧且つ平明である。之れを要するに、公は多少書画骨董を愛玩せられたるも、風流韻事には左して心を寄せられもせず、国家財政以外に閑日月もなかつたものであろう」（二二四～五頁）と記している。

最後に、井上の書については「精力絶倫の井上毅先生」の題下、まず井上を「天資清廉、業務に精励すること、到底彼のお役目的本位の俗吏と伍を同うして語るべきではなく、真に誠忠勤勉の良吏として、百世の模範たるべき人格者であつた。先生は又特に傑出せる文章家であった」と讃え（二五九頁）、その書に関しても以下の通り絶賛している。「先生は、国事多端の為めでもあつたらうが、風流文墨の事には余り深入りせられなかつたやうで、世に伝ふる先生の揮毫等も至つて僅少である。勿論自作の詩で梅花を賦したるものを揮毫された書幅を見受けたことはあるが、書体はなかなか達筆で、且つ気韻に富んでゐる。先生の書翰となると、之れは又実に驚くべき精根卓絶のものが多い、此の点は寧ろ日本随一と云ふも敢て過賞でない、比較的大字で達筆、文意亦明快にして流麗、何人にも読み易く解しやすい書翰である。殊に各省の同僚に贈つた所の公用文、即ち諸法律の改正等に関し、我が意の存する所を述べたる長文の書翰に至つては明治時代官公吏中、恐らく比類なきほどの多数を裁し、国家的事務に勤勉鞅掌せられたる精力の絶倫さが窺ひ知らるゝ。繰返して云ふが、我が毅先生の如き傑出せる大事務家にして、且つ文章に長じたる才能家は歴代の大臣中第一人者として尊敬すべきものである。従つてその遺墨たる先生の長文の書翰類は、百世の後までも有益なる歴史的資料として保存する必要があらうと信ずる」（二六〇～一頁）。

○

最後に、井上毅が九名の書翰発信者のうち、特に岩倉具視・三条實美の両名を「政府の柱石」と頼みにした事情を明らかにする稀有の文献を紹介して結びとする。それは、一般には新聞経営者・記者・思想家として知られる陸羯南《くがかつなん》が井上の死を悼んで記したものである。井上と陸とは、明治十六年に井上が陸を太政官官報局に迎えて以来、深い親交があった。

井上が国家運営の柱と考え頼みとしたのは、天皇・側近（元勲・重臣）・官僚・教育者、それに政党・新聞を含む健全な世論であったかと思われるが、井上が最も苦慮したのは、党派の弊害すなわち「党弊」であった。井上を育んだ熊本の地は党派の対立が激しかった。井上が窮めた漢学は、特に宋学であり、「党弊」が亡国を導いた歴史を井上は熟知していた。加えて徳川三百年の秩序が崩壊した流れを井上は目撃していた。「時代の子」として井上は、弱肉強食の世界における日本の滅亡を切実に怖れていた。世論が強く開設を求めた議会とは、党派そのものである。対する政府は、藩閥に主導されている。井上の憂慮は深かった。果たして「党弊」を回避する方策はあるのか。すでに井上は二十一歳の時、同藩の先覚者横井小楠《しょうなん》を訪ね、その答えを求めている（「横井沼山問答書留」、『井上毅伝』史料篇第三所収）。井上いわく、「方今諸藩大抵分党の憂ある様に見え候、歴史上にて見候に国に分党あるは禍の本づく処に候、分党の憂を消し候は何の術を用べく候哉」。横井の答えは「是は上たる人の明の一字に在る事に候」というものであった。明治政府にあって井上は「上たる人」天皇の「明」と「聖断」とに最も望みを託す。日清戦争が勝利に終わり、講和会議が進んでいる最中、井上はすでに文相の職を辞し、幽明境を異にしたのであるが、その時彼が世を去ったのは、あるいは彼にとっては幸福であったかも知れない。「勝者の奢り」も見受けられ、急速な経済発展が始まろうとしていた。井上の死後三年目には、はやくも政党内閣が出現する。井上が苦心した帝国憲法の下、昭和二十年の敗戦に至るまで、日本は「藩閥」「党閥」「軍閥」に主導され、様々な政治運営を経験する。井上が期待を繋いだ「聖断」が昭和天皇により発動され日本が降伏した時、もし井上が生きていたならば百三歳である。「党弊」を深刻に憂いた井上は「藩閥」の上に立つ岩倉・三条を国家の柱石と頼みにしたのであった。陸羯南の文章を見ていこう。

悼梧陰先生

（中略）

先生昔し大久保内務卿の秘書にして後又今の伊藤伯の幕賓たるが故に、世人或は先生を視て薩長権家の忠僕と做すことなきにあらず、然れども先生の心事を知る者は其の別に自ら地歩を占むるあるを知らん、先生は実に政府の忠友なり、先生人と為り多憂毎に明治政府の或は朋党に誤られんことを憂ひ、民間の党焔を憂ひ官界の朋毒を憂ひ、益々憂ひて益々病み、遂に憂病を以て逝く、先生は政府の忠友なり。

先生毎に政府を視て　天皇陛下の政府と做し、故三条公故岩倉公を視て政府の柱石と做し而して政府の必ず信威を民に有せんことを期す、思ふに眼中復た他の物なきなり、余れ先生と語る毎に屡々三条岩倉二公の事を云ふを聞く、三条公の薨ずるや先生暗涙を垂れて曰く、『公逝く国家復た社稷の臣なし』と、昨臘先生の病を逗子に問ふ、語次岩倉公の事に及ぶ、先生坐側の一軸を展示す、公の色紙あり、

さりともとかきやる浦の藻塩艸
誰か手にとりて担きあくらむ

此の詠は公終に臨み其の意見書に添えて先生に遺す所のもの、蓋し

後事を先生に托すなり、後に先生之れを乙夜の覧［柴田註、明治天皇］に供し遂に献納して其の写を坐側に置き以て公に私淑す、先生の政府に忠なる所以のもの亦た推知するに足らん。（下略）

（『陸羯南全集』第九巻、初出は新聞『日本』明治二十八年三月二十日号）

資料

引用参考文献一覧
掲載書翰一覧

引用参考文献一覧

本書の解題では、左記の資料を参考文献として用いている。特に、本書に掲載されていない井上毅ならびに他の顕官の書翰については、文献に冒頭に挙げる『井上毅伝』に所載の翻刻に基づいている。

◆　◆　◆

國學院大學日本文化研究所編『梧陰文庫総目録』二〇〇五、國學院大學（東京大学出版会より発売）。

井上毅伝記編纂委員会編『井上毅伝』史料篇一、一九六六、國學院大學図書館。

井上毅伝記編纂委員会編『井上毅伝』史料篇二、一九六八、國學院大學図書館。

井上毅伝記編纂委員会編『井上毅伝』史料篇三、一九六九、國學院大學図書館。

井上毅伝記編纂委員会編『井上毅伝』史料篇四、一九七一、國學院大學図書館。

井上毅伝記編纂委員会編『井上毅伝』史料篇五、一九七五、國學院大學図書館。

井上毅伝記編纂委員会編『井上毅伝』史料篇六、一九七五、國學院大學図書館。

國學院大學日本文化研究所編『井上毅伝』史料篇補遺一、一九九四、國學院大學。

國學院大學日本文化研究所編『井上毅伝』史料篇補遺二、二〇〇八、國學院大學。

梧陰文庫研究会編『井上毅とその周辺』、二〇〇〇、木鐸社。

梧陰文庫研究会編『古城貞吉稿 井上毅先生伝』、一九九六、木鐸社。

梧陰文庫研究会編『梧陰文庫影印 明治皇室典範制定前史』、一九八二、大成出版社。

梧陰文庫研究会編『梧陰文庫影印 明治皇室典範制定本史』、一九八六、大成出版社。

國學院大學日本文化研究所編『近代日本法制史料集』七、一九八四、國學院大學。

國學院大學日本文化研究所編『近代日本法制史料集』十二、一九九一、國學院大學。

◆　◆　◆

伊藤博文関係文書研究会編『伊藤博文関係文書』一、一九七三、塙書房。

伊藤博文関係文書研究会編『伊藤博文関係文書』三、一九七五、塙書房。

伊藤博文関係文書研究会編『伊藤博文関係文書』八、一九八〇、塙書房。

稲田正次『明治憲法成立史』上、一九六〇、有斐閣。

稲田正次『明治憲法成立史』下、一九六二、有斐閣。

稲田正次『教育勅語成立過程の研究』、一九七一、講談社。

梅溪　昇『教育勅語成立史』、二〇〇〇、青史出版。

大石一男『条約改正交渉史　一八八七～一八九四』、二〇〇八、思文閣出版。

大石　眞編『日本立法資料全集　三　議院立法』、一九九一、信山社出版。

大久保利謙「明治一四年の政変」（『明治政権の確立過程』所収、御茶の水書房、一九五七）。

大久保利謙『華族制の創出』、一九九三、吉川弘文館。

大庭邦彦「井上毅における天皇輔弼体制構想―一元的輔弼体制論の展開とその挫折―」（『史観』一二二所収、一九九〇）。

大山　梓編『山県有朋意見書』、一九六六、原書房。

小川原正道『西南戦争　西郷隆盛と日本最後の内戦』、二〇〇七、中公新書。

尾崎三良『尾崎三良自叙略伝』上、一九七七、中央公論社。

落合弘樹『明治国家と士族』、二〇〇一、吉川弘文館。

海後宗臣『教育勅語成立史の研究』、一九六五、厚徳社。

外務省調査局監修・日本学術振興会編『条約改正関係大日本外交文書』三、一九四五、日本外政協会。

梶田明宏「徳大寺実則の履歴について」（沼田哲編『明治天皇と政治家群像』所収、二〇〇二、吉川弘文館）。

金子堅太郎『憲法制定と欧米人の評論』、一九三七、財団法人日本青年館。

木野主計『井上毅研究』、一九九五、続群書類従完成会。

陸　羯南「『日本』明治二十八年三月二十日号」（『陸羯南全集』九所収、一九七五、みすず書房）。

宮内庁『明治天皇紀』第七、一九七二、吉川弘文館。

小林和幸『明治立憲政治と貴族院』、二〇〇二、吉川弘文館。

小林　宏、島善高編『日本立法資料全集　一六　明治皇室典範』上、一九九六、信山社出版。

小林　宏、島善高編『日本立法資料全集　一六　明治皇室典範』下、一九九七、信山社出版。

小宮一夫『条約改正と国内政治』、二〇〇一、吉川弘文館。

齊藤智朗『井上毅と宗教――明治国家形成と世俗主義――』、二〇〇六、弘文堂。

坂井雄吉『井上毅と明治国家』一九八三、東京大学出版会。

坂本一登「華族制度をめぐる伊藤博文と岩倉具視」（『東京都立大学法学会雑誌』二六巻一号所収、一九八五）。

坂本一登『伊藤博文と明治国家形成』、一九九一、吉川弘文館。

坂本一登「明治憲法体制の成立」（『岩波講座　日本歴史　近現代二』一六所収、二〇一四、岩波書店）。

佐々木隆『メディアと権力』、一九九一、中央公論社。

佐々木隆『藩閥政府と立憲政治』、一九九二、吉川弘文館。

佐々木隆「内大臣時代の三条実美」（沼田哲編『明治天皇と政治家群像』所収、二〇〇二、吉川弘文館）。

春畝公追頌会編『伊藤博文伝』中巻、一九四二、統正社（一九七〇、原書房より復刻）。

高橋角太郎『勤王志士遺墨鑑定録』、一九三七、巌松堂書店。

多田嘉夫「明治二十二年大隈条約改正の挫折と井上毅」（梧陰文庫研究会編『井上毅とその周辺』所収、二〇〇〇、木鐸社）。

津田茂麿『明治聖上と臣高行』、一九二八、自笑會（一九七〇、原書房より復刻）。

徳富猪一郎編『公爵山県有朋伝』上中下、一九三三、山県有朋公記念事業会（徳富蘇峰編として一九六九、一九八〇、二〇〇四に原書房より復刻）。

内閣修史局『百官履歴』、一九二八、日本史籍協会。

西川　誠『明治天皇の大日本帝国』、二〇一一、講談社。

西川　誠「明治期の内大臣」（坂本一登・五百旗部薫編著『日本政治史の新地平』所収、二〇一三、吉田書店）。

沼田　哲、元田竹彦編『元田永孚関係文書』、一九八五、山川出版社。

沼田　哲『元田永孚と明治国家』、二〇〇五、吉川弘文館。

林　茂他編『日本内閣史録』一、一九八一、第一法規出版。

深谷博治『初期議会・条約改正』、一九四〇、白揚社。

堀江秀雄『詩に生きる維新登場者』、一九三〇、万里閣書房。

村瀬信一『明治立憲制と内閣』、二〇一一、吉川弘文館。

明治神宮編『明治天皇詔勅謹解』、一九七三、講談社。

渡辺幾治郎「明治天皇と徳大寺實則」（『明治天皇と輔弼の人々』所収、一九三六、千倉書房）。

渡辺　浩『日本政治思想史』二〇一〇、東京大学出版会。

『井上馨関係文書』国会図書館所蔵資料。

「教育勅語発布ニ関スル山縣有朋談話筆記」「教育勅語御下賜事情」（『教育ニ関スル勅語渙発五十年記念誌』所収、一九四一、教育勅語渙発五十年奉賛会（国民精神文化研究所編『教育勅語渙発関係資料集』二所収、一九八五、コンパニオン出版より復刻））。

番号	頁	資料名 *1	発信年 明治(西暦)	発信月日	発信者	発信者職位	井上毅職位	文書番号 *2	寸法(cm) 天地＊左右
28	186	議院制度に関する伊藤博文書翰	明治 23 (1890)	2月12日	伊藤博文	宮中顧問官	法制局長官・臨時帝国議会事務局総裁	Ⅱ－141	18.2＊122.5
29	195	首相決意に関する山縣有朋書翰	明治 23 (1890)	4月22日	山縣有朋	内閣総理大臣	法制局長官	Ⅱ－104	17.1＊140.0
30	205	貴族院議員処遇に関する伊藤博文書翰	明治 23 (1890)	7月10日	伊藤博文	宮中顧問官	法制局長官	Ⅱ－271	18.8＊97.0
31	213	教育勅語に関する山縣有朋書翰	明治 23 (1890)	7月23日	山縣有朋	内閣総理大臣	法制局長官	Ⅱ－480－2	17.7＊89.0
32	220	教育勅語に関する元田永孚書翰	明治 23 (1890)	8月26日	元田永孚	枢密顧問官	法制局長官	Ⅱ－491－1	18.5＊186.5
33	232	教育勅語に関する元田永孚書翰	明治 23 (1890)	8月31日	元田永孚	枢密顧問官	法制局長官	Ⅱ－491－2	18.5＊113.5
34	239	教育勅語に関する山縣有朋書翰	明治 23 (1890)	9月23日	山縣有朋	内閣総理大臣	法制局長官・枢密顧問官	Ⅱ－481－1	17.6＊116.0
35	247	教育勅語に関する芳川顕正書翰	明治 23 (1890)	10月22日	芳川顕正	文部大臣	法制局長官・枢密顧問官	Ⅱ－491－5	17.8＊147.5
36	257	教育勅語に関する芳川顕正書翰	明治 23 (1890)	10月22日	芳川顕正	文部大臣	法制局長官・枢密顧問官	Ⅱ－491－6	17.2＊203.0
37	270	教育勅語に関する芳川顕正書翰	明治 23 (1890)	10月23日	芳川顕正	文部大臣	法制局長官・枢密顧問官	Ⅱ－491－7	17.2＊70.5
38	275	教育勅語に関する芳川顕正書翰	明治 23 (1890)	10月24日	芳川顕正	文部大臣	法制局長官・枢密顧問官	Ⅱ－491－8	17.2＊121.0
39	283	教育勅語に関する芳川顕正書翰	明治 23 (1890)	11月1日	芳川顕正	文部大臣	法制局長官・枢密顧問官	Ⅱ－491－9	17.2＊113.7
40	292	開院式勅語に関する徳大寺實則書翰	明治 23 (1890)	11月21日	徳大寺實則	侍従長	法制局長官・枢密顧問官	Ⅱ－482－9	18.3 ＊ 74.0
41	298	時事懸案に関する元田永孚書翰	明治 24 (1891)	1月13日	元田永孚	枢密顧問官	法制局長官・枢密顧問官	Ⅱ－483－1	18.4＊71.0
42	304	条約改正に関する伊藤博文書翰	明治 24 (1891)	6月6日	伊藤博文	枢密院議長	枢密顧問官	Ⅱ－172	18.2＊82.0
43	310	議会対策に関する松方正義書翰	明治 24 (1891)	10月3日	松方正義	内閣総理大臣	枢密顧問官	Ⅱ－70	20.6＊174.5
44	322	議会対策に関する松方正義書翰	明治 24 (1891)	10月4日	松方正義	内閣総理大臣	枢密顧問官	Ⅱ－98	18.2＊82.0
45	329	議会対策に関する伊藤博文書翰	明治 24 (1891)	12月2日	伊藤博文	枢密院議長	枢密顧問官	Ⅱ－199	18.2＊161.5
46	341	開院式勅語に関する徳大寺實則書翰	明治 25 (1892)	4月25日	徳大寺實則	侍従長	枢密顧問官・文事秘書官長	Ⅱ－482－3	18.4＊78.5
47	347	条約改正に関する伊藤博文書翰	明治 25 (1892)	4月26日	伊藤博文	枢密院議長	枢密顧問官	Ⅱ－201	17.3＊104.0
48	356	開院式勅語に関する徳大寺實則書翰	明治 25 (1892)	4月30日	徳大寺實則	侍従長	枢密顧問官・文事秘書官長	Ⅱ－482－6	18.6＊60.0
49	361	井上意見書に関する徳大寺實則書翰	明治 25 (1892)	6月23日	徳大寺實則	侍従長	枢密顧問官	Ⅱ－482－5	18.7＊88.5
50	368	病中来談希望に関する松方正義書翰	明治 25 (1892)	7月12日	松方正義	内閣総理大臣	枢密顧問官	Ⅱ－97	18.7＊121.0
51	378	文教政策に関する伊藤博文書翰	明治 26 (1893)	6月8日	伊藤博文	内閣総理大臣	文部大臣	Ⅱ－257	18.3＊20.2
52	382	文相辞表に関する伊藤博文書翰	明治 27 (1894)	7月18日	伊藤博文	内閣総理大臣	文部大臣	Ⅱ－256	17.2＊154.0
53	394	文相辞表に関する伊藤博文書翰	明治 27 (1894)	7月19日	伊藤博文	内閣総理大臣	文部大臣	Ⅱ－269	18.9＊82.0
54	401	文章辞任後処遇に関する伊藤博文書翰	明治 27 (1894)	8月28日	伊藤博文	内閣総理大臣	文部大臣	Ⅱ－255	18.9＊152.0
55	412	大久保利通に関する三条實美詠草	不明	不明	三条實美	不明	不明	Ⅱ－504－2	17.5＊45.5

掲載書翰一覧

＊1　資料名は本書掲載時のタイトルを示す。
＊2　文書番号は國學院大學図書館の資料管理番号を示す（『梧陰文庫総目録』参照）。

番号	頁	資料名＊1	発信年 明治（西暦）	発信月日	発信者	発信者職位	井上毅職位	文書番号＊2	寸法（cm） 天地＊左右
1	2	法制局に関する伊藤博文書翰	明治9 (1876)	3月20日	伊藤博文	法制局長官	二等法制官	Ⅱ−146	17.6＊33.0
2	5	西南戦争に関する山縣有朋書翰	明治10 (1877)	2月16日	山縣有朋	参議・陸軍卿	太政官大書記官	Ⅱ−191	16.3＊61.0
3	10	士族授産に関する岩倉具視書翰	明治11 (1878)	7月23日	岩倉具視	右大臣	太政官大書記官	Ⅱ−476−2	16.0＊47.5
4	14	明治十四年政変に関する伊藤博文書翰	明治14 (1881)	7月5日	伊藤博文	参議	太政官大書記官	Ⅱ−479−2	17.6＊81.0
5	19	明治十四年政変に関する松方正義書翰	明治14 (1881)	8月2日	松方正義	内務卿	太政官大書記官	Ⅱ−71	19.0＊170.5
6	29	明治十四年年政変に関する伊藤博文書翰	明治14 (1881)	9月24日	伊藤博文	参議	太政官大書記官	Ⅱ−479−6	18.6＊82.0
7	34	条約改正に関する元田永孚書翰	明治15 (1882)	7月23日	元田永孚	一等侍講	参事院議官・内閣書記官長	Ⅱ−115	16.7＊203.0
8	48	別紙意見書・詠草に関する岩倉具視書翰	明治15 (1882)	12月18日	岩倉具視	右大臣	参事院議官・内閣書記官長	Ⅱ−504−1	17.4＊55.2
9	52	華族制に関する伊藤博文書翰	明治17 (1884)	7月23日	伊藤博文	参議・宮内卿・制度取調局長官	参事院議官・制度取調局御用掛	Ⅱ−156	19.0＊118.0
10	59	華族懲戒に関する伊藤博文書翰	明治17 (1884)	10月2日	伊藤博文	参議・宮内卿	参事院議官・図書頭・制度取調局御用掛	Ⅱ−295	21.2＊193.0
11	71	条約改正に関する伊藤博文書翰	明治20 (1887)	5月8日	伊藤博文	内閣総理大臣	宮内省図書頭	Ⅱ−196	18.2＊79.5
12	77	憲法立案に関する伊藤博文書翰	明治21 (1888)	2月9日	伊藤博文	内閣総理大臣	法制局長官	Ⅱ−487−4	17.8＊88.0
13	84	皇室典範に関する伊藤博文書翰	明治21 (1888)	4月4日	伊藤博文	内閣総理大臣	法制局長官	Ⅱ−478−11	17.2＊35.5
14	87	枢密院権限に関する伊藤博文書翰	明治21 (1888)	4月20日	伊藤博文	内閣総理大臣	法制局長官	Ⅱ−487−6	18.5＊281.0
15	105	枢密院審議に関する伊藤博文書翰	明治21 (1888)	5月8日	伊藤博文	枢密院議長	枢密院書記官長	Ⅱ−487−7	17.9＊99.0
16	112	議院法説明に関する元田永孚書翰	明治21 (1888)	9月21日	元田永孚	枢密顧問官	枢密院書記官長	Ⅱ−483−3	17.7＊99.5
17	119	憲法発布期日に関する伊藤博文書翰	明治21 (1888)	11月13日	伊藤博文	枢密院議長	枢密院書記官長	Ⅱ−287	18.7＊78.5
18	124	憲法典範勅諭案に関する三条實美書翰	明治22 (1889)	2月1日	三条實美	内大臣	枢密院書記官長	Ⅱ−224	16.7＊54.7
19	129	憲法義解に関する伊藤博文書翰	明治22 (1889)	2月2日	伊藤博文	枢密院議長	枢密院書記官長	Ⅱ−272	18.2＊120.0
20	138	憲法義解に関する元田永孚書翰	明治22 (1889)	2月13日	元田永孚	枢密顧問官	枢密院書記官長	Ⅱ−112	19.1＊81.0
21	144	進退伺に関する伊藤博文書翰	明治22 (1889)	2月15日	伊藤博文	枢密院議長	枢密院書記官長	Ⅱ−161	18.2＊87.0
22	150	条約改正に関する山田顯義書翰	明治22 (1889)	9月17日	山田顯義	司法大臣	法制局長官	Ⅱ−488−8	17.2＊167.3
23	161	条約改正に関する元田永孚書翰	明治22 (1889)	9月21日	元田永孚	枢密顧問官	法制局長官	Ⅱ−484−4	18.5＊59.0
24	165	条約改正に関する元田永孚書翰	明治22 (1889)	9月24日	元田永孚	枢密顧問官	法制局長官	Ⅱ−483−4	17.1＊89.0
25	172	条約改正に関する山田顯義書翰	明治22 (1889)	10月25日	山田顯義	司法大臣	法制局長官	Ⅱ−488−14	17.2＊65.0
26	176	条約改正に関する三条實美書翰	明治22 (1889)	11月5日	三条實美	内大臣・内閣総理大臣	法制局長官	Ⅱ−488−15	17.2＊77.0
27	182	枢密院権限に関する三条實美書翰	明治22 (1889)	11月8日	三条實美	内大臣・内閣総理大臣	法制局長官	Ⅱ−490−6	17.0＊47.0

編集後記

本叢書の一冊を法学研究科が担当することとなった際、梧陰文庫の資料を影印することに何のためらいも覚えなかった。「梧陰」とは井上毅の号である。周知のように、井上は明治政府にあって、参事院議官、内閣書記官長、法制局長官、枢密顧問官等を歴任した法制官僚である。最後の公職は、第二次伊藤博文内閣における文部大臣であった。その間、大日本帝国憲法・皇室典範および教育勅語、そのほか多くの詔勅・法律等の起草にたずさわると共に、政府の直面した様々な課題の処理と密接に関係した。「梧陰文庫」は、これらの実務遂行の過程で集積した資料群が中核をなす。

梧陰文庫資料は、草案類をはじめとする皇室典範関連のおもだった資料が、影印として左記に収載された。

梧陰文庫研究会編『梧陰文庫影印 明治皇室典範制定前史』昭和五十七年、國學院大學発行（本学創立百周年記念出版）

梧陰文庫研究会編『梧陰文庫影印 明治皇室典範制定本史』昭和六十一年、國學院大學発行

この二書にくわえて、岩倉具視、三条實美、伊藤博文、山縣有朋などの明治顕官が井上に宛てた書翰を影印によって刊行するならば、井上毅という人物の果たした多岐にわたる役割をより深く認識していただけるとともに、明治政府の指導者達が重要案件に対処するための息づかいを感じ取ってもらえると考えた。本書は各書翰を大きく影印したので、国家運営に携わる人物の懸案に取り組む緊張感と気迫とが、その筆致から伝わってくると思う。

井上毅宛の書翰は、『井上毅伝』史料篇第五に一〇〇名を越える人物の来翰五六〇通餘りが翻刻されている。なかでも伊藤博文書翰が圧倒的に多く、一三〇通近くにのぼる。次いで山縣が六六通、山田顯義四六通、元田永孚四五通、岩倉二六通、三条二三通と続く。

編集には法学部教授坂本一登氏と文学部准教授柴田紳一氏に加わっていただいた。柴田氏には右の書翰のなかから、明治国家の重要案件に関わる書翰を中心としてその選択をお願いした。選択した書翰の政治史的な時代背景については、坂本氏の専門とする領域であるから、その知見を生かした解説の執筆を依頼した。併せて、両氏には各書翰の解題についても監修の労をとっていただいた。書翰解題は、近現代史や法制史等を専攻する中堅、新進気鋭の五氏が担当した。本学大学院出身の内山京子、齊藤智朗、髙杉洋平、種稲秀司、宮部香織の各氏である。それぞれに本務を抱えて多忙な日常を送るなかでの執筆である。快くお引受けいただき、御礼申し上げる次第である。

扉の題字は、本巻もまた文学部教授佐野光一氏の揮毫による。図書館の古山悟由氏にも書翰の写真撮影をはじめとして御高配を忝なくした。また編集作業が順調に進んだのは、朝倉書店編集部の段取りによる。共に謝意を表するものである。

平成二十七年一月

第三巻責任編集　高塩　博

編集・執筆者紹介

記載内容（平成 27 年 1 月現在）
氏名（読み）　現職
　① 生年　② 学位　③ 専門分野
　④ 主な著作・論文

責任編集

高塩　博（たかしお・ひろし）　國學院大學法学部教授
① 昭和 23 年（1948）生／② 法学博士・國學院大學／③ 日本法制史／④『近世刑罰制度論考―社会復帰をめざす自由刑―』（成文堂、2013 年）、『江戸時代の法とその周縁』（汲古書院、2004 年）。

編　集

坂本一登（さかもと・かずと）　國學院大學法学部教授
① 昭和 31 年（1956）生／② 法学博士・東京都立大学／③ 日本政治史／④『伊藤博文と明治国家形成―「宮中」の制度と立憲制の導入』（吉川弘文館、2001 年（講談社学術文庫、2012 年））、「明治憲法体制の成立」（『岩波講座　日本歴史　近現代二』第 16 巻所収、岩波書店、2014 年）。

柴田紳一（しばた・しんいち）　國學院大學文学部准教授
① 昭和 33 年（1958）生／② 文学士／③ 日本近現代史／④『日本近代史研究余録―人物・史料・書物・読書―』（渡辺出版、2009 年）、『昭和期の皇室と政治外交』（原書房、1995 年）。

執　筆　者（五十音順）

内山京子（うちやま・きょうこ）　宮内庁書陵部編修課期間業務職員
① 昭和 57 年（1982）生／② 修士（歴史学）・國學院大學／③ 日本近現代史／④「木戸孝允と明治初期の新聞界」（『日本歴史』第 727 号、2008 年）、「開拓使と御料地の時代」（上山和雄 / 國學院大學渋谷学研究会編『渋谷学叢書 2　歴史のなかの渋谷―渋谷から江戸・東京へ―』、雄山閣、2011 年）。

齊藤智朗（さいとう・ともお）　國學院大學研究開発推進機構准教授
① 昭和 47 年（1972）生／② 博士（宗教学）・國學院大學／③ 近代日本宗教史／④『井上毅と宗教―明治国家形成と世俗主義―』（弘文堂、2006 年）、「青戸波江と皇典講究所・國學院大學」（『神道宗教』第 234 号、2014 年）。

髙杉洋平（たかすぎ・ようへい）　日本銀行金融研究所アーキビスト（個別事務委嘱）
① 昭和 54 年（1979）生／② 博士（法学）・國學院大學／③ 日本政治外交史／④『宇垣一成と戦間期の日本政治』（仮題、吉田書店、2015 年刊行予定）、「宇垣一成と『統帥権独立』―軍部大臣現役武官制と参謀本部独立制をめぐって―」（『政治経済史学』第 560 号、2013 年）。

種稲秀司（たねいね・しゅうじ）　國學院大學文学部兼任講師
① 昭和 49 年（1974）生／② 博士（歴史学）・國學院大學／③ 近代日本外交史／④『近代日本外交と「死活的利益」―第二次幣原外交と太平洋戦争への序曲―』（芙蓉書房出版、2014 年）、「満洲事変における幣原外交の再検討―五大綱目を中心とした日・中・国際連盟の相関関係―」（『政治経済史学』第 526 号、527 号、2010 年）、「満洲事変におけるハルビン進攻過程―北満政権工作との関係を中心に―」（『軍事史学』第 45 巻 1 号、2009 年）。

宮部香織（みやべ・かおり）　亜細亜大学法学部非常勤講師
① 昭和 48 年（1973）生／② 博士（法学）・國學院大學／③ 日本法制史／④「律令法における皇位継承―女帝規定の解釈をめぐって―」（『明治聖徳記念学会紀要』復刊第 46 号、2009 年）、「小中村清矩の『令義解』講義録」（『國學院大學 校史・学術資産研究』第 6 号、2014 年）。

大学院六十周年記念國學院大學影印叢書編集委員

根《ね》岸《ぎし》茂《しげ》夫《お》　文学部教授
岡《おか》田《だ》莊《しょう》司《じ》　神道文化学部教授
高《たか》塩《しお》　博《ひろし》　法学部教授
千《ち》々《ぢ》和《わ》　到《いたる》　文学部教授
谷《たに》口《ぐち》雅《まさ》博《ひろ》　文学部准教授

大学院開設六十周年記念　國學院大學貴重書影印叢書　第3巻
井上毅宛明治顕官書翰集　定価は外函に表示

2015年2月25日　初版第1刷

編　者　大学院六十周年記念
國學院大學影印叢書編集委員会

責任編集　高　塩　　博

発行者　朝　倉　邦　造

発行所　株式会社　朝　倉　書　店

東京都新宿区新小川町6-29
郵便番号　162-8707
電　話　03（3260）0141
FAX　03（3260）0180
http://www.asakura.co.jp

〈検印省略〉

中央印刷・平河工業社・牧製本

ISBN 978-4-254-50543-6　C 3300　Printed in Japan